Treffpunkt
Deutsch

FOURTH EDITION

Treffpunkt Deutsch

GRUNDSTUFE

E. Rosemarie Widmaier

McMaster University

Fritz T. Widmaier

McMaster University

CONSULTANT:
Margaret Gonglewski

The George Washington University

Prentice Hall

Upper Saddle River,
New Jersey 07458

Library of Congress Cataloging-in-Publication Data

Widmaier, E. Rosemarie
   Treffpunkt Deutsch : Grundstufe / E. Rosemarie Widmaier, Fritz T. Widmaier ;
consultant, Margaret Gonglewski.—4th. ed.
      p. cm.
   Includes index.
   ISBN 0-13-111096-9—ISBN 0-13-040991-X
   1. German language—Grammar. 2. German language—Textbooks for foreign
speakers—English. I. Widmaier, Fritz T. II. Title.
PF3112.W5 2003
438.2'421—dc21

2002034612

Publisher: *Phil Miller*
Asst. Director of Production: *Mary Rottino*
Developmental Editor: *Karen Storz*
Project Manager: *Erin Connaughton*
Manufacturing Manager: *Nick Sklitsis*
Prepress and Manufacturing Buyers: *Tricia Kenny* and *Brian Mackey*
Publishing Coordinator: *Claudia Fernandes*
Creative Design Director: *Leslie Osher*
Interior Design and Cover Design: *Jill Lehan*
Cover Photo: *Cupola of the **Reichstag** in Berlin. Per Eide/EdelPix*
Line Art Coordinator: *Guy Ruggiero*
Illustrations: *Michael Widmaier*
Director, Image Resource Center: *Melinda Lee Reo*
Image Supervisor: *Beth Boyd*
Photo Research: *Elaine Soares*

This book was set in 10/12 New Baskerville by nSight, Inc.
and was printed and bound by Courier Co.—Kendallville.
The cover and endpapers were printed by Phoenix Color Corp.

For permission to use copyrighted material, grateful acknowledgment
is made to the copyright holders listed on page A89, which is considered
an extension of this copyright page.

Printed in the United States of America
10 9 8 7 6 5 4 3 2 1

ISBN 0-13-040991-X

Pearson Education Ltd., *London*
Pearson Education Australia Pte., *Sydney*
Pearson Education *Singapore*, Pte. Ltd.
Pearson Education North Asia Ltd., *Hong Kong*
Pearson Education Canada Ltd., *Toronto*
Pearson Educación de *Mexico*, S.A. de C.V.
Pearson Education—Japan, *Tokyo*
Pearson Education *Malaysia*, Pte. Ltd.
Pearson Education, Upper Saddle River, *New Jersey*

BRIEF CONTENTS

Preface   xvii

Erste Kontakte   1

KAPITEL 1
Jahraus, jahrein   12

KAPITEL 2
Freunde   50

KAPITEL 3
Familie   82

KAPITEL 4
Alltagsleben   118

KAPITEL 5
Freizeit – Ferienzeit   154

KAPITEL 6
Ein Blick zurück   192

KAPITEL 7
Feste und Feiertage   228

KAPITEL 8
Wohnen   266

KAPITEL 9
Andere Länder, andere Sitten   300

KAPITEL 10
Aus Büchern und Zeitungen   332

KAPITEL 11
Geschichte und Gegenwart   366

KAPITEL 12
So ist das Leben   398

ANHANG   426
Information Gap Activities and Role Plays   A1
Translations of Vorschau *Language Models*   A21
Supplementary Word Sets   A26
Grammatical Tables   A29
Principal Parts of Irregular and Mixed Verbs   A36
Principal Parts of Irregular Verbs in Ablaut Groups   A38
German-English Vocabulary   A40
English-German Vocabulary   A66
Index   A85

SCOPE & SEQUENCE

▼ Kommunikationsziele, Hör- und Sprechsituationen

Erste Kontakte   1
- Greeting someone and responding to greetings
- Introducing yourself
- Making phone calls
- Addressing letters
- Saying good-bye

KAPITEL 1
Jahraus, jahrein   12
- Talking about...
  - the weather and the seasons
  - student life
  - everyday activities, objects, and colors
  - nationality

Vorschau
- Semesterbeginn   13
- Badewetter   13
- Der Tag beginnt   13

Zwischenspiel
- Beim Auslandsamt   33

Zusammenschau
- Semesterbeginn in München   42

KAPITEL 2
Freunde   50
- Talking about...
  - friends and leisure activities
  - clothing and possessions
- Telling time
- Expressing likes, dislikes, and preferences

Vorschau
- Freundschaften   51

Zwischenspiel
- Jazzfans   65

Zusammenschau
- Freundinnen   73

▼ Strukturen

- **Du, ihr,** and **Sie**   4
- The numbers from 1 to 1000   5
- The alphabet   8

- Nouns: gender and definite articles   20
- Nouns: plural forms   21
- **Ein** and **kein**   23
- Personal pronouns: subject forms   34
- Present tense of **sein**   36
- The verb: infinitive and present tense   37

Word order
- Position of the verb in questions   24
- Position of the verb in statements   27
- Expressions of time and place   29
- Position of **nicht**   30

- Telling time   56
- The verb **haben**   59
- Verb + **gern** or **lieber**   61
- Subject and subject completion   62
- The nominative case   63
- The interrogative pronouns **wer** and **was**   64
- **Der**-words and **ein**-words in the nominative case   67
- Adjective endings in the nominative case   70

Wort, Sinn und Klang

 Kultur

Zur Aussprache
- ä, ö, ü   9
- ß, ch, v, w, z   10

Sprachnotizen
- Some distinctive features of written German   3

- Studying at a German university   2

- Cognates   45

Zur Aussprache
- ei vs ie   46

Sprachnotizen
- Flavoring particles and discourse strategies   14

- Landscapes and climate of the German-speaking countries   16
- Aspects of German university life   23
- Why English and German are similar: The Angles and the Saxons   45

Leute
- Eine Schweizerin, eine deutsche Familie und zwei Österreicher   43

- More on cognates   77
- The adjective suffixes **-ig, -lich,** and **-isch**   77
- Words as chameleons: **erst**   78

Zur Aussprache
- The vowels **a, e, i, o,** and **u**   78

Sprachnotizen
- The flavoring particle **denn**   51
- **gern haben**   62

- The cuckoo clock   53
- Liechtenstein   67
- Ethnic diversity in Germany   76

Leute
- Fatma Yützel   75

Kommunikationsziele, Hör- und Sprechsituationen

Strukturen

KAPITEL 3

Familie 82
- Talking about...
  - family and occupations
  - shopping and other activities
  - useful everyday objects
- Describing people, places, and things

Vorschau
- Verwandte 83

Zwischenspiel
- Jennifer Winklers Familie 97

Zusammenschau
- Wie erkennen wir einander? 109

- The direct object 89
- The accusative case 90
- The interrogative pronouns **wen** and **was** 92
- **Der**-words and **ein**-words in the accusative case 93
- Adjective endings in the accusative case 99
- Verbs with stem-vowel changes in the present tense 104

Word order
- A review of negation 103

KAPITEL 4

Alltagsleben 118
- Talking about...
  - daily routines, food, and meals
  - abilities, necessities, and obligations
- Expressing permission, wishes, and likes
- Telling someone what to do
- Giving reasons and conditions

Vorschau
- So bin ich eben 119
- Morgen, morgen, nur nicht heute ... 119
- Stephanie schreibt eine E-Mail nach Hause 120

Zwischenspiel
- Du musst dein Leben ändern 136

Zusammenschau
- Ein typischer Tag in Lisas Leben 146

- Present tense of modal verbs 125
- **Können, müssen,** and **wollen** 125
- **Dürfen, sollen,** and **mögen** 126
- **Möchte** versus **mögen** 127
- Omission of the infinitive after modals 128
- Separable-prefix verbs 129
- Verb-noun and verb-verb combinations 133
- The imperative 137

Word order
- Position of **nicht** with modals 128
- Position of the verb in dependent clauses 140
- Dependent clause before independent clause 144

KAPITEL 5

Freizeit – Ferienzeit 154
- Making plans for a day off or a vacation
- Expressing personal opinions and tastes
- Comparing qualities and characteristics
- Talking about...
  - whom and what you know
  - events in the past

Vorschau
- Morgen haben wir keine Vorlesungen 155
- Ferienpläne 155

Zwischenspiel
- Auch Martin macht Pläne 174

Zusammenschau
- Zwei Telefongespräche 184

- Personal pronouns in the accusative case 162
- The accusative prepositions 164
- **Dafür** and **dagegen** 166
- The comparative 166
- The superlative 170
- Object clauses introduced by **dass** 176
- Questions as object clauses 177
- **Wissen** and **kennen** 179
- The simple past of **haben, sein,** and the modals 180

Word order
- Position of the verb in object clauses 176

Wort, Sinn und Klang

Kultur

- More cognates   114
- Words as chameleons: **wie**   114

Zur Aussprache
- The diphthongs   115

Sprachnotizen
- Expressing *favorite*   85
- Expressing time with the accusative case   93
- Omission of articles   96
- The expression **es gibt**   105

- Family life in the German-speaking countries   88
- Austria   111

Leute
- Familie Mozart   112

- **Denn** versus **dann**   150

Zur Aussprache
- The vowels **ä**, **ö**, and **ü**   150

Sprachnotizen
- The pronoun **man**   121
- More about separable prefixes   130
- Position of **nicht** with separable-prefix verbs   131
- Flavoring particles in imperative sentences   138

- Soccer   124
- The German railway system   134
- Switzerland   145

Leute
- Nicolas Hayek   148

- Predicting gender: the suffixes **-or, -ent, -er, -in, -ur, -ment, -chen, -lein**   188
- Words as chameleons: **ganz**   189

Zur Aussprache
- German **ch**   189

Sprachnotizen
- The flavoring particle **mal**   156
- **Immer** and the comparative   167
- Discourse strategies: **Und dann?**   174
- The flavoring particle **doch**   176

- Munich   157
- Vacationing on a shoestring   158
- South Tyrol   185

Leute
- Ludwig II. von Bayern   186

| Kommunikationsziele, Hör- und Sprechsituationen | Strukturen |

KAPITEL 6

Ein Blick zurück **192**
- Describing past events in conversational situations or in personal letters
- Talking about one's ancestors
- Describing someone's appearance

Vorschau
- Ein deutscher Auswanderer **193**
- Ein bisschen Familiengeschichte **194**

Zwischenspiel
- Ein deutscher Einwanderer sucht Arbeit **210**

Zusammenschau
- Martin sucht einen Ferienjob **220**

- The perfect tense **200**
  - Regular verbs **200**
  - Irregular verbs **203**
  - **Sein** as auxiliary **206**
  - Separable-prefix verbs **212**
  - Inseparable-prefix verbs **213**
  - Mixed verbs **214**
- Ordinal numbers **215**
- **Hin** and **her** **217**

Word order
- Position of **nicht** in the perfect tense **202**

KAPITEL 7

Feste und Feiertage **228**
- Talking about...
  - birthdays and holidays
  - buying and giving gifts
  - purchasing and returning merchandise
  - personal tastes

Vorschau
- Das Geburtstagsgeschenk **229**
- Beim KaDeWe **229**

Zwischenspiel
- Blumen zum Geburtstag **245**

Zusammenschau
- Im Kaufhaus ist der Kunde König **258**

- The dative case: the indirect object **236**
- The interrogative pronoun in the dative case **237**
- Personal pronouns in the dative case **239**
- Dative verbs **242**
- The dative case with adjectives **243**
- The dative case in idiomatic expressions **244**
- The dative prepositions **248**
- **Da**-compounds **251**
- Adjective endings in the dative case **256**

Word order
- Sequence of objects **241**

KAPITEL 8

Wohnen **266**
- Talking about...
  - how and where you live
  - location and destination
  - possessions and relationships
- Negotiating with a landlady/landlord
- Describing people, places, and things

Vorschau
- Die möblierte Wohnung **267**

Zwischenspiel
- Zimmersuche **282**

Zusammenschau
- Privathaus oder WG? **292**

- Two-case prepositions **275**
- **Stellen, legen,** and **hängen** **277**
- **Stehen, liegen,** and **hängen** **279**
- More on **da**-compounds **280**
- German **an, auf, in,** and English *to* **280**
- Two-case prepositions in time phrases **284**
- The genitive case **288**
- Adjective endings in the genitive case **291**

Word order
- Infinitive phrases **285**

Wort, Sinn und Klang

- Predicting gender: the suffix **-ung**   224
- Giving language color: expressions using names of parts of the body   224

Zur Aussprache
- German **l**   225

Sprachnotizen
- The perfect tense of **sein** and **haben**   207
- Expressing *away from* and *toward* in colloquial German   219
- The expression **Bitte schön!**   220

- Predicting gender: infinitives used as nouns   262
- Giving language color: expressions using names of food items   262

Zur Aussprache
- German **r**   263

Sprachnotizen
- **Ein Paar** and **ein paar**   241
- The flavoring particle **aber**   244
- Adjectives after **alles, etwas,** and **nichts**   247
- Word order: time/manner/place   249

- Compound nouns   296
- Giving language color: expressions using names of parts of houses and pieces of furniture   297

Zur Aussprache
- German **s**-sounds: **st** and **sp**   297

Sprachnotizen
- Infinitive phrases introduced by **ohne** and **(an)statt**   287
- Expressing possession or belonging together in colloquial German   291

Kultur

- Immigration to North America from the German-speaking countries   196
- Vocational training in the German-speaking countries   211
- The German education system   211

Leute
- Christian Köchling   222

- Berlin   230
- Holidays and celebrations in the German-speaking countries   232
- Mitbringsel   246

Leute
- Margarete Steiff   260

- Student housing   268
- Owning a home in the German-speaking countries   270
- Schrebergärten   270

Leute
- Walter Gropius   294

Kommunikationsziele, Hör- und Sprechsituationen

 Strukturen

KAPITEL 9

Andere Länder, andere Sitten **300**
- Ordering a meal in a restaurant
- Talking about
  - grocery shopping
  - cultural differences
  - personal grooming
- Describing people, places, and things

Vorschau
- Im Gasthaus 301
- Im Supermarkt 301

Zwischenspiel
- Wandern macht hungrig 311

Zusammenschau
- Einkaufsprobleme 323

- Relative clauses and relative pronouns 306
- **N-**nouns 309
- Reflexive pronouns in the accusative case 314
- Reflexive pronouns in the dative case 317
- Reflexive pronouns to express *each other* 319
- Reflexive verbs 320

KAPITEL 10

Aus Büchern und Zeitungen **332**
- Telling stories
- Giving opinions
- Describing people, places, and things

Vorschau
- Der schlaue Student vom Paradies 333

Zwischenspiel
- Fantastische Angebote 348

Zusammenschau
- Der Hase und der Igel 356

- The simple past tense 340
  - Regular verbs 340
  - Irregular verbs 341
  - Separable-prefix verbs 342
  - Mixed verbs 343
- The principal parts of irregular verbs 345
- **Wann, als, wenn** 346
- The relative pronoun as object of a preposition 350
- Summary of adjective endings 352

KAPITEL 11

Geschichte und Gegenwart **366**
- Discussing recent German history and current events
- Focusing on actions
- Making resolutions
- Describing people, places, and things
- Expressing feelings and emotions

Vorschau
- Ich, das Überbleibsel aus einer implodierten Galaxis 367

Zwischenspiel
- Eine Radtour in den neuen Bundesländern 379

Zusammenschau
- Mein Bruder hat grüne Haare 388

- The passive voice 374
- Mentioning the agent in the passive voice 377
- The past participle used as an adjective 378
- Special verb-preposition combinations 382
- **Wo-**compounds 384

Wort, Sinn und Klang

Kultur

- Predicting gender: agent nouns   328
- Giving language color: expressions using names of parts of the body   328

Zur Aussprache
- German **s**-sounds: voiced and voiceless **s**   329

Sprachnotizen
- **Derselbe, dasselbe, dieselbe**   322

- Im Gasthaus   303
- Beim Schnellimbiss   313
- Einkaufsgewohnheiten   322
- Luxemburg   325

Leute
- Robert Kalina   326

- Words as chameleons: **als**   362
- Giving language color: expressions using names of animals   362

Zur Aussprache
- German **f**, **v**, and **w**   363

Sprachnotizen
- The past perfect tense   338

- Der Beginn des Informationszeitalters   337
- Zeitungen und Magazine   343

Leute
- Die Brüder Grimm   360

- Words as chameleons: **gleich**   394
- Predicting gender: the suffixes **-heit** and **-keit**   394

Zur Aussprache
- The consonant clusters **pf** and **kn**   395

Sprachnotizen
- The flavoring particles **eigentlich** and **überhaupt**   386
- The verb **lassen; der, das,** and **die** used as pronouns   389

- Die Berliner Mauer   369
- Kleine deutsche Chronik: 1918 bis 1990   370
- Die Europäische Union   387

Leute
- Ulrike und Matthias Sperber   392

Kommunikationsziele, Hör- und Sprechsituationen

 Strukturen

KAPITEL 12

So ist das Leben   398

- Talking about...
  - relationships
  - equal rights for women and men
  - careers and family obligations
  - your dreams for the future
- Expressing feelings, emotions, wishes, and regret

Vorschau
- Eifersucht   399

Zwischenspiel
- Karrieren   411

Zusammenschau
- Meine Zukunft   417

- Present-time subjunctive   405
- The subjunctive in polite requests   410
- Past-time subjunctive   412
- Genitive prepositions   415
- The relative pronoun in the genitive case   415

ANHANG   426

- Information Gap Activities and Role Plays   A1
- Translations of *Vorschau* Language Models   A21
- Supplementary Word Sets   A26
- Grammatical Tables   A29
- Principal Parts of Irregular and Mixed Verbs   A36
- Principal Parts of Irregular Verbs in Ablaut Groups   A38
- German-English Vocabulary   A40
- English-German Vocabulary   A66
- Index   A85

Wort, Sinn und Klang

 Kultur

- The adjective suffix **-los**   422
- The adjective suffix **-bar**   422

Zur Aussprache
- The glottal stop   423

Sprachnotizen
- **Kommen** and **gehen** in present-time subjunctive   410

- Frauen im Beruf   401

Leute
- Doris Zieger   420

The development of cultural competence continues to be a major goal of *Treffpunkt Deutsch.* The culture of the German-speaking countries is not relegated to the *Kultur* sections, but pervades all aspects of the text, including the line drawings. Many users have commented on the German "feel" that the artist, who lives in Germany, has projected into his work.

Vocabulary building takes a high priority. The two vocabulary lists in each chapter are organized according to parts of speech, and within these sections, in semantic groupings. The lists are followed by exercises *(Wörter im Kontext)* that help students internalize the lexical items. Vocabulary learning is further enhanced by the vocabulary-building activities in the unique *Wort, Sinn und Klang* sections, which conclude with fun pronunciation activities.

Students will meet many characters of various ethnic backgrounds as they progress through *Treffpunkt Deutsch.* However, they will get to know two sets of characters better than others.

Martin Keller
aus Mannheim

Claudia Berger
aus Hamburg

Stephanie Braun
aus Chicago

Peter Ackermann
aus Berlin

First, there are four friends who are all studying in München. As the book progresses, Claudia and Martin, and Stephanie and Peter become *special* friends.

Second, there are the Zieglers from Göttingen: Klaus and Brigitte, their sixteen-year-old daughter Nina, and their fourteen-year-old son Robert. Sibling rivalry plays a role in this family portrait.

Highlights of the *Fourth Edition*

The basic organization of *Treffpunkt Deutsch* remains the same. However, input from users and reviewers and our own experiences in teaching with the program have resulted in the following changes in the fourth edition:

- Chapter themes and vocabulary are much more consistently reflected in the exercises, activities, and grammar presentations.

- Further improvements have been made to the design:

  - Headings of grammar presentations are highlighted with a yellow bar to clearly distinguish them from exercises and activities.

  - *Wortschatz 1* and *Wortschatz 2* have always been presented on tinted pages. To further help students navigate through the text, the *Kultur, Zwischenspiel,* and *Zusammenschau* sections have also been tinted in the fourth edition.

- Many of the line drawings now appear in color.

- More communicative activities have been added.

- Even more grammar explanations have been presented in chart form for easier reference.

- A number of grammar presentations have been reorganized.

  - The position of **nicht** is presented more clearly.

  - In the presentation of the comparative and superlative, predicate adjectives and adverbs are introduced and practiced before attributive adjectives are presented.

  - The presentation of the order of dative and accusative objects has been simplified considerably.

  - The **da**-compounds are first presented in *Kapitel 5*, together with the accusative prepositions. These compounds are reviewed again in *Kapitel 7* (with the dative prepositions) and in *Kapitel 8* (with the two-case prepositions).

- On the advice of reviewers, four grammar topics have been eliminated: the future tense, the impersonal passive, the present participle used as an adjective, and the subjunctive after **als ob.** The past perfect tense has again been relegated to a *Sprachnotiz.*

- A number of *Kultur* and *Leute* sections have been updated or replaced.

- **Südtirol** and **Luxemburg** are now included in the presentation of the German-speaking areas of Europe.

- The introduction of the euro is reflected throughout the text.

- The highly praised marginal annotations for the *Annotated Instructor's Edition* are even more comprehensive.

- As an additional learning tool, the *Anhang* of this edition contains a list of the principal parts of irregular verbs in ablaut groups. Students often find the irregular verbs less formidable if they can detect a certain predictability within the irregularities.

Chapter organization

Treffpunkt Deutsch consists of an introduction entitled *Erste Kontakte* and twelve *Kapitel. Erste Kontakte* is the warm-up for the course. Its short exchanges give students the opportunity to practice greetings, introductions, and farewells. Students learn the alphabet, how to count, and are introduced to sounds and letters peculiar to German. The structure of the subsequent chapters is outlined below.

Chapter Opening Page. Together with an opening photo related to the chapter theme, chapter objectives are clearly displayed at the beginning of each opening spread, drawing students' attention to the communicative, structural, and cultural goals of each chapter.

Vorschau

- **Language models.** The *Vorschau* introduces vocabulary and structures taught in the chapter in natural, idiomatic German through an array of language models such as dialogues, letters, brief narratives, realia pieces, and authentic literature. Follow-up activities, which expand on the texts and visuals, range from recognition and comprehension exercises to more open-ended, communicative activities that touch on the students' own lives. All *Vorschau* language models are on the audio CDs that accompany the text. Full idiomatic translations of the language models for the first nine chapters are provided in the *Anhang.*

- **Kultur.** A major cultural reading *(Kultur)* related to the theme of the chapter is included in the *Vorschau.* This reading is always followed by an activity that expands on the topic. Throughout each chapter, additional cultural information on a wide range of topics is presented under the rubric *Infobox.* Cultural information is presented in English in *Erste Kontakte* through *Kapitel 7;* thereafter it is presented in German.

- **Wortschatz 1** and **Wörter im Kontext.** The development of a rich active and passive lexicon is one of the central goals of ***Treffpunkt Deutsch.*** Each chapter offers two active vocabulary lists. *Wortschatz 1* concludes the *Vorschau* and contains useful, high-frequency words and expressions that have appeared in this section. To help students retain this vocabulary, the list is followed by *Wörter im Kontext* activities that provide students with the opportunity to apply the words in a variety of contexts.

Kommunikation und Formen

- **Structures and communicative activities.** The grammar sections focus on basic structures essential to communication. The grammar explanations are clear and concise, and they contrast English and German usage wherever possible. Grammatical proficiency is reinforced by spiralling, i.e., most topics are presented more than once, each time with an added degree of linguistic sophistication. Our innovative decision in the *Second Edition* to include the adjective endings with the introduction of each new case has met with overwhelming approval from instructors.

  The exercises that directly follow each grammar presentation move from contextualized practice to open-ended, creative expression. Many of the exercises are in the form of short conversations best done by pairs of students. They are designed to foster active, involved production of meaningful language rather than rote pattern practice: students must understand what they are saying to complete these activities. Picture-cued exercises continue to enhance ***Treffpunkt Deutsch.*** The open-ended, interactive activities that follow the controlled practice give students the opportunity to use the structures in real-life, personal situations. The line drawings, photographs, and realia pieces that appear in every chapter add variety and authenticity to the exercises and activities.

- **Sprachnotizen.** Strategically placed throughout each chapter, the *Sprachnotizen* briefly discuss idiomatic features of German as well as grammar points that do not warrant a full-blown discussion. They also present discourse strategies that will help students to better express themselves in German.

- **Zwischenspiel** and **Zusammenschau.** The *Zwischenspiel* and *Zusammenschau* sections provide focused skill development and synthesize in a non-grammatical fashion the vocabulary and structures learned in the chapter and in previous chapters. Central to these sections is audio material for which there is no in-text script. This material is included in the audio CDs that accompany the text, and we recommend that listening to this material be assigned as homework, so that students are prepared to do the follow-up activities in the next class. In these sections students are guided from a preliminary understanding *(Erstes Verstehen)* to a more detailed understanding *(Detailverstehen)* of the listening texts. Further processing activities, including role plays and interviews, give them the opportunity to interact meaningfully on the topics at hand. An added feature in these sections is guided activities to develop writing skills.

- **Leute.** Development of reading skills is the focus of the *Leute* sections, which spotlight famous as well as ordinary people in the German-speaking countries. These readings are preceded by *Vor dem Lesen* activities, which are designed to pique students' interest in the topic and to provide them with key vocabulary. *Arbeit mit dem Text* activities then lead to a more in-depth understanding of the text.

Wort, Sinn und Klang

In keeping with the goal of developing a rich lexicon, the *Wort, Sinn und Klang* section takes a closer look at words by discussing cognates, words that change their meaning in different contexts, word families, compound words, suffixes that signal gender, and idiomatic expressions.

- **Zur Aussprache.** This sub-section discusses and practices German sounds that may present problems for speakers of English. The *Zur Aussprache* section is included on the audio CDs that accompany the text.

- **Wortschatz 2** and **Wörter im Kontext.** This is a list of the most useful words and expressions that have occurred after the *Vorschau*. *Wörter im Kontext* activities again help students internalize vocabulary items.

Icons

The various types of activities in ***Treffpunkt Deutsch*** are signaled by the following icons:

This icon signals recorded material.

This icon signals a personalized activity to be done by pairs of students.

This icon signals a personalized activity to be done by groups of three or more students.

This icon signals an information gap activity.

This icon signals a role play, usually involving two students.

This icon signals a writing activity.

This icon signals a reading activity.

Components of the *Treffpunkt Deutsch* Program

Student Text or **Student Text/Audio CD Package.** *Treffpunkt Deutsch* is available for purchase alone or with the *Text Audio Program*, a set of audio CDs containing recordings of the *Vorschau, Zwischenspiel, Zusammenschau,* and *Zur Aussprache* sections of each chapter.

Complete Audio Program. The complete audio program consists of the *Text Audio Program* together with additional audio CDs containing the audio material to accompany the *Hörverständnis* component of the *Arbeitsbuch* as well as the vocabulary items in *Wortschatz 1* and *Wortschatz 2* for each chapter of the textbook. Students can purchase the complete audio program separately. All ***Treffpunkt Deutsch*** CDs are available to language labs free of charge.

Arbeitsbuch. The *Arbeitsbuch* consists of a workbook and *Hörverständnis* component. Each chapter of the workbook section of the *Arbeitsbuch* begins with a useful summary of the grammar points presented in the corresponding chapter of the student text. The workbook section features a variety of exercises including sentence-building/sentence-completion exercises, fill-ins, matching exercises, and realia-based and picture-cued activities. All exercises have been designed to enhance and reinforce the vocabulary, structures, and themes in the corresponding chapters of the student text. Answers to the exercises are available in a separate **Arbeitsbuch Answer Key.**

The *Hörverständnis* component of the *Arbeitsbuch* contains spin-offs of the *Vorschau, Zwischenspiel,* and *Zusammenschau* dialogues, with accompanying activities on audio CD. This lab program also offers vocabulary practice, pattern-type drills that involve listening and oral responses, and additional pronunciation practice.

Annotated Instructor's Edition. Based on the experiences of the authors and their teaching assistants over many years of class testing, the extensive marginal notes in the *Annotated Instructor's Edition* were written with the novice instructor in mind. They include warm-up activities, resource materials, cultural information, and suggestions for using and expanding the activities and materials in the textbook. They also include the scripts and answer keys for the *Zum Hören* sections as well as the scripts for the narration series *(Bildgeschichten)*. The *Annotated Instructor's Edition* provides the answers to the *Erstes Verstehen* activities in the *Zwischenspiel* and *Zusammenschau* sections as well as the responses from the *Anhang* for the Information Gap activities.

Instructor's Resource Manual. The *Instructor's Resource Manual* includes course syllabi, detailed lesson plans for the whole program, a full script for the audio programs, tips for using video successfully in the foreign language classroom, strategies for integrating the Internet in the course, and a bibliography of sources for additional cultural information.

Companion Website. The *Companion Website,* at http://www.prenhall.com/treffpunkt, is a robust online resource designed to give students a chance to practice and further explore the vocabulary, structures, and cultural themes introduced in the text. For each chapter, students will find self-scoring tutorial exercises on vocabulary and grammar topics as well as Web-based reading and writing activities. Web links to Germany, Austria, Switzerland, Luxemburg, Liechtenstein, and Südtirol, accompanied by interesting activities, provide additional information about the culture of these German-speaking areas of Europe. Also available on the Website are the vocabulary and *Hörverständnis* portions of the audio program, a feature which allows students to access these materials at any time and from any computer with an Internet connection.

Video on CD-ROM or videocassette. Accompanying the fourth edition is a completely new video filmed in Germany specifically for *Treffpunkt Deutsch.* It consists of brief interviews with native speakers based on the theme, structures, and vocabulary of each chapter. The video is available in both videocassette and CD-ROM formats.

Testing Program. The Testing Program consists of alternate versions of hour-long tests for each chapter as well as mid-term and final examinations. Each test uses a variety of techniques to address the skill areas of listening, reading, writing, speaking, and culture.

Computerized Testing Program. The Testing Program is available electronically for Macintosh® and IBM platforms. With the electronic version, instructors can mix and match material according to their needs.

Transparencies. A set of transparencies consisting of maps and illustrations from the text offers the instructor flexibility in creating activities and in presenting vocabulary and cultural information.

Acknowledgments

We would like to express our gratitude to the many instructors and coordinators who took time from their busy schedules to assist us with comments and suggestions over the course of the development of all four editions of **Treffpunkt Deutsch.** We also extend our deepest thanks to the colleagues across North America who have used or reviewed the third edition and provided valuable input. We appreciate their participation and candor, and have incorporated many of their suggestions into the text and annotations of the fourth edition.

Keith Anderson, *St. Olaf College;* Reinhard Andress, *St. Louis University;* William Anthony, *Northwestern University;* John Austin, *Georgia State University;* Linda Austin, *Glendale Community College;* Thomas Bacon, *Texas Tech University;* Linda Daves Baldwin, *Washington College;* Katharina Barbe, *Northern Illinois University;* Gamin Bartle, *University of Alabama;* Gary Bartlett, *Normandale Community College;* Claudia A. Becker, *University of Toronto;* Christel Bell, *University of Alabama;* John M. Brawner, *University of California, Irvine;* Brigitte Breitenbücher, *Elgin Community College;* Johannes Bruestle, *Grossmont College;* Helga Bister-Broosen, *University of North Carolina;* Joan Keck Campbell, *Dartmouth College;* Esther Enns-Connolly, *University of Calgary;* Heidi Crabbes, *Fullerton College;* Rudolph Debernitz, *Golden West College;* Sharon M. DiFino, *University of Florida;* Christopher Dolmetsch, *Marshall University;* Catherine C. Fraser, *Indiana University;* Jurgen Froehlich, *Pomona College;* Harold P. Fry, *Kent State University;* Henry Fullenwider, *University of Kansas;* Anna Glapa-Grossklag, *College of the Canyons;* Margaret Gonglewski, *The George Washington University;* Andrea Golato, *University of Illinois at Urbana-Champaign;* Peter Gölz, *University of Victoria;* Anne-Katrin Gramberg, *Auburn University;* Christian Hallstein, *Carnegie Mellon University;* Barbara Harding, *Georgetown University;* Frauke A. Harvey, *Baylor University;* Elizabeth Hasler, *University of Cincinnati;* Gisela Hoecherl-Alden, *University of Pittsburgh;* Robert G. Hoeing, *SUNY Buffalo;* Deborah L. Horzen, *University of Central Florida;*

Charles J. James, *University of Wisconsin, Madison;* William Keel, *University of Kansas;* George Koenig, *SUNY Oswego;* Arndt A. Krüger, *Trent University;* John A. Lalande II, *University of Illinois;* Alan H. Lareau, *University of Wisconsin—Oshkosh;* Betty Mason, *Valencia Community College;* Robert Mollenauer, *University of Texas;* Kamaksh P. Murti, *University of Arizona;* Margaret Peischle, *Virginia Commonwealth University;* Manfred Prokop, *University of Alberta;* Robert C. Reimer, *University of North Carolina Charlotte;* Richard C. Reinholdt, *Orange Coast College;* Veronica Richel, *University of Vermont;* Roger Russi, *University of North Carolina Charlotte;* Beverly Harris-Schenz, *University of Pittsburgh;* Gerd Schneider, *Syracuse University;* Carolyn Wolf Spanier, *Mt. San Antonio College;* Gerhard Strasser, *Pennsylvania State University;* Michael L. Thompson, *University of Pennsylvania;* Suzanne Toliver, *University of Cincinnati;* Helga Van Iten, *Iowa State University;* Janet Van Valkenburg, *University of Michigan;* Wilfried Voge, *University of California, Los Angeles;* Morris Vos, *Western Illinois University;* Elizabeth I. Wade, *University of Wisconsin—Oshkosh;* William Garrett Welch, *West Texas A&M University,* Hendrik H. Winterstein, *University of Houston.*

We are greatly indebted to the many people at Prentice Hall who participated in the development of the fourth edition of **Treffpunkt Deutsch.** We are very grateful to Phil Miller, our Publisher, for his firm commitment to quality. He not only listened to our ideas for change in this revision, he saw to it that they were implemented. Many thanks also to Karen Storz, our Developmental Editor. She has a fine sense of language and her edits were always dead on. This, coupled with her eagle eye and her close attention to detail, made it a joy to work with her. Again, our deepest gratitude goes to our Consulting Editor, Margaret Gonglewski. As she did for the third edition, she reviewed the entire manuscript in the revision stage, and much of the fine-tuning in the text is the result of her thoughtful and candid observations. We are very grateful that she has taken on the task of revising the Testing Program and the Website, because her pedagogy is so in tune with ours and she knows the program so well. Margaret has also designed the new **Treffpunkt Deutsch Video** and personally directed the filming in Germany. We were fortunate to have Mary Rottino as our Production Director. She combines efficiency with warmth and understanding, and she always answered all our queries promptly. As Production Manager, Erin Connaughton is hard to top. She always kept a cool head (when we didn't!) and always took the time to explain those things in the production process that we did not understand. Jill Lehan has designed a handsome, crisp, fresh-looking book. We thank her for that. Thanks also to Elaine Soares for researching our photo needs so diligently; to Claudia Fernandes, who served us well as Publishing Coordinator and Marketing Assistant; to Guy Ruggiero, who coordinated the art; to Stacy Best Ruel, our former Marketing Manager. Without the marketing team and sales staff, **Treffpunkt Deutsch** would never have attained such a long and distinguished roster of adopters. Hats off to them for their enthusiasm in promoting the text! We also thank Samantha Alducin (Media Editor), Roberto Fernandez (Media Production Manager), and Meriel Martinez (Coordinator of Ancillaries).

Our deepest appreciation again goes to our son Michael, an architect in Berlin, who took time that he really did not have to produce more new line drawings and to update some of the previous ones. With his considerable computer expertise, he also gave us invaluable assistance in facilitating the transfer of electronic documents. And finally, we sincerely thank our daughter-in-law, Sabine Grosser, who researched and designed the graphic for the reading on page 88.

Treffpunkt Deutsch

Erste Kontakte

Kommunikationsziele

Greeting someone and
  responding to greetings
Introducing yourself
Making phone calls
Addressing letters
Saying good-bye

Strukturen

Du, **ihr**, and **Sie**
The numbers from 0–1000
The alphabet

Kultur

Studying at a German
  university
Social implications of **du**, **ihr**,
  and **Sie**

Studenten in Berlin

Beim Studentenwerk

*Christian Lohner and Asha Singh meet at the student center at the **Humboldt-Universität** in Berlin. They are checking the bulletin board for rooms.*

— Hallo, ich heiße Christian, Christian Lohner.
— Und ich bin Asha Singh. Woher kommst du, Christian?
— Ich komme aus Hamburg. Und du, woher bist du?
— Ich bin aus Bombay.

E-1 Wir lernen einander kennen. *(Getting to know each other.)* Walk around the classroom and get to know as many of your classmates as possible. In the German-speaking countries, it is customary to shake hands when greeting someone.

Student 1: Hallo, ich heiße _____.
Wie heißt du?

Student 1: Ich komme aus _____.
Woher bist du?

Student 2: Ich heiße _____.

Student 2: Ich bin aus _____.
(Ich bin auch° aus _____.)   *too*

Im Studentenheim

Heike Fischer has already settled into her room in the dorm. Yvonne Harris, her new roommate, has just arrived.

— Entschuldigung, bist du Heike Fischer?
— Ja. Und du, wie heißt du?
— Ich bin Yvonne Harris aus Pittsburgh.
— Oh, grüß dich, Yvonne. Wie geht's?
— Danke, gut.

E-2 Wir lernen einander kennen. Now walk around the classroom again, and see how many of your classmates' names you remember.

S1: Entschuldigung, bist du _____?

S1: Ja, ich heiße _____. (Nein, ich heiße _____.)

S1: Danke, gut.

S2: Ja, ich bin _____. (Nein, ich bin _____.)
Und du, heißt du _____?

S2: Oh, grüß dich, _____. Wie geht's?

Infobox   Studying at a German university

In Germany the percentage of young people attending a **Universität** is much smaller than in North America. In order to be considered for university admission, students must successfully complete the **Abitur,** a series of exams given in the last year of a **Gymnasium,** a college preparatory high school.

Students do ~~not~~ pay *little or no* university tuition. If neither they nor their parents are able to pay for living expenses, the state helps with a loan. Parents are obligated to pay for their children's education if they can afford it, and they can be sued by their children for not doing so. The government subsidizes dormitory rooms and meals in the **Mensa,** making them very inexpensive.

Die Humboldt-Universität in Berlin

Im Hörsaal   *der lecture hall*

Peter knows Martin and Claudia, but he hasn't met Claudia's roommate Stephanie yet.

MARTIN: *(to Claudia and Stephanie)*
Hallo, ihr zwei! Wie geht's?

CLAUDIA: Danke, gut. Du, Peter, das ist Stephanie, meine Mitbewohnerin. *fem room-mate*

PETER: Grüß dich, Stephanie.

STEPHANIE: Hallo, Peter.

MARTIN: Geht ihr auch in die Mensa? *Latin table cafeteria*

CLAUDIA: Nein, noch nicht.

MARTIN: Na, dann tschüs, ihr zwei.

note on language (usage)

- In German all nouns are capitalized: **Studentenheim, Mensa.** *(das ... die)*

- In addition to the letter **s**, German also uses **ß** (called **Eszett**) to represent the **s**-sound: **Grüß dich!** *(change sound)*

- The letter **ä** in **Universität** is called **a-Umlaut**. The letters **o** and **u** can also be umlauted: **Hörsaal, tschüs.**

- German verbs have endings that change, depending on the subject, e.g., **ich komm*e*, du komm*st*.**

→ Artikel A 29

adj.
das blaue Haus → 8 deutsches JH

E-3 Wir lernen einander kennen.   Walk up to two classmates and greet one by name. She/he will then introduce you to the other classmate.

S1: Grüß dich _____, wie geht's?

S2: Danke, gut. *(introducing S3)* Das ist _____.

S1: *(to S3)* Grüß dich, _____.

S3: *(to S1)* Hallo, _____.

E-4 Tschüs, ihr zwei.   You are going to the cafeteria, but your two friends aren't going just yet.

S1: *(to S2 and S3)* Hallo _____! Hallo _____! Geht ihr auch in die Mensa?

S2: Nein, noch nicht.

S1: Na, dann tschüs, ihr zwei.

S3: *(to S1)* Tschüs, _____.

Im Büro
das

Mrs. Ziegler is an executive in an electronics firm. She has been expecting Mr. O'Brien, a sales representative from Dublin.

—Guten Tag. Mein Name ist O'Brien.
—Wie bitte? Wie heißen Sie?
—Ich heiße O'Brien.
—Oh, Sie sind Herr O'Brien aus Dublin. Ich bin Brigitte Ziegler. Wie geht es Ihnen, Herr O'Brien?
—Danke, gut.

E-5 Wir lernen einander kennen.   You are meeting a German business associate with whom you have been corresponding. Introduce yourself, using your last name. Address your partner with **Frau** or **Herr** and don't forget to shake hands!

S1: Guten Tag. Mein Name ist _____.

S2: Und ich bin *(your first and last name)*.

S1: Oh, Sie sind Frau/Herr _____. Wie geht es Ihnen?

S2: Danke, gut.

How to say *you* in German

Wie heißen Sie?

Wie heißt du?

German has more than one way of saying *you*. The familiar **du** is used to address family members, close friends, children, and teenagers up to about age sixteen. It is also used among students, even if they are not close friends. The plural form of **du** is **ihr.**

The formal **Sie** is used for addressing adults who are not close friends. **Sie** is always capitalized and does not change in the plural.

	singular	plural
FAMILIAR	du	ihr
FORMAL	Sie	Sie

If you are in a German-speaking country and are unsure about which form of address to use, it is better to err on the side of caution and use **Sie.**

E-6 *Du, ihr* oder *Sie?* Indicate with a check mark how you would address the following people if you were in a German-speaking setting.

	du	ihr	Sie
1. your two cousins		✓	
2. your grandmother	✓		
3. your professor			✓
4. your roommate	✓		
5. two classmates		✓	
6. your roommate's parents			✓
7. the postman			✓

Greetings and farewells

In the German-speaking countries, there are various ways of saying hello and good-bye. In North America it is customary for people to shake hands when they first meet each other. In the German-speaking countries, people often shake hands whenever they meet or say good-bye.

	FORMAL	LESS FORMAL	
GREETINGS	**Guten Tag!**	**Tag!** *Moin Hamburg*	*Hello!*
	Guten Morgen!	**Morgen!**	*Good morning!*
	Guten Abend!	**'n Abend!**	*Good evening!*
		Hallo!	*Hello! Hi!*
		Grüß dich!	*Hello! Hi!*
		Grüß Gott! *(S. German)*	*Hello! Hi!*
		Grüezi! *(Swiss)*	*Hello! Hi!*
		Servus! *(Austrian)*	*Hello! Hi!*
FAREWELLS	**Auf Wiedersehen!**	**Wiedersehen!**	*Good-bye!*
		Tschüs!	*Good-bye! So long!*
		Servus! *(Austrian)*	*Good-bye! So long!*
	Gute Nacht!	*Ciao!*	*Good night!*

S. 281
Schwyzerdütsch

E-7 Grußformeln. Find greetings that are used in the German-speaking countries. If you recognize any other non-English greetings, identify them and say them for your classmates.

Counting

The numbers from 0 to 1000

0	null						
1	eins	11	elf	21	einundzwanzig	10	zehn
2	zwei	12	zwölf	22	zweiundzwanzig	20	zwanzig
3	drei	13	dreizehn	23	dreiundzwanzig	30	dreißig
4	vier	14	vierzehn	24	vierundzwanzig	40	vierzig
5	fünf	15	fünfzehn	25	fünfundzwanzig	50	fünfzig
6	sechs	16	sechzehn	26	sechsundzwanzig	60	sechzig
7	sieben	17	siebzehn	27	siebenundzwanzig	70	siebzig
8	acht	18	achtzehn	28	achtundzwanzig	80	achtzig
9	neun	19	neunzehn	29	neunundzwanzig	90	neunzig
10	zehn	20	zwanzig	30	dreißig	100	hundert

101	(ein)hunderteins	200	zweihundert	1000	(ein)tausend
102	(ein)hundertzwei	300	dreihundert		
usw.° (und so weiter)		usw.		*etc.*	

Note the following:

1. The **-s** in **eins** is dropped in combination with **zwanzig, dreißig,** etc.: **einundzwanzig, einunddreißig,** etc.
2. The numbers from the twenties through the nineties are "turned around": **vierundzwanzig** (four and twenty), **achtundsechzig** (eight and sixty), etc.
3. **Dreißig** is the only one of the tens that ends in **-ßig** instead of **-zig**.
4. The final **-s** in **sechs** is dropped in **sechzehn** and **sechzig**.
5. The **-en** of **sieben** is dropped in **siebzehn** and **siebzig**.

E-8 Ohne ~~der~~ Taschenrechner, bitte! *(Without a calculator, please!)*

▶ 2 + 2

how much   **S1:** Wie viel° (Was) ist zwei plus zwei?

S2: Zwei plus zwei ist vier.

▶ 2 − 2

S1: Wie viel (Was) ist zwei minus zwei?

S2: Zwei minus zwei ist null.

1. 10 − 4	5. 44 + 11
2. 11 + 5	6. 71 − 10
3. 99 − 22	7. 9 + 3
4. 50 − 5	8. 14 + 3

E-9 Celsius und Fahrenheit.

For an American traveling in Europe, it is important to be familiar with the Celsius scale. With a partner, work on converting Celsius to Fahrenheit.

S1: Was (Wie viel) ist zwanzig Grad Celsius in Fahrenheit?

approximately

S2: Zwanzig Grad Celsius ist etwa° achtundsechzig Grad Fahrenheit.

Making phone calls and addressing letters

Most German telephone numbers are given in pairs of digits (e.g., 86 68 22). The area code is called **die Vorwahl.**

Telephone etiquette requires that the person answering the phone, as well as the caller, give her/his name. To say good-bye on the phone, the phrase **auf Wiederhören,** a variant of **auf Wiedersehen,** is often used. In colloquial German most people say **tschüs.**

In the German-speaking countries, letters are addressed a bit differently than in North America. The house number follows the name of the street (e.g., **Lindenstraße 29**). The postal code (**die Postleitzahl**) precedes the name of the city. In Germany it has five digits and in Austria and Switzerland four.

E-10 Ein Brief von Mutter. Peter Ackermann has just received a letter from his mother.

1. Peters Hausnummer ist _____.
2. Die Hausnummer von Peters Mutter ist _____.
3. Peters Postleitzahl ist _____.
4. Die Postleitzahl von Peters Mutter ist _____.
5. Ein Brief von Berlin nach München kostet _____ Cent.

Ackermann
Gellestraße 10
10827 Berlin

Peter Ackermann
Zennerstraße 16
81679 München

E-11 Neue Telefonnummern. You need to know the new telephone numbers of the people listed. Ask your partner.

▶ Bettina   91 08 13

S1: Was ist Bettinas neue   **S2:** Bettinas neue Nummer
Telefonnummer?   ist 91 08 13.

1. Alexander   63 36 11
2. Jessica   48 77 24
3. Dieter   91 34 16
4. Frau Pollack   58 44 23
5. Sven   33 06 17
6. Lisa   22 51 40

Spelling

buchstabieren

The alphabet

The name of almost every letter in the German alphabet contains the sound represented by that letter. Learning the alphabet is therefore useful not only for purposes of spelling, but also for your pronunciation. Listen carefully to the recording and to your instructor. Repeat what you hear.

Speakers of German saying the alphabet do not include the three umlauted vowels **ä, ö, ü,** and the **Eszett (ß).**

E-12 Hören Sie gut zu und wiederholen Sie! *(Listen carefully and repeat!)*

a	ah	**g**	geh	**m**	emm	**s**	ess	**y** üppsilon
b	beh	**h**	hah	**n**	enn	**t**	teh	**z** tsett
c	tseh	**i**	ee	**o**	oh	**u**	oo	
d	deh	**j**	yott	**p**	peh	**v**	fow	
e	eh	**k**	kah	**q**	coo	**w**	veh	
f	eff	**l**	ell	**r**	airr	**x**	iks	

E-13 Abkürzungen.   Your instructor will read the names below. Find the appropriate abbreviations and spell them.

Bundesrepublik Deutschland
Vereinigte Staaten von Amerika
Volkswagen
Bayerische Motorenwerke
Allgemeiner Deutscher Automobilclub
Christlich-Demokratische Union
Deutsches Jugendherbergswerk

VW
ADAC
CDU
BRD
DJH
USA
BMW

E-14 Für das Adressbuch.   You (S1) and a friend (S2) are sharing addresses and telephone numbers of mutual acquaintances at the **Humboldt-Universität** in Berlin. The information you have is on this page; the information your friend gives you is in the *Anhang* on page A1.

How do you spell that?

S1: Woher kommt Asha?
S2: Was ist Ashas Adresse?
S2: Bismarck? Wie schreibt man das?°
S1: Was ist Ashas Telefonnummer?

S2: Asha kommt aus Bombay.
S1: Ashas Adresse ist Bismarckstraße 17.
S1: B-i-s-m-a-r-c-k
S2: Ashas Telefonnummer ist 27 30 81 15.

	WOHER?	ADRESSE HIER IN BERLIN	TELEFONNUMMER
Asha		Bismarckstraße 17	
Daniel	Lübeck		57 99 23 07
Heather		Kaiserstraße 67	
Philipp	Rostock		77 66 45 20
Sahika		Zeppelinstraße 176	

E-15 Wir lernen einander kennen. Find out the last name, address, telephone number, and age of two of your classmates

S1: Was ist dein Familienname?

S2: Mein Familienname ist
_____ .

Wie schreibt man das?

...

Was ist deine Adresse?

Meine Adresse ist ...

Was ist deine Telefonnummer?

Meine Telefonnummer ist _____ .

Wie alt° bist du?

Ich bin _____ .   *old*

E-16 Aus dem Telefonbuch. Look at the telephone book entries and answer the questions.

1. What types of businesses are listed here?

2. What does **str.** in **Silberburgstr.** stand for?

3. What is the **Vorwahl** for **München**?

4. What number would you call if you wanted to call the owner of **Schuh-Dorn** after hours?

München (089)	
Schuh-Center	**80 29 19**
Dr. F. Werner	
(K-M) Schwieberdingerstr. 120	
Schuh-Dorn	**62 43 84**
1 Rotebühlpl. 37	
Priv. 1 Rosen-	**42 51 17**
gartenstr. 87	
Schuh-Fischer	**62 49 39**
1 Silberburgstr. 93	
Schuh-Graf	
Julius Graf 50 Seelbergstr. 21	
Fil.	**33 47 00**
60 Widdersteinstr. 10	
Schuh-Grau	
Gustav Grau 1 Hirschstr. 14	

Zur Aussprache

Some sounds and letters that are quite different from those found in English are discussed here. Listen carefully and imitate the sounds that you hear.

The umlauted vowels *ä, ö,* and *ü*

The sound represented by the letter **ä** is close to the sound represented by the letter *e* in English *let*.

Bäcker   Gärtner   Käse   Universität

The sound represented by the letter **ö** has no equivalent in English. To produce this sound, pucker your lips as if to whistle, hold them in this position, and say *eh*.

zwölf   Göttingen   schön   hören

The sound represented by the letter **ü** also has no equivalent in English. To produce this sound, pucker your lips as if to whistle, hold them in this position, and say *ee*.

fünf   Tschüs!   Grüß dich!   grün

The *Eszett*

The letter **ß**, which is called **Eszett,** is pronounced like an *s.*

heiß	heißen	dreißig	Straße *(handwritten)*
	weiß *(handwritten)*		Fußball *(handwritten)*

German *ch*

After **a, o,** and **u,** the sound represented by **ch** resembles a gentle gargling.

acht	noch *still (handwritten)*	auch

After **i** and **e,** the sound represented by ch is pronounced like a loudly whispered *h* in *huge.*

same soon (handwritten)

ich	nicht	gleich	Milch *(handwritten)*

The suffix **-ig** is pronounced as if it were spelled **-ich.**

windig	zwanzig	dreißig

German *v*

The sound represented by the letter **v** is generally pronounced like English *f.*

vier	viel	Vater	but Vase *(handwritten)*
Volkswagen *(handwritten)*			Ventilator *(handwritten)*

German *w*

The sound represented by the letter **w** is always pronounced like English *v.*

woher	Wie geht's?	Wiedersehen!

German *z*

The sound represented by the letter **z** is pronounced like English *ts* in *hits.*

zwei	zehn	zwanzig	Grüezi! *(handwritten)*

Handwritten notes (left margin):
noch nicht — not yet
(immer) noch — still
noch einmal — one more (over)again

sechs
sex

Seite
363
Übungen

Handwritten notes (bottom):
→ S. 115 diphthongs

ßßz   S. 329

WORTSCHATZ

Vocabulary

Informelle Situationen

die

Morgen!	Good morning!
Tag!	Hello!
'n Abend!	Good evening!
Grüß dich!	Hi! *(to greet one person)*
Hallo!	Hi!
Tschüs!	So long! ~Bye!~
Entschuldigung!	Excuse me!
Wie heißt du?	What's your name?
Ich heiße ...	My name is . . .
Ich bin ...	I'm . . .
Woher kommst (bist) du?	Where are you from?
Ich komme (bin) aus ...	I'm from . . .
Wie geht's?	How are you?
Danke, gut.	Fine, thanks.

bis später — *see you later*

Formelle Situationen

Grüp GOH!

Guten Morgen!	Good morning!
Guten Tag!	Hello!
Guten Abend!	Good evening!
Auf Wiedersehen!	Good-bye!
Auf Wiederhören!	Good-bye! *(on the phone)*
Wie heißen Sie?	What is your name?
Ich heiße ...	My name is . . .
Mein Name ist ...	My name is . . .
Woher kommen (sind) Sie?	Where are you from?
Wie geht es Ihnen?	How are you?
Wie bitte?	Pardon?
Frau	Mrs., Ms.
Herr	Mr.
ja	yes
nein	no

Wörter im Kontext

das Wort / *der*

E-17 Formell oder informell? How could you greet the following people at the times given?

	YOUR PROFESSOR	YOUR FELLOW STUDENTS	
9 a.m.	Guten Morgen	Morgen	} Hallo
3 p.m.	Guten Tag Grüp GOH		Grüp dich
7 p.m.	Guten Abend	n'Abend	

E-18 Was passt wo? (*What goes where?*) Supply the appropriate word or expression from the choices given.

wie geht's / Name / nein / Entschuldigung /
wie geht es Ihnen / danke / wie bitte

1. PETER: Grüß dich, Stephanie. _Wie geht's_?
   STEPHANIE: _Danke_, gut.

2. CHRISTIAN: _Entsch_, bist du Asha Singh?
   YVONNE: _Nein_, ich bin Yvonne Harris.

3. HERR FULBRIGHT: Guten Tag. Mein _Name_ ist Fulbright.
   FRAU ZIEGLER: _Wie bitte_? Wie heißen Sie?
   HERR FULBRIGHT: Ich bin Frank Fulbright.
   FRAU ZIEGLER: Oh, Herr Fulbright aus Seattle! Guten Tag! _Wie geht es Ihnen_?

Kommunikationsziele

Talking about . . .
- the weather and the seasons
- student life
- everyday activities and objects
- nationality
- colors

Strukturen

Gender and number of nouns
Ein and **kein**
Personal pronouns
Present tense of **sein**
The verb: infinitive and present tense

Word order:
- Position of the verb in questions and statements
- Expressions of time and place
- Position of **nicht**

Kultur

Landscapes and climate of the German-speaking countries
Aspects of German university life
Why German and English are similar

Leute: **Eine Schweizerin, eine deutsche Familie und zwei Österreicher**

year in, year out

Jahraus, jahrein

Frühling auf der Insel Mainau

Bodensee

A 21 Übersetzung (handwritten)

Semesterbeginn
der (handwritten) — *beginning of semester* (handwritten)

Stephanie und Claudia sitzen zusammen beim Frühstück.

das (handwritten)

CLAUDIA: Gehst du jetzt in die Vorlesung, Stephanie? — *lecture* (handwritten)

STEPHANIE: Ja, und dann zum Auslandsamt. — *das* / *foreign (student) off.* (handwritten)

CLAUDIA: Meine Vorlesungen beginnen erst morgen.

STEPHANIE: Und was machst du heute?

CLAUDIA: Nicht viel. Zuerst schreibe ich ein paar Karten und heute Nachmittag kaufe ich meine Bücher.

STEPHANIE: Na, dann bis später. — *Well then, see you later* (handwritten)

CLAUDIA: Tschüs, Stephanie.

Badewetter
das (handwritten) — *Weather for swimming* (handwritten)

Claudia und Martin sind gute Freunde. Stephanie und Peter sind auch oft zusammen.

wow is it ever hot (handwritten)

MARTIN: Mensch, das ist ja heiß!

PETER: Ja, fast dreißig Grad! – Sag mal, geht ihr auch schwimmen? — *S. 6 ~86°F* (handwritten)

MARTIN: Klar, gleich nach Claudias Hydraulikvorlesung.

PETER: Wir gehen gleich jetzt. Stephanie kommt in fünf Minuten. — *die* (handwritten)

MARTIN: Na, dann bis später.

Der Tag beginnt

Frau Ziegler steht am Fenster. Herr Ziegler ist noch im Bett.

das (handwritten)

HERR ZIEGLER: Wie ist das Wetter? — *das* (handwritten)

FRAU ZIEGLER: Gar nicht schön. Der Himmel ist grau und es regnet.

HERR ZIEGLER: Ist es kalt?

FRAU ZIEGLER: Das Thermometer zeigt zehn Grad. — *reads* (handwritten)

HERR ZIEGLER: Nur zehn Grad! Was für ein Hundewetter! — *das* / *rotten weather* (handwritten)

~50°F (handwritten)

1-1 Richtig oder falsch? You will hear the conversations on page 13. Indicate whether the statements that follow each conversation are **richtig** *(true)* or **falsch** *(false)*.

	SEMESTERBEGINN		BADEWETTER		DER TAG BEGINNT	
	RICHTIG	FALSCH	RICHTIG	FALSCH	RICHTIG	FALSCH
1.	_____	✓	_____	_____	_____	_____
2.	✓	_____	_____	_____	_____	_____
3.	_____	✓	_____	_____	_____	_____

1-2 Was passt zusammen? *(What goes together?)* Working with a partner, find the five sentences that describe each illustration.

Heute ist es gar nicht schön. 2

Heute ist es schön. 1

Die Sonne scheint. 1

Es regnet. 2

Der Himmel ist grau. 2

Der Himmel ist blau. 1

Es ist windig. 2

Es ist windstill. 1

Das ist Badewetter! 1

Was für ein Hundewetter! 2

Sprachnotizen	Flavoring particles and discourse strategies

Speakers of German often use *flavoring particles* to add color to what they are saying. When **ja** is used as a flavoring particle, it often adds emphasis to an exclamation.

> Mensch, das ist **ja** heiß!
> Das ist **ja** Badewetter!

If a speaker uses certain words or phrases to influence the direction a conversation is taking, she/he is employing a *discourse strategy*. For example, when you want to change the subject, you can use a question introduced by **Sag mal.**

MARTIN: Hallo, Claudia. Kommst du jetzt?
CLAUDIA: Ja, gleich. – **Sag mal,** regnet es noch?

1-3 Wie ist das Wetter? Working with a partner, read through the following situations. Complete the conversations with appropriate questions and answers from the box.

SITUATION A

When your friend went to the library this morning, it was pouring rain. When you come to pick her/him up for lunch, your friend wants to know whether it is still raining. You tell her/him that it's nice out now. Your friend responds appropriately.

S1: Hallo, _____. Kommst du jetzt?

S2: Ja, gleich. – Sag mal, wie ist das Wetter? ... ? *Regnet es noch?*

S1: ... ②

S2: ... ③

SITUATION B

When your friend went to the library this morning, the sun was shining. When you come to pick her/him up for lunch, your friend wants to know whether it's still so nice outside. You tell her/him that it's raining now. Your friend responds appropriately.

S1: Grüß dich, _____. Kommst du jetzt?

S2: Klar! – Sag mal, wie ist das Wetter? ④ ?

S1: ... ⑤

S2: ... ⑥

④ Ist es noch so schön?	① Regnet es noch?
⑤ Nein, der Himmel ist grau und es regnet.	② Nein, die Sonne scheint und der Himmel ist blau.
③ Toll°, das ist ja Badewetter!	⑥ Was für ein Hundewetter!

fantastic

das Gespräch

1-4 Drei kleine Gespräche. With a partner, unscramble the exchanges in the following three mini-conversations by numbering appropriately. Then read the conversations for your classmates.

S1:

__3__ Ja, aber erst heute Nachmittag.

__1__ Geht ihr heute schwimmen?

__2__ Wann° geht ihr?

S2:

__2__ Gleich jetzt. Und ihr, geht ihr auch?

__3__ Na, dann bis später.

__1__ Klar, das Thermometer zeigt fast dreißig Grad.

when

S1:

__1__ Was machst du jetzt?

__3__ Und wann gehst du zum Auslandsamt?

__2__ Und dann? Gehst du dann gleich zum Auslandsamt?

S2:

__3__ Das mache ich heute Nachmittag.

__2__ Nein, zuerst kaufe ich meine Bücher.

__1__ Ich gehe in die Vorlesung.

S1:

__2__ Was machst du dann heute?

__3__ Und dann? Was machst du dann?

__1__ Gehst du jetzt in die Vorlesung?

S2:

__3__ Dann gehe ich schwimmen.

__2__ Zuerst schreibe ich ein paar Karten.

__1__ Nein, meine Vorlesungen beginnen erst morgen.

Landscapes and climate of the German-speaking countries

The German-speaking countries are approximately one-fortieth the size of the United States and Canada. And yet, the topography and climate of **Deutschland, Österreich,** and the **Schweiz** are enormously varied.

It is about a day's journey from the coast of the **Nordsee** to the peaks of the German, Swiss, and Austrian **Alpen** in the south. The Lowlands of Northern Germany extend from the Dutch border in the west to the border of Poland in the east. Just south of the **Lüneburger Heide,** where you can hike through thousands of acres of purple heather, the Lowlands give way to the mountain ranges of Central Germany. The most famous of these are the **Harz** mountains. To the southwest lies the **Rheintal,** and following the Rhine south, you reach the densely forested mountains of the **Schwarzwald.** From its highest point, you can see the snow-covered peaks of the Swiss **Alpen** to the southwest.

It also takes about a day to drive from **Freiburg,** at the western edge of Southern Germany, to the eastern border of Austria. You can follow the **Donau,** as it flows through a succession of culturally significant towns like **Regensburg, Passau,** and **Linz,** until you reach **Wien,** the capital of Austria.

The German-speaking countries show considerable climatic variation. In the north, the weather is influenced by the cool air currents off the **Nordsee** and the **Ostsee.** The summers are only moderately warm and the winters are mild, but often stormy and very wet.

In the central region, between the Northern Lowlands and the **Alpen** in the south, the summers are usually much warmer and the winters much colder than in the north. The highest summer temperatures occur in the protected valleys of the **Rhein** and **Mosel** rivers, providing perfect growing conditions for the thousands of acres of vineyards that produce the famous white wines of Germany.

To the south, the climate of the Swiss and Austrian **Alpen** is characterized by high precipitation, shorter summers, and longer winters. But even in these small countries, the variation in climate from one area to the next is quite striking. In Switzerland, which is about half the size of the state of Maine, the climate is so varied that a sports enthusiast can go windsurfing and skiing in a single summer's day!

der Frühling im Voralpenland
das

An der Nordsee ist es oft sehr windig.

Strandkörbe
beach baskets
can be rented

Winter im Harz

In den Schweizer Alpen

Sommerwanderung in Österreich

1-5 Ein bisschen Geographie. Unscramble the following geographical names from the reading and check the appropriate category.

		REGION	CITY	RIVER OR SEA
1. ondua	Donau			✓ river in the south
2. wachzwarlds	Schwarzwald	✓		
3. enwi	Wien		✓ Austria capital	
4. plane	Alpen	✓ mountain		
5. sneredo	Nordsee			✓
6. athlerin	Rheintal	✓		
7. tesoes	Ostsee			✓
8. terröcheis	Österreich	country		
9. olems	Mosel			✓
10. wizechs	Schweiz	✓		

KOMMUNIKATION UND FORMEN

1. Identifying people and things

Nouns: gender and definite articles

S.B2

Nouns are the words used to name people and things. In English all nouns have the definite article *the*. In German every noun has *grammatical gender,* i.e., it is either masculine, neuter, or feminine. Nouns that are masculine have the definite article **der,** nouns that are neuter have the definite article **das,** and nouns that are feminine have the definite article **die.**

masculine	neuter	feminine
der	das	die
the	*the*	*the*

Although nouns referring to males are usually masculine (*der* **Mann,** *der* **Vater**) and nouns referring to females are usually feminine (*die* **Frau,** *die* **Mutter**), the gender of German nouns is not always logical.

der Himmel   **das** Wetter   *das Mädchen*   **die** Sonne
der Computer   **das** Buch   **die** Vorlesung

You should learn each noun with its definite article as *one unit.*

1-10 Wer ist das? Identify the members of the Ziegler family.

1. Das ist ... ②
2. Das ist ... ①
3. Das ist ... ④
4. Das ist ... ③

| ① die Mutter | ② der Vater | ③ die Tochter | ④ der Sohn |

1-11 Verwandte Wörter. *(Related words.)*   The names of the objects below are very close in form and meaning to their English equivalents. With a partner, read the names of the objects listed in the box, find each one in the illustration, and read the corresponding number.

S1: Der Computer ist Bild° Nummer vierzehn. Und der Fußball?
...

S2: Der Fußball ist Bild Nummer siebzehn. Und der Hammer?
...

picture

MASCULINE	NEUTER	FEMININE
14 der Computer , ¯	4 das Auto , -s	5 die Bluse , -n
17 der Fußball , ¨e	3 das Boot , -e	6 die Jacke , -n
19 der Hammer , ¨	18 das Bett , -en	21 die Karotte , -n
1 der Mond	11 das Buch , ¨er	12 die Kassette , -n
13 der Ring , -e	10 das Weinglas , ¨er	15 die Lampe , -n
7 der Schuh , -e	2 das Haus , ¨er	8 die Rose , -n
20 der Teekessel , -	16 das Telefon , -e	9 die Vase , -n

Plural forms of nouns

Although a few English nouns have irregular plural forms (e.g., woman, women; child, children; mouse, mice), most English nouns form the plural by adding -s or -es (e.g., student, students; class, classes).

German has a greater variety of plural forms than English, and you must therefore learn each noun not only with its definite article, but also with its plural form. In vocabulary lists, plurals of nouns are given in abbreviated form.

All three definite articles (**der, das, die**) have the same plural form: **die.**

singular	plural
der	
das	die
die	

abbreviation of plural form	listing	plural form
-	der Amerikaner, -	die Amerikaner
¨	die Mutter, ¨	die Mütter
-e	der Freund, -e	die Freunde
¨e	die Maus, ¨e	die Mäuse
-n	die Karte, -n	die Karten
-en	die Vorlesung, -en	die Vorlesungen
-er	das Kind°, -er	die Kinder
¨er	das Buch, ¨er	die Bücher
-s	das Auto, -s	die Autos
-nen	die Freundin, -nen	die Freundinnen

child

All nouns with the plural ending **-nen** are derived from masculine nouns, e.g., **der Student, die Student*in*, die Student*innen*; der Amerikaner, die Amerikaner*in*, die Amerikaner*innen*.**

1-12 Was sind die Farben?   The plural forms below are listed as you would find them in a dictionary. Using the plural forms, say what colors the objects or animals are. You may want to review the names of the colors on page 18.

S1: Die Bälle sind gelb.
     Und die Schuhe?
     ...

S2: Die Schuhe sind braun.
     dunkel
     Und die Äpfel?
     ...

MASCULINE	NEUTER	FEMININE
der Ball, ¨e	das Auto, -s	die Banane, -n
der Schuh, -e	das Haus, ¨er	die Blume, -n
der Apfel, ¨	das Bett, -en	die Katze, -n
der Pullover, -	das Buch, ¨er	die Maus, ¨e

dunkelbraun

1.

2.

3.

4.

5.

6.

7. *hellbraun*

8.

9.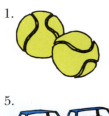

10.

11.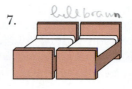

12.

The indefinite articles *ein* and *kein*

The forms of the indefinite article that correspond to **der, das,** and **die** are **ein, ein,** and **eine** *(a, an).*

	masculine	neuter	feminine
DEFINITE	**der** Student	**das** Buch	**die** Studentin
INDEFINITE	**ein** Student	**ein** Buch	**eine** Studentin

If the numeral *one* **(eins)** precedes a noun, German uses the indefinite article instead.

Stephanie hat heute nur **eine** Vorlesung.   *Stephanie has only **one** lecture today.*

The negative forms of the indefinite article *(not a, not (any), no)* are **kein, kein,** and **keine.** Note that **kein** has a plural form: **keine.**

Das ist **kein** Restaurant, das ist eine Mensa.   *That's **not a** restaurant, that's a cafeteria.*

Das sind **keine** Amerikaner, das sind Kanadier.   *Those aren't Americans, they're Canadians.*

Infobox   Aspects of German university life

Students at universities in the German-speaking countries receive much less guidance than students at North American universities and colleges. Attendance at lectures is not mandatory, and there are no semester finals. The first exams **(Zwischenprüfungen)** are taken after the fourth semester. Students must pass them in order to continue their studies. The **Wintersemester** begins in mid-October and ends in mid-February, and the **Sommersemester,** which begins in mid-April, ends in mid-July. German students talk about where they are in their studies according to semesters. (**Ich bin im vierten Semester.** *I am in my sophomore year.*)

Semesterbeginn im April

1-13 Was für dumme Fragen!   Correct your partner.

▶   Glas (n)

S1: Ist das ein Glas?

S2: Nein, das ist kein Glas. Das ist eine Vase.

▶   Lilien (pl)

S1: Sind das Lilien?

S2: Nein, das sind keine Lilien. Das sind Tulpen.

das Bierglas n

1. Biergläser (pl)

4. Pullover (m)

7. Mikroskop (n)   *-e*

2. Tennisball (m)   *bälle*

das
5. Barometer (n)

die
8. Disketten (pl) *f*

3. Jacke (f)   *Jochum*

6. Mäuse (pl)   *die maus f*

Sweatshirt (n) ④	Ratten (pl) ⑥ *die Ratte*	Fußball (m) ③ *Fußbälle*	Teleskop (n) ⑦ *e*
Thermometer (n) ⑤	Kassetten (pl) ⑧ *die Kassette f*	Weingläser (pl) ① *das Weinglas n*	Bluse (f) ③ *en*

2. Word order

In yes/no questions the verb is always the *first element*.

Regnet es noch?   *Is it still **raining**?*
Scheint heute die Sonne?   *Is the sun **shining** today?*

1	2
verb	rest of question

Position of the verb in information questions

In information questions the verb immediately follows a question word or phrase.

Wie **ist** das Wetter heute?	*How **is** the weather today?*
Was **zeigt** das Thermometer?	*What **does** the thermometer **read**?*
Wie kalt **ist** es heute?	*How cold **is** it today?*

Was zeigt das Thermometer?

1	2	3
question word or phrase	verb	rest of question

In German all question words begin with the letter **w** (pronounced like English *v*).

wann?	*when?*	wie viel?	*how much?*
warum?	*why?*	wie viele?	*how many?*
was?	*what?*	wo?	*where? (in what place?)*
wer?	*who?*	woher?	*where . . . from? (from what place?)*
wie?	*how?*	wohin?	*where? (to what place?)*

Note that German uses three words for the word *where*, according to whether it means *in what place, from what place,* or *to what place.*

Wo ist Graz?	***Where** is Graz?*
Graz ist in Österreich.	*Graz is in Austria.*
Woher ist Martin?	***Where** is Martin **from**?*
Ich glaube, er ist aus Mannheim.	*I think he's from Mannheim.*
Wohin gehst du heute Abend?	***Where** are you going tonight?*
Heute Abend gehe ich ins Kino.	*Tonight I'm going to the movies.*

Be careful to distinguish between **wo** *(where)* and **wer** *(who)*. Don't let the English equivalents confuse you.

1-14 Fragen und Antworten. Choose the appropriate response to your partner's questions.

S1:

1. Wann beginnt der Winter? e
2. Warum gehst du nicht schwimmen? h
3. Was macht ihr heute Abend? d
4. Wer ist Tom Cruise? c
5. Woher kommt Stephanie? g
6. Wo ist Chicago? a
7. Wohin gehst du? f
8. Wie viele Meter hat° ein Kilometer? b

S2:

a. In Illinois.
b. Tausend.
c. Ein amerikanischer Filmstar.
d. Wir gehen ins Kino.
e. Im Dezember.
f. In die Mensa.
g. Aus Chicago.
h. Ich finde es zu kalt.

does . . . have

1-15 Smalltalk. Answer your partner's questions appropriately.

S1:

1. Wie heißt du?
2. Woher bist du?
3. Wo ist das?
your 4. Was ist deine° Telefonnummer?
do . . . have 5. Wie viele Vorlesungen hast° du heute?
6. Wie viele Vorlesungen hast du morgen?
7. Wie heißt deine beste Freundin/dein bester Freund?
8. Woher ist deine beste Freundin/dein bester Freund?

S2:

Ich heiße ...
Ich bin aus ...
Das ist in ...
Meine Telefonnummer ist ...
Heute habe ich ...

Morgen habe ich ...

Meine beste Freundin/Mein bester Freund heißt ...
Meine beste Freundin/Mein bester Freund ist aus ...

1-16 So viele Fragen! Introduce the following questions with **Ist** or a question word. Your partner should know the answers.

▶ _____ Steffi Graf aus Österreich?

S1: Ist Steffi Graf aus Österreich?   **S2:** Nein, Steffi Graf ist aus Deutschland.

Belgium 1. __Woher__ kommt Celine Dion, aus Belgien° oder aus Kanada?
2. __Wo__ ist Innsbruck, in Deutschland oder in Österreich?
3. __Ist__ Frankfurt in Österreich?
4. __Wer__ singt besser, Alanis Morissette oder Madonna?
5. __Wieviel__ Sekunden hat eine Minute?
6. __Wie__ ist das Wetter heute?
7. __Wann__ beginnt der Sommer, im Juni oder im Juli?
8. __Was__ ist einunddreißig plus sechs?
9. __Warum__ sind im Winter so viele Deutsche in Florida?
10. __Ist__ Arnold Schwarzenegger aus Österreich?

Position of the verb in statements

In English statements, the verb follows the subject. In German statements, the verb is *always the second element.* This basic difference is one of the most common sources of error for English-speaking students of German.

Die Sonne **scheint.** *The sun **is shining.***
Heute **scheint** die Sonne. *Today the sun **is shining.***

morgen kommt der Weihnachtsm...

1	2	3
subject	verb	rest of sentence
other element	verb	rest of sentence

Ja, nein, and the conjunctions in the table below do not count as elements in a sentence.

und	*and*	**aber**	*but*
oder	*or*	**sondern**	*but, but rather, but . . . instead*
denn	*because*	*nach Verneing*	

Siehe auch
S. 140

Note that **sondern** is always preceded by a negative statement.

Ist das Wetter schön? *Is the weather nice?*
Ja, die Sonne **scheint** *Yes, the sun is shining*
  und der Himmel **ist** blau,   *and the sky is blue,*
  aber es **ist** sehr windig.   *but it's very windy.*

Gehst du schwimmen? *Are you going swimming?*
Nein, ich gehe nicht schwimmen, *No, I'm not going swimming,*
  sondern ich **schreibe** Karten.   *but I'm writing cards instead.*

describes what's not happening
→ describes what's happening

1-17 Und, oder, denn, aber, sondern?

1. Ich gehe heute nicht schwimmen, _____*denn* es ist kalt _____*und* es regnet.
2. Der Himmel ist grau, _____*aber* es regnet nicht.
3. Dreißig Grad ist nicht warm, _____*sondern* es ist sehr heiß.
4. Regnet es _____*oder* scheint die Sonne?

Note that the three forms of the English present tense have only one equivalent in German, i.e., forms like *it is raining* and *it does rain* do not exist.

it rains		
it is raining	**es regnet**	*gerade*
it does rain		*wirklich*

*How often **does it rain** in Hamburg?*   Wie oft **regnet** es in Hamburg?
*In Hamburg it **rains** very often.*   In Hamburg **regnet** es sehr oft.
*It's **raining** today.*   Es **regnet** heute.

1-18 Auf Englisch, bitte!

1. PETER: Kommt Stephanie heute?
   CLAUDIA: Nein, Stephanie kommt heute nicht.
2. MARTIN: Beginnen die Vorlesungen morgen?
   PETER: Nein, die Vorlesungen beginnen heute.
3. MARTIN: Wie viele Vorlesungen hast du heute?
   PETER: Ich habe heute nur zwei Vorlesungen.

1-19 Wie ist das Wetter? Answer your partner's questions according to the illustration.

S1: Ist der Himmel blau oder grau?   **S2:** Der Himmel ist grau.

1. Regnet es oder scheint die Sonne?
2. Ist es heiß oder kalt?
3. Ist es windig oder windstill?
4. Zeigt das Thermometer fünf Grad oder zehn Grad?
5. Ist das Regenwetter oder Badewetter?

1-20 Wie ist das Wetter heute? Again, answer your partner's questions according to the illustration. Begin each answer with **Heute ...**

S1: Ist der Himmel heute grau oder blau?   **S2:** Heute ist der Himmel blau.

1. Ist es heute kalt oder heiß?
2. Zeigt das Thermometer heute zwanzig Grad oder dreißig Grad?
3. Ist es heute windig oder windstill?
4. Scheint heute die Sonne oder regnet es?

1-21 So ist das Wetter heute. Look out the window and write a few lines describing what the weather is like today. Use the questions from the previous exercise and the additional vocabulary below as a guide. Begin your description with **Heute ...** Read your weather report to the class.

es nieselt	*it's drizzling*	**es ist neblig**	*it's foggy*
es schneit	*it's snowing*	**es ist schwül**	*it's humid*
es donnert und blitzt	*it's thundering and lightning*	**es ist heiter**	*it's sunny with some clouds*

es ist heiß   it's hot

Expressions of time and place

In German, expressions of time precede expressions of place. In English it is the reverse.

PETER: Gehst du **jetzt in die Bibliothek?**   *Are you going **to the library now?***

MARTIN: Nein, ich gehe **jetzt in die Kneipe.**   *No, I'm going **to the pub now.***

> GERMAN: **time** before **place**
> ENGLISH: **place** before **time**

n das → ins
f die → in die
m der → in dem gate Hörsaal

1-22 Wohin gehst du jetzt? Your partner isn't going where you expect her/him to go. Use the expressions of place from the box below.

▶ jetzt

S1: Gehst du jetzt in die Bibliothek?   **S2:** Nein, ich gehe jetzt in die Kneipe.

1. jetzt

Mensa   ins Restaurant   *Vorlesung*

2. heute Abend

3. morgen Abend

4. am Sonntagabend

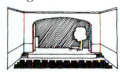   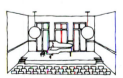

ins Theater	in die Mensa	in die Kneipe	ins Bett
in die Disco	in die Bibliothek	ins Konzert	in die Vorlesung

n das
f
das n
das
m

*(m) in den Garten
in dem Hörsaal*

1. Voc S.47

1-23 Was machst du heute Abend? Move about the class, ask two of your classmates where they are going tonight, and respond to their questions.

S1: Hallo, _____. Wohin gehst du heute Abend?

S2: Ich gehe heute Abend ... Und du? Wohin gehst du?

S1: Ich gehe ...

Continue by asking two other classmates where they are going **morgen Abend** and **am Sonntagabend.**

Position of *nicht*

Nicht precedes words or expressions that are specifically negated.

> Peter kommt **nicht aus Hamburg.**
> Es ist **nicht kalt.**
> Es ist **nicht sehr** windig.
> Ich gehe **nicht in die Disco.**
> Ich gehe **nicht oft** in die Disco.
> Ich gehe **nicht mit Bernd** in die Disco.
> Claudia kommt **nicht heute Abend,** sondern morgen Abend.

If no word or expression is specifically negated, **nicht** stands at the end of the sentence.

> Claudia kommt heute Abend **nicht.**
> Martin kommt auch **nicht.**
> Heute scheint die Sonne **nicht.**

Remember to use **kein/keine** to negate:

- a noun preceded by **ein/eine**
- a plural noun without an article

> Ist das ein Restaurant oder eine Kneipe?

> Das ist **kein** Restaurant und auch **keine** Kneipe. Das ist ein Bistro.

> Sind das Österreicher?

> Nein, das sind **keine** Österreicher, das sind Deutsche.

1-24 Wer kommt wann? Respond negatively according to the information given in the box. The check mark indicates when the people listed are coming.

	HEUTE ABEND	MORGEN ABEND
Claudia	_____	✓
Peter	_____	_____

S1: Kommt Claudia heute Abend?

S2: Nein, Claudia kommt nicht heute Abend, sondern morgen Abend.

Kommt Peter heute Abend?

Nein, Peter kommt heute Abend nicht.

Kommt er morgen Abend?

Nein, morgen Abend kommt er auch nicht.

	HEUTE ABEND	MORGEN ABEND
Stephanie	_____	✓
Martin	✓	_____
Sabine	_____	_____
Tom	_____	✓

S1:

1. Kommt Stephanie heute Abend?
2. Kommt Martin morgen Abend?
3. Kommt Sabine heute Abend?
   Kommt sie morgen Abend?
4. Kommt Tom heute Abend?

S2:

1. Nein, Stephanie *kommt nicht heute Abend*, sondern *morgen Abend*.
2. Nein Martin ..., sondern ...
3. Nein, Sabine *kommt heute abend nicht*.
   Nein, morgen Abend *kommt sie auch nicht*.
4. Nein, Tom ..., sondern ...

1-25 Was für dumme Fragen! Your partner doesn't seem to be very knowledgeable. Use **nicht** or **kein/keine** to answer her/his questions.

1. Regnet es in Israel viel?
2. Regnet es am Südpol°?
3. Ist der Winter in Italien sehr kalt?
4. Beginnt der Sommer im Juli?
5. Donnert und blitzt es am Nordpol?
6. Ist McDonald's ein Supermarkt?
7. Ist fünf plus sechs zwölf?
8. Schreibt Tiger Woods Bücher?

Nein, in Israel *regnet es nicht viel*.
Nein, am Südpol *regnet es nicht*.   *South Pole*
Nein, in Italien *ist der Winter nicht sehr kalt*.
Nein, der Sommer *beginnt nicht in Juli. Der Sommer beginnt in Juni.*
Nein, am Nordpol *blitzt und donnert es nicht. Es gibt nur Wetterleuchten.*
Nein, McDonald's *ist kein Supermarkt*.
Nein, fünf plus sechs *ist nicht zwölf 5 + 6 = 11*
Nein, Tiger Woods *schreibt keine Bücher. Er spielt Golf.*

1-26 Was zeigt die Wetterkarte? With a partner look at the weather map. Using the description of the weather in Hamburg as a model, make up weather reports for Tunis and Nizza. Read your reports to the class.

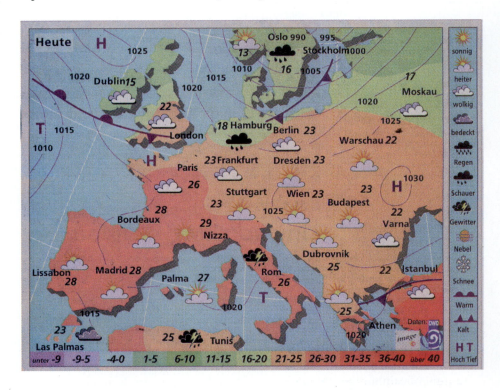

DAS WETTER IN HAMBURG

Heute ist das Wetter in Hamburg nicht sehr schön. Der Himmel ist grau und es regnet. Das Thermometer zeigt 18 Grad. Das ist nicht kalt, aber es ist auch nicht sehr warm.

1-27 Hauptstadtwetter. The electronic billboard on the **Kurfürstendamm** in Berlin shows the temperatures and weather conditions of four European **Hauptstädte.**

1. What do you think the word **Hauptstadt** means?
2. Referring to the key in the weather map above, describe in English the weather for each city on the billboard. (Note: **bewölkt = bedeckt.**)

ZUM HÖREN

Beim Auslandsamt

Claudia has accompanied Stephanie to a reception organized by the **Auslandsamt** of the **Ludwig-Maximilians-Universität** in **München**.

1-28 Erstes Verstehen. Listen to the conversation and choose the correct responses.

1. How many people are speaking?
   1   2   3   4
2. Which names do you hear?
   Tom   Martin   Stephanie   Claudia
3. Which of the following cities are mentioned in the conversation?
   Hamburg   Toronto   Frankfurt   Chicago
4. How many Americans are among the speakers?
   0   1   2   3
5. How many Canadians are among the speakers?
   0   1   2   3

1-29 Detailverstehen. Listen to the conversation again. Then write the answers to the following questions in German. Note the German spellings of physics and biology: **Physik, Biologie.**

1. Woher kommt Claudia?
2. Was ist Toms Nationalität? Ist er Amerikaner? Nein, er ...
3. Kommt Tom aus Vancouver? Nein, er ...
4. Was ist Stephanies Nationalität und woher kommt sie?
5. Was studiert Stephanie?
6. Was studiert Tom?

1-30 Wir lernen einander kennen. You are a student at a reception organized by the **Auslandsamt.** Walk around and . . .

1. introduce yourself to other students and ask what their names are.
2. say what nationality you are and ask where they come from.
3. say what you are majoring in (**Ich studiere ...**). Ask what their major is (**Was studierst du?**).

3. Talking about people and things without naming them

What facility does this sign point to?

Personal pronouns: subject forms

If you want to talk about persons without repeating their names, you use personal pronouns. The personal pronouns are categorized under three "persons."

1st person:	I / we *(to talk about oneself)*
2nd person:	you / you *(pl) (to talk to a second party)*
3rd person:	he, it, she / they *(to talk about a third party)*

	singular		plural	
1ST PERSON	**ich**	*I*	**wir**	*we*
2ND PERSON	**du**	*you (familiar)*	**ihr**	*you (familiar)*
	Sie	*you (formal)*	**Sie**	*you (formal)*
3RD PERSON	**er**	*he*		
	es	*it*	**sie**	*they*
	sie	*she*		

German nouns are either masculine, neuter, or feminine, and the pronouns in the 3rd person singular (**er, es, sie**) are chosen according to the principle of *grammatical gender*, i.e., **er** for all nouns with the article **der, es** for all nouns with the article **das,** and **sie** for all nouns with the article **die.**

Ist **der** Student intelligent?	Ja, **er** ist sehr intelligent.
Ist **der** Film lang?	Ja, **er** ist sehr lang.
Ist **das** Kind intelligent?	Ja, **es** ist sehr intelligent
Ist **das** Studentenheim groß°?	Ja, **es** ist sehr groß.
Ist **die** Professorin fair?	Ja, **sie** ist sehr fair.
Ist **die** Vorlesung interessant?	Ja, **sie** ist sehr interessant.

big

In the 3rd person plural, the personal pronoun for all three genders is **sie.**

Sind **die** Studenten intelligent?	Ja, **sie** sind sehr intelligent.
Sind **die** Vorlesungen gut?	Ja, **sie** sind sehr gut.

singular	plural
der → er	
das → es	die → sie
die → sie	

1-31 Wie ist die Uni? Find out what your partner knows about this university, and tell her/him what you know. **S2** will find her/his questions and information in the *Anhang* on page A1.

S1: Ist die Uni gut?   **S2:** Ja, sie ist sehr gut.

S2: Sind die Computer up to date?   **S1:** Nein, sie sind nicht alle up to date.

...   ...

Ist die Uni gut?	
	Nein, _____ sind nicht alle up to date.
Ist der Campus groß?	
Sind die Vorlesungen interessant?	
	Ja, ____ ist sehr gut.
	Ja, ____ ist gut, aber ___ ist noch nicht sehr gut.
Sind die Professoren fair?	
Ist der Präsident populär?	
	Ja, ____ sind fast alle sehr intelligent.
Ist die Bibliothek groß?	
	Nein, ____ ist nicht sehr modern, aber ____ ist sehr schön.
Ist die Mensa gut?	

1-32 Meine Uni. Using the previous activity as a guide, write a short description of your own university or college.

(adving school)

1-33 Welche Farbe hat Lisas Bluse? Your instructor will ask you the colors of your classmates' clothes. Sometimes you may want to add **hell** or **dunkel** to the basic color, e.g., **hellblau** *(light blue)*, **dunkelblau** *(dark blue)*.

LEHRER(IN): Welche Farbe hat Lisas Bluse?   STUDENT(IN): Sie ist rot.

1. die Jacke, -n   3. die Bluse, -n   5. die Hose, -n   7. das Sweatshirt, -s

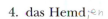

2. der Pullover, -   4. das Hemd, -en   6. der Rock   8. die Jeans, -

4. Expressing states and actions

The present tense of *sein*

The present tense forms of **sein** *(to be)* are as frequently used and as irregular as their English counterparts. They should be carefully learned.

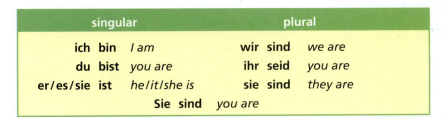

singular			plural		
ich	bin	*I am*	wir	sind	*we are*
du	bist	*you are*	ihr	seid	*you are*
er/es/sie	ist	*he/it/she is*	sie	sind	*they are*
			Sie	sind	*you are*

1-34 Ergänzen Sie! *(Complete!)*   With a partner, take on the roles of the people below. Read the conversations, using the proper forms of **sein.**

1. Hallo!

MARTIN: Hallo! Ich __bin__ Martin und das __ist__ Peter.
HELGA: __Seid__ ihr Brüder°?   *brothers*
MARTIN: Nein, wir __wir__ Freunde.
HELGA: Woher __seid__ ihr?
MARTIN: Ich __bin__ aus Mannheim und Peter __ist__ aus Berlin.

2. Woher sind Stephanie und Tom?

DAVID: __Ist__ Stephanie Amerikanerin?
MARTIN: Ja, sie __ist__ aus Chicago.
DAVID: Und woher __ist__ Tom?
MARTIN: Ich glaube°, er __ist__ aus Kanada.   *think*

3. Wo sind Herr und Frau Ziegler?

FRAU HOLZ: Entschuldigung, __sind__ Sie Herr und Frau Ziegler aus Göttingen?
FRAU NAGLER: Nein, wir __sind__ nicht Herr und Frau Ziegler.
FRAU HOLZ: Sie __sind__ nicht Herr und Frau Ziegler?
FRAU NAGLER: Nein, und wir __sind__ auch nicht aus Göttingen.
FRAU HOLZ: Aber wer __sind__ Sie dann?
FRAU NAGLER: Ich __bin__ Beate Nagler aus Kassel und das __ist__ Herr Müger aus Frankfurt.
FRAU HOLZ: Und wo __seid__ Herr und Frau Ziegler?
FRAU NAGLER: Ich glaube, sie __sind__ noch im Hotel.

1-35 Kleine Gespräche. With a partner, take on the roles of the people below. Read the conversations, supplying the correct forms of **sein** and/or the correct personal pronouns.

1. LUKAS: Das sind Stephanie und Peter. _Sie_ _sind_ gute Freunde.
   JULIA: Wie alt _ist_ Stephanie?
   LUKAS: _Sie_ _ist_ neunzehn.
   JULIA: Und wie alt _ist_ Peter?
   LUKAS: _Er_ _ist_ einundzwanzig.

   Peter 21 J. Stephanie 19 J.

2. FRAU ERB: Wie alt _bist_ _du_, Brigitte?
   BRIGITTE: _Ich_ _bin_ fünf.
   FRAU ERB: Und du, Holger, wie alt _bist_ _du_?
   HOLGER: _Ich_ _bin_ drei.
   FRAU ERB: Und woher _sind_ _ihr_ zwei?
   BRIGITTE UND HOLGER: _Wir_ _sind_ aus Stuttgart.

   Frau Erb

   Holger Brigitte

3. REPORTER: _Sind_ _Sie_ Amerikaner, Herr Smith?
   HERR SMITH: Nein, _ich_ _bin_ Kanadier.
   REPORTER: Und Sie, Frau Jones, _sind_ _Sie_ auch Kanadierin?
   FRAU JONES: Nein, _ich_ _bin_ Amerikanerin.

   Frau Jones

   Herr Smith

The verb: infinitive and present tense

The infinitive

In English the infinitive form of the verb is usually signaled by *to: to ask, to answer, to travel, to do.* German infinitives consist of a *verb stem* plus the ending **-en** or **-n.**

infinitive	stem	ending
fragen *(to ask)*	**frag**	-en
antworten *(to answer)*	**antwort**	-en
reisen *(to travel)*	**reis**	-en
tun *(to do)*	**tu**	-n

The present tense

In English only the 3rd person singular has an ending in the present tense: he ask*s*, she answer*s*, she do*es*, it work*s*. In German *all* the forms of the present tense have endings. These endings are attached to the verb stem.

singular	plural
ich frage	wir fragen
du fragst	ihr fragt
er/es/sie fragt	sie fragen
Sie fragen	

to work If a verb stem ends in **-t** or **-d** (**antwort-en, arbeit-en°, find-en**) or in certain consonant combinations like the **-gn** in **regnen,** an **-e-** is inserted before the personal endings **-st** and **-t** (**du arbeit*e*st, er find*e*t, es regn*e*t**).

singular	plural
ich antworte	wir antworten
du antwort**est**	ihr antwortet
er/es/sie antwort**et**	sie antworten
Sie antworten	

you sit If a verb stem ends in **-s, -ß,** or **-z,** the personal ending in the 2nd person singular is not an **-st** but only a **-t: du reis*t*, du heiß*t*, du sitz*t*°.**

singular	plural
ich reise	wir reisen
du reist	ihr reist
er/es/sie reist	sie reisen
Sie reisen	

Verbs with the infinitive ending **-n** also have the ending **-n** in the 1st and 3rd person plural and in the **Sie**-form: **wir tu*n*, sie tu*n*, Sie tu*n*.**

1-36 Wer macht das? First supply the verb ending that agrees with the subject given. Then replace the subject with the nouns and pronouns in parentheses and change the verb endings accordingly.

1. Warum antwort_est_ du nicht? (Sie, ihr, Robert)
2. Nina frag_t_ viel zu viel. (du, ihr, Sie)
3. Sitz_t_ du oft im Park? (ihr, Professor Denner, Sie)
4. Ich find_e_ die Musik toll. (wir, Thomas, Nina und Alexander)
5. Warum tanz_t_ ihr nicht? (du, Sabine und Thomas, Robert)
6. Jessica lern_t_ Deutsch. (ich, wir, ihr)

nothing 7. Warum tu_t_ ihr nichts°? (Sie, du, Peter)
to 8. Wann reis_en_ Zieglers nach° Spanien? (ihr, du, Sie)

1-37 Kleine Gespräche. Complete the following conversations with the correct forms of the verbs given in parentheses.

Im Garten

FRAU ZIEGLER: Du, Robert, warum _____ du hier und _____ nichts? (sitzen, tun)

ROBERT: Warum _____ du? (fragen)

FRAU ZIEGLER: Vater und ich _____ im Garten. (arbeiten)

ROBERT: Ich _____, ihr _____ zu viel. (glauben, arbeiten)

FRAU ZIEGLER: Und du, du _____ zu wenig°. (arbeiten)   *little*

Beim Rockfest

SABINE: Ich _____ Sabine. Wie _____ du? (heißen, heißen)

THOMAS: Ich ___ Thomas. Wie _____ du die Band? (heißen, finden)

SABINE: Die Band _____ sehr gut. Sag mal, _____ du? (spielen°, tanzen)   *to play*

THOMAS: Klar! Komm, wir _____. (tanzen)

Schulbeginn

HERR ZIEGLER: Am Montag _____ die Schule. (beginnen)

NINA: Ja. Heute Nachmittag _____ ich neue Kleider°. (kaufen)   *clothes*

HERR ZIEGLER: Und wie viel _____ das? (kosten)

NINA: Viel. Kleider _____ viel. (kosten)

HERR ZIEGLER: Ja. Kleider und Kinder _____ viel zu viel! (kosten)

Im Winter

FRAU ZIEGLER: Tag, Frau Berg. Das _____ ja kalt! (sein)

FRAU BERG: Ja, das Thermometer _____ minus zehn! (zeigen)

FRAU ZIEGLER: Wann _____ Sie nach Spanien, Ende Dezember? (reisen)

FRAU BERG: Nein, wir _____ erst im Januar, da _____ es nicht so viel. (reisen, kosten)

The present tense to express future time

German uses the present tense to express future time more frequently than English. However, the context must show clearly that one is referring to the future.

Nächstes Jahr **fliege** ich nach Hamburg.	*Next year I'm flying to Hamburg.*
	Next year I'll be flying to Hamburg.
Was **machst** du dort?	*What will you be doing there?*
	What are you going to do there?
Ich **arbeite** im Hotel Vier Jahreszeiten.	*I'll be working at the Four Seasons Hotel.*
	I'm going to be working at the Four Seasons Hotel.

1-38 Pläne. *(Plans.)* You and your partner want to know what the people listed will be doing at certain times, and each of you has some information. The information for **S2**'s responses is in the *Anhang* on page A2.

S1: Was macht Tanja heute Abend?   **S2:** Heute Abend geht sie ...

S2: ...   **S1:** ...

	HEUTE ABEND	MORGEN ABEND	AM FREITAG	NÄCHSTEN SOMMER
Tanja		schreibt Karten und Briefe	geht in die Bibliothek	
Bernd und Lukas	gehen in die Kneipe			arbeiten bei McDonald's
Florian		spielt Volleyball	geht schwimmen	
Lisa und Laura	spielen Tennis			fliegen nach Europa

1-39 Meine Pläne und deine Pläne. Interview your partner about her/his plans. Share what you find out with your classmates.

S1: Was machst du | heute Abend?   **S2:** Heute Abend _____ ich ...
                      | morgen Abend?   Morgen Abend _____ ich ...
                      | am Freitag?   Am Freitag _____ ich ...
                      | nächsten Sommer?   Nächsten Sommer _____ ich ...

1-40 Klischees. With a partner, match the cities and activities according to the map.

sailing   Berlin   ᴷⁱᵈ segeln° gehen
              Innsbruck   ᴷᵒˡⁿ zum Karneval gehen
trade fair Kiel   ∟ auf die Messe° gehen
              Köln   W Walzer tanzen
money   Leipzig   ᴢ viel Geld° investieren
              München   S ins Daimler-Benz-Museum gehen
              Norderney   ᴶ Skilaufen gehen
              Stuttgart   ᴮ in die Philharmonie gehen
              Wien   ᴹ aufs Oktoberfest gehen
beach   Zürich   N am Strand° sitzen

1-41 Reisepläne (1). Jennifer and her friends are going to travel in the German-speaking countries. What are they going to do in the cities they visit?

▶ Juni   Berlin / in die Philharmonie gehen   *(Voc S.48)*

S1: Wo seid ihr im Juni?   **S2:** Im Juni sind wir in Berlin.
S1: Was macht ihr dort?   **S2:** Wir gehen in die Philharmonie.

1. Juli   Kiel / segeln gehen
2. August   Norderney / am Strand sitzen
3. September   München / aufs Oktoberfest gehen
4. Oktober   Wien / Walzer tanzen

1-42 Reisepläne (2). From January to May Jennifer is going to travel by herself.

▶ Januar   Innsbruck / Skilaufen gehen

S1: Wo bist du im Januar?   **S2:** Im Januar bin ich in Innsbruck.
S1: Was machst du dort?   **S2:** Ich gehe Skilaufen.

1. Februar   Köln / zum Karneval gehen
2. März   Leipzig / auf die Messe gehen
3. April   Zürich / viel Geld investieren
4. Mai   Stuttgart / ins Daimler-Benz-Museum
                         gehen

1-43 Reisepläne (3). Interview your partner about her/his travel plans and report your findings to the class.

Hast du auch Reisepläne? Wann reist du? Wohin reist du? Was machst du dort?

1-44 Ein Interview: Was für Sport machst du? Move about the class and interview three classmates about what types of sports they do in summer and in winter. Additional sports are listed in the *Anhang* on page A28.

S1: Was für Sport machst du im   **S2:** Im Sommer ... (Im Winter ...)
      Sommer (im Winter)?

Im Sommer   gehe ich schwimmen (surfen, segeln, wandern°, ...)   *hiking*
                 spiele ich Tennis (Fußball, Golf, ...)
Im Winter   gehe ich Skilaufen (Schlittschuhlaufen°, ...)   *ice skating*
                 spiele ich Eishockey, ...

ZUM HÖREN

Semesterbeginn in München

Peter Ackermann calls his mother to tell her that he has found a room.

NEUE VOKABELN

das Zimmer	*room*	**wieder**	*again*
übrigens	*by the way*	**Mach's gut!**	*Take care!*

1-45 Erstes Verstehen. Listen to the telephone conversation and choose the correct responses.

1. Who is speaking in this conversation?
   Martin   Peter   Peter's mother
2. What is Martin's last name?
   Ackermann   Zenner   Keller
3. Which cities do you hear?
   Mannheim   Frankfurt   Berlin   München
4. Who is working too much?
   Peter's mother   Martin   Peter's father
5. When will Peter see his family again?
   in mid-October   in mid-November   at the end of November

1-46 Detailverstehen. Listen to the conversation again and write responses to the following questions.

1. Wie viel kostet Peters Zimmer?
2. Was ist Peters Adresse? (Straße und Hausnummer, Postleitzahl und Stadt°)   *city*
3. Was findet Peter in München so toll? *In München sind ...*
4. Was macht Peter am Nachmittag?
5. Woher kommt Martin?
6. Wo in Deutschland ist Peters Mutter?

---

freiwillig / voluntarily

1-47 Das bin ich. Write a profile of yourself, using the following questions as a guide. Write your height in meters and centimeters, e.g., **1,68 = eins achtundsechzig (ein Meter und achtundsechzig Zentimeter).**

Wie heißt du?
Woher kommst du?
Was ist deine Adresse und was ist deine Telefonnummer?
Wie alt und wie groß° bist du?   *tall*
Was studierst du?
Was für Sport machst du im Sommer? *(Im Sommer ...)*
Was für Sport machst du im Winter? *(Im Winter ...)*

Eine Schweizerin, eine deutsche Familie und zwei Österreicher

Vor dem Lesen

1-48 Leute. Look at the title of the readings and the accompanying photos as you answer the following questions.

1. What is Kathrin Spyri's nationality? Approximately how old is she? Name one sport she likes to do.

2. In which country do the Schürers live? What is Mr. Schürer's profession? How old do you judge his children to be?

3. The man in the red jacket on the next page is Arnold Karlhuber. What is his nationality? What is his winter occupation? Where do you think this picture was taken?

Kathrin Spyri

Kathrin Spyri ist Schweizerin. Sie kommt aus Bern und studiert in Zürich Architektur. Sie ist im zehnten Semester und nächsten Sommer macht sie ihr Diplom. Kathrin jobbt oft für ein Züricher Architekturbüro, denn ihr Vater und ihre Mutter haben nicht viel Geld. Kathrin ist nicht sehr sportlich, aber sie spielt oft Federball, und im Sommer geht sie in die Alpen und wandert.

Familie Schürer

Das sind Sybille und Stefan Schürer aus Dresden. Sie haben zwei Kinder: Caroline und Moritz. Stefan ist Arzt[1] und Sybille ist Programmiererin. Sie arbeitet aber nur morgens[2], denn Moritz ist nur morgens im Kindergarten. Jeden[3] Winter gehen Sybille und Stefan vierzehn Tage zum Skilaufen in die Schweiz und die Kinder sind dann bei Oma[4] Schürer in Leipzig. Im Sommer gehen Stefan, Sybille und die Kinder drei oder vier Wochen[5] nach Österreich. Sie wandern, schwimmen, surfen und segeln, und sie haben alle viel Spaß[6].

[1]physician   [2]in the morning   [3]every   [4]grandma   [5]weeks   [6]fun

Arnold Karlhuber

Arnold Karlhuber ist aus Salzburg. Er ist Automechaniker, aber im Winter arbeitet er als Skilehrer[1] in Kitzbühel. Arnolds Vater hat in Salzburg eine Autofirma und Arnold arbeitet dort von[2] April bis November. Arnolds Frau heißt Christa. Sie ist Buchhalterin[3] und sie arbeitet auch für Arnolds Vater. Christa ist aus München, sie ist aber jetzt Österreicherin. Arnold und Christa haben noch keine Kinder.

[1] *ski instructor*   [2] **von ... bis:** *from . . . to*   [3] *accountant*

Arbeit mit dem Text

1-49 Ergänzen Sie!   Fill in the missing information from the biographical sketches above. You should be able to guess the meanings of **Wohnort** and **Beruf.**

NAME	WOHNORT	BERUF	NATIONALITÄT
Kathrin Spyri	Zürich	Studentin	Schweizerin
Sybille Schürer	Dresden	Programmiererin	Deutsche
Arnold Karlhuber	Salzburg	Automechaniker	Österreicher
Frau Schürer	Leipzig Oma	Rentnerin	Deutscherin
Stefan Schürer	Dresden	Arzt	Deutscher
Christa Karlhuber	Salzburg	Buchhalterin	Österreicherin

WORT, SINN UND KLANG

Wörter unter der Lupe

Cognates

In *Erste Kontakte* and this chapter you have seen that German and English are closely related languages. Many words are so close in sound and spelling to their English equivalents that you can easily guess their meanings. Words in different languages that are identical or similar in form and meaning are called *cognates*.

Infobox   **Why German and English are similar: The Angles and Saxons**

Many of the similarities between English and German can be traced back 1600 years to the time when the Angles and Saxons, Germanic tribes from what is today northern Germany, invaded Britain and settled there. Around 200 A.D. the Roman Empire encompassed not only the countries around the Mediterranean, but also included present-day Austria, Switzerland, Southern Germany, France, and most of the British Isles. Beginning about the fourth century A.D., shiploads of Angle and Saxon warriors crossed the North Sea to England and attacked the increasingly vulnerable defenses of the Roman Empire. When the Romans finally retreated from Britain in the fifth century, the Angles and Saxons remained and settled the country. It was the Germanic languages of these tribes that became the foundation for present-day English.

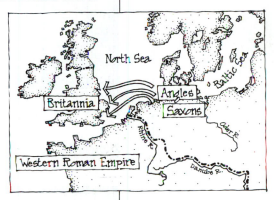

1-50 Leicht zu verstehen. Give the English cognates of the following sets of German words. *die Familie*

1. *Family:* die Mutter, der Vater, der Sohn, die Tochter, der Bruder, die Schwester
2. *Parts of the body:* das Haar, die Nase, die Lippe, die Schulter, der Arm, der Ellbogen, die Hand, der Finger, der Fingernagel, das Knie, der Fuß
3. *Descriptive words:* jung, alt, neu, hart, lang, laut, voll, frisch, sauer, dumm, gut, reich
4. *Animals:* der Fisch, die Ratte, die Maus, die Katze, die Laus, der Wurm, der Fuchs, der Bulle, die Kuh
5. *Food and drink:* die Butter, das Brot, der Käse, der Apfel, das Salz, der Pfeffer, das Wasser, das Bier, der Wein, die Milch

1-51 Wie heißt das Restaurant? In the German-speaking countries, many restaurants and hotels have ornate wrought-iron signs. Look at the sampling below and match them with the names in the box.

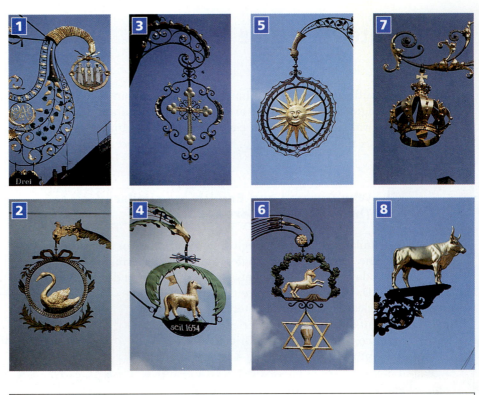

der Ochse 8	die Krone 7	die Sonne 5	das Lamm 4
der Schwan 2	das Kreuz 3	das Einhorn 6	die drei Könige 1

Zur Aussprache

German *ei* and *ie*

1-52 Hören Sie gut zu und wiederholen Sie!

W**ei**n	W**ie**n	s**ei**n	s**ie**
d**ei**n	d**ie**	b**ei**	B**ie**r

Distinguish between **ei** and **ie** by reading the following sentences aloud.

1. W**ie** v**ie**l ist dr**ei** und v**ie**r?
   Dr**ei** und v**ie**r ist s**ie**ben.
2. W**ie** h**ei**ßen S**ie**?
   Ich h**ei**ße Z**ie**gler.
3. Das ist nicht m**ei**n B**ie**r°.
4. D**ie** Schw**ei**z ist **ei**ne Demokrat**ie**.
5. D**ie**ter und Melan**ie** r**ei**sen in d**ie** Schw**ei**z.

colloquial for: *That's not my problem!*

Nomen

der Tag, -e	day
die Woche, -n	week
der Monat, -e	month
das Jahr, -e	year
die Jahreszeit, -en	season
der Frühling	spring
der Sommer	summer
der Herbst	fall; autumn
der Winter	winter
das Zimmer, -	room
der Mitbewohner, -	*(male)* roommate
die Mitbewohnerin, -nen	*(female)* roommate

Verben

arbeiten	to work
finden	to find
fliegen	to fly
glauben	to believe; to think
kosten	to cost
lernen	to learn; to study
reisen	to travel
sitzen	to sit
spielen	to play
tanzen	to dance
tun	to do

Konjunktionen

2 Hauptsätze

und	and
oder	or
denn	because
aber	but
sondern	but; but rather; but . . . instead

Fragewörter

wann?	when?
warum?	why?
was?	what?
wer?	who?
wie?	how?
wie viel?	how much?
wie viele?	how many?
wo?	where? *(in what place?)*
woher?	where . . . from? *(from what place?)*
wohin?	where? *(to what place?)*

Andere Wörter

interessant	interesting
sportlich	athletic
nichts	nothing
sehr	very
übrigens	by the way
von ... bis	from . . . to
wieder	again
zusammen	together

Ausdrücke

am Montag	on Monday
Claudia kommt auch nicht.	Claudia isn't coming either.
ein bisschen	a bit
Ende Januar	at the end of January
im Januar	in January
im Winter	in winter
Mach's gut!	Take care!
nach Claudias Vorlesung	after Claudia's lecture
nach Florida	to Florida
Was für Sport machst du?	What sports do you do?

Das Gegenteil

die Frage, -n ≠ die Antwort, -en	question ≠ answer
fragen ≠ antworten	to ask ≠ to answer
gut ≠ schlecht	good ≠ bad
hell ≠ dunkel	light ≠ dark
hier ≠ dort	here ≠ there
viel ≠ wenig	much ≠ little

Wohin gehst du?

in die Bibliothek	to the library
in die Disco	to the disco
in die Kneipe	to the pub
in die Mensa	to the cafeteria
in die Vorlesung	to the lecture
ins Bett	to bed
ins Kino	to the movies
ins Konzert	to a concert
ins Theater	to the theater

in den Keller — to the cellar
nach (Hause) Florida
ins)

Die Wochentage

der Montag	der Freitag
der Dienstag	der Samstag
der Mittwoch	der Sonntag
der Donnerstag	

validating   *Sonnabend*

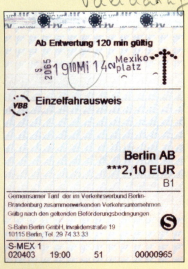

On what day of the week was this ticket purchased?

Leicht zu verstehen

der Januar	der Juli
der Februar	der August
der März	der September
der April	der Oktober
der Mai	der November
der Juni	der Dezember

Wörter im Kontext

1-53 Konjunktionen, bitte!

1. Claudia _____ (*und*) Stephanie studieren in München.
2. Kommt Martin aus Berlin _____ (*oder*) aus Mannheim?
3. Martin kommt nicht aus Berlin, _____ (*sondern*) aus Mannheim.
4. Ist es kalt?
   Ja, _____ (*aber*) nicht sehr.
5. Heute kaufe ich meine Bücher, _____ (*denn*) morgen beginnen die Vorlesungen.

1-54 Fragen und Antworten. Choose the appropriate response to your partner's questions.

S1:

1. Wann reisen Sie nach Italien, Frau Erb?   *e*
2. Wohin fliegen viele Deutsche im Winter?   *a*
3. Wie lange seid ihr in Berlin?   *d*
4. Wie heißt Claudias Mitbewohnerin?   *f*
5. Spielt ihr heute wieder Eishockey?   *b*
6. Was tust du heute Abend?   *c*

S2:

a. Nach Florida.
b. Ja, gleich nach Peters Vorlesung.
c. Nichts.
d. Von Freitag bis Sonntag.
e. Im Herbst.
f. Stephanie.

1-55 Fragen und Antworten. Choose the appropriate response to your partner's questions.

S1:

1. Wie viele Monate hat ein Jahr? *c*
2. Wie viel kostet Peters Zimmer? *a*
3. Wie viele Tage hat eine Woche? *e*
4. Wo arbeitet Frau Berger? *b*
5. Was macht ihr heute Abend? *f*
6. Wie tanzt Stephanie? *d*

S2:

a. Hundertfünfzig Euro.
b. Im Supermarkt.
c. Zwölf.
d. Sehr gut.
e. Sieben.
f. Ich glaube, wir gehen in die Bibliothek und lernen.

1-56 Was passt nicht? In each group cross out the word that doesn't fit.

1. der Tag
   der Monat
   die Kneipe
   die Woche
   das Jahr

2. interessant
   sportlich
   dunkel
   lernen
   gut

3. sitzen
   nichts
   tun
   reisen
   kosten

1-57 Ergänzen Sie!

1. Heute ist Montag und morgen ist _____. *Dienstag*
2. Gestern war° Samstag und heute ist _____. *Sonntag*   *was*
3. Heute ist Donnerstag und gestern war _____. *Mittwoch*
4. Heute ist Sonntag und morgen ist _____. *Montag*
5. Gestern war Donnerstag und morgen ist _____. *Samstag*

1-58 Gegenteile.

1. Der Tag ist _hell_ und die Nacht ist _dunkel_.
2. Der Professor _____ und der Student _____.
3. Fünfhundert Euro sind _viel_ und fünf Euro sind _wenig_.
4. Ein „A" ist _gut_ und ein „F" ist _schlecht_.
   Eine 1   *ein 6*

KAPITEL

2

Kommunikationsziele

Talking about . . .
- friends
- leisure activities
- clothing and possessions

Telling time

Expressing likes, dislikes, and
preferences

Strukturen

The verb **haben**

Verb + **gern** or **lieber**

Nominative case:
- subject and subject
  completion
- **der**-words and **ein**-words
- adjective endings

Kultur

The cuckoo clock

Liechtenstein

Ethnic diversity in Germany

Leute: **Fatma Yützel**

Freunde

Freunde

Übersetzung A22

Wortschatz S.54

Anführungszeichen oben – unten

Freundschaften

Nina Ziegler sagt: Das ist mein Freund
Alexander. Er ist groß und schlank, tanzt sehr
gut und hat ein tolles Motorrad. Alex hat viele
Hobbys: er spielt sehr gut Tennis und Squash, er
schwimmt gern, er spielt ganz toll Gitarre, er
sammelt Briefmarken und er kocht auch gern
und gut. Übrigens ist Alex auch ein sehr guter
Schüler.

by the way

Robert Ziegler sagt: Ich finde Alexander doof.
Er telefoniert oft stundenlang mit Nina und
abends ist er oft bis zehn oder elf bei uns und
spielt seine blöde Gitarre. Was findet meine
Schwester denn so toll an Alex? Ich finde nur
sein Motorrad toll!

Siehe unten

Frau Ziegler sagt: Das ist Beverly Harper. Sie ist
Journalistin und meine beste Freundin. Sie
arbeitet für amerikanische Zeitungen und
schreibt Artikel über die politische Szene in
Europa. Beverly ist nicht nur sehr intelligent,
sondern auch sehr sportlich, und montags von
19 bis 21 Uhr spielen wir immer Tennis
miteinander. Übrigens ist Beverly auch sehr
elegant und kauft gern schicke Kleider.

Herr Ziegler sagt: Ich spiele nicht gern mit
Beverly Tennis, denn sie spielt viel besser als ich.
Aber sie ist eine gute Journalistin und schreibt
sehr interessante Artikel. Wir trinken oft ein
Glas Wein hier bei uns und haben lange
Diskussionen miteinander.

Sprachnotiz	The flavoring particle *denn*

The flavoring particle **denn** is frequently added to questions. It may
express curiosity and interest, but it can also indicate irritation. It does
not change the basic meaning of the question. **Denn** usually follows the
subject of the question.

Was für Artikel schreibt Beverly **denn?**	*What sort of articles does Beverly write?*
Was findet meine Schwester **denn** so toll an Alex?	*What does my sister find so great about Alex?*

ZUM HÖREN

2-1 Richtig oder falsch? You will hear the descriptions of Alexander and Beverly Harper. Indicate whether the statements about each set of descriptions are **richtig** or **falsch.**

	ALEXANDER			BEVERLY HARPER	
	RICHTIG	FALSCH		RICHTIG	FALSCH
1.	✓		1.	✓	
2.		✓	2.		✓
3.	✓		3.		✓

2-2 Anders gesagt. With a partner, read *Freundschaften* again and find equivalents for the following statements.

Alexander ist sehr musikalisch.　　=　　Alexander spielt ganz toll Gitarre.

1. Alexander ist sehr sportlich.
2. Alex ist auch sehr intelligent.
3. Ich finde Alexander gar nicht toll.
4. Alex ist abends oft bis 22 oder 23 Uhr bei Zieglers.
5. Beverly Harper schreibt Zeitungsartikel.
6. Beverly Harper macht viel Sport.
7. Montagabends von sieben bis neun spielen wir immer Tennis miteinander.
8. Wir diskutieren lange miteinander.

2-3 Meine beste Freundin/Mein bester Freund. Answer your partner's questions about your best friend.

S1: Wie heißt deine beste　　**S2:** Sie/Er heißt ...
　　Freundin/dein bester Freund?

S1: Wie alt ist sie/er?　　**S2:** Sie/Er ist ...

S1: Wie ist sie/er?　　**S2:** Sie/Er ist ...

nice	groß	sehr nett°	(nicht) sehr praktisch
short	klein°	sehr intelligent	(nicht) sehr sportlich
	schlank	sehr kreativ	(nicht) sehr musikalisch
plump	mollig°		...

2-4 Hobbys. Now answer questions about your friend's hobbies.

S1: Was für Hobbys hat deine　　**S2:** Sie/Er ... gern.　　Sie/Er spielt
　　Freundin/dein Freund?　　　　　　　　　　　　　gern ...

A
A 28

Hobbys
Sport

fotografiert	Tennis
kocht	Squash
tanzt	Eishockey
schwimmt	Gitarre
piano　reist	Klavier°
...	...

Die Kuckucksuhr

Throughout the world, the **Schwarzwald** is synonymous with clocks, particularly the **Kuckucksuhr.** The first Black Forest clocks appeared in the 1650s. The fact that so many clocks were produced in this region is linked to the way family farms were handed down from one generation to the next. To keep the family farm intact, the entire farm was handed down to the youngest son. All other sons were granted a tiny acreage from the farm on which they could build a small cottage and keep a cow, a pig, some poultry, and a garden. To supplement their meager income, these cottagers began to produce inexpensive wooden clocks that ordinary townsfolk and farmers could afford to buy. Clockmaking was also a popular trade in the harsh, mountainous regions of Austria and Switzerland, but it was the clockmakers of the Black Forest who were the most successful in selling their clocks, particularly the cuckoo clock, around the world. In the mid-nineteenth century, 5000 people in the Black Forest were producing 600,000 clocks annually. For over 160 years the **Kuckucksuhr** has remained one of the most popular and successful timepieces. In Black Forest resorts like **Triberg** and **Titisee**, tens of thousands of cuckoo clocks are purchased annually by tourists from all over the world.

Schwarzwälder Kuckucksuhr

2-5 Wann ist das?   The German-speaking countries use the 24-hour clock to announce the time of public events. Use North American equivalents to answer the questions.

1. When does the mountain bike club meet?
2. When does a demonstration of musical instruments take place?
3. When does the Flamenco workshop take place?
4. At what time does the bird and aquarium club meet?

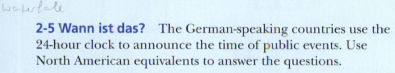

Heute in Schorndorf

Samstag, 1. Februar:

Vereine / Organisationen

Jugendmusikschule: Instrumentendemonstration , 14 bis 16 Uhr, Gottlieb-Daimler-Realschule im Schulzentrum Grauhalde.
Vogel- und Aquarienverein: Hauptversammlung, 20 Uhr, Vereinsheim.
Radfahrverein „Wanderer": Mountainbiker-Treff 14 Uhr, Gmünder Straße 49.

Kultur

Manufaktur: Flamenco-Workshop, 12 bis 15.30 Uhr; Schwof mit Musik aus den 70ern, ab 22 Uhr; Bilderwand – Neue Arbeiten von Gui Ripper, Foyer, 1. Stock.

Nomen

die Freundschaft, -en	friendship
der Lehrer, -	teacher
die Lehrerin, -nen	
die Schule, -n	school
der Schüler, -	pupil, student in a primary
die Schülerin, -nen	or secondary school
die Briefmarke, -n	postage stamp
die Zeitung, -en	newspaper

Verben

haben	to have
kochen	to cook
sagen	to say
sammeln	to collect
telefonieren (mit)	to talk on the phone (with)

Andere Wörter

blöd } doof }	stupid
nett	nice
bis	until
immer	always
miteinander	with each other; together

Ausdrücke

bei uns	at our house
bei Zieglers	at the Zieglers
Ich koche gern.	I like to cook.

Das Gegenteil

groß ≠ klein	big; tall ≠ little, small; short
intelligent ≠ dumm	intelligent ≠ stupid
mollig ≠ schlank	plump ≠ slim

Zeit

die Zeit, -en	time
die Minute, -n	minute
die Sekunde, -n	second
die Stunde, -n	hour
stundenlang	for hours
die Uhr, -en	clock; watch
zehn Uhr	ten o'clock
um zehn Uhr	at ten o'clock

Getränke (Beverages)

das Bier	beer
die Cola	cola
der Kaffee	coffee
die Milch	milk
der Tee	tea
das Wasser	water
der Wein	wine

Sport

Sport machen	to do sports
Eishockey spielen	to play hockey
Golf spielen	to play golf
joggen gehen	to go jogging
schwimmen gehen	to go swimming
Squash spielen	to play squash
Tennis spielen	to play tennis
wandern	to hike
windsurfen gehen	to go windsurfing

Was machen diese Leute?

Leicht zu verstehen

der Artikel, -	diskutieren
die Diskussion, -en	fotografieren
die Gitarre, -n	amerikanisch
das Hobby, -s	modern
der Journalist, -en	musikalisch
die Journalistin, -nen	politisch
die Szene, -n	praktisch

Wörter im Kontext

2-6 Was passt wo?   Complete the sentences with the correct form of the appropriate verb.

kochen / haben / telefonieren / sammeln / sagen

1. Heute Nachmittag _____ wir keine Schule.
2. _____ du Kaffee oder Tee?
3. Robert _____, er findet Alexanders Motorrad toll.
4. Warum _____ du immer so lang, Nina?
5. Alexander _____ Briefmarken.

2-7 Was passt wo?   One of the words in the list is to be used twice.

Zeit / stundenlang / Uhr / Stunde

1. Nina telefoniert oft _____ mit Alexander.
2. Für Alexander hat Nina immer _____.
3. Alexander ist abends oft bis elf _____ bei Zieglers.
4. Roberts neue Swatch ist eine sehr gute _____.
5. Eine _____ hat sechzig Minuten.

2-8 Was für Getränke passen hier?

1. In _____, in _____ und in _____ ist Koffein.
2. Babys trinken _____.
3. In _____ und _____ ist Alkohol.
4. In allen Getränken ist sehr viel _____.

2-9 Was passt wo?   Some of the words in the list are to be used twice.

mollig / schlank / groß / klein

1. Elefanten sind _____ und Mäuse sind _____.
2. Fotomodelle sind sehr _____ und sehr schick.
3. Balletttänzerinnen sind nicht _____, sondern schlank.
4. Basketballspieler sind oft sehr _____.
5. Jockeys sind _____.

2-10 Getrennte Wörter.   Below are eight cognates that have been hyphenated. Reconstruct them by matching the parts appropriately.

1. mo-
2. fotogra-
3. ameri-
4. prak-
5. po-
6. telefo-
7. musi-
8. disku-

a. -tisch
b. -kalisch
c. -tieren
d. -dern
e. -nieren
f. -litisch
g. -fieren
h. -kanisch

1. Telling time

In German there are two ways of telling time. The one used in everyday conversation is similar to our system. The other counts the day from 0 to 24 hours and is used in official announcements such as train schedules, public announcements, and TV guides. Because speakers of German see and hear this way of telling time every day, it is common to use the official forms in colloquial German as well.

The expressions **Wie viel Uhr ist es?** or **Wie spät ist es?** are used to ask for the time.

Wie viel Uhr ist es?

*Es ist zwei Uhr sechs
sechs nach zwei*

	OFFICIAL		COLLOQUIAL
	13.00 Uhr	dreizehn Uhr	eins (ein Uhr)
	13.05 Uhr	dreizehn Uhr fünf	fünf nach eins
	13.15 Uhr	dreizehn Uhr fünfzehn	Viertel nach eins
			Viertel zwei
	13.20 Uhr	dreizehn Uhr zwanzig	zwanzig nach eins
	13.25 Uhr	dreizehn Uhr fünfundzwanzig	fünf vor halb zwei
	13.30 Uhr	dreizehn Uhr dreißig	halb zwei
	13.35 Uhr	dreizehn Uhr fünfunddreißig	fünf nach halb zwei
	13.40 Uhr	dreizehn Uhr vierzig	zwanzig vor zwei
	13.45 Uhr	dreizehn Uhr fünfundvierzig	Viertel vor zwei
			dreiviertel zwei
	13.55 Uhr	dreizehn Uhr fünfundfünfzig	fünf vor zwei
	14.00 Uhr	vierzehn Uhr	zwei (zwei Uhr)

2-11 Wie viel Uhr ist es? Respond to your partner's questions in colloquial time.

S1: Wie viel Uhr ist es?   **S2:** Jetzt ist es Viertel vor acht.

1.   3.   5.   7.   9.   11.

2.   4.   6.   8.   10.

Expressions of time referring to parts of the day

German has no equivalents for the terms *a.m.* and *p.m.* In colloquial German, the following adverbs of time are used to refer to parts of a day without specifying a particular day. Note that all these adverbs of time end in **-s!**

morgens	*in the morning*	**abends**	*in the evening*
vormittags	*in the morning*	**nachts**	*at night*
nachmittags	*in the afternoon*		

2-12 Wie viel Uhr ist es?

 (abends)

S1: Wie viel Uhr ist es?   **S2:** Es ist fünf vor neun.
S1: Wie bitte? Wie spät ist es?   **S2:** Es ist zwanzig Uhr fünfundfünfzig.

Was ist „werktags"?

1. (morgens)   3. (nachmittags)   5. (vormittags)   7. (abends)

2. (nachts)   4. (nachts)   6. (vormittags)   8. (nachmittags)

2-13 Wie spät ist es? Respond to your partner's questions in colloquial time. Specify the part of the day.

▶ 13.45 Uhr

S1: Wie spät ist es?   **S2:** Es ist Viertel vor zwei nachmittags.

1. 16.30 Uhr	5. 6.25 Uhr
2. 9.35 Uhr	6. 14.15 Uhr
3. 20.40 Uhr	7. 23.45 Uhr
4. 17.20 Uhr	8. 15.55 Uhr

Expressions of time referring to parts of a specific day

When referring to a part of a specific day, you must first specify the day (e.g., **gestern, heute, Montag**) and then mention the part of the day (this time without an **-s**).

heute Abend	*tonight*	**morgen früh**	*tomorrow morning*
gestern Nacht	*last night*	**am Montagnachmittag**	*on Monday afternoon*
heute Morgen	*this morning*	**am Dienstagabend**	*on Tuesday evening*

There is a difference between time expressions such as **nachmittags** and **Nachmittag.** The adverb **nachmittags** is used to describe repeated or habitual events.

Ich spiele **nachmittags** immer Tennis.	*I always play tennis in the afternoon.*

The noun **Nachmittag,** in combination with words like **heute** and **morgen,** is used to describe events on a particular day.

Ich spiele **heute Nachmittag** Tennis.	*I'm going to play tennis this afternoon.*

The same distinction is made with days of the week.

freitags	*every Friday, on Fridays*	**am Freitag**	*on Friday, this Friday*

(at) what time . . .?   To ask at what time a specific event occurs, the phrase **Um wie viel Uhr ...?°** is used. The time given in the response is also preceded by **um.**

2-14 Um wie viel Uhr ...?   Use colloquial time in the questions and official time in the responses.

▶ Um wie viel Uhr beginnt die Vorlesung morgen Vormittag, um ...?

S1: Um wie viel Uhr beginnt die Vorlesung morgen Vormittag, um halb zehn?
S2: Ja, um neun Uhr dreißig.

1. Um wie viel Uhr spielst du heute Nachmittag Tennis, um ...?

2. Um wie viel Uhr beginnt das Konzert am Sonntagabend, um ...?

3. Um wie viel Uhr gehen wir morgen früh joggen, um ...?

4. Um wie viel Uhr geht ihr heute Abend in die Disco, um ...?

over 5. Um wie viel Uhr ist die Vorlesung heute Nachmittag zu Ende°, um ...?

2-15 Um wie viel Uhr ...? Approach two classmates and ask them the following questions.

1. Um wie viel Uhr beginnen deine Vorlesungen am Donnerstag?
2. Um wie viel Uhr sind deine Vorlesungen heute zu Ende?
3. Um wie viel Uhr gehst du abends ins Bett?

2. Expressing *to have*

The present tense of *haben*

Like English *to have*, the verb **haben** has many functions. For example, it is used to show possession or relationships, to describe the characteristics of people or things, to state amounts, and to express availability.

Peters Eltern **haben** ein schönes Haus.	*Peter's parents have a beautiful house.*
Robert **hat** noch keine Freundin.	*Robert doesn't have a girlfriend yet.*
Claudia **hat** braune Augen.	*Claudia has brown eyes.*
Eine Minute **hat** sechzig Sekunden.	*A minute has sixty seconds.*
Martin **hat** heute nur zwei Vorlesungen.	*Martin has only two lectures today.*
Martin **hat** heute viel Zeit.	*Martin has a lot of time today.*

In the present tense of **haben,** the **b** of the verb stem is dropped in the 2nd and 3rd person singular.

singular	plural
ich habe	wir haben
du **hast**	ihr habt
er/es/sie **hat**	sie haben
Sie haben	

2-16 Was passt zusammen?

1. Alexander
2. Zieglers
3. Du
4. Ich
5. Ihr

a. habe sehr gute Professoren.
b. hast so schöne, braune Augen, Claudia.
c. habt ein schönes, großes Zimmer.
d. hat ein tolles Motorrad.
e. haben viele Freunde.

2-17 Fragen und Antworten. Supply the appropriate forms of **haben**.

S1:

1. _____ du heute Abend Zeit?
2. _____ Claudia blaue Augen?
3. _____ Peters Eltern ein Haus?
4. _____ ihr heute viele Vorlesungen?
5. _____ Sie ein Auto, Herr Berger?
6. Wie viele Stunden _____ ein Tag?
7. Wie viele Kinder _____ Zieglers?
8. _____ du eine Freundin, Robert?
9. Wie viel Geld _____ ihr noch?
10. Was _____ du jetzt, Physik oder Deutsch?

S2:

Nein, heute Abend _____ ich keine Zeit.
Nein, sie _____ braune Augen.
Ja, sie _____ ein sehr schönes Haus.
Nein, heute _____ wir nur zwei Vorlesungen.
Nein, aber ich _____ ein Motorrad.
Ein Tag _____ vierundzwanzig Stunden.
Sie _____ zwei Kinder.
Nein, ich _____ keine Freundin.
Wir _____ nur noch fünfzig Euro.
Zuerst _____ ich Deutsch und dann Physik.

2-18 Hast du ...? Ask your partner the following questions.

apartment

Hast du ein Zimmer oder eine Wohnung°?
Wie ist das Zimmer (die Wohnung)?

bicycle

Hast du ein Fahrrad° oder ein Auto?
Hast du heute viele Vorlesungen?
Wie viele Vorlesungen hast du heute?

2-19 Günters Stundenplan. You and your partner complete Günter's timetable. Take turns asking your questions. **S2** will find her/his questions in the *Anhang* on page A2.

math lab

S1: Was hat Günter montags von acht bis zehn?

S2: Was hat Günter montags von fünfzehn bis achtzehn Uhr?

S2: Da hat er eine Matheübung°.

S1: ...

1. Was hat Günter montags von acht bis zehn?
3. Was hat Günter dienstags von zehn bis zwölf?
5. Was macht Günter mittwochs von elf bis dreizehn Uhr?
7. Was hat Günter mittwochs von dreizehn bis fünfzehn Uhr?
9. Was hat Günter donnerstags von fünfzehn bis achtzehn Uhr?
11. Was hat Günter freitags von elf bis zwölf?
13. Was macht Günter sonntags?

	Mo	Di	Mi	Do	Fr	Sa	So
8.00				Bio-chemie	Genetik		
9.00			Mikro-biologie				
10.00							
11.00							
12.00					mit Tina Tennis	bei Helga	
13.00							
14.00							
15.00	Genetik-übung						
16.00							
17.00							

2-20 Stundenpläne. Write your partner's name on a blank timetable and fill it in according to her/his responses. Follow the model below. Then read your partner's timetable to the class.

S1:

Was hast du am Montag?

Was hast du am Dienstag?

...

S2:

Von neun bis zehn habe ich Geographie.
Von elf bis zwölf habe ich Deutsch.
Von vierzehn bis sechzehn Uhr habe ich eine Physikübung.
Am Dienstag habe ich keine Vorlesungen.

...

3. Expressing likes, dislikes, and preferences

Verb + *gern* or *lieber*

In German the most common way of saying that you like to do something is to use a verb with **gern.** To say that you don't like to do something, use a verb with **nicht gern.**

Alexander kocht **gern.**   *Alexander **likes to** cook.*
Helga spielt **gern** Klavier.   *Helga **likes to** play the piano.*
Nina geht **gern** tanzen.   *Nina **likes to** go dancing.*
Robert lernt **nicht gern.**   *Robert **doesn't like** studying.*

To express a preference, German uses a verb plus **lieber.**

Was spielst du **lieber,** Karten   *What **do** you **prefer to** play, cards*
  oder Scrabble?   *or Scrabble?*

Gern, nicht gern, and **lieber** are usually placed directly after the verb.

2-21 Das mache ich gern. Working with a partner, tell each other what you like or don't like to do. Follow the model.

▶   spielen: Golf / Tennis / Squash / ...

S1: Ich spiele gern Golf.   **S2:** Ich auch.
                                            Ich nicht, ich spiele lieber Tennis.

1. trinken: Kaffee / Tee / Milch / ...
2. gehen: ins Konzert / ins Theater / in die Disco / ...
3. hören: Rock / Jazz / Mozart / ...
4. trinken: Wein / Bier / Cola / ...
5. spielen: Karten / Scrabble / Billard / ...
6. gehen: schwimmen / windsurfen / tanzen / ...

Ich gehe gern ins Theater.

2-22 Was machen diese Leute gern?   The information for **S2** is in the
Anhang on page A3.

S1: Was für Sport macht Anna gern?   **S2:** Sie geht gern schwimmen.
S2: Was für Musik hört Anna gern?   **S1:** Sie hört gern ...
S1: Was für Spiele spielt Anna gern?   **S2:** Sie spielt gern ...
...   ...

	SPORT	MUSIK	SPIELE
Anna		Jazz	
Peter			Karten
Maria	Tennis	Country and Western	
Moritz	windsurfen		Monopoly

2-23 Was machst du gern?   Interview your partner about what she/he likes
to do.

S1: Was für Sport machst du gern?   **S2:** Ich gehe (spiele) gern ...
      Was für Musik hörst du gern?   Ich höre gern ...
      Was für Spiele spielst du gern?   Ich spiele gern ...

Sprachnotiz	*gern haben*

Gern haben is used to express fondness for someone as opposed to being
in love with that person.

STEFAN: Liebst du Maria?   *Are you in love with Maria?*
LUKAS: Nein, aber ich **habe** sie   *No, but I'm very fond of her.*
sehr **gern.**

4. Answering *who* or *what*

Subject and subject completion

A simple sentence consists of a noun or pronoun *subject* and a *predicate*. The
predicate expresses what is said about the subject and consists of a verb or a
verb plus other parts of speech.
   The boldfaced words in the following examples are the subjects of the verbs.

subject	predicate		
	VERB	OTHER PARTS OF SPEECH
Nina	tanzt	gern.
Nina und Alexander	gehen	oft in die Disco.
Sie	tanzen	dort oft bis zwölf Uhr nachts.

Sometimes the predicate contains a noun that further describes what the subject is or what the subject is called. This noun is called a *subject completion*.

The boldfaced words in the following examples are subject completions. The verbs **heißt** and **ist** function like equal signs, i.e., they show that the subject and the subject completion are one and the same person or thing.

subject	predicate	
	VERB	SUBJECT COMPLETION
Ninas Freund	heißt	**Alexander.**
Er	ist	**ein toller Tänzer.**

[handwritten: Wie heißt Ninas Freund? Wer]

2-24 Alexander. Find the subjects and the subject completions. Not every sentence has a subject completion.

Nina sagt:
1. Mein Freund heißt Alexander.
2. Alex tanzt gern und kocht auch gern und gut.
3. Alex ist ein sehr guter Schüler.
4. Alex ist abends oft bei uns.

Robert sagt:
1. Alexander ist Ninas Freund.
2. Nina und Alexander telefonieren oft stundenlang miteinander.
3. Alex ist viel zu oft bei uns.
4. Alexanders Motorrad ist eine Honda.

The nominative case

As you progress through this text, you will learn that German grammar assigns every noun or pronoun to one of four cases. These cases signal the function of the noun or pronoun in a sentence.

In the following examples, the forms of the definite or indefinite articles show that the nouns are in the *nominative case* and that they are subjects or subject completions.

Der Pulli, **das** Hemd, **die** Jacke
und **die** Schuhe kosten
zusammen fast 300 Euro.
Ein Magazin ist **keine** Zeitung.

Altogether the sweater, the shirt,
the jacket, and the shoes cost
almost 300 euros.
A magazine is not a newspaper.

	masculine		neuter		feminine		plural	
	der		das		die		die	
NOMINATIVE	ein	Pulli	ein	Hemd	eine	Jacke	—	Schuhe
	kein		kein		keine		keine	

Note:

- Like *a* and *an* in English, **ein** and **eine** have no plural forms.
- **Kein** and **keine** do have a plural form.

2-25 Beverly Harper kauft gern Kleider.

▶ Mantel (m)

coat

S1: Wie viel kostet der Mantel°?
S2: Der Mantel kostet 260 Euro.

skirt
belt

1. Rock° (m)
2. Bluse (f)
3. Kleid (n)
4. Schuhe (pl)

5. Sweatshirt (n)
6. Gürtel° (m)
7. Socken (pl)
8. Jacke (f)

Zahlen S.5

2-26 Wie viel kostet so ein Pulli?
Approach three classmates, point to certain articles of clothing they are wearing, and ask how much such items cost. Use **so ein(e)** with singular nouns and **solche** with plural nouns.

such
such

S1: Wie viel kostet so° ein Pulli?
Wie viel kosten solche° Schuhe?
...

S2: So ein Pulli kostet _____ Dollar.
Solche Schuhe kosten _____ Dollar.
...

pants

Pulli (m)	Jacke (f)	Jeans (pl)	Gürtel (m)
Schuhe (pl)	T-Shirt (n)	Mantel (m)	Hose° (f)
Sweatshirt (n)	Rock (m)	Kleid (n)	Hemd (n)
Bluse (f)			

Fragepronomen

The interrogative pronouns *wer* and *was*

The nominative forms of the interrogative pronouns **wer** *(who)* and **was** *(what)* correspond closely to the definite article forms **der** and **das.**

	definite article	interrogative pronoun	definite article	interrogative pronoun
NOMINATIVE	**der**	**wer**	**das**	**was**

2-27 Wer oder was?
Complete each question with **wer** or **was.** Your partner responds appropriately from the choices given.

▶ _____ ist Pavarotti?   Tenor (m)

S1: Wer ist Pavarotti?   **S2:** Pavarotti ist ein Tenor.

1. _____ ist Rotwein?   Insekten (pl)
2. _____ ist *The New York Times?*   Land (n)
3. _____ ist Hillary Rodham Clinton?   Komponisten (pl)
4. _____ ist Afrika?   Getränk (n)
5. _____ ist Andre Agassi?   Autorin (f)
6. _____ ist Mexiko?   Kontinent (m)
7. _____ sind Chopin und Tschaikowski?   Zeitung (f)
8. _____ sind Moskitos? *oder*   Tennisspieler (m)
9. _____ ist J. K. Rowling?   Politikerin (f)

ZUM HÖREN

Jazzfans

David and Frank, students at the university in Linz, Austria, are good friends and avid jazz fans. David has just picked up the program for **Das Internationale Jazzhaus-Festival.** Listen as they decide which concerts they are going to attend.

NEUE VOKABELN

das erste Konzert	*the first concert*	**die Karte, -n**	*ticket*
noch mal	*again*		

2-28 Erstes Verstehen. Listen to the conversation and choose the correct responses.

1. Which days of the week do you hear?
   Freitag   Samstag   Sonntag   Montag
2. On which days does Frank work at the Gin Gin?
   am Freitag   am Samstag   am Sonntag
3. When in the day does Frank work?
   vormittags   nachmittags   abends
4. How many artists are mentioned by name?
   1   2   3   4
5. What amounts are mentioned in connection with the tickets?
   10 Euro   15 Euro   20 Euro   25 Euro

2-29 Detailverstehen. Listen to the conversation again and write responses to the following questions.

1. An welchem° Tag und um wie viel Uhr ist das erste Konzert?   *on which*
2. Welche Band spielt im ersten Konzert?
3. Was für eine Arbeit hat Frank im Gin Gin?
4. An welchem Tag arbeitet Frank nicht?
5. An welchem Tag und um wie viel Uhr singt Dianne Reeves?
6. Was kosten die Karten für das Konzert von Dianne Reeves?

• • • INTERNATIONALES JAZZHAUS-FESTIVAL • • •

2-30 Bist du auch Jazzfan?   On a sheet of paper, write what type of music you are a fan of and some of your favorite performers. Then walk about the class, find others who share your enthusiasm, and find out if they like to listen to the same performers. Follow the models below.

S1: Ich bin Jazzfan/Rockfan/ Klassikfan/... Bist du auch _____?

S2: Nein, ich bin kein _____.

S1: Ich bin Jazzfan/Rockfan/ Klassikfan/... Bist du auch _____?

S2: Ja, ich bin auch _____.

S1: Toll! Hörst du gern _____?

S2: Ja, sie/er ist/sind echt cool. Ja, aber _____ höre ich lieber.

2-31 In welches Beisel gehen wir heute?   Of the many pubs (**Beisel**) in Linz, David and Frank particularly favor the four that are circled. Study the advertising of these pubs and answer the questions below.

1. Where would David and Frank cap an evening at the theater? In which style is this pub decorated?
2. At which pub can David and Frank join in with the musicians? In which part of town is this pub located?
3. Where can David and Frank hear live jazz performances in a pub located in a cellar? What does the name of the pub have to do with its address?
4. At what pub can David and Frank sit outdoors? Is this pub in the new or old part of town?
5. Of all the pubs listed, choose the one to which you would like to go. What makes this pub appealing to you?

P U B S
B E I S E L

Nestroy
Traditionslokal seit 33 Jahren, im Herzen von Urfahr, gute Parkmöglichkeiten.
So-Fr 9-24 Uhr
Nestroystr. 4, Tel. 23 22 38 [B6]

Gin Gin
Sehr schön gelegenes Cafe-Pub am Alten Markt in der Altstadt, schöner Gastgarten, beliebter Treffpunkt für jede Altersgruppe
Hahnengasse 7, Tel. 77 41 20 [C11]

S'Kistl
25 verschiedene Biersorten, davon 6 vom Faß, 15 offene Weinspezialitäten, täglich Menüs und Vollwertküche.
Mo-Sa 10-2, So 18-2 Uhr
Altstadt 17, Tel. 78 45 45 [C12]

Musikcafe Cello
Das Musikcafé in zentraler Lage–machen Sie selbst Musik!
Mo-Sa 10-4, So 15-24 Uhr
Graben 17, Tel. 77 32 18 [D11]

P U B S
B E I S E L

1. Akt
Bar-Restauration in Theaternähe, schöne Bar im Stil der 30er Jahre, reiche Auswahl an erlesenen Getränken und pikanten Speisen.
So-Fr 17-2 Uhr
Klammstr. 20, Tel. 77 53 31 [B12]

Casino-Treff
Ein Casino-Treffpunkt beim Schillerpark! Angenehme, diskrete Atmosphäre, nette Bedienung, Spiel-Spaß-Unterhaltung durch aktuelle Spielautomaten, lange Öffnungszeiten, für Jugendliche unter 18 Jahren verboten!
Mo-Sa 10-24 Uhr, So ab 16 Uhr
Rainerstr. 12, Tel. 66 24 83 [D15/16]

17er Keller
Gepflegte Drinks, Jazz-Music, Live-Konzerte.
Mo-So 19-2 Uhr
Hauptplatz 17, Tel. 77 90 00 [C11]

KOMMUNIKATION UND FORMEN

5. Describing people, places, and things

Der-words in the nominative case

The endings of words like **dieser** (*this*), **jeder** (*each, every*), and **welcher** (*which*) correspond closely to the forms of the definite article. For this reason these words, along with the definite article, are called **der**-words.

Welches deutschsprachige Land hat nur 31 000 Einwohner?	*Which German-speaking country has only 31,000 inhabitants?*
Ich glaube, **dieses** Land heißt Liechtenstein.	*I believe **this** country is called Liechtenstein.*
Diese Briefmarken kommen aus Liechtenstein.	*These stamps are from Liechtenstein.*
In Liechtenstein kauft fast **jeder** Tourist Briefmarken.	*In Liechtenstein almost **every** tourist buys stamps.*

	masculine	neuter	feminine	plural
NOMINATIVE	dieser	dieses	diese	diese
	(der)	(das)	(die)	(die)

Infobox   **Liechtenstein**   ~150 km² (25 km × 6 km)

Nestled in the **Alpen** between Austria and Switzerland lies the principality of **Liechtenstein** (capital: **Vaduz**). With an area of only 61 square miles (15.6 miles long and 3.75 miles wide), it is the smallest of the German-speaking countries. Liechtenstein has its own government and constitution, but since 1920 it has been using Swiss currency, the Swiss postal system, and Swiss diplomatic services.

The 31,000 inhabitants of Liechtenstein enjoy a high standard of living, and taxes are so low that many foreign companies are located there. In fact, there are more companies registered in Liechtenstein than there are inhabitants.

Liechtenstein is well known to anyone who collects **Briefmarken.** Its thriving philatelic industry does over 10 million dollars worth of business annually.

Hier wohnt der Fürst von Liechtenstein

2-32 Dies-, jed-, welch-?

smaller than

1. _____ deutschsprachige Land (n) ist kleiner als° die Schweiz?
2. Woher sind _____ Briefmarken (pl)?

so ... wie: *as . . . as*

3. Nicht _____ Land (n) hat so° schöne Briefmarken wie Liechtenstein.
4. _____ Bus (m) ist das? Ist es der Bus nach Vaduz?
5. In Vaduz kauft fast _____ Tourist (m) ein paar Briefmarken.
6. Sind _____ Touristen (pl) Amerikaner oder Kanadier?

Ein-words in the nominative case: *ein, kein,* and the possessive adjectives

Both **ein** and **kein** belong to a group of words called **ein**-words. Also included in this group are the possessive adjectives, which are used to indicate possession or relationships, e.g., *my* book, *my* friend. The chart below shows the personal pronouns with their corresponding possessive adjectives.

	personal pronouns		possessive adjectives	
SINGULAR	**ich**	*I*	**mein**	*my*
	du	*you*	**dein**	*your*
	er	*he*	**sein**	*his*
	sie	*she*	**ihr**	*her*
	es	*it*	**sein**	*its*
PLURAL	**wir**	*we*	**unser**	*our*
	ihr	*you*	**euer**	*your*
	sie	*they*	**ihr**	*their*
FORMAL	**Sie**	*you*	**Ihr**	*your*

Like the formal **Sie,** the formal **Ihr** is always capitalized. The possessive adjectives take the same endings as **ein** and **kein.**

Wo leben **deine** beiden Freundinnen jetzt, Kirsten?	*Where do **your** two friends live now, Kirsten?*
Meine Freundin Maria lebt in Hamburg und **meine** Freundin Anna und **ihr** Mann leben in Düsseldorf.	***My** friend Maria lives in Hamburg and **my** friend Anna and **her** husband live in Düsseldorf.*

Wie alt sind **Ihre** Kinder, Frau Ziegler?	*How old are **your** children, Mrs. Ziegler?*
Unsere Tochter ist sechzehn und **unser** Sohn ist vierzehn.	***Our** daughter is sixteen and **our** son is fourteen.*

In the following chart the possessive adjective **mein** is used to show the nominative forms of all possessive adjectives.

	masculine	neuter	feminine	plural
NOMINATIVE	mein Lehrer	mein Auto	meine Freundin	meine Eltern

When an ending is added to **euer,** the **e** before the **r** is dropped.

Ist **eure** Mensa gut?	*Is **your** cafeteria good?*

2-33 Günter. Supply the appropriate forms of **mein.**

Ich heiße Günter, bin zwanzig Jahre alt und studiere hier in Leipzig Genetik. _____ Eltern leben auch hier in Leipzig. _____ Vater ist Polizist und _____ Mutter ist Lehrerin. _____ Bruder Stefan ist siebzehn und geht noch in die Schule. _____ Schwester Melanie ist zweiundzwanzig und studiert in Hamburg Biochemie. _____ Freundinnen heißen Helga und Tina und sie studieren auch hier in Leipzig.

2-34 Ich, meine Familie und meine Freunde. Use the previous activity as a model to write a short description of yourself, your family, and your friends. In the *Supplementary Word Sets* in the *Anhang* on pages A28 and A26 you will find vocabulary to express fields of study and occupations. In the next class, read your description to your classmates.

2-35 Ein kleines Gespräch. Supply the appropriate forms of **sein, ihr, Ihr,** and **unser.**

FRAU BENN: Wie alt sind _____ Kinder jetzt, Herr Haag?

HERR HAAG: _____ Tochter ist sechsundzwanzig und _____ beiden Söhne sind einundzwanzig und siebzehn.

FRAU BENN: Und wo lebt _____ Tochter?

HERR HAAG: Laura und _____ Mann leben in Hannover.

FRAU BENN: Und _____ Söhne?

HERR HAAG: Lukas studiert in Münster und _____ Bruder Daniel ist noch hier bei uns.

2-36 Wie ist eure Uni? Imagine that you and your partner are studying at different universities. Find out about each other's schools by completing the questions and responses with the appropriate forms of **euer** and **unser.**

S1:

1. Wie alt ist _____ Uni (f)?
2. Ist _____ Campus (m) groß?
3. Wie sind _____ Vorlesungen (pl)?
4. Ist _____ Bibliothek (f) gut?
5. Sind _____ Computer (pl) up to date?
6. Wie ist _____ Mensa?
7. Ist _____ Studentenheim (n) schön?
8. Wie gut ist _____ Footballteam (n)?

S2:

_____ Uni ist fast 200 Jahre alt.

Nein, _____ Campus ist nicht sehr groß.

_____ Vorlesungen sind sehr interessant.

Ja, _____ Bibliothek ist sehr gut.

Ja, _____ Computer sind fast alle up to date.

_____ Mensa ist gut, aber ein bisschen zu teuer°.   *expensive*

Ja, _____ Studentenheim ist sehr modern und sehr schön.

_____ Footballteam ist echt° spitze°.   *really / great*

2-37 Unsere Uni. Gather in groups of four or five. One student acts as a reporter. She/He uses questions like those in the previous activity to find out more about your university or college. Take turns responding to her/his questions.

Nominative endings of adjectives preceded by *der*-words

An adjective takes an ending when it comes directly before the noun it describes.

Diese elegant**en** Schuhe kosten
nur 50 Euro.

*These elegant shoes cost only
50 euros.*

	masculine	neuter	feminine	plural
NOMINATIVE	der rot**e** Pulli	das blau**e** Hemd	die weiß**e** Jacke	die braun**en** Schuhe

In the nominative, these same endings occur after *all* **der**-words, e.g., **der** rot**e** Pulli, **dieses** blau**e** Hemd, **jede** weiß**e** Jacke, **welche** braun**en** Schuhe.

If two or more adjectives come directly before a noun, they all have the same ending.

Wie viel kosten diese beid**en**
hübsch**en** Blusen?

*How much do these two pretty
blouses cost?*

An adjective takes an ending even if the noun to which it refers is not repeated.

Die rot**e** Bluse kostet 40 Euro
und die gelb**e** kostet 55 Euro.

*The red blouse costs 40 euros and
the yellow one costs 55 euros.*

2-38 Bei Hertie.

1. **S1:** Wie viel kosten diese beid___ hübsch___ Blusen?
   S2: Die rot___ Bluse kostet 40 Euro und die weiß___ kostet 35 Euro.
2. **S1:** Wie viel kosten diese beid___ schick___ Pullis?
   S2: Der weiß___ Pulli kostet 55 Euro und der rot___ kostet 60 Euro.
3. **S1:** Wie viel kosten diese beid___ toll___ Sweatshirts?
   S2: Das blau___ Sweatshirt kostet 20 Euro und das rot___ kostet 30 Euro.
4. **S1:** Wie viel kosten diese beid___ lang___ Mäntel?
   S2: Der braun___ Mantel kostet 215 Euro und der dunkelblau___ kostet 300 Euro.

sporty 5. **S1:** Wie viel kosten diese beid___ sportlich___° Jacken?
   S2: Die schwarz___ Jacke kostet 110 Euro und die weiß___ kostet 115 Euro.
6. **S1:** Wie viel kosten diese beid___ schön___ T-Shirts?
   S2: Das weiß___ T-Shirt kostet 12 Euro und das hellblau___ kostet 17 Euro.

Nominative endings of adjectives preceded by *ein*-words

	masculine	neuter	feminine	plural
NOMINATIVE	ein roter Pulli	ein blaues Hemd	eine weiße Jacke	keine braunen Schuhe

In the chart above, you see that in the masculine and neuter, the **ein**-word has no ending. In these two instances, the adjective itself shows the gender and case of the noun by taking the appropriate **der**-word ending: dies**er** Pulli, **ein** rot**er** Pulli; dies**es** Hemd, **ein** blau**es** Hemd.

CLAUDIA:	Dein rot**er** Pullover ist ganz toll.	*Your red sweater is really neat.*
MARTIN:	Ja, und er war nur halb so teuer wie mein neu**es** blau**es** Hemd.	*Yes, and it was only half as expensive as my new blue shirt.*

2-39 Komplimente. Look at what your classmates are wearing and compliment them on a specific article of clothing.

S: Lisa, dein roter Rock ist sehr schick.
David, deine schwarze Jacke is echt cool.

sehr schick	echt cool	sehr hübsch
sehr schön	echt spitze	sehr elegant
sehr sportlich	ganz toll	sehr interessant

2-40 Wir spielen Trivial Pursuit.   In each response, use the appropriate form of the indefinite article. The information for **S2** is in the *Anhang* on page A3.

S1: Wer ist Billy Bob Thornton?   **S2:** Billy Bob Thornton ist ein amerikanischer Filmstar.

...   ...

LEUTE (WER?)		GETRÄNKE (WAS?)		GEOGRAPHIE (WAS?)	
Billy Bob Thornton	*amerikanischer Filmstar*	Löwenbräu	deutsches Bier	Angola	afrikanisches Land
Margaret Atwood	*kanadische Autorin*	Chianti	*italienischer Rotwein*	Linz	*österreichische Stadt*
Tony Blair	englischer Politiker	Fanta	*deutscher Softdrink*	die Wolga	russischer Fluss
Maria Callas	*griechische Opernsängerin*	Budweiser	amerikanisches Bier	Brandenburg	*deutsches Bundesland*
Felix Mendelssohn	deutscher Komponist	Benedictine	*französischer Liquör*	der Vesuv	italienischer Vulkan

Nominative endings of unpreceded adjectives

	masculine	neuter	feminine	plural
NOMINATIVE	gut**er** Kaffee	gut**es** Bier	gut**e** Milch	gut**e** Oliven

Adjectives that are not preceded by a **der**-word or an **ein**-word show the gender, number, and case of the noun by taking the appropriate **der**-word ending.

Warum ist dies**er** Kaffee so teuer?	*Why is this coffee so expensive?*
Gut**er** Kaffee ist immer teuer.	*Good coffee is always expensive.*

fine foods store **2-41 Herr Ziegler im Feinkostgeschäft°.**

▶ dieser Kaffee

S1: Warum ist dieser Kaffee so teuer? **S2:** Guter Kaffee ist immer teuer.

1. diese Salami
2. dieses Bier
3. diese Pistazien (pl)
4. dieser Tee

5. dieser Wein
6. diese Oliven (pl)
7. dieses Olivenöl
8. diese Schokolade

Gourmet-Tipp

Indische Flugmangos
Extra fresh. Der Frische und des Aromas wegen werden die Früchte täglich eingeflogen. Stück

2.⁹⁹

ZUM HÖREN

Freundinnen

Listen to what Beate and Sabine will be doing between the completion of their **Abitur** and the beginning of their university studies.

NEUE VOKABELN

schon	*already*	**bald**	*soon*
seit	*since*	**fahren**	*to travel*
die Radtour	*bicycle trip*	**durch**	*through*
das Geld	*money*	**der Koffer, -**	*suitcase*
suchen	*to look for*	**die Wohnung**	*apartment*

2-42 Erstes Verstehen. Listen to the narrative and choose the correct responses.

1. Which cities are mentioned?
   Köln   ⟨Göttingen⟩   Schweinfurt   ⟨Schwerin⟩
2. Which months of the year do you hear?
   Juni   ⟨Juli⟩   ⟨August⟩   ⟨September⟩   ⟨Oktober⟩
3. What types of stores do you hear?
   Feinkostgeschäft   ⟨Fotogeschäft⟩   Schuhgeschäft   ⟨Sportgeschäft⟩
4. Which countries are mentioned?
   Dänemark   ⟨Deutschland⟩   ⟨Österreich⟩   Schweden
   ⟨die Schweiz⟩   ⟨Liechtenstein⟩

2-43 Detailverstehen. Listen to the narrative again and write responses to the following questions.

1. Wo leben Beate und Sabine im Juli und wo leben sie im Oktober?
2. Was planen Beate und Sabine für September?
3. Warum suchen sie für August Arbeit?
4. Was ist Beates Hobby?
5. Wer arbeitet im Fotogeschäft und wer im Sportgeschäft?
6. Ende September sind Beate und Sabine wieder in Schwerin. Was machen sie dann?

2-44 Ich und meine beste Freundin/mein bester Freund. Write a description of your best friend, using the following questions to guide you. You may want to refer to the lists of **Studienfächer, Berufe, Hobbys,** and **Musikinstrumente** in the reference section in the *Anhang* on pages A28, A26, and A27.

does . . . live / at home

- Wie heißt deine beste Freundin/dein bester Freund?
- Wie alt ist sie/er?
- Wo wohnt° sie/er? Im Studentenheim oder zu Hause°, oder hat sie/er ein Zimmer oder eine Wohnung?
- Was studiert sie/er oder wo arbeitet sie/er? *(Sie/Er arbeitet bei ...)*
- Was sind ihre/seine Hobbys?
- Was für Sport macht sie/er gern?
- Spielt sie/er ein Instrument?
- Was macht ihr gern zusammen?

2-45 Du und deine beste Freundin/dein bester Freund. Using the questions from the previous activity, find out about your partner and her/his best friend. Fill in the information and report your findings to the class.

MEINE PARTNERIN/MEIN PARTNER

Name _____

subjects Studienfächer°/Arbeit _____

Wohnen _____

Hobbys _____

Sport _____

IHRE/SEINE BESTE FREUNDIN *ODER* IHR/SEIN BESTER FREUND

Name _____

Studienfächer/Arbeit _____

Wohnen _____

Hobbys _____

Sport _____

Fatma Yützel erzählt[1]: Freundschaft, türkisch und deutsch

Vor dem Lesen

2-46 Interkulturelle Freundschaften.

1. Do you have a friend of an ethnic background different from your own? Does your friend or her/his parents view friendship and interpersonal relationships differently than you do? In which way?
2. Look at the title of the reading and the accompanying photo. From the perspective of which nationality does the topic of friendship seem to be discussed?

2-47 Was ist das auf Englisch?   Find the English equivalents for the German words in boldface.

1. Ein **Mietshaus** ist ein großes Haus mit   c
   vielen Wohnungen.
2. Yützels Wohnung ist die Nummer 15.
   In Nummer 16 wohnen Herr und Frau
   Gürlük. Yützels und Gürlüks sind
   Nachbarn.   e
3. Frau Yützel **besucht** Frau Gürlük fast jeden
   Tag.   d
4. In Deutschland **sprechen** viele junge   a
   Türken besser Deutsch als Türkisch.
5. Morgen **heiraten** Stefan Müller und Tansu   b
   Gürlük. Sie sind dann Herr und Frau Müller.

a. speak
b. are marrying
c. apartment building
d. visits
e. neighbors

— S. 80 Voc

Ich heiße Fatma Yützel und bin fünfzehn Jahre alt. Meine Eltern kommen aus der Türkei. Sie leben seit 1975 in Berlin und ich bin hier in Berlin geboren. Wir wohnen in einem großen Mietshaus und haben dort viele Nachbarn, Türken und Deutsche. Am Abend und am Wochenende besuchen wir oft unsere türkischen Nachbarn, oder die Nachbarn besuchen uns, denn unsere Nachbarn sind auch unsere Freunde. Unsere deutschen Nachbarn besuchen wir nie[2], und die Deutschen besuchen ihre deutschen Nachbarn auch fast nie. Meine Eltern denken[3], die Deutschen sind unfreundlich und haben keine Freunde. Aber meine Freundin Melanie sagt, das ist gar nicht so. Melanie ist Deutsche und sie sagt, ihre Eltern haben sehr gute Freunde. Diese Freunde sind aber nicht ihre Nachbarn, sondern Freunde aus der Schulzeit oder Arbeitskollegen. Also[4] sind die Deutschen gar nicht unfreundlich, sondern nur anders als[5] wir Türken.

Meine Eltern sprechen fast kein Deutsch und sie haben deshalb[6] nur sehr wenig Kontakt mit Deutschen. Aber wie[7] so viele junge Türken spreche ich besser Deutsch als Türkisch. Ich bin auch sehr gern und sehr oft bei Melanie, denn ich finde nicht nur sie, sondern auch ihren Bruder David sehr nett. Aber das sage ich meinen Eltern nicht. Sie kommen aus einem kleinen türkischen Dorf[8] und dort hat ein ordentliches[9] Mädchen keinen Freund, und die Eltern finden den Mann für ihre Tochter. Aber ich bin hier in Deutschland geboren und vielleicht[10] heirate ich sogar[11] mal einen Deutschen.

[1]*tells her story* [2]*never* [3]*think* [4]*so* [5]*different than* [6]*therefore* [7]*like* [8]*village* [9]*decent* [10]*perhaps* [11]*even*

Arbeit mit dem Text

2-48 Wer denkt so? Indicate whether the statements below describe the thinking of Fatma's parents or Melanie's parents. Write **FE (Fatmas Eltern)** or **ME (Melanies Eltern)** in the spaces provided.

1. Unsere Nachbarn sind auch unsere Freunde. _F_
2. Unsere Freunde sind Arbeitskollegen oder Freunde aus unserer Schulzeit. _M_
3. Bei uns° hat ein ordentliches Mädchen keinen Freund. _F_
   where we come from
4. Bei uns finden die Eltern den Mann für ihre Tochter. _F_
5. Unsere Töchter haben nicht nur Freundinnen, sondern auch Freunde. _M_
6. Unsere Töchter finden ihre Männer selbst°. _M_
   themselves

2-49 Richtig oder falsch? Your instructor will read 10 statements based on *Fatma Yützel erzählt: Freundschaft, türkisch und deutsch.* Decide whether these statements are **richtig** or **falsch.** Try to correct the statements that are **falsch.**

	RICHTIG	FALSCH		RICHTIG	FALSCH
1.	____	____	6.	____	____
2.	____	____	7.	____	____
3.	____	____	8.	____	____
4.	____	____	9.	____	____
5.	____	____	10.	____	____

Infobox   **Ethnic diversity in Germany**

During the 1950s and 1960s, the period of reconstruction after World War II, the former West Germany experienced a period of remarkable economic growth known as the **Wirtschaftswunder** *(economic miracle).* To ease severe labor shortages, workers were recruited from countries such as Italy, Yugoslavia, Greece, and Turkey. Currently these workers and their families number between 7 and 8 million. By far the largest group is from Turkey.

These various ethnic groups have influenced the cultural life of Germany in many ways, but it is in the food industry that their influence is particularly noticeable. Turkish markets with colorful displays of exotic fruits and vegetables are common in larger towns and cities. Greek, Italian, Turkish, and Asian restaurants have enriched the cuisine of Germany and attract many German guests, and nowadays a town without a **Kebab** stand is unthinkable. Many towns have Islamic centers of worship or a mosque.

Most Germans recognize and are grateful for the economic and cultural contribution that the **Ausländer** *(foreigners)* have made and continue to make to the country, and they are supportive of their integration into German society.

Wörter unter der Lupe

More on cognates

In *Kapitel 1* you saw that for cognates the use of a dictionary is often unnecessary. If you know the "code," you will be able to add many German words to your vocabulary simply by recognizing the patterns they follow. You should have no trouble guessing the meaning of the German words in each category below. Words followed by *(v)* are the infinitive forms of verbs.

- German **f** or **ff** is English *p*

der **Aff**e	das Schi**ff**
schar**f**	hel**f**en *(v)*
die Har**f**e	o**ff**en
rei**f**	ho**ff**en *(v)*

- German **b** is English *v* or *f*

ha**b**en *(v)*	das Kal**b**
das Gra**b**	une**b**en
hal**b**	das Fie**b**er

- German **d, t,** or **tt** is English *th*

das **B**a**d**	der Bru**d**er
danken *(v)*	der Va**t**er
das **D**ing	die Mu**tt**er
dick	die Fe**d**er
dünn	das Le**d**er
tausend	das We**tt**er

The adjective suffixes -ig, -lich, and -isch

German and English create many adjectives by adding suffixes to other words. The German adjectives with the suffixes **-ig, -lich,** and **-isch** often have English equivalents with the suffixes *-y, -ly,* and *-ish*.

2-50 Was ist das auf Englisch?

-ig *(-y)*		**-lich** *(-ly)*	**-isch** *(-ish)*
sonnig	lausig	freundlich	kindisch
schattig	wurmig	mütterlich	dänisch
windig	haarig	väterlich	irisch
eisig	fettig	täglich	polnisch
salzig	stinkig	wöchentlich	türkisch
rostig	sandig	monatlich	schwedisch
schleimig	buschig	jährlich	spanisch

Words as chameleons: *erst*

Just as a chameleon changes its color according to its environment, certain words change their meaning according to their context. One of these is **erst.**

- As an adverb, **erst** means *first, only,* or *not until.*

Lena trinkt **erst** eine Tasse Kaffee und dann geht sie in die Vorlesung.	**First** *Lena drinks a cup of coffee and then she goes to her lecture.*
Es ist **erst** zehn Uhr.	*It's **only** ten o'clock.*
Morgen gehe ich **erst** am Nachmittag zur Uni.	*Tomorrow I'm **not** going to the university **until** the afternoon.*

- As an adjective, **erst** always means *first.*

Wie heißt Mozarts **erste** Oper?	*What is Mozart's **first** opera called?*

does . . . mean

2-51 Was bedeutet° *erst?*

1. Das Konzert beginnt **erst** um 21 Uhr.
   not until / first
2. Thomas ist **erst** siebzehn.
   only / first
3. Anita geht morgens **erst** joggen und dann geht sie zur Uni.
   not until / first
4. Martin kommt heute **erst** um zehn.
   first / not until
5. Freitags beginnt meine **erste** Vorlesung schon um acht.
   not until / first

S.58

 Zur Aussprache

In English the spelling of a word does not always indicate how it is pronounced (e.g., pl**ough**, thr**ough**, thor**ough**, en**ough**). English pronunciation is also a poor indicator of spelling (e.g., b**e**, s**ee**, bel**ie**ve, rec**ei**ve). In German the reverse is true. Once you have mastered a few basic principles, you should have no trouble in pronouncing and spelling new words.

The vowels *a, e, i, o,* and *u*

In a stressed syllable, each of these five vowels is either long or short. Listen carefully to the pronunciation of the following words and sentences and at the same time note the spelling. You will see that certain orthographic markers indicate quite reliably whether a vowel in a stressed syllable is long or short.

- A doubled vowel is always long: **H**a**ar, T**e**e, B**o**ot.**

- A vowel followed by an **h** is always long: **J**a**hr, g**e**ht, S**o**hn, U**h**r.** Note that the **h** is used as a length marker only and is therefore silent.

- **i** followed by an **e** is always long: **B**i**er, s**i**eben.**

- A vowel followed by one consonant plus another vowel is always long: **N**a**se, w**e**nig, K**i**no, M**o**nat, M**i**nute.**

- A vowel followed by an ß is always long: **groß, Straße, Fußball.**

- A vowel followed by a double consonant is always short: **Wasser, Wetter, Lippe, Sommer, Suppe.**

- Usually, a vowel followed by two or more consonants is short: **Land, Mensa, trinken, Tochter, Stunde.**

2-52 Hören Sie gut zu und wiederholen Sie!

a (lang)

Haar
lahm
Lama
Mein Name ist Beate Mahler.
Mein Vater ist aus Saalfeld.

a (kurz)

hart
Lampe
Lamm
Tanja tanzt gern Tango.
Walter tanzt lieber Walzer.

e (lang)

Tee
gehen
leben
Peter geht im Regen segeln°.

e (kurz)

Teddybär
gestern
lernen
Ein Student hat selten° Geld.   *sailing / seldom*

i (lang)

Liebe
Miete
Kino
Dieter liebt Lisa.

i (kurz)

Lippe
Mitte
Kinder
Fischers Fritz fischt frische Fische.

o (lang)

doof
Sohn
Ton
Warum ist Thomas so doof?

o (kurz)

Donner
Sonne
toll
Am Sonntag kommt Onkel Otto.

u (lang)

Stuhl
Schule
super
Utes Pudel frisst° nur Nudeln.

u (kurz)

Stunde
Schulter
Suppe
In Ulm und um Ulm und um Ulm   *eats*
   herum.

Nomen

die Arbeit	work
das Geld	money
die Radtour, -en	bicycle trip
das Wochenende, -n	weekend
das Haus, ¨er	house
das Land, ¨er	country
die Stadt, ¨e	city; town
die Straße, -n	street
die Wohnung, -en	apartment
der Nachbar, -n	neighbor
die Nachbarin, -nen	

Universitätsleben

das Fach, ¨er	
das Studienfach, ¨er	field of study; subject
das Studentenheim, -e	student residence
der Stundenplan, ¨e	timetable
die Übung, -en	exercise; seminar; lab
zur Uni	to the university

Kleidungsstücke

das Kleidungsstück, -e	article of clothing
der Anzug, ¨e	(men's) suit
die Bluse, -n	blouse
der Gürtel, -	belt
das Hemd, -en	shirt
die Hose, -n	pants
die Jacke, -n	jacket
die Jeans (pl)	jeans

das Kleid, -er	dress
die Kleider (pl)	clothes
der Mantel, ¨	coat
der Pulli, -s	light sweater
der Pullover, -	sweater
der Rock, ¨e	skirt
der Schuh, -e	shoe
die Socke, -n	sock
das Sweatshirt, -s	sweatshirt
das T-Shirt, -s	T-shirt

Verben

besuchen	to visit
denken	to think
erzählen	to tell (a story)
hören	to hear
trinken	to drink
leben	to live (in a country or city)
wohnen	to live (in a building or on a street)

Andere Wörter

beide	both; two
hübsch	pretty
schick	chic
bald	soon
deshalb	therefore
erst S.78	first; only; not until
schon	already
vielleicht	perhaps

Ausdrücke

morgen früh	tomorrow morning
Um wie viel Uhr ...?	(At) what time . . .?
Wie spät ist es?	
Wie viel Uhr ist es?	What time is it?
zu Ende sein	to be over
besser als	better than
echt cool	really cool
echt spitze	really great
so ... wie	as . . . as
Heute ist es nicht so kalt wie gestern.	Today it's not as cold as yesterday.

Das Gegenteil

der Mann, ⁻er ≠	husband; man ≠
die Frau, -en	wife; woman
suchen ≠ finden	to look for ≠ to find
dick ≠ dünn	thick ≠ thin
lang ≠ kurz	long ≠ short
teuer ≠ billig	expensive ≠ cheap
immer ≠ nie	always ≠ never

Leicht zu verstehen

der Autor, -en	der Euro
die Autorin, -nen	die Olive, -n
das Magazin, -e	das Olivenöl
der Film, -e	die Salami
das Konzert, -e	die Schokolade
die Oper, -n	elegant

Wörter im Kontext

2-53 Was passt nicht?

1. das Hemd
   die Hose
   die Bluse
   der Pullover

2. die Jeans
   der Rock
   die Hose
   die Bluse

3. die Jacke
   der Gürtel
   der Mantel
   das Kleid

4. die Schuhe
   der Pullover
   das Sweatshirt
   das Hemd

2-54 *Leben* oder *wohnen*?

[handwritten: in einer Stadt   wohnen → die Wohnung in einem kleinen Haus]

1. Stephanie und Claudia ____ beide im Studentenheim.
2. Stephanies Eltern ____ in Chicago.
3. Maria ist aus Salzburg, aber sie ____ jetzt in Wien und ____ dort bei ihrer Großmutter.

2-55 Was passt wo?

dick ≠ dünn / sucht ≠ findet / immer ≠ nie / Mann ≠ Frau / lang ≠ kurz / billig ≠ teuer

1. Im Winter sind die Tage ____ und die Nächte ____.
2. Silber ist nicht ____, aber es ist nicht so ____ wie Gold.
3. Sweatshirts sind ____ und T-Shirts sind ____.
4. Warum hörst du ____ nur Rock und ____ Mozart oder Beethoven?
5. Stefan und Tansu heiraten morgen. Sie sind dann ____ und ____.
6. Lukas ____ eine Frau, aber er ____ keine.

2-56 Wo ist mein Freund?   You want to reestablish contact with a friend who lives abroad. How would you go about finding where she or he lives? Sequence the following words from 1 to 5 to indicate how you would proceed.

__4__ das Haus   __1__ das Land
__2__ die Stadt   __3__ die Straße
__5__ die Wohnung

KAPITEL
3

Kommunikationsziele

Talking about . . .
- family
- shopping and other activities
- useful everyday objects
- occupations

Describing people, places, and things

Strukturen

Accusative case:
- direct object
- **der**-words and **ein**-words
- adjective endings
- time phrases

Verbs with stem changes in the present tense

Word order: A review of negation

Kultur

Family life in the German-speaking countries

Austria

Leute: **Familie Mozart**

Was sehen Sie auf dem Bild?

Familie

Eine österreichische Familie wandert in den Bergen

Die Frau hat Rückenschmerzen.

der Rucksack

Übs binden A 22

Verwandte

Oma Ziegler sagt: Das ist meine Tochter Bettina. Sie ist nicht verheiratet und hat keine Kinder, aber sie ist eine sehr gute Physiotherapeutin. Bettina kauft gern teure Kleider, hat einen viel zu teuren Wagen und sie fährt auch oft zu schnell. Und warum reist Bettina denn immer so viel?

S.84   3-2
1
2

Nina sagt: Tante Bettina ist meine Lieblingstante. Sie hat ein echt tolles Leben: viel Geld, schicke Kleider, große Reisen (auch nach Nordamerika, denn sie spricht sehr gut Englisch) und ein rotes Sportcoupé.

Herr Ziegler sagt: Das ist mein Bruder Alfred. Er ist Bankdirektor, verdient viel Geld und fährt einen großen, grauen Mercedes. Er isst gern gut, trinkt teure Weine und trägt sehr teure, graue Anzüge.

Robert sagt: Onkel Alfred ist nicht mein Lieblingsonkel. Er lacht fast nie und seine Anzüge sind so grau und so langweilig wie sein dicker, grauer Mercedes. Er sitzt den ganzen Tag am Computer oder liest seine blöden Börsenberichte.

ZUM HÖREN

3-1 Richtig oder falsch?   You will hear the descriptions of Bettina Ziegler and Onkel Alfred. Indicate whether the statements following each set of descriptions are **richtig** or **falsch.**

BETTINA ZIEGLER

	RICHTIG	FALSCH		RICHTIG	FALSCH
1.	_____	_____	3.	_____	_____
2.	_____	_____	4.	_____	_____

ONKEL ALFRED

	RICHTIG	FALSCH		RICHTIG	FALSCH
1.	_____	_____	3.	_____	_____
2.	_____	_____	4.	_____	_____

3-2 Anders gesagt. With a partner, read *Verwandte* again, and find equivalents for the following statements:

Oma Ziegler ist Bettinas Mutter.   =   Oma Ziegler sagt: Das ist meine Tochter Bettina.

1. Bettina hat keinen Mann.
2. Bettinas Kleider kosten viel Geld.
3. Bettina macht zu viele Reisen.
4. Bettina hat einen sehr sportlichen Wagen.
5. Onkel Alfred arbeitet bei der Bank.
6. Onkel Alfred hat einen teuren Wagen.
7. Onkel Alfreds graue Anzüge kosten viel Geld.
8. Onkel Alfred hat keinen Humor.
9. Onkel Alfreds Anzüge und sein Wagen sind gar nicht sportlich.

3-3 Eine Familie. The following children's rhyme describes one family. Read the poem. Then study the family tree and answer the questions.

Der Vater, der heißt Daniel,
der kleine Sohn heißt Michael,
male cousin   die Mutter heißt Regine,
die Tochter heißt Rosine,
der Bruder, der heißt Christian,
know   der Onkel heißt Sebastian,

die Schwester heißt Johanna,
die Tante heißt Susanna,
der Vetter°, der heißt Benjamin,
die Kusine, die heißt Katharin,
die Oma heißt Ottilie –
jetzt kennst° du die Familie.

Ein Stammbaum

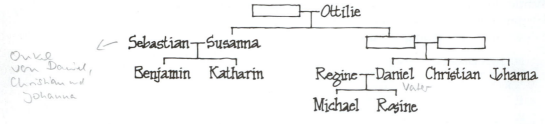

1. Wie heißen Johannas Brüder?
2. Wie heißen Susannas Kinder?
3. Wie heißt Michaels Schwester?
4. Wie heißen Daniels Geschwister°?   *siblings*
5. Wie heißen Katharins Vettern?

6. Wie heißt Ottilies Tochter?
7. Wie heißt Benjamins Kusine?
8. Wie heißt Rosines Tante?
9. Wie heißt Johannas Großmutter?
10. Wie heißen Katharins Eltern?

The noun **Liebling** means *darling* or *favorite*. With the addition of an **-s** (**Lieblings-**), it can be prefixed to many nouns to express that someone or something is one's favorite.

| Tante Bettina ist meine **Lieblings**tante. | *Aunt Bettina is my **favorite** aunt.* |
| Was ist deine **Lieblings**farbe? | *What's your **favorite** color?* |

3-4 Lieblingsverwandte. Answer your partner's questions about your favorite relative.

S1: Wer ist deine Lieblingsverwandte oder dein Lieblingsverwandter?	**S2:** Das ist meine Oma/ Tante/Kusine *(name of relative)*. Das ist mein Opa/Onkel/Vetter *(name of relative)*.
S1: Wie alt ist sie/er?	**S2:** Sie/Er ist ...
S1: Warum ist sie/er deine Lieblingsverwandte/dein Lieblingsverwandter?	**S2:** Sie/Er ...

ist immer freundlich	hat viel Fantasie	kocht gut	
ist immer optimistisch	hat viel Humor	bäckt° gut	*bakes*
ist so intelligent	versteht° meine Probleme	...	*understands*
ist so sportlich	lacht viel		

3-5 Lieblingsdinge. What are your partner's favorite things or activities? Write the information in the spaces provided and report your findings to the class.

f   n + m

| **S1:** Was ist deine/dein Lieblings_____? | **S2:** Meine/mein Lieblings_____ ist ... |

Lieblingsmusik (f) _____   Lieblingsfach (n) _____
Lieblingssport (m) _____   Lieblingsbuch (n) _____
Lieblingsfarbe (f) _____   Lieblingsgetränk (n) _____
Lieblingsfilm (m) _____   Lieblingsauto (n) _____
Lieblingsband (f) _____   ...

(Here) colorful becomes your favorite color.

D
bekommen
werden

E
to get
to become

Joke:
guest "Wenn do I become a beefsteak?"
Waiter I hope never Sir

Was ist Ihre Lieblingsblume?

Nomen

das Ding, -e	thing
die Fantasie	imagination
das Leben	life
der Liebling, -e	darling, favorite
die Reise, -n	trip

Die Familie

die Eltern *(pl)*	parents
die Mutter, ̈	mother
die Stiefmutter, ̈	stepmother
der Vater, ̈	father
der Stiefvater, ̈	stepfather
das Kind, -er	child
das Einzelkind, -er	only child
die Tochter, ̈	daughter
der Sohn, ̈e	son
die Geschwister *(pl)*	sisters and brothers, siblings
die Schwester, -n	sister
der Bruder, ̈	brother
der/die Verwandte, -n	relative
die Großeltern *(pl)*	grandparents
die Großmutter, ̈	grandmother
die Oma, -s	grandma
der Großvater, ̈	grandfather
der Opa, -s	grandpa
der Enkel, -	grandson; grandchild
die Enkelin, -nen	granddaughter
die Tante, -n	aunt
der Onkel, -	uncle
die Kusine, -n *Cousine*	*(female)* cousin
der Vetter, -n *Kusin Cousin*	*(male)* cousin

das Haustier, -e	pet
der Hund, -e	dog
die Katze, -n	cat

Fahrzeuge

das Fahrzeug, -e	vehicle
das Auto, -s	car
der Wagen, -	
der Bus, -se	bus
das Fahrrad, ̈er	bicycle
das Rad, ̈er	bike; wheel
das Motorrad, ̈er	motorcycle
der Zug, ̈e	train

Der Computer

der Bildschirm, -e	monitor; screen
das CD-ROM-Laufwerk, -e	CD-ROM drive
der Computer, -	computer
der Drucker, -	printer
das DVD-Laufwerk, -e	DVD drive
die E-Mail, -s	e-mail
die E-Mail-Adresse, -n	e-mail address
die Festplatte, -n	hard disk
die Maus	mouse
das Notebook, -s	notebook *(computer)*
der Scanner, -	scanner
die Tastatur, -en	keyboard

Verben

kennen	to know; to be acquainted with
lachen	to laugh
verdienen	to earn
verstehen	to understand

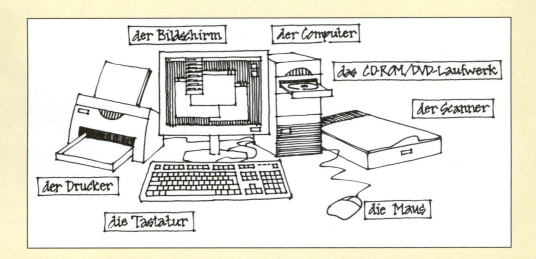

Andere Wörter

freundlich	friendly
geschieden	divorced

Ausdrücke

viel zu viel	far too much
Was ist deine Lieblingsfarbe?	What's your favorite color?

Das Gegenteil

interessant ≠ langweilig	interesting ≠ boring
schnell ≠ langsam	fast ≠ slow
verheiratet ≠ ledig	married ≠ single

Leicht zu verstehen

die Bank, -en   das Problem, -e
der Direktor, -en   optimistisch
die Direktorin, -nen   pessimistisch
der Humor

Wörter im Kontext

3-6 Die Familie. What are the male or female counterparts?

1. die Kusine
2. die Schwester
3. die Großmutter
4. der Onkel
5. der Opa
6. der Vater
7. die Tochter
8. die Enkelin
9. die Verwandte

3-7 Was passt wo?

Zug / Fahrräder / Fahrzeug / Motorräder / Wagen

1. Der BMW 735i ist ein sehr guter und sehr teurer _____.
2. _____ und _____ haben nur zwei Räder.
3. Ein Bus ist nicht so lang wie ein _____.
4. Welches _____ hat keinen Motor?

3-8 Das neue Notebook. Match the questions and responses appropriately.

1. Warum hast du denn jetzt ein Notebook?
2. Ist der Bildschirm gut?
3. Wie groß ist deine Festplatte?
4. Ist dein Notebook schnell?
5. Warum hast du denn ein DVD-Laufwerk?
6. Warum hast du keinen Drucker?
7. Warum hast du einen Scanner?
8. Was ist deine E-Mail-Adresse?

a. Ja, es hat 800 Megahertz.
b. Ich scanne alle meine Fotos ein.
c. Ich schreibe nie Briefe, sondern immer nur E-Mails.
d. Sie hat 10 Gigabyte.
e. Ich reise viel.
f. Sie ist e.c.gruber@t-online.de.
g. Ja, er ist sehr scharf und klar.
h. Meine Filme sind jetzt fast alle auf DVD.

3-9 Was passt wo?

interessant / langweilig / schnell / langsam / optimistisch / pessimistisch

1. Daniel ist immer sehr _____ und hat oft Depressionen.
2. Laura lacht gern und ist immer _____.
3. _____, bitte! Ich verstehe noch nicht so gut Deutsch.
4. Ist das Buch _____?
   Nein, ich finde es sehr _____.
5. Fahrräder fahren nicht so _____ wie Motorräder.

Elternzeit für Väter

In the German-speaking countries, the problem of how to balance parenthood with career aspirations is still faced mostly by women. Statistics consistently show that the onus for child-rearing rests on the mother. There are signs that this may be changing, however. In Germany, where there is great concern about the decline in the birth rate, the **Bundesministerium für Familie, Senioren, Frauen und Jugend** is actively encouraging fathers to take a more hands-on role in parenting. To counter the negative image that the word **Erziehungsurlaub** (*child-rearing leave*) has for some (the word **Urlaub** can also mean *vacation*), the government has renamed it **Elternzeit** and has initiated a campaign titled **Mehr Spielraum für Väter** (*more leeway for fathers*). The **Bundesministerium** also offers more flexibility in the conditions for the leave to which both parents are entitled for three years after the birth of a child. Whereas previously parents could only take advantage of **Elternzeit** consecutively, new legislation makes it possible for fathers and mothers to take time off for child-rearing concurrently. This means that each parent can reduce her/his hours of employment without the fear of being fired. Although statistics show that twenty percent of fathers would like to spend more time caring for their children, only two percent actually make this dream become reality. Resistance is still very strong among many employers, who often equate productivity with long hours of physical presence on the job. Their motto is often **Karriere macht man nach 17 Uhr.** In addition, fathers who opt to take **Elternzeit** are often ridiculed by coworkers and discouraged by their own parents, who worry about their sons' careers.

Realizing that a change of attitude is not possible without the cooperation of industry, the **Bundesministerium** has recruited a number of companies (including high-profile firms like **Volkswagen, BMW, Kraft,** and **Telekom**) to provide models that make it attractive for fathers to take advantage of **Elternzeit.** Many companies have come to realize that parenting develops skills such as multi-tasking and teamwork and that these skills can be of great benefit to the firm. Some of these large concerns have hundreds of different work models to help fathers and mothers balance their wishes and responsibilities as parents with the demands of employment. They understand that quality and productivity do not depend solely on hours spent at the office.

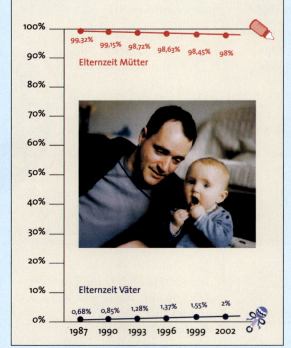

Elternzeit Mütter
99,32% 99,15% 98,72% 98,63% 98,45% 98%

Elternzeit Väter
0,68% 0,85% 1,28% 1,37% 1,55% 2%

1987 1990 1993 1996 1999 2002

3-10 Elternzeit. Discuss the following questions with your classmates.

1. Do you have a male relative or friend who has opted to share parenting by taking a leave-of-absence or by working fewer hours? Has this adversely affected his career advancement?
2. Do you think that fathers should take time out of their careers to care for children, or should the responsibility for child-rearing continue to rest mainly on mothers?
3. Do you plan to have children? If so, what arrangement for the care of your children would you consider optimal for you and your partner?

KOMMUNIKATION UND FORMEN

1. Answering *whom* or *what*

Wen oder was?

The direct object

You already know that a simple sentence consists of a noun or pronoun *subject* and a *predicate*. You also know that the predicate is whatever is said about the subject and that it consists of a verb or a verb plus other parts of speech.

One of the "other parts of speech" is often a noun or pronoun that is the target of what is expressed by the verb. This noun or pronoun is called the *direct object*. It answers the question *whom?* or *what?*

The boldfaced words in the following examples are the direct objects of the verbs.

subject	predicate		
	VERB	OTHER PARTS OF SPEECH	
Aunt Bettina	travels	a lot.	
She	visits	**exotic countries.**	(**What** does she visit?)
She	meets	**interesting people** there.	(**Whom** does she meet?)
Uncle Alfred	travels	very rarely.	
He	reads	only the **Financial Times.**	(**What** does he read?)
Nina and Robert	find	**him** awfully boring.	(**Whom** do they find boring?)

3-11 Onkel Alfred. Find the subjects and direct objects. Not every sentence has a direct object.

SUBJECT		DIRECT OBJECT
Mein Bruder Alfred	verdient	viel Geld.

Herr Ziegler sagt:
1. Kennen Sie meinen Bruder Alfred?
2. Er fährt einen großen Mercedes.
3. Er trägt teure Anzüge und er trinkt teure Weine.
4. Aber warum lacht mein Bruder fast nie?

Robert sagt:
1. Onkel Alfred hat keine Familie und keine Freunde.
2. Er liest immer Börsenberichte.
3. Er macht keinen Sport und macht auch keine Reisen.
4. Ich finde Onkel Alfred doof und sein Leben stinklangweilig.

The accusative case

The masculine forms of both the definite article **(der)** and the indefinite article **(ein)** change depending on whether the nouns they precede are the subject or the direct object of the verb.

SUBJECT FORMS	DIRECT OBJECT FORMS
Der Pullover ist schön.	Ich kaufe **den** Pullover.
need **Ein** Pullover ist teuer.	Ich brauche° **einen** Pullover.

The neuter and feminine forms of the definite article **(das, die)** and of the indefinite article **(ein, eine)** remain unchanged, regardless of whether the nouns they precede are subjects or direct objects.

Das Sweatshirt ist schön.	Ich kaufe **das** Sweatshirt.
Ein Sweatshirt ist teuer.	Ich brauche **ein** Sweatshirt.
Die Jacke ist schön.	Ich kaufe **die** Jacke.
Eine Jacke ist teuer.	Ich brauche **eine** Jacke.

The plural form of the definite article **(die)** also remains unchanged.

Die Schuhe sind schön.	Ich kaufe **die** Schuhe.

You already know that subjects and subject completions are in the *nominative case*. Direct objects are in the *accusative case*.

nominative case	=	subject and subject completion
accusative case	=	direct object

	masculine		neuter		feminine		plural	
NOMINATIVE	der		das		die		die	
ein	Rock	ein	Kleid	eine	Jacke	—	Schuhe
kein		kein		keine		keine	
ACCUSATIVE	den		das		die		die	
einen	Rock	ein	Kleid	eine	Jacke	—	Schuhe
keinen		kein		keine		keine	

Note that the nominative and accusative forms of the articles differ only in the masculine singular.

3-12 Was kauft Frau Ziegler bei Karstadt und was kauft sie bei Hertie?

Frau Ziegler needs the items listed, but wants to save money. You know Karstadt's prices and your partner knows Hertie's prices. Compare the prices for each item listed and decide where Frau Ziegler will get the better buy. **S2** will find her/his questions in the *Anhang* on page A4.

S1: Wie viel kostet der Rock bei Hertie?

S2: Wie viel kostet der Rock bei Karstadt?

S2: Wo kauft Frau Ziegler den Rock?

S2: Wie viel kostet das Kleid ...

S2: Bei Hertie kostet der Rock 45 Euro.

S1: Bei Karstadt kostet der Rock 40 Euro.

S1: Frau Ziegler kauft den Rock bei Karstadt.

KLEIDUNGSSTÜCK	PREIS BEI HERTIE	WAS KAUFT FRAU ZIEGLER WO?
der Rock	45 (40)	den Rock bei _____ K
das Kleid	85 (80)	das Kleid bei _____ K
die Jacke	120 (110)	die Jacke bei _____ K
die Bluse	(40) 45	die Bluse bei _____ H
der Mantel	(240) 260	den Mantel bei _____ H
das Sweatshirt	(15) 20	das Sweatshirt bei _____ H
die Schuhe	80 (75)	die Schuhe bei _____ K
der Gürtel	(20) 25	den Gürtel bei _____ H
die Socken	(5) 7	die Socken bei _____ H

Hertie   Karrett

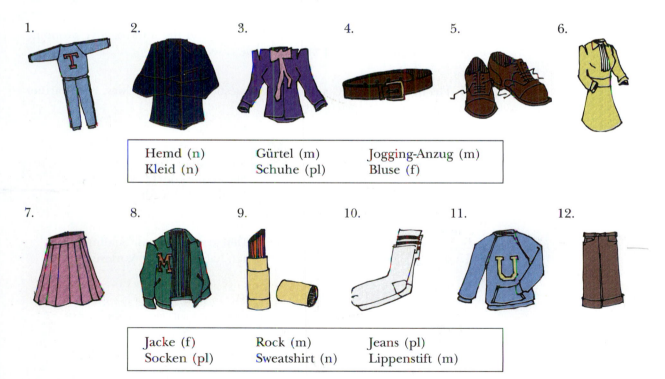

3-13 Brauchst du das?

►

S1: Brauchst du einen Pullover?   **S2:** Ja, ich brauche einen Pullover.
Nein, ich brauche keinen Pullover.

1. 2. 3. 4. 5. 6.

Hemd (n)	Gürtel (m)	Jogging-Anzug (m)
Kleid (n)	Schuhe (pl)	Bluse (f)

7. 8. 9. 10. 11. 12.

Jacke (f)	Rock (m)	Jeans (pl)
Socken (pl)	Sweatshirt (n)	Lippenstift (m)

3-14 Was brauchst du und wo kaufst du es?   Respond to your classmates'
questions according to the model. Then establish where most students in the
class shop for their clothes.

S1: Was für ein Kleidungsstück brauchst du?	**S2:** Ich brauche eine Jacke.
S1: Und wo kaufst du die Jacke?	**S2:** Ich kaufe die Jacke bei Gap.
S2: Was für ein Kleidungsstück brauchst du?	**S3:** Ich brauche ...
...	...

most   Wo kaufen die meisten° Studenten in diesem Deutschkurs ihre Kleider?

The interrogative pronouns *wen* and *was*

Wen *(whom)* and **was** *(what)* are the accusative forms of the interrogative
pronoun.

Wen besuchst du heute Abend?	***Whom*** *are you going to visit tonight?*
Was macht ihr heute Abend?	***What*** *are you doing tonight?*

	definite article	interrogative pronoun	definite article	interrogative pronoun
NOMINATIVE	der	wer	das	was
ACCUSATIVE	den	wen	das	was

Note the similarity between the definite article and the interrogative pronoun
in both the nominative and the accusative case.

3-15 Was machst du?   Complete each question with **wen** or **was.** Your partner
must choose an appropriate response.

S1:   **S2:**

1. _____ machst du am Wochenende?   Eine gute Freundin.
   _____ besuchst du da?   Ich fliege nach Leipzig.
   _____? Deine Freundin Maria?   Sie studiert dort Geographie.
   _____ macht Maria in Leipzig?   Ja, Maria Schneider.

2. _____ machst du jetzt?   Nein, Physik.
   _____ für eine Vorlesung? Biologie?   Den alten Professor Seidlmeyer.
   Und _____ hast du für Physik?   Ich habe jetzt eine Vorlesung.

Der-words in the accusative case

In the accusative case, as in the nominative, the endings of **dieser** *(this)*, **jeder** *(each, every)*, and **welcher** *(which)* correspond closely to the forms of the definite article.

Ich verstehe **diesen** Satz nicht.
Welchen Satz meinst du?
Diesen langen Satz hier. Ich kenne **jedes** Wort, aber den Satz verstehe ich nicht.

*I don't understand **this** sentence.*
***Which** sentence do you mean?*
***This** long sentence here. I know **every** word, but I don't understand the sentence.*

B → Berlin
das Autokennzeichen

	masculine	neuter	feminine	plural
NOMINATIVE	dieser	dieses	diese	diese
ACCUSATIVE	diesen	dieses	diese	diese

Sprachnotiz	Expressing time with the accusative case

To express definite points in time or duration of time, German often uses time phrases in the accusative case.

Ich gehe **jeden Morgen** joggen.
Wir fliegen **nächste Woche** nach Kanada.
Wir bleiben fast **einen Monat** in Kanada.

I go jogging every morning.
We're flying to Canada next week.
We're staying in Canada for almost a month.

3-16 Aus Zieglers Familienalbum.   Nina Ziegler and her friend Sabine are looking at the Ziegler family photo album. Complete their conversation with the appropriate nominative or accusative endings.

SABINE: Wer ist denn dies___ elegante Frau?
NINA: Das ist meine Tante Bettina.
SABINE: Fährt sie dies___ tolle, rote Sportcoupé (n)?
NINA: Ja. – Hier ist sie in Australien. Sie macht jed___ Sommer (m) so eine große Reise. – Dies___ Foto (n) zeigt° meine ganze Familie.
SABINE: Ist dies___ Mann hier dein Vater?
NINA: Nein, das ist mein langweiliger Onkel Alfred. Er liest jed___ Morgen (m) dies___ blöden Börsenberichte (pl) und kauft fast jed___ Jahr (n) einen neuen grauen Mercedes.
SABINE: Welch___ Mann ist dann dein Vater?
NINA: Dies___ große Mann hier. – Und dies___ beiden Frauen kennst du ja schon.
SABINE: Ja, das sind deine Mutter und deine Oma.

shows

wdh. S. 67
dieser
dieses
diese

3-17 Meine Familie. Bring a family photo to the next class. Discuss your photo with a partner, using the previous activity as a guide. Use as many **der**-words as possible.

Ein-words in the accusative case

You already know that the **ein**-words are **ein, kein,** and the possessive adjectives and that all **ein**-words take the same case endings. The possessive adjectives are:

mein	_my_	**unser**	_our_
dein	_your_	**euer**	_your_
sein	_his, its_		
ihr	_her, its_	**ihr**	_their_
	Ihr	_your_	

Remember that just like the formal **Sie,** the formal **Ihr** is always capitalized.

Warum verkaufen Sie denn **Ihren** Wagen, Herr Ziegler?
Why are you selling **your** car, Mr. Ziegler?

Ich brauche **meinen** Wagen nicht mehr. Ich nehme jetzt den Bus.
I don't need **my** car any more. I take the bus now.

In the following chart, the possessive adjective **mein** is used to show the nominative and accusative forms of _all_ possessive adjectives.

	masculine	neuter	feminine	plural
NOMINATIVE	mein Freund	mein Auto	meine Freundin	meine Eltern
ACCUSATIVE	mein**en** Freund	mein Auto	meine Freundin	meine Eltern

Remember that when an ending is added to **euer** (_your_), the **e** before the **r** is dropped: **eure, euren.**

Warum verkauft ihr **euren** Wagen? _Why are you selling **your** car?_

3-18 Besuche. Complete the sentences with the proper forms of **sein, ihr,** and **unser** and the appropriate forms of **machen** and **besuchen.**

▶ ... Frau Ziegler am Wochenende?   Sie ... Schwester.

S1: Was macht Frau Ziegler am Wochenende?   **S2:** Sie besucht ihre Schwester.

1. ... Nina heute Abend?   Sie ... Lieblingstante.
2. ... Robert morgen Nachmittag?   Er ... langweiligen Onkel Alfred.
3. ... Oma Ziegler am Wochenende?   Sie ... Sohn Klaus.
4. ... Alexander heute Abend?   Er ... Freundin Nina.
5. ... Bergers nächstes Wochenende?   Sie ... Tochter Claudia in München.
6. ... ihr am Sonntag?   Wir ... Großmutter.
7. ... Zieglers im August?   Sie ... Freunde in Amerika.
8. ... ihr im Sommer?   Wir ... Onkel Karl.

3-19 Wen besuchst du?   Ask whether your partner is planning to visit someone.

S1: Besuchst du heute Abend jemand°?

S2: Ja, ich besuche mein___ ... (Nein, ich besuche niemand°.) Und du? Besuchst du heute Abend jemand?

someone / no one

S1: ...

am Wochenende / an Thanksgiving / nächsten Sommer

3-20 Warum denn?   Why are these people selling the things mentioned? Complete the questions with the proper forms of **dein, euer,** or **Ihr.** Your partner will respond appropriately from the choices given.

S1:

1. Warum verkaufen Sie denn _Ihre_ Kamera (f)?
2. Warum verkauft ihr denn _eure_ Fahrräder (pl)?
3. Warum verkaufst du denn _dein_ Keyboard (n)?
4. Warum verkaufen Sie denn _Ihren_ Wagen (m)?
5. Warum verkauft ihr denn _euer_ Haus (n)?
6. Warum verkaufst du denn _deinen_ großen, alten Computer (m)?

S2:

3. Ich spiele viel lieber Gitarre. _Instrument_
6. Ich habe jetzt ein Notebook.
4. Ich nehme jetzt immer den Bus.
2. Wir haben jetzt einen Wagen.
1. Ich mache jetzt nur noch Videos.
5. Es ist viel zu klein für unsere große Familie.

Haben versus *sein*

Müllers haben **einen** Esel.   *The Müllers have a donkey.*

In the example above, the noun **Esel** answers the question *What do the Müllers have?* **Esel** is the direct object and is therefore in the accusative case. The verb **haben** always takes an accusative object.

Günter ist **ein** Esel.   *Günter is a nitwit.*

In this example, **Esel** also answers the question *what?* But here **Esel** is used to describe *what Günter is* and is therefore a subject completion that appears in the nominative case after the verb **sein.**

Der Citroën 2CV heißt auch „Ente".

3-21 Immer negativ.

▶ haben / du / Wagen (m)

S1: Hast du einen Wagen?   **S2:** Nein, ich habe keinen Wagen.

1. sein / Daniel / guter Student (m)
2. haben / Monika / Freund (m)
3. sein / Daniel / Dummkopf° (m)   *nitwit*
4. haben / Müllers / Kinder (pl)
5. sein / Herr Müller / guter Automechaniker (m)
6. haben / Müllers / Mercedes (m)
7. sein / Frau Müller / gute Hausfrau (f)
8. haben / du / Motorrad (n)
9. sein / Müllers Hund / Foxterrier (m)
10. haben / ihr / Hund (m)

3-22 Was hast du alles?   Working with a partner, ask questions as in the example.

S1: Hast du einen Wagen?   **S2:** Ja, ich habe einen Wagen.
                                    (Nein, ich habe keinen Wagen.)
                                     Ich habe einen ...

S1: Was für einen Wagen hast du?
S1: Hast du ein Motorrad (ein
         Fahrrad, einen Hund, eine Katze)?
         ...

Sprachnotiz	Omission of articles

Omission of the indefinite article

When stating someone's membership in a specific group (e.g., nationality, place of residence, occupation, or religious affiliation), German does not use the indefinite article.

Ich bin **Berliner.**	*I am **a** Berliner.*
Meine Freundin ist **Österreicherin.**	*My girlfriend is **an** Austrian.*
Kurt ist **Koch.**	*Kurt is **a** cook.*
Melanie ist **Methodistin.**	*Melanie is **a** Methodist.*

For males, nationality or place of residence can be expressed by adding **-er** to the name of the country or city: **Schweizer, Hamburger.** For females, the suffix **-in** is added to the masculine form: **Schweizerin, Hamburgerin.**

Omission of the definite article

When naming a musical instrument after **spielen,** German does not use the definite article before the name of the instrument.

Lutz spielt **Gitarre.**	*Lutz plays **the** guitar.*
Spielen Sie **Klavier?**	*Do you play **the** piano?*

ZUM HÖREN

Jennifer Winklers Familie

Jennifer Winkler is an American student studying in Kiel. She is interviewed by a student reporter for the newsletter published by the **Auslandsamt** of the university.

NEUE VOKABELN

Norddeutschland	*Northern Germany*
mütterlicherseits	*on my mother's side*
Er ist Koch von Beruf.	*He is a cook by trade.*
Er wird Koch.	*He is going to be a cook.*

3-23 Erstes Verstehen.   Listen to the interview and choose the correct responses.

1. Which names are mentioned?
   Karl   Oliver   Thomas   Kurt   Jennifer   Erika
2. What cities are mentioned?
   Salzburg   Flensburg   Kiel   Köln   East Lansing
3. Which words describing family relationships do you hear?
   Verwandte   Eltern   Mutter   Vater   Großeltern   Großmutter
   Geschwister   Schwester   Bruder   Onkel
4. How many grandparents does Jennifer still have in Germany?
   1   2   3   4
5. How many children do Jennifer's parents have?
   1   2   3   4

3-24 Detailverstehen.   Listen to interview again and write answers to the following questions.

1. Warum studiert Jennifer in Kiel?
2. Wo in Deutschland ist Flensburg?
3. Was machen Jennifers Eltern in Amerika?
4. Was wird Jennifers Bruder Kurt und wo lernt er das?
5. Wer sind die drei Köche in Jennifers Familie?
6. Was macht Jennifers Bruder Thomas?

3-25 Meine Familie. Describe your family using the following questions as a guide. For a list of professions (**Berufe**) you can consult the word sets in the *Anhang* on page A26.

Wie heißen deine Eltern?

Wie alt sind sie?

Wo wohnen sie?

Was sind sie von Beruf?

Was für einen Wagen fahren sie?

Was für Hobbys haben sie?

Haben sie einen Hund oder eine Katze?

...

Wie viele Geschwister hast du?

Wie heißen sie?

Wie alt sind sie?

Wo wohnen sie?

Was machen sie?

...

3-26 Deine Familie. Using the questions from the activity above, find out about your partner and her/his family. Write the information in the chart and report your findings to the class.

	NAME UND ALTER	WOHNORT	BERUF	HOBBYS
Vater	_____	_____	_____	_____
Mutter	_____	_____	_____	_____
Schwestern	_____	_____	_____	_____
	_____	_____	_____	_____
Brüder	_____	_____	_____	_____
	_____	_____	_____	_____

Eine deutsche Familie

KOMMUNIKATION UND FORMEN

2. Describing people, places, and things

Accusative endings of adjectives preceded by *der*-words

	masculine	neuter	feminine	plural
NOMINATIVE	der neue Drucker	das teure Notebook	die große Festplatte	die tollen CDs
ACCUSATIVE	den neuen Drucker	das teure Notebook	die große Festplatte	die tollen CDs

- In the masculine accusative singular, the ending of an adjective preceded by a **der**-word is **-en.**

- The other accusative endings are identical to those in the nominative.

- Adjectives that end in **-er** or **-el** drop the **e** when they take an ending (**teu*e*r: den teu*re*n Drucker; dunk*e*l: das dunk*le* Sofa**).

CHRISTA:	Welchen Drucker kaufst du, **den** teur**en** oder **den** billig**en**?	*Which printer are you going to buy, the expensive one or the inexpensive one?*
ANNA:	Ich glaube, ich kaufe **den** billig**en.**	*I think I'm going to buy the inexpensive one.*

3-27 Im Kaufhaus.

▶ das Sofa, hell, dunkel

S1: Welches Sofa kaufst du, das helle oder das dunkle?   **S2:** Ich glaube, ich kaufe das dunkle.

1. die Schuhe (pl), braun, schwarz
2. das Armband°, golden, silbern
3. der Walkman, teuer, billig
4. der CD-Spieler, japanisch, deutsch
5. die Weingläser (pl), billig, teuer
6. der Teppich°, dunkel, hell
7. das Fahrrad, deutsch, italienisch

bracelet

carpet

3-28 Im Kleidergeschäft. You need a few new items in your wardrobe, but you don't have a lot of money.

▶ der Rock, die Röcke

S1: Wie viel kosten diese beiden Röcke?

S2: Der blaue Rock kostet vierzig Euro und der rote fünfundfünfzig.

S1: Ja, dann nehme ich den blauen.

1. die Jacke, die Jacken

4. der Pullover, die Pullover

2. der Mantel, die Mäntel

5. das Hemd, die Hemden

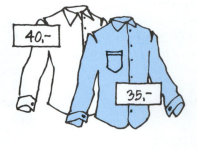

3. das Sweatshirt, die Sweatshirts

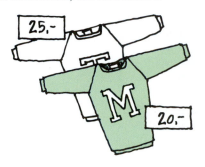

6. die Hose, die Hosen

Accusative endings of adjectives preceded by *ein*-words

	masculine	neuter	feminine	plural
NOMINATIVE	ein neuer Drucker	ein teures Notebook	eine große Festplatte	meine tollen CDs
ACCUSATIVE	einen neuen Drucker	ein teures Notebook	eine große Festplatte	meine tollen CDs

- In the masculine accusative singular, the ending of an adjective preceded by an **ein**-word is **-en**.

- The other accusative endings are identical to those in the nominative.

- Remember that wherever the **ein**-word has no ending, the adjective itself shows the gender and case of the noun by taking the appropriate **der**-word ending: dies**er** Drucker, **ein** neu**er** Drucker; dies**es** Notebook, **ein** teur**es** Notebook.

VERKÄUFER:	Möchten Sie ein**en** teur**en** oder ein**en** preisgünstig**en** Drucker?	*Would you like an expensive or an inexpensive printer?*
HERR KUHN:	Ich möchte ein**en** preisgünstig**en**.	*I would like an inexpensive one.*

3-29 Im Kaufhaus.

▶ das T-Shirt, weiß, schwarz

S1: Möchten Sie ein weißes oder ein schwarzes T-Shirt?   **S2:** Ich möchte ein weißes.

1. die Kamera, analog, digital
2. der Walkman, preisgünstig, teuer
3. der CD-Spieler, japanisch, deutsch
4. die Kaffeemaschine, groß, klein
5. der Wasserkocher°, teuer, preisgünstig
6. das Fahrrad, deutsch, italienisch
7. die Tomaten (pl), spanisch, holländisch

electric kettle

3-30 Im Kleidergeschäft.
You are in a department store and the salesperson keeps showing you things in colors you don't want.

▶ das T-Shirt, preisgünstig, blau   blau, rot

S1: Hier ist ein preisgünstiges blaues T-Shirt.   **S2:** Aber ich möchte kein blaues T-Shirt, ich möchte ein rotes.

1. die Jacke, schön, braun   braun, grau
2. der Mantel, toll, schwarz   schwarz, dunkelblau
3. das Polohemd, sportlich, blau   blau, weiß
4. der Pullover, elegant, schwarz   schwarz, grau
5. das Sweatshirt, praktisch, grün   grün, weinrot
6. die Hose, schick, braun   braun, schwarz

3-31 Was trägt Lisa? Using adjectives from each of the two groups below, write descriptions of what two of your classmates are wearing today. Then read your descriptions to the class. Express shades of color by adding **dunkel-** or **hell-**.

> **S:** Lisa trägt einen wunderschönen, dunkelroten Pulli und einen langen, schwarzen Rock. David trägt ...

cool	praktisch	blau	rosarot
elegant	schick	braun	rot
interessant	schön	gelb	schwarz
kurz	toll	grau	violett
lang	sportlich	grün	weiß

Accusative endings of unpreceded adjectives

	masculine	neuter	feminine	plural
NOMINATIVE	gut**er** Kaffee	gut**es** Bier	gut**e** Salami	gut**e** Oliven
ACCUSATIVE	gut**en** Kaffee	gut**es** Bier	gut**e** Salami	gut**e** Oliven

- In the masculine accusative singular, the ending of an unpreceded adjective is **-en.**

- The other accusative endings are identical to those in the nominative.

waiter	KELLNER°: Möchten Sie lieber schottisch**en** oder kanadisch**en** Lachs?	*Would you rather have Scottish or Canadian salmon?*
guest	GAST°: Heute esse ich mal kanadisch**en** Lachs.	*Today I'm going to eat Canadian salmon for a change.*

3-32 Im Hotel. Use **essen** or **trinken** in the responses to the waiter's questions.

▶ Wein (m), italienisch, spanisch

KELLNER: Möchten Sie lieber italienischen oder spanischen Wein?

GAST: Heute trinke ich mal spanischen Wein.

1. Oliven (pl), griechisch, türkisch
2. Salami (f), italienisch, ungarisch
3. Bier (n), bayrisch, australisch
4. Käse (m), holländisch, französisch
5. Mineralwasser (n), deutsch, italienisch
6. Tee (m), chinesisch, indisch
7. Kaffee (m), arabisch, kolumbianisch

3. Word order

In this chapter you have learned about the direct object. Negation in a sentence with a direct object follows the same rules you learned in *Kapitel 1*, page 30.

- If no word or expression is specifically negated, **nicht** stands at the end of the sentence. This means that **nicht** usually follows the direct object.

  Ich kenne diesen Mann **nicht.**
  Warum verstehen meine Eltern meine Probleme **nicht?**
  Meine Kusine kommt dieses Wochenende **nicht.**
  Warum antwortest du **nicht?**

- **Nicht** precedes words or expressions that are specifically negated.

adjectives	Meine Tante ist **nicht verheiratet.**
	Ich möchte **nicht** die **schwarze** Katze, sondern die weiße.
adverbs	Mein Onkel lacht **nicht oft.**
	Ich koche **nicht gern.**
prepositional phrases	Meine Eltern fliegen diesen Sommer **nicht nach Europa.**
	Ich gehe heute Abend **nicht ins Kino.**
subject completions	Rot ist **nicht meine Lieblingsfarbe.**
	Ich heiße **nicht Müller.**

- Use **kein** to negate a noun preceded by the indefinite article **ein** or by a plural noun without an article.

Hast du **eine** Katze?	Nein, ich habe **keine** Katze.
Hast du Geschwister?	Nein, ich habe **keine** Geschwister.

3-33 Immer negativ!

S1: Kennst du diese Familie?   **S2:** Nein, ich kenne diese Familie nicht.

1. Kaufen Zieglers dieses Haus?   Nein, sie ...
2. Ist Roberts Schwester immer so optimistisch?   Nein, sie ...
3. Hat Roberts Kusine Geschwister?   Nein, sie ...
4. Reist Ninas Tante diesen Sommer nach Japan?   Nein, sie ..., sondern nach China.
5. Kaufen Zieglers diesen Hund?   Nein, sie ...
6. Verdient Jennifers Vater viel Geld?   Nein, er ...
7. Haben Jennifers Verwandte ein großes Haus?   Nein, sie...
8. Kennst du Jennifers Vetter?   Nein, ich ...
9. Verstehen Jennifers Eltern ihre Probleme?   Nein, sie ...
10. Gehst du heute Abend ins Kino?   Nein, ich ..., sondern ins Konzert.

3-34 Ja oder nein? Be sure to answer your partner's questions in complete sentences.

1. Hast du viele Geschwister?
2. Leben deine Eltern hier in *(name of college town)*?
3. Wohnst du im Studentenheim?
4. Hast du einen Wagen?
5. Schreibst du viele E-Mails?
6. Kochst du gern?
7. Sammelst du Briefmarken?
8. Gehst du oft ins Konzert?
9. Gehst du heute Abend ins Kino?
10. Kennst du den Film *Himmel über Berlin?*
    ...

4. Expressing actions in the present and future

Verbs with stem-vowel changes in the present tense

Some German verbs have a stem-vowel change in the **du**-form and in the **er/es/sie**-form of the present tense. Note that the stem vowel changes *only* in the **du**-form and in the **er/es/sie**-form.

VOC verben S.116

e → i		e → ie		a → ä		au → äu	
SPRECHEN		**LESEN**		**FAHREN**		**LAUFEN**	
ich	spreche	ich	lese	ich	fahre	ich	laufe
du	sprichst	du	liest	du	fährst	du	läufst
er/es/sie	spricht	er/es/sie	liest	er/es/sie	fährt	er/es/sie	läuft
wir	sprechen	wir	lesen	wir	fahren	wir	laufen
ihr	sprecht	ihr	lest	ihr	fahrt	ihr	lauft
sie/Sie	sprechen	sie/Sie	lesen	sie/Sie	fahren	sie/Sie	laufen

In vocabularies, verbs with these stem vowel changes are usually listed as follows:

sprechen (spricht)	*to speak*
fahren (fährt)	*to drive*

independent

Verbs with stem-vowel change from *e* → *i* or *ie*

essen	to eat	ich esse	du **isst**	er **isst**
geben	to give	ich gebe	du **gibst**	er **gibt**
lesen	to read	ich lese	du **liest**	er **liest**
nehmen	to take	ich nehme	du **nimmst**	er **nimmt**
sehen	to see	ich sehe	du **siehst**	er **sieht**
sprechen	to speak	ich spreche	du **sprichst**	er **spricht**
werden	to become; to get; to be	ich werde	du **wirst**	er **wird**

3-35 Was passt? In the chart above, find the appropriate verb for each sentence. Insert it in the correct form. Then read the sentence with the subjects in parentheses, changing the verb form accordingly.

1. Peter _____ morgen zweiundzwanzig. (ich, du, meine Mitbewohnerin)
2. Stephanie _____ sehr gut Deutsch. (ihr, Sie, du)
3. _____ du immer den Bus zur Uni? (ihr, Stephanie, Sie)
4. Ich _____ viel zu viel Schokolade. (du, ihr, Nina)
5. Mein Vater _____ jeden Morgen die Zeitung. (ich, wir, Frau Ziegler)
6. Claudia und Stephanie _____ morgen Abend eine Party. (ich, Günter, wir)
7. Welchen Film _____ ihr heute Abend? (wir, du, Martin und Claudia)

Sprachnotiz	**The expression *es gibt***

From the verb **geben** comes the expression **es gibt**. Its English equivalent is *there is* or *there are*. **Es gibt** always has an accusative object.

| Heute **gibt es** keinen Pudding zum Nachtisch. | *Today **there is** no pudding for dessert.* |
| Wie viele McDonald's **gibt es** in Hamburg? | *How many McDonald's **are there** in Hamburg?* |

Verbs with stem-vowel change from *a → ä* or *au → äu*

backen	*to bake*	ich backe	du **bäckst**	er **bäckt**	
fahren	*to drive*	ich fahre	du **fährst**	er **fährt**	
halten	*to hold; to stop*	ich halte	du **hältst**	er **hält**	
lassen	*to let; to leave*	ich lasse	du **lässt**	er **lässt**	
schlafen	*to sleep*	ich schlafe	du **schläfst**	er **schläft**	
tragen	*to wear*	ich trage	du **trägst**	er **trägt**	
waschen	*to wash*	ich wasche	du **wäschst**	er **wäscht**	
laufen	*to run*	ich laufe	du **läufst**	er **läuft**	

3-36 Was passt?   In the chart above, find the appropriate verb for each sentence. Insert it in the correct form. Then read the sentence with the subjects in parentheses, changing the verb form accordingly.

1. Was für einen Wagen _____ du? (Sie, dein Vater, ihr)
2. In wie viel Sekunden _____ du die hundert Meter? (ihr, Sie, Alexander)
3. Warum _____ Müllers den Hund nicht ins Haus? (du, ihr, Sie)

cakes 4. Oma Ziegler _____ echt gute Kuchen°. (ihr, du, ich)
5. _____ du jeden Sonntagmorgen bis halb zwölf? (ihr, Sie, Robert)
6. Warum _____ du denn schon wieder die Haare? (Nina, Sie, ihr)
7. _____ Sie lieber Pullover oder Sweatshirts? (du, ihr, Peter)
8. Warum _____ der Bus hier? (du, ihr, der Zug)

3-37 Ein Samstagnachmittag bei Zieglers.   Complete the sentences with the appropriate words from the list.

backen / fahren / waschen / essen / werden / schlafen / lesen

1. Nina _____ einen Apfel und _____ ein Buch.
2. Oma Ziegler _____ einen Kuchen, denn Nina _____ morgen siebzehn.
3. Frau Ziegler ist im Bett und _____.
4. Herr Ziegler und Robert _____ den Wagen.
5. Dann _____ Herr Ziegler in die Stadt.

3-38 Herr Ziegler kritisiert heute alles!

sprechen / laufen / nehmen / geben / lassen / tragen

1. Warum _____ du denn keinen Brokkoli, Robert?
2. Warum _____ es denn heute keinen Nachtisch?
3. Warum _____ ihr denn nicht ein bisschen lauter, Kinder?
bathroom 4. Warum _____ denn das Wasser im Badezimmer°?
5. Warum _____ du denn immer dieses blöde T-Shirt, Nina?
window 6. Warum _____ ihr denn mitten im Winter das Fenster° offen, Kinder?

3-39 Was machen diese Leute?

S1: Was macht Tanja?   **S2:** Sie läuft Ski.

▶ ... Ski.

1. Was macht Helga?

... ein Bad.

2. Was macht Ralf?

... sein Motorrad.

3. Was macht Frau Schneider?

... ein Buch.

4. Was macht Charlyce?

... mit Bernd.

5. Was macht Günter?

... alles doppelt.

6. Was macht Herr Lukasik?

... seinen Wagen.

7. Was macht Tina?

... einen Apfel.

8. Was macht Monika?

...

3-40 Was machen diese Leute gern? Was machen sie lieber? S2 will find her/his questions in the *Anhang* on page A5.

S1: Isst Maria gern Spaghetti?
S2: Isst Thomas gern Nudeln?
S1: Essen Tina und Lisa gern Hotdogs?

S2: Nein, sie isst lieber Makkaroni.
S1: Ja, er isst sehr gern Nudeln.
S2: Nein, sie essen lieber Pizza.

	MARIA	THOMAS	TINA UND LISA
ESSEN	Spaghetti?		Hotdogs?
		Ja, …	
LESEN		Zeitungen?	
	Nein, … Krimis.		Ja, …
SEHEN		Dokumentarfilme?	Sportreportagen?
	Nein, … Komödien.		
SPRECHEN	Spanisch?		Deutsch?
		Nein, … Englisch.	
FAHREN		Auto?	
	Ja, …		Ja, …
TRAGEN	Jeans?		
		Nein, … Sweatshirts.	Nein, … lange Hosen.

3-41 Ein Interview. Interview your partner and report your findings to the class.

Was isst du gern?
Wo isst du gern?
Was liest du gern?
Welche Fernsehprogramme° siehst du gern?
Wie viele Sprachen° sprichst du? Welche?
Was für einen Wagen fährst du?
Was für Kleider trägst du gern?
Wie lange schläfst du am Wochenende?

TV programs
languages

● Nicht verpassen

11.00, ZDF „Sport extra"
Tennis-World-Team-Cup in Düsseldorf: Finale

14.00, RTL „Formel 1: Das Rennen"
Großer Preis von Spanien in Barcelona. Schumi fuhr 1996 dort seinen ersten Sieg für Ferrari ein. Frentzen wurde Vierter. Ein gutes Omen?

17.45, RTL „Mord ist ihr Hobby"
Start der Krimi-Serie mit Angela Lansbury als Jessica Fletcher – 8. Staffel, 22 neue (!) Folgen

20.15, ARD „Tatort"
Kripo-Mann Roiter (Winfried Glatzeder) in Mordverdacht…

Siehst du lieber Sport oder Krimis?

ZUSAMMENSCHAU

ZUM HÖREN

Wie erkennen wir einander?

Before Stephanie arrived in **München** in mid-October, she spent two weeks visiting relatives in **Köln.** In the conversation you are about to hear, Stephanie is calling from Chicago to make arrangements to have her cousins Michael and Martina, whom she has never met, pick her up at the international airport in **Düsseldorf.**

NEUE VOKABELN

mich	*me*	**die Flugnummer**	*flight number*
das Flugzeug	*airplane*	**ganz kurz**	*very short*
zum Flughafen	*to the airport*	**erkennen**	*to recognize*
übermorgen	*the day after tomorrow*		

3-42 Erstes Verstehen. In which sequence do you hear the following statements and questions?

_____ Nein, meine Haare sind jetzt kurz und blond.

_____ Na, dann tschüs bis übermorgen, Stephanie, und gute Reise.

_____ Dann bist du übermorgen in Deutschland.

_____ Martina! Was trägst du übermorgen?

_____ Hier spricht deine Kusine Stephanie aus Chicago.

_____ Ja, wie erkennen wir einander dann?

3-43 Detailverstehen. Listen to the telephone conversation again and write responses to the following questions.

1. Was ist Michaels Familienname?
2. Wann fahren Stephanie und ihr Vater zum Flughafen?
3. Wie kommen Michael und Martina zum Flughafen in Düsseldorf?
4. Wer ist blond und wer ist brünett?
5. Wer hat ganz kurze Haare und wer hat lange Haare?
6. Wer kommt übermorgen in Blau, wer in Weiß und wer in Schwarz?

FLUGHAFEN DÜSSELDORF

(an annual summer festival, featuring opera, drama, and concerts) and **Mozarteum** (a music and art academy) are synonymous with excellence to music and theater lovers throughout the world.

Die Kapelle in Au bei Lofer

3-44 Wer ist das? Describe one of your classmates. Write a few words about the style and color of her/his hair and clothing. Use the descriptive words and the colors given below and attach the adjective endings. Then read your description aloud and see if the class can guess who it is.

S: Sie hat lange, blonde Haare. Sie trägt ein schönes, gelbes T-Shirt, einen langen, dunkelblauen Rock, weiße Socken und weiße Tennisschuhe. Wer ist das?

Sie/er hat _____e, _____e Haare.

LEUTE

Eine musikalische Familie und ihr genialer[1] Sohn

Vor dem Lesen

3-46 Klassische Musik.

1. Have you ever listened to classical music?
2. Do you have a favorite composer of classical music?
3. What do you know about Mozart?

3-47 Was ist das auf Englisch?   Find the English equivalents for the German words in boldface.

1. Leopold Mozart ist Violinist im Orchester **des Erzbischofs** von Salzburg.
2. Sein Sohn Wolfgang ist ein musikalisches **Wunderkind.**
3. In Salzburg ist Wolfgang nur ein **schlecht bezahlter** Musiker.
4. In Wien verdient Wolfgang viel Geld und lebt **wie ein König.**
5. Er braucht viel **mehr** Geld **als** er verdient.
6. Er macht **Schulden,** denn er braucht viel mehr Geld als er verdient.
7. Mozart arbeitet **fieberhaft** und verdient jedes Jahr mehr.

a. debts
b. like a king
c. feverishly
d. poorly paid
e. child prodigy
f. of the archbishop
g. more . . . than

In diesem Haus in Salzburg, Österreich, wohnt im achtzehnten Jahrhundert Leopold Mozart mit seiner Familie. Er ist Violinist im Orchester des Erzbischofs und auch Musiklehrer und Komponist. Seine Tochter Nannerl ist eine ausgezeichnete[2] Pianistin und sein Sohn Wolfgang schreibt schon mit vier Jahren die ersten Kompositionen. Im Jahr 1762 reist die ganze[3] Familie nach Wien. Dort spielen die beiden Wunderkinder – Nannerl ist jetzt elf und Wolfgang sechs – für die Kaiserin[4], und sie bekommen[5] schöne Kleider und viel Geld. Von 1763 bis 1767 – fast vier Jahre lang – reisen Mozarts dann in ihrer Kutsche[6] Tausende von Kilometern durch Deutschland, Belgien, Frankreich, England und Holland. Oft ist das Wetter schlecht und die Kinder sind oft sehr krank[7], aber sie geben Hunderte von Konzerten. 1769 reist der jetzt 13-jährige Wolfgang mit seinem Vater nach Italien. Fünfzehn Monate lang ist der

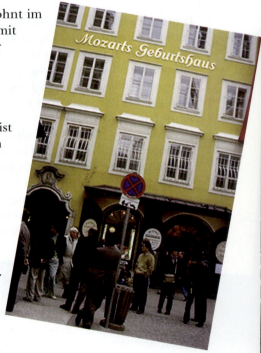

junge Pianist und Komponist auch dort die große Sensation. Dann ist Wolfgang wieder in Salzburg und wird sechzehn Jahre alt. Aber jetzt ist er kein Wunderkind und keine Sensation mehr, sondern nur ein schlecht bezahlter Musiker im Orchester des Erzbischofs.

Familie Mozart

1781 geht Mozart nach Wien und verdient dort als Pianist und Komponist viel Geld. 1782 heiratet er die Wienerin Konstanze Weber, lebt mit seiner Frau wie ein König und braucht viel mehr Geld als er verdient. Er macht Schulden und bezahlt[8] diese Schulden mit immer neuen Schulden. Er arbeitet fieberhaft und verdient jedes Jahr mehr. Im Jahr 1791, seinem letzten[9] Lebensjahr, schreibt Mozart zwei Opern, ein Klavierkonzert, ein Klarinettenkonzert, ein Quintett und eine Kantate und arbeitet an einem Requiem. Aber im November wird er sehr krank und kann nicht mehr arbeiten. Am fünften Dezember ist Mozart tot[10]. Er ist fünfunddreißig Jahre alt.

[1]genius [2]excellent [3]whole [4]empress [5]receive [6]carriage [7]ill [8]pays for [9]last [10]dead

Arbeit mit dem Text

3-48 Daten.   In what year did the following events take place?

Im Jahr —

__1782__ Konstanze Weber wird Mozarts Frau.
__1763__ Die große Konzertreise durch halb Europa beginnt.
__1791__ Mozarts kurzes Leben ist zu Ende.
__1769__ Leopold Mozart fährt mit Wolfgang nach Italien.
__1762__ Wolfgang lebt jetzt nicht mehr in Salzburg, sondern in Wien.
__1767__ Nach fast vier Jahren ist Familie Mozart wieder in Salzburg.
__1762__ Wolfgang und Nannerl spielen für die Kaiserin in Wien.

3-49 Was ist die richtige Antwort? Your instructor will read eight questions about _Eine musikalische Familie und ihr genialer Sohn_. Check the correct responses.

1. _____ Erzbischof.
   _____ Musiker.
2. _____ Klavier.
   _____ Violine.
3. _____ Für die Kaiserin.
   _____ Für den Erzbischof.
4. _____ Sie sind in Italien.
   _____ Sie reisen durch halb Europa.

5. _____ Er spielt nicht mehr so gut.
   _____ Er ist keine Sensation mehr.
6. _____ In Salzburg.
   _____ In Wien.
7. _____ Er lebt wie ein König.
   _____ Er verdient nicht viel.
8. _____ 53.
   _____ 35.

Wörter unter der Lupe

More cognates

In *Kapitel 2* you saw that it is often quite simple to "decode" the English meanings of certain cognates. Below is another list with the "code" that will help you figure out the English meanings. In some cases it helps to say the German words out loud. Words followed by *(v)* are verbs in their infinitive form.

- German **s, ss,** or **ß** is English *t* or *tt*

das Wa**ss**er	ra**ss**eln *(v)*	verge**ss**en *(v)*	der Fu**ß**	der Ke**ss**el
ha**ss**en *(v)*	be**ss**er	bei**ß**en *(v)*	die Nu**ss**	wa**s**

- German **z** or **tz** is English *t* or *tt*

se**tz**en *(v)*	die Ka**tz**e	grun**z**en *(v)*	**z**ehn
si**tz**en *(v)*	die Min**z**e	die War**z**e	**z**wölf
der Si**tz**	das Sal**z**	**z**u	die **Z**unge
gli**tz**ern *(v)*	das Ne**tz**		

- German **pf** is English *p* or *pp*

der A**pf**el	der **Pf**ennig	das **Pf**und	der **Pf**ad (**d**→*th!*)
der Kram**pf**	die **Pf**lanze (**z**→*t!*)	der **Pf**effer (**f**→*p!*)	die **Pf**eife (**f**→*p!*)
die **Pf**anne	der **Pf**osten		

Words as chameleons: *wie*

In different contexts, the word **wie** can take on a number of different meanings.

- **Wie** can mean *how:*

Wie alt sind Sie?	*How old are you?*
Wie geht's?	*How are you?*

- **Wie** can mean *what:*

Wie ist Ihr Name und Ihre Adresse?	*What is your name and your address?*
Wie heißt du?	*What is your name?*

- **Wie** can mean *what . . . like:*

Wie ist Ihre neue Wohnung?	*What is your new apartment **like**?*

- **Wie** can mean *like:*

Eine Wohnung **wie** meine kostet viel Geld.	*An apartment **like** mine costs a lot of money.*

- **Wie** means *as* in the expression **so ... wie:**

Meine Wohnung kostet nicht so viel **wie** deine.	*My apartment doesn't cost as much **as** yours.*

3-50 Was bedeutet *wie*? Write the number given after each occurrence of **wie** beside the appropriate English equivalent.

1.   LAURA: **Wie** (1) heißt Lenas neuer Freund und **wie** (2) alt ist er?
       MARIA: Er heißt Florian und er ist 22 Jahre alt.
       LAURA: Und **wie** (3) ist er? Ist er so doof **wie** (4) ihr letzter Freund?

   how _____   what _____   what . . . like _____   as _____

2.   JULIA: **Wie** (1) ist das Wetter? Ist es immer noch so schön **wie** (2) heute Morgen?
       LUKAS: Nein, jetzt regnet es **wie** (3) verrückt°.   *crazy*

   what . . . like _____   like _____   as _____

3.   PETER: **Wie** (1) geht's, Claudia? **Wie** (2) ist deine neue Mitbewohnerin? Ist sie so nett **wie** (3) die letzte?
       CLAUDIA: Klar. Stephanie und ich sind schon fast **wie** (4) gute, alte Freundinnen.

   how _____   what . . . like _____   like _____   as _____

Zur Aussprache

The diphthongs

A diphthong is a combination of two vowel sounds. There are three diphthongs in German.

3-51 Hören Sie gut zu und wiederholen Sie!

The diphthong **ei** (also spelled **ey, ai, ay**) is pronounced like the *i* in *mine*.

eins	**zwei**	**drei**
Herr M**ey**er	Herr S**ai**ler	Herr B**ay**er

H**ei**ke B**ay**er und H**ei**nz Fr**ey** h**ei**raten am zw**ei**ten M**ai**.

The diphthong **au** is pronounced like the *ou* in *house*.

br**au**chen	l**au**fen	k**au**fen
bl**au**	br**au**n	gr**au**

P**au**l, du bist zu l**au**t. Ich glaube, du bist bl**au**.
Br**au**tkleid bleibt Br**au**tkleid und Bl**au**kraut bleibt Bl**au**kraut.

The diphthong **eu** (also spelled **äu**) is pronounced like the *oy* in *boy*.

h**eu**te	t**eu**er	n**eu**
H**äu**ser	M**äu**se	Verk**äu**fer

Wer ist Frau B**äu**erles n**eu**er Freund?
Ein Verk**äu**fer aus B**ay**reuth.

Nomen

der Familienname, -n	last name
der Vorname, -n	first name
der Flug, ¨e	flight
der Flughafen, ¨	airport
die Flugnummer, -n	flight number
das Flugzeug, -e	airplane
das Geschäft, -e	store; business
das Feinkostgeschäft, -e	fine foods store
das Kleidergeschäft, -e	clothing store
das Kaufhaus, ¨er	department store
der Verkäufer, -	sales clerk
die Verkäuferin, -nen	
die Kaffeemaschine, -n	coffee maker
der Wasserkocher, -	electric kettle
die Schulden (pl)	debts
die Sprache, -n	language

Verben

bekommen	to get; to receive
bezahlen	to pay
brauchen	to need
heiraten	to marry
essen (isst)	to eat
geben (gibt)	to give
lesen (liest)	to read
nehmen (nimmt)	to take
sehen (sieht)	to see
sprechen (spricht)	to speak
werden (wird)	to become; to get; to be
backen (bäckt)	to bake
fahren (fährt)	to drive
halten (hält)	to hold; to stop
lassen (lässt)	to let; to leave
laufen (läuft)	to run
schlafen (schläft)	to sleep
tragen (trägt)	to wear
waschen (wäscht)	to wash

Andere Wörter

ausgezeichnet	excellent
laut	loud
offen	open

preisgünstig	inexpensive
tot	dead
wunderbar	wonderful
wunderschön	very beautiful
blond	blonde
brünett	brunette
glatt	straight (of hair)
lockig	curly
gestern	yesterday
mehr	more

Ausdrücke

es gibt (+ acc)	there is, there are
ganz kurz	very short
die ganze Familie	the whole family
nächstes Jahr	next year
Er arbeitet nicht mehr.	He's not working any more.
Sie wird einundzwanzig.	She is going to be twenty-one.
Was sind Sie von Beruf?	What is your occupation?

Das Gegenteil

die Hausfrau, -en ≠ der Hausmann, ¨er	housewife ≠ househusband
kaufen ≠ verkaufen	to buy ≠ to sell
erst- ≠ letzt-	first ≠ last
krank ≠ gesund	sick ≠ healthy
neu ≠ alt	new ≠ old
alles ≠ nichts	all ≠ nothing
jemand ≠ niemand	somebody ≠ nobody
vorgestern ≠ übermorgen	the day before yesterday ≠ the day after tomorrow

Leicht zu verstehen

die CD, -s	das Mountainbike, -s
der CD-Spieler, -	die Person, -en
das Interview, -s	der Preis, -e
die Kamera, -s	die Sandale, -n
die Klasse, -n	die Shorts
das Mineralwasser	kritisieren

Wörter im Kontext

3-52 Jennifers Familie. Complete with words from the list.

nimmt / wird / von Beruf / nächste / niemand / Flughafen /
gibt es / bekommt / offen / Flugzeug / übermorgen

1. Jennifers Vater und ihr Bruder Kurt sind beide Koch _____.
2. Im Restaurant von Jennifers Eltern _____ oft deutsche Spezialitäten.
3. Montags ist das Restaurant nicht _____, denn montags isst fast _____ im Restaurant.
4. _____ fliegt Jennifers Mutter nach Deutschland, denn Jennifer _____ _____ Woche einundzwanzig.
5. Ihr _____ landet auf dem Hamburger _____, und von dort _____ sie dann den Zug nach Kiel.
6. Jennifer _____ von ihren Eltern dreihundert Euro zum Geburtstag.

3-53 Was passt zusammen? For each sentence in the first column, find the most appropriate statement in the second column and complete it with the correct form of a suitable verb from the following list.

essen / tragen / schlafen / waschen / sehen / fahren / lesen

1. Er ist Polizist.
2. Sie ist Studentin.
3. Er ist Bankdirektor.
4. Er ist ein Gourmet.
5. Das ist ein Bär.
6. Das ist eine Katze.
7. Er ist Hausmann.

a. Er kocht und bäckt und _____.
b. Er _____ fast den ganzen Winter.
c. Sie _____ jeden Morgen zur Uni.
d. Er _____ eine Uniform.
e. Er _____ oft Börsenberichte.
f. Er _____ gern Kaviar.
g. Sie _____ auch bei Nacht sehr gut.

3-54 Anders gesagt. Decide which two sentences in each group have approximately the same meaning.

1. a. Anna ist Verkäuferin.
   b. Anna kauft Schuhe.
   c. Anna verkauft Schuhe.

2. a. Wie viel Geld verdienst du?
   b. Wie viel Geld bekommst du?
   c. Wie viel Geld brauchst du?

3. a. Tom und Maria heiraten morgen.
   b. Maria wird morgen Toms Frau.
   c. Maria und Tom sind nicht mehr verheiratet.

4. a. Tom spricht viele Sprachen.
   b. Toms Muttersprache ist Englisch.
   c. Toms Englisch ist ausgezeichnet.

5. a. Mein Familienname ist Müller.
   b. Ich heiße Stefan Müller.
   c. Ich heiße Müller.

6. a. Morgen habe ich keine Schulden mehr.
   b. Morgen habe ich wieder viel mehr Geld.
   c. Morgen bezahle ich alle meine Schulden.

Kommunikationsziele

Talking about . . .
- daily routines
- food and meals
- abilities, necessities, and obligations

Expressing permission, wishes, and likes

Telling someone what to do

Giving reasons and conditions

Strukturen

Present tense of modal verbs
Separable-prefix verbs
The imperative

Word order:
Position of the verb in dependent clauses

Kultur

Soccer
The German railway system
Switzerland

Leute: **Nicolas Hayek**

Alltagsleben

Alltagsszene in Stein am Rhein

So bin ich eben

MARTIN: *(steht auf und gähnt)* Was?! Du bist schon auf? Wie spät ist es denn?

PETER: Fast acht Uhr. Ich muss mein Referat für Professor Weber fertig schreiben. Das Seminar fängt schon um elf an.

MARTIN: *(lacht)* Ja ja, du und deine Referate: viel Stress, viel Kaffee, kein Frühstück. Iss doch eine Scheibe Brot. Und hier ist auch Butter, Wurst und Käse dazu.

PETER: Ich kann nicht, ich muss schreiben.

MARTIN: Du bist echt doof, Peter. Warum fängst du immer so spät an?

PETER: Ich brauche den Stress, Martin. So bin ich eben.

Morgen, morgen, nur nicht heute ...

STEPHANIE: Unser Zimmer sieht ja wie ein Schweinestall aus! Kannst du nicht mal ein bisschen aufräumen, Claudia?

CLAUDIA: Klar! Nur nicht heute. Heute habe ich viel zu viel zu tun.

STEPHANIE: Das sagst du immer und dann muss *ich* aufräumen.

CLAUDIA: Das musst du gar nicht. Morgen habe ich viel Zeit.

STEPHANIE: Das sagst du auch immer.

CLAUDIA: Ja, aber diesmal stimmt's. Ich bin morgen den ganzen Vormittag zu Hause, stehe früh auf und um zwölf ist hier alles tipptopp.

STEPHANIE: Na ja, mal sehen.

Stephanie schreibt eine E-Mail nach Hause

Hallo ihr Lieben,
hier ist alles immer noch echt super: die Uni, die Stadt und vor allem meine neuen Freunde. Claudia ist immer noch meine beste Freundin. Übrigens kocht sie ganz fabelhaft und macht echt leckere Gerichte mit viel Gemüse und Salat und wenig Fleisch. Sie mag aber auch meine Tomatensoße mit Nudeln oder Spaghetti. Zum Frühstück isst man hier übrigens oft Wurst und Käse. Ich esse aber meistens eine Schüssel Cornflakes, genau wie zu Hause, und manchmal mache ich auch mein Lieblingsfrühstück, meine Pancakes. Peter, ein Freund von Claudias Freund Martin, findet sie echt spitze. Peter ist übrigens sehr nett. Er ist oft bei uns und er ruft auch oft an.
Liebe Grüße
Stephanie

ZUM HÖREN

4-1 Richtig oder falsch?   You will hear the conversations and the text of the e-mail on pages 119 and 120. Indicate whether the statements that follow each conversation and the e-mail are **richtig** or **falsch.**

SO BIN ICH EBEN

	RICHTIG	FALSCH		RICHTIG	FALSCH		RICHTIG	FALSCH
1.	_____	_____	2.	_____	_____	3.	_____	_____

MORGEN, MORGEN, NUR NICHT HEUTE …

	RICHTIG	FALSCH		RICHTIG	FALSCH		RICHTIG	FALSCH
1.	_____	_____	2.	_____	_____	3.	_____	_____

STEPHANIE SCHREIBT EINE E-MAIL NACH HAUSE

	RICHTIG	FALSCH		RICHTIG	FALSCH		RICHTIG	FALSCH
1.	_____	_____	2.	_____	_____	3.	_____	_____

4-2 Was passt zusammen?

1. Warum ist Peter schon so früh auf?
2. Warum fängt Peter immer so spät an?
3. Was sieht wie ein Schweinestall aus?
4. Warum kann Claudia heute nicht aufräumen?
5. Wer mag Stephanies Tomatensoße?
6. Wer mag Stephanies Pancakes?

a. Claudia.
b. Sie hat zu viel zu tun.
c. Stephanies und Claudias Zimmer.
d. Peter.
e. Er braucht den Stress.
f. Er muss sein Referat fertig schreiben.

4-3 Wann stehst du auf und was isst du zum Frühstück?

S1:

Wann stehst du an Wochentagen
   auf?
Und wann stehst du am
   Wochenende auf?
Was isst und trinkst du zum
   Frühstück?

S2:

An Wochentagen stehe ich meistens
   um _____ auf.
Am Wochenende stehe ich meistens
   erst um _____ auf.
Ich esse ... und ich trinke ...

Record what you find out and report your findings to the rest of the class.

S: An Wochentagen steht [*Name*] meistens um _____ auf und am
   Wochenende steht sie/er meistens um _____ auf.
   Zum Frühstück isst sie/er ... und sie/er trinkt ...

Sprachnotiz	**The pronoun *man***

The pronoun **man** is used to make generalizations and is the equivalent
of *one, you, they,* or *people*. **Man** is always singular.

Wie sagt **man** das auf Deutsch?   *How does **one** (**do you**) say that
                                          in German?*

In Deutschland isst **man** oft   *In Germany **they** (**people**) often
   Wurst und Käse zum   eat cold cuts and cheese for
   Frühstück.   breakfast.*

Nomen

das Frühstück	breakfast
zum Frühstück	for breakfast
das Brot	bread; sandwich
das Brötchen, -	roll
das Ei, -er	egg
der Honig	honey
der Jogurt	yogurt
der Käse	cheese
die Marmelade	jam
das Müsli	muesli *(cold, whole grain cereal with nuts and fruit)*
der Orangensaft	orange juice
der Zucker	sugar
der Becher, -	cup; container
ein Becher Jogurt	a container of yogurt
das Glas, ̈er	glass
ein Glas Orangensaft	a glass of orange juice
die Scheibe, -n	slice
eine Scheibe Brot	a slice of bread
die Schüssel, -n	bowl
eine Schüssel Müsli	a bowl of muesli
die Tasse, -n	cup
eine Tasse Kaffee	a cup of coffee
das Mittagessen	noon meal; lunch
zum Mittagessen	for lunch
das Abendessen	evening meal
zum Abendessen	for supper; for dinner
das Fleisch	meat
das Gemüse *(sing)*	vegetables
die Kartoffel, -n	potato
die Pommes frites	French fries
die Wurst	sausage; cold cuts
der Nachtisch	dessert
zum Nachtisch	for dessert
das Eis	ice cream; ice
das Obst *(sing)*	fruit

der Nachmittagskaffee	afternoon coffee
zum Nachmittagskaffee	for afternoon coffee
der Kuchen, -	cake
die Torte, -n	layer cake
das Stück, -e	piece
ein Stück Torte	a piece of layer cake

Verben

an·fangen (fängt an)	to begin; to start
an·rufen	to call
auf·räumen	to clean up
auf·stehen	to get up
aus·sehen (sieht aus) (wie)	to look (like)
frühstücken	to have breakfast

Andere Wörter

fabelhaft	fabulous
fertig	finished; ready
genau	exact(ly)
lieb	dear
diesmal	this time
meistens	usually

Ausdrücke

vor allem	above all
Das stimmt.	That's right.
Bist du heute Abend zu Hause?	Will you be (at) home tonight?
Gehst du nach Hause?	Are you going home?
So bin ich eben.	That's just the way I am.
Wann isst du zu Mittag (zu Abend)?	When do you have lunch (supper)?
Was für ein Schweinestall!	What a pigsty!
Wie sagt man das auf Deutsch?	How does one (do you) say that in German?

Das Gegenteil

früh ≠ spät	early ≠ late
manchmal ≠ oft	sometimes ≠ often

Leicht zu verstehen

der Brokkoli	der Reis
die Butter	der Salat, -e
der Fisch, -e	das Sauerkraut
die Nudel, -n	der Toast
der Pudding	

Wörter im Kontext

4-4 Was passt nicht?

1. das Fleisch
   der Orangensaft
   der Käse
   die Wurst

2. die Nudel
   der Nachtisch
   die Kartoffel
   der Reis

3. der Becher
   das Glas
   die Scheibe
   die Tasse

4. der Pudding
   das Eis
   das Obst
   der Brokkoli

4-5 *Nach Hause* oder *zu Hause*?

Zieglers fahren nach Hause

Zieglers sind zu Hause

1. Wann kommt Stephanie heute Abend _____?
2. Ist Claudia immer noch nicht _____?
3. Ich gehe jetzt _____.
4. Ich muss um sieben _____ sein.

5. Fährst du am Wochenende _____?
6. Wohnt Stefan immer noch _____?
7. Geht ihr heute Abend aus oder esst ihr _____?

4-6 Was passt wo?

diesmal / manchmal / meistens

1. Müllers essen sonntags oft im Restaurant. Sie essen sehr gern italienisch und gehen deshalb _____ ins Ristorante Napoli. _____ essen sie aber auch gern chinesisch. Heute ist wieder Sonntag, aber _____ will° Frau Müller nicht italienisch und auch nicht chinesisch essen, sondern türkisch.

will ... nicht: *doesn't want*

zum Mittagessen / zum Frühstück / zum Nachtisch

2. _____ esse ich Obst oder italienisches Eis.
   _____ esse ich Brötchen oder eine Schüssel Müsli.
   _____ esse ich Fleisch und Gemüse.

Jogurt / Pommes frites / Käse / Kartoffelchips / Butter

3. _____, _____ und _____ macht man aus Milch.
   _____ und _____ macht man aus Kartoffeln.

eine Scheibe / eine Tasse / einen Becher / ein Glas / ein Stück

4. Zum Frühstück trinke ich meistens _____ eiskalten Orangensaft und _____ schwarzen Kaffee und esse _____ Toast dazu. Zum Nachmittagskaffee esse ich _____ Torte und abends esse ich zum Nachtisch oft _____ Fruchtjogurt.

Fußball: King of sports in Germany

The history of **Fußball** goes back to the turn of the century. The game was originally imported from England, and in the early years it was considered to be a rather boorish pastime. Before World War II, Germany had only a lackluster national team, especially compared to its successful competitors in Austria, Hungary, and England. It was not until 1954, when the German national team won its first World Cup in Bern, Switzerland, that **Fußball** really came into its own in Germany. Nine years after the end of World War II, the German team's unexpected win over Hungary went a long way toward giving Germans the feeling that they were once again a part of the world community. Since then Germany has won the World Cup again in 1974 and in 1990.

Worldcup in Meadowlands

Today **Fußball** is a booming, multimillion euro business. Every weekend during the soccer season, an average of 27,000 fans flock to each of the country's nine stadiums to cheer on their favorite teams in the **Bundesliga** *(Federal League)* and an additional 6 or 7 million follow the games on television. Now that commercial TV has arrived in Germany, sponsorships of televised games bring in millions of euros in advertising revenue. Top players enjoy tremendous popularity and draw huge salaries, and in playoff games each member of the winning team is paid a premium amounting to several hundred thousand euros. Once considered a working-class sport, **Fußball** has become a national passion.

Fußball is not just a spectator sport in the German-speaking countries. The game is played by young and old, males and females, mostly as a leisure-time activity. Just about every village in Germany has a soccer team and each team belongs to the **Deutscher Fußball-Bund.** With 5.2 million members, this umbrella organization is the largest sporting association in the country. Some rules of the game:

- games are 90 minutes long with a half-time break of 15 minutes

- 11 players make up a team

- the ball can be played with all body parts except the hands and arms

- only the goal keeper can use her/his arms inside the goal area

4-7 Was passt zusammen? Study the logos of these soccer clubs and match them to the names given.

Fußballclub Hansa Rostock

Erster Fußballsportverein Mainz 05

Karlsruher Sportclub

Fußballclub Schalke 04

Sportclub Freiburg

Erster Fußballclub Kaiserslautern

KOMMUNIKATION UND FORMEN

1. Modifying the meaning of verbs: modal verbs

Meaning and position

Modal verbs are a small group of verbs (six in German) that modify the meaning of other verbs. The verbs modified by the modals appear in the infinitive form at the very end of the sentence.

Ich **kann** gleich anfangen. *I **can** begin right away.*
Ich **muss** gleich anfangen. *I **have to** begin right away.*
Ich **will** gleich anfangen. *I **want to** begin right away.*

The modals *können, müssen,* and *wollen*

Below are the present tense forms of **können** *(to be able to, to know how to, can)*, **müssen** *(to have to, must)*, and **wollen** *(to want to)*.

können		müssen		wollen	
ich	kann	ich	muss	ich	will
du	kannst	du	musst	du	willst
er/es/sie	kann	er/es/sie	muss	er/es/sie	will
wir	können	wir	müssen	wir	wollen
ihr	könnt	ihr	müsst	ihr	wollt
sie/Sie	können	sie/Sie	müssen	sie/Sie	wollen

Note:

- These modals have a stem-vowel change in the **ich-, du-,** and **er/es/sie-** forms.

- Modals have no personal endings in the **ich-**form and the **er/es/sie-**form.

- When **können** is used to express mastery of a foreign language, it is not followed by an infinitive.

    Können Sie Deutsch? ***Can** you speak German?*

especially

4-8 Wer kann was besonders° gut?

1. Herr und Frau Ziegler _____ sehr gut Spanisch.
2. Nina _____ ausgezeichnet Klavier spielen.
3. Alexander _____ ganz fabelhaft kochen.

> LEHRER/IN: Und Sie? Was können Sie besonders gut?
> STUDENT/IN: Ich _____ sehr gut (ausgezeichnet, ganz fabelhaft) ...

4-9 Was müssen Zieglers alles tun?

1. Herr und Frau Ziegler _____ beide arbeiten und Geld verdienen.
2. Nina und Robert _____ jeden Morgen in die Schule und jeden Abend _____ sie ihre Hausaufgaben° machen.

homework

3. Herr Ziegler _____ jeden Morgen das Frühstück machen und jeden Samstag das Haus putzen°.

clean

4. Frau Ziegler_____ jeden Abend kochen und jeden Samstag waschen.

> LEHRER/IN: Und Sie? Was müssen Sie alles tun?
> STUDENT/IN: Ich _____ ...

4-10 Was wollen Nina, Robert und Alexander werden?

Profi: *pro*

1. Nina _____ Journalistin werden.
2. Robert _____ Fußballprofi° werden.
3. Alexander _____ Ingenieur werden.

> LEHRER/IN: Und Sie? Was wollen Sie werden?
> STUDENT/IN: Ich _____ ...
> LEHRER/IN: Und warum wollen Sie ... werden?
> STUDENT/IN: Ich finde diesen Beruf sehr interessant.
> Ich arbeite gern mit Kindern / mit alten Leuten / mit Tieren° / ...
> Ich will viel Geld verdienen.
> ...

animals

4-11 Mal ganz ehrlich. *(Let's be honest.)* Ask your partner what she/he is not so good at. Report your findings to the class.

S1: Was kannst du nicht so gut?   **S2:** Ich kann nicht so gut (gar nicht gut) ...

The modals *dürfen, sollen,* and *mögen*

Below are the present tense forms of **dürfen** *(to be allowed to, to be permitted to, may),* **sollen** *(to be supposed to, should),* and **mögen** *(to like).*

dürfen		sollen		mögen	
ich	darf	ich	soll	ich	mag
du	darfst	du	sollst	du	magst
er/es/sie	darf	er/es/sie	soll	er/es/sie	mag
wir	dürfen	wir	sollen	wir	mögen
ihr	dürft	ihr	sollt	ihr	mögt
sie/Sie	dürfen	sie/Sie	sollen	sie/Sie	mögen

Note:

- **Sollen** is the only modal that does not have a stem-vowel change in the **ich-**, **du-**, and **er/es/sie**-forms.

- **Mögen** is usually used without an infinitive.

Ich **mag** kein Gemüse.	*I don't **like** vegetables.*
Warum **mögt** ihr Dieter nicht?	*Why don't you **like** Dieter?*

4-12 Was dürfen Zieglers alles nicht tun?

1. Herr und Frau Ziegler _____ keinen Kaffee trinken.
2. Ihre Tochter Nina ist erst sechzehn und _____ noch nicht Auto fahren.
3. Ihr Sohn Robert ist vierzehn und _____ nicht nach Mitternacht nach Hause kommen.

LEHRER/IN: Und Sie? Was dürfen Sie alles nicht tun?
STUDENT/IN: Ich _____ nicht ...

4-13 Was sollen Zieglers nächsten Samstag alles tun?

1. Frau Ziegler und Nina _____ nächsten Samstag Oma Ziegler besuchen.
2. Robert _____ nächsten Samstag Vaters Wagen waschen.
3. Herr Ziegler _____ nächsten Samstag die Waschmaschine reparieren.

LEHRER/IN: Und Sie? Was sollen Sie nächsten Samstag alles tun?
STUDENT/IN: Ich _____ nächsten Samstag ...

4-14 Was mögen Zieglers alles nicht?

1. Herr Ziegler _____ keine Kartoffeln und keine Nudeln.
2. Die beiden Teenager _____ kein Gemüse und keinen Salat.
3. Frau Ziegler _____ kein Fleisch.

LEHRER/IN: Und Sie? Was mögen Sie alles nicht?
STUDENT/IN: Ich _____ kein ___ ...

4-15 Was magst du, und was magst du nicht?   You and your partner

ask each other what you especially like to eat and what you don't like at all. For additional food items, see the list in the *Anhang* on page A26.

S1: Was magst du besonders gern?   S2: ... mag ich besonders gern.
    Was magst du gar nicht?   ... mag ich gar nicht.

Möchte versus *mögen*

Although the modal **möchte** is derived from **mögen**, it is not used to express what one likes or dislikes, but what one *would* like to have or to do. **Ich möchte** is therefore a more polite way of saying **ich will**.

Ich **mag** Käsekuchen.	*I **like** cheesecake.*
Ich **möchte** ein Stück Käsekuchen.	*I **would like** a piece of cheesecake.*

It would be impolite to say:

Ich **will** ein Stück Käsekuchen.	*I **want** a piece of cheesecake.*

Note the different conjugation of **möchte:**

singular		plural	
ich	möchte	wir	möchten
du	möchtest	ihr	möchtet
er/es/sie	möchte	sie	möchten
		Sie	möchten

4-16 Wer möchte was?

trip around the world

1. Frau Ziegler _____ eine Weltreise° machen.
2. Herr Ziegler _____ einen Porsche.
3. Robert _____ ein neues Mountainbike.
4. Nina _____ ein Jahr in Amerika studieren.

LEHRER/IN: Und Sie? Was möchten Sie?
STUDENT/IN: Ich _____ ...

Omission of the infinitive after modal verbs

If the meaning of a sentence containing a modal is clear without an infinitive, the infinitive is often omitted.

Ich muss jetzt nach Hause.   *I have to **go** home now.*

4-17 Welcher Infinitiv passt?

trinken / gehen / essen / fliegen / sprechen

1. Wir müssen jetzt in die Vorlesung. *gehen*
2. Können deine Eltern Deutsch? *sprechen*
3. Möchten Sie ein Stück Kuchen? *essen*
4. Darf deine kleine Schwester immer noch nicht in die Disco? *gehen*
5. Möchtest du auch nach Deutschland? *fliegen*
6. Wollt ihr lieber Bier oder Wein? *trink*
7. Magst du Brokkoli? *essen*
8. Warum willst du denn nicht ins Kino? *gehen*

Position of *nicht* in sentences with modal verbs

The rules you learned about the position of **nicht** also apply to sentences with modal verbs (see pages 30 and 103). However, if no word or expression is specifically negated, **nicht** becomes the second-to-last element. It is placed directly before the infinitive since the infinitive must stand at the very end of the sentence.

Warum kommst du **nicht?**	*Why aren't you coming?*
Warum kannst du **nicht** kommen?	*Why can't you come?*
Warum kannst du **nicht** zu Ninas Party kommen?	*Why can't you come to Nina's party?*

4-18 Immer negativ.

> **S1:** Kannst du kochen?   **S2:** Nein, ich kann nicht kochen.

1. Kann Martin gut kochen?   Nein, er kann ...
2. Dürfen wir diesen Apfelkuchen essen?   Nein, ihr dürft ...
3. Darf ich den ganzen Apfelkuchen   Nein, du darfst ...
   essen?
4. Müssen wir alle drei Artikel lesen?   Nein, ihr müsst ...
5. Muss ich dieses langweilige Buch lesen?   Nein, du musst ...
6. Kannst du Stephanie nach Hause   Nein, ich kann ...
   fahren?
7. Will Claudia den ganzen Abend   Nein, sie will ...
   zu Hause bleiben?
8. Soll ich beide Artikel lesen?   Nein, du sollst ...
9. Möchtest du mein Referat lesen?   Nein, ich möchte ...

4-19 Ich und die Modalverben.   Write about yourself, using the modal verbs in the questions to guide you.

Was kannst du besonders gut?
Was kannst du gar nicht gut?
Wen magst du besonders gern? Warum?
Was magst du besonders gern?
Was magst du gar nicht?
Was willst du nicht tun und musst es doch° tun?   *anyway*
Was möchtest du gern tun und darfst es nicht?
Was sollst du tun und tust es nicht?

2. Modifying the meaning of verbs: prefixes

Meaning of separable-prefix verbs

The meaning of certain English verbs can be modified or changed by adding a preposition or an adverb after the verb. In German the same effect is achieved by adding a prefix to the verb.

*to go **out***	**aus**gehen	*to try **out***	**aus**probieren	to sleep in	ausschlafen
*to go **away***	**weg**gehen	*to clean **up***	**auf**räumen		
*to come **back***	**zurück**kommen	*to wake **up***	**auf**wachen		
*to come **home***	**heim**kommen	*to stand **up**;*	**auf**stehen		
*to try **on***	**an**probieren	*to get **up***			

Note: In pronunciation the stress always falls on the separable prefix.

Separable-prefix verbs are not usually as similar to their English equivalents as the examples given above.

abfahren	*to depart, to leave*	**zu**hören	*to listen*
ankommen	*to arrive*	**an**rufen	*to call (on the phone)*
anfangen	*to begin; to start*	**ein**schlafen	*to fall asleep*
aufhören	*to end; to stop*	**fern**sehen	*to watch TV*
anhören	*to listen to*	**vor**haben	*to plan, to have planned*

Position of the separable prefix

In the infinitive form, the prefix is attached to the front of the verb (**aus**gehen, **heim**kommen, etc.). In the present tense, the prefix is separated from the verb and is placed at the end of the sentence.

Gehst du heute Abend **aus?**	*Are you **going out** tonight?*
Warum **kommst** du immer so spät **heim?**	*Why **do** you always **come home** so late?*

4-20 Was machst du heute Nachmittag?

▶ du heute Nachmittag   meine neue CD anhören

S1: Was machst du heute Nachmittag?   **S2:** Da höre ich meine neue CD an.

1. du am Samstagmorgen

2. du am Samstagabend

3. du morgen Abend

4. ihr am Sonntagabend

fernsehen 4	mit Claudia ausgehen 2
not until erst um elf aufstehen 1	mein Zimmer aufräumen 3

5. du heute Abend

6. ihr bei Karstadt

7. du am Starnberger See°

lake south of Munich

8. ihr am Freitagabend

noch nichts vorhaben *prepare* 7	mein Surfbrett ausprobieren
5 meine Eltern anrufen	6 ein paar Kleider anprobieren

Position of separable-prefix verbs with modals

When used with a modal, the separable-prefix verb appears in its infinitive form at the end of the sentence.

Wann **musst** du morgen früh **aufstehen?**

*When **do** you **have to get up** tomorrow morning?*

4-21 Kleine Gespräche.

▶ aufstehen

Warum _____ du denn so früh _____?

S1: Warum stehst du denn so früh auf?

anrufen

Ich will meine Kusine in Deutschland _____.

S2: Ich will meine Kusine in Deutschland anrufen.

1. ausgehen

~~Gehst~~ du heute Abend mit uns ~~aus~~?

aufräumen

Nein, heute Abend muss ich endlich mal mein Zimmer ~~aufräumen~~

2. anhören

Möchtest du meine neue CD ~~anhören~~?

ausprobieren

Nein, ich möchte lieber deinen neuen Computer ~~ausprobieren~~

3. vorhaben

Was ~~hast~~ du heute Nachmittag ~~vor~~?

anprobieren

Heute Nachmittag will ich bei Karstadt Kleider ~~anprobieren~~.

4. anrufen

Kann ich Frau Müller abends um zehn noch ~~anrufen~~?

fernsehen

Klar! Sie ~~sieht~~ jeden Abend bis nach Mitternacht ~~fern~~.

5. heimgehen

Können wir jetzt endlich ~~heimgehen~~?

aufhören

Nein, erst muss der Regen ~~aufhören~~.

| **Sprachnotiz** | **Position of *nicht* with separable-prefix verbs** |

If no word or expression is specifically negated, **nicht** becomes the second-to-last element. It is placed directly before the separable prefix, since the separable prefix must stand at the end of the sentence. If a modal is present, **nicht** stands directly before the infinitive.

Ich gehe heute Abend **nicht** aus.
Ich will heute Abend **nicht** ausgehen.

*I'm **not** going out tonight.*
I don't want to go out tonight.

4-22 Was machst du den ganzen Tag?

S1:

Wann wachst du morgens auf?

Wann stehst du morgens auf?

Wann fangen deine
  Vorlesungen an?

Wann kommst du nachmittags
  heim?

Gehst du abends oft aus?

rarely

Gehst du heute Abend aus?

S2:

Ich _____ meistens um ... _____.

Ich _____ meistens um ... _____.

Meine Vorlesungen _____
  meistens um ... _____.

Ich _____ nachmittags meistens
  um ... _____.

Ja, ich _____ abends oft _____. /
  Nein, ich _____ abends nur sehr
  selten° _____.

Ja, heute Abend _____ ich _____. /
  Nein, heute Abend _____ ich
  _____ _____.

4-23 Verkehrszeichen.
Ask each other what these German traffic signs mean.
S2 will find her/his questions in the *Anhang* on page A6.

does . . . mean

S1: Was bedeutet° Verkehrszeichen
  Nummer 1?

S2: Hier kommt gleich eine
  scharfe Rechtskurve.

1	2	3
	Hier fängt die Autobahn an.	
4	**5**	**6**
	Hier geht es zur Autobahn nach Berlin.	Hier darf man nur nach rechts fahren.
7	**8**	**9**
	Hier darf man nicht halten.	
10	**11**	**12**
Autos und Motorräder dürfen hier nicht hineinfahren.	Hier darf man nur drei Minuten halten.	

Verb-noun and verb-verb combinations

Some verbs are so closely associated with a noun or another verb that they function like separable-prefix verbs.

With nouns this happens most frequently with the verbs **spielen, laufen,** and **fahren.**

Im Sommer **fährt** David fast jeden Nachmittag **Rad.**	*In summer David goes cycling almost every afternoon.*
Im Winter **läuft** er fast jedes Wochenende **Ski.**	*In winter he skis almost every weekend.*

With verbs this happens most frequently with the verb **gehen.**

Herr Meyer **geht** jeden Abend **spazieren.**	*Mr. Meyer goes for a walk every evening.*

If a modal is present, these combinations again function like separable-prefix verbs.

Kann dein Großvater noch **Auto fahren?**	*Can your grandfather still drive?*
Stephanie möchte Peter besser **kennen lernen.**	*Stephanie would like to get to know Peter better.*

As is the case with separable-prefix verbs, **nicht** precedes the noun or verb that stands at the end of the sentence. If a modal is present, **nicht** precedes the entire combination.

Claudia spielt heute **nicht Tennis.**	*Claudia isn't playing tennis today.*
Warum will Herr Meyer heute **nicht spazieren gehen?**	*Why doesn't Mr. Meyer want to go for a walk tonight?*

4-24 Was Tanja, Dieter, Laura und Till können oder nicht können. Use the data in the chart to complete the statements.

	TANJA	DIETER	LAURA	TILL
Motorrad fahren	sehr gut	nein	sehr gut	sehr gut
Gitarre spielen	nein	sehr gut	sehr gut	nein
Ski laufen	sehr gut	sehr gut	nein	sehr gut

1. Tanja fährt ... und sie läuft auch ..., aber sie kann ...
2. Dieter spielt ... und er läuft auch ..., aber er kann ...
3. Laura fährt ... und sie spielt auch ..., aber sie kann ...
4. Till fährt ... und er läuft auch ..., aber er kann ...

The German railway system (**Deutsche Bahn AG)** provides excellent passenger service with many different types of trains. Here are three examples:

- The **ICE (InterCityExpress)** connects major German cities at speeds up to 250 km/h (156 mph), and the new **ICE3** logs speeds of up to 315 km/h (197 mph).

- The **IC/EC (InterCity/EuroCity)** runs not only between major cities in Germany, but also across national borders to over 200 European cities. Service attendants often speak several languages.

- The **RE (RegionalExpress)** connects both to long-distance trains and to the rapid transit trains within large urban areas. Each day 32,000 such trains run throughout the country, serving 1.3 billion passengers annually.

For North American students, one of the most popular ways of experiencing Europe is with the Eurail Youth Pass, which provides the opportunity to travel on a total of 240,000 kilometers (150,000 miles) of track that crisscrosses the continent. Sold in North America, this ticket is offered for periods of fifteen or twenty-one days, or for one, two, or three months. It is limited to travelers twenty-five years of age or under and is valid for second-class accommodation. It provides rail travel in seventeen western countries of Europe (Austria, Belgium, Denmark, Finland, France, Germany, Greece, Hungary, Ireland, Italy, Luxembourg, The Netherlands, Norway, Portugal, Spain, Sweden, and Switzerland) on any or all days for the duration of the pass.

EC 64 Mozart

Wien Westbf - **Salzburg - München - Stuttgart - Karlsruhe - Kehl - Strasbourg - Paris-Est**

✕   Wien—Paris

Mozart — Wolfgang Amadeus, geb. 1756 in Salzburg, gest. 1791 in Wien. Komponist, Repräsentant der Wiener Klassik.

4-25 Frau Ziegler studiert den Fahrplan.

Brigitte Ziegler war zwei Tage bei Geschäftspartnern in Berlin. Jetzt sitzt sie im Hotel, isst zu Mittag und studiert den Fahrplan. Es ist fast 13 Uhr, um 20 Uhr geht sie mit Klaus ins Theater und sie möchte deshalb nicht nach 18.30 Uhr in Göttingen ankommen. Sie möchte aber auch nicht gleich abfahren, denn sie möchte noch in zwei oder drei Berliner Geschäfte gehen und ein paar Sachen° für Nina und Robert kaufen.

things

1. Wie viele Züge fahren nach 13 Uhr von Berlin Zoologischer Garten ab und kommen vor 18.30 Uhr in Göttingen an?
2. Mit wie vielen von diesen Zügen muss man in Hannover oder in Magdeburg und in Hannover umsteigen?
3. Wann fährt der ICE 599 von Berlin ab und wann kommt er in Göttingen an?
4. Wann fährt der ICE 895 von Berlin ab und wann kommt er in Göttingen an?
5. Welchen Zug nimmt Brigitte?

Berlin Zoolg. Garten → **Göttingen**

ab	Zug		Umsteigen	an	ab	Zug		an	Verkehrstage	
12.02	ICE 597	✕						14.53	täglich	
12.11	IR 2342	🍴	Hannover Hbf	14.42	15.17	RE 5521		**16.46**	täglich	
13.02	ICE 799	✕						15.53	täglich	
13.16	IC 507	✕	Hannover Hbf	15.57	16.11	IR 2575	🍴	17.11	täglich	
13.40	RE 3508		Magdeburg Hbf	15.23	15.32	IC 607	✕		Mo - Fr, So	**03**
			Hannover Hbf	16.57	17.12	IR 2185	🍴	18.15		
14.02	ICE 599	✕						16.53	täglich	
15.02	ICE 895	✕						17.53	täglich	
15.16	IC 646	✕	Hannover Hbf	17.57	18.11	IR 2577	🍴	19.11	täglich	**04**
16.02	ICE 695	✕						18.53	täglich	
16.11	IR 2340	🍴	Hannover Hbf	18.42	19.17	RE 5529		**20.46**	täglich	**05**

Bahnhof Berlin Zoologischer Garten.

ZUM HÖREN

Du musst dein Leben ändern

Kurt Becker is sitting in front of the TV watching the soccer match between **Bayern München** and **Eintracht Frankfurt**. His wife Petra has just walked in the door.

NEUE VOKABELN

ändern	*to change*	**anders**	*different*
du hast Recht	*you are right*	**bestimmt**	*really, for sure*
von Montag ab	*from Monday on*	**zu Fuß gehen**	*to walk*

4-26 Erstes Verstehen.   In which sequence do you hear the following statements?

_____ Du stehst jeden Morgen zu spät auf und hast nie Zeit für ein gutes Frühstück.

_____ Vielleicht hast du Recht, Petra. Aber von Montag ab wird alles anders.

_____ Du wirst noch krank, so wie du lebst.

_____ Aber ich brauche mein Bier, nach so viel Stress im Büro!

_____ Und schon heute Abend gehen wir spazieren, Petra, du und ich.

_____ Bayern München – Eintracht Frankfurt! Und da willst du diskutieren?!

4-27 Detailverstehen.   Listen to the conversation again and write responses to the following questions.

1. Warum soll Petra nicht so laut sein?
2. Was isst Kurt im Büro zum Frühstück?
3. Was macht Kurt, wenn er nach Hause kommt?
4. Was darf Kurt nicht mehr?
5. Was muss Kurt mehr tun?
6. Was will Kurt von Montag ab jeden Morgen tun?

4-28 Ich will mein Leben ändern.   Tell your classmates about three things you want to change in your life.

Ich will nicht mehr so viel
   (so oft, so spät, so lange) ...

Ich will mehr ...

fernsehen	in die Kneipe gehen	Milch trinken
schlafen	Bier trinken	Gemüse essen
aufstehen	Junkfood essen	lernen
ausgehen	Kaffee trinken	Sport machen
to smoke rauchen°	...	...

KOMMUNIKATION UND FORMEN

3. Expressing commands and requests

Imperatives

The imperative is a form of the verb used to express commands and requests. Since English has only one form of address *(you)*, it has only one imperative form. German has three forms of address **(du, ihr, Sie),** and consequently it has three imperative forms. In written German, imperative sentences usually end with an exclamation mark.

> **Komm!**
>
> **Kommt!**   *Come!*
>
> **Kommen Sie!**

The *du*-imperative

The **du**-imperative is simply the stem of the verb.

Komm schnell, Martin! Das Konzert fängt in fünf Minuten an.   *Hurry up, Martin! The concert starts in five minutes.*

Sei doch nicht immer so unordentlich, Peter!   *Don't always be so sloppy, Peter!*

Verbs that have a stem vowel change from **e** to **i** or **ie** in the 2nd and 3rd person singular of the present tense (e.g., **ich spreche, du sprichst, er spricht**) use the changed stem in the **du**-imperative.

Nimm doch nicht so viel Fleisch, Robert!   *Don't take so much meat, Robert!*

Iss ja nicht wieder den ganzen Kuchen!   *Don't eat all the cake again!*

Verbs that have a stem vowel change from **a** to **ä** (e.g., **ich fahre, du fährst, er fährt**) do *not* use the changed stem.

Fahr doch bitte nicht so schnell!   *Please don't drive so fast!*

Lass mich in Ruhe!   *Stop bothering me!*

Verbs with stems ending in **-d** or **-t** add an **-e** in the **du**-imperative.

Rede doch nicht so viel!   *Don't talk so much.*

Antworte bitte so bald wie möglich!   *Please answer as soon as possible.*

The prefix of a separable verb appears at the end of the imperative sentence.

Komm ja nicht wieder so spät **heim!**   *Don't come home so late again!*

Imperative sentences frequently contain the flavoring particles **doch** and/or **mal.** The particle **ja,** strongly stressed, gives the command an almost threatening note, as if you were adding the words *or else!* The addition of **bitte** to an imperative sentence introduces a friendly note and transforms a command into a request.

4-29 Mach bitte, was ich sage!   You and your partner are siblings. One tries to lord it over the other, but it isn't working.

▶   auf·stehen

finally   _____ doch endlich° _____!

S1: Steh doch endlich auf!

1. essen
   _____ doch endlich mal deine Cornflakes!
2. sitzen
   _____ doch nicht immer nur vor dem Fernseher°!
3. auf·räumen
   _____ bitte gleich dein Zimmer _____!

vor ... Fernseher: in front of the TV

4. an·rufen
   _____ deine Freundin doch nicht schon wieder _____!
5. nehmen
   _____ ja nur ein Stück Kuchen!
6. waschen

yourself   _____ bitte gleich meinen Wagen!

sein, lassen

_____ still und _____ mich schlafen!

S2: Sei still und lass mich schlafen!

sein, trinken
   _____ still und _____ deinen Kaffee!
lassen, lernen
   _____ mich in Ruhe und _____ deine Vokabeln!
sein, schreiben
   _____ still und _____ dein Referat fertig!
lassen, machen
   _____ mich in Ruhe und _____ deine Hausaufgaben!
sein, lesen
   _____ still und _____ dein Buch!
waschen
   _____ deinen Wagen doch selbst°!

4-30 Du nervst mich!   Does your roommate or a member of your family do things that get on your nerves? Use the suggestions below to tell her/him not to do them.

▶   doch nicht immer den Hund auf mein Bett lassen

S: Lass doch nicht immer den Hund auf mein Bett!

doch nicht so schnell/langsam fahren
to snore   doch nicht so laut schnarchen°
doch nicht immer nur Junkfood essen
doch nicht immer so lang telefonieren
doch nicht immer nur Computerspiele machen
doch nicht immer so viel reden
...

doch nicht so schnell/langsam sprechen
doch nicht so schnell/langsam essen
doch nicht immer nur deine doofen Comics lesen
doch nicht immer nur vor dem Fernseher sitzen

The *ihr*-imperative

The **ihr**-imperative is identical to the **ihr**-form of the present tense, but without the pronoun.

Kommt, Kinder! Wir gehen schwimmen.

Come on, children! We're going swimming.

Nehmt eure Badeanzüge **mit!**

Take your bathing suits along.

Seid doch bitte nicht so laut!

Please don't be so noisy.

4-31 Ein Picknick.

You and your friends are going on a picnic. Your sister and your mother give last-minute advice.

YOUR SISTER:
1. _____ genug° Getränke _____! (mit·nehmen)   *enough*
2. _____ das Frisbee nicht! (vergessen°)   *to forget*
3. _____ auch eure Badeanzüge _____! (ein·packen)
4. _____ genug Sonnencreme _____! (mit·nehmen)
5. _____ auch ein paar schöne Fotos! (machen)

YOUR MOTHER:
6. _____ genug Brote _____! (ein·packen)
7. _____ bitte nicht zu schnell! (fahren)
8. _____ bitte nicht zu viel! (trinken)
9. _____ bitte vor elf wieder zurück! (sein)
10. _____ doch endlich _____! (ab·fahren)

The *Sie*-imperative

The **Sie**-imperative is the infinitive of the verb followed directly by the pronoun **Sie**.

Wiederholen Sie bitte, was ich sage!

Please repeat what I say.

Hören Sie bitte gut **zu!**

Please listen carefully.

The verb **sein** is slightly irregular in the **Sie**-imperative.

Seien Sie doch nicht so nervös!

Don't be so nervous.

4-32 In Professor Kuhls Deutschklasse.

1. _____ dieses Wort bitte, Kevin! (buchstabieren°)   *to spell*
2. _____ es jetzt bitte an die Tafel°! (schreiben)   *board*
3. _____ bitte _____, Andrea! (weiter·lesen)
4. _____ doch bitte ein bisschen lauter! (sprechen)
5. _____ doch nicht so nervös! (sein)
6. _____ jetzt bitte gut _____! (zu·hören)
7. _____ diese Übung bitte schriftlich°! (machen)   *in writing*
8. _____ bitte _____, Michael! (auf·wachen)
9. _____ diesen Dialog bitte zu Hause _____! (an·hören)
10. Michael! _____ doch nicht schon wieder _____! (ein·schlafen)

4-33 Guter Rat. One of you (**S1**) assumes the role of the person(s) asking for advice. The other (**S2**) gives the advice in the **du-, ihr-,** or **Sie**-imperative.

►   einen Audi

FRAU FISCHER:	Was soll ich kaufen, einen VW oder einen Audi?	**S2:** Kaufen Sie lieber einen Audi.
1. EVA UND TANJA:	Wo sollen wir studieren, in Freiburg oder in Berlin?	in Freiburg
2. FRAU BRAUN:	Wann soll ich fliegen, am Donnerstag oder am Freitag?	am Donnerstag
3. BERND:	Was soll ich lesen, ein Buch oder die Zeitung?	ein Buch
4. TIM UND SILKE:	Wann sollen wir kommen, um zwei oder um drei?	schon um zwei
5. TOURIST:	Wo soll ich essen, im Wienerwald° oder bei McDonald's?	im Wienerwald
6. RALF:	Was soll ich trinken, Bier oder Wein?	ein Glas Wein
7. KURT UND JAN:	Wann sollen wir morgen aufstehen, um sieben oder um acht?	schon um sieben
8. FRAU SPOHN:	Wen soll ich anrufen, die Polizei oder einen Arzt°?	einen Arzt

a restaurant chain specializing in chicken

doctor

4. Word order

Position of the verb in independent and dependent clauses

You already know the following conjunctions:

und	*and*	**aber**	*but*
denn	*because, for*	**sondern**	*but (rather), but (. . . instead)*
oder	*or*		

These conjunctions are called coordinating conjunctions. They connect independent clauses, i.e., clauses that can stand alone as complete sentences. Coordinating conjunctions do not affect the position of the verb.

independent clause	conjunction	independent clause
Bernd hat endlich ein Zimmer	**und**	es kostet nur 150 Euro im Monat.
Es ist nur ein kleines Zimmer,	**aber**	es ist groß genug für Bernd.
Bernd geht nicht zu Fuß zur Uni,	**sondern**	er nimmt den Bus.

- The conjunctions **aber** and **sondern** are always preceded by a comma.

- The clause preceding **sondern** states what is *not* happening. The clause following **sondern** states what is happening *instead*.

4-34 Bernd hat ein Problem. Make Bernd's story read more smoothly. Using the appropriate coordinating conjunctions, connect the sentences in the left column with those directly opposite in the right column.

1. Ich habe endlich ein Zimmer!	Es kostet nur 150 Euro im Monat!	
2. Das Zimmer ist sehr schön.	Von hier zur Uni ist es sehr weit°.	*far*
3. Der Bus braucht nicht nur ein paar Minuten.	Er braucht eine volle Stunde.	
4. Ich brauche also einen Wagen.	Ich muss jeden Tag zur Uni.	
5. Soll ich jetzt einen Wagen kaufen?	Soll ich ein anderes Zimmer suchen?	

The following conjunctions are called subordinating conjunctions:

bis	*until*	**sobald**	*as soon as*
bevor	*before*	**weil**	*because*
damit	*so that*	**wenn**	*if; when*
obwohl	*although; even though*		

Subordinating conjunctions introduce dependent clauses, i.e., clauses that make sense only in connection with an independent clause. Subordinating conjunctions affect the position of the verb: the verb stands at the end of the clause. A dependent clause is *always* separated from the independent clause by a comma, and the comma directly precedes the subordinating conjunction.

independent clause	dependent clause
Bernd möchte das Zimmer,	**weil** es sehr schön und sehr preisgünstig **ist.**
Er möchte das Zimmer,	**obwohl** es von dort zur Uni sehr weit **ist.**

4-35 Wie löst Bernd sein Problem? Describe how Bernd solves his problem. Using the subordinating conjunctions provided, connect the sentences in the left column with those directly opposite in the right column.

1. Bernd ruft seine Eltern an.	bevor	Er nimmt das Zimmer.	
2. Er möchte einen Wagen.	damit	Er kommt schneller° zur Uni.	*faster*
3. Er ruft seine Eltern an.	weil	Er braucht Geld für einen Wagen.	
4. Es braucht fast eine halbe Stunde.	bis	Seine Eltern sagen endlich ja.	
5. Bernd geht zu Auto-Müller.	sobald	Er hat das Geld.	
6. Er möchte gern ein Sportcoupé.	wenn	Es kostet nicht zu viel.	
7. Aber dann kauft er einen alten VW Polo.	obwohl	Dieser Wagen sieht gar nicht sehr sportlich aus.	

In clauses introduced by a subordinating conjunction, modal verbs appear at the end of the clause and separable-prefix verbs are not separated.

independent clause	dependent clause
Peter steht früh auf,	weil er sein Referat fertig schreiben **muss**.
Claudia steht früh auf,	weil ihre erste Vorlesung um halb neun **anfängt**.

report (handwritten above "Referat")

4-36 Warum steht Peter heute so früh auf? Describe Peter's morning. Using the conjunctions provided, connect the sentences in the left column with those directly opposite in the right column.

1. Peter steht heute schon um fünf auf.	weil	Er muss sein Referat fertig schreiben.
2. Es sind nur noch wenige Stunden.	bis	Das Seminar bei Professor Weber fängt an.
3. Martin macht heute das Frühstück.	damit	Peter kann länger schreiben.
4. Um halb neun muss Martin weg.	weil	Seine Vorlesungen fangen um neun an.
5. Peter will das Referat noch genau durchlesen°.	bevor	Er muss wegfahren.
6. Aber er kommt zu spät zur Uni.	wenn	Er liest es zu Hause durch.
7. Peter nimmt ein Taxi.	obwohl	Das kostet viel Geld.
8. Er nimmt das Taxi.	damit	Er kann das Referat im Taxi noch schnell durchlesen.

read through (margin note next to item 5)

4-37 Fragen, Fragen, Fragen. You and your partner are sharing information about Kathrin, Florian, and Frau Özal. Begin the responses to your partner's requests for information with the conjunctions provided. **S2** will find her/his questions and responses in the *Anhang* on page A7.

S1: Warum geht Florian nicht ins Kino?
S2: Weil er ein Referat schreiben muss.
S2: Warum geht Kathrin nicht ins Kino?
S1: Weil ...

		KATHRIN	FLORIAN	FRAU ÖZAL
Warum geht ... nicht ins Kino?	weil	Sie muss Briefe schreiben.		Sie kann keine Babysitterin finden.
Geht ... heute schwimmen?	wenn		Es wird sehr heiß.	
Wann geht ... nach Hause?	sobald	Der Regen hört auf.	Seine Vorlesungen sind zu Ende.	
Wie lange schläft ... sonntags?	bis			Ihre Kinder wachen auf.
Wann sieht ... gern fern?	bevor	Sie steht auf.		
Warum arbeitet ...?	damit	Sie kann weiterstudieren.	Er kann einen Wagen kaufen.	

4-38 Lebst du gesund oder ungesund? Choose responses to your partner's questions that reflect your life style.

S1: Trinkst du Kaffee?	**S2:** Nein, ich trinke keinen Kaffee./Ja, ich trinke Kaffee.
S1: Warum nicht?/Warum?	**S2:** Weil ...

1. Trinkst du Kaffee?
2. Trinkst du Alkohol?
3. Rauchst du?
4. Trinkst du viel Milch?
5. Frühstückst du jeden Morgen?
6. Isst du viel Fleisch?
7. Machst du Sport?
8. Nimmst du Vitamine?

Ich will fit bleiben°.   *stay*
Ich bin sowieso° viel zu nervös.   *anyway*
Ich will nicht krank werden.
Ich kann dann besser denken.
Ich habe keine Zeit.
Ich kann ohne° Kaffee/Zigaretten   *without*
   nicht leben.
Ich bin Vegetarier(in).

4-39 Martin hat Geburtstag. Using the conjunctions provided, connect the sentences in the left column with those directly opposite.

1. Martin lädt° meistens viele Freunde ein.   wenn   Er hat Geburtstag.   **lädt ... ein:** *invites*
2. Heute ist Samstag, der siebte Juli.   und   Martin wird heute einundzwanzig.
3. Das ist ein wichtiger° Geburtstag.   aber   Martin lädt diesmal nur Claudia und Stephanie ein.   *important*
4. Peter muss er nicht extra einladen.   denn   Peter ist ja sein Mitbewohner.
5. Heute geht Martin gleich nach Hause.   sobald   Seine letzte Vorlesung ist zu Ende. ist,
6. Zu Hause bäckt er dann einen Apfelkuchen.   weil   Claudia mag seinen Apfelkuchen so gern. mag
7. Peter räumt das Zimmer auf.   bevor   Claudia und Stephanie kommen.
8. Dann hören Martin und Peter eine CD an.   bis   Claudia und Stephanie kommen endlich.
9. Stephanie kommt zuerst.   und   Sie muss dann gleich Kaffee kochen.
10. Claudia kommt zuletzt°.   weil   Sie muss samstags immer bis vier Uhr arbeiten. muss   *last*

Dependent clause before independent clause

If the dependent clause precedes the independent clause, the entire dependent clause becomes the first element in the sentence. The independent clause then begins with the conjugated verb (i.e., the verb with personal endings). The conjugated verbs of both clauses thus appear side by side, separated by a comma.

Wenn
Zeitungspapier
Glück hat,
wird es eine
»Süddeutsche«.

Süddeutsche Zeitung
Deutschlands große Tageszeitung

dependent clause	independent clause
Bevor ich **aufstehe,**	**sehe** ich meistens eine halbe Stunde **fern.**
Wenn du fit bleiben **willst,**	**musst** du viel mehr Sport machen.

4-40 Lauras Tag. In each set, combine the dependent clauses with the independent clauses so that the resulting sentences make good sense.

  S: Bevor Laura frühstückt, geht sie eine halbe Stunde joggen.

1. Bevor Laura frühstückt,   Sie trinkt ein Glas Milch.
   Bevor Laura joggen geht,   Sie geht eine halbe Stunde joggen.

2. Bis Laura zurückkommt,   Ihre Mutter macht das Frühstück.
   Bis Laura zur Uni muss,   Sie liest dann noch die Zeitung.

3. Sobald Lauras letzte Vorlesung   Sie macht das Abendessen.
   zu Ende ist,   Sie fährt nach Hause.
   Sobald Laura zu Hause ist,

4. Weil ihre Mutter oft sehr   Laura macht meistens das
   lange arbeiten muss,   Abendessen.
   Weil Laura oft noch Hausauf-   Ihre Mutter wäscht° dann ab.
   gaben machen muss,

wäscht ... ab: *does the dishes*

5. Wenn Laura ihre Hausaufgaben   Sie schläft immer gleich ein.
   fertig hat,   Sie geht meistens bald ins Bett.
   Wenn Laura im Bett ist,

4-41 Was machst du, ...?

S1:

Was machst du, bevor du zur
   Uni gehst?
Was machst, sobald deine letzte
   Vorlesung zu Ende ist?
Was machst du, wenn du deine
   Hausaufgaben fertig hast?

S2:

Bevor ich zur Uni gehe, ...

Sobald meine letzte Vorlesung zu
   Ende ist, ...
Wenn ich meine Hausaufgaben
   fertig habe, ...

Die Schweiz is a country of four distinct cultures and it has four official languages: **Deutsch, Französisch, Italienisch,** and **Rätoromanisch.** It has one of the highest standards of living in the world, even though over 70 percent of this tiny country consists of rugged mountains, with no natural resources apart from hydroelectric power. In order to survive, the Swiss have had to be very inventive. They have built a prosperous food industry on milk, the only product that mountain pastures have enabled them to produce in large quantities. Swiss cheeses, milk chocolate, and baby foods are known the world over. **Die Schweiz** also has a highly sophisticated machine industry that produces everything from enormous diesel engines to watches and other precision instruments. The Swiss are also leaders in chemicals and high-fashion textiles. In addition, **die Schweiz** has a flourishing tourist trade and world-wide services in the banking and insurance industries. The Swiss constitution requires that all important decisions must be reached by plebiscite; for example, all changes to the Constitution are subject to a compulsory referendum.

Zürich

Die Schweiz has been internationally recognized as a permanently neutral country since 1815. This allows it to play a unique role in international politics. Geneva has long been the headquarters for many international organizations and has also been the neutral site for dialogue between opposing ideologies. **Das Internationale Rote Kreuz** was founded in Geneva in 1863 to implement ideas put forward by Henry Dunant, a Swiss citizen. In 1901, he received the first Nobel Peace Prize for his efforts. The symbol of the Red Cross, a red cross on a white background, is actually the Swiss flag reversed. In Muslim countries, the equivalent symbol is a red crescent on a white background.

Museum Rotes Kreuz/Roter Halbmond in Genf

ZUM HÖREN

Ein typischer Tag in Lisas Leben

Listen as Lisa describes a typical day in her life.

NEUE VOKABELN

bleiben	*to stay*	**eineinhalb**	*one and a half*
Punkt halb sieben	*six-thirty on the dot*	**auf·passen**	*to pay attention*
die Dusche	*shower*	**mit·schreiben**	*to take notes*
dazu	*with it*		

4-42 Erstes Verstehen. Check off which words or expressions you hear in the three categories.

ESSEN UND TRINKEN	AKTIVITÄTEN	TAGESZEITEN
___ Müsli	___ ausgehen	___ Viertel vor acht
___ Jogurt	___ aufstehen	___ halb acht
___ Milch	___ mitgehen	___ Viertel nach acht
___ Kaffee	___ mitschreiben	___ halb elf
___ Apfel	___ lesen	___ Viertel vor zwölf
___ Käse	___ kochen	___ halb fünf

4-43 Detailverstehen. Listen to the narrative again and write responses to the following questions.

1. Warum geht Lisa jeden Morgen um halb sieben joggen? *Weil ...*
2. Was isst und trinkt Lisa zum Frühstück?
3. Wann fängt Lisas erste Vorlesung an?
4. Warum geht Lisa um halb elf eine Stunde schwimmen? *Damit ...*
5. Was macht Lisa, bevor sie zu Mittag isst?
6. Warum kommt Lisa erst um fünf nach Hause?
7. Warum kocht Lisa ein gutes Abendessen, bevor sie ihre Hausaufgaben macht? *Weil ...*

4-44 Ein Interview. You and your partner take on the roles of an interviewer and Lisa. The illustrations show Lisa how to respond to the interviewer's questions.

1. Wann stehst du morgens auf, Lisa, und was machst du dann zuerst?

2. Joggen, das macht hungrig. Was isst und trinkst du zum Frühstück?

3. Wann beginnt deine erste
   Vorlesung und wann ist sie
   zu Ende?

7. Joggen um halb sieben,
   Schwimmen um halb elf. Warum
   machst du denn so viel Sport?

4. Was machst du dann?

8. Gehst du dann zum Mittagessen?

5. Was isst und trinkst du dort?

9. Von wann bis wann hast du
   nachmittags Vorlesungen?

6. Hast du dann wieder eine
   Vorlesung?

10. Um wie viel Uhr kommst du
    nach Hause?

4-45 Das ist mein Tag.   Describe a typical day in your life. If you use
the questions below to guide you, you will be using both modal verbs
and separable-prefix verbs. To answer the question **Warum?**, use a
dependent clause introduced by **weil** or **damit.**

Wann stehen Sie auf? Warum so früh/so spät?
Was essen und trinken Sie zum Frühstück?
Wann müssen Sie zur Uni?
Was sind Ihre Lieblingsvorlesungen? Warum?
Wann und was essen Sie zu Mittag?
Machen Sie Sport? Warum?/Warum nicht? Wann machen Sie das?
Haben Sie einen Job? Wann und wo arbeiten Sie?
Gehen Sie abends oft aus? Wohin gehen Sie?

Nicolas Hayek, die Swatch und der Smart

Vor dem Lesen

4-46 Uhren und Autos.

1. Have you ever owned a Swatch? Can you describe it? Do you know what Swatch stands for?
2. What do you think of the car in the photo? Would you like to own such a car? Why?/Why not?

4-47 Was ist das auf Englisch?   Find the English equivalents for the German words in boldface.

1. 1983 ist der Schweizer **Anteil** am ~share~ Weltuhrenmarkt unter 15 Prozent.
2. Die Swatch ist ein Symbol für einen modernen, **jugendlichen** Lebensstil.
3. Der Smart ist ein Auto im Minikompaktformat und braucht nur sehr wenig **Platz** zum Parken.
4. Der Smart ist nur 2,50 Meter lang, aber er hat einen relativ großen **Kofferraum.**
5. Der Smart fährt viele Kilometer mit sehr wenig **Benzin.**
6. Das neue Europa ist ein Europa **ohne Grenzen.**

a. gas 5
b. without borders 6
c. youthful 2
d. room 3
e. share 1
f. trunk 4

Nicolas Hayek ist der Direktor von SMH[1], einer großen Schweizer Mikroelektronik- und Uhrenfirma, und ein Mann mit revolutionären Ideen.

Weil die Japaner so billige Uhren produzieren, sinkt der Schweizer Anteil am Weltuhrenmarkt von 1974 bis 1983 auf unter 15 Prozent. Da hat Nicolas Hayek die Idee für ein ganz neues Uhrenkonzept: die Swatch. Diese Uhr ist nicht nur ein typisches Schweizer Präzisionsinstrument, sondern auch ein billiges Massenprodukt und vor allem ein Symbol für einen modernen, jugendlichen Lebensstil. Swatchfans brauchen zu jedem Outfit eine andere[2] Swatch, und sie kaufen jedes Jahr die neuesten Modelle. Bald ist der Schweizer Anteil am Weltuhrenmarkt 53 Prozent, und auch Millionen Japaner und Chinesen kaufen jetzt Swatches aus der Schweiz.

Nicolas Hayeks zweite große Idee ist der Smart, ein Stadtauto im Mikrokompaktformat und eine ganz neue Fahrzeugklasse. Der kleine Zweisitzer ist nur 2,50 Meter lang und braucht deshalb nur wenig Platz zum Parken. Der Smart ist aber fast so komfortabel wie ein großer Wagen, hat einen relativ großen Kofferraum und braucht nur sehr wenig Benzin. Er fährt 130 km/h, hat Bremsen[3] mit Antiblockiersystem, zwei Airbags und andere technische Neuerungen[4]. Produzent ist die MCC smart (Micro Compact Car smart), eine Tochter von Daimler-Chrysler. Diese Firma kombiniert Schweizer Innovation mit deutscher Autotechnik und sie produziert den Smart in Smartville bei[5] Hambach in Frankreich. Der kleine Mikrokompakt ist deshalb auch ein Symbol für das neue Europa, ein Europa ohne Grenzen.

Inzwischen[6] produziert das Werk[7] in Smartville jedes Jahr mehr von den kleinen Autos und verkauft sie nicht nur in Europa, sondern auch in Japan und in China. Und in den vielen Smart-Clubs lernt man interessante Leute kennen und findet neue Freunde.

[1]*Société de Microélectronique et d'Horlogerie*   [2]*different*   [3]*brakes*   [4]*innovations*   [5]*near*
[6]*in the meantime*   [7]*plant*

Arbeit mit dem Text

4-48 Die Swatch: Fragen und Antworten.   Find the appropriate response for each question.

1. Was ist die SMH? c
2. Wann sinkt der Schweizer Anteil am Weltuhrenmarkt auf unter 15 Prozent? d
3. Warum sinkt der Schweizer Anteil am Weltuhrenmarkt auf unter 15 Prozent? e
4. Was ist die Swatch vor allem? b
5. Was brauchen Swatchfans zu jedem Outfit? f
6. Wer kauft jetzt auch Swatches aus der Schweiz? a

a. Millionen Japaner und Chinesen.
b. Ein Symbol für einen modernen, jugendlichen Lebensstil.
c. Eine große Schweizer Mikroelektronik- und Uhrenfirma.
d. Von 1974 bis 1983.
e. Weil die Japaner so billige Uhren produzieren.
f. Eine andere Swatch.

4-49 Der Smart: Fragen und Antworten.   Find the appropriate response for each question.

1. Was für ein Auto ist der Smart? c
2. Wie viele Personen haben im Smart Platz? f
3. Wie schnell fährt der Smart? a
4. Warum braucht der Smart so wenig Platz zum Parken? g
5. Wie heißt die Mutterfirma von MCC smart? e
6. Was kombiniert die MCC smart? d
7. Wo produziert die MCC smart ihr kleines Stadtauto? b

a. 130 km/h.
b. Bei Hambach in Frankreich.
c. Ein Stadtauto im Mikrokompaktformat.
d. Schweizer Innovation mit deutscher Autotechnik.
e. Daimler-Chrysler.
f. Zwei.
g. Weil er nur 2,50 Meter lang ist.

WORT, SINN UND KLANG

Denn versus *dann*

The words **denn** and **dann** occur very frequently in German. Because these words are so similar in sound and appearance and because **denn** has two very different meanings, they deserve a closer look.

- The flavoring particle **denn** occurs only in questions. It expresses curiosity and interest, and sometimes irritation.

  Wann stehst du **denn** endlich auf?   *When are you finally going to get up?*

- The coordinating conjunction **denn** introduces a clause that states the reason for something. Its English equivalents are *because* and *for.* Like **und, oder, aber,** and **sondern,** this **denn** does not count as an element in the sentence and therefore does not affect the position of the verb.

  Frau Berger fährt oft nach   *Mrs. Berger often goes to Leipzig,*
  Leipzig, **denn** sie hat dort   ***because** she has many friends*
  viele Freunde und Verwandte.   *and relatives there.*

- The adverb **dann** is an equivalent of English *then.* It expresses that a certain thing or action follows another thing or action. **Dann** does count as an element in the sentence and therefore affects the position of the verb.

  Zuerst sind wir ein paar Tage   *First we'll be in Paris for a few*
  in Paris und **dann** fliegen   *days and **then** we're flying*
  wir nach Berlin.   *to Berlin.*

4-50 *Denn* or *dann?*

1. HEIKE: Was schreibst du _denn_ da?
   SYLVIA: Einen Brief an meine Eltern.
   HEIKE: Und _dann_? Was machst du _denn_?
   SYLVIA: _Dann_ rufe ich Holger an, _denn_ wir wollen heute Abend zusammen ins Kino gehen.
2. MARTIN: Was möchtest du _denn_ essen, Claudia?
   CLAUDIA: Lasagne. Im Ristorante Napoli esse ich immer Lasagne, _denn_ hier sind sie am besten.
3. SONJA: Wann rufst du _denn_ endlich deine Eltern an?
   LAURA: Erst heute Abend, _denn dann_ sind sie bestimmt zu Hause.

Zur Aussprache

The vowels *ä, ö,* and *ü*

The vowels **a, o,** and **u** can be umlauted: **ä, ö,** and **ü.** These umlauted vowels can be long or short. Listen carefully and you will hear the difference between **a, o, u,** and their umlauted equivalents.

4-51 Hören Sie gut zu und wiederholen Sie!

a (lang)	ä (lang)	a (kurz)	ä (kurz)
Glas	Gläser	alt	älter
Rad	Räder	kalt	kälter
Vater	Väter	lang	länger

o (lang)	ö (lang)	o (kurz)	ö (kurz)
Ton	Töne	oft	öfter
Sohn	Söhne	Tochter	Töchter
groß	größer	Wort	Wörter

If you have trouble producing the sound **ö,** pucker your lips as if to whistle, hold them in this position, and say *eh*.

u (lang)	ü (lang)	u (kurz)	ü (kurz)
Buch	Bücher	Mutter	Mütter
Bruder	Brüder	jung	jünger
Fuß	Füße	dumm	dümmer

If you have trouble producing the sound **ü,** pucker your lips as if to whistle, hold them in this position, and say *ee*.

4-52 Das Rübenziehen.
In the following story about pulling out a turnip, long and short vowels, including umlauts, stand in sharp contrast to one another. Listen carefully and try to imitate the speaker.

Väterchen hat Rüben gesät°. Er will eine dicke Rübe herausziehen; er packt° sie beim Schopf°, er zieht und zieht und kann sie nicht herausziehen. Väterchen ruft Mütterchen: Mütterchen zieht Väterchen, Väterchen zieht die Rübe, sie ziehen und ziehen und können sie nicht herausziehen.

    Kommt das Söhnchen: Söhnchen zieht Mütterchen, Mütterchen zieht Väterchen, Väterchen zieht die Rübe, sie ziehen und ziehen und können sie nicht herausziehen.

    Kommt das Hündchen: Hündchen zieht Söhnchen, Söhnchen zieht Mütterchen, Mütterchen zieht Väterchen, Väterchen zieht die Rübe, sie ziehen und ziehen und können sie nicht herausziehen.

    Kommt das Hühnchen: Hühnchen zieht Hündchen, Hündchen zieht Söhnchen, Söhnchen zieht Mütterchen, Mütterchen zieht Väterchen, Väterchen zieht die Rübe, sie ziehen und ziehen und können sie nicht herausziehen.

    Kommt das Hähnchen: Hähnchen zieht Hühnchen, Hühnchen zieht Hündchen, Hündchen zieht Söhnchen, Söhnchen zieht Mütterchen, Mütterchen zieht Väterchen, Väterchen zieht die Rübe: sie ziehen und ziehen – schwupps°, ist die Rübe heraus, und das Märchen° ist aus.

hat ... gesät: *has sown / grabs by the top*

whoops

fairytale

Nomen

die Autobahn, -en	freeway
das Benzin	gas
die Bremse, -n	brake
der Parkplatz, ¨e	parking lot; parking space
der Bahnhof, ¨e	train station
der Fahrplan, ¨e	train or bus schedule
die Hausaufgabe, -n	homework assignment
das Referat, -e	(oral) report; paper
das Seminar, -e	seminar
die Tafel, -n	blackboard
der Fernseher, -	television (set)
der Geburtstag, -e	birthday

Verben

bleiben	to stay, to remain
buchstabieren	to spell
rauchen	to smoke
reden	to talk, to speak
vergessen (vergisst)	to forget
ab·fahren (fährt ab)	to leave, to depart
an·kommen	to arrive
an·hören	to listen to
an·probieren	to try on
aus·probieren	to try out
aus·gehen	to go out
auf·hören	to end; to stop
auf·passen	to pay attention
auf·wachen	to wake up
durch·lesen (liest durch)	to read through
ein·laden (lädt ein)	to invite
ein·schlafen (schläft ein)	to fall asleep
fern·sehen (sieht fern)	to watch TV
heim·kommen	to come home
mit·kommen	to come along
vor·haben	to plan, to have planned
weg·fahren (fährt weg)	to drive away
zu·hören	to listen
zurück·kommen	to come back
kennen lernen	to get to know
Rad fahren (fährt Rad)	to ride a bike, to go cycling
spazieren gehen	to go for a walk

Konjunktionen

bevor	before
bis	until
damit	so that
obwohl	although, even though
sobald	as soon as
weil	because
wenn	if; when

Andere Wörter

anders	different(ly)
besonders	especially
endlich	finally, at last
genug	enough
schriftlich	in writing
selbst	myself, yourself, herself, etc.

Ausdrücke

du hast Recht	you're right
nach Mitternacht	after midnight
von Montag ab	from Monday on
vor dem Fernseher	in front of the TV
zu Fuß gehen	to walk
Lass mich in Ruhe!	Stop bothering me!

Das Gegenteil

gesund ≠ ungesund	healthy ≠ unhealthy
möglich ≠ unmöglich	possible ≠ impossible
ordentlich ≠ unordentlich	neat ≠ messy
oft ≠ selten	often ≠ seldom
rechts ≠ links	right, to the right ≠ left, to the left
zuerst ≠ zuletzt	first ≠ last

Leicht zu verstehen

der Alkohol	joggen
das Foto, -s	brandneu
die Idee, -n	fantastisch
der Stress	nervös
die Zigarette, -n	typisch

Wörter im Kontext

4-53 Welches Präfix passt hier?

weg / auf / ein / vor / heim

1. Wachst du immer so früh _____?
2. Wann fährst du morgens _____ und wann kommst du abends _____?
3. Was hast du heute Nachmittag _____?
4. Schläfst du in Professor Altmanns Vorlesung auch immer _____?

fern / an / mit / weiter / aus / ab

5. Heute Abend gehen wir alle _____. Kommst du _____?
6. Siehst du immer so viel _____?
7. Warum studiert Matthias denn nicht _____?
8. Wann fährt euer Zug in Frankfurt _____ und wann kommt er in Hannover _____?

4-54 Was macht hier Sinn?   Match the dependent and independent clauses appropriately.

1. Bevor du das Kleid kaufst,
2. Bevor du dieses Auto verkaufst,
3. Obwohl Karl Asthma hat,
4. Obwohl Bergers nie genug Geld haben,
5. Sobald der Regen aufhört,
6. Sobald seine Eltern weg sind,
7. Wenn Maria Geburtstag hat,
8. Wenn du Professor Ports Vorlesungen verstehen willst,

a. gehen sie sehr oft aus.
b. musst du es anprobieren.
c. sitzt Robert vor dem Fernseher.
d. lädt sie immer alle ihre Freunde ein.
e. musst du die Bremsen reparieren.
f. musst du sehr gut aufpassen.
g. gehen wir spazieren.
h. raucht er jeden Tag ein paar Zigaretten.

4-55 Was passt wo?

unordentlich / zuerst / endlich / genug / zu Fuß / besonders / anders

1. Schweizer Schokolade mag ich _____ gern.
2. Hast du noch _____ Geld?
3. Bist du immer so _____? Dein Zimmer sieht ja wie ein Schweinestall aus!
4. Von Montag ab wird alles _____.
5. Wann bist du denn _____ fertig? Der Bus kommt in fünf Minuten!
6. Was sollen wir _____ machen, unsere Hausaufgaben oder fernsehen?
7. Nehmt ihr den Bus oder geht ihr _____?

4-56 Gegenteile.

selten / ungesund / möglich / rechts / oft / links / gesund / unmöglich

1. Sport machen ist _____. Rauchen ist _____.
2. In England regnet es _____. In Arizona regnet es nur sehr _____.
3. In England fährt man _____. In Nordamerika fährt man _____.
4. Heute Abend kann ich _____ kommen, aber morgen Abend ist es _____.

Kommunikationsziele

Making plans . . .
- for a day off
- for a vacation

Expressing personal opinions
   and tastes

Comparing qualities and
   characteristics

Talking about . . .
- whom and what you know
- events in the past

Strukturen

More on the accusative:
- personal pronouns
- prepositions

The comparative and
   superlative

Wissen and **kennen**

Simple past tense of **haben,
sein,** and the modals

Word order:
Position of the verb in object
   clauses

Kultur

Munich
Vacationing on a shoestring
South Tyrol

Leute: **Ludwig II. von Bayern**

Freizeit – Ferienzeit

Freizeit – Ferienzeit

Morgen haben wir keine Vorlesungen

Claudia erzählt Stephanie, was sie morgen vorhat.

STEPHANIE: Was machst du morgen, Claudia?

CLAUDIA: Zuerst schlafe ich mal bis elf oder halb zwölf und dann rufe ich Martin an.

STEPHANIE: Und er holt dich ab und schleppt dich wieder in die Alte Pinakothek.

CLAUDIA: Ja denkste! Dort waren wir jetzt oft genug. Morgen machen wir mal, was ich will.

STEPHANIE: Und das ist?

CLAUDIA: Erst gehen wir Weißwürste essen beim Donisl am Marienplatz ...

STEPHANIE: Mmm, die sind echt lecker dort.

CLAUDIA: Dann gehen wir ins Deutsche Museum und schauen historische Maschinen an.

STEPHANIE: Armer Martin!

CLAUDIA: Und dann fahren wir zum Englischen Garten.

STEPHANIE: Geht ihr dort baden?

CLAUDIA: Nein, wir gehen spazieren. Der Eisbach ist noch viel zu kalt.

STEPHANIE: Und wo esst ihr zu Abend?

CLAUDIA: Morgen geben wir mal viel Geld aus und gehen ins Mövenpick.

Hier gibt's echt leckere Weißwürste.

Ferienpläne

Frau Ziegler will nicht, was ihre Kinder wollen, aber Herr Ziegler findet eine gute Lösung.

NINA: Mitte Juli beginnen die Sommerferien, Vati. Fahren wir wieder zum Grundlsee? Der Campingplatz dort war echt spitze.

VATER: Aber du weißt doch, dass Mutti nicht dafür ist. Sie wollte schon letztes Jahr nicht mehr campen gehen.

ROBERT: Aber wir hatten doch so viel Spaß dort.

MUTTER: Spaß? Fast jeden Tag Regen und alles nass im Zelt. Und diese primitive Kocherei! Weißt du, Robert, das ist kein Urlaub für mich.

NINA: Aber wir hatten so gute Freunde, Robert und ich. Sie sind dieses Jahr bestimmt wieder dort.

MUTTER: Ich weiß, ich weiß, aber ich brauche auch mal Urlaub und möchte am liebsten in ein Hotel. Und bitte nicht in das billigste, Klaus.

VATER: Auch am Grundlsee?

MUTTER: Wenn es schön ist, habe ich nichts dagegen.

VATER: Ich kenne da nämlich ein kleines, aber sehr komfortables Hotel, nicht weiter als einen halben Kilometer vom Campingplatz. Dann haben die Kinder ihre Freunde, ich kann zum See und angeln gehen ...

MUTTER: Und ich kann endlich auch mal ein bisschen ausspannen.

ZUM HÖREN

5-1 Richtig oder falsch?   You will hear the conversations on page 155. Indicate whether the statements that follow each conversation are **richtig** or **falsch.**

MORGEN HABEN WIR KEINE VORLESUNGEN		FERIENPLÄNE	
RICHTIG	FALSCH	RICHTIG	FALSCH
1. _____	_____	1. _____	_____
2. _____	_____	2. _____	_____
3. _____	_____	3. _____	_____
4. _____	_____	4. _____	_____

Sprachnotiz	**The flavoring particle *mal***

Mal is the shortened form of **einmal** *(once)* and is often used in colloquial German to make a statement or question sound more casual. This usage has no equivalent in English.

Wann besuchst du uns **mal** wieder?   *When are you going to visit us again?*

Mal can also mean *for a change* or *for once.*

Morgen machen wir **mal,** was ich will.   *Tomorrow we're doing what I want **for a change.***

5-2 Fragen und Antworten.   Choose the appropriate response to your partner's questions.

1. Warum will Claudia beim Donisl zu Mittag essen?
2. Warum will sie nicht im Eisbach baden gehen?
3. Warum will Claudia ins Deutsche Museum?
4. Warum will sie nicht in die Alte Pinakothek?

a. Weil sie schon viel zu oft dort war.
b. Weil sie gern historische Maschinen anschaut.
c. Weil das Wasser noch viel zu kalt ist.
d. Weil die Weißwürste dort so lecker sind.

5-3 Was ist die richtige Antwort?
Indicate whether the responses below answer question 1 or question 2 by writing the appropriate number in the spaces provided.

1. Warum wollen Nina und Robert diesen Sommer wieder zum Grundlsee?
2. Warum will Frau Ziegler nicht mehr campen gehen?

_____ Weil sie die primitive Kocherei nicht mag.
_____ Weil der Campingplatz dort echt spitze war.
_____ Weil sie dort so gute Freunde hatten.
_____ Weil im Zelt alles nass wird, wenn es zu viel regnet.
_____ Weil das für sie kein Urlaub ist.
_____ Weil sie dort so viel Spaß hatten.

München: Maibaum auf dem Viktualienmarkt

Infobox	**München**

München, the capital of **Bayern** (Bavaria), is one of Germany's major cultural centers. It boasts over 70 theaters and six orchestras. The most famous of its many art galleries are the **Alte Pinakothek** and the **Neue Pinakothek. München** is also the home of the largest technical museum in the world, the **Deutsche Museum.**

With 60,000 students, the **Ludwig-Maximilians-Universität** in **München** is the largest university in the Federal Republic. Adjoining the university is the **Englische Garten,** a 925-acre park in the heart of the city. The park is a favorite playground for students, who spend their leisure time strolling, cycling, sunbathing, or swimming in the chilly waters of the **Eisbach.**

München, the home of **BMW (Bayerische Motorenwerke),** is also an important industrial and high tech center.

The end of September marks the beginning of **München'**s 16-day **Oktoberfest,** which each year attracts close to seven million visitors from around the world.

5-4 Eine Umfrage.
Move about the classroom and survey three or four classmates about their vacation preferences. Fill in the questionnaire as you do so. Then report to the class.

S1: Wann machst du am liebsten Ferien?
Wo machst du am liebsten Ferien?
Warum machst du dort am liebsten Ferien?

S2: Ich mache am liebsten ... Ferien.
Ich mache am liebsten ... Ferien.
Weil ...

PERSON	WANN?	WO?	WARUM?
Lisa	im Winter	in Whistler, B.C.	Weil sie gern Ski läuft.
_____	_____	_____	_____
_____	_____	_____	_____
_____	_____	_____	_____

Vacationing on a shoestring

Many young people experience the landscapes of the German-speaking countries by hiking or biking; hiking trails and bike paths can be found everywhere. A network of over 1000 **Jugendherbergen** *(youth hostels)* in Germany, Austria, and Switzerland provides reasonably priced, clean overnight accommodation and meals. Accommodation is dorm-like but much cheaper than a room in a hotel, and many **Jugendherbergen** are housed in interesting old buildings such as medieval castles. They are a good place to get to know other young people from all over the world.

There are also thousands of **Campingplätze** *(campgrounds)* in the German-speaking countries. As in North America, they are usually situated in areas that offer lots of recreational activities. **Campen** is a favorite way of vacationing for families with children.

Campen im Schwarzwald

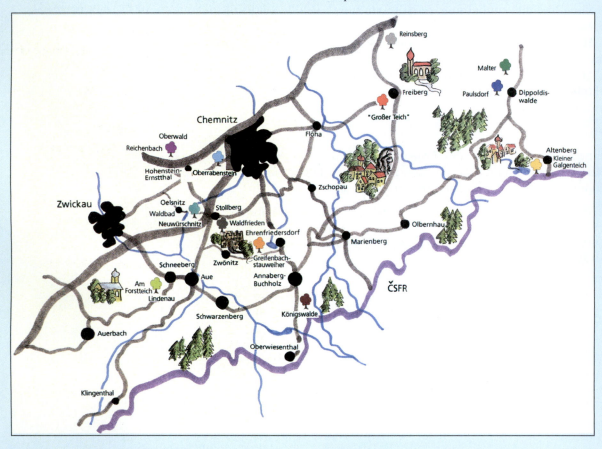

5-5 Campen im Erzgebirge.

Lisa und Ralf leben in Zwickau in Sachsen. Sie haben bald vierzehn Tage Urlaub, wollen campen gehen und studieren deshalb eine Broschüre von Campingplätzen im Erzgebirge. Sie gehen beide gern baden und sie möchten auch ein paar kleine Radtouren machen. Ralf ist ein Fitnessfreak und denkt, dass er auch beim Campen ohne Fitnesscenter und ohne Sauna nicht leben kann. Lisas Lieblingssport ist Segeln, und weil Lisa und Ralf passionierte Angler sind, suchen sie einen Campingplatz, wo sie auch angeln gehen können.

Finden Sie den idealen Campingplatz für Lisa und Ralf!

- Suchen Sie zuerst die vier Campingplätze, wo die beiden angeln gehen können, und schreiben Sie die Namen von diesen Campingplätzen in die vier ersten Lücken[1].

- Haken[2] Sie dann ab, welche von diesen vier Campingplätzen auch Bademöglichkeit[3], Fahrradverleih[4], Fitnesscenter, Sauna und Segeln haben.

[1]*spaces*   [2]*check . . . off*   [3]*swimming facility*   [4]*bike rental*

	1.	2.	3.	4.
Angeln	_____	_____	_____	_____
Bademöglichkeit	_____	_____	_____	_____
Fahrradverleih	_____	_____	_____	_____
Fitnesscenter	_____	_____	_____	_____
Sauna	_____	_____	_____	_____
Segeln	_____	_____	_____	_____

	Bademöglichkeit	Tankstelle	Einkaufsmöglichkeit	Sportgeräteausleih/Fahrradverleih	Bootsverleih	Haustiere möglich	Gaststätte	Surfen/Segeln	Wasch-, Trockenautomat	Fitneßcenter	Sauna	Duschen, Waschraum, WC	Kinderspielplatz	Angeln	Einrichtungen für Behinderte
Altenberg	●	●	●		●		●	●	●			●	●		
Freiberg	●	●	●	●		●				●	●				●
Königswalde		●	●	●							●	●			
Lindenau	●	●		●		●					●	●			
Malter	●	●	●	●			●	●	●	●	●	●	●	●	
Oberrabenstein								●			●				
Paulsdorf	●	●	●	●	●					●		●	●	●	
Reichenbach	●	●	●	●	●	●	●		●		●	●	●	●	
Stollberg	●	●		●	●		●		●		●	●	●		

Legende:

- Bademöglichkeit
- Tankstelle
- Einkaufsmöglichkeit
- Sportgeräteausleih/Fahrradverleih
- Bootsverleih
- Haustiere möglich
- Gaststätte
- Surfen/Segeln
- Wasch-, Trockenautomat
- Fitneßcenter
- Sauna
- Duschen, Waschraum, WC
- Kinderspielplatz
- Angeln
- Einrichtungen für Behinderte

Nomen

die Freizeit	leisure time
die Ferien *(pl)*	vacation *(generally of students)*
der Urlaub	vacation *(generally of people in the workforce)*
die Bademöglichkeit, -en	swimming facility
der Campingplatz, ¨e	campground
der Fahrradverleih, -e	bike rental
die Jugendherberge, -n	youth hostel
das Zelt, -e	tent
der Baum, ¨e	tree
der Berg, -e	mountain
das Dorf, ¨er	village
das Feld, -er	field
der Fluss, ¨e	river
das Gebirge, -	mountain range
die Insel, -n	island
die Landschaft, -en	landscape
der Regen	rain

das Schloss, ¨er	castle
der See, -n	lake
der Strand, ¨e	beach
das Tal, ¨er	valley
der Wald, ¨er	woods; forest
die Wolke, -n	cloud

Verben

ab·holen	to pick up
angeln	to fish
an·schauen	to look at
aus·geben (gibt aus)	to spend *(money)*
aus·spannen	to relax
baden	to swim; to bathe
schleppen	to drag
wissen (weiß)	to know

Andere Wörter

bestimmt	definite(ly); for sure
frei	free *(of time)*
lecker	delicious

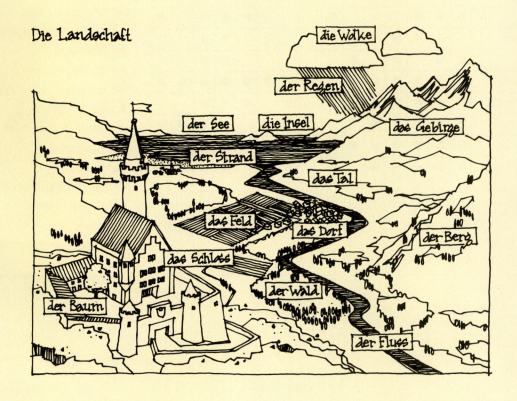

Die Landschaft

Ausdrücke

Anfang Juli	(at) the beginning of July
Ende Juli	(at) the end of July
Mitte Juli	(in) mid-July
eine Reise machen	to go on a trip; to take a trip
Ferien (Urlaub) machen	to go on vacation
Wo machst du am liebsten Ferien?	Where's your favorite vacation spot?
Spaß haben	to have fun
vierzehn Tage	two weeks

Das Gegenteil

das Problem, -e ≠ **die Lösung, -en**	problem ≠ solution
alt ≠ **jung**	old ≠ young

arm ≠ **reich**	poor ≠ rich
nass ≠ **trocken**	wet ≠ dry
weit ≠ **nah**	far ≠ near

Leicht zu verstehen

der Angler, -	**der Plan, ¨e**
die Anglerin, -nen	**die Sauna, -s**
die Broschüre, -n	**campen**
das Campen	**historisch**
das Fitnesscenter, -s	**ideal**
der Garten, ¨	**komfortabel**
das Hotel, -s	**passioniert**
die Maschine, -n	**primitiv**
das Museum, Museen	

Wörter im Kontext

5-6 Was passt zusammen?   Match appropriately in each set.

1. Schlösser c
2. Lösungen d
3. Fische a
4. Geld e
5. Hotelzimmer b

a. angelt man.
b. reserviert man.
c. schaut man an.
d. sucht man.
e. gibt man aus.

6. Wenn man Urlaub macht, g
7. Wenn man im Regen steht, h
8. Wenn die Sonne scheint, i
9. Wenn man viel Geld hat, g
10. Wenn man wenig Geld hat, f

f. ist man arm. *poor*
g. ist man reich. *rich*
h. wird man nass. *wet*
i. bleibt man trocken. *dry*
j. will man ausspannen. *relax*

5-7 Was passt zusammen?

1. Obwohl Martin am liebsten in die Alte Pinakothek geht, d
2. Claudia will morgen mal viel Geld ausgeben g
3. Herr und Frau Ziegler nehmen ihren Urlaub immer dann, f
4. Weil es im Zelt immer so primitiv war, a
5. Nina und Robert möchten wieder zum Grundlsee, b
6. Herr Ziegler braucht einen See, c
7. Wenn man eine Radtour machen will und kein Rad hat, e

a. möchte Frau Ziegler diesen Sommer mal in ein komfortables Hotel.
b. weil sie dort so viel Spaß hatten.
c. weil er ein passionierter Angler ist.
d. will Claudia ihn morgen ins Deutsche Museum schleppen.
e. geht man zum Fahrradverleih.
f. wenn ihre Kinder Schulferien haben.
g. und im Mövenpick zu Abend essen.

1. Talking about persons or things without naming them

Personal pronouns in the accusative case

In English the object forms of the personal pronouns are often different from the subject forms, e.g., *I love **him** and he loves **me** too.*

Similarly, in German the accusative forms of the personal pronouns are often different from the nominative forms.

Ich liebe **ihn** und er liebt **mich** auch.   *I love **him** and he loves **me** too.*

Remember that *things* also have gender in German and that this is reflected in the pronoun forms.

Warum liest du **den Roman** nicht?   *Why don't you read **the novel**?*
Ich finde **ihn** langweilig.   *I find **it** boring.*

personal pronouns							
NOMINATIVE				**ACCUSATIVE**			
ich	*I*	**wir**	*we*	**mich**	*me*	**uns**	*us*
du	*you*	**ihr**	*you*	**dich**	*you*	**euch**	*you*
er	*he, it*			**ihn**	*him, it*		
es	*it*	**sie**	*they*	**es**	*it*	**sie**	*them*
sie	*she, it*			**sie**	*her, it*		
	Sie	*you*			**Sie**	*you*	

5-8 Nomen und Pronomen.   Respond to your partner's questions using the appropriate pronouns.

S1: Kennst du den Mann?   **S2:** Ja, ich kenne ihn.

1. Kennst du den Mann? (die Frau, das Kind, die Studenten)
2. Holst du Martin ab? (Stephanie und Peter, Claudia)
3. Kaufst du den Wasserkocher? (die Kaffeemaschine, das Zelt, die Schuhe)
4. Lädst du deinen Vetter ein? (deine Kusine, deine Eltern)
5. Kennst du diesen Campingplatz? (diese Broschüre, dieses Schloss, diese Jugendherbergen)

5-9 *Lieben* und *mögen*.   Supply the appropriate personal pronouns.

1. Philipp loves Vanessa but, although she is fond of him, Vanessa doesn't love Philipp.

    PHILIPP: Ich liebe dich, Vanessa, liebst du _mich_ auch?
    VANESSA: Ich mag _dich_, Philipp, aber ich liebe _dich_ nicht.

2. Sarah quizzes Philipp about his feelings for Vanessa.

SARAH: Liebst du Vanessa?
PHILIPP: Ja, ich liebe _sie_, ich liebe _sie_ sehr.
SARAH: Und Vanessa? Liebt sie _dich_ auch?
PHILIPP: Sie sagt, sie mag _mich_, aber sie liebt _mich_ nicht.

3. Sarah quizzes Vanessa about her feelings for Philipp.

SARAH: Liebst du Philipp?
VANESSA: Ich mag _ihn_, aber ich liebe _ihn_ nicht.
SARAH: Und Philipp? Liebt er _dich_?
VANESSA: Er sagt, er liebt _mich_ sehr.

5-10 Wie findest du Davids Pullover?   Look at your fellow students. How do you like their clothes, their hairdos, their beards, their glasses, their jewelry?

S1: Wie findest du Davids Pullover?　**S2:** Ich finde ihn echt spitze.
S2: Wie findest du ...?　**S3:** Ich finde ...
　...

der Pulli	sehr schön
der Pullover	sehr elegant
das Sweatshirt	echt spitze
das T-Shirt	sehr schick
das Hemd	echt toll
die Jeans	sehr hübsch
die Hose	echt cool
der Rock	sehr geschmackvoll°　　　　　　　*tasteful*
die Schuhe	gar nicht schlecht

die Frisur

der Ohrring, -e

das Armband, ⸚er

der Ring, -e

die Halskette, -n

die Brille

der Haarschnitt

der Bart

der Schnurrbart

2. Expressing direction, destination, time, manner, and place

Accusative prepositions

A preposition is a word that combines with a noun or pronoun to form a phrase.

For whom are these travel brochures, *for David* or *for me?*

The noun or pronoun in the prepositional phrase is called the object of the preposition. After the following German prepositions, the noun or pronoun object appears in the accusative case.

durch	*through*	Nächsten Sommer möchte ich mit David **durch die Schweiz** reisen.
für	*for*	**Für wen** sind diese Reisebroschüren, **für mich?**
gegen	*against*	Meine Eltern haben nichts **gegen diese Reise.**
	around	Morgen planen wir die Reise. Ich komme **gegen zwei.**
ohne	*without*	Mach ja keine Pläne **ohne mich!**
um	*at*	**Um acht** läuft beim Studentenwerk ein Dokumentarfilm über° die Schweiz.
	around	Das Studentenwerk ist **um die nächste Ecke°.**

about
corner

In the example sentences there are two German equivalents for *around*:

gegen	*around (in a temporal sense)*	**gegen** zwei
um	*around (in a spatial sense)*	**um** die Ecke

In colloquial German the prepositions **durch, für,** and **um** are often contracted with the article **das: durchs, fürs, ums.**

Buchst du den Flug **durchs** Reisebüro im Studentenwerk?	*Are you booking your flight through the travel agency in the student center?*
In deutschen Hotels muss man **fürs** Frühstück nicht extra bezahlen.	*In German hotels you don't have to pay extra for breakfast.*
Ums Parkhotel stehen viele alte Bäume.	*There are many old trees around the Park Hotel.*

5-11 Durch, für, gegen, ohne, um? Supply the appropriate prepositions.

1. Sind deine Eltern _für_ oder _gegen_ diese Reise?
2. Wie willst du in Deutschland Arbeit finden? _Durch_ deinen Onkel?
3. Hier ist ein Brief _für_ dich.
4. Heute müsst ihr mal _ohne_ mich baden gehen.
5. Wohnt Bernd immer noch _um_ die nächste Ecke?
6. Trinkst du deinen Kaffee immer _ohne_ Milch und Zucker?
7. _Ohne_ dich mache ich diese Radtour nicht.
8. Spielt Eintracht Frankfurt morgen _gegen_ Hansa Rostock oder _gegen_ Mainz?
9. Fährt der Zug nach München _um_ 17.35 Uhr oder _um_ 18.35 Uhr?
10. _gegen_ sieben ist nicht Punkt° sieben. Es ist ein bisschen vor oder nach sieben.

on the dot

5-12 Kleine Gespräche.

▶ Für wen sind diese Fotos? Für mein__ Bruder?　　dein___ Schwester

S1: Für wen sind diese Fotos? Für meinen Bruder?　　S2: Nein, für deine Schwester.

1. Durch wen bekommen wir die Theaterkarten? Durch d_ie_ Sekretärin?　　eur_er_ Professor

2. Für wen holen Sie das Flugticket ab? Für Ihr_en_ Chef°?　　sein_e_ Frau

boss

3. Gegen wen spielt Eintracht Frankfurt nächsten Samstag? Gegen d_en_ VfB (m)?　　d_en_ Stuttgarter Kickers (pl)

4. Durch wen bekommst du den Ferienjob? Durch dein_en_ Onkel?　　mein_en_ Vetter

5. Für wen ist diese Broschüre? Für mein_e_ Mitbewohnerin?　　dein_en_ Freund

5-13 Ich reise nie ohne ein gutes Buch. Your instructor will ask one of you to state something you never travel without. When you have made your statement, call another student by name. That student makes a statement and calls on another student, and so on.

S1: Ich reise nie ohne ein gutes Buch. Und du, David?　　S2: Ich reise nie ohne ...

eine Packung Aspirin　　meinen Pass
meinen Regenmantel　　meine Zahnbürste°　　*toothbrush*
Reiseschecks　　meinen Regenschirm°　　*umbrella*
meine Kreditkarte　　eine Flasche° Wasser　　*botile*
eine warme Jacke　　meinen Studentenausweis°　　*student I.D.*
...

The German equivalents of the prepositional phrases *for it* and *against it* are **dafür** and **dagegen**.

Ist Frau Ziegler für den Campingurlaub am Grundlsee?	*Is Mrs. Ziegler for the camping vacation at the Grundlsee?*
Nein, sie ist nicht **dafür**.	*No, she isn't **for it**.*
Hat sie etwas gegen einen Urlaub im Hotel?	*Does she have anything against a vacation in a hotel?*
Nein, sie hat nichts **dagegen**.	*No, she has nothing **against it**.*

5-14 Urlaub am Grundlsee. Complete the following questions and responses with **dafür** or **dagegen**.

S1:

1. Ist Frau Ziegler für den Campingurlaub am Grundlsee?
2. Warum ist sie _dagegen_?

3. Ist Herr Ziegler auch gegen diesen Campingurlaub?
4. Und warum ist er _dafür_?

of course 5. Sind die Kinder _dafür_ oder _dagegen_?
6. Warum sind sie so sehr _dafür_?

7. Und wenn Herr Ziegler ein komfortables Hotel am Grundlsee findet? Ist seine Frau dann immer noch gegen diesen Urlaub?

S2:

Nein, sie ist nicht _dafür_, sie ist _dagegen_.
Sie ist _dagegen_, weil Campen für sie kein Urlaub ist.
Nein, er ist nicht _dagegen_ er ist _dafür_.
Weil er ein passionierter Angler ist.
Die Kinder sind natürlich° sehr _dafür_.
Weil sie dort immer so gute Freunde und so viel Spaß haben.
Nein, dann ist sie natürlich auch _dafür_.

3. Making comparisons

The comparative of adjectives and adverbs

The comparative forms of adjectives and adverbs are used to compare characteristics and qualities. In contrast to English, German has only one way of forming the comparative: by adding **-er** to the adjective or adverb, e.g., **klein*er*, schnell*er*, schön*er*, primitiv*er***. Note that the German equivalent of *than* is **als**.

Vom Hotel ist es ein bisschen **weiter** zum See **als** vom Campingplatz.	*From the hotel it's a bit **farther** to the lake **than** from the campground.*
Robert und Nina finden den Campingplatz **interessanter als** ein Hotel.	*Robert and Nina find the campground **more interesting than** a hotel.*

Most German one-syllable adjectives or adverbs with the vowels **a, o,** or **u** are umlauted in the comparative.

a → ä	o → ō	u → ü
nah – näher	oft – öfter	jung – jünger
warm – wärmer	groß – größer	kurz – kürzer

Die Sommerferien sind viel
länger als die Weihnachtsferien.
Unsere Nachbarn machen **öfter**
Urlaub **als** wir.

The summer holidays are much
longer than *the Christmas holidays.*
Our neighbors go on vacation **more**
often than *we do.*

As in English, a few adjectives and adverbs have irregular comparative forms.

gut – **besser**
viel – **mehr**

hoch° – **höher**
gern – **lieber**

high

Ich übernachte **lieber** in
Jugendherbergen **als** in Hotels.
In Österreich sind die Berge **höher**
als in Deutschland.

I would **rather** *stay in youth hostels*
than *in hotels.*
In Austria the mountains are **higher**
than *in Germany.*

Adjectives that end in **-er** or **-el** drop the **e** in the comparative.

teuer – **teurer**
dunkel – **dunkler**

Ein gutes Hotel ist **komfortabler**
als eine Jugendherberge.

A good hotel is **more comfortable**
than *a youth hostel.*

Sprachnotiz	***Immer*** **and the comparative**

Immer is used with the comparative form of adjectives and adverbs to express ideas like *more and more, better and better.*

Ich lerne **immer mehr** Deutsch.

I'm learning **more and more**
German.

Meine Zensuren werden **immer**
besser.

My grades are getting **better and**
better.

5-15 Wie alt und wie groß bist du? Move about the classroom and find out the age and height of your classmates. Use the scale to convert feet and inches to metric measure.

S1: Wie alt bist du?

S2: Ich bin ...

S1: Dann bist du | so alt wie ich.
älter als ich.
jünger als ich.

S1: Und wie groß bist du?

S2: Ich bin ...

S1: Dann bist du | so groß wie ich.
größer als ich.
kleiner als ich.

5-16 Weißt du das?   In this activity you and your partner share general knowledge. In your questions and responses, use the comparative forms of the adjectives given. **S2** will find her/his questions in the *Anhang* on page A8.

S1: Ist der Rhein länger als die Donau?

S2: Nein, der Rhein ist kürzer als die Donau.

FRAGEN	ANTWORTEN
lang: Ist der Rhein _____ als die Donau?	
	warm: Nein, in Island ist es _____ als in Grönland.
groß: Ist Deutschland _____ als Kalifornien?	
people wenig: Leben in Deutschland _____ Menschen° als in Kalifornien?	
	dunkel: Nein, der Mars ist _____ als die Venus.
	nah: Nein, zum Mars ist es _____ als zum Jupiter.

5-17 Wie heißt die Stadt?   Think of a large American or Canadian city. Your partner asks the following questions to find out which city you have in mind. All the adjectives must be in the comparative.

1. Ist die Stadt in Amerika oder in Kanada?
2. Ist die Stadt im Norden, im Süden, im Osten oder im Westen von Amerika/Kanada?
3. Ist die Stadt _____ oder _____ als (*name of your college or university town*)? (groß, klein)
4. Ist der Sommer dort _____ oder _____ als der Sommer hier? (heiß, kühl°)   *cool*
5. Ist der Winter dort _____ oder _____ als der Winter hier? (kalt, warm)
6. Regnet es dort _____ oder _____ als hier? (viel, wenig)
7. Schneit° es dort _____ oder _____ als hier? (viel, wenig)   *does it snow*
8. Heißt die Stadt _____?

An adjective in the comparative before a noun

When an adjective in the comparative precedes a noun, the adjective ending is added after the comparative ending.

Wer hat das größer**e** Zimmer, Laura oder Maria?

Who has the larger room, Laura or Maria?

Remember that the adjective takes an ending even if the noun to which it refers is not repeated.

Laura hat ein sehr klein**es** Zimmer und möchte ein größer**es.**

Laura has a very small room and would like a larger one.

The arrows show **S2** which decision to make.

▶ Welches Fahrrad kaufst du,
das teurer**e** oder das billiger**e**?

S1: Welches Fahrrad kaufst du,
das teurere oder das billigere?

S2: Ich kaufe das teurere Fahrrad.

1. Welchen Apfel möchtest du,
den kleiner**en** oder den größer**en**?

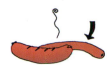

2. Welche Wurst möchtest du,
die dicker**e** oder die dünner**e**?

3. Welches Stück Torte möchtest du,
das kleiner**e** oder das größer**e**?

4. Welchen Wagen kaufst du,
den älter**en** oder den neuer**en**?

5. Welchen Mantel nimmst du,
den heller**en** oder den dunkler**en**?

6. Welche Jacke nimmst du,
die länger**e** oder die kürzer**e**?

7. Welche Wanderschuhe kaufst du,
den leichter**en**° oder den schwerer**en**°?

lighter / heavier

8. Welchen ICE nimmst du,
den früher**en** oder den später**en**?

Ab	Zug	
9.43	ICE	591
9.50	IR	2475
10.43	ICE	791

The superlative

The superlative forms of adjectives and adverbs are used to compare the qualities or characteristics of more than two persons or things. Unless the superlative precedes a noun (see page 171), it is formed by using the pattern **am _____ sten** (e.g., **am schnellsten**).

Maria spricht schnell, Anna spricht schneller als Maria, und Tina spricht **am schnellsten.**	*Maria talks fast, Anna talks faster than Maria, and Tina talks **the fastest.***

If the adjective or adverb ends in **-d**, **-t**, an **s**-sound, or a vowel, an **e** is added before the **st** (e.g., **am leichtesten, am heißesten, am neuesten**). In contrast to English, German uses the pattern **am _____ (e)sten** with all adverbs and adjectives, regardless of their length (e.g., **am interessantesten**).

Evas Referat war interessant, Davids Referat war noch interessanter, aber Lauras Referat war **am interessantesten.**	*Eva's report was interesting, David's report was even more interesting, but Laura's report was **the most interesting.***

Most one-syllable adjectives or adverbs with the stem vowels **a, o,** or **u** are umlauted in the superlative (e.g., **am kältesten, am wärmsten, am jüngsten**).

Im Juli und im August ist es hier **am wärmsten.**	*In July and in August it's **warmest** here.*

A few adjectives and adverbs have irregular superlative forms.

gut	besser	**am besten**
viel	mehr	**am meisten**
groß	größer	**am größten**
gern	lieber	**am liebsten**
hoch	höher	**am höchsten**

5-19 Stephanie.   Use superlatives in all questions and responses.

1. interessant
   Welches Fach findet Stephanie am _____?

   Sie findet Physik am <u>interessantesten</u>

2. viel
   Für welches Fach muss sie am _____ lernen?

   Für Mathematik muss sie am <u>meisten</u> lernen.

3. gern
   Was macht Stephanie an freien Tagen am _____?

   An freien Tagen geht sie am <u>liebsten</u> mit Peter in den Englischen Garten.

4. schön
   Was für Musik findet sie am _____?

   Sie findet Jazz am <u>schönsten</u>

5. gut
   Welche Sprache spricht Stephanie am _____?

   Englisch spricht sie natürlich am <u>besten</u>.

5-20 Ein paar persönliche Fragen.   Use superlatives in all questions.

▶   gut
     Welche Sprache sprichst du am _____ ?

S1: Welche Sprache sprichst du   **S2:** Englisch.
     am besten?

1. interessant
   Welches Fach findest du am _____?

2. viel
   Für welches Fach musst du am _____ lernen?   Für _____.

3. gern
   Was für einen Wagen möchtest du am _____?   Einen _____.

4. gern
   Was isst du am _____?

5. gern
   Was trinkst du am _____?

6. schön
   Was für Musik findest du am _____?

An adjective in the superlative before a noun

If an adjective in the superlative precedes a noun, it does not use the
pattern **am _____(e)sten.** It takes the ending **-(e)st** plus an adjective
ending. Remember that the adjective takes an ending even if the
noun to which it refers is not repeated.

David hat jetzt den neu**esten**   *David now has the latest computer,*
     Computer, aber Lauras   *but Laura's computer is still the*
     Computer ist immer noch   *fastest one.*
     der schnell**ste.**

Ihre schönsten Ferien
auf Deutschlands
größter und schönster Insel
Rügen

5-21 Superlative. Supply the appropriate superlatives with the proper endings.

► teuer

Welche Vase ist die _____? 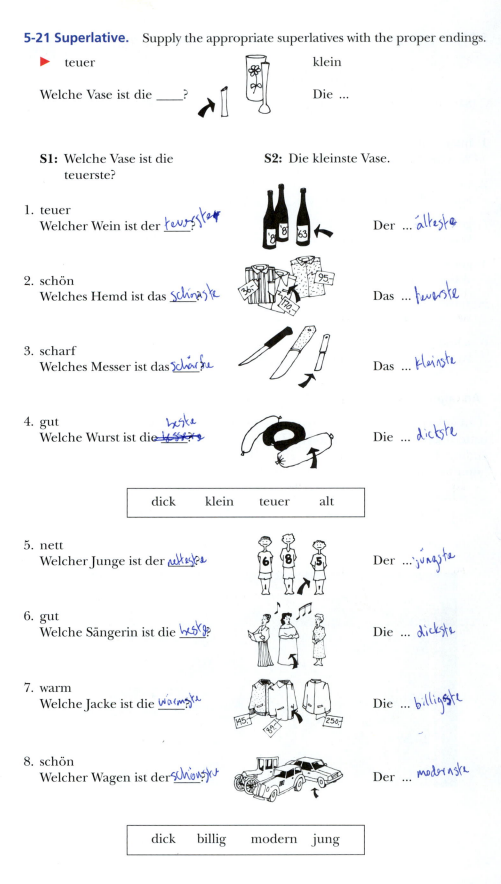 klein

Die ...

S1: Welche Vase ist die teuerste?

S2: Die kleinste Vase.

1. teuer
Welcher Wein ist der _teuerste_?

Der ... _älteste_

2. schön
Welches Hemd ist das _schönste_

Das ... _teuerste_

3. scharf
Welches Messer ist das _schärfste_

Das ... _kleinste_

4. gut
Welche Wurst ist die ~~beste~~ _beste_

Die ... _dickste_

dick	klein	teuer	alt

5. nett
Welcher Junge ist der _netteste_

Der ... _jüngste_

6. gut
Welche Sängerin ist die _beste_?

Die ... _dickste_

7. warm
Welche Jacke ist die _wärmste_

Die ... _billigste_

8. schön
Welcher Wagen ist der _schönste_

Der ... _modernste_

dick	billig	modern	jung

5-22 Deutsche Flughäfen im Vergleich. The chart compares ten German airports in the following categories: distance from the airport to the city, time it takes to drive this distance with different means of transportation, price charged by taxis, and price for parking. Study the chart with your partner and answer the questions below.

1. Welche Stadt hat die meisten Flughäfen?
2. Wo ist ein Taxi zur City am teuersten?
3. Wo ist ein Taxi zur City am billigsten?
4. Wo ist der Parkpreis pro Stunde am höchsten?
5. Welcher Flughafen hat die kürzeste Entfernung° zur City?   *distance*
6. Von wo ist es weiter zum Flughafen, von Köln oder von Bonn?
7. Wie kommt man von Düsseldorf schneller zum Flughafen, per Taxi oder per S-Bahn°?   *rapid transit train*

		Frankfurt	München	Düsseldorf	Berlin-Tegel	Hamburg	Köln / Bonn	Berlin-Schönefeld	Dresden	Bremen	Berlin-Tempelhof
Entfernung zur City (in km)		15	35	9	8	15	K:18 B:28	20	18	4,5	6
Fahrtdauer (in Minuten)	U-Bahn, S-Bahn	10	41	12	--	--	--	35	--	17	10
	Bus	--	45	30	20	30	K:20 B:30	--	30	--	--
	Taxi	20	45	30	20	30	K:20 B:30	35	30	25	15
Taxipreis (in Euro)		25	50	20	13	20	K:25 B:30	30	14	10	12
Parkpreis (pro Stunde)		3	3	2	4	2	3	2	3	2	3

ZWISCHENSPIEL

ZUM HÖREN

Auch Martin macht Pläne

Martin's plans for his day off are quite different from Claudia's. Listen as he discusses them with Peter.

NEUE VOKABELN

der Schnellimbiss   *fast food stand*   **verrückt**   *crazy*
das Bild, -er   *picture; painting*

5-23 Erstes Verstehen.   In which sequence do you hear the following statements and questions?

_____ Dann fahren wir zum Englischen Garten und gehen baden.
_____ Glaubst du, dass sie die alten Bilder dort interessant findet?
_____ Und zuletzt will Claudia bestimmt noch tanzen gehen.
_____ Esst doch mal wieder beim Donisl!
_____ Was machst du morgen den ganzen Tag?
_____ Claudia geht bestimmt gern ins Mövenpick.
_____ Wir essen beim Schnellimbiss eine Knackwurst und gehen dann gleich in die Alte Pinakothek.

5-24 Detailverstehen.   Listen to the conversation again and write responses to the following questions.

1. Wie lange will Martin morgen schlafen?
2. Warum will er nicht beim Donisl zu Mittag essen?
3. Wo will er mit Claudia eine Knackwurst essen?
4. Warum geht Claudia nicht gern in die Alte Pinakothek?
5. Warum denkt Peter, dass Martin verrückt ist, wenn er im Englischen Garten baden gehen will?
6. Warum will Martin zu Hause zu Abend essen?
7. Was will Martin zuletzt noch machen?

Sprachnotiz	Discourse strategies

If you want to find out more about the plans of the person you are talking to, the question **Und dann?** will encourage her/him to give more information. You can use it by itself or as an introduction to a more exact question.

     Und dann? Was machst du **dann?**
     Und dann? Wohin geht ihr **dann?**

5-25 Morgen machen wir mal, was ich will. With a partner, look at the drawings and then take turns narrating what Claudia and Martin have planned for tomorrow.

Claudias Pläne

Martins Pläne

5-26 Heute habe ich frei. Write about your plans for a day off. You could begin your first sentence with **Zuerst ...** and the last one with **Zuletzt ...** In between, try to avoid beginning each sentence with **Dann ...** You could use **Am Vormittag ..., Am Nachmittag ..., Am Abend ...**

bis _____ Uhr schlafen	fernsehen (Meine Lieblingsprogramme
ein gutes Buch lesen	sind ...)
meine Lieblings-CDs anhören	Seifenopern° anschauen *soap operas*
E-Mails schreiben	mein Zimmer aufräumen
Freunde besuchen	meine Wäsche waschen
einkaufen gehen°	Tennis (Fußball, Squash, ...) spielen *to go shopping*
Muffins backen	ins Kino (ins Konzert, ...) gehen
Computerspiele machen	...

5-27 Freizeitpläne. Now that you have written about your plans for a day off, tell your classmates about them.

KOMMUNIKATION UND FORMEN

4. Word order

Object clauses introduced by *dass*

The object of a verb is often not a noun or a pronoun, but a clause. If this object clause is introduced by the conjunction **dass** *(that)*, it is a dependent clause and the conjugated verb stands at the end of the clause.

verb	object clause	verb	object clause introduced by *dass*
hope — Ich hoffe°,	ihr **habt** immer schönes Wetter.	Ich hoffe,	**dass** ihr immer schönes Wetter **habt**.
Ich hoffe,	ihr **könnt** mal richtig ausspannen.	Ich hoffe,	**dass** ihr mal richtig ausspannen **könnt**.
Ich hoffe,	ihr **kommt** total fit **zurück**.	Ich hoffe,	**dass** ihr total fit **zurückkommt**.

5-28 Meine kritische Freundin. Give your partner advice by responding to her/his statements with **du**-imperatives.

▶   Ich arbeite zu lange. | gehen / doch mal ein bisschen früher nach Hause

S1: Meine Freundin denkt, dass ich zu lange arbeite. | S2: Dann geh doch mal ein bisschen früher nach Hause.

1. Ich bin zu dünn. — essen / doch mal ein bisschen mehr
2. Ich kann nicht gut tanzen. — nehmen / doch mal einen Tanzkurs
3. Meine Haare sind zu lang. *(hair stylist)* — gehen / doch mal zum Friseur°
4. Ich kann nicht gut kochen. — nehmen / doch mal einen Kochkurs
5. Ich schaue zu viele Seifenopern° an. *(soap operas)* — lesen / doch mal einen guten Roman
6. Ich bin zu nervös. — trinken / doch mal ein bisschen weniger Kaffee

---

Sprachnotiz   **The flavoring particle *doch***

You know that the flavoring particle **doch** frequently appears in commands and requests, often in connection with **mal.**

   Komm **doch mal** her, bitte.   *Please come here.*

In many other contexts **doch** serves as an intensifier.

   Es ist **doch** erst zehn Uhr!   *It's only ten o'clock!*

5-29 Ratschläge geben.   Tell your classmates about something you do that annoys members of your family or your friends. Your classmates should have some advice for you.

S1: Meine Eltern denken, dass ich zu viel fernsehe. | S2: Dann lies doch mal ein gutes Buch.

| | S3: Dann mach doch mal ein bisschen mehr Sport. |

S4: Mein Bruder denkt, dass ... | S5: ...

Information questions as object clauses

Information questions that are introduced by phrases like **Weißt du, ...** or by polite phrases such as **Könnten Sie mir bitte sagen, ...** *(Could you please tell me . . .)* are object clauses. These object clauses are dependent clauses, and the conjugated verb stands at the end of the clause.

information question	introductory phrase	object clause
Wie viel Uhr **ist** es?	Weißt du,	wie viel Uhr es **ist?**
Wann **fängt** das Konzert **an?**	Weißt du,	wann das Konzert **anfängt?**
Wo **kann** man Karten bekommen?	Weißt du,	wo man Karten bekommen **kann?**

5-30 Höfliche Fragen.   You are a stranger in town. Politely ask a passerby for directions and information.

▶ Wie komme ich zum Bahnhof?   nehmen / am besten die Buslinie 10

S1: Könnten Sie mir bitte sagen, wie ich zum Bahnhof komme?

S2: Da nehmen Sie am besten die Buslinie 10.

1. Wie komme ich zum Flughafen?   nehmen / am besten die S-Bahn
2. Wie komme ich zum Fußballstadion?   nehmen / am besten ein Taxi
3. Wann fängt das Fußballspiel an?   fragen / am besten den Taxifahrer
4. Wo kann man hier gut italienisch essen?   gehen / am besten ins Ristorante Napoli
5. Wo kann man hier billig übernachten°?   gehen / am besten in die Jugendherberge   *spend the night*

Yes/no questions as object clauses

If a yes/no question is the object of an introductory phrase, it begins with the conjunction **ob** *(whether)*. The conjugated verb stands at the end of the clause.

yes/no question	introductory phrase	object clause
Ist Claudia zu Hause?	Weißt du,	**ob** Claudia zu Hause **ist?**
Hat sie heute Abend etwas **vor?**	Weißt du,	**ob** sie heute Abend etwas **vorhat?**
Möchte sie mit uns ausgehen?	Weißt du,	**ob** sie mit uns ausgehen **möchte?**

5-31 Weißt du das?

▶ Ist Professor Weber noch hier?   Ja, er ...

S1: Weißt du, ob Professor Weber noch hier ist?

S2: Ja, er ist noch hier.

1. Müssen wir diese Wörter lernen?   Nein, wir ...
2. Ist die Bibliothek noch offen?   Ja, sie ...
3. Ist dieser Film interessant?   Nein, er ...
4. Hat Florian einen Wagen?   Ja, er ...
5. Geht Maria heute Abend aus?   Nein, sie ...

5-32 Höfliche Fragen.

▶ Fährt dieser Bus zum Bahnhof?  Nein, er fährt zum ...

S1: Könnten Sie mir bitte sagen, ob dieser Bus zum Bahnhof fährt?

S2: Nein, er fährt zum Englischen Garten.

1. Wohin fährt dieser Bus?  Er fährt zum ...

2. Ist das die Alte Pinakothek?  Nein, das ist ...

3. Wann fängt das Konzert heute Abend an? Ich glaube, es beginnt ...

4. Ist das das Deutsche Museum?  Nein, das ist ...

5. Wohin fährt dieser Zug?  Das ist der Intercity ...

6. Wann fährt der Intercity nach Hannover ab? Um ...

7. Ist der Intercity nach Hannover schon weg? Nein, es ist doch erst ...

track 8. Von wo fährt der Intercity nach Hannover ab? Ich glaube, von Gleis° ...

5. Talking about what and whom you know

The verb *wissen*

The present tense of **wissen** *(to know)* is irregular in the singular.

singular	plural
ich **weiß**	wir wissen
du **weißt**	ihr wisst
er/es/sie **weiß**	sie wissen
	Sie wissen

As you have already seen, the object of the verb **wissen** is often a dependent clause. It can also be a pronoun like **das, es, alles,** or **nichts.**

Weißt du, **ob wir morgen eine Klausur schreiben?**	*Do you know **whether we'll be writing a test tomorrow?***
Nein, **das** weiß ich nicht.	*No, I don't know **(that).***

5-33 Wer weiß das?   Supply the appropriate forms of **wissen.**

1.   KURT: _Wissen_ deine Eltern, dass du so schlechte Zensuren° hast?   *grades*
     GÜNTER: Meine Mutter _weiß_ es, aber mein Vater _weiß_ es noch nicht.
2.   TOURISTIN: Entschuldigung, _wissen_ Sie vielleicht, wohin dieser Bus fährt?
     TOURIST: Nein, das _weiß_ ich leider° auch nicht.   *unfortunately*
3.   BERND: _wisst_ ihr vielleicht, wo Peter ist?
     MARTIN: Nein, das _wissen_ wir auch nicht.
     CLAUDIA: Frag doch Stephanie! Sie _wissen_ es bestimmt.
4.   FRAU KOHL: Warum _weißt_ du denn nicht, wie man Sauerkraut kocht?
     HERR KOHL: Ich kann doch nicht alles _wissen_

Wissen versus *kennen*

Whereas **wissen** means *to know something as a fact,* **kennen** means *to know* in the sense of *to be acquainted with someone* or *to be familiar with something.* **Kennen** is always followed by a direct object. It cannot be followed by an object clause.

Kennst du Günters neue Freundin?	*Do you **know** Günter's new girlfriend?*
Ja, ich **kenne** sie sehr gut.	*Yes, I **know** her very well.*
Weißt du, wie alt sie ist?	*Do you **know** how old she is?*
Nein, das **weiß** ich nicht.	*No, that I don't **know.***

5-34 *Wissen* oder *kennen?*

1. FRAU LANG: **Kennen** Sie Frau Ziegler?
   FRAU KUNZ: Ja, ich **kenne** sie sehr gut.
2. FRAU HOFER: **Wissen** Sie vielleicht, wie viel Uhr es ist?
   FRAU KUHN: Genau **weiß** ich es nicht, aber ich glaube, es ist fast fünf.
3. GÜNTER: **Kennst** du Monika?
   ANNA: Ja, natürlich **kenne** ich sie.
   GÜNTER: Und **weißt** du, wo sie wohnt?
   ANNA: Nein, das **weiß** ich nicht.
4. TOURISTIN: **Kennen** Sie Berlin?
   FRAU GÜRLÜK: Ja, ich **kenne** Berlin sehr gut.
   I'm sure   TOURISTIN: Dann **wissen** Sie doch sicher°, wo die Grimmstraße ist.
   FRAU GÜRLÜK: Nein, das **weiß** ich leider nicht.
5. DAVID: **Kennst** du den Mann dort?
   TOM: Ja, ich **kenne** ihn, aber ich **weiß** nicht, wie er heißt.
6. HOLGER: **Kennst** du diese Oper?
   THOMAS: Sie ist sicher von Mozart, aber ich **weiß** nicht, wie sie heißt.
7. SYLVIA: **Wisst** ihr, wo Günter ist?
   MARKUS: Ich glaube, er ist bei Eva.
   SYLVIA: Bei Eva?! Ja, woher **weiß** er sie denn?
   THOMAS: Das **wissen** wir auch nicht.

6. Talking about events in the past

The simple past of *sein, haben,* and the modals

In conversational situations, German refers to events in the past by using the perfect tense. You will learn how to use this tense in the next chapter.

Gestern Nachmittag **habe** ich mit Lisa Tennis **gespielt**.	*Yesterday afternoon I **played** tennis with Lisa.*

However, with the verbs **sein, haben,** and the modals, most speakers of German use the simple past tense.

Warum **warst** du gestern Abend nicht auf Lisas Party?	*Why **weren't** you at Lisa's party last night?*
Ich **hatte** keine Zeit. Ich **musste** für eine Klausur lernen.	*I **didn't have** time. I **had to** study for a test.*

The simple past of *sein*

The simple past stem of **sein** is **war.** Note that there are no personal endings in the 1st and 3rd person singular.

singular	plural
ich war	wir waren
du warst	ihr wart
er/es/sie war	sie waren
Sie waren	

5-35 Kleine Gespräche. Use the simple past of **sein** in the following mini-conversations.

▶ ihr gestern Abend
der Film gut

im Kino
Nein, ... viel zu sentimental.

S1: Wo wart ihr gestern Abend?
War der Film gut?

S2: Wir waren im Kino.
Nein, er war viel zu sentimental.

1. ihr letztes Wochenende
das Wasser warm

Nein, ... noch ziemlich° kalt.   *quite*

2. Sie letzten Sommer
es heiß

Ja, ... sehr heiß.

3. du am Sonntagnachmittag
es interessant

Ja, ... sehr interessant.

4. ihr am Samstagnachmittag
das Bier gut

Ja, ... sehr gut.

5. du am Sonntagabend
der Geiger° gut

Ja, ... ganz fabelhaft.   *violinist*

6. Sie letzten Sommer
das Wetter schön

Ja, ... fast immer warm und schön.

| im Biergarten | im Konzert | am Starnberger See |
| in Österreich | in Italien | im Deutschen Museum |

The simple past of *haben*

The simple past stem of **haben** is **hatt-**.

singular	plural
ich hatte	wir hatten
du hattest	ihr hattet
er/es/sie hatte	sie hatten
Sie hatten	

5-36 Warum?   In the questions use the simple past of **sein,** and in the responses the simple past of **haben.**

► ihr nicht auf Lisas Party   wir / zu viel zu tun

S1: Warum wart ihr nicht auf Lisas Party?   **S2:** Wir hatten zu viel zu tun.

1. du gestern Nachmittag nicht zu Hause   ich / Vorlesungen
2. ihr am Samstag nicht beim Fußballspiel   wir / zu viele Hausaufgaben
3. Martin nicht beim Mittagessen   er / keinen Hunger
4. ihr gestern Nachmittag nicht im Biergarten   wir / keine Zeit
5. Stephanie nicht mit euch am Starnberger See   sie / eine Klausur
6. Meyers letzten Sommer nicht in Italien   sie / kein Geld

The simple past of modal verbs

The modals form the simple past by adding the past tense marker **-t-** to the verb stem. For the modals **dürfen, können, mögen,** and **müssen,** the umlaut of the infinitive form is dropped in the simple past. Note that the **g** of **mögen** becomes **ch.**

dürfen	können	mögen	müssen	sollen	wollen
ich **du**rf**te**	ich **ko**nn**te**	ich **mo**ch**te**	ich **mu**ss**te**	ich **so**ll**te**	ich **wo**ll**te**

In the simple past, all modals follow the pattern shown in the table below. You will notice that the personal endings are the same as those for the simple past of **haben.**

singular	plural
ich konnte	wir konnten
du konntest	ihr konntet
er/es/sie konnte	sie konnten
Sie konnten	

5-37 Ich wollte, aber ich konnte oder durfte nicht.

► wollen / können: Ich _____ letzten Sommer nach Europa,
aber ich _____ nicht.
können: Warum _____ du denn nicht?
müssen: Ich _____ arbeiten und Geld verdienen.

S1: Ich wollte letzten Sommer nach Europa,
aber ich konnte nicht.
S2: Warum konntest du denn nicht?
S1: Ich musste arbeiten und Geld verdienen.

1. wollen / können: Wir _____ gestern Abend in die Disco,
aber wir _____ nicht.
können: Warum _____ ihr denn nicht?
müssen: Wir _____ unsere deutschen Vokabeln lernen.
2. wollen / dürfen: Meine kleine Schwester _____ gestern Abend tanzen gehen,
aber sie _____ nicht.
dürfen: Warum _____ sie denn nicht?
müssen: Sie _____ ihr Zimmer aufräumen und ihre Hausaufgaben machen.
3. wollen / können: Wir _____ letztes Wochenende zum Starnberger See,
aber wir _____ nicht.
können: Warum _____ ihr denn nicht?
müssen: Wir _____ unser Projekt für Biologie fertig machen.
4. wollen / dürfen: Mein kleiner Bruder _____ letzten Samstag Fußball spielen,
aber er _____ nicht.
dürfen: Warum _____ er denn nicht?
müssen: Er _____ im Garten arbeiten.
5. wollen / können: Peter _____ gestern Abend mit uns ins Kino,
aber er _____ nicht.
können: Warum _____ er denn nicht?
müssen: Er _____ einen wichtigen° Brief schreiben.   *important*
6. wollen / können: Ich _____ gestern Nachmittag mit Martin baden gehen,
aber ich _____ nicht.
können: Warum _____ du denn nicht?
müssen: Ich _____ meine Wäsche waschen.

5-38 Weißt du das noch?   Ask three of your classmates about their childhood and note down their responses. Then report your findings to the class.

S1:   **S2:**

1. Was wolltest du als Kind werden?   Ich wollte ... werden.
2. Was du durftest als Kind nicht?   Ich durfte nicht ...
3. Was konntest du als Kind besser   Ich konnte besser ...
   als andere Kinder?
4. Was mochtest du als Kind nicht   Ich mochte kein___ ...
   essen?
5. Musstest du das dann trotzdem°   Ja, das musste ich. / Nein, das musste   *anyway*
   essen?   ich nicht.

ZUM HÖREN

Zwei Telefongespräche

It's Sunday afternoon, and Monika Pohl receives two phone calls within a few minutes of one another. The first is from Günter, who wants to go to the movie *Himmel über Berlin* with her tomorrow. The second is from Patrick, who would like her to go sailing tomorrow.

NEUE VOKABELN

die Wahrheit	*truth*	**die Chorprobe**	*choir practice*
die Ausrede	*excuse*	**der Bodensee**	*Lake Constance*

5-39 Erstes Verstehen. As you listen to the first telephone conversation, compare what you hear with the entries in Monika's calendar. Check off for which days she is telling the truth and for which she is making excuses.

Wahrheit   Ausrede

_____   _____   Mo
_____   _____   Di
_____   _____   Mi
_____   _____   Do
_____   _____   Fr

Juli   196. - 202. Tag   29. Woche

15 Montag *19.30 Chorprobe*

16 Dienstag *10.30 H 303*
Klausur in Physik

17 Mittwoch *19.00 Tennis mit Sylvia*

18 Donnerstag *20.00 Kino mit David*
„ Himmel über Berlin"

19 Freitag *21.30 Disco mit David*

20 Samstag *nach Hause fahren*

21 Sonntag

5-40 Detailverstehen. Listen to the second telephone conversation and write responses to the following questions.

1. Was machen Patrick und Thomas morgen?
2. Was für ein Wochentag ist heute?
3. Warum konnten Patrick und Thomas heute nicht segeln gehen?
4. Warum will Monika nicht mitgehen?
5. Wann will Patrick morgen Abend wieder zurück sein?
6. Warum denkt er, dass Monika morgen Abend noch für ihre Klausur lernen kann? *Er weiß nicht, dass …*
7. Wer holt morgen wen ab?

5-41 Gehst du mit? In this role play you try to persuade a friend to join you and some other friends for a movie and a beer. Feel free to add your own ideas to your role. Your friend's role is in the *Anhang* on page A8.

Rolle 1-1: Zuerst sagen Sie, dass Sie heute Abend mit Lisa und David ins Kino gehen und später noch in eine Kneipe. Dann fragen Sie Ihre Freundin/Ihren Freund, ob sie/er mitgeht.

R 1-2: Sie fragen, wann die Klausur ist.

R 1-3: Sie sagen, dann kann sie/er doch morgen lernen.

R 1-4: Sie finden, Ihre Freundin/Ihr Freund lernt zu viel. Sie denken, sie/er braucht auch mal ein bisschen Spaß.

5-42 Mein Kalender. Draw up a weekly calendar and list some of the things you do in a typical week. Follow the example below.

Montag	9-10	Cafeteria: mit Lisa deutsche Vokabeln lernen
	10-11	Deutsch (Wortschatzquiz!)
	12-13	Squash mit Florian
Dienstag	...	

Infobox   **Südtirol**

The prosperous northern Italian province of **Südtirol/Alto Adige,** with its spectacular mountains and its valleys of orchards and vineyards, is a mecca for tourists. It is hard to believe that this area has had such a turbulent history. At the beginning of the 20th century it was the southern part of the Austrian province of **Tirol.** In 1919 **Südtirol** was ceded to Italy, and in an attempt to assimilate the German-speaking population, the Italian government prohibited the use of German in public life and worked to attract Italian-speaking settlers to the region. In 1939, in order to gain Mussolini as an ally, Adolf Hitler signed an agreement with the Italian dictator to resettle the population of **Südtirol** in German territory. Because of World War II, the actual resettlement never came about.

After World War II, **Südtirol** became an autonomous Italian province with three official languages: German, Italian, and Ladin. Of a population of 440,000, 68 percent speak German, 28 percent speak Italian, and 4 percent speak Ladin. In **Südtirol** all regional and provincial laws are published in German and Italian, and all civil servants must prove competence in both languages. The autonomy of **Südtirol** has been hailed as an outstanding example of the protection of ethnic minorities.

All of **Südtirol** is situated in the **Alpen** (65 percent of the province is over 1500 meters above sea level), and tourism employs over half of the work force. Of the 3.7 million tourists who visit annually, 2 million come from Germany. The top quality fruit and wine from **Südtirol** can be found in markets throughout Europe.

Die Brunnenburg in Südtirol

Ludwig II. von Bayern: ein Märchenkönig und seine Schlösser

Vor dem Lesen

5-43 Touristenattraktionen.

1. Have you ever visited a castle? Tell your classmates what you found interesting.
2. Can you give examples of extravagant buildings or monuments that have become major tourist attractions?

5-44 Was ist das auf Englisch?   Find the English equivalents for the German words in boldface.

1. Kinder hören gern **Märchen.**
2. *Hänsel und Gretel* ist ein **berühmtes** deutsches Märchen.
3. **Könige** leben in Schlössern.
4. Könige **bauen** gern Schlösser.
5. Weißt du **etwas** von König Ludwig II. von Bayern?
6. München ist die **Hauptstadt** von Bayern.

a. famous
b. build
c. something
d. capital
e. fairy tales
f. kings

Neuschwanstein

Die größte Touristenattraktion in Bayern sind die Schlösser von König Ludwig II. (1845–1886). Jedes Jahr kommen Tausende von Touristen aus aller Welt, marschieren in Gruppen durch eine fantastische Märchenwelt und hören von Ludwigs extravagantem Lebensstil und von seinem mysteriösen Tod.

In seiner Jugend[1] ist Ludwig am liebsten auf Schloss Hohenschwangau in den bayerischen Bergen, wo er durch die wundervolle Bergwelt wandert. Er liebt Kunst[2], Musik und Literatur, aber von Finanzen und Politik versteht er fast nichts.

Im Jahr 1864 wird der 18-jährige Ludwig König. Er hat große Pläne für seine Hauptstadt: München soll ein Zentrum für Kunst und Musik werden. Und weil er die romantischen Opern von Richard Wagner so liebt, holt[3] er den berühmten Komponisten nach München und finanziert Wagners verschwenderischen[4] Lebensstil.

Für Ludwigs konservative Minister ist Richard Wagner nicht die richtige Gesellschaft[5] für den jungen König. Der Komponist muss gehen, und Ludwig ist so verbittert, dass er immer weniger in München ist und immer mehr in seinen geliebten bayerischen Bergen. Wenn er aus München keine Märchenstadt machen darf, so will er jetzt hier eine Märchenwelt bauen: die Schlösser Neuschwanstein, Linderhof und Herrenchiemsee.

Schlösser kosten Geld, viel Geld, und im Jahr 1886 hat der König so viel Schulden, dass die Minister in München etwas dagegen tun müssen. Vier Ärzte[6] müssen den König für verrückt erklären[7], und am 12. Juni 1886 bringt man ihn ins Schloss Berg am Starnberger See. Dort gehen Ludwig und ein Arzt am nächsten Abend spazieren, und wenige Stunden später findet man sie beide tot im See.

[1]*youth*   [2]*art*   [3]*summons*   [4]*lavish*   [5]*company*   [6]*physicians*   [7]*declare insane*

Arbeit mit dem Text

5-45 Anders gesagt.   Find the equivalents for the following statements in *Ludwig II. von Bayern.*

1. Schlösser sind sehr teuer.
2. Ludwig ist kein guter Finanzier und kein guter Politiker.
3. Richard Wagner darf nicht in München bleiben.
4. Vier Ärzte müssen sagen, dass Ludwig nicht normal ist.
5. Ludwig schaut gern schöne Bilder an, hört gern Musik und liest gern.
6. In Bayern schauen die meisten Touristen die Schlösser von Ludwig II. an.
7. Ludwig bezahlt für Wagners extravagantes Leben.
8. Ludwig will, dass München eine berühmte Kunst- und Musikstadt wird.

5-46 Was ist die richtige Antwort?   Your instructor will read six questions about *Ludwig II. von Bayern.* Check off the correct answers.

1. _____ Mysteriös.
   _____ Extravagant.
2. _____ Auf Schloss Hohenschwangau.
   _____ In München.
3. _____ Von Finanzen und von Politik.
   _____ Von Kunst und von Literatur.

4. _____ Romantisch.
   _____ Konservativ.
5. _____ In den bayerischen Bergen.
   _____ In München.
6. _____ Seine Minister.
   _____ Vier Ärzte.

Predicting gender

The gender of many German nouns is indicated by their suffixes. Here are some examples.

- Nouns with the suffixes **-or** and **-ent** are masculine.

  der Profess**or**   **der** Stud**ent**

- Nouns with the suffix **-er** that are derived from verbs are always masculine. These nouns can refer to people as well as things.

  arbeiten   **der** Arbeit**er**   fernsehen   **der** Fernseh**er**

- Nouns with the suffix **-in** added to a masculine noun are feminine.

  die Professor**in**   **die** Arbeiter**in**

- Nouns with the suffix **-ur** are almost always feminine.

  die Temperat**ur**   **die** Zens**ur**   **die** Klaus**ur**

- Nouns with the suffix **-ment** are almost always neuter.

  das Instru**ment**   **das** Experi**ment**   **das** Argu**ment**

- Nouns with the diminutive suffixes **-chen** and **-lein** are neuter. These two suffixes (compare English *-let* in star*let*, book*let*, and pig*let*) can be affixed to virtually every German noun to express smallness. This also explains why both **Mädchen** (*girl*) and **Fräulein** (*Miss; young lady*) are neuter. The vowels **a, o, u,** and the diphthong **au** are umlauted when a diminutive suffix is added to the noun. Remember that with the diphthong **au** it is the **a** that is umlauted.

der Tisch	*table*	**das** Tisch**lein**	*little table*
die Tochter	*daughter*	**das** Töchter**chen**	*little daughter*
die Stadt	*town*	**das** Städt**chen**	*little town*
das Haus	*house*	**das** Häus**chen**	*little house*

5-47 Der, das oder die?   Say the following nouns with their definite articles. If a noun has a corresponding feminine form, give that form and the corresponding article.

1. Präsident	6. Frisur	11. Kätzchen	16. Projektor
2. Element	7. Assistent	12. Besucher	17. Patient
3. Mäuschen	8. Fahrer	13. Dokument	18. Ornament
4. Motor	9. Kompliment	14. Agent	19. Diktatur
5. Verkäufer	10. Fischlein	15. Autor	20. Lautsprecher

Words as chameleons: *ganz*

The word **ganz** occurs very frequently, especially in conversational German. Depending on the context, it can have any one of the following meanings: *all, all of, whole, very, quite,* or *completely.*

5-48 Was bedeutet *ganz?* What is the correct English equivalent of **ganz** in each of the sentences below?

1. Meine Eltern haben nur ein ganz kleines Haus. *(whole / very / all)*
2. Ich glaube, du musst diesen Mann ganz vergessen. *(all of / very / completely)*
3. Nächsten Sommer reise ich durch ganz Europa. *(all of / quite / very)*
4. Machst du diese Reise ganz allein? *(quite / all / whole)*
5. Keinen Zucker, bitte, und nur ganz wenig Milch. *(completely / all / very)*
6. Ich glaube, du verstehst das nicht ganz. *(quite / very / whole)*
7. Iss bitte nicht wieder den ganzen Kuchen. *(completely / whole / quite)*
8. Ralf spricht viel zu viel, aber sonst ist er ganz nett. *(all / quite / completely)*
9. Die Suppe ist schon ganz kalt. *(whole / all of / completely)*

Zur Aussprache

German *ch*

German **ch** is one of the few consonant sounds that has no equivalent in English.

- **ch** after **a, o, u**, and **au**

  When **ch** follows the vowels **a, o, u,** or **au,** it resembles the sound of a gentle gargling.

Frau Ba**ch** kommt Punkt a**ch**t.	
Am Wo**ch**enende ko**ch**t immer meine To**ch**ter.	
Warum su**ch**st du denn das Ko**ch**bu**ch**?	
Ich will versu**ch**en°, einen Ku**ch**en zu backen.	*try*
Hat Herr Rau**ch** au**ch** so einen Bierbau**ch**° wie Herr Strau**ch**?	*beer belly*

- **ch** after all other vowels and after consonants

  The sound of **ch** after all other vowels and after consonants is similar to the sound of a loudly whispered *h* in *huge* or *Hugh.*

Mi**ch**aels Kätz**ch**en mö**ch**te ein Teller**ch**en° Mil**ch**.	*little dish*

  The ending **-ig** is pronounced as if it were spelled **-ich,** unless it is followed by a vowel.

  Es ist sonn**ig**, aber sehr wind**ig**.

- The two types of **ch** sounds are often found in the singular and plural forms of the same noun.

die Na**ch**t	die Nä**ch**te	das Bu**ch**	die Bü**ch**er
die To**ch**ter	die Tö**ch**ter	der Bierbau**ch**	die Bierbäu**ch**e

- The combination **-chs** is pronounced like English *x.*

das Wa**chs**	se**chs**	der O**chs**e	der Fu**chs**

WORTSCHATZ 2

Nomen

die Hauptstadt, ⁼e	capital (city)
der Pass, ⁼e	passport
das Reisebüro, -s	travel agency
der Reisescheck, -s	traveler's check
der Studentenausweis, -e	student ID
die Welt, -en	world
das Bild, -er	picture; painting
die Kunst, ⁼e	art
der Roman, -e	novel
die Seifenoper, -n	soap opera
der Arzt, ⁼e	
die Ärztin, -nen	physician; doctor
der Chef, -s	
die Chefin, -nen	boss
der Mensch, -en	human being; person; (pl) people
der Bart, ⁼e	beard
der Schnurrbart, ⁼e	moustache
der Friseur, -e	
die Friseurin, -nen	hair stylist; hairdresser
die Frisur, -en	hair style; hairdo
der Haarschnitt, -e	haircut
die Brille, -n	(eye)glasses
die Kontaktlinse, -n	contact lens
das Armband, ⁼er	bracelet
die Halskette, -n	necklace
der Ohrring, -e	earring
die Ausrede, -n	excuse
die Wahrheit, -en	truth
die Klausur, -en	test
die Zensur, -en	grade
die Ecke, -n	corner
die Flasche, -n	bottle
der Schnellimbiss, -e	fast food stand

Verben

buchen	to book
ein·kaufen	to shop
hoffen	to hope
lieben	to love
übernachten	to spend the night; to stay overnight

Andere Wörter

berühmt	famous
hoch	high
kühl	cool
müde	tired
verrückt	crazy; insane
wahr	true
wichtig	important
leider	unfortunately
natürlich	of course
trotzdem	anyway; nevertheless
ziemlich	quite; rather

Ausdrücke

als Kind	as a child
Punkt halb zwei	at one-thirty on the dot
Ich habe Durst.	I'm thirsty.
Ich habe Hunger.	I'm hungry.

Das Gegenteil

der Junge, -n ≠ das Mädchen, -	boy ≠ girl
altmodisch ≠ modern	old-fashioned ≠ modern
geschmackvoll ≠ geschmacklos	tasteful ≠ tasteless
dafür ≠ dagegen	for it ≠ against it
etwas ≠ nichts	something ≠ nothing
mit ≠ ohne	with ≠ without

Leicht zu verstehen

das Argument, -e	der Tourist, -en
das Experiment, -e	die Touristin, -nen
der Job, -s	finanzieren
der Kalender, -	arrogant
das Kompliment, -e	konservativ
die Kreditkarte, -n	romantisch
der Kurs, -e	sentimental
die Literatur, -en	

Wörter im Kontext

5-49 Was passt zusammen?

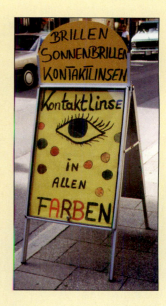

1. Wenn man einen Haarschnitt *e* braucht,
2. Wenn man sehr teure Ohrringe *d* kaufen will,
3. Wenn man eine Kreditkarte *g* braucht,
4. Wenn man krank ist, *f*
5. Wenn man eine Reise buchen will, *a*
6. Wenn man wenig Zeit zum Essen *h* hat,
7. Wenn man billig übernachten will, *b*
8. Wenn man eine Brille oder Kontaktlinsen braucht, *c*

a. geht man zum Reisebüro.
b. geht man in die Jugendherberge.
c. geht man zum Optiker.
d. geht man zum Juwelier.
e. geht man zum Friseur.
f. geht man zum Arzt.
g. geht man zur Bank.
h. geht man zum Schnellimbiss.

5-50 Was passt zusammen?

1. Wenn ich kein Geld habe, *b*
2. Wenn ich jemand ein Kompliment mache, *a*
3. Wenn ich sehr müde bin, *f*
4. Wenn ich in München berühmte Bilder anschauen will, *g*
5. Wenn ich eine Klausur nicht schreiben will, *d*
6. Wenn ich für eine Konzertkarte weniger bezahlen will, *c*
7. Wenn ich gute Zensuren will, *e*

a. sage ich manchmal nicht die ganze Wahrheit.
b. kann ich nicht einkaufen gehen.
c. brauche ich einen Studentenausweis.
d. muss ich eine gute Ausrede finden.
e. muss ich viel lernen.
f. gehe ich ins Bett.
g. gehe ich in die Alte Pinakothek.

5-51 Was passt zusammen?   Match appropriately in each set.

1. der Reisescheck *c*   a. die Galerie
2. die Seifenoper *d*   b. der Wein
3. die Kunst *a*   c. das Geld
4. die Flasche *b*   d. der Fernseher

5. der Pass *h*   e. das Jahr
6. der Kurs *g*   f. der Roman
7. die Literatur *f*   g. die Klausur
8. der Kalender *e*   h. die Weltreise

5-52 Kleine Gespräche.

leider / wichtig / Durst / trotzdem / ziemlich / etwas / wahr

1. STEFAN: Ich habe _Durst_. Hast du _etwas_ zu trinken für mich?
   HORST: Nein, _leider_ nicht.
2. ANNA: Ist es _wahr_, dass Ludwig II. verrückt war?
   JULIA: Ja, aber seine Schlösser sind _trotzdem_ schön.
3. MARIA: Für Laura sind schöne Kleider sehr _wichtig_
   LUKAS: Ich finde Lauras Kleider trotzdem _ziemlich_ geschmacklos.

KAPITEL

6

Kommunikationsziele

Describing past events . . .
- in conversational situations
- in personal letters
- in diary entries

Talking about . . .
- one's ancestors
- education and job
  qualifications

Describing someone's
  appearance

Strukturen

The perfect tense
Ordinal numbers
Hin and **her**

Kultur

Immigration to North America
The German education system
Leute: **Christian Köchling**

Ein Blick zurück

1930: Deutsche Einwanderer vor der Skyline von New York

Ein deutscher Auswanderer

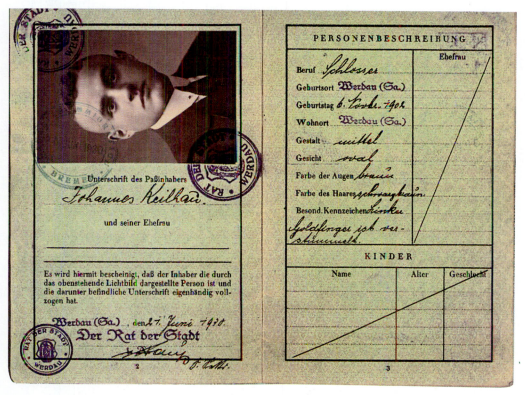

Hans Keilhau ist im Sommer 1930 nach Amerika ausgewandert und hat kurz vorher diesen Pass bekommen. Schauen Sie den Pass genau an.

1. Wann hat Herr Keilhau diesen Pass bekommen?
2. Was war Hans Keilhau von Beruf?
3. Wo ist er geboren?
4. Wann ist er geboren?
5. Wo in Deutschland hat Herr Keilhau im Juni 1930 gewohnt?
6. Ist er groß, klein oder mittelgroß?
7. Welche Form hat sein Gesicht?
8. Welche Farbe haben seine Augen?
9. Welche Farbe hat sein Haar?
10. Wie heißt der Ringfinger in Hans Keilhaus Pass?

Ein bisschen Familiengeschichte

Es ist Anfang Oktober, Stephanie ist gestern in München angekommen und Claudia möchte wissen, warum ihre amerikanische Mitbewohnerin einen deutschen Namen hat.

CLAUDIA: *(schreibt und liest)* „... Brief folgt bald. Liebe Grüße, Claudia" – So! Fertig ist die Postkarte! – Sag mal, Stephanie, hast du schon nach Hause geschrieben?

STEPHANIE: Aber Claudia, ich habe ja noch nicht mal meine Koffer ausgepackt!

CLAUDIA: Eine Postkarte mit „Bin gut angekommen, Brief folgt bald" braucht doch keine fünf Minuten.

STEPHANIE: Meine Eltern wollen keine Postkarte, sondern einen langen Brief. Sie wollen wissen, wo und wie ich wohne, wie meine Mitbewohnerin heißt und wie alt, woher und wie sie ist. Und das weiß ich ja alles noch gar nicht.

CLAUDIA: Kein Problem, Stephanie. Du weißt, ich heiße Claudia, Claudia Maria Berger. Ich komme aus Hamburg und bin sehr, sehr nett. – Weißt du, du bist eigentlich viel interessanter, Stephanie: Amerikanerin aus Chicago, jung, schön, intelligent ...

STEPHANIE: Ach Quatsch!

CLAUDIA: Und dann dieser Name, „Stephanie Braun"! So typisch amerikanisch! – Sag mal, ist dein Vater Deutscher? Ist er ausgewandert?

STEPHANIE: Nein, mein Vater ist in Amerika geboren. Aber mein Großvater ist aus Deutschland und ist 1950 nach Amerika ausgewandert.

ZUM HÖREN

6-1 Richtig oder falsch?   You will hear the conversation between Stephanie and Claudia. Indicate whether the statements that follow this conversation are **richtig** or **falsch.**

	RICHTIG	FALSCH		RICHTIG	FALSCH
1.	_____	_____	4.	_____	_____
2.	_____	_____	5.	_____	_____
3.	_____	_____	6.	_____	_____

6-2 Stephanies Stammbaum.

1. Wo ist Stephanies Mutter geboren?
2. Wie heißt Stephanies Großvater mütterlicherseits?
3. Wo ist er geboren?
4. Wie heißt Stephanies Großmutter mütterlicherseits?
5. Woher kommen Sophia Castellos Eltern?
6. Wie heißt Stephanies Großmutter väterlicherseits?
7. Woher sind Christa Bauers Eltern?

The family tree shows the following names with flags:

Aloís Bauer, Eduardo García, Maria Huber, Andrea da Silva, Vittorina Alessio, Frieda Kunz, Gabriele Castello, Hans Braun, Manuel García, Sophia Castello, Christa Bauer, Otto Braun, Maria García, Thomas Braun, Stephanie Braun

6-3 Mein Stammbaum.
Draw your family tree. Write your ancestors' names and where they come from.

6-4 Woher sind deine Vorfahren°?
Answer your partner's questions about your family tree.

ancestors

1. Wo sind deine Eltern geboren?
2. Woher kommen deine Großeltern mütterlicherseits?
3. Woher kommen deine Großeltern väterlicherseits?
4. Woher sind deine beiden Urgroßväter° mütterlicherseits?
5. Woher ...

great-grandfathers

6-5 Was steht in Lauras Pass?
You want to know what Laura and Philipp look like and your partner wants information about Thomas and Bettina. **S2** will find her/his information in the *Anhang* on page A9.

S1: Ist Laura groß oder klein?
    Was für eine Form hat ihr/sein Gesicht?
    Was für Augen hat sie/er?
    Was für Haar hat sie/er?

S2: Sie/Er ist ...
    Sie/Er hat ein _____es Gesicht.
    Sie/Er hat _____e Augen.
    Sie/Er hat _____es, _____es Haar.

	LAURA	THOMAS	BETTINA	PHILIPP
Größe		ziemlich groß	ziemlich klein	
Gesichtsform		schmal°	rund	
Augen		dunkelbraun	blau	
Haar		hellbraun, kurz	blond, lockig	

thin

6-6 Wer ist das?
In small groups, take turns describing someone in the class. The rest of the group guesses who that person is.

Größe: Sie/Er ist ...
Gesichtsform: Sie/Er hat ein _____es Gesicht.
Augen: Sie/Er hat _____e Augen.
Haar: Sie/Er hat _____es, _____es Haar.
Kleidung: Sie/Er trägt heute (oft, gern) ...

Immigration to North America from the German-speaking countries

Hundreds of towns in North America are named after the German, Swiss, or Austrian birthplaces of their founders. The United States has 26 Berlins, and place names like Baden, Frankfort, Hamburg, Hanover, Heidelberg, Saltsburg, or Zurich can be found across the continent. The first German settlers, 13 Pietist families from Northern Germany, came to America in 1683 seeking freedom from religious persecution. They came at the invitation of William Penn, the Quaker who had founded Pennsylvania. These first settlers built a community which they named Germantown. Other such immigrants followed, among them the Mennonites, who also settled in Pennsylvania and later branched out into Canada. From these beginnings to the end of the nineteenth century, over seven million immigrants from the German-speaking countries reached the shores of North America.

The twentieth century saw far fewer immigrants from the German-speaking countries. In the 1920s and 1930s quotas were established. Many of the people who immigrated in the 1930s were fleeing Hitler's totalitarian and anti-Semitic regime, and their emigration was an immeasurable loss to Germany. From 1933 to 1937 approximately 130,000 German Jews fled to North America, among them the physicist **Albert Einstein,** the composer **Arnold Schoenberg,** and the film director **Billy Wilder.** Others who left include the writers **Thomas Mann** and **Bertolt Brecht,** the composer **Paul Hindemith,** and the architects **Walter Gropius** and **Ludwig Mies van der Rohe,** whose work influenced a whole generation of architects.

The last big wave of immigration came after World War II, when over 800,000 refugees from former German territories in eastern Europe and other disillusioned Germans crossed the Atlantic.

Immigranten in den USA 1850–1980

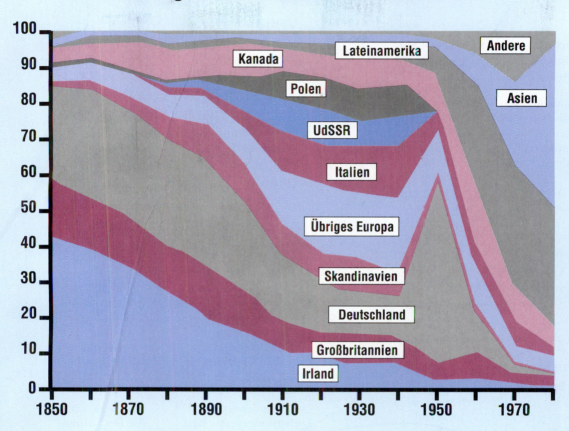

6-7 Einwanderung in die USA von 1850 bis 1980.

1. Aus welchen zwei Ländern kommen im Jahr 1850 die meisten Einwanderer?
2. Woher kommen zwischen° 1945 und 1960 die meisten Einwanderer?   *between*
3. Von welchen zwei Regionen kommen im Jahr 1980 die meisten
   Einwanderer?

Nomen

der Geburtsort, -e	place of birth
der Wohnort, -e	place of residence
die Geschichte, -n	history; story
das Land, ̈er	country; state
der Stammbaum, ̈e	family tree
die Urgroßeltern *(pl)*	great-grandparents
die Urgroßmutter, ̈	great-grandmother
der Urgroßvater, ̈	great-grandfather
die Vorfahren	ancestors
der Brief, -e	letter
die Postkarte, -n	postcard
die Größe, -n	height; size
der Koffer, -	suitcase

Das Gesicht

das Gesicht, -er	face
das Haar, -e	hair
die Stirn	forehead
das Auge, -n	eye
das Ohr, -en	ear
die Nase, -n	nose
der Mund, ̈er	mouth
der Zahn, ̈e	tooth
das Kinn	chin

Der Körper

der Körper, -	body
der Kopf, ̈e	head
der Hals, ̈e	neck; throat
die Schulter, -n	shoulder
die Brust, ̈e	chest; breast
der Bauch, ̈e	stomach; belly
der Rücken, -	back
der Arm, -e	arm
die Hand, ̈e	hand
der Daumen, -	thumb
der Finger, -	finger
das Knie, -	knee
das Bein, -e	leg
der Fuß, ̈e	foot
die Zehe, -n	toe

Verben

aus·packen	to unpack
packen	to pack
zeichnen	to draw *(a picture)*

Andere Wörter

eigentlich	actually

Ausdrücke

Liebe Grüße	Love *(closing in a letter)*
Quatsch!	Nonsense!
Wann bist du geboren?	When were you born?
Am ersten Mai 1986.	On the first of May 1986.

Das Gegenteil

der Auswanderer, - ≠ der Einwanderer, -	emigrant ≠ immigrant
aus·wandern ≠ ein·wandern	to emigrate ≠ to immigrate
väterlicherseits ≠ mütterlicherseits	paternal ≠ maternal
vorher ≠ nachher	before ≠ after

Leicht zu verstehen

der Emigrant, -en	die Form, -en
die Emigrantin, -nen	die Region, -en
der Immigrant, -en	exotisch
die Immigrantin, -nen	

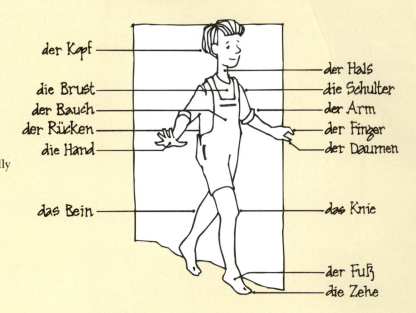

Wörter im Kontext

6-8 Was passt wo?

Koffer / Postkarte / Emigrantin / Geburtsort / Wohnort / Emigrant

1. Wenn ich in ein anderes Land auswandere, bin ich ein _____ oder eine _____.
2. Wenn ich eine Reise machen und viele Kleider mitnehmen will, brauche ich einen _____.
3. Wenn ich in Boston geboren bin, dann ist Boston mein _____.
4. Wenn ich in Hamburg lebe und wohne, dann ist diese Stadt mein _____.
5. Wenn ich keine Zeit für einen Brief habe, schreibe ich eine _____.

6-9 Sylvias Vorfahren.

ausgewandert / Stammbaum / eigentlich / Vorfahren / Familiengeschichte / väterlicherseits

Sylvia schreibt ihre _____ und als Illustration zeichnet sie einen schönen, großen _____. Ihre _____ mütterlicherseits kommen aus Italien. Ihre Vorfahren _____ sind im neunzehnten Jahrhundert aus Russland nach Amerika _____, waren aber _____ Deutsche.

6-10 Was passt zusammen?   Match appropriately in each set.

1. der Kopf	a. sehen		7. der Fuß	g. die Brille
2. das Auge	b. denken		8. der Finger	h. die Zahnbürste
3. das Ohr	c. schreiben		9. der Hals	i. die Frisur
4. die Hand	d. hören		10. die Augen	j. der Schuh
5. das Bein	e. sprechen		11. das Haar	k. die Halskette
6. der Mund	f. gehen		12. die Zähne	l. der Ring

6-11 Was steht in Hans Keilhaus Pass?   What does it say in Hans Keilhau's passport on page 193?

wohnt / Beruf / Haar / Augen / geboren / Gesicht

In Hans Keilhaus Pass steht, ...

1. was er von _____ ist.
2. wo und wann er _____ ist und wo er _____.
3. wie groß er ist und was für eine Form sein _____ hat.
4. was für eine Farbe seine _____ und sein _____ haben.

KOMMUNIKATION UND FORMEN

1. Talking about events in the past

The perfect tense

In German the perfect tense is used to talk about past events in conversational situations. In English we generally use the simple past for this purpose.

Was **hast** du gestern Nachmittag **gemacht?**	*What **did** you **do** yesterday afternoon?*
Ich **habe** mit Peter Tennis **gespielt.**	*I **played** tennis with Peter.*

The perfect tense consists of an auxiliary verb (usually **haben**) that takes personal endings and a past participle that remains unchanged.

singular	plural
ich habe gespielt	wir haben gespielt
du hast gespielt	ihr habt gespielt
er/es/sie hat gespielt	sie haben gespielt
Sie haben gespielt	

The German perfect tense can correspond to the following English verb forms.

ich habe gespielt	*I played*
	I have played
	I have been playing
	I was playing
	I did play

Position of auxiliary verb and past participle

The auxiliary verb takes the regular position of the verb and the past participle stands at the end of the sentence.

Hast du deinen Flug schon **gebucht?**	*Have you **booked** your flight yet?*
Ja, ich **habe** ihn gestern Nachmittag **gebucht.**	*Yes, I **booked** it yesterday afternoon.*
Und was **hast** du gestern Nachmittag noch **gemacht?**	*And what else **did** you **do** yesterday afternoon?*
Ich **habe** einen schönen, großen Koffer **gekauft.**	*I **bought** a beautiful, big suitcase.*

The past participle of regular verbs

Most German verbs form the past participle by adding the prefix **ge-** and the ending **-t** or **-et** to the verb stem. The ending **-et** is used if the verb stem ends in **-d, -t,** or certain consonant combinations.

	prefix	verb stem	ending
machen	ge	mach	t
arbeiten	ge	arbeit	et
baden	ge	bad	et
zeichnen	ge	zeichn	et

Past participles of verbs ending in **-ieren** do not have the prefix **ge-**.

	prefix	verb stem	ending
reparieren		reparier	t

6-12 Was haben Yusuf, Maria und Jennifer gestern gemacht?

S2 will find her/his information in the *Anhang* on page A9.

S1: Was hat Yusuf gestern Vormittag gemacht?

S2: Gestern Vormittag hat er seinen Wagen repariert.

	MARIA	YUSUF	JENNIFER
gestern Vormittag	stundenlang mit Julia telefoniert		ihren Flug nach Deutschland gebucht
gestern Nachmittag			einen großen Koffer gekauft
gestern Abend	ihre Hausaufgaben gemacht	bei McDonald's gearbeitet	

Position of auxiliary verb and past participle in a dependent clause

In a dependent clause, the auxiliary verb stands at the end of the clause, and the past participle precedes it.

Gestern habe ich meine Hausaufgaben erst spät abends gemacht, **weil** ich den ganzen Nachmittag im Supermarkt **gearbeitet habe.**

*Yesterday I didn't do my homework until late in the evening, **because I worked** at the supermarket all afternoon.*

Position of *nicht* in sentences in the perfect tense

The rules you learned about the position of **nicht** still apply (see pages 30 and 103). However, if no word or expression is specifically negated, **nicht** becomes the second-to-last element and is placed directly before the past participle.

Du **hast** doch gestern **nicht** den ganzen Nachmittag **gearbeitet**, David. Warum **hast** du deine Hausaufgaben **nicht gemacht**?

*You **didn't work** all afternoon yesterday, David. Why **didn't** you **do** your homework?*

6-13 Warum hast du das nicht gemacht?

▶

deinen Koffer packen

mit Monika telefonieren

S1: Warum hast du deinen Koffer nicht gepackt?

S2: Weil ich mit Monika telefoniert habe.

1.

2.

3.

| Radio hören | frühstücken | deine Vokabeln lernen |
| den Hund füttern | Karten spielen | Tennis spielen |

4.

5.

6.

lawn

| Klavier üben | den Rasen° mähen | die Fenster putzen |
| Gitarre spielen | Fußball spielen | dein Fahrrad reparieren |

6-14 Ein paar persönliche Fragen. Ask each other the following questions.

Wann hast du heute Morgen gefrühstückt? Was hast du gefrühstückt?

Wann hast du das letzte Mal° ein tolles Essen gekocht? Was hast du gekocht?

Hast du gestern Abend Hausaufgaben gemacht? Für welche Fächer hast du gelernt?

hast du das letzte Mal: *was the last time you*

The perfect tense of irregular verbs

Irregular verbs are a small but frequently used group of verbs. The past participles of these verbs end in **-en**. The verb stem often undergoes a vowel change and sometimes consonant changes as well.

	prefix	verb stem	ending
finden	ge	fund	en
nehmen	ge	nomm	en
schlafen	ge	schlaf	en

The list below shows the past participles of some common irregular verbs.

backen	**gebacken**	nehmen	**genommen**	sitzen	**gesessen**	
essen	**gegessen**	schlafen	**geschlafen**	sprechen	**gesprochen**	
finden	**gefunden**	schneiden°	**geschnitten**	stehen°	**gestanden**	*to cut / to stand*
gießen°	**gegossen**	schreiben	**geschrieben**	streichen°	**gestrichen**	*to water / to paint*
lesen	**gelesen**	sehen	**gesehen**	trinken	**getrunken**	
liegen°	**gelegen**	singen	**gesungen**	waschen	**gewaschen**	*to lie*

6-15 Was haben Julia, Moritz und Lisa gestern gemacht? **S2** will find her/his information in the *Anhang* on page A9.

S1: Was hat Julia gestern Vormittag gemacht?

S2: Gestern Vormittag hat sie eine Torte gebacken.

	JULIA	MORITZ	LISA
gestern Vormittag			Bernds Haare geschnitten
gestern Nachmittag	mit Sophia Kaffee getrunken	Briefe geschrieben	
gestern Abend			ein heißes Bad genommen

6-16 Morgen, morgen, nur nicht heute ...

▶

die Zimmerpflanzen gießen

mit Eva vor dem Fernseher sitzen

S1: Hast du die Zimmerpflanzen gegossen?

S2: Nein, noch nicht.

Ja, was hast du denn gemacht?

Ich habe mit Eva vor dem Fernseher gesessen.

1.

2.

3.

| dein Referat schreiben | die Zeitung lesen | ein Stück Torte essen |
| mit Professor Berg sprechen | deinen Wagen waschen | mit Eva Kaffee trinken |

4.

5.

6.

| den Zaun streichen | ein Bad nehmen | die Hecke schneiden |
| ein Buch lesen | einen Kuchen backen | ein bisschen schlafen |

6-17 Was Eva gestern alles gemacht hat. Listen as your instructor narrates what Eva did yesterday. Then take turns telling the story with a partner. Begin the sentences as indicated and use the verbs provided.

1. Um halb sieben hat Eva noch im Bett gelegen und geschlafen.
2. Um ... (nehmen)
3. Um ... (trinken, lesen)
4. Dann ... (gießen)
5. Später ... (schreiben)
6. Um ... (sprechen)

7. Um ... (essen)
8. Am Nachmittag ... (Wäsche (f) waschen)
9. Nachher ... (Pizza (f) backen)
10. Später ... (sitzen)
11. Und am Abend ... (singen)

6-18 Ein paar persönliche Fragen. Respond to your partner's questions, using the perfect tense.

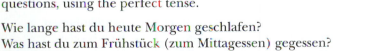

Wie lange hast du heute Morgen geschlafen?
Was hast du zum Frühstück (zum Mittagessen) gegessen?
Welche interessanten Bücher hast du in letzter Zeit° gelesen?
Was hast du in letzter Zeit im Fernsehen gesehen?

in letzter Zeit: *recently*

The verb *sein* as auxiliary in the perfect tense

English always uses the verb *to have* as the auxiliary in the perfect tense. German usually uses **haben,** but for verbs that express a change of location or a change of condition the auxiliary is **sein.** These verbs can be regular or irregular.

Change of location:

Ist Sabine schon nach Hause **gegangen?**	*Has Sabine gone home already?*

Some common verbs that express a change of location:

fahren	**ist gefahren**	kommen	**ist gekommen**
fliegen	**ist geflogen**	reisen	**ist gereist**
gehen	**ist gegangen**		

singular	plural
ich bin gekommen	wir sind gekommen
du bist gekommen	ihr seid gekommen
er/es/sie ist gekommen	sie sind gekommen
Sie sind gekommen	

Change of condition:

Opa Ziegler **ist** plötzlich sehr krank **geworden** und **gestorben.**	*Grandpa Ziegler suddenly **became** very ill and **died.***
Wann **ist** das **passiert?**	*When did that **happen?***

Some common verbs that express a change of condition:

werden	**ist geworden**	*to become*
sterben	**ist gestorben**	*to die*
passieren	**ist passiert**	*to happen*

Two very common verbs use **sein** as an auxiliary although they express neither a change of location nor a change of condition:

bleiben	**ist geblieben**	sein	**ist gewesen**

Warum **ist** Sylvia zu Hause **geblieben?**	*Why **did** Sylvia **stay** at home?*
Wo **bist** du **gewesen,** Sylvia?	*Where **have** you **been,** Sylvia?*

The list below shows the past participles of some common irregular verbs that use **sein** as an auxiliary.

bleiben	**ist geblieben**	kommen	**ist gekommen**
fahren	**ist gefahren**	sein	**ist gewesen**
fliegen	**ist geflogen**	sterben	**ist gestorben**
gehen	**ist gegangen**	werden	**ist geworden**

Sprachnotiz | **The perfect tense of *sein* and *haben***

In Austria, Southern Germany, and Switzerland, the perfect tense of **sein** and **haben** is used quite frequently in conversational situations.

Wo **bist** du gestern Abend **gewesen?**	*Where **were** you last night?*
Wie viele Vorlesungen **hast** du gestern **gehabt?**	*How many lectures **did** you **have** yesterday?*

In Northern Germany, the simple past of these verbs is more common.

Ich **war** den ganzen Abend zu Hause.	*I **was** home all evening.*
Ich **hatte** nur eine Vorlesung.	*I **had** only one lecture.*

6-19 Opa Ziegler ist gestorben.   Brigitte Ziegler calls her friend Beverly and tells her why she and Klaus can't come for dinner tonight. Supply the appropriate perfect forms.

ist ... geworden / ist ... passiert / ist ... gefahren / ist ... gestorben / ist ... gekommen

1. BRIGITTE: Du, Beverly, wir können leider nicht zum Abendessen kommen. Klaus musste ganz schnell zu seinen Eltern nach Hamburg.
    BEVERLY: Was _____ denn _____?
2. BRIGITTE: Opa Ziegler _____ plötzlich° sehr krank _____.   *suddenly*
    BEVERLY: Ist er im Krankenhaus?
3. BRIGITTE: Ja, und dort _____ er heute Morgen um zehn _____.
    BEVERLY: Hoffentlich° _____ Klaus nicht zu spät _____.   *I hope*
4. BRIGITTE: Nein. Er _____ vom Bahnhof direkt ins Krankenhaus _____ und konnte noch ein paar Worte mit Opa sprechen.

6-20 Eine Urlaubsreise nach Spanien.   Beverly Harper asks Brigitte Ziegler about the vacation Brigitte and Klaus had last summer at the Costa Brava in Spain. Supply the appropriate forms of **haben** or **sein**.

1. BEVERLY: _____ Klaus und die Kinder dich letzten Sommer wieder zum Grundlsee **geschleppt?**
    BRIGITTE: Nein, letzten Sommer _____ wir mal ohne Kinder an die Costa Brava **gereist.**
2. BEVERLY: _____ ihr **gefahren** oder **geflogen?**
    BRIGITTE: Wir _____ von Frankfurt direkt nach Barcelona **geflogen.**
3. BEVERLY: Wie lang _____ ihr in Barcelona **geblieben?**
    BRIGITTE: Nur einen Tag. Aber wir _____ trotzdem viel **gesehen.**
4. BEVERLY: Wie _____ ihr zur Costa Brava **gekommen?**
    BRIGITTE: Wir _____ einen Wagen **gemietet°.**   *rented*
5. BEVERLY: Was _____ ihr denn den ganzen Tag **gemacht?**
    BRIGITTE: Wir _____ jeden Tag zweimal° schwimmen **gegangen,** _____ viel   *twice*
    Tennis **gespielt** und sehr gut **gegessen.**

6-21 Auch das kann im Urlaub passieren.
S1 has all kinds of aches and pains. **S2** seems to know the reason for each one of them.

pains

▶ Schmerzen° im rechten Arm

Du hast bestimmt zu viel Tennis _____.

spielen

S1: Warum habe ich denn solche Schmerzen im rechten Arm?

S2: Du hast bestimmt zu viel Tennis gespielt.

1. Zahnschmerzen

   sweets   Du hast bestimmt zu viel Süßigkeiten° _____.

2. Kopfschmerzen

   Du hast bestimmt zu viel Bier _____.

3. Schmerzen im Knie

   Du hast bestimmt zu viel Beachvolleyball _____.

4. Hals- und Ohrenschmerzen

   Du bist bestimmt zu lang im Wasser _____.

5. Bauchschmerzen

   Du hast bestimmt zu viel Eis _____.

6. Rückenschmerzen

   Du hast bestimmt zu viele schwere Koffer _____.

trinken	bleiben	essen (2x)	spielen	schleppen

6-22 Meine letzte Reise.
Respond to your partner's questions using the perfect tense.

Wann hast du deine letzte Reise gemacht?
Wohin bist du gereist?
Was hast du dort gemacht?
Wie lang bist du geblieben?
Bist du geflogen oder gefahren?
Bist du mit Schmerzen nach Hause gekommen? Wenn ja, was für Schmerzen und warum?

6-23 „Claudias Mittwoch" oder „Das Studentenleben ist schwer°!" Listen *hard* as your instructor tells what Claudia did on Wednesday. Then, taking turns with a partner, retell the story. Begin the sentences as indicated and use the verbs provided.

1. Am Mittwoch hat Claudia bis neun geschlafen.
2. Dann ... (nehmen)
3. Ein bisschen später ... (frühstücken)
4. Dann ... (telefonieren)
5. Dann ... (fahren)
6. Von ... bis ... (haben)
7. Um ... (essen)
8. Dann ... (spielen)
9. Um ... (gehen, lernen)
10. Um ... (gehen)
11. Nachher ... (gehen)
12. Später ... (gehen, tanzen)
13. Dann ... (fahren)
14. Zu Hause ... (gehen, lesen)
15. Um ... (schlafen)

ZUM HÖREN

Ein deutscher Einwanderer sucht Arbeit

Hans Keilhau ist 1930 nach Amerika ausgewandert. Sein Freund Paul kommt auch aus Deutschland. Er arbeitet bei *Hutton Machine and Tool* und er erzählt Hans, dass seine Firma einen Schlosser sucht. Weil der Personalchef dort aus Österreich kommt, spricht er Deutsch. Hören Sie, was er und Hans Keilhau miteinander sprechen.

NEUE VOKABELN

die Firma	*company*	**arbeitslos**	*unemployed*
Aufträge	*orders*	**der Gärtner**	*gardener*
		schicken	*to send*

Hans Keilhau ist Schlosser von Beruf.

Das Bundesland Sachsen

6-24 Erstes Verstehen. In what order do you hear the following questions and statements?

_____ Haben Sie hier Arbeit gefunden?
_____ Wenn Paul Richter Sie geschickt hat, sind Sie bestimmt auch gut.
_____ Wer hat Sie zu *Hutton Machine and Tool* geschickt?
_____ Und wo haben Sie zuletzt gearbeitet?
_____ Warum sind Sie Schlosser geworden?
_____ Escher hatte immer weniger Aufträge.

6-25 Detailverstehen. Listen to the conversation again and write responses to the following questions.

1. Was ist Hans Keilhau von Beruf?
2. Wo hat er seinen Beruf gelernt?
3. Warum ist Hans Keilhau arbeitslos geworden?
4. Warum ist er nach Amerika ausgewandert?
5. Wo und als was arbeitet Hans Keilhau jetzt?
6. Warum hat er Schlosser gelernt?
7. Warum denkt der Personalchef, dass Hans Keilhau ein guter Arbeiter ist? *Weil ...*

6-26 Das deutsche Schulsystem. Look at the information and the illustration in the *Infobox* below. Then complete the following statements with the appropriate items from the list provided.

Hauptschulabschluss / mittlere Reife / zehn / Uni / Schuljahren / Grundschule / Abitur

1. Alle Kinder müssen vier Jahre in die ____.
2. Den Hauptschulabschluss° bekommt man nach neun oder zehn ____.
3. Die mittlere Reife bekommt man nach ____ Schuljahren.
4. Nach dreizehn Schuljahren bekommt man das ____.
5. Das Abitur braucht man, wenn man zur ____ will.
6. Wenn man zur Fachhochschule will, braucht man mindestens° die ____.
7. Wenn man eine Lehre machen will, braucht man mindestens einen ____.

der Abschluss: *diploma*

at least

6-27 Unser Schulsystem.

1. Was ist unser Äquivalent von Grundschule?
2. Wie lange besucht° man diese Schule?
3. Kann man bei uns eine Lehre machen?
4. Wenn ja, wie lange dauert° diese Lehre?
5. Wie lange geht man bei uns in die *high school*?

does . . . attend

does . . . take

| **Infobox** | **Vocational training in the German-speaking countries** |

Skilled tradespeople from the German-speaking countries played an important role in the development of industry and technology in North America. This was in large part due to the quality of the vocational training they received in their native countries. Today vocational training is still a very important part of the educational system in the German-speaking countries. The majority of students graduating from a **Hauptschule** and many graduating from a **Realschule** serve an apprenticeship (**Lehre**). An apprentice (**der Lehrling, der/die Auszubildende**) alternates on-the-job training with classes in a vocational school (**das duale System**). An apprenticeship usually takes three years.

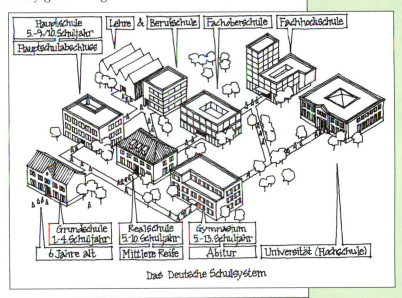

Das Deutsche Schulsystem

2. More on the past

The perfect tense of verbs with separable prefixes

For separable-prefix verbs, the prefix is not separated from the past participle. It is affixed to the past participle of the base verb. Separable-prefix verbs can be regular or irregular.

regular verbs		irregular verbs	
INFINITIVE	PERFECT TENSE	INFINITIVE	PERFECT TENSE
anhören	hat **an**gehört	**fern**sehen	hat **fern**gesehen
abreisen	ist **ab**gereist	**mit**singen	hat **mit**gesungen
ausprobieren	hat **aus**probiert	**auf**stehen	ist **auf**gestanden

Remember:

- Verbs that express a change of location or condition use **sein** as an auxiliary.

- Past participles of regular verbs ending in **-ieren** do not add **ge-** to the verb stem.

6-28 Was hast du letzte Woche gemacht?

du am Samstag

mein neues Surfbrett ausprobieren

S1: Was hast du am Samstag gemacht?

S2: Ich habe mein neues Surfbrett ausprobiert.

1. du am Sonntagvormittag

3. ihr am Sonntagabend

2. ihr am Sonntagnachmittag

4. du am Montag früh

bis nachts um eins fernsehen erst um elf aufstehen	Bilder von Rembrandt anschauen mein Zimmer aufräumen

5. ihr am Dienstagabend

6. ihr am Mittwochnachmittag

7. du am Donnerstagabend

8. ihr am Freitagabend

alle zusammen ausgehen	im Studentenchor mitsingen
bei Karstadt Kleider anprobieren	meine neuen CDs anhören

The perfect tense of verbs with inseparable prefixes

Many regular and irregular verbs have inseparable prefixes. The three most common inseparable prefixes are **be-, er-,** and **ver-.** The past participle of verbs with inseparable prefixes does not add **ge-.** Whereas separable prefixes are *stressed* in pronunciation, inseparable prefixes are *unstressed*.

regular verbs		irregular verbs	
INFINITIVE	PERFECT TENSE	INFINITIVE	PERFECT TENSE
besuchen	hat **besucht**	bekommen	hat **bekommen**
erzählen	hat **erzählt**	ertrinken	ist **ertrunken**
verkaufen	hat **verkauft**	verstehen	hat **verstanden**

6-29 Kleine Gespräche. Complete the mini-dialogues with the perfect tense of the verbs given in parentheses.

1. STEFAN: _____ Professor Kluge die Relativitätstheorie gut _____?
   (erklären°)   *to explain*

   MATTHIAS: Ja, aber ich _____ trotzdem nicht alles _____. (verstehen)

2. MICHAEL: _____ du letzten Sommer gut _____? (verdienen)

   VERONIKA: Ja, mein Chef _____ mich sehr gut _____. (bezahlen)

3. FRAU FELL: Für wie viel _____ Bergers ihr Haus _____? (verkaufen)

   FRAU HOLZ: Ich glaube, sie _____ fast eine halbe Million Euro dafür _____.
   (bekommen)

4. KATHRIN: Was _____ euer Reiseleiter° von König Ludwig _____?   *tour guide*
   (erzählen)

   SYLVIA: Dass er im Starnberger See _____ _____. (ertrinken°)   *to drown*

5. HORST: _____ du in Berlin auch deine Kusine Sophia _____? (besuchen)

   INGRID: Ich _____ es _____. Aber sie war nie zu Hause. (versuchen°)   *to try*

The perfect tense of mixed verbs

There is a small group of verbs that have characteristics of both the regular and the irregular verbs. The past participle of these mixed verbs has a stem change like an irregular verb and ends in **-t** like a regular verb. Six common verbs in this group are:

infinitive	perfect tense	
bringen	hat **gebracht**	to bring
denken	hat **gedacht**	to think
kennen	hat **gekannt**	to know (be acquainted with)
nennen	hat **genannt**	to name, to call
rennen	ist **gerannt**	to run
wissen	hat **gewusst**	to know (a fact)

6-30 Der falsche Monat. Complete with the appropriate past participles.

gedacht / gekannt / gebracht / genannt / gewusst / gerannt

Tina und ich haben einander schon im Gymnasium gut _____ und ich habe
her / flowers ihr° oft Blumen° zum Geburtstag _____.
 Heute Morgen habe ich beim Frühstück meinen Kalender angeschaut und
gesehen, dass heute der erste Juni ist. „Der erste Juni?!" habe ich _____, „das
ist doch Tinas Geburtstag!" Ich bin schnell zum nächsten Blumengeschäft
_____, und weil Tina dieses Jahr einundzwanzig wird, habe ich einundzwanzig
carnations rosarote Nelken° gekauft. Tina hat die einundzwanzig Nelken zuerst nur
astonished / guy verwundert° angeschaut. Dann hat sie gelacht, mich einen lieben Kerl° _____
und gesagt: „Den Tag hast du richtig _____, aber der Monat ist falsch. Mein
Geburtstag ist nicht am ersten Juni, sondern am ersten Juli."

6-31 Kleine Gespräche. Complete the mini-dialogues with the perfect tense
of the verbs given in parentheses.

1.   HOLGER: Warum _____ Paul denn plötzlich _____? (wegrennen)
      KARL: Weil du ihn einen Esel _____ _____. (nennen)
2.   KATHRIN: Warum _____ du Tina Blumen _____? (bringen)
   GERHARD: Ich _____ _____, sie hat heute Geburtstag. (denken)
3. HERR KRUG: _____ Sie Frau Merck gut _____? (kennen)
  FRAU FELL: Ja, aber dass sie so plötzlich gestorben ist, _____ ich nicht _____.
        (wissen)

6-32 Aus meinem Tagebuch. Write a diary entry about what you did last Saturday. The expressions below will give you some ideas. Remember that you will be using the perfect tense. Avoid beginning each sentence with **Dann ...** by using expressions like **Am Nachmittag ..., Nachher ..., Später ..., Um ___ Uhr ..., Am Abend ...**

erst/schon um _____ Uhr aufstehen
zum Frühstück ... essen und ... trinken
mein Zimmer aufräumen
in den Waschsalon° gehen und meine Wäsche waschen   *laundromat*
für die ganze nächste Woche einkaufen
mein Fahrrad (mein Auto) putzen (reparieren)
meine Eltern (meine Freundin, meinen Freund) besuchen
im Fernsehen ein Eishockeymatch (Basketballmatch) anschauen
mit _____ in die Stadt gehen
mit _____ ins Kino (ins Konzert, in die Disco) gehen
...

6-33 Das habe ich letzten Samstag gemacht. For homework you wrote about what you did last Saturday. Now share your experiences with your classmates.

3. Ranking people and things

Ordinal numbers are used to indicate the position of people and things in a sequence (e.g., the first, the second).

Der **erste** Zug fährt um sieben.	*The **first** train leaves at seven.*
Dann nehme ich lieber den **zweiten.**	*Then I'd rather take the **second** one.*

For the numbers 1 through 19, the ordinal numbers are formed by adding **-t-** and an adjective ending to the cardinal number. In the list below, irregular forms are indicated in boldface.

der **erste**	der **siebte**	der dreizehnte
der zweite	der **achte**	der vierzehnte
der **dritte**	der neunte	der fünfzehnte
der vierte	der zehnte	der sechzehnte
der fünfte	der elfte	der siebzehnte
der sechste	der zwölfte	der achtzehnte
		der neunzehnte

From the number 20 on, the ordinal numbers are formed by adding **-st-** and an adjective ending to the cardinal number.

der zwanzigste
der einundzwanzigste
der zweiundzwanzigste
der dreißigste
usw.

Dates

The following expressions are used to ask for and give the date.

Der Wievielte ist heute?	*What's the date today?*
Heute ist der Fünfzehnte.	*Today is the fifteenth.*
Den Wievielten haben wir heute?	*What's the date today?*
Heute haben wir den Fünfzehnten.	*Today is the fifteenth.*
Am wievielten Mai ist dein Geburtstag?	*On which day in May is your birthday?*

Note that **Wievielt-** and ordinal numbers are capitalized unless they are followed by a noun.

When written as a number, an ordinal number is indicated by a period. Note that the day always precedes the month.

Heute ist der 23. (der dreiundzwanzigste) Mai.

The month is also frequently written as an ordinal number.

Lisa ist am 23. 5. (am dreiundzwanzigsten Fünften) 1984 geboren.

6-34 Daten. You and your partner take turns asking each other and responding to the following questions.

S1:	**S2:**
1. Den Wievielten haben wir heute?	Heute haben wir den _____.
2. Der Wievielte ist morgen?	Morgen ist der _____.
3. Der Wievielte ist nächsten Sonntag?	Nächsten Sonntag ist der _____.
4. Den Wievielten hatten wir letzten Sonntag?	Letzten Sonntag hatten wir den _____.
5. Wann ist Valentinstag?	Valentinstag ist am _____ _____.
6. Wann ist Halloween?	Halloween ist am _____ _____.
7. Wann ist Neujahr?	Neujahr ist am _____ _____.

6-35 Wann hast du Geburtstag? Move about the classroom, tell your classmates when your birthday is, and ask for theirs.

S1: Ich habe am zehnten Juli Geburtstag. Wann ist dein Geburtstag?
S2: Mein Geburtstag ist am einundzwanzigsten Mai.
...

4. Writing personal letters

There are certain conventions in writing letters. In German, dates are written as follows: **München, den 5. Oktober 2003.** Note that the article appears in the accusative case and that there is no comma between the month and the year.

Writing a personal letter is considered a conversational situation. The writer can therefore use the perfect tense to relate past events. (But remember that the modals and **haben** and **sein** are typically used in the simple past tense.)

6-36 Stephanie schreibt nach Hause. Complete Stephanie's letter using participles and the simple past forms of **haben, sein, können,** and **müssen.**

München, den 5. Oktober 2003

Liebe Eltern und lieber Opa,

heute früh kurz vor acht ist mein Flugzeug in München _____ (landen). Ich _____ (müssen) nur wenige Minuten auf meine Koffer warten°, aber weil ich nicht gleich ein Taxi bekommen _____ (können), _____ (sein) ich erst kurz nach zehn im Studentenheim. Meine Mitbewohnerin heißt Claudia. Sie ist vier Jahre älter als ich, kommt aus Hamburg und ist sehr nett. Sie hat viel _____ (fragen) und ich habe meine Koffer _____ (auspacken) und _____ (erzählen). Um eins _____ (haben) wir beide Hunger und sind in die Stadt _____ (gehen). Wir haben gut zu Mittag _____ (essen) und sind erst am späten Nachmittag ins Studentenheim _____ (zurückkommen). München ist eine tolle Stadt und es gibt schon so viel zu erzählen. Aber jetzt müssen wir zum Abendessen in die Cafeteria, denn wir haben noch gar nichts _____ (einkaufen). Morgen oder übermorgen bekommt ihr einen viel längeren Brief und du, Mutti, bekommst einen Extrabrief auf Englisch.

Viele liebe Grüße
Stephanie

wait

5. Indicating direction away from and toward

You already know that **hin** and **her** are used as suffixes with the question word **wo.**

Wo bist du?	*Where are you?*
Wohin gehst du?	*Where are you going (to)?*
Woher kommst du?	*Where are you coming from?*

So darf man nicht in ein Restaurant.

> **Hin** indicates motion or direction *away from* the speaker.
> **Her** indicates motion or direction *toward* the speaker.

The question words **wohin** and **woher** are often split. The question then begins with **wo** and ends with **hin** or **her**.

Wo gehst du **hin?**   **Wo** kommst du **her?**

Hin and **her** are also used as separable prefixes or as parts of separable prefixes.

RALF: Arbeitest du immer noch in Bernau?   *Do you still work in Bernau?*

LISA: Ja, ich **fahre** immer noch jeden Tag **hin** und **her**.   *Yes, I still **drive there** and **back** every day.*

KURT: Sollen wir **hineingehen?**   *Should we **go in?***

EVA: Nein, wir warten lieber, bis Frau Borg **herauskommt.**   *No, we'd better wait until Ms. Borg **comes out.***

6-37 Was sagen diese Leute?   Look at the drawings to decide which prefix is correct.

▶ hinunter / herunter
Passen Sie auf, dass Sie nicht _____ fallen!
Passen Sie auf, dass Sie nicht herunterfallen!

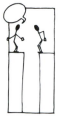

Keine Angst!: *Don't worry!*

1.

hinunter / herunter
Passen Sie auf, dass Sie nicht _____ fallen!

2.
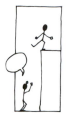
hinauf / herauf
Keine Angst!° Wir ziehen Sie gleich _____.

3.
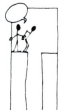
hinüber / herüber
Warum springen Sie denn nicht _____?

4.
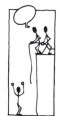
hinüber / herüber
Warum springen Sie denn nicht _____?

5.

hinein / herein
Kommen Sie doch _____, bitte!

6.

hinaus / heraus
Gehen Sie sofort° _____!   *immediately*

7.

hinein / herein
Sollen wir _____ gehen?

8.

hinaus / heraus
Kommen Sie sofort _____!

| **Sprachnotiz** | **Expressing *away from* and *toward* in colloquial German** |

In colloquial German, the prefixes **hinaus-, herein-, hinauf-, herunter-,** etc. are (somewhat illogically) abbreviated to **raus-, rein-, rauf-, runter-,** etc.

Sollen wir **hineingehen** oder sollen wir warten, bis Dieter **herauskommt?**
Sollen wir **reingehen** oder sollen wir warten, bis Dieter **rauskommt?**

ZUM HÖREN

Martin sucht einen Ferienjob

Es ist Mitte Juli. Martin hat heute Vormittag seine letzte Klausur geschrieben und sucht jetzt einen Ferienjob. Er geht deshalb zum Studentenwerk und spricht dort mit Frau Borg.

NEUE VOKABELN

zum Beispiel	*for example*	**die Hecke schneiden**	*to clip the hedge*
den Rasen mähen	*to mow the lawn*	**die Arbeitserfahrung**	*work experience*
den Zaun streichen	*to paint the fence*	**der Maler**	*painter*

6-38 Erstes Verstehen. Who says this, Martin or Frau Borg? Write M for Martin and B for Frau Borg.

_____ Interessiert Sie das?

_____ Ich habe heute Vormittag noch meine letzte Klausur geschrieben.

_____ Ich fahre dann gleich hin.

_____ Vielleicht können Sie mich dann jeden Tag kurz anrufen, ja?

_____ Was für Arbeitserfahrung haben Sie?

_____ Auch keine Tagesjobs?

6-39 Detailverstehen. Listen to the conversation again and write responses to the following questions.

1. Warum ist Martin nicht früher zum Studentenwerk gegangen?
2. Was für eine Arbeit hat Frau Borg für Martin am Donnerstag und Freitag? Was muss er alles tun?
3. Wie viel kann er verdienen?
4. Was ist Frau Fischers Adresse? Wann will Martin hinfahren?
5. Warum findet Frau Borg es so gut, dass Martin schon als Maler gearbeitet hat?
6. Was soll Martin von jetzt ab jeden Tag tun? *Er soll ...*

Sprachnotiz	**The expression *Bitte schön!***

Bitte schön! or just **Bitte!** is used as a response to **Danke!** or **Vielen Dank!** to mean *You're welcome!* or *Don't mention it!*

Vielen Dank für Ihre Hilfe!	*Thanks a lot for your help!*
Bitte schön!	*You're welcome!*

6-40 Peter Ackermann sucht einen Ferienjob. In this role play
you are Ms. Borg, a counselor at the employment office of the
Studentenwerk, and you are going to help Peter Ackermann find a
summer job. Feel free to add your own ideas to your role. Peter
Ackermann's role description is in the *Anhang* on page A10.

Rolle 1-1: Sie hören, dass jemand klopft°, und sagen „Herein."   is knocking
  R 1-2: Sie sagen „Guten Tag" und fragen „Was kann ich für Sie tun?"
  R 1-3: Sie sagen, dass Sie zuerst mal den Namen, die Adresse und die
       Telefonnummer brauchen.
  R 1-4: Sie fragen, was für Arbeitserfahrung Herr Ackermann hat.
  R 1-5: Sie fragen, ob er noch andere Kenntnisse° hat.   experience
  R 1-6: Sie schauen Ihre Jobliste an, finden zwei interessante Jobs und
       beschreiben sie.
  R 1-7: Sie sagen „Bitte schön!"

JOB:	Gitarrist bei Rodeo Rock
ORT:	München-Schwabing
ZEIT:	Jeden Freitag und Samstag, Mitte Juli bis Mitte Oktober
BEZAHLUNG:	€100,00 pro Abend

JOB:	Bürohilfe[1] bei Kühne Export Gutes Englisch und EDV-Kenntnisse[2] sind ein Plus
ORT:	München City
ZEIT:	August und September, 40 Stunden pro Woche
BEZAHLUNG:	€8,00 die Stunde

[1]*office help* [2]*computer experience*

6-41 Liebe Lisa, ... Write a short letter to a friend telling about your
last summer job. Use the questions below to give you ideas.

- Was für einen Ferienjob haben Sie gefunden?

- Wo war der Job?

- Wie haben Sie den Job gefunden?

  - durch eine Freundin/einen Freund?

  - am schwarzen Brett°?   bulletin board

  - durch das Studentenwerk?

- Was mussten Sie tun?

- Wie viele Stunden am Tag haben Sie
  gearbeitet?

- Wie viel haben Sie verdient?

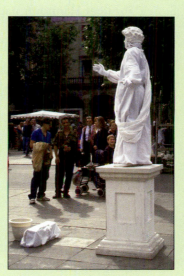

Als Statue kann man gut
verdienen.

Aus Christian Köchlings Tagebuch

Vor dem Lesen

6-42 Auswanderer.

1. Many immigrants to North America began their lives here doing hard physical labor. What is the occupation of the men in the photo? Describe how you imagine life to have been like in such a camp.
2. If you were to emigrate, which country would you want to go to? Why? What sorts of hardship can you imagine encountering?

6-43 Wo war Christian Köchling am ...? Scan the reading text, find out where each diary entry was written, and number the locations accordingly.

S1: Wo war Christian Köchling am achtundzwanzigsten Sechsten neunzehnhundertdreißig?

S2: Da war er ...

1. 28. 6. 1930   _____ in Watford.
2. 4. 7. 1930   _____ an Bord der Karlsruhe.
3. 16. 7. 1930   _____ in Bremen.
4. 7. 8. 1930   _____ in Kenora.
5. 15. 12. 1930   _____ im Zug von Montreal nach Toronto.

6-44 Was ist das auf Englisch?

1. Ich schreibe jeden Abend etwas in mein **Tagebuch.**
2. Wir lesen nicht das ganze Tagebuch, sondern nur ein paar **Auszüge.**
3. Seid ihr **über** Hannover nach Bremen gefahren?
4. In Bremen waren Auswanderer aus ganz Europa, aber die **Mehrzahl** waren Deutsche.
5. Ein **Holzfäller** arbeitet im Wald und fällt dort Bäume.
6. Wenn du jeden Monat fünfzig Euro **sparst,** kannst du bald einen Computer kaufen.
7. Sollen wir ein Haus kaufen oder eine Wohnung **mieten?**

a. via
b. lumberjack
c. diary
d. rent
e. save
f. excerpts
g. majority

Christian Köchling (ganz rechts) als Holzfäller

Christian Köchling, ein junger deutscher Goldschmied, ist im Sommer 1930 nach Kanada ausgewandert. Die folgenden Auszüge aus Christians Tagebuch zeigen[1], was für ein schweres Leben viele Auswanderer hatten.

Bremen, den 28. 6. 1930

Nach einer langen, schönen Bahnfahrt[2] durch den Harz[3] und über Hannover bin ich endlich in Bremen angekommen. Ganz Europa ist hier vertreten[4], doch die Mehrzahl sind Deutsche.

An Bord der Karlsruhe[5], den 4. 7. 1930

Am 1. 7. sind wir in Bremerhaven aufs Schiff gegangen. Zuerst hatten wir wunderbares Wetter, aber im Englischen Kanal ist es stürmisch geworden. Wir waren alle seekrank.

Im Zug von Montreal nach Toronto, den 16. 7. 1930

Am 11. 7. sind wir in Halifax angekommen und nach 29stündiger Bahnfahrt waren wir in Montreal. Wir haben da aber nur gehört: „Was wollt ihr denn hier? Wir haben doch selbst keine Arbeit!" Deshalb sind wir heute weitergefahren. Ich habe nur noch 25 Dollar, denn Montreal war sehr teuer: $1,– für eine Übernachtung mit Frühstück!

Watford, den 7. 8. 1930, bei Farmer Robertson

Ich war fast zwei Wochen in Toronto, habe aber keine Arbeit gefunden. Ich habe gehört, dass Farmer im Sommer Hilfe brauchen. Deshalb bin ich hierher gefahren und habe gleich Arbeit gefunden. Aber was für eine Arbeit für einen Goldschmied! Mist laden[6] von morgens bis abends, und nur fürs Essen und ein schlechtes Bett!

Kenora, den 15. 12. 1930

Ich bin jetzt Holzfäller hier im Norden[7] von Kanada. Es ist sehr kalt und die Arbeit ist schwer, aber ich verdiene endlich ein bisschen Geld. Und wenn die anderen abends Karten spielen, wasche ich ihre Socken (10 Cent für ein Paar Socken). Bis zum Frühling möchte ich so viel sparen, dass ich in Toronto eine kleine Werkstatt[8] mieten und endlich wieder als Goldschmied arbeiten kann.

[1]*show* [2]*train trip* [3]*the Harz mountains* [4]*represented* [5]*name of the ship* [6]*loading manure*
[7]*north* [8]*workshop*

Arbeit mit dem Text

6-45 Anders gesagt.   Find the equivalents for the following statements in *Aus Christian Köchlings Tagebuch.*

1. Hier sind Menschen aus ganz Europa, aber die meisten kommen aus Deutschland.
2. Am Anfang war das Wetter sehr schön ...
3. Am 11. 7. ist unser Schiff in Halifax gelandet ...
4. ... und haben dann bis Montreal noch 29 Stunden im Zug gesessen.
5. Wir sind doch auch alle arbeitslos!
6. ... dass es auf Farmen im Juli und im August Arbeit gibt.
7. ... und ich bekomme kein Geld dafür, aber darf hier essen und schlafen.

Wohin geht dieses Kind?

Predicting gender

All nouns with the suffix **-ung** are feminine. Like most English nouns with the suffix *-ing*, most of these nouns are derived from verbs.

| warnen | *to warn* | **die** Warn**ung** | *warning* |
| landen | *to land* | **die** Land**ung** | *landing* |

However, many English equivalents of German nouns with the suffix **-ung** do not have the suffix *-ing*.

üben	*to practice*	**die** Üb**ung**	*exercise*
wohnen	*to live*	**die** Wohn**ung**	*apartment*
erzählen	*to tell*	**die** Erzähl**ung**	*story*
sammeln	*to collect*	**die** Samml**ung**	*collection*

6-46 Was ist das?   Form nouns from the following verbs and give their English equivalents.

1. erklären	*to explain*	6. übersetzen	*to translate*
2. ausbilden	*to train*	7. bedeuten	*to mean*
3. beschreiben	*to describe*	8. verbessern	*to correct*
4. lösen	*to solve*	9. einladen	*to invite*
5. bezahlen	*to pay*	10. übernachten	*to stay over night*

Giving language color

Like other languages, German uses the names of parts of the body in many colorful expressions. Below is a sampling.

Er ist nicht auf den Kopf gefallen.	*He's no fool.*
Ich habe die ganze Nacht kein Auge zugetan.	*I didn't sleep a wink all night.*
Er hat wieder mal die Nase zu tief ins Glas gesteckt.	*He drank too much again.*
Nimm doch den Mund nicht immer so voll!	*Don't always talk so big!*
Hals- und Beinbruch!	*Good luck!*
Das hat Hand und Fuß.	*That makes sense.*

6-47 Was passt zusammen?

1. Warum magst du Günter nicht?
2. Warum lässt du mich denn nicht fahren?
3. Warum bist du denn so müde?
4. Warum bekommt Maria für ihre Referate immer so gute Zensuren?
5. Ich muss jetzt gehen. Wir schreiben gleich eine Klausur.
6. Ist es wirklich° wahr, dass Paul die Lösung für dieses Problem gefunden hat?

a. Na, dann Hals- und Beinbruch!
b. Weil alles, was sie schreibt, Hand und Fuß hat.
c. Klar. Er ist doch nicht auf den Kopf gefallen.
d. Weil du wieder mal die Nase zu tief ins Glas gesteckt hast.
e. Weil er den Mund immer so voll nimmt.
f. Weil ich die ganze Nacht kein Auge zugetan habe.

really

Zur Aussprache

German *l*

In English the sound represented by the letter *l* varies according to the vowels and consonants surrounding it. (Compare the *l* sound in *leaf* and *feel.*) In German the sound represented by the letter l never varies and is very close to the *l* in English *leaf.* Try to maintain the sound quality of the *l* in *leaf* throughout the exercise below.

6-48 Hören Sie gut zu und wiederholen Sie!

Lilo lernt Latein°.
Latein ist manchmal langweilig.
Lilo lernt Philipp kennen.
Philipp hilft° Lilo Latein lernen.
Philipp bleibt lange bei Lilo.
Lilo lernt viel.
Lilo lernt Philipp lieben.

Latin

helps

Nomen

die Arbeitserfahrung, -en	work experience
die Ausbildung, -en	training; education
die Bezahlung	pay; wages
die EDV-Kenntnisse *(pl)*	computer experience
der Ferienjob, -s	summer job
der Maler, -	
die Malerin, -nen	painter
der Personalchef, -s	
die Personalchefin, -nen	personnel manager
das Studentenwerk	student center
die Grundschule, -n	elementary school; primary school
das Gymnasium, die Gymnasien	*(academic)* high school
die Hochschule, -n	university
die Fachhochschule, -n	technical college
das Krankenhaus, ¨er	hospital
der Schmerz, -en	ache; pain
die Blume, -n	flower
die Hecke, -n	hedge
der Rasen, -	lawn
der Zaun, ¨e	fence
die Zimmerpflanze, -n	house plant
das Tagebuch, ¨er	diary
der Waschsalon, -s	laundromat

Verben

bedeuten	to mean
bringen, hat gebracht	to bring
erklären	to explain
füttern	to feed
gießen, hat gegossen	to water
liegen, hat gelegen	to lie; to be situated
mähen	to mow
mieten	to rent
passieren, ist passiert	to happen
putzen	to clean
rennen, ist gerannt	to run
schicken	to send
schneiden, hat geschnitten	to cut
sparen	to save
stehen, hat gestanden	to stand
sterben (stirbt), ist gestorben	to die
streichen, hat gestrichen	to paint
üben	to practice
übersetzen	to translate
verbessern	to correct
warten	to wait

Andere Wörter

arbeitslos	unemployed
hoffentlich	hopefully, I hope (so)
mindestens	at least
plötzlich	suddenly
sofort	immediately
zweimal	twice

Ausdrücke

Am schwarzen Brett steht ...	On the bulletin board it says . . .
Bitte schön!	You're welcome!
das letzte Mal	the last time
in letzter Zeit	recently
die Wäsche waschen	to do the laundry
Den Wievielten haben wir heute? Der Wievielte ist heute?	What's the date today?
Hals- und Beinbruch!	Break a leg! Good luck!
zum Beispiel (z.B.)	for example (e.g.)

Das Gegenteil

starten ≠ landen	to take off ≠ to land
schwer ≠ leicht	hard; heavy ≠ easy; light

Leicht zu verstehen

die Firma, Firmen	warnen
das System, -e	an Bord
die Warnung, -en	

Wörter im Kontext

6-49 Was passt zusammen?

1. Hast du die Zimmerpflanzen
2. Hast du den Zaun
3. Hast du die Hecke
4. Hast du die Wohnung
5. Hast du den Rasen
6. Hast du den Hund
7. Hast du die Postkarte

a. weggeschickt?
b. gemietet?
c. gemäht?
d. geschnitten?
e. gegossen?
f. gestrichen?
g. gefüttert?

6-50 Warum David so spät nach Hause gekommen ist.

gelegen / erklärt / gewartet / gerannt / hereingerannt / warten / passiert / starten

Gestern Nacht habe ich stundenlang auf David _____. Als ich dann schon im Bett _____ habe, ist er endlich zur Tür _____. „Was ist denn _____, David?" habe ich gefragt, und er hat _____, dass sein Wagen nicht _____ wollte, dass er viel zu lange auf den ADAC° _____ musste und dass er dann den ganzen langen Weg nach Hause _____ ist.

Allgemeiner Deutscher Automobil-Club

6-51 Was ist hier identisch? Read the following sets of sentences aloud and decide which two in each set convey approximately the same meaning.

1. Was bedeutet dieses Wort?
   Ich verstehe dieses Wort nicht.
   Hast du dieses Wort verbessert?

2. Opa Ziegler ist im Krankenhaus.
   Opa Ziegler lebt nicht mehr.
   Opa Ziegler ist gestorben.

3. Wie ist die Bezahlung?
   Wie viel musst du bezahlen?
   Wie viel verdienst du?

4. Eva hat eine gute Ausbildung.
   Eva hat gute EDV-Kenntnisse.
   Eva kann mit vielen
      Computerprogrammen arbeiten.

6-52 Der ideale Ferienjob.

schwer / sparen / hoffentlich / Tagebuch / sofort / mindestens

Aus Annas _____:

Mein idealer Ferienjob muss _____ am ersten Ferientag beginnen und ich möchte bis zum letzten Ferientag arbeiten. Die Firma muss _____ acht Euro die Stunde bezahlen, damit ich viel Geld _____ kann und mein nächstes Studienjahr fast ganz selbst bezahlen kann. Die Arbeit soll interessant und nicht zu _____ sein. _____ kann ich bald so einen Job finden.

KAPITEL

7

Kommunikationsziele

Talking about . . .
- birthdays and holidays
- buying and giving gifts
- purchasing and returning merchandise
- personal tastes

Strukturen

The dative case:
- indirect object
- personal pronouns
- dative prepositions
- **da-**compounds
- adjective endings

Word order:
Sequence of objects

Kultur

Berlin
Holidays and celebrations in the German-speaking countries
Mitbringsel
Leute: **Margarete Steiff**

Feste und Feiertage

Fastnachtskostüme

Das Geburtstagsgeschenk

NICOLE: Du, Maria, was soll ich denn meinem kleinen Bruder zum
Geburtstag schenken?

MARIA: Schenk ihm doch eine Armbanduhr. Oder eine CD. Was
hört er denn gern? Oder kauf ihm ein Computerspiel. Ja!
Einem Dreizehnjährigen schenkt man heutzutage sowieso
Computerspiele!

NICOLE: Das hat David alles schon und außerdem ist mir ein gutes
Computerspiel viel zu teuer.

MARIA: Dann fahren wir doch zum KaDeWe! Wenn wir sehen, was
es alles gibt, fällt uns bestimmt etwas ein.

NICOLE: Gute Idee, Maria!

Beim KaDeWe

Beim KaDeWe hat gerade der Winterschlussverkauf begonnen und
alle Preise sind stark reduziert. Die beiden Freundinnen gehen
deshalb noch schnell in die Damenabteilung, bevor sie ein
Geschenk für David suchen. Maria kauft dort eine schicke, warme
Winterjacke und Nicole gibt fast ihr ganzes Geld für einen
eleganten, schwarzen Pulli aus. Dann schaut sie ein bisschen
beschämt auf die paar Euro in ihrer Geldtasche und sagt: „Wie soll ich denn
damit meinem Bruder ein Geburtstagsgeschenk kaufen?" Aber Maria hat eine
gute Idee: „Kauf ihm doch eine lustige Geburtstagskarte, und zusammen mit
dieser Karte schickst du ihm einen Schuldschein mit den Worten: ‚Lieber
David, ich schulde dir ein Geburtstagsgeschenk. Du bekommst es, sobald ich
wieder Geld habe.'"

ZUM HÖREN

7-1 Richtig oder falsch? Sie hören die beiden Texte und nach jedem
Text ein paar Aussagen°. Sind diese Aussagen **richtig** oder **falsch?**

statements

	DAS GEBURTSTAGSGESCHENK		BEIM KADEWE	
	RICHTIG	FALSCH	RICHTIG	FALSCH
1.	_____	_____	_____	_____
2.	_____	_____	_____	_____
3.	_____	_____	_____	_____
4.	_____	_____	_____	_____

Typisch für Berlin: ein
Drehorgelmann

Berlin, the capital of Germany, was reduced to a heap of rubble at the end of World War II. Like the rest of Germany, it was divided into four occupation zones (**Besatzungszonen**) under American, British, French, and Soviet control. From 1949 to 1990, only **Ostberlin** had capital city status – as capital of the former **Deutsche Demokratische Republik (DDR).** In 1961, the communist government of the **DDR** built the Berlin Wall (**die Berliner Mauer**) to stop the mass exodus of its citizens to the West. On November 9, 1989, the city was again the center of world attention when the Wall came down and with it the Soviet empire. Berlin became the capital of Germany again, and in 1999 the German Parliament (**der Bundestag**) officially moved from Bonn to the **Reichstag** building.

7-2 Was kann man dir zum Geburtstag schenken?

S1: Ich trinke viel Kaffee. **S2:** Dann kann man dir eine Kaffeemaschine schenken.

1. Ich fahre immer mit dem Rad zur Uni.
2. Mein Zimmer muss wie ein Garten aussehen.
3. Ich möchte nächsten Sommer durch den Schwarzwald wandern.
4. Ich komme morgens oft zu spät zur Vorlesung.
5. Ich kann nicht kochen.
6. Die UV-Strahlen machen meine Augen kaputt.
7. Ich möchte mein Deutsch verbessern.
8. Ich möchte fit werden.
9. Ich höre gern Musik.

der Heimtrainer · die Kaffeemaschine · die Zimmerpflanze · der Rucksack · das Wörterbuch · der Fahrradhelm · der CD-Spieler · das Kochbuch · der Wecker · die Sonnenbrille

fellow students

7-3 Geburtstagsgeschenke.   Finden Sie heraus, wer von Ihren Mitstudenten° bald Geburtstag hat. Sagen Sie, was Sie ihr/ihm schenken wollen und warum.

S1: Ich schenke ihr/ihm eine Kaffeemaschine, weil sie/er immer so müde ist.

S2: Ich schenke ihr/ihm ein italienisches Kochbuch, weil sie/er so gern Pasta und Pizza isst.

S3: ...

7-4 Helfen statt° Kaufen. Schauen Sie die Geburtstagskarte an und *instead of*
beantworten Sie die Fragen.

1. Wer hat diese Geburtstagskarte geschrieben?
2. Wer hat Geburtstag?
3. Wann hat Peter diese Karte geschrieben?
4. Wann hilft Peter seiner Mutter?
5. Was tut er alles für sie?

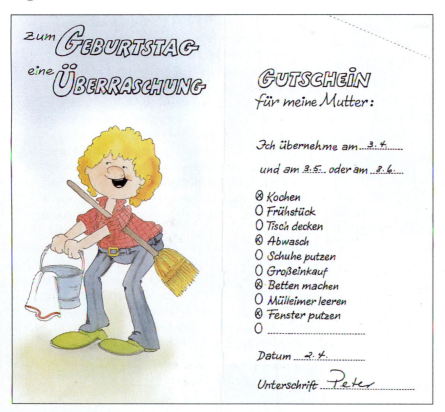

zum GEBURTSTAG *eine* ÜBERRASCHUNG

GUTSCHEIN
für meine Mutter:

Ich übernehme am ...3. 4....

und am 3.5... *oder am* ..8. 6...

⊗ *Kochen*
O *Frühstück*
O *Tisch decken*
⊗ *Abwasch*
O *Schuhe putzen*
O *Großeinkauf*
⊗ *Betten machen*
O *Mülleimer leeren*
⊗ *Fenster putzen*
O ....

Datum ...2. 4.........

Unterschrift ...Peter.........

7-5 Warum machen Sie's nicht mal wie Peter? Denken Sie an drei
Personen aus Ihrer Familie und/oder aus Ihrem Freundeskreis°. Fragen
Sie einander, wer die drei Personen sind und was Sie zum Geburtstag
für sie tun.

 circle of friends

S1: Wer sind deine drei Personen?

S2: Mein(e) _____, mein(e) _____ und mein(e) _____.

S1: Was tust du für deine(n) _____?

S2: Für meine(n) ...

...   ...

- eine Woche lang das Frühstück machen
- eine Woche lang das Mittagessen (das Abendessen) kochen
- eine Woche lang den Tisch decken°   *set the table*
- eine Woche lang den Abwasch° (die Betten) machen   *dishes*
- eine Woche lang den Mülleimer leeren°   *empty the garbage pail*
- das ganze Haus (die ganze Wohnung, alle Fenster) putzen
- die Wäsche (den Wagen) waschen
- die Garage aufräumen
- den Rasen mähen
- ...

Feste und Feiertage

Weihnachtsmarkt in Stuttgart

The German-speaking countries enjoy a wider array of public holidays than the United States or Canada. Many of these holidays have their roots in Christian traditions, although an increasingly secular society celebrates them without giving much thought to their religious origin. As in North America, **Weihnachten** is still the biggest and most important holiday, and preparation begins four weeks in advance. Beginning on December 1, many children count down the 24 days to Christmas Eve **(der Heilige Abend)** with the help of an **Adventskalender.** Each day they open a door or window on the calendar and find motifs related to **Weihnachten** or a small gift. On the eve of **Nikolaustag** (December 6), children put their shoes outside their bedroom door for **Sankt Nikolaus** (the patron saint of children) to fill with candy, chocolate, fruit, and nuts. As in other countries, **Weihnachten** is associated with a Christmas tree **(der Weihnachtsbaum)** and gift-giving **(die Bescherung).** In the German-speaking countries the **Weihnachtsbaum** is not put up until December 24, and it is **am Heiligen Abend** that the **Bescherung** takes place. On December 25 **(der erste Weihnachtsfeiertag),** families gather for a traditional dinner that often centers around a Christmas goose **(die Weihnachtsgans).** On December 26 **(der zweite Weihnachtsfeiertag),** it is

customary to visit relatives and friends. New Year's Eve **(Silvester)** is an evening of parties and revelry culminating at midnight with spectacular displays of fireworks even in smaller towns.

Spring brings Easter **(Ostern).** Businesses are closed on Good Friday **(Karfreitag)** and on **Ostermontag.** On **Ostersonntag** children receive colored eggs and chocolate goodies from the **Osterhase.** The weeks before and after **Ostern** are school holidays. Pentecost **(Pfingsten)** is celebrated on the seventh Sunday and Monday after **Ostern** and brings with it another week of vacation from school.

Secular holidays in the German-speaking countries include the **Tag der Arbeit** or **Maifeiertag** on May 1 as well as national holidays for each country. On October 3, Germany celebrates the **Tag der deutschen Einheit** to commemorate the reunification in 1990 of the **BRD** and the former **DDR.** Austria has set aside October 26 **(Tag der Fahne)** to celebrate the day in 1955 when it became a neutral state. On August 1, Switzerland celebrates the beginning of the Swiss confederation **(Confoederatio Helvetica),** which took place in 1291.

Erstkommunion in Österreich

7-6 Was sind Ihre Feste und Feiertage?

1. Feiern Sie auch Weihnachten? Wenn ja, wann packen Sie die Geschenke aus? Wenn nein, wie heißt Ihr wichtigster Feiertag und wie feiern Sie ihn?
2. Wie feiert man in Ihrer Familie Geburtstage?
3. Wann ist der Tag der Arbeit in Ihrem Land?
4. Haben Sie einen Nationalfeiertag? Wie heißt er und wann ist er? Wie feiern Sie ihn?

7-7 Wie Familie Zillich Pfingsten feiert.
Herr und Frau Zillich, ihre Tochter Heike (9) und ihr Sohn Lukas (7) verbringen° die beiden Pfingstfeiertage im Residence Hotel in Potsdam.   *spend*

1. Wie viel müssen Zillichs für den Familienbrunch am Pfingstsonntag bezahlen?
2. Heike hat schon zwei Jahre lang Flötenstunden°. Was möchte sie deshalb hören? An welchem Tag, wo und um wie viel Uhr ist das?   *flute lessons*
3. Zillichs essen alle gern Kuchen, haben aber am Montagnachmittag einen Spaziergang nach Schloss Sanssouci geplant. Wann können sie trotzdem Kuchen essen und woher wissen sie, dass es da viele verschiedene° Kuchen gibt?   *different*

RESIDENCE HOTEL

Potsdam
Pfingsten ins Märkische

Zwei schöne Tage ohne Stress

Pfingstsonntag
∗ Musikalischer Familienfrühschoppen
∗ Familienbrunch – nur €15,00 p. P. – Kinder bis 10 Jahre frei
∗ Kindervergnügen auf der „Hopseburg"
  ab 10 Uhr – im Garten unseres Hauses

Pfingstmontag
∗ Flötenkonzert im Foyer des Hotels von 9 bis 11 Uhr
∗ an beiden Tagen Kaffeehausmusik mit leckerem Kuchenbuffet – ab 14 Uhr
∗ Festmenüs für den verwöhnten Gaumen.
  Reservieren Sie noch heute!

Tel.: 87 65 94, Fax: 87 65 12 / 87 20 06 · Otto-Grotewohl-Str. 60, 14469 Potsdam

Nomen

die Abteilung, -en	department
die Damenabteilung	women's department
die Herrenabteilung	men's department
der Sommerschluss- verkauf, ⸚e	summer sale
der Winterschluss- verkauf, ⸚e	winter sale
der Feiertag, -e	holiday
das Fest, -e	special day; holiday; festival
Ostern	Easter
der Osterhase, -n	Easter bunny

Silvester	New Year's Eve
Weihnachten	Christmas
der Weihnachtsbaum, ⸚e	Christmas tree
das Geschenk, -e	present
die Überraschung, -en	surprise
die Armbanduhr, -en	wrist watch
der Fahrradhelm, -e	bicycle helmet
die Geldtasche, -n	wallet
der Gutschein, -e	voucher
der Heimtrainer, -	exercise bike
der Rucksack, ⸚e	backpack
die Sonnenbrille, -n	sunglasses
der Wecker, -	alarm clock

Verben

feiern	to celebrate
kaputt·machen	to ruin; to break
schauen (auf)	to look (at)
schenken	to give *(a gift)*
schulden	to owe
verbringen, hat verbracht	to spend *(time)*

Andere Wörter

lustig	funny, humorous; happy
verschieden	different
außerdem	besides; in addition
gerade	just, just now
heutzutage	nowadays

Ausdrücke

den Abwasch machen	to do the dishes
den Mülleimer leeren	to empty the garbage pail
den Tisch decken	to set the table
zum Geburtstag	for one's birthday
Herzliche Glückwünsche zum Geburtstag!	Happy Birthday!
zu Weihnachten	for Christmas
Frohe Weihnachten!	Merry Christmas!
(Einen) guten Rutsch ins neue Jahr!	Happy New Year!
eine Frage beantworten	to answer a question
stark reduziert	sharply reduced

Das Gegenteil

leer ≠ voll	empty ≠ full

Leicht zu verstehen

der Brunch, -es	das Wort, ⸚er
das Computerspiel, -e	das Wörterbuch, ⸚er
das Kochbuch, ⸚er	

Wörter im Kontext

7-8 Was ist die richtige Reihenfolge°? *sequence*

_____ das Essen kochen   _____ den Abwasch machen   _____ einkaufen

_____ essen   _____ den Tisch decken

7-9 Was passt zusammen?

1. Wenn es dunkel ist,   a. braucht man keinen Wecker.
2. Wenn man von selbst aufwacht,   b. braucht man keinen Fahrradhelm.
3. Wenn man fit ist,   c. braucht man kein Kochbuch.
4. Wenn man immer nur Auto fährt,   d. braucht man keine Sonnenbrille.
5. Wenn man immer in der Mensa isst,   e. braucht man keinen CD-Spieler.
6. Wenn man nicht gern Musik hört,   f. braucht man keinen Heimtrainer.

7-10 Was ich tue, wenn ...

1. Wenn meine Geldtasche leer ist,   a. muss ich ihn leeren.
2. Wenn ich nicht weiß, wie spät es ist,   b. gehe ich zum
3. Wenn der Mülleimer voll ist,   Winterschlussverkauf.
4. Wenn ich eine Bluse kaufen will,   c. gehe ich in die Damenabteilung.
5. Wenn ich einen warmen Pullover   d. bezahle ich mit meiner
   kaufen und nicht viel Geld   Kreditkarte.
   ausgeben will,   e. schaue ich auf meine
                                                Armbanduhr.

7-11 Was brauche ich da? Beginnen Sie alle Antworten mit *Da brauche ich ...*

1. Ich möchte wandern gehen.   a. ein Wörterbuch
2. Ich muss das Frühstück machen.   b. ein Geschenk
3. Ich verbringe meine Ferien in   c. eine Sonnenbrille
   Australien.   d. eine Kaffeemaschine
4. Ich weiß nicht, wie man Wiener   e. einen Rucksack
   Schnitzel macht.   f. ein Kochbuch
5. Meine beste Freundin hat
   Geburtstag.
6. Ich weiß nicht, wie man auf
   Deutsch *Happy Birthday!* sagt.

7-12 Bettina Zieglers Geburtstag.

gerade / Überraschung / lustig / feiert / außerdem / Fest / geschenkt

Bettina Ziegler _____ heute ihren fünfunddreißigsten Geburtstag und hat zu
diesem _____ die ganze Familie und alle ihre Freunde eingeladen. Sie haben
_____ ein paar Flaschen Champagner getrunken und sind deshalb alle sehr
_____. Als _____ haben Bettinas Freunde ihr eine Reise nach Kalifornien _____
und von ihrer Familie hat sie _____ dreihundert Euro bekommen.

KOMMUNIKATION UND FORMEN

1. Indicating the person *to whom* or *for whom* something is done

The dative case: the indirect object

In *Kapitel 2* you learned that many verbs take direct objects and that the direct object is signaled by the accusative case.

Klaus Ziegler möchte **einen Heimtrainer.**

*Klaus Ziegler would like **an exercise bike.***

Some verbs take not only a direct object, but also an *indirect object*. The indirect object indicates *to whom* or *for whom* something is done and is therefore almost always a *person*. In German the indirect object is signaled by the *dative case*.

Brigitte Ziegler kauft **ihrem Mann** einen Heimtrainer.

*Brigitte Ziegler buys **her husband** an exercise bike.*
*(Brigitte Ziegler buys an exercise bike **for her husband**.)*

Sie schenkt **ihrem Mann** den Heimtrainer zum Geburtstag.

*She gives **her husband** the exercise bike for his birthday.*
*(She gives the exercise bike **to her husband** for his birthday.)*

It is important to remember that German signals the indirect object with the dative case, never with the preposition **zu** *(to)*.

	masculine		neuter		feminine		plural	
NOMINATIVE	der	Vater	das	Kind	die	Mutter	die	Kinder
	mein		mein		meine		meine	
ACCUSATIVE	den	Vater	das	Kind	die	Mutter	die	Kinder
	meinen		mein		meine		meine	
DATIVE	**dem**	Vater	**dem**	Kind	**der**	Mutter	**den**	Kindern
	meinem		**meinem**		**meiner**		**meinen**	

Note:
- In the dative plural, all nouns take the ending **-n** unless the plural form already ends in **-n** (**die Freundinnen, den Freundinnen**) or if it ends in **-s** (**die Chefs, den Chefs**).
- The other possessive adjectives (**dein, sein, ihr, unser, euer, ihr, Ihr**) and **ein** and **kein** take the same endings as **mein.**

7-13 Ein bisschen Grammatik.   Sagen Sie, welche von den fett gedruckten° Wörtern Subjekte, direkte Objekte oder indirekte Objekte sind!

fett gedruckten: *in bold type*

▶ **Brigitte Ziegler** schenkt **ihrem Mann einen Heimtrainer.**

S: **Brigitte Ziegler** ist das Subjekt, **einen Heimtrainer** ist das direkte Objekt und **ihrem Mann** ist das indirekte Objekt.

1. **Stephanie** feiert dieses Jahr **Weihnachten** nicht zu Hause in Chicago, sondern in München, und **sie** schickt deshalb **ihrer Familie ein großes Paket.** Sie schickt **ihrem Großvater ein gutes Buch, ihrem Vater ein schönes Bierglas** und **ihrer Mutter einen Kalender** mit Bildern von München.
2. Und **was** schenkt **Stephanie ihren Freunden** in München? **Sie** schenkt **ihrem Freund Peter ein Sweatshirt, ihrer Mitbewohnerin Claudia ein Paar Ohrringe** und **Claudias Freund Martin eine tolle CD.**

7-14 Weihnachtsgeschenke.   Die Information für **S2** ist im *Anhang* auf Seite A10.

| S1: | Was schenkt Laura ihren Eltern? | S2: | Laura schenkt ihren Eltern ein schönes Bild. |
| S2: | Was schenkt Florian seinen Eltern? | S1: | Florian schenkt seinen Eltern eine neue Kaffeemaschine. |

	LAURA	FLORIAN
ihren/seinen Eltern		eine neue Kaffeemaschine
ihrer/seiner Schwester		ein teures Parfüm
ihrem/seinem Bruder	ein warmes Sweatshirt	
ihrer/seiner Freundin	einen neuen Fahrradhelm	

7-15 Was schenkst du ...?

| S1: | Was schenkst du deinen Eltern (deiner Schwester, deinem Bruder, ...) zu Weihnachten (zu Chanukka, ...)? | S2: | Ich schenke meinen Eltern (meiner Schwester, meinem Bruder, ...) ... |

The interrogative pronoun in the dative case

The dative form of the interrogative pronoun **wer** has the same ending as the dative form of the masculine definite article.

	interrogative pronoun	definite article
NOMINATIVE	wer	der
ACCUSATIVE	wen	den
DATIVE	**wem**	**dem**

Wer ist der Mann dort?	*Who is that man there?*
Der Briefträger.	*The mailman.*
Wen hat Müllers Hund gebissen?	*Whom did the Müllers' dog bite?*
Den Briefträger.	*The mailman.*
Wem schenken Müllers die Flasche Wein?	*To **whom** are the Müllers giving the bottle of wine?*
Dem Briefträger.	*To the mailman.*

7-16 Wem schenkst du das alles? Ihre Partnerin/Ihr Partner hat schon alle

things Weihnachtsgeschenke gekauft. Fragen Sie, wem sie/er diese Sachen° schenkt.

▶

                                        sie mein___ Mutter

S1: Wem schenkst du   **S2:** Ich schenke sie meiner
die Weingläser?   Mutter.

1.   sie mein___ Vater

2.   es mein___ Schwester

3.   sie mein___ beiden Brüder___

4.   ihn mein___ Großmutter

> das Armband   den Teekessel   die Geldtasche   die zwei Armbanduhren

5.   es mein___ Kusine

6.   sie mein___ Onkel

7.   sie mein___ Tante

8.   sie mein___ beiden Vettern

> die Gießkanne   das Parfüm   die Krawatte   die zwei Tennisschläger

Personal pronouns in the dative case

English personal pronouns have only one object form. This one form can function as a direct object and as an indirect object. German personal pronouns have two object forms. You are familiar with the accusative form, which is used for the direct object.

Warum habt ihr **mich** nicht
  eingeladen?

*Why didn't you invite **me**?*

The dative form is used for the indirect object.

Kannst du **mir** deinen
  Kassettenrecorder leihen?

*Can you lend **me** your cassette
  recorder?*
*(Can you lend your cassette recorder
  to me?)*

Kannst du **mir** eine Tasse
  Kaffee machen?

*Can you make **me** a cup of coffee?*
*(Can you make a cup of coffee **for me**?)*

nominative	accusative	dative
ich	mich	**mir**
du	dich	**dir**
er	ihn	**ihm**
es	es	**ihm**
sie	sie	**ihr**
wir	uns	**uns**
ihr	euch	**euch**
sie	sie	**ihnen**
Sie	Sie	**Ihnen**

7-17 Weihnachtsgeschenke. Die Information für **S2** ist im *Anhang* auf Seite A11.

S1: Weißt du, was Sophia ihren
  Eltern schenkt?

S2: Ich glaube, sie schenkt
  ihnen einen neuen Toaster.

S2: Weißt du, was Julia und Paul
  ihren Eltern schenken?

S1: Ich glaube, sie schenken ihnen
  einen ganz teuren Heimtrainer.

	SOPHIA	JULIA UND PAUL	DANIEL
ihren/ihren/ seinen Eltern		ihnen einen ganz teuren Heimtrainer	ihnen ein schnelleres Modem
ihrer/ihrer/ seiner Schwester	ihr ein Paar goldene Ohrringe		
ihrem/ihrem/ seinem Bruder			ihm seinen alten Computer

7-18 Was soll ich diesen Leuten schenken?

▶ mein___ Mutter

S1: Was soll ich meiner Mutter schenken?

S2: Schenk ihr doch ein Paar warme Hausschuhe.

1. mein___ Vater

2. mein___ Großeltern

3. mein___ besten Freundin

4. mein___ kleinen Bruder

einen Hockeyschläger	ein Paar Ohrringe
einen schönen Pullover	einen neuen Toaster

5. mein___ besten Freund

6. mein___ alten Klavierlehrerin

7. unser___ neuen Nachbarn (pl)

8. unser___ Briefträger

ein paar Flaschen Wein	eine Flasche Kognak
ein Paar Handschuhe	einen schönen Kugelschreiber

Sprachnotiz	*Ein Paar* and *ein paar*

Ein Paar means *a pair,* i.e., *two* of something.

Robert schenkt seinem Vater **ein Paar** Socken.	*Robert is giving his father **a pair** of socks.*

Ein paar means *a couple of* in the sense of *a few.*

Robert muss noch **ein paar** Geschenke kaufen.	*Robert still has to buy **a couple** of presents.*

7-19 Vorschläge. Sagen Sie einander, was Ihre Freunde und Verwandten gern tun, und machen Sie einander dann Vorschläge° für passende° Geschenke.

suggestions
appropriate

S1: Meine Freundin spielt gern Tennis.

S2: Dann schenk ihr doch einen Tennisschläger.

Mein Freund (Mein Bruder, Meine Schwester, Meine Kusine, Mein Vetter …)

hört gern Rapmusik	trägt gern Schmuck°
sammelt Barbie-Puppen	liebt Süßigkeiten°
macht gern Computerspiele	reist gern
liest gern Comics	…

jewelry
sweets

Word order: sequence of objects

The dative object (the indirect object) precedes the accusative object (the direct object) *unless the accusative object is a pronoun.*

		DATIVE	ACCUSATIVE	
Peter	schenkt	**seinem Vater**	**ein Buch**	zum Vatertag.
Er	schenkt	**ihm**	**ein Kochbuch.**	
		ACCUSATIVE	DATIVE	
Er	kann	**es**	**seinem Vater**	nicht persönlich geben.
Er	muss	**es**	**ihm**	schicken.

The examples above also show that pronoun objects always precede noun objects, regardless of case.

7-20 Kleine Gespräche.   Ergänzen° Sie die Akkusativobjekte und Dativobjekte in der richtigen Reihenfolge°.

1.   KIND: Kaufst du _____ _____, Vati?   das Fahrrad   mir
     VATER: Ja, ich kaufe _____ _____.   dir   es

2.   MUTTER: Kaufen wir _____ _____?   unserem Sohn   die Kamera
     VATER: Ja, ich glaube, wir   ihm   sie
     kaufen _____ _____.

shown   3.   FLORIAN: Hast du _____ _____ gezeigt°?   deine Zensuren   deinem Vater
     ROBERT: Nein, ich zeige _____   meiner Mutter   sie
     immer nur _____.

4.   BERND: Kannst du _____ _____   dein Chemiebuch   mir
lend   leihen°, Eva?
     EVA: Wenn du _____ _____   es   mir
     morgen früh zurückgibst.

5.   PETER: Hat Bernd _____ _____   die hundert Euro   dir
     zurückgegeben?
     MARTIN: Nein, er schuldet _____   mir   sie
     _____ immer noch.

6.   DAVID: Hast du _____ _____   den Toaster   deinen Eltern
     geschenkt?
     ANNE: Nein, ich habe _____   meinen Großeltern   ihn
     _____ geschenkt.

7.   TOM: Kannst du _____ _____ bitte   den Dativ   mir
     noch einmal° erklären?
     MARIA: Nein, jetzt habe ich _____   dir   ihn
     _____ oft genug erklärt.

8.   LISA: Wann gibst du _____ _____?   deiner Freundin   den Ring
     STEFAN: Ich glaube, ich gebe _____   ihr   ihn
     _____ an Silvester.

noch einmal: *again*

Dative verbs

There are a few German verbs that take only a dative object.

antworten	Warum antwortest du **mir** nicht?	*Why don't you answer* **me?**
danken	Ich danke **dir** für deine Hilfe.	*I thank* **you** *for your help.*
gehören	Gehört dieser Wagen **dir?**	*Does this car belong* **to you?**
gratulieren	Ich gratuliere **Ihnen** zu Ihrem Erfolg!	*I congratulate* **you** *on your success!*
helfen	Kannst du **mir** bitte helfen?	*Can you help* **me** *please?*

7-21 Kleine Gespräche. Ergänzen Sie passende Dativverben.

1. ALEXANDER: Wem _____ denn dieser tolle Wagen?
   SEBASTIAN: Meiner Freundin.
2. MARIA: Warum schreibst du denn deinem Bruder nie?
   NICOLE: Weil er mir ja doch nicht _____.
3. STEFAN: Warum kommst du nicht zu unserer Party?
   ROBERT: Weil ich meinem Vater _____ muss.
4. HELGA: Warum rufst du Claudia an?
   SABINE: Sie hat heute Geburtstag und ich möchte
   ihr _____.
5. FRAU BERG: Aber Frau Kuhn! Warum bringen Sie mir
   denn Blumen?
   FRAU KUHN: Weil ich Ihnen für Ihre Hilfe _____ möchte.

7-22 Kleine Gespräche. Ergänzen Sie **mir, mich, dir** oder **dich.**

1. LUKAS: Warum antwortest du _____ nicht?
   HORST: Du hast _____ doch gar nichts gefragt.
2. BEATE: Heute früh hat Markus _____ besucht. Er hat _____ zum
   Geburtstag gratuliert und hat _____ diese wunderschönen roten
   Rosen gebracht. Glaubst du, dass er _____ liebt?
   SOPHIA: Wenn er _____ rote Rosen bringt, liebt er _____ bestimmt.
3. PAUL: Gehört dieses tolle Fahrrad _____?
   LISA: Ja, meine Eltern haben es _____ gekauft.
4. STEFAN: Ich danke _____, dass du _____ bei° meinem Referat so viel   *with*
   geholfen hast.
   MARIA: Wenn du _____ jetzt zum Essen einlädst und _____ nachher nach
   Hause fährst, helfe ich _____ das nächste Mal° gern wieder.   *time*

The dative case with adjectives

The dative case is often used with adjectives to express a personal opinion, taste, or conviction.

Das ist **mir** sehr wichtig.   *That's very important **to me.***
Rockmusik ist **meiner Oma** zu laut.   *Rock music is too loud **for my grandma.***

7-23 Warum? Ergänzen Sie passende Personalpronomen im Dativ.

▶ Sie ist _____ zu laut.

S1: Warum mögen deine Eltern   S2: Sie ist ihnen zu laut.
keine Rockmusik?

1. Warum liest du den Roman   Er ist _____ zu langweilig.
   nicht fertig?
2. Warum kaufen Müllers das Haus nicht?   Es ist _____ zu klein.
3. Warum trinkt Ingrid ihren Wein nicht? Er ist _____ zu sauer.
4. Warum geht Robert nicht mit   Es ist _____ zu kalt und zu
   uns schwimmen?   windig.
5. Warum mögt ihr diesen Film nicht?   Er ist _____ zu sentimental.
6. Warum nimmt Maria die Wohnung nicht? Sie ist _____ zu dunkel.
7. Warum kauft Peter den Wagen nicht?   Er ist _____ zu teuer.

7-24 Die Geschmäcker sind verschieden. Schauen Sie Ihre Mitstudenten an und sagen Sie, was für ein Kleidungsstück Sie ihnen zu Weihnachten schenken wollen, und warum.

> **S1:** Lisa schenke ich ein Sweatshirt. Ihr Sweatshirt ist mir ein bisschen zu verrückt.
>
> **S2:** David schenke ich ...

ein bisschen zu verrückt	ein bisschen zu exotisch
ein bisschen zu konservativ	ein bisschen zu altmodisch
nicht sportlich genug	nicht cool genug

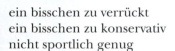

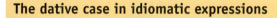

The dative case in idiomatic expressions

The dative case also appears in the following common expressions:

Wie geht es **Ihnen?**	*How are you?*
Es tut **mir** Leid.	*I'm sorry.*
Das ist **mir** egal.	*I don't care.*
Mir fällt nichts ein.	*I can't think of anything.*
Wie gefällt **dir** mein Mantel?	*How do you like my coat?*
Diese Jacke steht **dir.**	*This jacket looks good on you.*

7-25 Was passt zusammen?

1. Wie gefällt dir meine neue Jacke?
2. Kennst du die Frau dort?
3. Ist Lisa immer noch so krank?
4. Warum schreibst du den Brief nicht fertig?
5. Mir geht es heute gar nicht gut.
6. Weiß Florian, dass du einen neuen Freund hast?
7. Die Jacke steht dir. Warum nimmst du sie nicht?

a. Ja, aber ihr Name fällt mir nicht ein.
b. Ja, aber ich glaube, es ist ihm egal.
c. Weil sie mir zu teuer ist.
d. Sie steht dir sehr gut.
e. Nein, es geht ihr schon wieder viel besser.
f. Weil mir nichts mehr einfällt.
g. Das tut mir aber Leid.

about

natural

7-26 Was gefällt Ihnen an° Ihren Mitstudenten?

> **S1:** An Lisa gefällt mir, dass sie so natürlich° ist.
>
> **S2:** An David gefällt mir, dass ...

witty

polite

natürlich	lustig	pünktlich	witzig°
freundlich	optimistisch	ordentlich	sportlich
höflich°	spontan	praktisch	...

Sprachnotiz	**The flavoring particle *aber***

In colloquial German, **aber** is often used to add emphasis to a statement.

Das tut mir **aber** Leid!	*I'm **so** sorry.*
Jetzt habe ich **aber** Hunger!	*I'm **really** hungry now.*

ZUM HÖREN

Blumen zum Geburtstag

Stephanie hat morgen Geburtstag. Peter möchte ihr Blumen schenken und ist deshalb im Blumenhaus Dietrich.

NEUE VOKABELN

Sie wünschen?	*May I help you?*
drei Euro das Stück	*three euros apiece*
ein·schlagen	*to wrap*

7-27 Erstes Verstehen. Hören Sie, was Peter und die Verkäuferin miteinander sprechen. Haken° Sie die richtigen Antworten ab.

Haken ... ab: *Check off*

Hier gibt es schöne Blumen.

1. Welche Farben hören Sie?

_____	gelb	_____	rosarot
_____	blau	_____	rot
_____	weiß	_____	violett

2. Welche Zahlen hören Sie?

_____	2	_____	3
_____	15	_____	5
_____	4	_____	10
_____	20	_____	30

3. Welche Imperativformen hören Sie?

_____ Kommen Sie!   _____ Geben Sie ...!   _____ Schenken Sie ...!
_____ Zeigen Sie ...!   _____ Schicken Sie ...!   _____ Warten Sie!

7-28 Detailverstehen. Hören Sie Peters Gespräch mit der Verkäuferin noch einmal an und schreiben Sie Antworten zu den folgenden Fragen.

1. Warum möchte Peter seiner Freundin Blumen schenken?
2. Warum sagt die Verkäuferin, Peter soll seiner Freundin Rosen schenken?
3. Was für Rosen will Peter seiner Freundin schenken?
4. Was kosten die roten Rosen?
5. Warum schenkt Peter seiner Freundin nicht zehn oder fünfzehn Rosen?
6. Wie viele rote Rosen kauft er?
7. Warum soll die Verkäuferin Peters Freundin die Rosen nicht schicken?
8. Warum soll Peter noch einen Moment warten?

7-29 Im Blumengeschäft. Sie möchten Ihrer Freundin Blumen zum Geburtstag schenken. Sie gehen deshalb in ein Blumengeschäft und sprechen mit der Verkäuferin. Sie können Ihre Rolle auch gern variieren. Die Rollenbeschreibung für die Verkäuferin ist im *Anhang* auf Seite A11.

R 1-1: Sie gehen in ein Blumengeschäft und sagen „Guten Tag!"
R 1-2: Sie sagen, Sie möchten Ihrer Freundin Blumen zum Geburtstag schenken.
R 1-3: Sie fragen, was die roten Rosen denn kosten.
R 1-4: Sie sagen ganz schockiert „Drei Euro!" und dass Sie das sehr teuer finden.
R 1-5: Sie sagen ganz schockiert „Nein, nein!" und dass Sie nicht so viel Geld haben.
Dann sagen Sie, dass die Verkäuferin Ihnen fünf Rosen geben soll.
Zeigen Sie ihr auch genau, welche Rosen sie Ihnen geben soll.
R 1-6: Sie sagen, Sie geben sie ihr lieber selbst.
Dann geben Sie der Verkäuferin fünfzehn Euro und wollen gehen.
R 1-7: Sie sagen „Ach ja, natürlich" und warten einen Moment.
R 1-8: Sie sagen auch „Auf Wiedersehen!" und gehen hinaus.

Infobox	**Mitbringsel**

If you are invited for a meal (**zum Essen**) or **zu Kaffee und Kuchen** in a German-speaking country, it is customary to bring a small gift (**ein Mitbringsel**) for your hostess or host. The most common gifts are chocolates, a bottle of wine, or flowers. A small bouquet of flowers should contain an odd number because this is considered more pleasing to the eye.

In the German-speaking countries, the person celebrating a birthday is expected to organize and host her/his own party (**die Fete, die Party**). Guests of course bring gifts.

Baby showers are unknown; in fact it is considered unlucky to give an expectant mother a gift before the baby is born.

Kaffee und Kuchen

7-30 Aus der Zeitung. Schauen Sie die Glückwunschanzeigen° an und beantworten Sie die folgenden Fragen.

congratulatory ads

1. Wie nennt Jörg seine Freundin? Was wünscht er ihr vor allem?
2. Wann wird die Mutter von Maja und Waltraut achtzig? Wann feiert die Familie ihren Geburtstag?
3. Warum bekommen Erich und Toni Glückwünsche?
4. Wer hat auch nicht Geburtstag und bekommt trotzdem Glückwünsche? Warum?

Hallo, Häschen!
Die besten Glückwünsche
zu Deinem Geburtstag
und alles Liebe, Gute,
vor allem Gesundheit
und viel, viel Glück
wünscht Dir von ganzem Herzen
Jörg

Lieber Marco!
Herzlichen Glückwunsch
zum bestandenen
Abitur
wünschen Dir Papa, Mama,
Ralf, Jürgen, Heike, Florian
und Elena

Liebe Leute, es ist wahr,
unsere Mutter wird heute
80 Jahr
Wir wünschen Dir zu diesem Feste,
Gesundheit, Glück und nur das
Beste. Und bleib uns noch lange
erhalten, Du zählst für uns nicht zu
den Alten. Am Sonntag trifft sich die
ganze Schar, um zu feiern mit dem
Jubilar. Es grüßen Dich ganz
herzlich
Maja + Waltraut

*Morgen, genau vor 40 Jahren
ist es gewesen,
da haben sich der*
Erich und die Toni
das Ja-Wort gegeben.
*Wir wünschen Euch weiterhin
alles Gute und macht weiter so!*
Eure 7 Zwerge mit Familien

7-31 Für die Zeitung. Schreiben Sie eine kleine Glückwunschanzeige für jemand aus Ihrer Familie oder für eine Freundin/einen Freund. Nehmen Sie als Modell die Anzeigen in **7-30**.

Sprachnotiz	**Adjectives after *alles*, *etwas*, and *nichts***

Adjectives following **alles, etwas,** and **nichts** are capitalized and take the endings shown here.

Alles Gute zum Geburtstag!	*Happy Birthday!*
Ich muss dir **etwas Wichtiges** sagen.	*I have to tell you something important.*
Weißt du denn gar **nichts Neues**?	*Don't you know anything new at all?*

2. Expressing origin, destination, time, manner, and place

The dative prepositions

In *Kapitel 4* you learned the prepositions that are followed by an object in the accusative case: **durch, für, gegen, ohne, um.** There are other prepositions that are always followed by an object in the *dative case*: **aus, außer, bei, mit, nach, seit, von, zu.**

refrigerator	**aus**	*out of*	Nimm den Weißwein **aus dem Kühlschrank°**!
		from	Der Wein ist **aus dem Rheintal.**
	außer	*except for*	**Außer meinem Bruder** sind alle hier.
railway	**bei**	*for*	Mein Bruder arbeitet **bei der Bahn°** und konnte nicht kommen;
		at, at the home of	Diesmal feiern wir Muttis Geburtstag **bei meiner Schwester** in Potsdam.
		near	Potsdam ist **bei Berlin.**
candles	**mit**	*with*	Der Kuchen **mit den 50 Kerzen°** ist von Tante Anna.
		by	Ich bin **mit dem Zug** nach Potsdam gekommen.
	nach	*after*	**Nach dem Geburtstagsessen** haben wir einen Spaziergang gemacht.
		to	Ich fahre morgen **nach Bonn** zurück.
	seit	*since*	Ich lebe **seit dem letzten Sommer** in Bonn.
		for	Meine Schwester lebt **seit zehn Jahren** in Potsdam.
	von	*from*	**Von meiner Schwester** hat Mutti ein schönes Bild bekommen.
		of	Eine Freundin **von Mutti** hat ihr ein goldenes Armband geschickt.
		about	Mutti hat uns oft **von dieser Freundin** erzählt.
	zu	*to*	Wir kommen alle sehr gern **zu meiner Schwester.**
		for	**Zu ihrem 50. Geburtstag** hat Mutti von uns allen eine Reise nach Hawaii bekommen.
		with	**Zu dem leckeren Geburtstagskuchen** haben wir Muttis Lieblingstee getrunken.

7-32 Was weißt du von diesen Leuten? Sie stellen° Fragen über Sabine und Osman, und Ihre Partnerin/Ihr Partner möchte Information über Wendy und Jan. Die Information für **S2** ist im *Anhang* auf Seite A11.

stellen Fragen: *ask questions*

S1: Woher kommt Sabine?
Wo arbeitet sie?

S2: Aus der Schweiz.
...

	SABINE	WENDY	OSMAN	JAN
Woher kommt _____?		Aus den USA.		Aus den Niederlanden.
Wo arbeitet sie/er?		Bei einer Computerfirma.		Bei einem Gärtner.
Seit wann arbeitet sie/er dort?		Seit drei Jahren.		Seit einem Dreivierteljahr.
Wie kommt sie/er zur Arbeit?		Mit ihrem neuen BMW.		Mit der S-Bahn.
Wohin geht sie/er im nächsten Urlaub?		Zu ihren Eltern nach New York.		Zu seiner Freundin nach Amsterdam.
Woher weißt du das alles?		Von ihrem Freund.		Von seinem Chef.

7-33 Erzähl mir etwas von deinen Eltern! Stellen Sie Ihrer Partnerin/Ihrem Partner die ersten fünf Fragen aus **7-32**.

S1: Woher kommt deine
Mutter/dein Vater?
Wo arbeitet sie/er?
...

S2: Aus ...

Bei ...

Sprachnotiz	**Word order: time/manner/place**

You have already learned that expressions of time precede expressions of place.

Claudia und Stephanie fahren **morgen nach Hamburg.**

When an expression of manner is added, the order is *time/manner/place*.

Claudia und Stephanie fahren **morgen mit dem Zug nach Hamburg.**

7-34 Ein Brief aus Hamburg. Ergänzen Sie **aus, außer, bei, mit** oder **nach**.

Hamburg, den 24. Dezember 2003

Liebe Eltern und lieber Opa,

herzliche Grüße _____ der Hansestadt Hamburg. Claudias Eltern wollten, dass ich an Weihnachten _____ Hamburg komme, damit ich mal sehe, wie man _____ einer deutschen Familie Weihnachten feiert. Die ganze Familie ist hier _____ Claudias Schwester Maria. Sie studiert in Berkeley und verbringt Weihnachten _____ Freunden in San Francisco. Heute Abend gibt es _____ Bergers wie _____ den meisten deutschen Familien nur ein ganz einfaches° Essen, und _____ dem Essen ist dann gleich die Bescherung. Ich schenke Claudias Eltern einen Kalender _____ vielen schönen Farbfotos von Amerika. Ich habe euch _____ München ein Paket _____ ein paar Geschenken geschickt. Für Opa sind übrigens auch ein paar Münchener Zeitungen im Paket.

Euch allen einen guten Rutsch ins neue Jahr!

Stephanie

simple

7-35 Meine Winterferien. Stellen Sie einander die folgenden Fragen.

S1: Bei wem verbringst du die Winterferien?

S1: Was machst du da?

S2: Bei wem ...

S2: ...

S2: Bei ...

S2: Ich ...

S3: Bei ...

Contractions

The following contractions of dative prepositions and definite articles are commonly used.

bei + dem	= **beim**	Brigitte ist heute Vormittag **beim** Zahnarzt.
von + dem	= **vom**	Sind diese Eier wirklich **vom** Osterhasen?
zu + dem	= **zum**	Fährt dieser Bus **zum** Bahnhof?
zu + der	= **zur**	Seit wann fährst du denn mit dem Fahrrad **zur** Uni?

7-36 Wo? Woher? Wohin? Die Fragen beginnen mit **wo, woher** oder **wohin** und die Antworten mit den Kontraktionen **beim, vom, zum** oder **zur.**

▶ _____ gehst du?

S1: Wohin gehst du?   **S2:** Zur Bäckerei.

1. _____ ist Brigitte?

5. _____ rennst du?

2. _____ kommst du?

6. _____ kommt ihr?

3. _____ fährst du?

7. _____ gehst du?

4. _____ ist Silke?

8. _____ sind Bernd und Sabine?

Zahnarzt (m)	Supermarkt (m)	Arzt (m)	Friseur (m)
Fleischerei (f)	Bus (m)	Baden (n)	Mittagessen (n)

Da-compounds

In German, personal pronouns that are objects of prepositions can refer only to people.

Was weißt du **von Lisas neuem Freund?**

*What do you know **about Lisa's new boyfriend?***

Ich weiß sehr wenig **von ihm.**

*I know very little **about him.***

For things or ideas, **da**-compounds must be used. In *Kapitel 5* you were introduced to **da**-compounds with the accusative prepositions **für** and **gegen**: **dafür** *(for it)* and **dagegen** *(against it)*. The **da**-compounds with dative prepositions are **daraus, dabei, damit, danach, davon,** and **dazu**. Note that an **r** is added to **da** if the preposition begins with a vowel: **daraus**.

Was weißt du **von deutschen Festen und Feiertagen?**	*What do you know **about German festivals and holidays?***
Jetzt weiß ich sehr viel **davon.**	*Now I know a lot **about them.***

object of preposition refers to person	→	preposition + pronoun
object of preposition refers to thing or idea	→	**da**-compound

complete   **7-37 Präposition + Pronomen oder da-Form?**   Ergänzen° Sie!

S1:   **S2:**

daraus / aus ihm

rhubarb   1. Was soll ich aus dem Rhabarber° machen?   Mach doch einen guten Nachtisch _____.

pass   2. Hat Bernd das Abitur bestanden°?   Ja, vielleicht wird jetzt doch noch etwas _____.

dabei / bei ihr

3. Warst du bei Sabines Geburtstagsfeier?   Nein, dieses Jahr war ich nicht _____.

4. Warst du heute schon bei Sabine?   Nein, heute war ich noch nicht _____.

damit / mit ihr

5. Gehst du oft mit Anna in die Mensa?   Ja, ich esse fast jeden Tag dort _____ zu Mittag.

6. Hat Anna ein neues Fahrrad?   Ja, sie fährt jetzt jeden Tag _____ zur Uni.

davon / von ihm

7. Hat Maria schon wieder einen neuen Freund?   Ja, und sie hat mir schon viel _____ erzählt.

8. Maria hatte gestern Geburtstag.   Warum hast du mir denn nichts _____ gesagt?

dazu / zu dir

9. Wann besuchst du mich mal wieder?   Wenn du nichts dagegen hast, komme ich gleich jetzt _____.

10. Unser Festessen ist gleich fertig.   Gut, und was für einen Wein trinken wir _____?

danach / nach ihm

11. Was habt ihr nach dem Abendessen gemacht?   Wir sind gleich _____ nach Hause gegangen.

approximately   12. Bist du vor oder nach Bernd nach Hause gekommen?   Ich bin etwa° eine halbe Stunde _____ heimgekommen.

Nach versus zu

When **nach** and **zu** indicate a point of destination, they both mean *to*.

nach		zu	
to a city	nach Leipzig	*to a building*	zum Bahnhof
to a country	nach Luxemburg	*to an institution*	zur Uni
		to a place of business	zum Supermarkt
		to someone's residence	zu Zieglers

Von Hamburg über Frankfurt/Main nach München
und zurück. Der ICE mit Technik von AEG.
Schnell, sicher und komfortabel.

7-38 Kleine Gespräche. Ergänzen Sie **nach, zu, zum** oder **zur!**

1. HERR BERG: Wie weit ist es von hier _____ Ihrem Ferienhaus bei Salzburg?

   FRAU KOCH: Von hier _____ Salzburg sind es etwa 500 Kilometer und von dort _____ Ferienhaus fährt man eine halbe Stunde.

2. FRAU ROTH: Was soll ich denn tun, Frau Klein? Ich habe solche Zahnschmerzen und unser Zahnarzt ist über Weihnachten _____ Spanien geflogen.

   FRAU KLEIN: Gehen Sie doch _____ unserem Zahnarzt.

3. FRAU WOLF: Warum fliegt Herr Meyer denn _____ Detroit?

   FRAU KUNZ: Ich glaube, er geht dort _____ Internationalen Auto Show (f).

4. CLAUDIA: Fährst du in den Semesterferien wieder _____ Köln _____ deinem Onkel?

   STEPHANIE: Nein, diesmal fahre ich mit Peter _____ Berlin.

Aus versus von

When **aus** and **von** indicate a point of origin, they both mean *from*.

aus		von	
from a city	aus Leipzig	*from a building*	vom Bahnhof
from a country	aus Luxemburg	*from an institution*	von der Uni
		from a person	von meinem Freund
		from a point of departure	von Berlin nach Potsdam

7-39 Kleine Gespräche.   Ergänzen Sie **aus** oder **von**!

1.   SEBASTIAN: Weißt du vielleicht, wie lange der Bus _____ New York nach San
        Francisco braucht?

        PETER: Frag doch Stephanie. Sie ist _____ den USA und weiß es bestimmt.

2.   CLAUDIA: Hier ist ein Brief _____ Chicago, Stephanie.

     STEPHANIE: _____ meinen Eltern?

     CLAUDIA: Nein, ich glaube, er kommt _____ deiner Uni.

3.   ANNETTE: _____ wem hast du diese Armbanduhr?

     CHRISTINE: _____ meinem Freund. Er hat sie mir _____ der Schweiz
        mitgebracht.

7-40 Von wem hast du das?   Schauen Sie, welche von Ihren Mitstudenten besonders schönen Schmuck tragen, und fragen Sie, von wem sie ihn haben.

S1: Von wem hast du den schönen
     Ring, Lisa?

S2: Von wem hast du ...?

S2: Von ... / Ich habe ihn selbst
     gekauft.

S3: ...

brooch

die schöne Halskette
das schöne Armband
...

die tollen Ohrringe
die hübsche Brosche°

7-41 Eine Platzreservierung.   Herr und Frau Baumeister leben in Stuttgart und waren ein paar Tage bei Freunden in Berlin. Weil der ICE bei der Hinfahrt so voll war, haben sie für die Rückfahrt zwei Sitzplätze reserviert. Beantworten Sie mit Ihrer Partnerin/Ihrem Partner zusammen die Fragen zu der Platzkarte.

1. Wann fährt der ICE in Berlin ab und wann kommt er in Stuttgart an?
   (Datum und Uhrzeit)
2. Welche Zugnummer hat der ICE?
3. In welchem Wagen sind die reservierten Plätze? Finden Sie die
   Wagennummer!
4. Welche beiden Sitzplätze sind für Baumeisters reserviert? Finden Sie die
   Platznummern!
5. Wie viel haben Baumeisters für diese Platzkarte bezahlt?
6. Wann haben Baumeisters diese Platzkarte beim Reisebüro Südstern gekauft?
   Finden Sie das Datum und die Uhrzeit!
7. Was dürfen Baumeisters in diesem Wagen nicht tun?

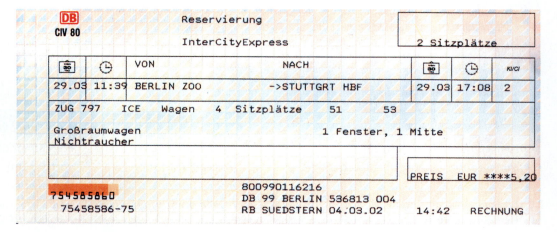

The preposition *seit*

When **seit** refers to a *point in time*, its English equivalent is *since;* when it refers to a *period in time*, its English equivalent is *for.* Note the difference in the tense of the verbs between the German examples and their English equivalents.

Herr Braun lebt **seit** Anfang Januar in Dortmund.	*Mr. Braun has been living in Dortmund **since** the beginning of January.*
Lisa wohnt **seit** einem Jahr wieder bei ihren Eltern.	*Lisa has been living with her parents again **for** a year.*

7-42 Seit wann?

▶ haben / du dieses tolle Fahrrad   mein___ Geburtstag (m)

S1: Seit wann hast du dieses tolle Fahrrad?   **S2:** Seit meinem Geburtstag.

1. sein / Sandra und Holger so gute Freunde   d___ Silvesterparty (f) bei Sylvia
2. trinken / Stephanie so gern deutsches Bier   ihr___ Jahr (n) in München
3. haben / du einen Scanner   vierzehn Tage___ (pl)
4. spielen / du Saxophon   meine___ Schulzeit (f)
5. sein / Karin und Kurt verheiratet   eine___ Woche (f)

7-43 Seit wann hast du das oder machst du das?   Stellen Sie einander die folgenden Fragen und berichten° Sie dann, was Sie herausgefunden haben.

report

Hast du einen Job? Wo? Seit wann?
Hast du eine Freundin/einen Freund? Seit wann? Wie heißt sie/er?
Hast du ein Handy°? Seit wann?
Hast du einen Wagen? Was für einen? Seit wann?
Spielst du ein Instrument? Was für ein Instrument? Seit wann?

cell phone

7-44 Immer negativ.   Ergänzen Sie aus, außer, bei, mit, nach, seit, von oder zu und Dativendungen. Ergänzen Sie in den Antworten auch die Dativendungen.

S1:

1. Fährt dieser Zug _____ Bremen?
2. Ist Stephanie _____ Kanada?
3. _____ wem hast du diese schönen Ohrringe? _____ deinem Freund?
4. Wo verbringst du diesmal die Feiertage? _____ deinen Eltern?
5. _____ wem gehst du heute Abend ins Kino? _____ deinem Bruder?
6. _____ wann hast du dieses schöne Fahrrad? _____ deinem Geburtstag?
7. ____ welchem Zahnarzt gehst du? _____ Dr. Haag?
8. Sind _____ David alle hier?

S2:

1. Nein, er fährt _____ Hamburg.
2. Nein, sie ist _____ d___ USA.
3. Nein, _____ mein___ Eltern.
4. Nein, _____ mein___ Großeltern.
5. Nein, _____ ein paar Freunde___.
6. Nein, schon _____ ein___ Jahr.
7. Nein, ich gehe _____ Dr. Meyer.
8. Nein, alle _____ David und Florian!

Beispiel geben
Bei Rot stehen
Bei Grün gehen

Die kleine Kneipe
mit den großen Bieren
DAMPFROSS

3. Describing people, places, and things

Dative endings of preceded adjectives

Adjectives that are preceded by a **der**-word or an **ein**-word in the dative case always take the ending **-en.**

Wer ist der Typ mit dem golden**en** Ohrring und den lang**en** blond**en** Haaren?	*Who's the guy with the gold earring and the long blond hair?*

	masculine	neuter	feminine	plural
DATIVE	dem einem jung**en** Mann	dem einem klein**en** Kind	der einer jung**en** Frau	den keinen klein**en** Kindern

7-45 Ein Gruppenbild von Mutters Geburtstagsparty. Fragen Sie Ihre
use Partnerin/Ihren Partner, wer diese Leute sind. Verwenden° Sie die richtigen
Farben.

▶ die Frau mit dem _____ Kleid   Das ist ...
und den _____ Haaren

S1: Wer ist die Frau mit dem grünen   **S2:** Das ist meine Mutter.
Kleid und den braunen Haaren?

1. der Mann mit der _____ Jacke und der _____ Krawatte
2. der Junge mit den _____ Haaren und dem _____ Hemd
3. die Frau mit der _____ Hose und der _____ Bluse
4. der Mann mit der _____ Brille und dem _____ Pullover
5. das Mädchen mit dem _____ Kleid und den _____ Schuhen
6. die Frau mit dem _____ Hut und dem _____ Kleid

7-46 Wer ist das? Schauen Sie die beiden Beispiele an und stellen
Sie ähnliche° Fragen über eine Mitstudentin/einen Mitstudenten. Die
anderen sollen dann herausfinden, wer das ist.

similar

Beispiele:

S: Wer ist die Person mit den schwarzen Haaren und dem grauen Sweatshirt?
S: Wer ist die Person mit der coolen Brille und der blauen Bluse?

Dative endings of unpreceded adjectives

As you know, adjectives that are not preceded by a **der**-word or an **ein**-word
show the gender, number, and case of the noun by taking the appropriate
der-word ending. This also holds true for the dative case.

Kanadischer Eiswein ist sehr teuer. Aber zu französisch**em** Camembert trinkt Onkel Alfred immer kanadischen Eiswein.	*Canadian ice wine is very expensive. But with French camembert uncle Alfred always drinks Canadian ice wine.*

	masculine	neuter	feminine	plural
NOMINATIVE	guter Kaffee	gutes Bier	gute Salami	gute Äpfel
ACCUSATIVE	guten Kaffee	gutes Bier	gute Salami	gute Äpfel
DATIVE	gutem Kaffee	gutem Bier	guter Salami	guten Äpfeln

7-47 Ein Gourmet. Onkel Alfred isst gern international.

1. Zu französisch___ Weißbrot (n) isst er nur holländisch___ Käse (m).
2. Zu italienisch___ Lasagne (f) trinkt er nur griechisch___ Wein (m).
3. Zu polnisch___ Wurst (f) isst er nur französisch___ Senf° (m).   *mustard*
4. Zu englisch___ Cheddar (m) isst er nur neuseeländisch___ Äpfel (pl).
5. Zu deutsch___ Schwarzbrot (n) isst er nur irisch___ Butter (f).
6. Zu italienisch___ Eis (n) trinkt er nur türkisch___ Kaffee (m).
7. Zu belgisch___ Schokolade (f) isst er nur israelisch___ Mandarinen (pl).
8. Zu amerikanisch___ Kartoffelchips (pl) trinkt er nur deutsch___ Bier (n).

ZUM HÖREN

Im Kaufhaus ist der Kunde König

Claudia hat im Winterschlussverkauf bei Karstadt einen Pullover gekauft. Am nächsten Tag ist sie schon wieder bei Karstadt und spricht dort mit der Verkäuferin. Hören Sie, warum Claudia zu Karstadt zurückgegangen ist.

NEUE VOKABELN

der Kunde	*customer*	**der Ärmel**	*sleeve*
zum ersten Mal	*for the first time*	**das Loch**	*hole*
an·ziehen,	*to put on*	**flicken**	*to mend*
hat angezogen			

7-48 Erstes Verstehen.   In welcher Reihenfolge hören Sie das?

_____ Zwanzig Euro. Das ist nicht schlecht!

_____ Aber sagen Sie, können Sie flicken?

_____ So einen schönen Pullover für nur vierzig Euro!

_____ Welche Größe war das doch wieder?

_____ Das tut mir aber Leid.

_____ Nur zehn Euro? Na, hören Sie mal!

7-49 Detailverstehen.   Hören Sie Claudias Gespräch mit der Verkäuferin noch einmal an und schreiben Sie Antworten zu den folgenden Fragen!

1. Wann hat Claudia den Pullover gekauft und wann hat sie ihn zum ersten Mal angezogen?
2. Warum ist Claudia zu Karstadt zurückgegangen?
3. Was für eine Größe braucht Claudia?
4. In welchen Farben gibt es diesen Pullover noch?
5. Wie viel hat Claudia gestern für den Pullover bezahlt?
6. Was muss sie tun, damit sie den Pullover billiger bekommt?
7. Wie viel billiger bekommt Claudia den Pullover?

7-50 Im Kaufhaus. Ihre Tante hat Ihnen bei Karstadt eine Jacke zum Geburtstag gekauft. Sie gefällt Ihnen aber gar nicht und Sie gehen deshalb mit der Jacke und dem Kassenzettel° zu Karstadt und möchten sie umtauschen°. Sie können Ihre Rolle auch gern variieren. Die Rollenbeschreibung für die Verkäuferin/den Verkäufer ist im *Anhang* auf Seite A12.

sales slip
exchange

R 1-1: Sie sagen „Guten Tag!" Dann sagen Sie, dass Ihre Tante Ihnen diese Jacke zum Geburtstag geschenkt hat, dass die Jacke Ihnen aber gar nicht gefällt.

R 1-2: Sie antworten „Ja, das hat sie" und geben der Verkäuferin/dem Verkäufer den Kassenzettel.

R 1-3: Sie sagen „Größe achtunddreißig" und dass Ihnen Blau besonders gut steht.

R 1-4: Sie sagen, ja, die Jacke gefällt Ihnen und fragen, ob Sie sie anprobieren dürfen.

R 1-5: Sie sagen, dass Sie das auch finden, aber dass die Ärmel leider ein bisschen zu lang sind.

R 1-6: Sie sagen, dass Ihnen die Jacke sehr gefällt, dass Sie sie nehmen und fragen, was sie kostet.

R 1-7: Sie sagen *(ein bisschen schockiert)* „115 Euro!" und dass das ja 20 Euro teurer ist als die Jacke von Ihrer Tante.

R 1-8: Sie sagen „Da haben Sie Recht" und dass die Jacke wirklich sehr schön ist. Dann geben Sie der Verkäuferin/dem Verkäufer 20 Euro und fragen, wann Sie die Jacke abholen können.

R 1-9: Sie sagen, dass sie morgen Nachmittag kommen und die Jacke abholen. Dann sagen Sie „Auf Wiedersehen!"

7-51 Herzlichen Dank! Sie haben von Ihrer altmodischen Tante Luise ein Geburtstagsgeschenk bekommen. Das Geschenk gefällt Ihnen gar nicht, aber Sie müssen der Tante trotzdem einen lieben Dankesbrief schreiben. Die folgenden Ausdrücke könnten° Ihnen dabei helfen. Erzählen Sie auch ein bisschen von Ihrem Leben und von Ihrem Studium°.

could
studies

Ihre Stadt, den ...

Liebe Tante Luise,

...

vielen herzlichen Dank
   für d__ wunderschön__ _____
Was für eine Überraschung!

ich kann ihn/es/sie so gut brauchen
er/es/sie ist genau mein Geschmack
so ein großzügiges° Geschenk

generous

ich denke oft an dich
mir geht es gut

hoffentlich geht es dir gut
ich habe immer sehr viel zu tun

Herzliche Grüße

Mit lieben Grüßen

LEUTE

Margarete Steiff und der Teddybär

Vor dem Lesen

7-52 Spekulieren Sie! Schauen Sie die beiden Fotos an und lesen Sie den Titel. Beantworten Sie dann die folgenden Fragen.

1. Aus welchem Jahr ist das Foto von Margarete Steiff, 1567, 1898 oder 1998?
2. Frau Steiff sitzt in einem Rollstuhl, weil sie als Kind sehr krank war. Was für eine Krankheit hat sie wohl° gehabt?

probably

3. Was könnten Frau Steiff und der Teddybär miteinander zu tun haben?

7-53 Was ist das auf Englisch?

1. Kinder mögen Teddybären, weil sie so **kuschelig** sind.
2. Teddybären sind **Stofftiere.**
3. Wenn Kinder Teddybären bekommen, sind sie **glücklich.**
4. Margarete hatte **Kinderlähmung** und sitzt jetzt im Rollstuhl.
5. **Schneiderinnen** machen Kleider.
6. Die Tochter von meiner Schwester ist meine **Nichte.**
7. Mit einer Pistole **schießt** man.
8. **Jäger** schießen auf Tiere.

   a. happy
   b. seamstresses
   c. polio
   d. hunters
   e. cuddly
   f. shoots
   g. niece
   h. stuffed toy animals

Im Jahr 2003 ist der Teddybär hundert Jahre alt geworden. Sein Geburtsort ist die kleine süddeutsche Stadt Giengen und seine Vorfahren sind Tausende von Stofftieren aus der Spielwarenfabrik[1] von Margarete Steiff.

Margarete Steiff ist 1847 geboren, hat mit achtzehn Monaten Kinderlähmung und muss ihr ganzes Leben im Rollstuhl verbringen. Sie lernt Schneiderin und weil sie ihre kleinen Nichten und Neffen sehr mag, macht sie ihnen oft hübsche, kleine Stofftiere. Die kuscheligen Tierchen gefallen auch anderen Kindern, und Margarete beginnt, ihre Stofftiere zu verkaufen. Nach ein paar Jahren baut sie eine kleine Spielwarenfabrik und ihre Stoffbären erobern[2] als „Teddybären" bald die ganze Welt. Allein[3] im Jahr 1907 kommen aus Margarete Steiffs neuer und viel größerer Spielwarenfabrik 975 000 Bären, und die Frau im Rollstuhl ist jetzt Chefin von über 2000 Arbeiterinnen und Arbeitern.

Aber woher haben die kleinen deutschen Bären den Namen „Teddybär"? – Der amerikanische Präsident Theodore Roosevelt war ein passionierter, aber humaner Jäger, und im November 1902 zeigt eine Karikatur von Clifford Berryman in der *Washington Post,* wie Roosevelt es ablehnt[4], auf einen hilflosen Bären zu schießen. Die Karikatur gefällt den Lesern so gut, dass Berryman von jetzt ab alle seine Karikaturen von „Teddy" Roosevelt mit einem kleinen Bären signiert. Und als dann die ersten Importe von Margarete Steiffs Stoffbären in amerikanischen Spielwarengeschäften zu sehen sind, nennen die Leute sie sofort „*Teddy's bears*". Ein Teddybär-Fieber erfasst[5] die USA und sogar[6] der Präsident selbst schenkt seinen Gästen manchmal deutsche Teddybären.

Als Margarete Steiff 1909 im Alter von 62 Jahren stirbt, hinterlässt[7] sie eine Weltfirma mit Arbeitsplätzen für Tausende von Menschen, und ihre Teddys haben Millionen von Kindern glücklich gemacht. Aber vielleicht das Wichtigste: sie hat der Welt gezeigt, was eine Frau im Rollstuhl alles leisten[8] kann.

[1]*toy factory*   [2]*conquer*   [3]*alone*   [4]*refuses*   [5]*grips*   [6]*even*   [7]*leaves behind*   [8]*achieve*

Arbeit mit dem Text

7-54 Die Frau im Rollstuhl.   Was passt zusammen?

1. Margarete Steiff ist als Kind so krank,
2. Weil sie ihre Nichten und Neffen so gern hat,
3. Bald möchten viele Eltern ihren Kindern die kuscheligen Tierchen schenken,
4. Sie verkauft bald so viele Stofftiere,
5. Nach ein paar Jahren muss sie eine viel größere Fabrik bauen,
6. Obwohl Margarete Steiff ihr ganzes Leben im Rollstuhl verbringen musste,

a. dass sie eine kleine Fabrik bauen muss.
b. und Margarete beginnt, ihre Stofftiere auch zu verkaufen.
c. hat sie Millionen Kinder glücklich gemacht.
d. dass sie ihr ganzes Leben lang nicht mehr gehen kann.
e. macht sie ihnen oft kleine Stofftiere.
f. weil jetzt Kinder aus aller Welt ihre Stofftiere haben möchten.

7-55 Warum man Stoffbären „Teddybären" nennt.   Finden Sie die richtigen Verben!

verkaufen / schenken / zeigt / assoziieren / nennt / gefällt

1. Clifford Berrymans Karikatur in der *Washington Post* _____, dass der amerikanische Präsident Theodore Roosevelt nicht auf hilflose Bären schießt.
2. Berrymans Karikatur _____ den *Washington Post*-Lesern so gut, dass Berryman alle seine Roosevelt-Karikaturen mit einem kleinen Bären signiert.
3. Amerikanische Spielwarengeschäfte _____ die ersten Stoffbären von Margarete Steiff.
4. Die Amerikaner _____ die deutschen Stoffbären mit den kleinen Bären von Clifford Berrymans Karikaturen und nennen sie „*Teddy's bears*".
5. Tausende von amerikanischen Eltern _____ ihren Kindern Teddybären von Margarete Steiff.
6. Heute _____ man alle Stoffbären Teddybären.

7-56 Meine Stofftiere.   Stellen Sie einander die folgenden Fragen und berichten Sie, was Sie herausgefunden haben.

Hattest du als Kind Stofftiere? Was für Tiere waren das? Was war dein Lieblingsstofftier und wie hat es geheißen?

Predicting gender

Infinitive forms of verbs are often used as nouns. Such nouns are always *neuter* and they are, of course, capitalized. Their English equivalents usually end in *-ing*.

Wann gibst du endlich **das Rauchen** auf?   *When are you finally going to give up smoking?*

When the contraction **beim** is followed by such a noun, it often means *while*.

Opa ist **beim Fernsehen** eingeschlafen.   *Grandpa fell asleep **while watching TV.***

7-57 Was passt?

Schwimmen / Wissen / Leben / Einkaufen / Trinken / Schreiben

lazy
1. Dieses faule° _____ gefällt mir.
2. Gestern haben wir beim _____ fast zweihundert Euro ausgegeben.
3. Fang doch endlich mit deinem Referat an! Vielleicht fällt dir beim _____ etwas ein.
4. Das viele _____ hat diesen Mann krank gemacht.
5. Helga ist gestern Abend ohne Günters _____ mit Holger ausgegangen.
6. _____ ist sehr gesund.

Giving language color

In *Kapitel 6* you saw how the names of body parts can be used metaphorically. As the expressions below show, the names of common food items can also be

used in this way. Expressions marked with an asterisk are quite colloquial and should not be used in more formal situations.

Es ist alles in Butter.*	*Everything is A-okay.*
Das ist mir wurst.*	*I couldn't care less.*
Er will immer eine Extrawurst.*	*He always wants special treatment.*
Das ist doch alles Käse.*	*That's all baloney!*
Der Apfel fällt nicht weit vom Stamm.	*Like father, like son.*
Er gleicht seinem Bruder wie ein Ei dem anderen.	*He and his brother are as alike as two peas in a pod.*

7-58 Was passt zusammen?

1. Wie sieht Claudias Schwester aus?
2. Hast du immer noch Probleme mit deinem Freund?
3. Deine neue Jacke gefällt mir gar nicht.
4. Günter sagt, dass du ihn liebst.
5. Alle anderen kommen zu Fuß, aber Lisa sollen wir mit dem Auto abholen.
6. Ralf ist wie sein Vater. Er fängt alles an und macht nichts fertig.

a. Das ist doch alles Käse, was er sagt.
b. Das ist mir wurst.
c. Sie will doch immer eine Extrawurst.
d. Der Apfel fällt nicht weit vom Stamm.
e. Sie gleicht ihr wie ein Ei dem anderen.
f. Nein, jetzt ist alles wieder in Butter.

Zur Aussprache

German *r*

A good pronunciation of the German **r** will go a long way to making you sound like a native speaker. Don't let the tip of the tongue curl upward and backward as it does when pronouncing an English *r,* but keep it down behind the lower teeth. When followed by a vowel, the German **r** is not unlike the sound of **ch** in **auch.** When it is not followed by a vowel, the German **r** takes on a vowel-like quality.

7-59 Hören Sie gut zu und wiederholen Sie!

1. Rita und Richard sitzen immer im Zimmer.
   Rita und Richard sehen gern fern.
2. Robert und Rosi spielen Karten im Garten.
   Robert und Rosi trinken Bier für vier.
3. Gestern war Ralf hier und dort,
   morgen fährt er wieder fort.
4. Horst ist hier,
   Horst will Wurst,
   Horst will Bier
   für seinen Durst.

Nomen

das Fieber	fever
die Hilfe	help
die Krankheit, -en	illness
der Rollstuhl, ¨e	wheelchair
der Zahnarzt, ¨e	
die Zahnärztin, -nen	dentist
die Zahnschmerzen *(pl)*	toothache
die Fete, -n	party
der Gast, ¨e	guest
das Mitbringsel, -	small gift *(for a host)*
die Süßigkeiten *(pl)*	sweets; candy
die Gießkanne, -n	watering can
der Handschuh, -e	glove
der Hausschuh, -e	slipper
der Hockeyschläger, -	hockey stick
der Hut, ¨e	hat
die Kerze, -n	candle
die Krawatte, -n	tie
der Kugelschreiber, -	ballpoint pen
der Schmuck	jewelry
der Tennisschläger, -	tennis racquet
das Tier, -e	animal
das Stofftier, -e	stuffed toy animal
die Anzeige, -n	newspaper ad
der Briefträger, -	
die Briefträgerin, -nen	letter carrier
die Fabrik, -en	factory
das Ferienhaus, ¨er	summer cottage
das Handy, -s	cell phone
das Loch, ¨er	hole
der Neffe, -n	nephew
die Nichte, -n	niece
das Paket, -e	parcel
die Sache, -n	thing
der Typ, -en	guy

Verben

an·ziehen, hat angezogen	to put on
danken *(+ dat)*	to thank
flicken	to mend
gehören *(+ dat)*	to belong to
gratulieren *(+ dat)*	to congratulate
helfen (hilft), hat geholfen *(+ dat)*	to help
leihen, hat geliehen	to lend
um·tauschen	to exchange
zeigen	to show

Andere Wörter

einfach	simple
kuschelig	cuddly
witzig	witty; funny
allein	alone
einmal	once
noch einmal, noch mal	once more; (over) again
etwa	approximately
sogar	even
wohl	probably; perhaps

Ausdrücke

eine Frage stellen	to ask a question
zum ersten Mal	for the first time
zum Geburtstag gratulieren	to wish a Happy Birthday
Das ist mir egal.	I don't care.
Diese Jacke gefällt mir.	I like this jacket.
Diese Jacke steht dir.	This jacket looks good on you.
Es tut mir Leid.	I'm sorry.
Mir fällt nichts ein.	I can't think of anything.
Sie wünschen?	May I help you?

Das Gegenteil

faul ≠ fleißig	lazy ≠ hard-working
glücklich ≠ unglücklich	happy ≠ unhappy
höflich ≠ unhöflich	polite ≠ impolite

Leicht zu verstehen

die Bäckerei, -en
die Kartoffelchips
der Muttertag, -e
der Vatertag, -e
das Parfüm, -s
die Party, -s
der Ring, -e
die Rose, -n
der Supermarkt, ¨e
der Teekessel, -
der Titel, -
schockiert

Wörter im Kontext

7-60 Was schenkst du diesen Leuten? Antworten Sie mit „Ich schenke ihr/ihm ...“

1. Maria hat immer kalte Hände.
2. Stefan hat viele Zimmerpflanzen.
3. Melanie hat viele Brieffreunde.
4. Paul trägt immer nur Anzüge.
5. Laura hat nur sehr wenig Schmuck.
6. Mein Neffe Kurt macht viel Sport.
7. Meine Nichte Anna wird morgen ein Jahr alt.
8. Meine Oma hat immer kalte Füße.

a. eine schicke Krawatte
b. ein Paar warme Hausschuhe
c. ein goldenes Armband
d. ein kuscheliges Stofftier
e. einen guten Kugelschreiber
f. ein Paar warme Handschuhe
g. eine hübsche, kleine Gießkanne
h. einen Tennisschläger und einen Hockeyschläger

7-61 Was ich für Lisa alles tue.

1. Wenn Lisa Geburtstag hat,
2. Wenn Lisa zu viel zu tun hat,
3. Wenn Lisa etwas für mich getan hat,
4. Wenn Lisa Zahnschmerzen hat,
5. Wenn Lisas Pullover ein Loch hat,
6. Wenn ich bei Lisa eingeladen bin,
7. Wenn Lisa bankrott ist,

a. schicke ich sie zum Zahnarzt.
b. leihe ich ihr sogar Geld.
c. gratuliere ich ihr.
d. helfe ich ihr.
e. danke ich ihr.
f. flicke ich ihn für sie.
g. kaufe ich als Mitbringsel immer Blumen.

7-62 Mit anderen Worten. Welche Sätze° bedeuten dasselbe°?

sentences / the same

1. Diese Jacke gefällt mir.
2. Diese Jacke steht mir.
3. Sie wünschen?
4. Diese Jacke gehört mir nicht.
5. Sind Sie immer so faul?
6. Tun Sie das zum ersten Mal?
7. Ich habe das ganz allein gemacht.

a. Tun Sie immer so wenig?
b. Das ist nicht meine Jacke.
c. Ich finde diese Jacke schön.
d. Haben Sie das noch nie gemacht?
e. Niemand hat mir dabei geholfen.
f. Was kann ich für Sie tun?
g. In dieser Jacke sehe ich gut aus.

KAPITEL

8

Kommunikationsziele

Talking about . . .
- how and where you live
- location and destination
- possessions and relationships

Negotiating with a landlady/ landlord

Describing people, places, and things

Strukturen

Two-case prepositions

Stellen/stehen; legen/ liegen; hängen

More on **da**-compounds

The genitive case

Word order:
Infinitive phrases

Kultur

Student housing

Owning a home in the German-speaking countries

Schrebergärten

Leute: **Walter Gropius**

Wohnen

Ein Reihenhaus in Norddeutschland

Die möblierte Wohnung

Frau Wild fliegt auf ein Jahr zu ihrem Sohn nach Texas. Martin und Peter haben ihre Wohnung gemietet und sind gerade eingezogen. Claudia kommt zu Besuch, um zu sehen, wie die beiden Freunde jetzt wohnen.

MARTIN: Nun, Claudia, wie gefällt dir die Wohnung? Vollständig möbliert für nur 450 Euro im Monat!

CLAUDIA: Nicht schlecht, nur – die Möbel stehen alle am falschen Platz.

MARTIN: Tut mir Leid, aber wir haben versprochen, sie nicht umzustellen.

CLAUDIA: Ist Frau Wild nicht schon weggeflogen?

PETER: Ja, ich glaube, gestern Nachmittag um halb drei.

CLAUDIA: Na, dann können wir ja anfangen. Ihr dürft nur nicht vergessen, wie alles gestanden hat.

PETER: Kein Problem, ich vergesse sowieso nie etwas.

CLAUDIA: Dann nimm doch mal die Stehlampe neben dem Sessel, Peter, und stell sie dahinter. Und du Martin, du nimmst den Teppich hier und legst ihn vor die Couch! Und die hässliche alte Uhr dort auf dem Schreibtisch, die trägst du in die Küche, Peter, und stellst sie auf den Kühlschrank. – So, das sieht schon viel besser aus.

MARTIN: Komm, jetzt gehen wir mal auf unseren Balkon raus, Claudia.

CLAUDIA: *(auf dem Balkon)* Das sind ja tolle Geranien!

PETER: Ja, wir müssen sie auch jeden zweiten Tag gießen.

MARTIN: Du Peter, wer ist denn die Frau dort unten? Sie sieht fast wie Frau Wild aus.

PETER: Das kann doch nicht wahr sein! Das *ist* Frau Wild und sie kommt zu uns! Stellt schnell die Uhr wieder auf den Schreibtisch und die Stehlampe neben den Sessel! Und ich lege den Teppich wieder ...

Das sind ja tolle Geranien!

ZUM HÖREN

8-1 Richtig oder falsch? Sie hören das Gespräch auf Seite 267 und nach diesem Gespräch ein paar Aussagen. Sind diese Aussagen **richtig** oder **falsch?**

	RICHTIG	FALSCH			RICHTIG	FALSCH
1.	_____	_____		4.	_____	_____
2.	_____	_____		5.	_____	_____
3.	_____	_____		6.	_____	_____

Infobox   **Student housing**

Finding a place to live in a **Universitätsstadt** in the German-speaking countries is always a challenge for a student. Very few universities are situated on a campus. University buildings are scattered all over town, and the few **Studentenwohnheime** that do exist do not nearly meet students' housing needs. It has happened that students have had to withdraw from their studies because they could not find a place to live.

   Wohngemeinschaften or **WGs** are a popular and economical type of living accommodation: students rent an apartment jointly and share responsibility for meals and household chores. Others rent a room in a **Privathaus,** with or without **Küchenbenutzung** (kitchen privileges).

Ein Studentenwohnheim

8-2 Wo und wie wohnen diese Studenten? Die Information für **S2** ist im *Anhang* auf Seite A12.

S1: Wo wohnt Magda?   **S2:** Sie wohnt im Studentenheim.
      Wie gefällt es ihr dort?   ...

	MAGDA	CINDY	PIETRO	KEVIN
Wo wohnt _____?		Sie wohnt in einer WG.		Er hat ein Zimmer in einem Privathaus.
Wie gefällt es ihr/ihm dort?		Es gefällt ihr sehr gut.		Nicht so besonders.
Warum gefällt es ihr/ihm dort (nicht)?		Weil dort alle so nett sind.		Weil er keine Küchenbenutzung hat.
Wie kommt sie/er zur Uni?		Mit dem Bus.		Zu Fuß oder mit dem Fahrrad.

8-3 Wo und wie wohnst du? Stellen Sie einander die folgenden Fragen und berichten Sie, was Sie herausgefunden haben.

S1: Wo wohnst du?

S2: Ich wohne
- im Studentenheim.
- noch zu Hause.
- mit ein paar anderen Studenten zusammen in einem Haus/einer WG.

Ich habe
- ein Zimmer in einem Privathaus.
- (mit einer Freundin/einem Freund zusammen) eine kleine Wohnung.

S1: Gefällt es dir dort?

S2: Ja, weil
- meine Mitbewohner alle sehr nett sind.
- es dort sehr ruhig° ist.   *quiet*
- das Zimmer (die Wohnung) groß und hell ist.
- ich dort selbst kochen und viel Geld sparen kann.
- ...

Nein, weil
- meine Mitbewohner so unordentlich sind.
- es mir dort zu laut ist.
- ich meine Freunde nicht einladen darf.
- ich keine Küchenbenutzung habe.
- ...

Owning a home in the German-speaking countries

Together, the German-speaking countries almost fit into the state of California, but their total population (close to 100 million) is more than three times that of this most populous state in the United States. Owning a home with a yard is the dream of many families, but all too often it remains just that. The density of the population coupled with strict laws for the preservation of green space put real estate at a premium. Because houses are much more solidly constructed than in North America, construction costs are very high. The combination of these factors makes owning a house **(ein Einfamilienhaus)** or a condominium apartment **(eine Eigentumswohnung)** impossible for about 70 percent of the population. There is a saying in Swabian, a Southern German dialect, that aptly expresses the hardship involved in acquiring a home: **Schaffe, spare, Häusle baue, – verrecke!** *(Work, save, build your house, – croak!).*

For many apartment dwellers in Germany, Austria, and Switzerland, the longing for some private green space is fulfilled by buying or leasing a **Schrebergarten,** a small plot of land at the edge of town where they can grow a few flowers or vegetables, or just relax on the weekends. The concept of **Schrebergärten** dates back to the nineteenth century. **Daniel Schreber,** a doctor and professor from **Leipzig,** was concerned that the children of factory workers living in the polluted cities weren't getting enough fresh air and sunshine. On the outskirts of Leipzig he created playgrounds for these children with adjoining garden plots for their parents. Today there are **Schrebergärten,** each with a little **Gartenhäuschen,** on the outskirts of almost every town.

Zweifamilienhaus in Merzhausen

Schrebergärten in Thüringen

8-4 Ein Neubau-Einfamilienhaus.   Schauen Sie die Reklametafel° für ein   *billboard*
neues Einfamilienhaus genau an und beantworten Sie die folgenden Fragen.

1. Welche Wörter auf dieser Reklametafel sind gleich° oder fast gleich wie ihre   *the same*
   englischen Äquivalente?
2. Welches Wort sagt uns, dass das Wohn-/Esszimmer ziemlich groß ist?
3. Welches Wort sagt uns, dass die Gartenterrasse auf der Südseite vom Haus ist?
4. Wo ist die Garage und was ist zwischen der Garage und dem Wohnhaus?
5. Welcher Architekt hat das Haus geplant und entworfen°?   *designed*
6. Welche Firma hat das Haus gebaut?
7. Welche Nummer rufen Sie an, wenn Sie dieses Haus vielleicht kaufen wollen?
8. Welche zwei Personen können Ihre Fragen am besten beantworten?

Nomen

der Flur, -e	hall
die Garderobe, -n	front hall closet
die Möbel (pl)	furniture
die Treppe, -n	staircase
die Tür, -en	door
das Bad, ¨er	bath; bathroom
das Badezimmer, -	bathroom
die Badewanne, -n	bathtub
die Dusche, -n	shower
das Klo, -s	toilet
die Toilette, -n	lavatory
das Waschbecken, -	(bathroom) sink
die Küche, -n	kitchen
die Geschirrspülmaschine, -n	dishwasher
der Herd, -e	stove
der Kühlschrank, ¨e	refrigerator
die Mikrowelle, -n	microwave
das Spülbecken, -	sink
der Stuhl, ¨e	chair
der Tisch, -e	table

das Schlafzimmer, -	bedroom
das Bett, -en	bed
die Kommode, -n	dresser
der Nachttisch, -e	night table
der Schrank, ¨e	wardrobe
der Teppich, -e	carpet
das Esszimmer, -	dining room
das Wohnzimmer, -	living room
das Bücherregal, -e	bookcase
der Couchtisch, -e	coffee table
der Fernseher, -	television set
der Papierkorb, ¨e	wastepaper basket
der Schreibtisch, -e	desk
der Sessel, -	armchair
die Stehlampe, -n	floor lamp
die Stereoanlage, -n	stereo
die Decke, -n	ceiling
der Fußboden, ¨	floor
das Fenster, -	window
die Wand, ¨e	wall

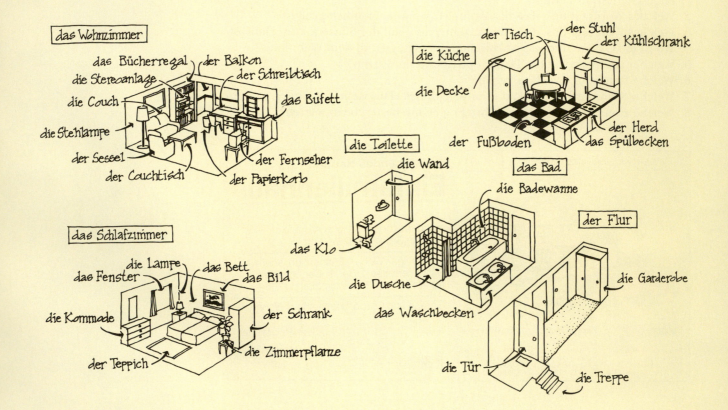

das Wohnzimmer
- das Bücherregal
- die Stereoanlage
- die Couch
- die Stehlampe
- der Sessel
- der Couchtisch
- der Balkon
- der Schreibtisch
- das Büfett
- der Fernseher
- der Papierkorb

die Küche
- der Tisch
- der Stuhl
- der Kühlschrank
- die Decke
- der Herd
- das Spülbecken
- der Fußboden

die Toilette
- die Wand
- das Klo

das Bad
- die Badewanne
- die Dusche
- das Waschbecken

der Flur
- die Garderobe
- die Tür
- die Treppe

das Schlafzimmer
- das Fenster
- die Lampe
- das Bett
- das Bild
- die Kommode
- der Schrank
- der Teppich
- die Zimmerpflanze

Verben

aus·ziehen,	to move out
ist ausgezogen	
ein·ziehen	to move in
um·ziehen	to move (*change residence*)
bauen	to build
legen	to lay (*down*)
stehen, hat gestanden	to stand; to be standing
stellen	to put (*in an upright position*)
um·stellen	to rearrange
versprechen (verspricht),	to promise
hat versprochen	

Ausdrücke

zu Besuch kommen	to visit

Andere Wörter

gleich	same; the same
möbliert	furnished
sowieso	anyway

Das Gegenteil

hässlich ≠ schön	ugly ≠ beautiful
ruhig ≠ laut	quiet ≠ loud

Leicht zu verstehen

der Balkon, -e	**die Lampe, -n**
das Büfett, -s	**die Terrasse, -n**
die Couch, -es	**planen**
die Garage, -n	

Wörter im Kontext

8-5 Wie heißen diese Räume°?

rooms

1. Hier duscht und badet man.
2. Hier kocht und bäckt man.
3. Hier sitzt man am Abend und sieht fern.
4. Hier schläft man.
5. Von hier geht man in alle Zimmer.
6. Hier isst man, wenn man Besuch hat.

8-6 Was passt in jeder Gruppe zusammen?

1. die Küche	a. die Garderobe	9. der Fußboden	i. das Bild
2. die Toilette	b. die Kommode	10. die Wand	j. der Teppich
3. der Flur	c. der Herd	11. die Badewanne	k. Jacken und Mäntel
4. das Schlafzimmer	d. das Klo	12. die Garderobe	l. das Wasser
5. der Stuhl	e. gießen	13. die Stereoanlage	m. schnell
6. das Bett	f. kochen	14. die Lampe	n. kalt
7. der Herd	g. liegen	15. der Kühlschrank	o. laut
8. die Zimmerpflanze	h. sitzen	16. die Mikrowelle	p. hell

8-7 Was passt wo?

Spülbecken / möblierte / eingezogen / umgezogen / ausgezogen /
ruhig / Nachttisch / hässlich / Dusche / Geschirrspülmaschine

1. Ich finde dieses Bild ziemlich _____.
2. Eine Wohnung mit Möbeln ist eine _____ Wohnung.
3. Den Abwasch macht man am _____.
4. Wenn man eine _____ hat, macht sie den Abwasch.
5. Neben meinem Bett steht ein _____.
6. Unsere neuen Nachbarn sind sehr nett und sehr _____.
7. Nach dem Joggen gehe ich gleich unter die _____.
8. Martin und Peter sind _____. Sie sind aus ihrem Zimmer in der Zennerstraße
   _____ und in die Wohnung von Frau Wild _____.

1. Talking about destination and location

Wohin and wo: a review

In *Kapitel 1* you learned that the English question word *where* has three equivalents in German: **wohin** *(to what place)*, **wo** *(in what place)*, and **woher** *(from what place)*. Since **wohin** and **wo** will play an important role in subsequent sections of this chapter, you will have to fine-tune your feeling for the difference between them.

The use of **wohin** or **wo** is obvious in the following questions.

Wohin gehst du?	*Where are you going? (**to** what place?)*
Wohin geht diese Straße?	*Where does this street go? (**to** what place?)*
Wo ist mein Mantel?	*Where is my coat? (**in** what place?)*

For speakers of English it is less obvious whether to use **wohin** or **wo** in the following example.

Where should I hang my coat?	*(to what place? or in what place?)*

Here a speaker of German thinks in terms of moving the coat from point A to point B. The German equivalent for *where* is therefore **wohin.**

Wohin soll ich meinen Mantel hängen?	*Where (**to** what place) should I hang my coat?*

Wohin geht es nach rechts, nach links und geradeaus?

8-8 *Wohin* oder *wo?*

1. _____ gehst du?
2. _____ wohnst du?
3. _____ sind denn meine Handschuhe?
4. _____ habe ich denn meine Handschuhe gelegt?
5. _____ soll ich den Brief schicken?
6. _____ hast du dieses schöne Sweatshirt gekauft?
7. _____ arbeitet Tina?
8. _____ geht diese Tür?
9. _____ soll ich meine Jacke hängen?
10. _____ fährt dieser Bus?

Two-case prepositions

You have already learned that there are prepositions followed by the accusative and prepositions followed by the dative.

accusative prepositions		dative prepositions	
durch	ohne	aus	nach
für	um	außer	seit
gegen		bei	von
		mit	zu

A third group of prepositions may be followed by either the accusative case or the dative case. When one of these two-case prepositions is preceded by a verb signaling *movement toward a destination,* the preposition answers the question **wohin?** and is followed by the accusative case. When a two-case preposition is preceded by a verb signaling a *fixed location,* the preposition answers the question **wo?** and is followed by the dative case.

		wohin?	wo?
		TOWARD A DESTINATION	FIXED LOCATION
		PREPOSITION **+** ACCUSATIVE	PREPOSITION **+** DATIVE
an	on (a vertical surface)	Lisa hängt das Bild **an die** Wand.	Das Bild hängt **an der** Wand.
	to	Kurt geht **an die** Tür.	
	at		Kurt steht **an der** Tür.
auf	on (a horizontal surface)	Lisa legt das Buch **auf den** Tisch.	Das Buch liegt **auf dem** Tisch.
	to	Kurt geht **auf den** Markt.	
	at		Kurt ist **auf dem** Markt.
hinter	behind	Die Kinder laufen **hinter das** Haus.	Die Kinder sind **hinter dem** Haus.
in	in, into, to	Kurt geht **in die** Küche.	Kurt ist **in der** Küche.
neben	beside	Kurt stellt den Sessel **neben die** Couch.	Der Sessel steht **neben der** Couch.
über	over, above	Kurt hängt die Lampe **über den** Tisch.	Die Lampe hängt **über dem** Tisch.
unter	under, below	Lisa stellt die Hausschuhe **unter das** Bett.	Die Hausschuhe stehen **unter dem** Bett.
vor	in front of	Kurt stellt den Wagen **vor die** Garage.	Der Wagen steht **vor der** Garage.
zwischen	between	Lisa stellt die Stehlampe **zwischen die** Couch und **den** Sessel.	Die Stehlampe steht **zwischen der** Couch und **dem** Sessel.

8-9 In der neuen Wohnung (1).   Ergänzen Sie die Präpositionen **an, auf, hinter, in, neben, über, unter, vor** und **zwischen.**

1. Der Picasso hängt _____ der Couch.
2. Uli hängt das Landschaftsbild _____ den Schreibtisch.
3. Der Kalender hängt jetzt _____ dem Landschaftsbild und dem Picasso.
4. Der Ball liegt _____ dem Schreibtisch.

crawls 5. Das Baby will den Ball und krabbelt° _____ den Schreibtisch.
6. Helga stellt den Papierkorb _____ den Schreibtisch.
7. Kurt legt den Teppich _____ die Couch.
8. Das Radio und die Zimmerpflanze stehen _____ dem Bücherregal.
9. Thomas stellt die Vase _____ das Radio und die Zimmerpflanze.
10. Die offene Tür geht _____ die Küche.
11. Antje hängt das Poster _____ die Küchentür.
12. Der Herd steht _____ der Küche.
13. Der Karton mit den Büchern steht _____ dem Bücherregal.
14. Die Stehlampe steht _____ dem Sessel.
15. Die Katze springt _____ die Couch.
16. Die Maus läuft _____ die Couch.

8-10 In der neuen Wohnung (2).   Ergänzen Sie die Fragen mit **wohin** oder **wo** und die Antworten mit der passenden Präposition und mit Akkusativ- oder Dativendungen.

▶ _____ steht die Zimmerpflanze? _____ d__ Bücherregal (m).
   _____ springt die Katze? _____ d__ Couch (f).

S1: Wo steht die Zimmerpflanze? **S2:** Auf dem Bücherregal.
   Wohin springt die Katze? Auf die Couch.

1. _____ hängt Antje das Poster? _____ d__ Küchentür (f).
2. _____ steht der Herd? _____ d__ Küche (f).
3. _____ geht die offene Tür? _____ d__ Küche.
4. _____ steht der Karton mit den Büchern? _____ d__ Bücherregal (n).

5. _____ legt Kurt den Teppich? _____ d__ Couch (f).
6. _____ läuft die Maus? _____ d__ Couch (f).
7. _____ steht die Stehlampe? _____ d__ Sessel (m).
8. _____ hängt der Picasso? _____ d__ Couch (f).
9. _____ hängt Uli das _____ d__ Schreibtisch (m).
    Landschaftsbild?
10. _____ hängt der Kalender? _____ d__ Picasso (m) und
    d__ Landschaftsbild (n).
11. _____ liegt der Ball? _____ d__ Schreibtisch (m).
12. _____ krabbelt das Baby? _____ d__ Schreibtisch.
13. _____ stellt Helga den Papierkorb? _____ d__ Schreibtisch.
14. _____ stellt Thomas die Vase? _____ d__ Zimmerpflanze (f) und
    d__ Radio (n).

Bolles Bootshaus
»**Fischspezialitäten**«
Eingang nach 30m,
am Wasser.

Contractions

The prepositions **an** and **in** normally contract with the articles **das** and **dem.**

an + das	=	**ans**	Hast du unser Poster **ans** schwarze Brett gehängt?
an + dem	=	**am**	Hängt unser Poster **am** schwarzen Brett?
in + das	=	**ins**	Heute Abend gehen wir **ins** Konzert.
in + dem	=	**im**	Gestern Abend waren wir **im** Kino.

In colloquial German the article **das** also contracts with other two-case prepositions: **aufs, hinters, übers, unters, vors.**

8-11 _Am, ans, im_ oder _ins?_ Beginnen Sie die Fragen mit **wohin** oder **wo.**

▶ _____ geht diese Tür? Sie geht _____ Schlafzimmer.

S1: Wohin geht diese Tür? **S2:** Sie geht ins Schlafzimmer.

1. _____ soll ich die Zimmerpflanze Stell sie _____ Fenster.
   stellen?
2. _____ ist Claudia? Sie ist _____ Telefon.
3. _____ wart ihr gestern Abend? Wir waren _____ Kino.
4. _____ gehst du heute Abend? Heute Abend gehe ich mal ganz
   früh _____ Bett.
5. _____ soll ich dieses Poster Häng es bitte gleich _____
   hängen? schwarze Brett.
6. _____ ist Andrea? Sie sitzt _____ Klavier und übt.
7. _____ essen wir heute, bei dir? Nein, heute gehen wir mal _____
   Gasthaus°. _restaurant_
8. _____ ist Peter? Ich glaube, er liegt noch _____ Bett.

The verbs _stellen, legen,_ and _hängen_

In English the verb _to put_ can mean _to put something in a vertical, a horizontal,_ or
a hanging position.

Put the wine glasses on the table.
Put your coats on the bed.
Put your jacket in the closet.

German uses three different verbs to describe the different actions conveyed by the English *to put*.

stellen	*to put in an upright position*	**Stell** die Weingläser auf **den** Tisch!
legen	*to put in a horizontal position, to lay (down)*	**Legt** eure Mäntel auf**s** Bett!
hängen	*to hang (up)*	**Häng** deine Jacke in **die** Garderobe!

When these verbs are followed by a two-case preposition, the object of the preposition appears in the *accusative case*.

8-12 Wohin soll ich diese Sachen *stellen, legen* oder *hängen?*

▶   die Stehlampe   der Sessel

S1: Wohin soll ich die Stehlampe stellen?   **S2:** Stell sie hinter den Sessel!

1. der Kalender    der Schreibtisch

2. der Schaukelstuhl   das Fenster

3. der Teppich   die Couch

4. der Papierkorb   der Schreibtisch

5. die Zimmerpflanze   die Ecke

6. das Landschaftsbild   die beiden Fenster

7. der Beistelltisch   der Sessel

8. der Fernseher   das Bücherregal

The verbs *stehen*, *liegen*, and *hängen*

German also tends to be more exact than English when describing the location of things.

stehen	*to be standing*	Die Weingläser **stehen** auf **dem** Tisch.
liegen	*to be lying*	Eure Mäntel **liegen** auf **dem** Bett.
hängen	*to be hanging*	Deine Jacke **hängt** in **der** Garderobe.

When these verbs are followed by a two-case preposition, the object of the preposition appears in the *dative case*.

8-13 Wo *stehen*, *liegen* oder *hängen* diese Sachen?

▶ die Stehlampe   der Sessel

S1: Wo steht die Stehlampe?   **S2:** Sie steht hinter dem Sessel.

1. der Kalender   der Schreibtisch

2. der Schaukelstuhl   das Fenster

3. der Teppich   die Couch

4. der Papierkorb   der Schreibtisch

5. die Zimmerpflanze   die Ecke

6. das Landschaftsbild   die beiden Fenster

7. der Beistelltisch   der Sessel

8. der Fernseher   das Bücherregal

More on *da*-compounds

You will remember that personal pronouns that are objects of prepositions can only refer to people and that for things or ideas, **da**-compounds are used. Remember that an **r** is added to **da** if the preposition begins with a vowel.

Dort drüben sitzt Moritz und **neben ihm** steht sein Freund Sven.	*That's Moritz sitting over there and his friend Sven is standing **beside him.***
Das ist mein VW und der Wagen **daneben** gehört meiner Freundin.	*That's my VW and the car **beside it** belongs to my girlfriend.*

8-14 David beschreibt sein möbliertes Zimmer. Ergänzen Sie passende **da**-Formen.

davor / darauf / daneben / dahinter / darüber / darunter

1. Wenn man in mein Zimmer kommt, steht gleich links mein Bett und _____ ein Nachttisch mit einer Nachttischlampe _____.
2. Mitten im Zimmer hängt eine Lampe. Ich habe den Tisch direkt _____ gestellt, weil ich gutes Licht brauche, wenn ich abends meine Hausaufgaben mache.
3. An der rechten Wand steht eine Couch mit einem altmodischen Bild _____ und einem Couchtisch _____.
4. In einer Ecke steht noch ein alter Sessel mit einer hässlichen Stehlampe _____.

    Hoffentlich finde ich bald ein schöneres Zimmer!

skeleton sentences

8-15 Ich und mein Zimmer. Zeichnen Sie einen Plan von Ihrem Zimmer mit allen Möbeln, Türen und Fenstern. Beschreiben Sie das Zimmer dann in Worten. Die folgenden Skelettsätze° könnten Ihnen dabei helfen.

An der Nordwand (der Südwand, der Ostwand, der Westwand) steht (hängt) ...
Links neben ... steht ...
Rechts daneben steht ...
Zwischen ... und ... steht ...
...
Was gefällt Ihnen an Ihrem Zimmer besonders gut? Was gibt Ihrem Zimmer eine persönliche Note? Haben Sie ein Lieblingsposter, ein Lieblingsbild ...?

German *an, auf, in,* and English *to*

In *Kapitel 7* you learned that both **zu** and **nach** can mean *to*. The prepositions **an, auf,** and **in** can also mean *to* if they answer the question **wohin.**

- **An** is used to indicate that your point of destination is next to something, such as a door, a telephone, or a body of water.

Geh bitte **an** die Tür.	*Go **to** the door, please.*
Warum gehst du denn nicht **ans** Telefon?	*Why don't you go **to** the phone?*
Wir fahren jeden Sommer **ans** Meer.	*We go **to** the ocean every summer.*

- **In** is generally used if your point of destination is within a place, such as a room, a concert hall, or a mountain range.

Geht doch bitte **ins** Wohnzimmer.	*Please go **to** the living room.*
Heute Abend gehen wir **in** die Oper.	*Tonight we're going **to** the opera.*
Warum fahren wir nicht mal **in** die Berge?	*Why don't we go **to** the mountains for a change?*

- **In** is used instead of **nach** to express that you are going to a country if the name of the country is masculine, feminine, or plural (e.g., **der Libanon, die Schweiz, die USA**).

Morgen fliegen wir **in** die USA.	*Tomorrow we're flying **to** the U.S.*

- **Auf** is often used instead of **zu** to express that you are going to a building or an institution like the bank, the post office, or the city hall, especially to do business.

Ich muss heute Nachmittag **aufs** Rathaus.	*I have to go **to** the city hall this afternoon.*

8-16 Was passt in jeder Gruppe zusammen?   Verwenden Sie die Präpositionen **an, auf** oder **in** in den Antworten.

▶   Man will Schwyzerdütsch hören.   die Schweiz

S1: Wohin geht man, wenn man Schwyzerdütsch hören will?

S2: Man geht in die Schweiz.

1. Man braucht Geld.
2. Man möchte schlafen.
3. Man will eine Sinfonie hören.
4. Man braucht Briefmarken.
5. Man schwimmt gern in Salzwasser.

a. das Meer
b. das Konzert
c. die Bank
d. das Bett
e. die Post

6. Man will *Hamlet* sehen.
7. Man möchte *Carmen* sehen.
8. Man kocht nicht gern.
9. Man isst gern frisches Obst.
10. Man möchte Ski laufen.

f. das Gasthaus
g. der Wochenmarkt
h. die Oper
i. die Alpen
j. das Theater

8-17 Eine Umfrage.   Stellen Sie zwei Mitstudentinnen/Mitstudenten die folgenden Fragen. Machen Sie Notizen und berichten Sie dann, was Sie herausgefunden haben.

- Gehst du oft ins Theater (ins Konzert, in die Oper, ins Kino, ins Gasthaus)?
- Was ist dein Lieblingstheaterstück (deine Lieblingsmusik, deine Lieblingsoper, dein Lieblingsfilm, dein Lieblingsessen)?

ZUM HÖREN

Zimmersuche

Stephanie findet es im Studentenheim oft zu laut zum Lernen und sucht fürs Sommersemester ein Zimmer in einem Privathaus. Sie hat in der Zeitung ein Zimmer gefunden und hat gleich angerufen. Sie ist dann in die Ebersbergerstraße gefahren und spricht jetzt mit der Vermieterin°. Hören Sie, was Stephanie und Frau Kuhn miteinander sprechen.

landlady

NEUE VOKABELN

benutzen	*to use*	**stören**	*to disturb*
gegenüber	*across (the hall)*		

8-18 Erstes Verstehen.   Was ist die richtige Antwort?

1. Was ist groß und hell?   das Zimmer / der Balkon
2. Wo kann Stephanie Kaffee oder   in der Küche / in der Mikrowelle
   Tee machen?
3. Wo ist die Mikrowelle?   in der Küche / in dem freien
                                                                          Zimmer
4. Was benutzt Frau Kuhn im Bad?   die Badewanne / die Dusche
5. Wie viele Personen wohnen jetzt   eine / zwei
   in diesem Haus?
6. Nimmt Stephanie das Zimmer?   ja / vielleicht

8-19 Detailverstehen.   Hören Sie das Gespräch noch einmal und schreiben Sie Antworten zu den folgenden Fragen.

1. Warum gefällt Stephanie das Zimmer so gut?
2. Was darf Stephanie bei Frau Kuhn nicht?
3. Für wen ist die Badewanne und für wen ist die Dusche?
4. Wie viel kostet das Zimmer?
5. Wie findet Stephanie diesen Preis?
6. Warum fragt Stephanie, ob es hier auch wirklich ruhig ist?
7. Wann möchte Frau Kuhn wissen, ob Stephanie das Zimmer nimmt?

8-20 Zimmer zu vermieten°. Sie sind Frau Häusermann und wohnen
in der Nähe° der TU (Technischen Universität) in Berlin. Sie haben ein
Zimmer zu vermieten, haben eine Anzeige in die Berliner Morgenpost
gesetzt und warten jetzt auf Anrufe. Sie können Ihre Rolle auch gern variieren.
Die Rollenbeschreibung für die Anruferin/den Anrufer ist im *Anhang* auf
Seite A13.

rent (out)
vicinity

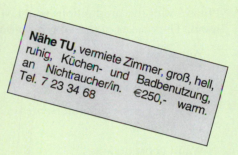

Nähe TU, vermiete Zimmer, groß, hell,
ruhig, Küchen- und Badbenutzung,
an Nichtraucher/in. €250,- warm.
Tel. 7 23 34 68

R 1-1: Ihr Telefon klingelt°. Sie nehmen den Hörer° ab und sagen
„Häusermann".

rings / receiver

R 1-2: Sie sagen, dass es noch frei ist. Dann sagen Sie „Sie heißen Wilson?" und
fragen, ob Frau/Herr Wilson aus England oder aus Amerika kommt.

R 1-3: Sie fragen, wo Frau/Herr Wilson jetzt wohnt.

R 1-4: Sie sagen, dass es bei Ihnen sehr ruhig ist und dass Sie ganz allein in
dieser Wohnung sind. Dann fragen Sie, ob Frau/Herr Wilson auch ganz
bestimmt nicht raucht.

R 1-5: Sie sagen, Sie möchten in Ihrer Wohnung auch keine großen Partys und
keine laute Rockmusik.

R 1-6: Sie sagen, dass es gar nicht weit ist, nur zehn Minuten zu Fuß. Dann
fragen Sie, ob Frau/Herr Wilson das Zimmer anschauen möchte.

R 1-7: Sie sagen: „Gehen Sie von der TU auf der Schillerstraße bis zur
Krumme Straße."

R 1-8: Sie sagen, dass Frau/Herr Wilson dort nach links gehen soll. Ihre
Wohnung ist dann gleich im zweiten Haus rechts.

R 1-9: Sie sagen: „Also dann, bis gleich" und legen den Hörer auf.

8-21 Mein Zimmer. Zeichnen Sie einen Plan von Ihrem Zimmer mit
allen Türen und Fenstern, aber ohne Möbel. Vergessen Sie nicht zu
zeigen, wo Norden, Süden, Osten und Westen sind. Geben Sie Ihrer
Partnerin/Ihrem Partner diesen Plan und beschreiben Sie, wo Ihre Sachen
stehen, liegen oder hängen. Ihre Partnerin/Ihr Partner zeichnet dann alles ein.

Für mehr
Sicherheit:

Licht
auch am Tag!

AKTION

2. Saying when something occurs

The two-case prepositions *an, in, vor,* and *zwischen* in time phrases

Phrases with the prepositions **an, in, vor,** and **zwischen** often answer the question **wann.** The objects of these prepositions are then always in the dative case.

Wann bist du in Freiburg angekommen?	*When did you arrive in Freiburg?*
Am zehnten September.	*On the tenth of September.*
Wann beginnt das Wintersemester?	*When does the winter semester begin?*
Im Oktober.	*In October.*
Wann gehst du aufs Auslandsamt?	*When are you going to the foreign students office?*
Morgen Vormittag kurz **vor dem** Mittagessen.	*Tomorrow morning shortly **before** lunch.*
Warst du früher schon mal in Deutschland?	*Have you been in Germany previously?*
Ja, **vor** drei Jahren.	*Yes, three years **ago.***
Kommen deine Eltern mal zu Besuch?	*Are your parents coming to visit you?*
Ja, irgendwann **zwischen dem** ersten und **dem** zwanzigsten März.	*Yes, sometime **between** the first and the twentieth of March.*

Note: In time expressions **vor** can mean *before* or *ago*.

8-22 Wann ...?

▶ Wann warst du in Berlin?   Vor ein___ Jahr (n).

S1: Wann warst du in Berlin?   **S2:** Vor einem Jahr.

1. Wann hast du die Mikrowelle gekauft?   Vor ein___ Woche (f).
2. Wann beginnt das Wintersemester in Deutschland?   I___ Oktober (m).
3. Wann besuchst du deine Eltern?   A___ Wochenende (n).
4. Wann gehst du auf den Markt?   Vor d___ Mittagessen (n).
5. Wann hast du Lisa zum letzten Mal gesehen?   An ihr___ neunzehnten Geburtstag (m).
6. Wann gehst du in die Bibliothek?   Zwischen d___ Mathevorlesung (f) und d___ Mittagessen (n).
7. Wann fliegst du nach Europa?   In d___ Sommerferien (pl).
8. Wann kommst du wieder zurück?   Irgendwann zwischen d___ ersten und d___ siebten September (m).

8-23 Detektiv spielen.　Verhören° Sie Ihre Partnerin/Ihren Partner. 　　*interrogate*

- Wo warst du vor dieser Deutschstunde? *Vor dieser Deutschstunde ...*
- Wo warst du (Was machst du) in der Mittagspause?
- Was hast du gestern zwischen dem Mittagessen und dem Abendessen gemacht?
- Wo warst du heute vor einer Woche?
- Was hast du am vergangenen° Wochenende gemacht?　　*past*
- Was machst du am kommenden Wochenende?
- ...

3. Word order

Infinitive phrases

Infinitive phrases are phrases that contain an infinitive preceded by **zu.** These phrases are introduced by verbs or expressions like **versuchen, vergessen, versprechen, anfangen, vorhaben, Zeit haben.**

Paul versucht, **seine Stereoanlage** *zu verkaufen.*	*Paul is trying* **to sell his stereo.**
Hast du Zeit, **mich morgen** *zu besuchen?*	*Do you have time* **to visit me tomorrow?**

Note:

- In German, **zu** and the infinitive stand at the end of the phrase.
- In English, *to* and the infinitive stand at the beginning of the phrase.
- The German infinitive phrase is often marked off by a comma.

With separable-prefix verbs, **zu** is inserted between the prefix and the verb.

Peter hat versprochen, **die Möbel nicht** *umzustellen.*	*Peter promised* **not** *to rearrange* **the furniture.**
Vergiss nicht, **das Licht** *auszumachen.*	*Don't forget* **to turn off the light.**

If there is more than one infinitive at the end of the phrase, **zu** precedes the last infinitive.

Habt ihr vor, **am Wochenende** *campen zu gehen?*	*Do you plan* **to go camping on the weekend?**

8-24 Was fehlt hier?   Ergänzen Sie **zu**-Infinitive!

1. Peter hat versprochen, mir beim Umziehen _____. (helfen)
2. Hast du versucht, mit Professor Weber_____? (sprechen)
3. Hat Frau Wild wieder angefangen, von ihrer Amerikareise _____? (erzählen)
4. Hast du Zeit, die Fotos von meiner Europareise _____? (anschauen)
5. Vergiss nicht, Lisa und Florian _____. (einladen)
6. Habt ihr vor, am Sonntag _____? (segeln gehen)

When the **zu**-infinitive follows expressions like **es macht mir Spaß, ich habe es satt,** or **ich habe Lust,** its English equivalent is the *-ing* form of the verb.

Macht es dir Spaß, **Deutsch** *zu lernen?*	*Do you enjoy **learning** German?*
Ich habe es satt, **dauernd** *umzuziehen.*	*I'm sick of **constantly** moving.*
Hast du Lust, **mit uns** *tanzen zu gehen?*	*Do you feel like **going dancing** with us?*

8-25 Kleine Gespräche.   Ergänzen Sie **zu**-Infinitive!

1. JUTTA: Macht es dir Spaß, jeden Morgen drei Kilometer _____? (joggen)
    SYLVIA: Nicht immer, aber es hilft mir, fit _____. (bleiben)
2. LAURA: Hast du wirklich vor, einen Wagen _____? (kaufen)
    MARKUS: Klar! Ich habe es satt, immer mit dem Bus _____. (fahren)
3. JENS: Hast du vergessen, Günter _____? (anrufen)
    JULIA: Nein, ich hatte heute keine Lust, mit ihm _____. (sprechen)
4. LUKAS: Habt ihr Lust, heute Abend mit uns _____? (tanzen gehen)
    BERND: Nein, wir haben vor, einen guten Film _____ und nachher noch in die Kneipe _____. (anschauen / gehen)

8-26 Ein paar persönliche Fragen.   Stellen Sie einander die folgenden Fragen. Berichten Sie, was Sie herausgefunden haben.

S1: Was hast du heute Abend vor?
Was hast du am Wochenende vor?
Was macht dir am meisten Spaß?

S2: Heute Abend habe ich vor, ...
Am Wochenende habe ich vor, ...
Am meisten Spaß macht mir, ...

Infinitive phrases introduced by *um*

An infinitive phrase introduced by **um** expresses purpose or intention. The English equivalent of **um ... zu** is *in order to.* English often uses only *to* instead of *in order to.* In German the word **um** is rarely omitted.

Morgen früh kommt Pietro, **um** mir beim Umziehen **zu helfen.**	*Tomorrow morning Pietro is coming **(in order) to help** me move.*
Ich brauche ein paar Nägel, **um** meine Bilder **aufzuhängen.**	*I need a few nails **(in order) to hang up** my pictures.*

8-27 In der WG. Sie wohnen in einer WG und fragen einander, was Ihre Mitbewohner mit diesen Geräten° machen wollen. Die Information für **S2** ist im *Anhang* auf Seite A14.

appliances; devices

S1: Wozu° braucht Benedikt den Staubsauger?

S2: Um in unserem Wohnzimmer den Fußboden sauber° zu machen.

what . . . for

clean

	SABRINA	BENEDIKT
der Staubsauger	ihr Zimmer putzen	
der Dosenöffner		eine Dose Sardinen aufmachen
das Bügeleisen		seine schwarze Hose bügeln
die Nähmaschine	ihren neuen Rock kürzer machen	
die Kaffeemaschine	für ihre Freundinnen Kaffee kochen	
der Korkenzieher		eine Flasche Sherry aufmachen
die Waschmaschine		seine vielen T-Shirts waschen

Sprachnotiz	**Infinitive phrases introduced by *ohne* and (an)statt**

When an infinitive phrase begins with **ohne** *(without)* or **(an)statt** *(instead of)*, its English equivalent uses a verb form ending in *-ing.*

Wie kannst du meine Nähmaschine benutzen, **ohne** mich **zu fragen?**

*How can you use my sewing machine **without asking** me?*

Florian hat den ganzen Abend vor dem Fernseher gesessen, **statt** seine Hausaufgaben **zu machen.**

*Florian sat in front of the TV all evening **instead of doing** his homework.*

4. Indicating possession or relationships

The genitive case

The genitive case is used to express the idea of possession or belonging together. You are already familiar with one form of the genitive.

Claudia**s** Schreibtisch	*Claudia's desk*
Frau Meyer**s** Kinder	*Ms. Meyer's children*

In German this form of the genitive is used only with proper names. Note that the ending **-s** is not preceded by an apostrophe.

For nouns other than proper names a different form of the genitive must be used. Note that this form of the genitive follows the noun it modifies.

das Büro **des** Professor**s**	*the professor's office*
das Zimmer mein**er** Schwester	*my sister's room*
der Teddybär dies**es** Kind**es**	*this child's teddy bear*
die Wohnung unser**er** Eltern	*our parents' apartment*

In English the possessive *'s* is generally used only for persons and animals. To show that things belong together, the preposition *of* is used. In German the genitive is used for persons and things.

das Dach dies**es** Haus**es**	*the roof **of** this house*
die Fenster unser**er** Küche	*the windows **of** our kitchen*

	masculine		neuter		feminine		plural	
NOMINATIVE	der	Vater	das	Kind	die	Mutter	die	Kinder
	mein		mein		meine		meine	
ACCUSATIVE	den	Vater	das	Kind	die	Mutter	die	Kinder
	meinen		mein		meine		meine	
DATIVE	dem	Vater	dem	Kind	der	Mutter	den	Kindern
	meinem		meinem		meiner		meinen	
GENITIVE	**des**	Vaters	**des**	Kind**es**	**der**	Mutter	**der**	Kinder
	meines		**meines**		**meiner**		**meiner**	

Most one-syllable masculine and neuter nouns add **-es** in the genitive singular (**Kindes**). Masculine and neuter nouns with more than one syllable add **-s** in the genitive singular (**Vaters**). Feminine nouns and the plural forms of all nouns have no genitive ending.

The genitive form of the interrogative pronoun **wer** is **wessen**.

Wessen Jacke ist das?	*Whose jacket is that?*

8-28 Wessen Handschuhe sind das?

▶

Handschuhe (pl)   mein___ Schwester

S1: Wessen Handschuhe sind das?   **S2:** Das sind die Handschuhe meiner
                                               Schwester.

1. Frau María Moser
    Mariahilferstr. 52
    A- 1070 Wien   mein___ Tante in Österreich

2.   Manfred___

3.   mein___ Bruder___

4. Michael
    Tel: 782 7778   Michael___

| Bücher (pl) | Adresse (f) | Fahrrad (n) | Telefonnummer (f) |

5.   unser___ Professor___

6.   Brigitte___

7.   mein___ Onkel___

8.   mein___ Eltern

| Schal (m) | Wagen (m) | Brille (f) | Koffer (pl) |

8-29 Das Familienalbum.
Sie sind Frau Kuhn und Ihre Partnerin/Ihr Partner ist Frau Stolz. Zeigen Sie Frau Stolz Ihr Familienalbum.

▶ mein Großvater
mein__ Vater__

der Vater Ihr__ Mutter?

FRAU KUHN: Das ist mein Großvater. Nein, der Vater meines Vaters.

FRAU STOLZ: Der Vater Ihrer Mutter?

1. meine Tante
mein__ Mutter

die Schwester Ihr__ Vater__?

2. mein Neffe
mein__ Bruder__

der Sohn Ihr__ Schwester?

3. mein Onkel
mein__ Vater__

der Bruder Ihr__ Mutter?

4. meine Nichte
mein__ Schwester

die Tochter Ihr__ Bruder__?

5. meine Enkelkinder
mein__ Sohn__

die Kinder Ihr__ Tochter?

acquaintances

8-30 Beruf und Wohnung.
Erzählen Sie Ihren Mitstudenten, was zwei oder drei von Ihren Verwandten oder Bekannten° tun und wo und wie sie wohnen.

S: Die Schwester meines Vaters ist Lehrerin und wohnt in Miami in einer Eigentumswohnung.
Der Bruder meiner Freundin ist Student und wohnt in Baltimore in einem Studentenheim.

Expressing possession or belonging together in colloquial German

In colloquial German the idea of possession or of belonging together is often expressed by **von** with a dative object instead of the genitive case.

Ist das der neue Wagen **von** deinem Bruder?	=	Ist das der neue Wagen deines Bruders?
Herr Koch ist ein Freund **von** meinem Vater.	=	Herr Koch ist ein Freund meines Vaters.

5. Describing people, places, and things

Genitive endings of preceded adjectives

Adjectives that are preceded by a **der**-word or an **ein**-word in the genitive case always take the ending **-en.**

		masculine		neuter		feminine		plural
GENITIVE	des	jungen Mannes	des	kleinen Kindes	der	jungen Frau	der	kleinen Kinder
	eines		eines		einer		meiner	

8-31 Nicht alle Maler sind berühmt. Ergänzen Sie die Genitivendungen in dieser Erzählung eines nicht so berühmten Malers.

1. Ich bin diese Woche in der Wohnung einer prominent___ Familie unserer Stadt, um dort die Fenster frisch zu streichen.
2. Die Wohnung liegt direkt im Zentrum des historisch___, alt___ Teil___° (m) *part* der Stadt im fünften Stock° eines wunderschön___, alt___ Haus___. *floor*
3. Die Fenster der drei groß___, hell___ Schlafzimmer, der beid___ schön___ Bäder und der modern___ und sehr praktisch___ Küche gehen direkt auf den Marienplatz.
4. Trotzdem ist es hier sehr ruhig, weil der Marienplatz Teil unserer groß___ Fußgängerzone° ist. *pedestrian zone*
5. Die Fenster der hinter___° Zimmer gehen auf einen Park mit vielen *back* Bäumen.
6. Aber auch in diesen Zimmern ist es sehr hell, denn die Fenster liegen über den Kronen der groß___, alt___ Bäume.
7. An einer Wand des riesig___° Wohnzimmer___ hängt über der teuren Couch *huge* ein Bild des berühmt___ französisch___ Maler___ Renoir.
8. An den anderen Wänden dieses Zimmer___ und an den Wänden des groß___ Esszimmer___ hängen moderne Bilder.
9. Ich kann übrigens fast nicht glauben, dass der Renoir ein Original ist, denn wer hat schon das Geld, um ein Original dieses groß___ Künstler___° (m) zu *artist* kaufen?
10. Mit dem Lohn° eines klein___ Maler___, wie ich einer bin, kann man die *wages* Bilder d___ berühmt___ Maler (pl) sowieso nur im Museum anschauen.

ZUM HÖREN

Privathaus oder WG?

Im ersten Semester hatten Stephanie und Claudia im Studentenheim viele Feten und nie genug Zeit zum Lernen. Sie sind deshalb beide auf Zimmersuche und sie finden auch beide etwas, was ihnen sehr gefällt. Hören Sie, was Stephanie und Claudia miteinander sprechen.

NEUE VOKABELN

Was ist denn los?	*What's up?*	**wenigstens**	*at least*
aufgeregt	*excited*	**wiederholen**	*to repeat*
eigen	*own*	**nur zu viert**	*just the four of us*
sicher	*sure*		

8-32 Erstes Verstehen.   In welcher Reihenfolge hören Sie das?

_____ Hast du wenigstens Küchenbenutzung?
_____ Nur drei. Na, das geht ja noch.
_____ Aber wir haben da jede unser eigenes Zimmer.
_____ Du bist ja ganz aufgeregt.
_____ Da kommst du doch lieber zu uns.
_____ Aber vielleicht nehme ich doch lieber das Zimmer bei Frau Kuhn.

8-33 Detailverstehen.   Hören Sie das Gespräch zwischen Claudia und Stephanie noch einmal und beantworten Sie die folgenden Fragen.

1. Warum ist Claudia so aufgeregt?
2. Was hat Stephanie gegen WGs?
3. Wo können die Studenten in dieser WG ihre Wäsche waschen?
4. Was kostet ein Zimmer in der WG und was kostet das Zimmer bei Frau Kuhn?
5. Was kann Stephanie nicht riskieren?
6. Warum soll Stephanie lieber in Claudias WG kommen?

8-34 Vorteile und Nachteile meiner Unterkunft. *(Advantages and disadvantages of my accommodation.)*   Beschreiben Sie, wo und wie Sie wohnen und was Sie dort gut oder nicht so gut finden! Die folgenden Wörter und Ausdrücke könnten Ihnen dabei helfen.

VORTEILE	NACHTEILE
in der Nähe der Uni (wie nah?)	weit weg von der Uni (wie weit?)
billig / groß / hell / ruhig	teuer / klein / dunkel / laut
kann dort selbst kochen	kann dort nicht kochen
die Möbel sind schön	die Möbel sind alt und hässlich
kann dort tolle Feten geben	darf dort keine Feten geben
...	...

8-35 Eine kleine Diskussion.
Diskutieren Sie in kleinen Gruppen die Vorteile und Nachteile der verschiedenen Unterkünfte.

	STUDENTENHEIM	WG	WOHNUNG	ZIMMER	ZU HAUSE
VORTEILE	————	————	————	————	————
	————	————	————	————	————
NACHTEILE	————	————	————	————	————
	————	————	————	————	————

8-36 Aus der Zeitung.
Berlin hat drei Universitäten: die Humboldt-Universität in Mitte, die Freie Universität in Zehlendorf und die Technische Universität in Charlottenburg.

- Suchen Sie auf dem Stadtplan die Berliner Stadtteile° Mitte, Zehlendorf und Charlottenburg.   *districts*

- Die Anzeigen sprechen von drei weiteren° Stadtteilen: Prenzlauer Berg, Friedrichshain und Steglitz. Suchen Sie auch diese drei Stadtteile.   *further*

- Suchen Sie in den Anzeigen passende Unterkünfte für die folgenden drei Studenten. Alle drei möchten in der Nähe ihrer Uni wohnen.

  1. Studentin an der Freien Universität, mag Kinder und Garten, aber ist allergisch gegen Katzen. Preis bis €300,– warm.

  2. Amerikanischer Student an der Humboldt-Universität, muss sehr viel lernen, weil er gute Zensuren braucht, hat nicht viel Geld, kann aber mit wenig Luxus leben.

  3. Architekturstudentin an der Technischen Universität, Individualistin, braucht großes, helles Zimmer. Preis maximal €250,– warm.

Friedrichshain Wohnung, 38 m², 1 Zimmer, Küche, WC, kein Bad, Gasheizung, €100,– kalt. Chiffre 11/236

Prenzl. Berg Zimmer, 30 m², Kü-, Badbenutzung, hell u. ruhig, nur €150,– Aber: suche Amerikaner/in, um aktiv Englisch lernen zu können. Anna Tel. 86 79 20 43.

FU-Nähe Zimmer (20 m²), Tel, Kabel, Garten, eig. Dusche/WC, bei F (35) + K (7) + Katze. €300,– warm. Chiffre 11/321

WG in Steglitz 3 Stud. (1 F, 2M) + 1 K (2 J.) sucht nette Studentin für helles Zi., 12 m², €250,– warm. Chiffre 11/377

Nähe TU F (30) ernst, depressiv, sucht ruhige Studentin, f. gr. Zimmer (ca. 25 m²), hell, m. Balkon, Kü-Benutz., €220,– warm. Chiffre 11/79

WG Charlottenbg 4 nette TU-Stud. (2 F, 2 M) bieten Student/in kleines, aber schönes Zi. + Benutzung von groß. gemeinschaftl. Arbeitsraum. €250,– warm. Tel. 75 88 34 09

BERLINER STADTTEILE

Weißensee 51.746 E.
Pankow 106.615 E.
Hohenschönhausen 119.549 E.
Reinickendorf 253.641 E.
Marzahn 164.907 E.
Spandau 218.896 E.
Wedding 167.095 E.
Prenzlauer Berg 145.032 E.
Tiergarten 95.539 E.
Charlottenburg 183.989 E.
Mitte 81.988 E.
Friedrichshain 105.781 E.
Hellersdorf 133.091 E.
Kreuzberg 156.178 E.
Lichtenberg 166.412 E.
Wilmersdorf 145.502 E.
Schöneberg 155.966 E.
Treptow 105.154 E.
Zehlendorf 99.503 E.
Tempelhof 189.604 E.
Köpenick 108.258 E.
Steglitz 189.418 E.
Neukölln 312.977 E.

LEUTE

Walter Gropius und das Bauhaus

Vor dem Lesen

buildings **8-37 Gebäude° und Architekten.**

1. Welches Gebäude auf Ihrem Campus oder in Ihrer Stadt gefällt Ihnen am besten? Warum?
2. Gefällt Ihnen das Bauhaus in Dessau (siehe Foto)? Warum oder warum nicht?
else 3. Kennen Sie den Namen eines berühmten Architekten/einer berühmten Architektin? Was hat er/sie gebaut und was wissen Sie sonst° von ihm/ihr?

8-38 Was ist das auf Englisch?   Finden Sie die englischen Äquivalente der fett gedruckten deutschen Wörter.

1. Musiker, Balletttänzer, Filmstars usw. sind **Künstler.**
2. Auf einer **Ausstellung** zeigt man Bilder, Skulpturen, Fotografien usw.
3. Der Architekt Walter Gropius hat das Schulgebäude in Dessau selbst **entworfen.**
4. Die Fassaden von modernen Gebäuden sind oft ganz aus **Stahl** und Glas.
5. Die Ideen des Bauhauses hatten einen enormen **Einfluss** auf nordamerikanische Architekten und Designer.
6. Nach 1933 **verlassen** Gropius und viele andere Bauhauslehrer und -schüler das nationalsozialistische Deutschland.
7. Die meisten Bauhauslehrer finden in den USA eine neue **Heimat.**

a. designed
b. influence
c. artists
d. home
e. leave
f. exhibition
g. steel

Walter Gropius

Im Jahr 1919 gründet[1] der Architekt Walter Gropius in Weimar das Bauhaus, eine Schule, wo Künstler, Architekten, Handwerker[2] und Studenten zusammen leben und lernen und zusammen versuchen, für eine industrialisierte Welt neue Formen zu finden. Auf dem Lehrplan[3] stehen Malerei[4], Skulptur, Architektur, Theater, Fotografie und das Design von Handwerks- und Industrieprodukten. Typisch für die neuen Formen – von der Teekanne bis zum größten Gebäude – sind klare geometrische Linien. Auf der großen Bauhaus-Ausstellung von 1923 charakterisiert Gropius den Bauhausstil mit den folgenden Worten: Kunst und Technik – eine neue Einheit[5].

1925 zieht das Bauhaus von Weimar nach Dessau. Das Schulgebäude, das berühmte Dessauer Bauhaus, hat Walter Gropius selbst entworfen und seine Stahl- und Glasfassade wird zur Ikone der Architektur des 20. Jahrhunderts.

Aber schon 1933 kommt mit Adolf Hitler das Ende des Bauhauses, denn
Gropius' Ideen sind für die Nazis „undeutsch" und zu international. 1934
geht Gropius nach England und arbeitet dort als Architekt und Designer.
1937 emigriert er dann in die USA und wird dort an der Harvard Universität
Chairman des Department of Architecture. Seine größten Projekte in den USA sind
das Harvard Graduate Center, das Pan Am Building in New York und das
John F. Kennedy Federal Building in Boston.

Der enorme Einfluss des Bauhauses auf nordamerikanische Architekten und
Designer geht aber nicht nur auf Walter Gropius zurück, denn auch viele
andere Bauhauslehrer und -schüler verlassen damals[6] Hitler-Deutschland und
finden in den USA eine neue Heimat: László Moholy-Nagy gründet 1937 das
New Bauhaus in Chicago, Josef Albers lehrt am Black Mountain College in
North Carolina und später an der Yale Universität, und Ludwig Mies van der
Rohe am Institute of Technology in Illinois.

[1]*founds*   [2]*craftsmen and -women*   [3]*curriculum*   [4]*painting*
[5]*A new unity of art and technology*   [6]*at that time*

Arbeit mit dem Text

8-39 Wann war das?   Finden Sie im Text die richtigen Jahreszahlen.

_____ Der Bauhauslehrer László Moholy-Nagy gründet in Chicago das *New
Bauhaus.*

_____ Auf einer großen Ausstellung präsentiert das Weimarer Bauhaus seine
Ideen und seine Produkte.

_____ Walter Gropius geht nach England und arbeitet dort als Architekt und
Designer.

_____ Walter Gropius gründet in Weimar eine Schule für Architektur, Kunst
und Handwerk und nennt sie Bauhaus.

_____ Ende des Dessauer Bauhauses, weil die Nazis die Bauhausideen
undeutsch und zu international finden.

_____ Das Bauhaus zieht von Weimar in das neue Schulgebäude in Dessau.

Compound nouns

A compound noun is a combination of:

- two or more nouns (**der Nachttisch** *night table*, **die Nachttischlampe** *bedside lamp*).

- an adjective and a noun (**der Kühlschrank** *refrigerator*).

- a verb and a noun (**der Schreibtisch** *desk*).

- a preposition and a noun (**der Nachtisch** *dessert*).

In German these combinations are almost always written as one word. The last element of a compound noun is the base word and determines the gender of the compound noun. All preceding elements are modifiers that define the base word more closely.

> das Papier + **der** Korb = **der** Papierkorb
> der Fuß + der Ball + **das** Spiel = **das** Fußballspiel

8-40 Was passt zusammen? Ergänzen Sie auch die bestimmten Artikel!

1. _____ Wochenendhaus		a.	family doctor
2. _____ Hausschuh		b.	househusband
3. _____ Krankenhaus		c.	cottage
4. _____ Hausmeister		d.	single-family dwelling
5. _____ Hochhaus		e.	janitor
6. _____ Hausarzt		f.	department store
7. _____ Reformhaus		g.	hospital
8. _____ Hausmann		h.	slipper
9. _____ Einfamilienhaus		i.	high-rise
10. _____ Kaufhaus		j.	health food store

Giving language color

In this chapter you have learned vocabulary that deals with housing and furnishings. The names of house parts and pieces of furniture are the source of many idiomatic expressions. The expressions marked with an asterisk are very colloquial and should not be used in a more formal setting.

Lisa ist ganz aus dem Häuschen.	*Lisa is all excited.*
Du hast wohl nicht alle Tassen im Schrank!*	*You must be crazy!*
Setz ihm doch den Stuhl vor die Tür!	*Throw him out!*
Mal den Teufel nicht an die Wand!	*Don't speak of the devil!*
Lukas hat vom Chef eins aufs Dach gekriegt.*	*Lukas was bawled out by his boss.*
Auf Robert kannst du Häuser bauen.	*Robert is absolutely dependable.*

8-41 Was passt zusammen?

1. Unser Sohn will einfach keine Arbeit suchen.
2. Anne hat eine Reise nach Hawaii gewonnen.
3. Onkel Alfred hat uns schon lang nicht mehr besucht.
4. Warum ist Kurt denn plötzlich so fleißig?
5. Ist Sven auch wirklich ein guter Babysitter?
6. Ich habe mir gestern einen Porsche gekauft.

a. Ich glaube, er hat vom Chef eins aufs Dach gekriegt.
b. Aber natürlich. Auf diesen jungen Mann können Sie Häuser bauen.
c. Dann setzen Sie ihm doch den Stuhl vor die Tür!
d. Du hast wohl nicht alle Tassen im Schrank!
e. Dann ist sie sicher ganz aus dem Häuschen.
f. Mal bitte den Teufel nicht an die Wand!

Zur Aussprache

German *s*-sounds: *st* and *sp*

At the beginning of a word or word stem, **s** in the combinations **st** and **sp** is pronounced like English *sh*. Otherwise it is pronounced like English *s* in *list* and *lisp*.

8-42 Hören Sie gut zu und wiederholen Sie!

1. **St**efan ist **St**udent.
   Stefan **st**udiert in **St**uttgart.
   Stefan findet das **St**udentenleben **st**ressig.
2. Hast du Lust auf eine Wur**st**
   und auf Mo**st**° für deinen Dur**st**?   *cider*
3. Herr **Sp**ielberg **sp**richt gut **Sp**anisch.
4. Worauf° **sp**art Frau **Sp**ohn?   *what . . . for*
   Auf einen **Sp**ortwagen.
   Die **sp**innt° ja!   *is crazy*
5. Unser Ka**sp**ar li**sp**elt ein bisschen.

Nomen

das Dach, ¨er	roof
die Ecke, -n	corner
die Eigentumswohnung, -en	condominium apartment
das Einfamilienhaus, ¨er	single-family dwelling
die Fußgängerzone, -n	pedestrian zone
das Gebäude, -	building
das Hochhaus, ¨er	high-rise
der Keller, -	basement; cellar
die Post	post office; mail
das Rathaus, ¨er	city hall
der Stadtplan, ¨e	map of the city
der Stadtteil, -e	district, part of city
der Teil, -e	part
der Wochenmarkt, ¨e	open air market
die Küchenbenutzung	kitchen privileges
der Mitstudent, -en	classmate; fellow student
die Mitstudentin, -nen	
die Wohngemeinschaft, -en	shared housing
die WG, -s	
das Bügeleisen, -	iron
die Dose, -n	can
der Dosenöffner, -	can opener
das Gerät, -e	appliance; device
der Korkenzieher, -	corkscrew
die Nähmaschine, -n	sewing machine
der Schaukelstuhl, ¨e	rocking chair
der Staubsauger, -	vacuum cleaner
die Ausstellung, -en	exhibition
die/der Bekannte, -n	acquaintance
die Heimat	home (country)
der Künstler, -	artist
die Künstlerin, -nen	

Verben

benutzen	to use
bügeln	to iron
klingeln	to ring
stören	to disturb
versuchen	to try

Andere Wörter

aufgeregt	excited
eigen	own
sicher	sure
statt, anstatt	instead of
wenigstens	at least
wozu	what . . . for

Ausdrücke

das schwarze Brett	bulletin board
in der Nähe der Uni	near the university
Es macht mir Spaß, . . .	I enjoy . . .
Ich habe es satt, . . .	I'm sick of . . .
Ich habe keine Lust, . . .	I don't feel like . . .
Was ist denn los?	What's up?

Das Gegenteil

der Vorteil, -e ≠ der Nachteil, -e	advantage ≠ disadvantage
mieten ≠ vermieten	to rent ≠ to rent (out)
sauber ≠ schmutzig	clean ≠ dirty

Leicht zu verstehen

der Designer, -	die Skulptur
die Designerin, -nen	die Technik
der Luxus	enorm
die Mittagspause, -n	maximal
das Poster, -	

Wörter im Kontext

8-43 Was passt in jeder Gruppe zusammen?

1. die Post	a. die Mitbewohner	5. der Staubsauger	e. sitzen
2. die WG	b. der Brief	6. das Telefon	f. einkaufen
3. der Keller	c. die Skulptur	7. der Schaukelstuhl	g. putzen
4. die Künstlerin	d. der Wein	8. der Wochenmarkt	h. klingeln

8-44 Was ist die richtige Antwort?

1. Warum bist du denn so aufgeregt?
2. Warum stehst du denn vor dem schwarzen Brett?
3. Warum suchst du ein Zimmer mit Küchenbenutzung?
4. Warum gehst du heute Abend nicht mit uns tanzen?
5. Warum gehst du auf die Post?

a. Weil ich Briefmarken brauche.
b. Weil ich es satt habe, immer in der Mensa zu essen.
c. Weil ich ein Zimmer in der Nähe der Uni suche.
d. Weil ich ein Zimmer in einer ganz tollen WG gefunden habe.
e. Weil ich keine Lust habe.

8-45 Wozu brauchst du das alles?

1. Wozu brauchst du einen Staubsauger?
2. Wozu brauchst du eine Nähmaschine?
3. Wozu brauchst du einen Korkenzieher?
4. Wozu brauchst du einen Dosenöffner?
5. Wozu brauchst du ein Bügeleisen?
6. Wozu brauchst du denn einen Stadtplan?

a. Um diese Weinflasche aufzumachen.
b. Um mein Kleid zu bügeln.
c. Um mein Zimmer sauber zu machen.
d. Um zu sehen, wo die Kleiststraße ist.
e. Um diesen Rock kürzer zu machen.
f. Um diese Sardinen essen zu können.

8-46 Was passt zusammen?

1. Herr Ertem ist ein guter Bekannter von mir.
2. Frau Berg hat eine große Eigentumswohnung in einem Hochhaus.
3. Ich habe mir einen Schaukelstuhl gekauft.
4. Im Keller von unserem Einfamilienhaus machen wir oft laute Musik.
5. Ich schaue gern Bilder und Skulpturen an.
6. Stefan gefällt es sehr gut in seiner WG.

a. Ich sitze dort immer, wenn ich lese.
b. Ein Nachteil ist aber, dass seine Mitbewohner oft sehr laut sind.
c. Ich kenne ihn seit vielen Jahren.
d. Ich gehe deshalb oft auf Kunstausstellungen.
e. Sie vermietet zwei von ihren Zimmern an Studenten.
f. Ein großer Vorteil ist, dass wir dort niemand stören.

KAPITEL

9

Kommunikationsziele

Ordering a meal in a
  restaurant
Talking about . . .
- grocery shopping
- cultural differences
- personal grooming
Describing people, places, and
  things

Strukturen

Relative clauses and relative
  pronouns
N-nouns
Reflexive pronouns and
  reflexive verbs

Kultur

Im Gasthaus
Beim Schnellimbiss
Einkaufsgewohnheiten
Luxemburg
Leute: **Robert Kalina**

Andere Länder, andere Sitten

Wirtshaus Moorlake bei Berlin

Im Gasthaus

*Beverly Harpers Nichte Shauna ist Austauschschülerin und wohnt bei
Zieglers. Shauna und Nina stehen vor einem Gasthaus und schauen sich die
Speisekarte an, die außen in einem kleinen Kasten hängt.*

SHAUNA: Ich habe Lust auf etwas typisch Deutsches. Hier, Sauerbraten
mit Rotkohl und Kartoffelknödeln. Das bestelle ich.

NINA: Gut, dann gehen wir hinein.

SHAUNA: Du, das ist ja ganz voll. Da ist kein einziger Tisch mehr frei.

NINA: Bei dem Ehepaar dort mit dem kleinen Jungen und dem Hund
sind noch zwei freie Plätze.

SHAUNA: Kennst du die Leute?

NINA: Nein, aber das macht doch nichts. Komm, sonst setzt sich
jemand anders dorthin. – Entschuldigung, sind diese beiden
Plätze noch frei?

HERR: Ja, bitte, setzen Sie sich nur zu uns. Unser Hund tut Ihnen
nichts.

FRAU: Hier ist auch gleich die Speisekarte. Dann können Sie sich schon
etwas Gutes aussuchen, bis der Kellner kommt.

Im Supermarkt

Nach dem Essen müssen Nina und Shauna noch ein paar Lebensmittel kaufen.

NINA: Hol doch mal einen von den Einkaufswagen, die dort drüben
stehen. *(Liest ihre Einkaufsliste)* Milch, Kartoffeln, Kopfsalat,
Tomaten.

SHAUNA: Warum hast du eigentlich diese Einkaufstasche mitgebracht,
Nina?

NINA: Weil ich nicht für eine Plastiktasche bezahlen will.

SHAUNA: Was?! Ihr müsst für die Plastiktaschen bezahlen?

NINA: Klar. Die Plastiktaschen, die man im Supermarkt bekommt,
kosten zehn Cent das Stück. – Hier sind die Kartoffeln, der
Salat und die Tomaten. So, jetzt brauchen wir nur noch zwei
Flaschen Milch.

SHAUNA: Milch in Glasflaschen? Warum denn das?

NINA: Weil man sie zurückbringen und wieder verwenden kann.

SHAUNA: *(an der Kasse)* Oh, eure Kassiererinnen haben es gut, sie dürfen
sitzen. – Aber warum packst du denn alles selbst ein? Bei uns macht
das die Kassiererin.

NINA: Andere Länder, andere Sitten.

ZUM HÖREN

9-1 Richtig oder falsch? Sie hören die Gespräche auf Seite 301 und nach jedem Gespräch ein paar Aussagen. Sind diese Aussagen **richtig** oder **falsch?**

IM GASTHAUS

	RICHTIG	FALSCH		RICHTIG	FALSCH
1.	_____	_____	3.	_____	_____
2.	_____	_____	4.	_____	_____

IM SUPERMARKT

	RICHTIG	FALSCH		RICHTIG	FALSCH
1.	_____	_____	3.	_____	_____
2.	_____	_____	4.	_____	_____

9-2 Im Gasthaus. Lesen Sie die folgenden Sätze in der richtigen Reihenfolge.

_____ Aber Nina sieht zwei freie Plätze und fragt, ob sie sich da hinsetzen dürfen.

_____ Weil Shauna Lust auf etwas typisch Deutsches hat und weil es hier Sauerbraten gibt, gehen sie hinein.

_____ Bevor Nina und Shauna in das Gasthaus gehen, schauen sie sich die Speisekarte an, die außen in einem kleinen Kasten hängt.

_____ Weil kein einziger Tisch mehr frei ist, will Shauna gleich wieder gehen.

9-3 Im Supermarkt. Was passt zusammen?

while 1. Während° Shauna den Einkaufswagen holt,

2. Weil Nina kein Geld für eine Plastiktasche ausgeben will,

3. Weil man Glasflaschen wieder verwenden kann,

customers 4. Weil deutsche Kassiererinnen für die Kunden° nichts einpacken,

a. muss Nina das selbst tun.

b. kaufen Zieglers ihre Milch immer in Flaschen statt in Milchkartons.

c. hat sie eine Einkaufstasche mitgebracht.

d. liest Nina ihre Einkaufsliste.

9-4 Andere Länder, andere Sitten. Finden Sie heraus, wer von Ihren Mitstudenten aus einem anderen Land (einem anderen Staat, einer anderen Provinz) kommt, oder wer schon mal eine Reise in ein anderes Land (einen anderen Staat, eine andere Provinz) gemacht hat. Stellen Sie dann passende Fragen.

STUDENTEN, DIE NICHT
  VON HIER SIND

- Woher bist du?
- Seit wann bist du hier?
- Was ist hier anders als zu Hause?
- Was gefällt dir hier besonders gut (nicht so gut)?
- Was hat dir zu Hause besser gefallen?

STUDENTEN, DIE EINE
  REISE GEMACHT HABEN

- Wo warst du?
- Wann war das?
- Wie lange warst du dort?
- Was war dort anders als hier?
- Was hat dir dort besonders gut (nicht so gut) gefallen?

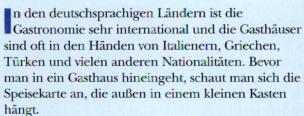
Im Gasthaus

In den deutschsprachigen Ländern ist die Gastronomie sehr international und die Gasthäuser sind oft in den Händen von Italienern, Griechen, Türken und vielen anderen Nationalitäten. Bevor man in ein Gasthaus hineingeht, schaut man sich die Speisekarte an, die außen in einem kleinen Kasten hängt.

Eiswasser bekommt man im Gasthaus nie und auch Softdrinks trinkt man nie mit Eis. Wenn man Wasser trinken will, bestellt man Mineralwasser und bezahlt etwa € 1,60 für ein Glas oder ein kleines Fläschchen. Auch Brötchen und Butter muss man oft extra bestellen und bezahlen. Eine Tasse Kaffee kostet etwa € 1,60 und wenn sie leer ist, füllt der Kellner sie nicht nach[1]. Wenn man mehr als nur eine Tasse Kaffee trinken will, bestellt man für etwa € 3,00 ein Kännchen (das sind zwei bis zweieinhalb Tassen). Die Preise sind aber alle inklusive Bedienungsgeld[2]. Wenn man die Rechnung[3] bezahlt, rundet man nur noch ein bisschen auf, d.h.[4] man gibt noch ein bisschen Trinkgeld[5].

Bevor man in den deutschsprachigen Ländern zu essen beginnt, sagt man meistens „Guten Appetit!" Beim Essen hat man das Messer[6] immer in der rechten und die Gabel[7] in der linken Hand und es gilt[8] als unkultiviert, das Messer auf den Tisch und eine Hand in den Schoß[9] zu legen.

[1]**füllt ... nach:** *refills* [2]*service charge* [3]*bill* [4]*i.e.* [5]*tip*
[6]*knife* [7]*fork* [8]*is considered* [9]*lap*

So hält man in Deutschland Messer und Gabel.

9-5 Aus dem Kochbuch.   Lesen Sie das Rezept für die Apfelringe in Bierteig *(apple rings in beer batter)*. Das nächste Mal, wenn Sie Gäste einladen, können Sie ihnen diese Apfelringe servieren.

Versuchen Sie, die englischen Äquivalente für die folgenden Wörter und Ausdrücke zu erraten°.   *guess*

EL (Esslöffel)	_____
TL (Teelöffel)	_____
Zucker und Zimt	_____
Mehl	_____
mit Zucker bestreuen	_____
mit Rum beträufeln	_____
Eiweiß steif schlagen	_____
in den Teig eintauchen	_____

(200 Gramm = ca. 1 ⅓ cups; ¼ Liter = ca. 1 cup)

Apfelringe in Bierteig

5 bis 6 Äpfel
ein bisschen Zucker
3 EL Rum

3 EL Zucker und Zimt

Teig: 200 Gr. Mehl
3 EL Zucker
¼ - helles Bier
2 TL Öl
2 Eiweiß

Die Äpfel in dicke Ringe schneiden. Die Ringe mit Zucker bestreuen und mit Rum beträufeln.
Aus Mehl, Zucker, Bier und Öl einen dünnen Teig machen. Eiweiß steif schlagen und in den Teig geben.
Die Apfelringe in den Teig eintauchen und in sehr heißem Fett auf beiden Seiten hellgelb backen. Mit Zucker und Zimt bestreuen und mit Vanillesoße oder Vanilleeis servieren.

Nomen

das Gasthaus, ‑er	restaurant
der Kellner, ‑	server, waiter
die Kellnerin, ‑nen	server, waitress
die Speisekarte, ‑n	menu
die Rechnung, ‑en	bill
das Trinkgeld, ‑er	tip
die Einkaufsliste, ‑n	shopping list
die Einkaufstasche, ‑n	shopping bag
der Einkaufswagen, ‑	shopping cart
die Kasse, ‑n	checkout
der Kassierer, ‑	cashier
die Kassiererin, ‑nen	
die Lebensmittel *(pl)*	food; groceries
das Geschirr *(sing)*	dishes
das Glas, ‑er	glass
die Kaffeekanne, ‑n	coffeepot
die Pfanne, ‑n	pan
die Schüssel, ‑n	bowl
die Tasse, ‑n	cup
die Untertasse, ‑n	saucer
die Teekanne, ‑n	teapot
der Teller, ‑	plate
der Topf, ‑e	pot
das Besteck	cutlery
die Gabel, ‑n	fork

der Löffel, ‑	spoon
der Esslöffel, ‑	tablespoon
der Teelöffel, ‑	teaspoon
das Messer, ‑	knife
die Serviette, ‑n	napkin; serviette
der Braten, ‑	roast
der Knödel, ‑	dumpling
das Mehl	flour
die Soße, ‑n	sauce
der Teig	dough; batter
der Austauschschüler, ‑	exchange student
die Austauschschülerin, ‑nen	*(high school)*
das Ehepaar, ‑e	married couple
der Platz, ‑e	place; seat
das Rezept, ‑	recipe

Verben

aus·suchen	to choose; to pick out
bedienen	to serve *(guests in a restaurant)*
bestellen	to order
füllen	to fill
holen	to get; to fetch
verwenden	to use

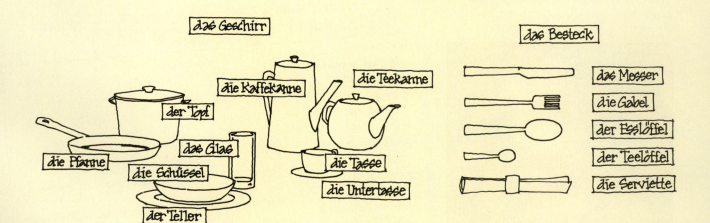

Andere Wörter

deutschsprachig	German-speaking
einzig	single; only
steif	stiff
während	while

Ausdrücke

das heißt (d.h.)	that is (i.e.)
dort drüben	over there
jemand anders	someone else
Das macht nichts.	That doesn't matter.

Er tut dir nichts.	He won't hurt you.
Guten Appetit!	Enjoy your meal!

Das Gegenteil

außen ≠ innen	outside ≠ inside

Leicht zu verstehen

die Gastronomie	der Rum
das Gramm	der Softdrink, -s
der Liter, -	servieren
das Mineralwasser	international
das Plastik	

Wörter im Kontext

9-6 Was brauche ich?   Beginnen Sie alle Antworten mit „Ich brauche …"!

1. Ich bin im Gasthaus und möchte etwas zu essen bestellen.
2. Ich möchte die Suppe essen, die der Kellner mir gebracht hat.
3. Ich möchte mein Steak essen.
4. Ich möchte nicht vergessen, was ich alles kaufen soll.
5. Ich bin im Supermarkt und möchte die Sachen, die ich kaufe, nicht tragen.
6. Ich möchte das Sauerkraut, das ich gekocht habe, nicht im Topf auf den Tisch stellen.

einen Einkaufswagen	eine Schüssel	ein Messer und eine Gabel
eine Einkaufsliste	einen Löffel	eine Speisekarte

9-7 Was passt in jeder Gruppe zusammen?

1. der Softdrink	a. der Kellner	5. das Trinkgeld	e. servieren
2. die Pfanne	b. die Lebensmittel	6. das Essen	f. geben
3. das Gasthaus	c. das Glas	7. die Gäste	g. füllen
4. der Supermarkt	d. das Steak	8. die Gläser	h. bedienen

9-8 Was ist hier identisch?   Welche zwei Sätze in jeder Gruppe bedeuten etwa dasselbe°?

the same

1. Das macht nichts.
   Das ist egal.
   Das tut mir Leid.
2. Der Hund tut dir nichts.
   Der Hund tut mir Leid.
   Der Hund beißt nicht.

3. Diese Jacke gehört mir.
   Diese Jacke gehört jemand anders.
   Diese Jacke gehört mir nicht.
4. Kein einziger von meinen
   Freunden war da.
   Keiner von meinen Freunden
   war da.
   Nur ein einziger von meinen
   Freunden war da.

KOMMUNIKATION UND FORMEN

1. Describing people, places, and things

Relative clauses and relative pronouns

Like adjectives, relative clauses are used to describe people, places, and things.

	ADJECTIVE	NOUN	
This	*expensive*	wine	is not very good.

	NOUN	RELATIVE CLAUSE	
The	wine	*that cost you so much*	is not very good.

Relative clauses are introduced by relative pronouns. The noun to which a relative pronoun refers is called its *antecedent*.

	RELATIVE CLAUSE		
ANTECEDENT	RELATIVE PRONOUN		
The wine	*that*	*you bought*	is not very good.
The friend	*to whom*	*you want to give it*	is a wine connoisseur.

Relative clauses and relative pronouns in German

EUROCARD.
Für Leute, die auch sonst gute Karten haben.

	RELATIVE CLAUSE		
ANTECEDENT	REL. PRON.		
Der Wein,	**der**	**dich so viel gekostet hat,**	ist nicht sehr gut.
Der Wein,	**den**	**du gekauft hast,**	ist nicht sehr gut.
Der Freund,	**dem**	**du ihn schenken willst,**	ist ein Weinkenner.
Die Freunde,	**die**	**uns eingeladen haben,**	sind Weinkenner.

The gender and number of the antecedent determine whether a relative pronoun is masculine, feminine, or neuter and whether it is singular or plural. The case of the relative pronoun reflects its function within the relative clause.

Der Wein, **den** du gekauft hast, ist nicht sehr gut.	*The wine **that** you bought is not very good.*

The relative pronoun **den,** like its antecedent **Wein,** is masculine and singular. It is in the accusative case because it is the direct object of the verb within the relative clause. Relative clauses are dependent clauses. They are marked off by commas, and the conjugated verb appears at the end of the clause.

In contrast to English, the German relative pronoun can never be omitted.

Der Wein, **den** du gekauft hast, ist nicht sehr gut.	*The wine you bought is not very good.*

forms of the relative pronoun				
	MASCULINE	NEUTER	FEMININE	PLURAL
NOMINATIVE	der	das	die	die
ACCUSATIVE	den	das	die	die
DATIVE	dem	dem	der	**denen**

Note that except for **denen,** the forms in the chart are identical to those of the definite article.

Die Freunde, **denen** ich den Wein schenken will, sind Weinkenner.	*The friends **to whom** I want to give the wine are wine connoisseurs.*

9-9 Der erste Tag. Heute ist Ihr erster Tag als Kellner(in) und Sie sind oft noch ein bisschen verwirrt°. Ergänzen Sie die Relativpronomen! *confused*

1. Wo ist denn der Mann, d___ dieses Bier bestellt hat?
2. Wo ist denn das Ehepaar, d___ dieses Gulasch bestellt hat?
3. Wo ist denn die Frau, d___ diese Tasse Kaffee bestellt hat?
4. Wo sind denn die Leute, d___ diese Suppe bestellt haben?

5. Wo ist denn der Mann, d___ ich so schnell bedienen soll?
6. Wo ist denn das Ehepaar, d___ ich so schnell bedienen soll?
7. Wo ist denn die Frau, d___ ich so schnell bedienen soll?
8. Wo sind denn die Leute, d___ ich so schnell bedienen soll?

9. Wo ist denn der Mann, d___ ich dieses Schnitzel bringen soll?
10. Wo ist denn das Ehepaar, d___ ich diesen Rotwein bringen soll?
11. Wo ist denn die Frau, d___ ich die Speisekarte bringen soll?
12. Wo sind denn die Leute, d___ ich diesen Nachtisch bringen soll?

9-10 Wer ist das? Was für Leute gehören zu den Namensschildern° an diesem Mietshaus°? Die Information für **S2** ist im *Anhang* auf Seite A15.   *name plates* *apartment building*

S1: Wer ist denn dieser Ergül Ertem?	**S2:** Das ist der Mann, dem der Schnellimbiss beim Bahnhof gehört.
S2: Wer sind denn diese Paul und Lisa Borg?	**S1:** Das sind die Leute, ...

Ergül Ertem 🔔	
Paul u. Lisa Borg 🔔	die fast jeden Tag ins Gasthaus gehen
Maria Schulz 🔔	
Manuel Lima 🔔	der immer die tollen Partys gibt

Monika Stroinska 🔔	der der große, weiße Hund gehört
Hans Maier 🔔	
Karl u. Anna Weiler 🔔	denen das Lebensmittelgeschäft um die Ecke gehört
Teresa Venitelli 🔔	

9-11 Definitionen.

▶ Ein Arzt ist ein Mann, ...

der kranke Menschen wieder gesund macht.

Ein Arzt ist ein Mann, der kranke Menschen wieder gesund macht.

1. Ein Kellner ist ein Mann, ...

3. Ein Automechaniker ist ein Handwerker, ...

2. Ein Psychiater ist ein Arzt, ...

4. Eine Marktfrau ist eine Frau, ...

den man braucht, wenn das Auto kaputt ist.	die auf dem Wochenmarkt Obst und Gemüse verkauft.
der im Gasthaus das Essen serviert.	dem man alles erzählen kann.

bird 5. Eine Fleischerei ist ein Geschäft, ...

7. Ein Huhn ist ein Vogel° (m), ...

6. Eine Schnecke ist ein Tier (n), ...

8. Eine Kaffeemaschine ist eine Maschine, ...

den wir für Eier und für Fleisch brauchen.	die man braucht, um Kaffee zu machen.
das Fleisch und Wurst verkauft.	das man in Frankreich gern isst.

9-12 Weißt du das? **S1** stellt die Fragen und ergänzt die Relativpronomen. **S2** beginnt die Antworten mit „Er/Sie/Es heißt ..." oder mit „Sie heißen ...".

1. Wie heißt der große Fluss, d___ bei New Orleans in den Golf von Mexiko fließt°? *flows*
2. Wie heißt das berühmte Schiff, d___ auf einen Eisberg gefahren und gesunken ist?
3. Wie heißt die europäische Hauptstadt, d___ an der Themse liegt?
4. Wie heißen die Wasserfälle, d___ zwischen dem Eriesee und dem Ontariosee liegen?
5. Wie heißt der Turm° in Paris, d___ der Ingenieur Gustave Eiffel gebaut hat? *tower*
6. Wie heißt das Schloss in den bayerischen Bergen, d___ König Ludwig II. gebaut hat?
7. Wie heißt die Statue im Hafen° von New York, d___ Frankreich 1886 den USA geschenkt hat? *harbor*
8. Wie heißt der Mann, d___ viele Millionen Anteile° von Microsoft gehören? *shares*
9. Wie heißt die Königin, d___ in England sehr viel Land und ein paar Schlösser gehören?

2. N-nouns

N-nouns are a group of masculine nouns that take the ending **-n** or **-en** in all cases except the nominative singular.

	singular		plural	
NOMINATIVE	der	Student	die	Studenten
ACCUSATIVE	den	Studenten	die	Studenten
DATIVE	dem	Studenten	den	Studenten
GENITIVE	des	Studenten	der	Studenten

9-13 *Student* oder *Studenten*?

1. Wo wohnt dieser _____?
2. Kennen Sie diesen _____?
3. Was wissen Sie von diesem _____?
4. Ich glaube, dieser _____ kommt aus den USA.
5. Das Deutsch dieses _____ ist sehr gut.

Most German dictionaries show the nominative singular of a noun followed by the changes (if any) that occur in the genitive singular and in the plural.

nominative singular	genitive singular	plural
der Mann	-es	̈er
die Frau	-	-en

This convention clearly identifies **n**-nouns: If the genitive singular ending is **-en** or **-n**, the noun is an **n**-noun.

nominative singular	genitive singular	plural
der Student	-en	-en
der Kunde	-n	-n

Some common **n**-nouns:

der Athlet, -en, -en   der Patient, -en, -en
der Herr, -n, -en   der Polizist, -en, -en
der Junge, -n -n   der Präsident, -en, -en
der Kollege, -n, -n   der Tourist, -en, -en
der Kunde, -n, -n   der Bär, -en, -en
der Mensch, -en, -en   der Elefant, -en, -en
der Nachbar, -n, -n   der Hase, -n, -n

Note that the singular forms of **Herr** end in **-n** (except for the nominative), while the plural forms end in **-en**.

9-14 Was ist das?   Achtung: Ein Elefant hat keine Nase, sondern einen Rüssel, ein Bär hat keine Füße, sondern Pfoten, und ein Kamel hat zwei Höcker auf dem Rücken.

▶

die Ohren / ein Hase

S1: Weißt du, was das ist?   **S2:** Das sind die Ohren eines Hasen.

1.
2.
3.
4.

das Dach / ein Haus	der Henkel / eine Tasse
der Rüssel / ein Elefant	die Pfoten / ein Bär

5.
6.
7.
8.

der Hals / eine Giraffe	der Bizeps / ein Athlet
der Hals / eine Flasche	die Höcker / ein Kamel

ZUM HÖREN

Wandern macht hungrig

Martin und Peter sind übers Wochenende in die Alpen gefahren, sind seit dem frühen Morgen gewandert und sitzen jetzt im Gasthof Fraundorfer in Garmisch-Partenkirchen. Hören Sie, was Peter, Martin und der Kellner miteinander sprechen.

NEUE VOKABELN

Herr Ober!	*Waiter!*	**Die Kartoffeln**	*The potatoes are*
Kassler	*smoked pork chop*	**sind nicht gar.**	*not done.*
		getrennt	*separate*
wirklich	*really*		
Alles in Ordnung?	*Is everything OK?*		

9-15 Erstes Verstehen. In welcher Reihenfolge hören Sie das?

_____ Alles in Ordnung, meine Herren?

_____ Sollen wir etwas sagen?

_____ Die Speisekarte, bitte.

_____ Möchten Sie vielleicht ein paar Knödel?

_____ Machen Sie's fünfundzwanzig Euro.

_____ Du, was machen wir denn nach dem Essen?

_____ Und zu trinken?

9-16 Detailverstehen. Hören Sie das Gespräch noch einmal an und schreiben Sie Antworten zu den folgenden Fragen.

1. Warum essen Martin und Peter beide Kassler?
2. Was trinken die beiden?
3. Was machen Martin und Peter nach dem Essen?
4. Was ist mit den Kartoffeln, die der Kellner gebracht hat, nicht in Ordnung?
5. Warum will Peter nichts sagen?
6. Wie viel kostet alles zusammen und auf wie viel rundet Peter auf?

9-17 Da ist ein Haar in der Suppe! Sie sitzen mit einer Freundin/einem Freund im Gasthof Fraundorfer und schauen die Speisekarte an. Dann rufen Sie die Kellnerin („Bedienung!") oder den Kellner („Herr Ober!") und bestellen. Nachdem° Sie das Essen und die Getränke bekommen haben, merken° Sie, dass etwas nicht in Ordnung ist. Sie rufen die Kellnerin/den Kellner zurück. Die Rollenbeschreibung für die Kellnerin/den Kellner ist im *Anhang* auf Seite A15.

after
notice

Was alles nicht in Ordnung sein könnte:

- Da ist ein Haar in der Suppe.
- Die Suppe (die Soße, das Gemüse) ist versalzen°.
- Der Schweinebraten (die Wurst) ist viel zu fett.
- Der Rotwein ist viel zu kalt.
- Der Weißwein (das Bier) ist viel zu warm.
- Der Kaffee (der Tee) ist ganz kalt.
- Da ist Lippenstift an der Tasse.
- Diese Gabel (dieser Löffel, dieses Messer) ist nicht sauber.
- ...

oversalted

SPEISEKARTE

TAGESMENÜ I	€ 12,20
Tagessuppe	
Wiener Schnitzel mit Kartoffelsalat	
Vanilleeis	
TAGESMENÜ II	€ 12,70
Tagessuppe	
Sauerbraten mit Kartoffelpüree und Salat	
Vanilleeis	
SUPPEN	
Tagessuppe	€ 2,00
Nudelsuppe	€ 2,60
HAUPTGERICHTE	
1. Bratwurst mit Sauerkraut und Bratkartoffeln	€ 8,50
2. Ungarisches Gulasch, Eiernudeln und gemischter Salat	€ 9,00
3. Schweinebraten mit Rotkraut und Salzkartoffeln	€ 9,50
4. Hühnchen mit Weinsoße, Reis und Tomatensalat	€ 10,00
5. Filetsteak gegrillt mit Champignons, Pommes frites und Gurkensalat	€ 14,60
ZUM NACHTISCH	
Schokoladenpudding	€ 1,50
Fruchtsalat mit frischen Früchten	€ 3,00
Apfelstrudel	€ 4,00
Schwarzwälder Kirschtorte	€ 4,00
GETRÄNKE	
Cola (0,2 l)	€ 1,60
Apfelsaft (0,2 l)	€ 1,60
Kaffee, Tasse	€ 1,60
Kaffee, Kännchen	€ 3,00
Tee, Kännchen	€ 2,50
Bier, vom Fass (0,33 l)	€ 1,80
Weißwein, Mosel (0,2 l)	€ 2,90
Rotwein, Beaujolais (0,2 l)	€ 3,10

9-18 Essen Sie gern international? Was für ethnische Restaurants gibt es in Ihrer Stadt? Warum essen Sie dort so gern?

Ich esse gern   chinesisch   deutsch   französisch
                           griechisch   indisch   italienisch
                           japanisch   mexikanisch   ...

Das beste chinesische (deutsche usw.) Restaurant in dieser Stadt heißt ...
Ich esse dort so gern, weil ...

- ich scharfe° Sachen mag.
- alles immer so frisch ist.
- das Essen so billig ist.
- der Nachtisch so gut ist.

- der Koch mit viel Phantasie kocht.   *spicy*
- die Portionen so groß sind.
- die Bedienung so freundlich ist.
- ...

Infobox   **Beim Schnellimbiss**

Für hungrige Leute, die keine Zeit haben, in ein Gasthaus zu gehen, gibt es in den Fußgängerzonen und beim Bahnhof verschiedene Möglichkeiten, schnell im Stehen etwas zu essen:

- Würstchenstände verkaufen Bockwurst, Knackwurst oder Currywurst mit Senf[1] und Brötchen,

- beim Schnellimbiss gibt es außer Wurst mit Brötchen auch noch Hamburger und heiße Gulaschsuppe,

- beim Kebabstand kaufen nicht nur türkische Mitbürger[2] ihren Döner Kebab, sondern auch viele Deutsche.

Wenn man ein bisschen mehr Zeit hat und lieber sitzen möchte, kann man in eine von den vielen Pizzerias gehen oder in den größeren Städten auch zu McDonald's.

[1] *mustard*   [2] *fellow citizens*

Ein Berliner Schnellimbiss

KOMMUNIKATION UND FORMEN

3. Talking about actions one does to or for oneself

Reflexive pronouns

...wer sich gut anzieht, zieht andere an!

To express the idea that one does an action to oneself or for oneself, English and German use reflexive pronouns. In German the reflexive pronoun can appear in the accusative case or the dative case. If a sentence starts with the subject, the reflexive pronoun follows the conjugated verb directly.

Accusative:	Ich habe **mich** geschnitten.	*I cut **myself**.*
Dative:	Ich hole **mir** ein Pflaster.	*I'm getting **myself** a band-aid.*

Reflexive pronouns in the accusative case

Ich habe **mich** geschnitten.	*I cut **myself**.*
Tina hat **sich** geschnitten.	***Tina** cut **herself**.*
Haben **Sie sich** geschnitten?	*Did **you** cut **yourself**?*

The accusative reflexive pronoun differs from the accusative personal pronoun only in the 3rd person singular and plural and in the **Sie**-form, where it is **sich**. Note that in the **Sie**-form **sich** is not capitalized.

personal pronouns		reflexive pronouns
NOMINATIVE	ACCUSATIVE	ACCUSATIVE
ich	mich	**mich**
du	dich	**dich**
er	ihn	
es	es	*sich*
sie	sie	
wir	uns	**uns**
ihr	euch	**euch**
sie	sie	*sich*
Sie	Sie	*sich*

Reflexive pronouns are used much more frequently in German than in English. Compare the following examples, where the English equivalents do not use reflexive pronouns at all.

Ich habe **mich** noch nicht rasiert.	*I haven't shaved yet.*
Kurt muss **sich** noch duschen.	*Kurt still has to shower.*

In sentences and clauses that do not begin with the subject, the reflexive pronoun usually precedes noun subjects, but *always* follows pronoun subjects.

Warum hat **sich Holger** denn nicht rasiert?	*Why didn't Holger shave?*
Ich verstehe nicht, warum **er sich** nicht rasiert hat.	*I don't understand why he didn't shave.*

Below are some verbs that use reflexive pronouns in the accusative case. Note that the infinitive forms are preceded by **sich.**

sich waschen	*to wash*	**sich schminken**	*to put on make-up*
sich baden	*to take a bath*	**sich anziehen**	*to get dressed*
sich duschen	*to take a shower*	**sich ausziehen**	*to get undressed*
sich kämmen	*to comb one's hair*	**sich umziehen**	*to change (one's clothes)*
sich rasieren	*to shave*		

9-19 Was macht Otilia um sieben Uhr zehn? Die Information für **S2** ist im *Anhang* auf Seite A16.

S1: Was macht Otilia um sieben Uhr zehn?

S2: Sie schminkt sich.

	OTILIA	BERND	MORITZ UND JENS
7.10		Er duscht sich.	
7.25	Sie kämmt sich.		Sie ziehen sich an.
20.30	Sie zieht sich um.		

9-20 Kannst du nicht ein bisschen schneller machen?

▶

FRANK: Warum duschst du dich nicht endlich?   BERND: Ich muss mich doch erst rasieren.

1.

2.

3.

9-21 Wir sind schneller, als du denkst!

▶

MUTTER: Warum duscht ihr euch nicht endlich?   KINDER: Wir haben uns doch schon geduscht.

1.    3.   5.

2.    4.    6.

9-22 Was ich alles mache, bevor ich zur Uni gehe. Verwenden Sie so viele reflexive Verben wie möglich.

Ich stehe meistens um _____ auf. Vor dem Frühstück ... Nach dem Frühstück ...

joggen gehen	sich rasieren
sich duschen/baden	sich schminken
sich anziehen	sich kämmen
frühstücken	Radio hören
CNN anschauen	mein Bett machen
schnell meine Hausaufgaben machen	meine Freundin/meinen Freund anrufen
nach E-Mails schauen	...

9-23 Bevor ich zur Uni gehe, ... Erzählen Sie Ihren Mitstudenten, was Sie alles machen, bevor Sie zur Uni gehen.

Reflexive pronouns in the dative case

In the examples below, the reflexive pronouns are indirect objects and are therefore in the dative case.

Ich kaufe **mir** ein neues Kochbuch zum Geburtstag.	*I'm going to buy **myself** a new cookbook for my birthday.*

Note the difference in the way German and English refer to actions that involve one's own body.

Oliver wäscht **sich** jeden Tag **die** Haare.	*Oliver washes **his** hair every day.*

Where English uses the possessive adjective *(his hair)*, German uses the dative reflexive pronoun and the definite article **(sich die Haare)**.

The dative reflexive pronoun differs from the dative personal pronoun only in the 3rd person singular and plural and in the **Sie**-form, where it is **sich.**

personal pronouns		reflexive pronouns
NOMINATIVE	DATIVE	DATIVE
ich	mir	**mir**
du	dir	**dir**
er	ihm	
es	ihm	*sich*
sie	ihr	
wir	uns	**uns**
ihr	euch	**euch**
sie	ihnen	*sich*
Sie	Ihnen	*sich*

9-24 Was machen diese Leute?

▶ Anita sich die Haare bürsten

Anita bürstet sich die Haare.

1. Peter

2. wir

3. ich

4. Stephanie

5. ich

6. Martin und Claudia

sich einen Film anschauen	sich die Hände waschen
sich die Haare waschen	sich ein Stück Kuchen nehmen
sich eine Tasse Kaffee machen	sich die Zähne putzen

9-25 Kleine Gespräche. Ergänzen Sie die Reflexivpronomen!

1.   CLAUDIA: Warum nimmst du _____ nicht ein Stück von meinem Kuchen, bevor du ins Bett gehst?
    STEPHANIE: Weil ich _____ die Zähne schon geputzt habe.
2.   CLAUDIA: Warum sucht ihr _____ denn kein größeres Zimmer oder sogar eine kleine Wohnung?
    MARTIN: Weil wir _____ nichts mehr zu essen kaufen können, wenn wir noch mehr Miete zahlen müssen.
3.   HERR KOCH: Warum kaufen _____ Müllers denn keinen zweiten Wagen?
    FRAU KOCH: Ich glaube, sie wollen _____ zuerst ein Haus kaufen.
4.   FRAU HAAG: Warum soll ich _____ denn einen Videorecorder kaufen?
    HERR MERZ: Weil Sie _____ Ihre Lieblingsfilme dann zu Hause anschauen können.

 9-26 Was kaufst du dir mit diesem Geld? Ihre Partnerin/Ihr Partner hat 500 Dollar gewonnen und soll sich damit drei Dinge kaufen. Fragen Sie, was sie/er sich kauft, und wie viel sie/er dafür ausgibt. Berichten Sie, was Sie herausgefunden haben.

S1: Was kaufst du dir zuerst?

Was kaufst du dir dann?
Und was kaufst du dir zuletzt?

S2: Zuerst kaufe ich mir für etwa _____ Dollar ...

Dann kaufe ich mir für ...
Zuletzt kaufe ich mir für ...

S1: Zuerst kauft sich Lisa/David für etwa _____ Dollar ...
Dann kauft sie/er sich für etwa _____ Dollar ...
Und zuletzt kauft sie/er sich für etwa _____ Dollar ...

9-27 Morgentoilette. Stellen Sie einander ein paar Fragen über Ihre Morgentoilette°. Berichten Sie dann Ihren Mitstudenten, was Sie herausgefunden haben.

morning rituals

1. Badest du dich morgens oder duschst du dich lieber?
2. Wie oft wäschst du dir die Haare?
3. Mit was für einem Shampoo wäschst du dir die Haare?
4. Ziehst du dich vor oder nach dem Frühstück an?
5. Putzt du dir vor oder nach dem Frühstück die Zähne?
6. Mit was für einer Zahnpasta putzt du dir die Zähne?
7. Was machst du dir alles zum Frühstück?

Reflexive pronouns used to express *each other*

German commonly uses the plural reflexive pronoun as a reciprocal pronoun corresponding to English *each other*. Note that the pronoun is not always expressed in English.

Wie habt ihr **euch** kennen gelernt?	*How did you get to know **each other**?*
Wo sollen wir **uns** treffen?	*Where should we meet?*

9-28 Was passt zusammen? Ergänzen Sie die Reflexivpronomen in den Fragen und beantworten Sie die Fragen! Ein paar Antworten passen mehr als einmal.

S1:

S2:

1. Seit wann kennen _____ Claudia und Martin?
2. Wie haben sie _____ kennen gelernt?
3. Wie oft rufen _____ die beiden an?
4. Wann trefft ihr _____ heute Abend?
5. Wo sollen wir _____ morgen Abend treffen?
6. Wann sehen wir _____ wieder?
7. Wie oft schreibt ihr _____?
8. Seit wann grüßen _____ Müllers und Maiers nicht mehr?

Durch Freunde.
Hoffentlich sehr bald.
Um acht.
Am besten wieder bei mir.
Seit einem halben Jahr.
Fast jeden Tag.

9-29 Freundschaften. Stellen Sie einander die folgenden Fragen!

Hast du eine gute Freundin/einen guten Freund?
Seit wann kennt ihr euch?
Wo und wie habt ihr euch kennen gelernt?

Many German verbs are always or almost always accompanied by a reflexive pronoun even though their English equivalents are rarely reflexive. Here are some important ones. The reflexive pronoun for these verbs is in the accusative case.

sich auf·regen	*to get excited; to get upset*
sich beeilen	*to hurry (up)*
sich benehmen	*to behave*
sich entschuldigen	*to apologize*
sich erkälten	*to catch a cold*
sich setzen	*to sit down*
sich verspäten	*to be late*
sich wohl fühlen	*to feel well*

speech bubbles   ### 9-30 Was passt in die Sprechblasen°?

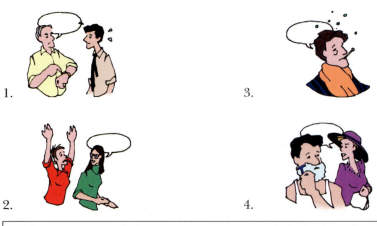

1.   3.

2.   4.

Ich habe mich erkältet.	Reg dich doch nicht so auf!
Sie haben sich verspätet.	Beeil dich doch ein bisschen!

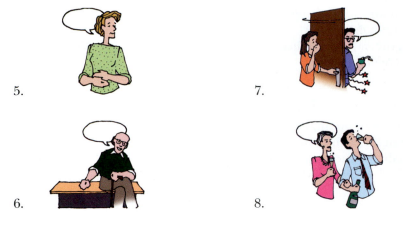

5.   7.

6.   8.

Komm, setz dich zu mir!	Du benimmst dich schlecht.
Ich fühle mich nicht wohl.	Können Sie sich nicht wenigstens entschuldigen?

9-31 Was passt? Finden Sie zu jeder Situation die passende Reaktion.

Situationen

1. Im Gasthaus „Krone" hat der Kellner Soße auf Herrn Merkels Jacke geschüttet°. Der Kellner sagt kein Wort, sondern versucht, die Jacke mit einer Serviette sauber zu machen. Herr Merkel sagt: *spilled*
2. Monika will ausgehen und mal richtig elegant sein und holt deshalb die neue Jacke ihrer Schwester Bettina aus dem Schrank. Als° sie die Jacke anzieht, kommt Bettina plötzlich zur Tür herein. Da sagt Monika: *when*
3. Holger ist mit Anna auf einer Party. Er isst und trinkt zu viel, steht dann plötzlich auf und will gehen. Anna fragt, warum er denn schon gehen will. Holger antwortet:
4. Günter ist mit Tina auf einer Party. Er trinkt zu viel und fängt an, ziemlich laut zu werden. Tina sagt:

Reaktionen

a. Benimm dich doch nicht so schlecht!
b. Bitte, reg dich nicht auf!
c. Können Sie sich denn nicht wenigstens entschuldigen?
d. Ich fühle mich gar nicht wohl.

9-32 Was passt? Finden Sie zu jeder Situation die passende Reaktion.

Situationen

1. Frau Gürlük ist Kellnerin und liest in der Zeitung, dass das Hotel „Vier Jahreszeiten" Kellnerinnen sucht. Als sie in die Personalabteilung kommt, sagt die Personalchefin:
2. Reichmanns sind bei Frau Reichmanns Chefin zum Abendessen eingeladen. Frau Reichmann hat sich gerade fertig geschminkt, aber ihr Mann steht immer noch unter der Dusche. Frau Reichmann ruft:
3. Patrick ist gestern schwimmen gegangen, obwohl das Wasser noch eiskalt war. Heute Morgen fühlt er sich gar nicht wohl und denkt:
4. Anne fragt Eva, warum Daniel nicht in der Vorlesung war. Eva antwortet:

Reaktionen

a. Beeil dich doch bitte, Dieter! Wir dürfen uns doch nicht verspäten.
b. Ich glaube, ich habe mich gestern erkältet.
c. Guten Tag! Bitte setzen Sie sich!
d. Er ist bestimmt krank. Er hat sich gestern schon nicht wohl gefühlt.

9-33 Persönliche Fragen. Stellen Sie einander die folgenden Fragen.

- In was für Situationen regst du dich auf?   Ich rege mich auf, wenn ...

- Was machst du, wenn du dich erkältet hast?   Wenn ich mich erkältet habe, ...

- Verspätest du dich manchmal? Warum?   Ich verspäte mich manchmal, weil ...

In den deutschsprachigen Ländern gibt es in jeder Stadt viele Bäcker und Fleischer, obwohl man Brot, Brötchen, Fleisch und Wurst auch im Supermarkt kaufen kann. Viele Leute kaufen ihr Brot und ihre Wurst aber immer noch bei ihrem Lieblingsbäcker oder -fleischer, weil sie glauben, dass kein anderer Bäcker oder Fleischer so gut ist wie ihrer.

Reformhäuser² gibt es in den deutschsprachigen Ländern schon viel länger als in Nordamerika und viele Leute kaufen dort chemiefreie Lebensmittel, Vitamine und viele andere Dinge, die besonders gesund sein sollen.

Eine Drogerie ist nicht ganz dasselbe wie ein nordamerikanischer *drugstore*, denn rezeptpflichtige³ Medikamente und sogar rezeptfreie Medikamente wie Aspirin kann man in den deutschsprachigen Ländern nur in der Apotheke kaufen.

¹*shopping habits*   ²*health food stores*   ³*prescription*

Elisabeth-Apotheke

6314

Ingrid Arnd · Fischerhüttenstraße 79
14163 Berlin (Zehlendorf) · Tel. 8 13 60 69

Ihre Apotheke – beratend in allen
Gesundheitsfragen. Nutzen Sie diesen Rat.

Bitte die Arznei gegen Rückgabe dieses Scheines abholen

The English equivalent of **derselbe, dasselbe,** and **dieselbe** is *the same*. Note that both parts of this German compound word take case endings.

Ich wohne in **derselben** Straße wie Peter.	*I live on **the same** street as Peter.*
Sag doch nicht immer **dasselbe!**	*Don't always say **the same** thing!*
Hat Ann immer noch **denselben** Freund?	*Does Ann still have **the same** boyfriend?*

If the definite article is contracted with a preposition, **selb-** is written as a separate word.

Peter und ich wohnen **im selben** Haus.	*Peter and I live in **the same** house.*

ZUSAMMENSCHAU

ZUM HÖREN

Einkaufsprobleme

Von Montag bis Freitag machen kleinere Geschäfte um 18.30 Uhr zu und am Samstag sogar schon um 13 oder 14 Uhr. Weil Herr und Frau Ziegler erst um sieben von der Arbeit kommen und weil Brot, Wurst, Obst und Gemüse nur wenige Tage frisch bleiben, müssen Nina oder Robert jeden Mittwoch Nachmittag ein paar Einkäufe machen. Hören Sie, was Zieglers beim Frühstück miteinander sprechen.

NEUE VOKABELN

der Fleischer	*butcher*	**Kommt gar**	*That's out of*
Heute bist	*Today it's*	**nicht in**	*the question!*
du dran.	*your turn.*	**Frage!**	
die Schinkenwurst	*ham sausage*	**genauso gut**	*just as good*
die Brezel, -n	*(large, soft)*	**schmecken**	*to taste*
	pretzel		

9-34 Erstes Verstehen. Wer sagt das? Schreiben Sie HZ (Herr Ziegler), FZ (Frau Ziegler), N (Nina) oder R (Robert).

_____ Nina! Warum kommst du denn nicht zum Frühstück?

_____ Du musst gleich nach der Schule zum Supermarkt, zum Bäcker und zum Fleischer.

_____ Ich hab' doch letzten Mittwoch eingekauft.

_____ Na, dann gib mir eben die Liste.

_____ Kommt gar nicht in Frage, Nina!

_____ Im Supermarkt ist doch alles genauso gut.

_____ Ja, besonders die Brezeln.

9-35 Detailverstehen. Hören Sie das Gespräch noch einmal an und schreiben Sie Antworten zu den folgenden Fragen.

1. Warum kommt Robert ungekämmt zum Frühstück?
2. Warum will Robert heute nicht einkaufen gehen?
3. Warum will Nina alles im Supermarkt kaufen?
4. Wo soll Nina das Brot, die Brezeln und die Wurst kaufen?
5. Warum soll Nina das Brot, die Brezeln und die Wurst nicht im Supermarkt kaufen?
6. Was soll Nina nicht vergessen?

hors d'oeuvre / main course

9-36 Freunde kommen zu Besuch.   Planen Sie mit einer Partnerin/einem Partner ein Essen für acht Personen. Machen Sie eine Einkaufsliste für eine kleine Vorspeise°, ein Hauptgericht° und einen guten Nachtisch. Vergessen Sie nicht, dass Sie auch Getränke kaufen müssen, und schreiben Sie genau auf, wie viel Gramm, Scheiben, Flaschen, Dosen, Becher, Stück oder Packungen Sie bei Bolle kaufen wollen.

Infobox   Luxemburg

Die Altstadt von Luxemburg

Das Großherzogtum[1] Luxemburg ist ein kleines Land: von Norden nach Süden sind es nur 82 km und von Osten nach Westen sogar nur 52. Von den fast 440 000 Einwohnern sind etwa 155 000 Ausländer, d.h. etwa 36 Prozent der Gesamtbevölkerung[2]. Damit hält Luxemburg den absoluten Rekord unter den Ländern der Europäischen Union. Dazu kommen noch über 100 000 Pendler[3], die täglich aus den Nachbarländern Deutschland, Frankreich und Belgien nach Luxemburg zur Arbeit kommen. Es ist deshalb kein Wunder, dass in dieser multikulturellen Gesellschaft[4] Sprachkompetenz eine enorme Rolle spielt. Luxemburgs offizielle Sprachen sind Luxemburgisch (eine Sprache, die dem Deutschen sehr ähnlich[5] ist), Deutsch und Französisch. Schon in der Grundschule lernen die Kinder alle drei offiziellen Sprachen und alle Grundschullehrer müssen dreisprachig sein. Anders als in der Schweiz sprechen deshalb in Luxemburg viele Menschen nicht nur eine, sondern alle offiziellen Sprachen.

Luxemburg ist ein hoch industrialisiertes Land, doch der dynamischste Sektor der Luxemburger Wirtschaft[6] sind die Banken mit fast 20 000 Beschäftigten[7]. In Luxemburg sind auch drei Institutionen der Europäischen Union mit über 7 000 „Eurokraten" aus allen Ländern der EU. In der Hauptstadt – auch sie heißt Luxemburg – kontrastieren die modernen Gebäude der Banken und der EU mit der historischen Altstadt, die seit 1994 zum Weltkulturerbe[8] der UNESCO gehört. Über 50 Prozent von den etwa 120 000 Einwohnern sind Ausländer und Luxemburg ist deshalb eine Hauptstadt mit besonders internationalem Flair.

Das Europaparlament in Luxemburg

Dass Luxemburgisch dem Deutschen sehr ähnlich ist, können Sie an den folgenden Beispielen sehen. Sie können bestimmt auch herausfinden, welche deutschen Sätze dasselbe bedeuten wie die luxemburgischen.

1. Mir léiere Lëtzebuergesch.
2. Mir schwätze Lëtzebuergesch.
3. Kënne mir eis?
4. Wéi geet et lech?
5. Et geet mir gutt.
6. Wivill Auer as et?
7. Wivill kascht dat?

a. Wie viel Uhr ist es?
b. Wie geht's?
c. Wie viel kostet das?
d. Es geht mir gut.
e. Wir lernen Luxemburgisch.
f. Kennen wir uns?
g. Wir sprechen Luxemburgisch.

[1]grand duchy   [2]total population   [3]commuters   [4]society   [5]similar   [6]economy
[7]employees   [8]world cultural heritage

LEUTE

Robert Kalina und der Euro

Vor dem Lesen

banknotes

9-37 Geldscheine°.

1. Kennen Sie Geldscheine von anderen Ländern? Wenn ja, von welchen?
2. Gefallen sie Ihnen besser oder nicht so gut wie die Geldscheine Ihres eigenen Landes? Was gefällt Ihnen daran besser oder nicht so gut?

9-38 Was ist das auf Englisch?

1. Geldscheine sind aus Papier und **Münzen** sind aus Metall.	a. design
2. **Vorderseite** ist das Gegenteil von Rückseite.	b. epoch
3. Durch einen **Wettbewerb** findet man heraus, wer etwas am besten kann.	c. cash
4. Felix studiert Musik und **nimmt** oft **an** Wettbewerben **teil.**	d. similarity
	e. front
	f. takes part in
5. Mit dem Computer hat ein neues **Zeitalter** begonnen.	g. competition
6. In seinem Charakter hat Daniel große **Ähnlichkeit** mit seinem Vater.	h. bridge
	i. coins
7. Ein Banknoten-Designer **entwirft** Banknoten.	j. designs
8. Was ein Designer entwirft, ist ein **Entwurf.**	
9. Über eine **Brücke** kommt man von einer Seite eines Flusses auf die andere.	
10. Geldscheine und Münzen sind **Bargeld.**	

Seit dem 1. Januar 2002 bezahlen die Europäer ihre Einkäufe nicht mehr mit Mark, Schilling, Franken, Lire, Peseten, Gulden, Drachmen usw., sondern mit Euros. Die Euro-Münzen haben eine „europäische" Vorderseite – sie ist das Werk des belgischen Münzen-Designers Luc Luycx – und eine „nationale" Rückseite, die in jedem Land anders aussieht. Bei den Euro-Scheinen dagegen[1] sind beide Seiten „europäisch" und alle sieben Scheine (5, 10, 20, 50, 100, 200 und 500 Euro) sind das Werk des österreichischen Banknoten-Designers Robert Kalina.

Robert Kalina ist Banknoten-Designer bei der Österreichischen Nationalbank. Als die EZB (Europäische Zentralbank) im Februar 1996 zu einem Wettbewerb für das Design des Euro einlädt, nimmt auch Robert Kalina

daran teil und wählt[2] das Thema „Zeitalter
und Stile Europas". Mögliche Motive sind
Porträts und Architektur, aber ohne
Ähnlichkeit mit wirklichen Personen oder
realen Gebäuden. Porträts von imaginären
Europäern, denkt Robert Kalina, machen
wenig Sinn[3]. Er entwirft deshalb imaginäre
Gebäude in den Baustilen verschiedener
europäischer Epochen: von der griechisch-
römischen Antike auf dem Fünf-Euro-
Schein bis zum Ende des zwanzigsten
Jahrhunderts auf dem Fünfhunderter. Auf
der Vorderseite zeigen Kalinas Scheine
Tore[4] und Fenster und auf der Rückseite
Brücken, alles Symbole für den Weg[5] der
europäischen Staaten zueinander. Die
verschiedenen Größen und Farben
der Scheine sind übrigens von der EZB
vorgegeben[6]. Man soll daran sofort
erkennen[7], welchen Schein man in der
Hand hält.

Im September 1996 wählt eine Experten-Jury die fünf besten Entwürfe und
Robert Kalinas Entwurf ist einer davon. Danach prüft[8] die EZB die Akzeptanz
dieser Entwürfe durch eine Umfrage[9] unter 2 000 Europäern, die viel mit
Bargeld zu tun haben, d.h. unter Taxifahrern, Verkäufern, Kassierern usw.
Robert Kalinas Designs gefallen diesen Leuten am besten und im Juli 1999
beginnt in zwölf europäischen Ländern die Produktion von 16 Milliarden[10]
Scheinen.

[1]on the other hand [2]selects [3]sense [4]gates [5]path [6]set [7]recognize [8]tests [9]poll [10]billion

Arbeit mit dem Text

9-39 Richtig oder falsch?

1. _____ Bei den Euro-Münzen ist nur eine Seite „europäisch".
2. _____ Die Euro-Scheine haben eine „nationale" Rückseite.
3. _____ Imaginäre europäische Personen und Gebäude sind mögliche Motive
   für das Design der Euro-Scheine.
4. _____ Für den Fünf-Euro-Schein wählt Robert Kalina den Baustil der
   griechisch-römischen Antike.
5. _____ Fenster, Tore und Brücken sollen symbolisieren, dass die europäischen
   Staaten einander immer näher kommen.
6. _____ Robert Kalina wählt für seine Scheine verschiedene Größen und
   Farben.
7. _____ Die Jury will durch eine Umfrage herausfinden, welches Design der
   EZB am besten gefällt.

Predicting gender

In German and in English the suffix **-er** is used to form *agent nouns*, i.e., nouns that show who or what does the action described by the verb. An agent noun with the suffix **-er** is always masculine even though it can refer to things as well as males. Some of these nouns take an umlaut.

| kaufen | *to buy* | **der** Käuf**er** | *buyer* |
| wecken | *to wake (someone) up* | **der** Weck**er** | *alarm clock* |

If an agent noun refers to a female, the suffix **-in** is added to the masculine suffix **-er.**

| der Käufer | *(male) buyer* | **die** Käufer**in** | *(female) buyer* |

9-40 Was passt wo?   Choosing appropriate infinitives, create German equivalents of the English nouns listed below. The articles indicate whether the nouns are to refer to a male or a thing (**der**) or to a female (**die**). Note that there are three compound nouns.

vermieten / einwandern / verkaufen / kennen / übersetzen / Korken + ziehen/ anfangen (Umlaut!) / besuchen / Arbeit + geben / Anruf + beantworten

1. beginner   der _____
2. translator   die _____
3. corkscrew   der _____
4. immigrant   der _____
5. answering machine   der _____

6. visitor   die _____
7. sales clerk   der _____
8. employer   der _____
9. landlady   die _____
10. connoisseur   der _____

Giving language color

There are so many expressions based on the names of the parts of the body that another sampling is added here.

Mir raucht der Kopf.	*I can't think straight anymore.*
Sie findet immer ein Haar in der Suppe.	*She finds fault with everything.*
Ich muss mit dir unter vier Augen sprechen.	*I have to talk to you in private.*
Sie tanzen ihr auf der Nase herum.	*They walk all over her.*
hit **Er hat mich übers Ohr gehauen°.**	*He cheated me.*
Wir haben uns die Beine in den Bauch gestanden.	*We stood until we were ready to drop.*

9-41 Was passt zusammen?

1. Warum hörst du denn schon auf zu lernen?
2. Warum soll ich denn nicht Lehrerin werden?
3. Warum soll ich weggehen, wenn Günter kommt?
4. Warum kaufst du Günters Wagen nicht?
5. Warum willst du mich dein Referat nicht lesen lassen?
6. Warum soll *ich* denn die Karten für das Fußballmatch kaufen?

a. Weil ich mit ihm unter vier Augen sprechen muss.
b. Weil du immer ein Haar in der Suppe findest.
c. Weil mir der Kopf raucht.
d. Weil du dir auch mal die Beine in den Bauch stehen kannst.
e. Weil dir die Schüler bestimmt alle auf der Nase herumtanzen.
f. Weil ich Angst habe°, dass er mich übers Ohr haut.

Angst habe: *am afraid*

Zur Aussprache

German *s*-sounds: voiced *s* and voiceless *s*

Before vowels the sound represented by the letter **s** is *voiced,* i.e., it is pronounced like English *z* in *zip*.

1. Wohin reisen Suse und Sabine? – Auf eine sonnige Südseeinsel.
2. So ein Sauwetter! Seit Sonntag keine Sonne!

Before consonants and at the end of a word, the sound represented by the letter **s** is *voiceless,* i.e., it is pronounced like English *s* in *sip*. The sounds represented by **ss** and **ß (Eszett)** are also *voiceless.*

1. Der Mensch ist, was er isst.
2. Ist das alles, was du weißt?
3. Wo ist hier das beste Restaurant?

The sound represented by the letter **z** is pronounced like English *ts* in *hits*.

1. Der Zug nach Zürich fährt um zehn.
2. Wann kommt Heinz aus Mainz zurück?
3. Zahnärzte ziehen Zähne.

Contrasting German *s*-sounds

so	Zoo	Gras	Graz°	an Austrian city
seit	Zeit	Schweiß°	Schweiz	*sweat*
Saal	Zahl	Kurs	kurz	
selten	zelten	heißen	heizen°	*to heat*
Sieh!	Zieh!	beißen	beizen°	*to stain (wood)*

Nomen

der Föhn, -e	blow-dryer
die Haarbürste, -n	hairbrush
das Handtuch, ̈er	towel
der Kamm, ̈e	comb
der Lippenstift, -e	lipstick
der Rasierapparat, -e	shaver
die Seife, -n	soap
das Shampoo, -s	shampoo
der Spiegel, -	mirror
der Waschlappen, -	washcloth
die Zahnbürste, -n	toothbrush
die Zahnpasta	toothpaste
die Apotheke, -n	pharmacy
die Drogerie, -n	drugstore
das Reformhaus, ̈er	health food store
das Bargeld	cash
der Geldschein, -e	banknote
die Münze, -n	coin
die Vorspeise, -n	hors d'oeuvre
das Hauptgericht, -e	main course
der Essig	vinegar
das Öl	oil
der Pfeffer	pepper
das Salz	salt
der Senf	mustard
der Herr, -n, -en	gentleman; Mr.
der Kollege, -n, -n	colleague
die Kollegin, -nen	
der Kunde, -n, -n	customer
die Kundin, -nen	
der Mitbürger, -	fellow citizen
die Mitbürgerin, -nen	
der Polizist, -en, -en	police officer
die Polizistin, -nen	

Verben

sich an·ziehen, hat sich angezogen	to dress, to get dressed
sich aus·ziehen, hat sich ausgezogen	to undress, to get undressed
sich um·ziehen, hat sich umgezogen	to change one's clothes
sich baden	to take a bath
sich duschen	to take a shower
sich die Haare föhnen/trocknen	to blow-dry/dry one's hair
sich kämmen	to comb one's hair
sich rasieren	to shave
sich schminken	to put on make-up
sich auf·regen	to get excited; to get upset
sich beeilen	to hurry
sich benehmen (benimmt sich), hat sich benommen	to behave
sich entschuldigen	to apologize
sich erkälten	to catch a cold
sich setzen	to sit down
sich verspäten	to be late
sich wohl fühlen	to feel well
schmecken	to taste; to taste good
treffen (trifft), hat getroffen	to meet

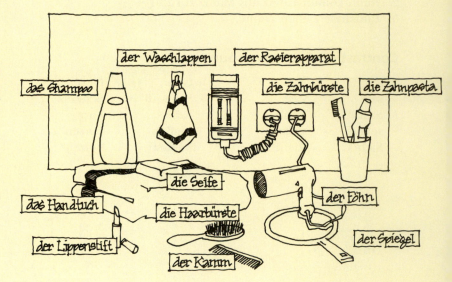

Andere Wörter

ähnlich	similar
derselbe, dasselbe, dieselbe	the same
versalzen	oversalted
wirklich	really

Ausdrücke

Angst haben	to be afraid
genauso gut	just as good (well)
Alles in Ordnung?	Is everything okay?
Das kommt nicht in Frage!	That's out of the question!
Jetzt bist du dran.	Now it's your turn.

Das Gegenteil

bevor ≠ nachdem	before ≠ after *(conj)*

Leicht zu verstehen

der Athlet, -en, -en	der Patient, -en, -en
die Athletin, -nen	die Patientin, -nen
der Bär, -en, -en	der Präsident, -en, -en
der Elefant, -en, -en	die Präsidentin, -nen
das Kamel, -e	

Wörter im Kontext

9-42 Was passt zusammen?   Beginnen Sie jede Frage mit **Was brauche ich, ...**

1. um mir die Haare zu waschen?
2. um mir die Haare zu trocknen?
3. um mir die Zähne zu putzen?
4. um mir die Hände zu waschen?
5. um mich zu kämmen?
6. um mich zu schminken?
7. um mich zu rasieren?

a. Einen Lippenstift.
b. Einen Kamm und einen Spiegel.
c. Einen Rasierapparat.
d. Wasser und Seife.
e. Ein Handtuch und einen Föhn.
f. Wasser und Shampoo.
g. Eine Zahnbürste und Zahnpasta.

9-43 Was passt?

sich umziehen / sich anziehen / sich ausziehen / sich beeilen / sich erkälten / sich wohl fühlen / sich entschuldigen

1. Bevor man sich duscht oder sich badet, _____ man _____ _____.
2. Nachdem man sich geduscht oder sich gebadet hat, _____ man _____ wieder _____.
3. Bevor man in die Oper geht, _____ man _____ _____.
4. Wenn man im Winter mit nassen Haaren aus dem Haus geht, kann man _____ _____.
5. Wenn man morgens zu spät aufgestanden ist, sollte° man _____ _____.   *should*
6. Wenn man sich verspätet hat oder wenn man sich schlecht benommen hat, sollte man _____ _____.
7. Wenn man _____ nicht _____ _____, sollte man zu Hause bleiben.

9-44 Was ist hier identisch?   Welche zwei Sätze in jeder Gruppe bedeuten etwa dasselbe?

1. Diese Suppe schmeckt mir nicht.
   Ich mag diese Suppe nicht.
   Ich habe keine Lust auf Suppe.
2. Jetzt bist du dran.
   Das darfst du nicht.
   Das kommt nicht in Frage!

3. Ich fühle mich nicht wohl.
   Es tut mir Leid.
   Mir geht es nicht gut.
4. Kommt ja rechtzeitig!
   Verspätet euch nicht!
   Regt euch nicht auf!

KAPITEL
10

Kommunikationsziele

Telling stories
Giving opinions
Describing people, places, and
   things

Strukturen

Simple past tense
Principal parts of verbs
Wann, als, wenn
More on relative pronouns
Summary of adjective endings

Kultur

**Der Beginn des
   Informationszeitalters
Zeitungen und Magazine**
Leute: **Die Brüder Grimm**

Aus Büchern und Zeitungen

Lesen in der Mittagspause

Der schlaue Student vom Paradies

nach Hans Sachs

Im sechzehnten Jahrhundert studierte einmal ein deutscher Student in Paris. Im Juli war das Sommersemester zu Ende und der Student wollte zu seinen Eltern nach Deutschland zurück. Weil er aber sehr arm war, konnte er kein Pferd kaufen, sondern musste zu Fuß nach
5 Deutschland wandern. (Busse und Züge gab es damals natürlich noch nicht.)

Als der Student nach einer Woche zum ersten deutschen Dorf kam, war es gerade Mittag, und weil er heute noch nichts gegessen hatte, war er sehr hungrig. Er blieb deshalb bei einer Bäuerin stehen, die
10 vor ihrem Haus im Garten arbeitete, und sagte: „Guten Tag, liebe Frau. Haben Sie vielleicht etwas zu essen für mich? Ich bin heute schon weit gewandert und habe noch nicht mal gefrühstückt."

Die Bäuerin schaute von ihrer Arbeit auf und fragte: „Wer sind Sie denn und woher kommen Sie?"

15 „Ich bin ein armer Student," antwortete er, „und ich komme von Paris."

Nun war die gute Frau zwar sehr fromm, aber nicht sehr intelligent. Sie ging jeden Sonntag in die Kirche und sie hörte dort viel vom Paradies, aber von Paris hatte sie noch nie etwas gehört. Und so
20 verstand sie nicht *Paris*, sondern *Paradies* und rief: „Was, Sie kommen vom Paradies?! Ja, dann kennen Sie doch sicher meinen ersten Mann. Er war gut und fromm und ist jetzt bestimmt im Paradies."

„Wie heißt er denn?" fragte der schlaue Student.

„Hans," antwortete die Bäuerin, „Hans Krüger."

25 „Oh, der Hans!" rief der Student. „Aber natürlich kenne ich ihn. Er ist sogar ein guter Freund von mir."

„Wie geht es ihm im Paradies?" fragte die Frau.

„Leider nicht sehr gut," antwortete der Student. „Hans ist sehr arm. Er hat kein Geld, ist in Lumpen gekleidet und hat oft nicht mal
30 genug zu essen."

„Oh, du mein armer Hans," weinte da die gute Frau, „du hast kein Geld und keine Kleider und musst oft hungern und frieren. Aber vielleicht kann ich dir helfen. Mein zweiter Mann ist reich und gut."

Da rief der Bauer: „Oh, Frau!"

Dann fragte sie den Studenten: „Wann gehen Sie denn ins Paradies
35 zurück, junger Mann?"

„Meine Ferien sind übermorgen zu Ende," antwortete er, „und ich
gehe morgen wieder ins Paradies zurück."

„Können Sie vielleicht für meinen armen Hans ein bisschen Geld und
ein paar gute Kleider mitnehmen?" fragte die Frau.

40 „Aber natürlich," antwortete der Student, „das mache ich gern. Holen
Sie nur das Geld und die Kleider, dann muss Ihr Hans bald nicht
mehr hungern und frieren."

Da war die gute Frau sehr glücklich. Sie lief ins Haus und bald kam
sie mit einem Bündel Kleider, mit zehn Goldstücken und mit einem
45 großen Stück Brot wieder zurück. Das Brot gab sie dem Studenten
und die Goldstücke steckte sie in das Bündel. „Bitte, geben Sie
meinem Hans dieses Bündel," sagte sie, „und grüßen Sie ihn von mir.
Ich habe zwar wieder geheiratet, aber meinen Hans vergesse ich nie."

Der Student dankte der Bäuerin für das Brot, nahm das Bündel und
50 wanderte so schnell wie möglich weiter.

Nach einer halben Stunde kam der Bauer vom Feld und die
glückliche Frau erzählte ihm alles. Da rief er: „Oh, Frau!", lief schnell
in den Stall, sattelte sein Pferd und galoppierte dem Studenten nach.

Der Student war mit seinem Bündel schon weit gewandert. Als er
55 plötzlich ein Pferd galoppieren hörte, nahm er das Bündel schnell
vom Rücken und versteckte es in einem Busch.

Der Bauer kam, hielt sein Pferd an und fragte: „Haben Sie vielleicht
einen Studenten mit einem Bündel auf dem Rücken gesehen?"

„Ja," log der schlaue Student, „das ist sicher der Mann, mit dem ich
60 gerade gewandert bin. Als er Ihr Pferd hörte, hat er Angst gekriegt
und ist schnell in den Wald gerannt."

„Halten Sie doch bitte mein Pferd!" rief da der Bauer. „Ich muss
diesen Studenten fangen." Er stieg schnell vom Pferd und lief in den
Wald. Der Student aber holte das Bündel aus dem Busch, stieg auf
65 das Pferd und ritt schnell weg.

Der Bauer fand niemand im Wald und als er wieder zurückkam, fand
er auch den Studenten und das Pferd nicht mehr. Da wurde ihm alles
klar und er ging langsam zu Fuß nach Hause zurück.

Zu Hause fragte ihn seine Frau: „Warum kommst du zu Fuß zurück?
70 Wo ist denn dein Pferd?"

„Ich habe es dem Studenten gegeben," antwortete der Bauer. „Mit
dem Pferd kommt er schneller ins Paradies."

10-1 Wahrheit oder Lüge°?   Sie hören *Der schlaue Student vom Paradies* *lie*
und dann acht Aussagen. Haken Sie nach jeder Aussage ab,

a. wer das sagt (der Student, die Bäuerin, der Bauer)
b. ob diese Leute glauben, was sie sagen (Wahrheit), oder ob sie lügen
   (Lüge).

A.	DER STUDENT	DIE BÄUERIN	DER BAUER	B.	WAHRHEIT	LÜGE
1.	_____	_____	_____		_____	_____
2.	_____	_____	_____		_____	_____
3.	_____	_____	_____		_____	_____
4.	_____	_____	_____		_____	_____
5.	_____	_____	_____		_____	_____
6.	_____	_____	_____		_____	_____
7.	_____	_____	_____		_____	_____
8.	_____	_____	_____		_____	_____

10-2 Was passt wo?

arbeitete / kam / sah

1. Als der Student durch das erste deutsche Dorf _____, _____ er dort eine
   Bäuerin, die vor ihrem Haus im Garten _____.

hatte / fragte / war / sagte

2. Weil es gerade Mittag _____ und weil er Hunger _____, _____ er „Guten
   Tag!" und _____: „Haben Sie vielleicht etwas zu essen für mich?"

hörte / fragte / verstand / antwortete

3. Die Frau _____: „Woher kommen Sie?" und der Student _____: „Von Paris."
   Weil die Frau aber jeden Sonntag vom Paradies _____, _____ sie nicht Paris,
   sondern Paradies.

hörte / holte / zurückging / war

4. Als die Frau _____, dass der Student morgen wieder ins Paradies _____,
   _____ sie ganz glücklich und _____ Geld, Kleider und ein Stück Brot.

galoppierte / sattelte / erzählte / lief

5. Als die Frau dem Bauern später von dem Studenten und dem Bündel _____,
   _____ er schnell in den Stall, _____ sein Pferd und _____ dem Studenten nach.

fragte / hörte / schickte / versteckte

6. Als der Student ein Pferd galoppieren _____, _____ er das Bündel schnell
   in einem Busch. Als der Bauer ihn nach° dem Studenten _____, _____ *about*
   er ihn in den Wald.

stieg / fand / ritt / holte

7. Der Bauer _____ natürlich niemand. Der Student aber _____ das Bündel
   aus dem Busch, _____ auf das Pferd und _____ schnell weg.

10-3 Der schlaue Student vom Paradies. Bilden° Sie Dreiergruppen. Jede Gruppe bringt die Fragen und Aussagen in einer Szene in die richtige Reihenfolge und übt die Szene. Dann spielt die Klasse den ganzen Sketch.

Szene 1: Erzähler(in), Bäuerin, Student

Ein deutscher Student wanderte einmal in den Ferien von Paris nach Deutschland zurück. Als er durch das erste deutsche Dorf kam, sah er vor einem großen Bauernhaus eine Frau im Garten arbeiten. Weil er heute noch nichts gegessen hatte, blieb er stehen und sagte:

_1_ Guten Tag, liebe Frau. Haben Sie vielleicht etwas zu essen für mich?

____ Hans heißt er, Hans Krüger.

____ Ich bin ein armer Student und komme von Paris.

____ Etwas zu essen? Ja, wer sind Sie denn und woher kommen Sie?

____ Was?! Vom Paradies?! Ja, dann kennen Sie doch sicher meinen ersten Mann!

____ Oh, der Hans! Ja, natürlich kenne ich ihn. Er ist sogar ein guter Freund von mir.

____ Wie heißt er denn?

Szene 2: Erzähler(in), Bäuerin, Student

Als die Frau hörte, dass der Student ihren ersten Mann so gut kannte, war sie ganz glücklich und fragte:

_1_ Wie geht es meinem Hans im Paradies?

____ Meine Ferien sind übermorgen zu Ende.

____ Ja, das mache ich sehr gern.

____ Leider nicht sehr gut. Er hat kein Geld und keine Kleider.

____ Können Sie meinem Hans vielleicht ein bisschen Geld und ein paar Kleider bringen?

____ Ach, du armer Hans! Aber vielleicht kann ich dir helfen. Wann gehen Sie denn ins Paradies zurück, junger Mann?

Szene 3: Erzähler(in), Bäuerin, Student

Die Bäuerin lief ins Haus und als sie wieder zurückkam, sagte sie:

_1_ Also, hier ist erst mal ein großes Stück Brot für Sie.

____ Grüßen Sie meinen Hans von mir und sagen Sie ihm, dass ich ihn nie vergesse.

____ Und das hier sind die Sachen für meinen Hans.

____ Oh, vielen Dank, liebe Frau.

____ Das mache ich gern. Und noch mal vielen Dank für das Brot, liebe Frau. Auf Wiedersehen!

____ Mm, was für ein großes Bündel! Was schicken Sie ihm denn alles?

____ Zehn Goldstücke! Damit kann er sich viel zu essen kaufen, der gute Hans!

____ Schöne warme Kleider, und in die Hosentaschen habe ich zehn Goldstücke gesteckt.

Szene 4: Erzähler(in), Bäuerin, Bauer

Nach einer halben Stunde kam der Bauer vom Feld und weil die Frau so glücklich war, begann sie gleich zu erzählen:

_1_ Oh, Hermann, ich bin ja so glücklich!

____ Ja, weißt du, da war dieser Student vom Paradies ...

____ Warum? Warum geht es ihm schlecht im Paradies?

____ Was, ein Student vom Paradies?!

____ Er hat kein Geld und keine Kleider. Aber der Student geht übermorgen ins Paradies zurück und ich habe ihm für Hans ein großes Bündel Kleider und zehn Goldstücke mitgegeben.

____ Ja, und denk dir nur, er kennt den Hans, und er hat mir erzählt, wie schlecht es ihm geht.

____ Zehn Goldstücke! Oh, Frau!

____ Glücklich? Warum?

Szene 5: Erzähler(in), Bauer, Student

Der Student war mit seinem Bündel schon weit gewandert. Da hörte er plötzlich ein Pferd galoppieren und rief:

_1_ Das ist bestimmt der Bauer! Also weg mit dem Bündel! Hier, hinter den großen Busch!

____ Ja, das ist sicher der Mann, mit dem ich gerade gewandert bin. Als er Ihr Pferd hörte, ist er schnell in den Wald gerannt.

____ Haben Sie vielleicht einen Studenten mit einem Bündel auf dem Rücken gesehen?

____ Aber gern. Und viel Glück im Wald!

____ Ich muss diesen Studenten fangen. Können Sie vielleicht so lang mein Pferd halten?

Szene 6: Erzähler(in), Bäuerin, Bauer

Der Bauer fand niemand im Wald und als er wieder zurückkam, fand er auch den Studenten und das Pferd nicht mehr. Als er dann am Abend nach Hause kam, fragte seine Frau:

_1_ Warum bist du so schnell weggeritten, Hermann?

____ Ich habe es dem Studenten gegeben. Mit dem Pferd kommt er schneller ins Paradies.

____ Ja, das habe ich.

____ Hast du ihn gefunden und hast du mein schönes Bündel gesehen?

____ Aber sag mal, warum kommst du zu Fuß zurück? Wo ist denn dein Pferd?

____ Ich wollte mit dem Studenten sprechen.

Der Beginn des Informationszeitalters

Wenn wir heute vom Informationszeitalter[1] sprechen, denken wir an Fernsehen, Computer, Fax und Internet, und wir vergessen, dass dieses Zeitalter eigentlich vor etwa 550 Jahren mit Johannes Gutenberg und der Erfindung[2] des Buchdrucks[3] begonnen hat. Vor Gutenberg brauchte ein Schreiber zwei volle Jahre, um eine einzige Bibel zu kopieren. Nach Gutenberg gab es bald Tausende von Druckereien[4] in Europa, die Millionen von Büchern und anderen Schriften[5] produzierten.

Genauso wichtig wie die Erfindung des Buchdrucks war für die deutschsprachigen Länder Martin Luthers Bibelübersetzung. Die deutschen Dialekte waren so verschieden, dass die Menschen aus dem Norden ihre Nachbarn im Süden oft nicht verstanden. Die wenigen Gebildeten[6] schrieben und sprachen damals Latein. Luther übersetzte nun die Bibel in ein Deutsch, das auch einfache[7] Menschen in allen deutschsprachigen Ländern verstehen konnten. Seine Übersetzungstechnik beschreibt er so: „... man muss die Mutter im Haus, die Kinder auf der Straße und den gemeinen[8] Mann auf dem Markt fragen und ihnen auf den Mund sehen, wie sie reden, und danach[9] übersetzen ...“

Durch Gutenbergs Erfindung des Buchdrucks und Luthers Bibelübersetzung konnten immer mehr Menschen die Bibel und viele andere Schriften lesen, und manche[10] von ihnen begannen sogar selbst zu schreiben. So schrieb der Schuhmacher Hans Sachs aus Nürnberg in seiner Freizeit Tausende von Gedichten[11] und Dramen. In *Der farend Schüler im Paradeiß* zeigte er mit viel Humor, was passieren kann, wenn man so schlecht informiert ist, dass man noch nie etwas von Paris gehört hat und deshalb Paradies versteht.

[1]*information age* [2]*invention* [3]*printing* [4]*print shops* [5]*writings*
[6]*educated people* [7]*ordinary* [8]*ordinary* [9]*accordingly* [10]*some*
[11]*poems*

10-4 Wo steht das im Text? Finden Sie die Antworten zu den folgenden Fragen und unterstreichen° Sie sie.

underline

1. Wann hat das Informationszeitalter begonnen?
2. Wie lange brauchte man vor Gutenberg, um eine einzige Bibel zu kopieren?
3. Welche Sprache schrieben und sprachen die Gebildeten damals?
4. In was für ein Deutsch übersetzte Luther die Bibel?
5. Was war Hans Sachs von Beruf?
6. Wann schrieb Hans Sachs seine vielen tausend Gedichte und Dramen?

Nomen

der Bauer, -n, -n	farmer
die Bäuerin, -nen	
das Pferd, -e	horse
der Stall, ¨e	stable
das Informationszeitalter	information age
die Erfindung, -en	invention
der Erzähler, -	narrator
die Erzählerin, -nen	
das Gedicht, -e	poem
der Sketch, -es	skit
die Übersetzung, -en	translation
die Angst	fear
das Glück	luck
das Jahrhundert, -e	century
die Kirche, -n	church

Verben

an·halten (hält an), hielt an, hat angehalten	to stop
drucken	to print
fangen (fängt), fing, hat gefangen	to catch
frieren, fror, hat gefroren	to be cold
grüßen	to greet; to say hello
lügen, log, hat gelogen	to lie
reiten, ritt, ist geritten	to ride (a horse)
rufen, rief, hat gerufen	to call
stecken	to put, to stick
stehen bleiben, blieb stehen, ist stehen geblieben	to stop (walking)
steigen, stieg, ist gestiegen	to climb
verstecken	to hide
weinen	to cry

Andere Wörter

mancher, manches, manche	many a; (pl) some
einfach	simple; ordinary
fromm	pious
gekleidet	dressed
schlau	crafty; clever
als	when (conj)
damals	back then; at that time

Ausdrücke

Angst kriegen	to get scared
Viel Glück!	Lots of luck!

Das Gegenteil

die Lüge, -n ≠ die Wahrheit	lie ≠ truth
einfach ≠ kompliziert	simple ≠ complicated

Leicht zu verstehen

die Bibel, -n	das Paradies
das Bündel, -	der Schuhmacher, -
der Busch, ¨e	galoppieren
der Dialekt, -e	kopieren
das Drama, Dramen	satteln
das Fax, -e	hungrig
das Internet	

Sprachnotiz | The past perfect tense

Like the English past perfect, the German past perfect is used to refer to an event that precedes another event in the past. It is formed with the simple past of the auxiliaries **haben** or **sein** and the past participle.

Der Student war sehr hungrig, denn er **war** weit **gewandert** und **hatte** noch nichts **gegessen**.

*The student was very hungry, because he **had walked** a long way and **had** not **eaten** anything yet.*

Wörter im Kontext

10-5 Was passt in jeder Gruppe zusammen?

1. der Erzähler	a. der Reiter	9. der Stall	i. die Szene
2. die Kirche	b. der Christ	10. das Drama	j. die Sprache
3. das Jahrhundert	c. die Zeit	11. der Bauer	k. das Pferd
4. das Pferd	d. die Geschichte	12. der Dialekt	l. das Feld

5. fangen	e. der Winter
6. galoppieren	f. der Ball
7. frieren	g. das Buch
8. drucken	h. das Pferd

10-6 Mit anderen Worten. Welche zwei Sätze in jeder Gruppe bedeuten etwa dasselbe?

1. Mir ist kalt.
   Ich friere.
   Heute ist es kalt.

2. Er sagt immer die Wahrheit.
   Er sagt nie die Wahrheit.
   Er lügt immer.

3. Warum bleibst du stehen?
   Warum bleibst du nicht stehen?
   Warum gehst du nicht weiter?

4. Ann hat viele Kleider.
   Ann ist sehr gut gekleidet.
   Anns Kleider sind sehr schön.

10-7 Assoziationen. Was passt wo?

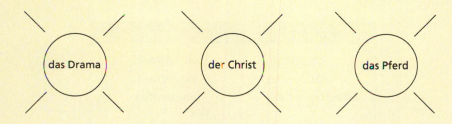

die Kirche / die Szene / reiten / der Autor / satteln / die Bibel /
der Sketch / der Stall / das Paradies / die Rolle / fromm / galoppieren

10-8 Was passt?

1. Leute, _____, grüßen einander.
2. Katzen, _____, fangen keine Mäuse.
3. Ein Mann, _____, ist ein Bauer.
4. Ein Mensch, _____, ist ein Lügner.
5. Menschen, _____, sind Autoren.
6. Ein Mensch, _____, ist fromm.

a. der im Stall und auf dem Feld arbeitet
b. der sehr religiös ist
c. der nicht die Wahrheit sagt
d. die nicht hungrig sind
e. die sich kennen
f. die Romane, Dramen und Gedichte schreiben

KOMMUNIKATION UND FORMEN

1. Narrating past events

The simple past tense

The simple past tense is used mainly in written German to describe a series of connected events in the past. It is found mostly in narratives, novels, newspaper reports, and newscasts, and is therefore sometimes called the narrative past. You will see that in German, the simple past is often formed in a way that is similar to the simple past in English.

The simple past of regular verbs

The simple past of regular verbs is formed by adding a past tense marker to the verb stem (**-t-** in German and **-ed** in English).

German	English
lernen: ich lernte	to learn: I learn**ed**
studieren: ich studierte	to study: I stud**ied**

In German the past tense marker **-t-** is inserted between the verb stem and the personal endings.

singular	plural
ich lernte	wir lernten
du lerntest	ihr lerntet
er/es/sie lernte	sie lernten
Sie lernten	

The German simple past has more than one English equivalent.

ich lernte	*I learned*
	I did learn
	I was learning

Verb stems that end in **-d, -t** (**land-en, arbeit-en**), or certain consonant combinations (**regn-en**) add an **e** before the past tense marker **-t-.**

singular	plural
ich arbeitete	wir arbeiteten
du arbeitetest	ihr arbeitetet
er/es/sie arbeitete	sie arbeiteten
Sie arbeiteten	

10-9 Die arme Frau Merkel. Lesen Sie den folgenden Text und setzen Sie die fett gedruckten Verben ins Präteritum°.

simple past

Weil Frau Merkel nicht sehr viel **verdient, vermietet** sie ein Zimmer ihrer Wohnung an zwei Studenten. Die beiden **bezahlen** pünktlich ihre Miete, aber oft **kochen** sie nicht nur für sich in Frau Merkels Küche, sondern auch für ihre Freunde. Sie **machen** auch oft den Abwasch nicht, **leeren** fast nie den Mülleimer und manchmal **benutzen** sie sogar Frau Merkels Töpfe. Wenn sie Partys **feiern, übernachten** immer ein paar von ihren Freunden bei ihnen und morgens **duschen** und **baden** sich alle in Frau Merkels Bad. Und auch wenn die beiden Studenten mal keine Party **feiern, stören** sie die arme Frau die halbe Nacht mit ihrer lauten Musik. Nach drei Monaten **kündigt°** Frau Merkel den beiden und **sucht** sich nettere und ruhigere Mieter.

gives notice

The simple past of irregular verbs

In German and English, the simple past of irregular verbs is signaled by a stem change.

German	English
kommen: ich kam	*to come: I came*
gehen: ich ging	*to go: I went*
stehen: ich stand	*to stand: I stood*

Note that the simple past of German irregular verbs has no personal ending in the 1st and 3rd person singular.

singular	plural
ich kam	wir kamen
du kamst	ihr kamt
er/es/sie kam	sie kamen
Sie kamen	

You will find lists of irregular verbs used in this text in the *Anhang* on pages A36 and A38.

10-10 Die mysteriösen Euros.
Lesen Sie den folgenden Text und setzen Sie die fett gedruckten Verben ins Präsens°.

present tense

piece of paper

police station

Karin **saß** an einem der Tische vor einem kleinen Restaurant, **las** die Zeitung und **trank** einen Cappuccino. Da **hielt** auf der Straße ein roter BMW, der Fahrer **ging** zum Kellner, **sprach** kurz mit ihm, **gab** ihm einen Zettel° und ein Bündel Geldscheine und **stieg** wieder in seinen Wagen. Der Kellner **kam** zu Karin, **gab** ihr die Scheine und den Zettel und **lief** ohne ein Wort zu sagen schnell ins Restaurant. Auf dem Zettel **stand:** „Hier sind tausend Euro. Der Rest kommt, wenn die Sachen verkauft sind." Karin **verstand** von allem nichts und **rief** ein paarmal nach dem Kellner. Weil er aber nicht **kam, begann** sie Angst zu kriegen und **ging** mit dem vielen Geld schnell zur nächsten Polizeiwache°.

The simple past of separable-prefix verbs

In the simple past, the prefix of separable-prefix verbs functions just as it does in the present tense.

In an independent clause, the prefix is separated and appears at the end of the clause.

Der Bauer sattelte sein Pferd und **galoppierte** dem Studenten **nach.**	*The farmer saddled his horse and **galloped after** the student.*

In a dependent clause, the unseparated verb appears at the end of the clause.

Als der Bauer wieder **zurückkam,** war der Student weg.	*When the farmer **returned,** the student was gone.*

10-11 Warum Staatskassen° immer leer sind.
Lesen Sie die Geschichte und setzen Sie alle fett gedruckten Verben ins Präteritum. Das Präteritum der unregelmäßigen° Verben ist vor der Geschichte gegeben.

state treasuries

irregular

geben – gab	haben – hatte	lassen – ließ	sein – war
gehen – ging	kommen – kam	rufen – rief	sitzen – saß

one day

shake

court jester

lump

sticks

Obwohl der gute König Otto ein großes, reiches Land mit vielen fleißigen Menschen **hat, ist** seine Staatskasse immer leer. Deshalb **ruft** er eines Tages° seine Generäle und Minister zusammen, und als sie dann alle um den Tisch **herumsitzen, fragt** er sie: „Wo bleibt denn nur das ganze Geld?" Er **bekommt** aber keine Antwort. Die Generäle **schütteln**° nur den Kopf und die Minister **machen** ein dummes Gesicht.

Da **sagt** der König: „Wenn ihr alle so dumm seid, dann muss ich meinen Narren° rufen und ihn fragen."

Der Narr **kommt** und der König **fragt:** „Narr, wo bleibt denn nur das ganze Geld?" „Wenn du das wirklich wissen willst", **antwortet** der Narr, „dann gib mir einen Klumpen° Butter."

Der Narr **bekommt** die Butter und es **ist** ein großer Klumpen. Er **gibt** ihn dem Ministerpräsidenten in die Hand und **sagt:** „Geben Sie den Klumpen bitte weiter, Exzellenz!" Und so **geht** nun der Butterklumpen von Minister zu Minister und von General zu General um den ganzen Tisch herum. Als der Klumpen dann endlich wieder beim Narren **ankommt,** da **ist** das kein großer Klumpen mehr, sondern nur noch ein ganz miserables Klümpchen. Fast die ganze Butter **klebt**° an den großen, warmen Händen der Minister und der Generäle!

Da **sagt** der Narr zum guten König Otto: „Siehst du jetzt, wo dein Geld ist? – Es ist dort, wo auch die Butter ist."

The simple past of mixed verbs

In the simple past, mixed verbs have the stem change of the irregular verbs, but the past tense marker **-t-** and personal endings of the regular verbs. Six common verbs in this group are:

bringen	**brachte**	nennen	**nannte**
denken	**dachte**	rennen	**rannte**
kennen	**kannte**	wissen	**wusste**

10-12 Mein erstes Semester. Ergänzen Sie die passenden Verben! Vergessen Sie nicht, dass nach **kennen** ein direktes Objekt und nach **wissen** ein Nebensatz° steht.

dependent clause

kannte / wussten / brachte / dachten / rannten / nannten

Anfang September _____ mein Vater mich zu meiner Uni. Obwohl ich dort keinen Menschen _____, hatte ich bald viele Freunde. Wir _____ von einer Party zur anderen, hatten viel Spaß, aber _____ nur selten an° unser Studium. Meine armen Eltern _____ bald nicht mehr, was sie mit mir tun sollten, und _____ mich einen richtigen Nichtsnutz°.

of

good-for-nothing

10-13 Die mysteriösen Rosen. Lesen Sie die Geschichte und setzen Sie alle fett gedruckten Verben ins Präteritum.

Am Morgen meines zwanzigsten Geburtstags **kommt** ein Mann vom Blumengeschäft an der nächsten Ecke und **bringt** mir fünf rote Rosen. „Sie können nur von Florian sein", **denke** ich. Aber die Glückwunschkarte, die in den Rosen **steckt, nennt** keinen Namen, und ich **kenne** auch die Handschrift° nicht. „Von wem sind denn diese Rosen?" **frage** ich den Mann, aber er **weiß** es auch nicht. Als ich dann später die Treppe **hinunterrenne, kommt** Florian zur Haustür herein und **bringt** mir fünf rote Rosen. Von wem die ersten fünf waren, habe ich bis heute noch nicht herausgefunden.

handwriting

Infobox   **Zeitungen und Magazine**

Die Deutschen lesen viel. Im Durchschnitt[1] liest jeder Deutsche täglich eine halbe Stunde die Zeitung. *Bild* ist mit täglich 4,5 Millionen Exemplaren[2] die meistgelesene Zeitung in Deutschland. Weniger gelesen, aber mit enormem Einfluss[3] sind überregionale Zeitungen wie die *Frankfurter Allgemeine*, die *Süddeutsche Zeitung* und die Wochenzeitung *Die Zeit.* International bekannt[4] sind die Nachrichtenmagazine[5] *Der Spiegel* und *Focus,* und das Magazin *Stern.*

[1]*on average*   [2]*copies*   [3]*influence*
[4]*known*   [5]*news magazines*

10-14 Manchmal sollte man gar nicht erst aufstehen.

Suchen Sie die passenden Sätze zu diesen Bildern und lesen Sie dann die Geschichte laut vor.

__1__ Als Martin gestern aufwachte, schien ihm die Sonne ins Gesicht.

neither / nor _____ Da blieb zu nichts Zeit, weder° zum Duschen noch° zum Frühstück.

_____ Es war schon halb zehn und um zehn hatte er eine wichtige Klausur!

hardly _____ Und als er auf seinen Wecker schaute, konnte er kaum° glauben, was er da sah.

_____ Er sprang aus dem Bett und zog schnell Hemd und Hose an.

 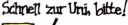    

_____ Aber er kam zu spät: der Bus fuhr gerade um die Ecke.

bus stop _____ Wie verrückt rannte er zur Bushaltestelle°.

finally _____ Schließlich° stoppte er ein Taxi.

_____ „Was jetzt?" dachte Martin.

_____ Er versuchte, ein Auto anzuhalten, aber niemand hielt.

_____ Punkt zehn hielt das Taxi vor der Uni und der Fahrer sagte: „Fünf Euro, bitte."

_____ „Schnell zur Uni, bitte!" rief er, als er in das Taxi stieg.

Darn it! _____ „Verflixt!° Sie steckt zu Hause in meiner anderen Jacke!"

_____ Aber da sah Martin auch schon die Lösung seines Problems: das war doch Claudia dort vor der Eingangstür!

raced _____ Und als das Taxi dann zur Uni raste°, wollte Martin seine Geldtasche aus der Jacke holen.

_____ Und Gott sei Dank hörte sie ihn und hatte auch fünf Euro bei sich.

_____ Aber obwohl es schon fünf nach zehn war, war der Hörsaal leer!

_____ Schnell steckte er den Kopf durchs Fenster und rief: „Claudia!"

_____ Und an der Tafel stand: Impressionismus: Klausur auf nächste Woche verschoben°.

postponed

_____ Dann rannten sie zusammen die Treppe zum Hörsaal hinauf.

2. Expressing action in different time frames

The principal parts of irregular verbs

In German and in English, all tenses of regular verbs are derived from the stem of the infinitive. They are completely predictable.

infinitive	tenses		
	PRESENT	SIMPLE PAST	PERFECT
lernen	**er lernt**	**er lernte**	**er hat gelernt**
to **learn**	he **learns**	he **learned**	he has **learned**

In both German and English, all tenses of irregular and mixed verbs are derived from a set of *principal parts*. These principal parts are not derived from the infinitive and sometimes look quite different from the infinitive. Below are the principal parts of **gehen** and the tenses derived from them.

	infinitive	simple past	past participle
PRINCIPAL PARTS	**gehen**	**ging**	**gegangen**
	to go	*went*	*gone*
	present	simple past	perfect
TENSES	**er geht**	**er ging**	**er ist gegangen**
	he goes	*he went*	*he has gone*

German verbs that are irregular in the present tense have an additional principal part that reflects this irregularity.

infinitive	present tense irregularity	simple past	past participle
geben	**er gibt**	**gab**	**gegeben**
fahren	**er fährt**	**fuhr**	**gefahren**

Mixed verbs show the **-t-** marker of regular verbs and the stem change of irregular verbs.

infinitive		simple past	past participle
bringen		**brachte**	**gebracht**

The verb **werden** has characteristics of a mixed verb and an irregular verb.

infinitive	present tense irregularity	simple past	past participle
werden	**er wird**	**wurde**	**geworden**

You will find lists of the principal parts of the irregular and mixed verbs used in this book in the *Anhang* on pages A36 and A38.

3. Expressing *when* in German

Wann, als, and wenn

Although **wann, als,** and **wenn** all correspond to English *when,* they are not interchangeable.

Wann is a question word that introduces direct and indirect questions.

Wann macht Nina ihren Führerschein?	*When is Nina getting her driver's license?*
Weißt du, **wann** Nina ihren Führerschein macht?	*Do you know **when** Nina is getting her driver's license?*

Als is a conjunction that introduces dependent clauses referring to a *single* event in the past or a block of time in the past. The verb in an **als**-clause is often in the simple past tense, even in conversation.

Als ich zur Tür hereinkam, klingelte das Telefon.	*When I walked in the door, the phone rang.*
Als ich sieben war, zogen meine Eltern nach Bremen.	*When I was seven, my parents moved to Bremen.*

Wenn is a conjunction that introduces dependent clauses referring to events in the present or future or to *repeated* events in any time frame.

Ruf uns bitte gleich an, **wenn** du in Frankfurt ankommst.	*Please call us right away **when** you arrive in Frankfurt.*
Wenn Tante Emma uns besuchte, brachte sie immer einen Kuchen mit.	*When (whenever) Aunt Emma visited us, she always brought a cake.*

wann?	als	wenn
• questions	• single event in the past • block of time in the past	• events in the present or future • repeated events (all time frames)

10-15 *Als* oder *wenn?*

S1:

1. Wann hat Stephanie Peter kennen gelernt?
2. Wann macht Stephanie ihre tollen Pancakes?
3. Wann fährt Stephanie mit Peter zu seinen Eltern nach Berlin?
4. Wann fliegt Stephanie wieder nach Amerika zurück?
5. Wann haben sich Claudia und Martin kennen gelernt?
6. Wann wollen Martin und Claudia heiraten?

S2:

_____ sie nach München kam, um dort ein Jahr lang zu studieren.

Immer _____ Peter zum Frühstück kommt.

_____ das Wintersemester zu Ende ist.

_____ das Sommersemester zu Ende ist.

_____ sie vor zwei Jahren zum Skilaufen in Kitzbühel waren.

_____ sie mit dem Studium fertig sind.

10-16 Ein paar persönliche Fragen. Stellen Sie einander die folgenden Fragen.

- Wann hast du Rad fahren gelernt? *Als ich ...*
- Wann hast du schwimmen gelernt? *Als ich ...*
- Wann hast du deinen Führerschein gemacht? *Als ich ...*
- Willst du mal nach Europa fliegen? Wann? *Wenn ich ...*
- Willst du heiraten? Wann? *Wenn ich ...*

Als Gott den Mann schuf hat SIE bloß geübt

10-17 Ein toller Reiter. Ergänzen Sie **als** oder **wenn**!

_____ ich zwölf war, lebten wir in Berlin. Im Sommer 1993 besuchten wir meinen Großvater in Schleswig-Holstein. Er war Bauer und hatte ein wunderschönes Pferd. Jeden Morgen, _____ wir im Stall fertig waren, durfte ich auf diesem Pferd reiten. Mein kleiner Bruder hatte Angst vor° Pferden. Jedes Mal _____ Großvater das Pferd aus dem Stall holte, rannte er ins Haus. Aber _____ wir wieder in Berlin waren, sagte er zu seinen Freunden: „_____ ich bei meinem Opa in Schleswig-Holstein war, habe ich sogar reiten gelernt."

hatte Angst vor: *was afraid of*

10-18 Als ich klein war, ... Schreiben Sie eine kleine Geschichte im Präteritum.

Was machten Sie in den Sommerferien, als Sie klein waren?
Wohin reisten Sie mit Ihrer Familie?
Was spielten Sie mit den Nachbarskindern?

- Himmel und Hölle°
- Verstecken°
- Hockey
- ...
- Baseball
- mit Barbie-Puppen
- Computerspiele

hopscotch
hide-and-seek

ZUM HÖREN

Fantastische Angebote

announcement Sie hören eine Durchsage° im Kaufhaus Hertie.

NEUE VOKABELN

das Angebot	*special offer*	**das Erdgeschoss**	*ground floor*
der Stock,	*floor; story*	**der Wühltisch**	*bargain table*
die Stockwerke		**modisch**	*fashionable*
die Auswahl	*selection*	**empfehlen (empfiehlt)**	*to recommend*
pflegeleicht	*easy to care for*	**die Bohne**	*bean*
etwas Passendes	*something suitable*		

10-19 Erstes Verstehen. Haken Sie in jeder Kategorie ab, was Sie in der Durchsage hören.

1. Stockwerke

   _____ im Erdgeschoss   _____ im dritten Stock

   _____ im ersten Stock   _____ im vierten Stock

   _____ im zweiten Stock

2. Abteilungen

   _____ Damenabteilung   _____ Herrenabteilung

   _____ Kinderabteilung   _____ Sportabteilung

3. Kleidungsstücke

   _____ Hemden   _____ Hose

   _____ Blusen   _____ Handschuhe

   _____ Jacke   _____ Rock

4. Kombinationen mit dem Wort Tennis

   _____ Tennisbälle   _____ Tennisschuhe

   _____ Tennisschläger   _____ Tennisklub

   _____ Tennismatch   _____ Tennisspieler

5. Gemüse

   _____ Spinat   _____ Bohnen

   _____ Karotten   _____ Brokkoli

10-20 Detailverstehen. Hören Sie die Durchsage noch einmal und schreiben Sie Antworten zu den folgenden Fragen.

1. In welchem Stock ist die Damenabteilung?
2. Welche Kleidungsstücke für Damen gibt es heute zu stark reduzierten Preisen?
3. Wo ist die Sportabteilung?
4. Was gibt es auf den Wühltischen?
5. Von wann bis wann kann man im Gourmetrestaurant zu Mittag essen?
6. Was ist heute das Tagesmenü?
7. Wie viel kostet ein Seniorenteller?

10-21 Im Kaufhaus ist der Kunde König (?) Lesen Sie die Umfrage° aus der Planitzer Zeitung über den Service in deutschen Kaufhäusern und ergänzen Sie dann die Tabelle.

survey

Sarah Vogel, Lehrerin: Letzte Woche war ich im Kaufhaus, um mich nach einem neuen Wintermantel umzuschauen. Wie immer, keine Hilfe! Die Verkäuferinnen unterhielten[1] sich über ihre Liebesprobleme und schauten mich nicht mal an. Deshalb kaufe ich lieber in kleinen Geschäften, auch wenn es dort ein bisschen mehr kostet.

Kirsten Ast, Schülerin: Ich kaufe meine Klamotten[5] nur im Kaufhaus. Gerade gestern war ich nach der Schule bei Hertie, um ein Paar Jeans zu kaufen. Die Auswahl war fantastisch und die Jeans kosteten auch nicht die Welt.

Dieter Schnabel, Architekt: Als ich das letzte Mal im Kaufhaus war, konnte ich mir in aller Ruhe[2] die Computer anschauen. Kein Verkäufer störte mich und ich konnte mich anhand[3] der vielen Broschüren bestens informieren. Ich kam sehr zufrieden[4] nach Hause!

Benedikt Frey, Student: Vor etwa vierzehn Tagen wollte ich einen defekten Rasierapparat zurückbringen, den ich eine Woche zuvor[6] gekauft hatte. Was für ein Theater! Der Verkäufer versuchte sogar, mich zu beschuldigen[7]. Und da soll der Kunde König sein?!

[1]*talked* [2]*in peace and quiet* [3]*using*
[4]*satisfied* [5]*clothes* [6]*before* [7]*blame*

NAME	BERUF	ERFAHRUNG° IM KAUFHAUS	WAS WOLLTE SIE/ER KAUFEN ODER ZURÜCKBRINGEN?
Kirsten Ast	_____	positiv	_____
_____	_____	_____	Rasierapparat
_____	Architekt	_____	_____
_____	_____	negativ	_____

experience

10-22 Meine Erfahrung im Kaufhaus. Schreiben Sie im Stil der Umfrage aus der Planitzer Zeitung von einer guten oder schlechten Erfahrung im Kaufhaus.

- Wie war die Verkäuferin/der Verkäufer? (freundlich, unfreundlich, hilfsbereit°, konnte keine(n) finden)

  helpful
- Wie war die Auswahl? (gut, schlecht, fantastisch)
- Wollten Sie schon mal etwas Defektes zurückbringen? Was war das? Wie behandelte° man Sie?

  treated

KOMMUNIKATION UND FORMEN

4. Giving information about people, places, and things

The relative pronoun as object of a preposition

In *Kapitel 9* you learned that except for the dative plural, the forms of the relative pronoun are identical to those of the definite article.

	MASCULINE	NEUTER	FEMININE	PLURAL
forms of the relative pronoun				
NOMINATIVE	der	das	die	die
ACCUSATIVE	den	das	die	die
DATIVE	dem	dem	der	denen

If a relative pronoun is the object of a preposition, the gender and number of the relative pronoun are determined by the antecedent, but the case is determined by the preposition.

Kennst du den Typ, **mit dem** Monika morgen zum Starnberger See fährt?	*Do you know the guy **with whom** Monika is going to Lake Starnberg tomorrow?*
Ist das der CD-Spieler, **für den** du nur 150 Euro bezahlt hast?	*Is that the CD player **for which** you paid only 150 euros?*

Relative pronouns never contract with prepositions.

Preposition + definite article:

Meine Oma wohnt **im** Seniorenheim in der Herderstraße.	*My grandma lives **in the** senior citizens' home on Herder Street.*

Preposition + relative pronoun:

Das Seniorenheim, **in dem** meine Oma wohnt, ist in der Herderstraße.	*The senior citizens' home **in which** my grandma lives is on Herder Street.*

10-23 Definitionen. Ergänzen Sie die Relativsätze!

▶ Was ist ein Hai?

Ein Hai ist ein Fisch, ...

vor dem alle Schwimmer große Angst haben.

S1: Was ist ein Hai?

S2: Ein Hai ist ein Fisch, vor dem alle Schwimmer große Angst haben.

1. Was ist ein Lkw?

Ein Lkw ist ein Fahrzeug, ...

3. Was sind Bienen?

Bienen sind Insekten, ...

2. Was ist ein Bücherregal?

Ein Bücherregal ist ein Möbelstück, ...

4. Was ist ein Spiegel?

Ein Spiegel ist ein Stück Glas, ...

in das man seine Bücher stellt.	in dem man sich selbst sehen kann.
von denen wir Honig bekommen.	mit dem man schwere Sachen transportiert.

5. Was ist eine Waage?

Eine Waage ist ein Gerät, ...

7. Was sind Pferde?

Pferde sind Tiere, ...

6. Was ist eine Untertasse?

Eine Untertasse ist ein kleiner Teller, ...

8. Was ist eine Säge?

Eine Säge ist ein Werkzeug, ...

auf den man seine Tasse stellt.	auf denen man reiten kann.
mit dem man Bäume fällen kann.	mit dem man herausfindet, wie schwer etwas ist.

10-24 Weißt du das? **S1** stellt die Fragen und ergänzt die Relativpronomen.
S2 beginnt die Antworten mit „Er/Sie/Es heißt ...".

1. Wie heißt der Fluss, an d___ Wien liegt?
2. Wie heißt der Ozean, über d___ man von Amerika nach Europa fliegt?
3. Wie heißt die Stadt, in d___ der Eiffelturm steht?
4. Wie heißt der Kontinent, auf d___ es Tausende von Kängurus gibt?
5. Wie heißt das Haus, in d___ der amerikanische Präsident wohnt?
6. Wie heißt der Kanal, durch d___ Schiffe vom Atlantik zum Pazifik fahren können?

leaning 7. Wie heißt die Stadt, in d___ der berühmte schiefe° Turm steht?
sheep 8. Wie heißt die große Insel, auf d___ es mehr Schafe° als Menschen gibt?
9. Wie heißt das Material, aus d___ das meiste Geschirr gemacht ist?
citizens 10. Wie heißt das kleine europäische Land, in d___ die meisten Bürger° drei Sprachen sprechen?

5. A review of adjective endings

Adjectives preceded by *der*-words

Adjectives preceded by **der**-words (such as **der, dieser, jeder, welcher**) take one of two endings: **-e** or **-en**.

	masculine	neuter	feminine	plural
NOMINATIVE	der junge Mann	das kleine Kind	die junge Frau	die kleinen Kinder
ACCUSATIVE	den jungen Mann	das kleine Kind	die junge Frau	die kleinen Kinder
DATIVE	dem jungen Mann	dem kleinen Kind	der jungen Frau	den kleinen Kindern
GENITIVE	des jungen Mannes	des kleinen Kindes	der jungen Frau	der kleinen Kinder

10-25 Die reichen Müllers. Ergänzen Sie die Adjektivendungen!

1. Dieser reich___, alt___ Mann heißt Müller.

5. Das ist der klein___ Sohn der einzig___ Tochter dieses reich___, alt___ Mannes.

showy

2. Dieses groß___, protzig___° Haus gehört dem reich___, alt___ Müller.

6. Diese beid___ süß___ Hamster gehören dem klein___ Sohn der einzig___ Tochter des reich___, alt___ Müller.

3. Das ist die einzig___ Tochter dieses reich___, alt___ Mannes.

7. Das ist der schön___, neu___ Käfig der beid___ süß___ Hamster des klein___ Sohnes der einzig___ Tochter dieses reich___, alt___ Mannes.

4. Diese beid___ weiß___ Pudel gehören der einzig___ Tochter des reich___, alt___ Müller.

10-26 Was?! Du kennst die reichen Müllers nicht? Ergänzen Sie die Adjektivendungen!

1. JENS: Kennst du den alt___ Mann dort?
   ANN: Welchen alt___ Mann?
   JENS: Den alt___ Mann mit der groß___ Nase und der dick___ Zigarre.
   ANN: Ja klar, das ist doch der reich___, alt___ Müller.
2. JENS: Wem gehört denn das groß___ Haus dort?
   ANN: Welches groß___ Haus?
   JENS: Das groß___ Haus mit der protzig___ Fassade.
   ANN: Das gehört dem reich___, alt___ Müller.
3. JENS: Wer ist denn die jung___ Frau dort?
   ANN: Welche jung___ Frau?
   JENS: Die jung___ Frau mit der lang___ Nase und den kurz___ Haaren.
   ANN: Das ist die einzig___ Tochter des reich___, alt___ Müller.
4. JENS: Wem gehören denn die beid___ Pudel dort?
   ANN: Welche beid___ Pudel?
   JENS: Die beid___ weiß___ Pudel vor dem groß___ Haus mit der protzig___ Fassade.
   ANN: Das sind die beid___ Pudel der einzig___ Tochter des reich___, alt___ Müller.

Adjectives preceded by *ein*-words

An adjective preceded by an **ein**-word without an ending shows the gender, number, and case of the noun by taking the appropriate **der**-word ending.

	masculine	neuter
NOMINATIVE	ein junger Mann	ein kleines Kind
ACCUSATIVE		ein kleines Kind

All other adjective endings after **ein**-words are identical to those after **der**-words.

	masculine	neuter	feminine	plural
NOM.	ein junger Mann	ein kleines Kind	eine junge Frau	meine kleinen Kinder
ACC.	einen jungen Mann	ein kleines Kind	eine junge Frau	meine kleinen Kinder
DAT.	einem jungen Mann	einem kleinen Kind	einer jungen Frau	meinen kleinen Kindern
GEN.	eines jungen Mannes	eines kleinen Kindes	einer jungen Frau	meiner kleinen Kinder

10-27 Lieschen Maiers Hund. Ergänzen Sie!

Lieschen Maier hat einen klein___, weiß___ Hund. Es ist ein sehr schön___, weiß___ Hund und Lieschen liebt ihn sehr. Jeden Morgen gibt sie ihm eine klein___ Dose Hundefutter und geht dann in die Schule. Wenn Lieschen nach der Schule mit ihrem klein___, weiß___ Hund im Park spazieren geht, hat sie ihn immer an einer lang___ Leine. Und in Lieschens Schlafzimmer steht neben ihrem eigen___ Bett das Bettchen ihres klein___, weiß___ Hundes.

10-28 Fritzchen Müllers Katze.

Fritzchen Müller hat eine groß__, schwarz__ Katze. Es ist eine sehr schön__, schwarz__ Katze und Fritzchen liebt sie sehr. Jeden Morgen gibt er ihr eine groß__ Dose Katzenfutter und geht dann in die Schule. Wenn Fritzchen nach der Schule mit seiner groß__, schwarz__ Katze im Park spazieren geht, hat er sie immer an einer lang__ Leine. Und in Fritzchens Schlafzimmer steht neben seinem eigen__ Bett das Bettchen seiner groß__, schwarz__ Katze.

10-29 Unser Krokodil.

huge

Wir haben ein riesig__°, grün__ Krokodil. Es ist ein sehr schön__, grün__ Krokodil und wir lieben es sehr. Jeden Morgen geben wir ihm eine riesig__ Dose Krokodilfutter und gehen dann in die Schule. Wenn wir nach der Schule mit unserem riesig__, grün__ Krokodil im Park spazieren gehen, haben wir es immer an einer lang__ Leine. Und in unserem Schlafzimmer steht neben unserem eigen__ Bett das Bettchen unseres riesig__, grün__ Krokodils.

What do you feel like having?

10-30 Worauf hast du Lust?°   Beschreiben Sie mit ein oder zwei passenden Adjektiven, worauf Sie Lust haben.

LISA: Worauf hast du Lust, David?
DAVID: Ich habe Lust auf einen großen,
juicy   saftigen° Apfel.
DAVID: Und du, Tanja, worauf hast du Lust?
scoop TANJA: Ich habe Lust auf eine große Kugel°
         Schokoladeneis.
TANJA: Und du, ...

groß / riesig / eiskalt / heiß / saftig / lecker / ...

	ZUM TRINKEN	ZUM ESSEN	ZUM NACHTISCH
bar	ein _____ Glas Orangensaft	einen _____ Teller Spaghetti	eine _____ Tafel° Schokolade
	ein _____ Glas Mineralwasser	eine _____ Portion Pommes	einen _____ Becher Fruchtjogurt
	eine _____ Cola	frites	einen _____ Becher Vanilleeis
	ein _____ Bier	einen _____ Hamburger	ein _____ Stück Apfelkuchen
	...	ein _____ Steak	ein _____ Stück Schwarzwälder
		ein _____ Schnitzel	Kirschtorte
		ein _____ Stück Pizza	einen _____ Becher Softeis
		...	...

Unpreceded adjectives

An adjective that is not preceded by a **der**-word or an **ein**-word shows the gender, number, and case of the noun by taking the appropriate **der**-word ending. The genitive forms are not listed here because they rarely appear in modern German.

	masculine	neuter	feminine	plural
NOMINATIVE	guter Kaffee	gutes Bier	gute Salami	gute Äpfel
ACCUSATIVE	guten Kaffee	gutes Bier	gute Salami	gute Äpfel
DATIVE	gutem Kaffee	gutem Bier	guter Salami	guten Äpfeln

10-31 Essen und Trinken. Ohne **der**-Wörter oder **ein**-Wörter, bitte!

▶ **Dieser** französische Käse ist sehr gut.

S: Französisch**er** Käse ist sehr gut.

1. Mögen Sie **dieses** deutsche Bier?
2. Mit **einem** echten italienischen Mozzarella schmeckt die Pizza viel besser.
3. So **eine** gute Leberwurst habe ich noch nie gegessen.
4. Möchten Sie **den** kalifornischen Wein oder **den** französischen?
5. Mit **einem** trockenen Wein schmeckt **dieser** französische Camembert besonders gut.
6. **Diese** spanischen Mandarinen sind sehr süß.

10-32 Internationaler Geschmack. Erzählen Sie einander, was für ausländische° Produkte Sie besonders gern haben.

foreign

• Ich trinke gern …	amerikanisch	Bier (n)
• Ich esse gern …	deutsch	Wein (m)
• Ich fahre gern …	französisch	Brot (n)
• Ich sehe gern …	italienisch	Käse (m)
• Ich lese gern …	japanisch	Wurst (f)
	kanadisch	Autos (pl)
	polnisch	Motorräder (pl)
	russisch	Filme (pl)
	schweizerisch	Literatur (f)
	mexikanisch	…
	…	

Der Hase und der Igel

nach einem Märchen der Brüder Grimm

Vor dem Lesen

10-33 Geschichten für Kinder.

1. Welche Geschichten haben Sie als Kind gehört oder gelesen?
2. Welche von diesen Geschichten haben Ihnen besonders gut gefallen und welche haben Ihnen nicht gefallen?
3. In welchen von diesen Geschichten haben Tiere eine Rolle gespielt? Was für Tiere waren das?
4. Die Illustration auf dieser Seite zeigt einen kleinen, dicken Igel und einen langen, dünnen Hasen. In Nordamerika gibt es keine Igel, aber es gibt ein größeres Tier, das mit dem europäischen Igel verwandt ist. Wie heißt es?

10-34 Was ist das auf Englisch? Finden Sie die englischen Äquivalente der fett gedruckten deutschen Wörter.

1. Ein Igel ist ein Tier, das kurze, **krumme** Beine hat.
2. Dass der Hase über seine kurzen, krummen Beine lachte, **ärgerte** den Igel sehr.
3. Er wollte deshalb mit dem Hasen **einen Wettlauf machen.**
4. Ich **wette,** der Hase kann schneller laufen als der Igel.
5. Sie wollten vom **oberen** bis zum **unteren** Ende eines Feldes laufen.
6. Der Hase war **außer sich,** als der Igel vor ihm am unteren Ende des Feldes war.
7. Der Igel gewann die Wette und ging **vergnügt** nach Hause.

   a. run a race
   b. happily
   c. crooked
   d. made angry
   e. beside himself
   f. upper / lower
   g. bet

Es war an einem Sonntagmorgen zur Sommerzeit. Die Sonne schien hell vom blauen Himmel, der Morgenwind ging warm über die Felder und die Leute gingen in ihren Sonntagskleidern zur Kirche.

Der Igel aber stand vor seiner Tür und schaute in den schönen
5   Morgen hinaus. Als er so stand, dachte er: „Warum gehe ich nicht schnell aufs Feld und schaue meine Rüben[1] an, solange meine Frau die Kinder anzieht und das Frühstück macht."

Als der Igel zum Rübenfeld kam, traf[2] er dort seinen Nachbarn, den Hasen, der auch einen Spaziergang machte. Der Igel sagte
10   freundlich „Guten Morgen!" Aber der Hase grüßte nicht zurück, sondern sagte: „Wie kommt es denn, dass du hier am frühen Morgen auf dem Feld herumläufst?" „Ich gehe spazieren", sagte der Igel. „Spazieren?" lachte der Hase, „Du, mit deinen kurzen, krummen Beinen?"
15   Diese Antwort ärgerte den Igel sehr, denn für einen Igel hatte er sehr schöne Beine, obwohl sie von Natur kurz und krumm waren. „Denkst du vielleicht", sagte er zum Hasen, „dass du mit deinen langen, dünnen Beinen schneller laufen kannst als ich?" „Das denke ich wohl", lachte der Hase, „willst du wetten?" „Ja, ein Goldstück und
20   eine Flasche Schnaps", antwortete der Igel. „Gut", rief der Hase, „fangen wir an!" „Nein, so große Eile[3] hat es nicht", sagte der Igel, „ich will erst noch nach Hause gehen und ein bisschen frühstücken. In einer halben Stunde bin ich wieder zurück."

Auf dem Heimweg dachte der Igel: „Diese Wette hast du verloren[4],
25   lieber Hase, denn du hast zwar die langen Beine, aber ich habe den klugen[5] Kopf." Als er zu Hause ankam, sagte er zu seiner Frau: „Frau, zieh schnell eine von meinen Hosen an, du musst mit mir aufs Feld." „Eine von deinen Hosen? Ja, was ist denn los?" fragte seine Frau. „Ich habe mit dem Hasen um ein Goldstück und eine Flasche Schnaps
30   gewettet. Ich will mit ihm einen Wettlauf machen und da brauche ich dich." „Oh, Mann", rief da die Frau ganz aufgeregt, „bist du nicht ganz recht im Kopf? Wie kannst du mit dem Hasen um die Wette laufen?" „Lass das mal meine Sache sein", sagte der Igel. „Zieh jetzt die Hose an und komm mit."
35   Unterwegs[6] sagte der Igel zu seiner Frau. „Nun pass mal auf, was ich dir sage. Siehst du, auf dem langen Feld dort wollen wir unseren Wettlauf machen. Der Hase läuft in der einen Furche[7] und ich in der anderen, und dort oben fangen wir an. Du aber sitzt hier unten in meiner Furche und wenn der Hase hier ankommt, springst du auf
40   und rufst: ,Ich bin schon da.'"

Als der Igel am oberen Ende des Feldes ankam, wartete der Hase dort schon. „Können wir endlich anfangen?" fragte er. „Jawohl", sagte der Igel. Dann ging jeder zu seiner Furche. Der Hase zählte: „Eins, zwei, drei" und rannte wie ein Sturmwind über das Feld. Der Igel aber
45   blieb ruhig auf seinem Platz.

Als der Hase am unteren Ende des Feldes ankam, sprang die Frau des Igels auf und rief: „Ich bin schon da!" Der Hase konnte es kaum glauben. Aber weil die Frau des Igels genauso aussah wie ihr Mann,

[1]*turnips* [2]*met* [3]*hurry* [4]*lost* [5]*clever* [6]*on the way* [7]*furrow*

rief er: „Einmal ist nicht genug!" Und zurück raste er, dass ihm die
50 Ohren am Kopf flogen. Die Frau des Igels aber blieb ruhig auf ihrem
Platz. Als der Hase am oberen Ende des Feldes ankam, sprang der
Igel auf und rief: „Ich bin schon da!" Der Hase war ganz außer sich
und schrie[1]: „Noch einmal!" „Sooft du Lust hast", lachte der Igel. So
lief der Hase noch dreiundsiebzigmal, und jedes Mal, wenn er oben
55 oder unten ankam, riefen der Igel oder seine Frau: „Ich bin schon
da!"

Das letzte Mal aber kam der Hase nicht mehr bis zum Ende,
sondern stürzte[2] mitten auf dem Feld tot zur Erde[3]. Der Igel aber
nahm das Goldstück und die Schnapsflasche, rief seine Frau, und
60 beide gingen vergnügt nach Hause. Und wenn sie nicht gestorben
sind, so leben sie noch heute.

[1]*screamed* [2]*dropped* [3]*ground*

Arbeit mit dem Text

10-35 Wer war das? Sie hören zwölf Fragen zu *Der Hase und der Igel*, die alle
mit „Wer" beginnen. Haken Sie nach jeder Frage die richtige „Person" oder
„Personen" ab.

	IGEL	FRAU IGEL	IGEL UND FRAU	HASE	HASE UND IGEL
1.	_____	_____	_____	_____	_____
2.	_____	_____	_____	_____	_____
3.	_____	_____	_____	_____	_____
4.	_____	_____	_____	_____	_____
5.	_____	_____	_____	_____	_____
6.	_____	_____	_____	_____	_____
7.	_____	_____	_____	_____	_____
8.	_____	_____	_____	_____	_____
9.	_____	_____	_____	_____	_____
10.	_____	_____	_____	_____	_____
11.	_____	_____	_____	_____	_____
12.	_____	_____	_____	_____	_____

ZUM HÖREN

Trying to please everybody

Es allen recht machen°

nach einer Fabel von Äsop

Die Personen in dieser Fabel sind ein Vater und sein Sohn mit ihrem
tailor Esel, ein Bäcker, ein Fleischer, ein Schneider° und ein Bauer. Die neun
Bilder auf der nächsten Seite illustrieren die Fabel.

NEUE VOKABELN

sie trafen	*they met*	**sie banden**	*they tied*
kurz danach	*shortly afterwards*	**der Stock**	*stick*

10-36 Erstes Verstehen. Schauen Sie die Bilder an und ergänzen Sie die folgende Tabelle. Erst danach sollten Sie die Fabel zum ersten Mal anhören.

	WER REITET?	WER GEHT ZU FUSS?		WER SPRICHT?
Bild 1:	Der Vater.		Bild 2:	
Bild 3:			Bild 4:	
Bild 5:			Bild 6:	
Bild 7:			Bild 8:	

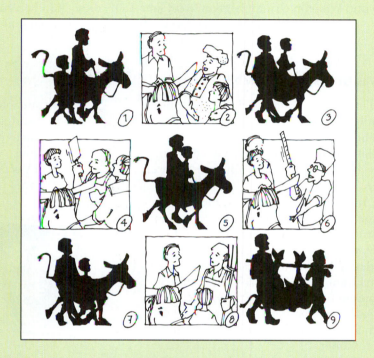

10-37 Detailverstehen. Hören Sie die Fabel ein zweites Mal und schreiben Sie, wie Vater und Sohn auf die Kritik der vier Männer aus ihrem Dorf reagierten.

1. Der Bäcker sagte: „Ich finde es nicht recht, dass du reitest und dass dein kleiner Sohn zu Fuß geht. Du bist doch viel stärker als er."
   Da stieg ...
2. Der Fleischer sagte: „Was, Junge, du reitest und lässt deinen Vater zu Fuß gehen? Das ist nicht recht!"
   Da stieg ...
3. Der Schneider sagte: „Zwei Menschen auf einem kleinen Esel! Das ist nicht recht!"
   Da stiegen ...
4. Der Bauer sagte: „Warum reitet denn nicht einer von euch?"
   Weil nun aber nur der Esel noch nicht geritten hatte, banden ...

10-38 Wir erzählen. Schauen Sie sich die Bilder noch einmal an und erzählen Sie, was auf jedem Bild passiert.

Die Brüder Grimm

Vor dem Lesen

10-39 Märchen.

1. Die bekanntesten Märchen der Brüder Grimm sind *Rotkäppchen*, *Schneewittchen*, *Hänsel und Gretel*, *Dornröschen*, *Rumpelstilzchen* und *Aschenputtel*. Welche von diesen Märchen kennen Sie und wie heißen sie auf Englisch?
2. Jacob und Wilhelm Grimm begannen im Jahr 1807, diese Märchen zu sammeln. Schauen Sie das Foto von den beiden Grabsteinen° an und finden Sie heraus, wie alt die Brüder in diesem Jahr waren.

[handwritten margin notes:]
Little Red Riding Hood
Snow White
Hansel and Gretel
Rumplestilzken
Cinderella
gravestones

[handwritten:] Wilhelm war 21   Jacob war 22

10-40 Was ist das auf Englisch?

1. Die Märchen der Brüder Grimm sind eine Sammlung von **uralten** Geschichten, die einfache Leute einander erzählten.
2. Das **Ziel** der Brüder war, diese Geschichten aufzuschreiben, bevor sie für immer verloren gingen.
3. Viele Ausdrücke und Szenen in diesen Geschichten waren für Kinder nicht **geeignet.**
4. Die Brüder haben diese Ausdrücke und Szenen **sorgfältig** eliminiert.
5. Trotzdem gibt es Leute, die manche Szenen in den Grimmschen Märchen immer noch zu **grausam** finden.
6. Aber sind die Situationen, die wir heutzutage täglich auf dem **Bildschirm** sehen, nicht oft viel grausamer?

a. suitable
b. carefully
c. ancient
d. goal
e. TV screen
f. cruel

[handwritten margin notes:]
lebten in Kassel
zogen nach Göttingen um
Professoren in Berlin
1812 1. Ausgabe
1819 2. Ausgabe

1697 Charles Perrault
      Franzose
      →Hugenoten
1674 Barock

Im Jahr 1807 begannen die Brüder Jacob und Wilhelm Grimm, die uralten Geschichten zu sammeln, die einfache Leute einander erzählten. Ihr Ziel war, diese Geschichten aufzuschreiben, bevor sie für immer verloren gingen. Viele von den schönsten Geschichten hörten sie von Dorothea Viemann, einer älteren Frau, die ihnen ein paar Mal in der Woche Lebensmittel ins Haus brachte. Den bezaubernden[1] Märchenstil verdanken[2] wir aber nicht dieser Erzählerin, sondern dem poetischen Talent von Wilhelm Grimm.

Wenn wir heute von Märchen sprechen, denken wir an wunderbare Erzählungen für Kinder. Die meisten von diesen Geschichten waren aber ursprünglich[3] für Erwachsene[4] gedacht, und viele Ausdrücke und Szenen waren für Kinder nicht geeignet. „Deshalb haben wir", so schreibt Wilhelm Grimm, „jeden für das Kindesalter nicht passenden Ausdruck sorgfältig gelöscht[5]." Trotzdem gibt es Kritiker, denen manche Szenen in diesen Märchen immer noch zu grausam sind. Aber sind diese Szenen wirklich so grausam, wenn wir sie mit den Grausamkeiten vergleichen[6], die wir heutzutage täglich auf dem Bildschirm sehen?

Die *Kinder- und Hausmärchen* der Brüder Grimm sind heute in über 140 Sprachen übersetzt. Ein Grund[7], warum diese Märchensammlung in aller Welt so beliebt[8] geworden ist, ist wohl, dass ihre Themen oft auch in den Geschichten von vielen anderen Ländern und Kulturen erscheinen[9].

Persien
Indien

[1]*enchanting* [2]*owe* [3]*originally* [4]*adults* [5]*deleted* [6]*compare* [7]*reason* [8]*popular* [9]*appear*

Arbeit mit dem Text

10-41 Richtig oder falsch?

1. __F__ Aus Märchen für Kinder machten die Brüder Grimm Geschichten für Erwachsene.
2. __R__ Die Geschichten von anderen Ländern und Kulturen haben oft dieselben Themen wie die Märchen der Brüder Grimm.
3. __F__ Den bezaubernden Märchenstil haben wir Dorothea Viemann zu verdanken.
4. __R__ Was wir heutzutage auf dem Bildschirm sehen, ist oft grausamer als die grausamen Szenen in den Grimmschen Märchen.
5. __R__ Die Brüder haben jeden Ausdruck, der für Kinder nicht geeignet war, sorgfältig gelöscht.
6. __R__ Es gibt immer noch Kritiker, die manche Szenen in den Grimmschen Märchen zu grausam finden.

geb Hanau
Berlin Schöneburg

Auch heute noch stehen Blumen auf den Gräbern der Brüder Grimm.

Words as chameleons: *als*

You have learned that **als** has a variety of meanings.

- *than*   after the comparative form of an adjective or adverb

  Herr Fischer ist acht Jahre älter **als** seine Frau.
  *Mr. Fischer is eight years older **than** his wife.*

- *when*   as a conjunction

  Bernd war noch im Bett, **als** ich kam.
  *Bernd was still in bed **when** I came.*

- *as*   in expressions like **als Kind**

  Als Kind bin ich hier oft schwimmen gegangen.
  As a child I often went swimming here.

- *but*   after **nichts**

  Wir hatten nichts **als** Ärger mit diesem Wagen.
  *We had nothing **but** trouble with this car.*

10-42 Was bedeutet *als* hier?   *Than, when, as,* or *but?*

1. Als Mensch ist Professor Huber sehr nett.
2. Professor Huber ist viel netter, als ich dachte.
3. Gestern habe ich den ganzen Tag nichts als gelesen.
4. Als Maria nach Hause kam, hatte ich das Buch gerade fertig gelesen.
5. Kathrin war schon als kleines Mädchen sehr sportlich.
6. In Hamburg hatten wir leider nichts als Regenwetter.
7. Als wir in Hamburg waren, regnete es fast jeden Tag.
8. Diesen Juni hat es in Hamburg mehr geregnet als letztes Jahr im ganzen Sommer.

Giving language color

Hundreds of colorful expressions make use of the names of animals. Below is a small sampling.

Da lachen ja die Hühner!	*What a joke!*
Da hast du Schwein gehabt!	*You were lucky!*
Ich habe einen Bärenhunger.	*I'm hungry as a bear.*
Es ist alles für die Katz.	*It's all for nothing.*
Da bringen mich keine zehn Pferde hin!	*Wild horses couldn't drag me there!*
Du musst dir Eselsbrücken bauen.	*You'll have to find some tricks to help you remember.*
Mein Name ist Hase, ich weiß von nichts.	*Don't ask me. I don't know anything about it.*

10-43 Was passt zusammen?

1. Gehst du mit zum Fußballspiel?
2. Günter denkt, er kriegt eine Eins in dieser Klausur.
3. Warum hörst du denn schon auf zu lernen?
4. Wer hat denn die ganzen Bierflaschen ausgetrunken?
5. Wie soll ich denn alle diese Wörter lernen?
6. Sollen wir essen gehen?
7. Ich habe eine Eins in Physik!

a. Du musst dir Eselsbrücken bauen.
b. Mein Name ist Hase. Ich weiß von nichts.
c. Da hast du aber Schwein gehabt!
d. Der eine Eins?! Da lachen ja die Hühner!
e. Klar! Ich habe einen Bärenhunger.
f. Es ist ja doch alles für die Katz!
g. Bei dem Wetter bringen mich da keine zehn Pferde hin!

Zur Aussprache

German *f*, *v*, and *w*

In German the sound represented by the letter **f** is pronounced like English *f* and the sound represented by the letter **v** is generally also pronounced like English *f*.

10-44 Hören Sie gut zu und wiederholen Sie!

für	vier
Form	vor
folgen	Volk

Familie Feldmann fährt in den Ferien nach Finnland.
Volkmars Vorlesung ist um Viertel vor vier vorbei°.   *over*
Volker ist Verkäufer für Farbfernseher.

When the letter **v** appears in a word of foreign origin, it is pronounced like English *v*: **V**ase, **V**entilator, **V**ariation.

In German the sound represented by the letter **w** is always pronounced like English *v*: **w**ann, **w**ie, **w**o.

10-45 Hören Sie gut zu und wiederholen Sie!

Wolfgang und Veronika wohnen in einer Villa am Wannsee.
Walter und David waren im November in Venedig.
Oliver ist Vegetarier und will keine Wurst.

In the following word pairs, distinguish clearly between German **f** and **w** sounds.

Vetter	Wetter	Farm	warm
vier	wir	fein	Wein
viel	will	Fest	West
voll	Wolle	Felder	Wälder

Felder und Wälder

Nomen

das Erdgeschoss	ground floor
der Stock, die Stockwerke	floor; story
die Bushaltestelle, -n	bus stop
der Führerschein, -e	driver's license
der Lkw, -s (Lastkraftwagen) der Lastwagen, -	truck
der Pkw, -s (Personenkraftwagen) der Personenwagen, -	car
der Einfluss, ⁓e	influence
die Erde	earth; ground
der Grund, ⁓e	reason
das Märchen, -	fairy tale
die Umfrage, -n	survey; poll
das Werkzeug, -e	tool
das Ziel, -e	goal; aim

Verben

empfehlen (empfiehlt), empfahl, hat empfohlen	to recommend
schreien, schrie, hat geschrieen	to scream; to shout
sich unterhalten (unterhält sich), unterhielt sich, hat sich unterhalten	to talk; to converse
vergleichen, verglich, hat verglichen	to compare
verschieben, verschob, hat verschoben	to postpone
wetten	to bet

Andere Wörter

bekannt	well-known
grausam	cruel
krumm	crooked
modisch	fashionable
saftig	juicy
sorgfältig	careful(ly)
kaum	scarcely; hardly
unterwegs	on the way
weder ... noch	neither . . . nor

Ausdrücke

Angst haben vor (+ *dat*)	to be afraid of
den Kopf schütteln	to shake one's head
eines Tages	one day
im Durchschnitt	on average
im Erdgeschoss	on the first (ground) floor
Gott sei Dank!	Thank God!
Ich habe Lust auf eine Tafel Schokolade.	I feel like having a chocolate bar.
Sie war außer sich.	She was beside herself.
Verflixt!	Darn it!

Das Gegenteil

der/die Erwachsene, -n ≠ das Kind, -er	adult ≠ child
gewinnen, gewann, hat gewonnen ≠ verlieren, verlor, hat verloren	to win ≠ to lose
oben ≠ unten	above ≠ below
riesig ≠ winzig	huge ≠ tiny
zufrieden ≠ unzufrieden	satisfied ≠ dissatisfied

Leicht zu verstehen

der Hamburger, -	das Steak, -s
das Insekt, -en	die Tabelle, -n
das Magazin, -e	das Talent, -e
das Mikroskop, -e	das Thema, Themen
das Produkt, -e	der Vegetarier, -
der Service	die Vegetarierin, -nen

Synonyme

die Erzählung, -en	=	die Geschichte, -n
die Klamotten *(pl)*	=	die Kleider *(pl)*
das Seniorenheim, -e	=	das Altenheim, -e
kriegen	=	bekommen
beliebt	=	populär
defekt	=	kaputt
klug	=	intelligent
miserabel	=	schlecht
schließlich	=	endlich

Wörter im Kontext

10-46 Was passt zusammen?

1. Ein Lkw ist ein Fahrzeug,
2. Ein Pkw ist ein Fahrzeug,
3. Ein Führerschein ist ein Dokument,
4. Die Erde ist der Planet,
5. Ein Märchen ist eine wunderbare Geschichte,

a. auf dem wir leben.
b. die man Kindern erzählt.
c. in dem nur wenige Personen Platz haben.
d. mit dem man schwere Sachen transportiert.
e. ohne das man weder einen Pkw noch einen Lkw fahren darf.

10-47 Was passt wo?

riesiges / beliebter / winziges / unzufriedener / defektes / sorgfältige / modisches

1. Ein Professor, den alle Studenten gern haben, ist ein _____ Professor.
2. Ein Kleidungsstück, das vielen Leuten gefällt, ist ein _____ Kleidungsstück.
3. Ein Gerät, das nicht funktioniert, ist ein _____ Gerät.
4. Ein Insekt, das sehr klein ist, ist ein _____ Insekt.
5. Ein Gebäude, das hundert Stockwerke hat, ist ein _____ Gebäude.
6. Ein Mensch, dem nichts recht ist und der nie genug kriegen kann, ist ein _____ Mensch.
7. Eine Arbeit, die sehr gut und genau gemacht ist, ist eine _____ Arbeit.

10-48 Was ist hier identisch?   Welche zwei Sätze in jeder Gruppe bedeuten etwa dasselbe?

1. Stefan hat den Kopf geschüttelt.
   Stefan hat sich sehr aufgeregt.
   Stefan war außer sich.

2. Ann ist nicht hier, sondern in ihrem Zimmer.
   Ann ist weder hier noch in ihrem Zimmer.
   Ann ist nicht hier, und in ihrem Zimmer ist sie auch nicht.

3. Ich habe mich lang mit Kurt unterhalten.
   Mit Kurt habe ich nicht lang gesprochen.
   Ich habe lang mit Kurt gesprochen.

4. Ich habe Lust auf eine Tafel Schokolade.
   Ich mag Schokolade sehr gern.
   Ich möchte jetzt am liebsten eine Tafel Schokolade essen.

KAPITEL

11

Kommunikationsziele

Talking about recent German
   history and current events
Focusing on actions
Making resolutions
Describing people, places, and
   things
Expressing feelings and
   emotions

Strukturen

Passive voice
Participles used as adjectives
Verb-preposition combinations
Wo-compounds

Kultur

**Kleine deutsche Chronik:
   1918 bis 1990**
Die europäische Union
Leute: **Ulrike und Matthias
   Sperber**

Geschichte und Gegenwart

Das Brandenburger Tor in Berlin

Der Autor des folgenden Texts wurde 1972 im ehemaligen Ostberlin geboren. Er kannte deshalb bis zum Ende der DDR und der Wiedervereinigung der beiden Teile Deutschlands nur das kommunistische System.

Ich, das Überbleibsel aus einer implodierten Galaxis

von Frank Rothe

1989 löste sich die DDR vor meinen Augen auf. Alles, was jemals Bestand hatte, zerfiel ins Nichts, und ich sah zum ersten Mal die DDR. Das ist fast schon komisch. In meiner Kindheit und Jugend habe ich die DDR nie richtig verstanden, jedenfalls nicht ihre

5 Funktionsweise und ihren wahren Sinn. Vielleicht lag es daran, dass sie schon immer da war und Dinge, die immer da sind, selten hinterfragt werden. Ich wuchs mit der DDR auf, warum sollte sie nicht so sein, wie sie war.

Als die DDR unterging, warf meine Staatsbürgerkundelehrerin von

10 einem Tag auf den anderen unsere Unterrichtsbücher in die Mülltonne. Eine ganze Mülltonne voller Bücher sah ich da vor mir stehen. Die Bücher, die wir teilweise hatten auswendig lernen müssen. Obwohl ich es gut fand, dass diese Bücher in der Mülltonne landeten, zu schwer fand ich die mit Substantiven übersäten Texte,

15 verstand ich meine Lehrerin nicht. Wie konnte sie, die mindestens ein Jahrzehnt aus diesen Büchern gelehrt hatte, sie auf diese Weise entsorgen?

Ich sah viele mit Büchern gefüllte Mülltonnen in dieser Zeit. Ich sah, wie ein ganzes Volk sich blitzartig von seinem System löste. Keiner

20 wusste mehr, welche Rechte jetzt noch galten. Keiner wusste, was er durfte oder nicht. Alle spürten eine noch nie dagewesene Freiheit. Freunde besetzten auf einmal Wohnungen. Andere, die niemals aktiv waren oder ihre Meinungen geäußert hatten, sagten ihre Meinung und wurden aktiv. Selbst Leute, die immer laut „ja" gesagt hatten,

25 riefen jetzt laut „nein".

Ich verstand die Welt nicht mehr. In diesen Tagen verlor ich meinen Glauben an jedes System und schwor mir, nie in meinem Leben ein System ernst zu nehmen, nie wieder die Autoritäten eines Systems zu akzeptieren und nie wieder „ja" zu sagen, wenn ich es nicht auch

30 wirklich meine. ...

Nie wieder würde ich etwas für ein System tun, das wusste ich. Ich würde nur noch an mich selbst glauben und an mein ganz persönliches privates Leben. Mit diesen Vorsätzen startete ich in die 90er Jahre. Ich fing an, neu zu denken.

11-1 Richtig oder falsch? Sie hören Frank Rothes *Ich, das Überbleibsel aus einer implodierten Galaxis* und danach sechs Aussagen. Sind diese Aussagen **richtig** oder **falsch?**

	RICHTIG	FALSCH		RICHTIG	FALSCH		RICHTIG	FALSCH
1.	_____	_____	3.	_____	_____	5.	_____	_____
2.	_____	_____	4.	_____	_____	6.	_____	_____

paragraphs **11-2 Anders gesagt.** In welchen der fünf Absätze° des Textes von Frank Rothe steht das?

__4__ Frank Rothe wollte nie wieder ein System kritiklos akzeptieren.

_____ Sogar Leute, die vorher sehr für das System waren, riefen jetzt: „Wir waren immer dagegen."

_____ Frank Rothe wollte nie wieder so denken, wie er es in der DDR gelernt hatte.

_____ Frank Rothe verstand nicht, wie man zehn Jahre aus den Staatsbürgerkundebüchern der DDR lehren und sie dann plötzlich wegwerfen konnte.

_____ Weil Frank Rothe in der DDR geboren wurde und dort aufwuchs, akzeptierte er das politische System dieses Staates, ohne es richtig zu verstehen.

divided / separated / Wall

an ... grenzten: *bordered on*

11-3 Das geteilte° Berlin. Seit 1961 trennte° die Mauer° Westberlin von Ostberlin und von der DDR. Die Ostberliner Stadtteile, die an Westberlin grenzten°, waren Treptow, Friedrichshain, Mitte, Prenzlauer Berg und Pankow. Zeichnen Sie die Mauer ein: a. die mitten durch die Stadt ging; b. die Westberlin von der DDR trennte.

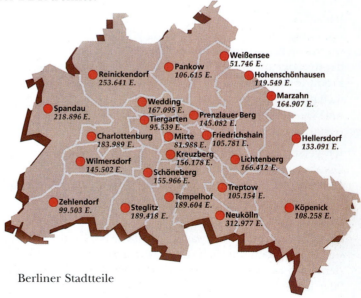

Berliner Stadtteile

Die Berliner Mauer

Von 1949 bis 1990 lag Westberlin mitten in der DDR. Bis 1961 flohen° *fled*
1,6 Millionen Ostdeutsche über Westberlin in die BRD. Um dieses letzte
Loch im Eisernen Vorhang zu schließen°, baute die DDR 1961 die *close*
Mauer. Der Teil der Mauer, der mitten durch Berlin ging, war 43 km
lang. Die restlichen 112 km trennten Westberlin vom DDR-Umland°. *adjoining area of the GDR*

Das Schaubild zeigt, dass die Berliner Mauer viel mehr war als nur
eine Mauer. Es erklärt auch, warum bis zum Ende der DDR nur wenige
Ostdeutsche über Westberlin in die BRD fliehen konnten und warum
über 160 Menschen hier ihr Leben verloren.

- Ostdeutsche, die aus der DDR nach Westberlin fliehen wollten, mussten
  zuerst durch den Kontaktzaun (9).
- Der Kontaktzaun aktivierte Signalgeräte (7), die die Grenzpolizisten
  auf den Beobachtungstürmen
  (8) alarmierten.
- Am Führungsdraht der
  Hundelaufanlage (6) waren
  an langen Leinen Hunde,
  die durch ihr Bellen° die *barking*
  Grenzpolizisten alarmierten.
- Die Beleuchtungsanlage (4)
  ließ die Grenzpolizisten auch
  bei Nacht alles genau sehen.
- Der Kfz-Graben (5) stoppte
  Pkws oder Lkws, die
  versuchten, durch die
  Mauer zu kommen.
- Auf dem Kontrollstreifen
  (3) fuhren regelmäßig° *regularly*
  Polizeipatrouillen.
- Auf der anderen Seite der
  Betonplattenwand (1) oder
  des Metallgitterzauns (2) –
  beide waren über vier Meter
  hoch – war Westberliner
  Territorium.
- Die Grenzpolizisten mussten
  auf jeden, der versuchte, durch
  die Mauer nach Westberlin zu
  fliehen, sofort schießen°. *shoot*

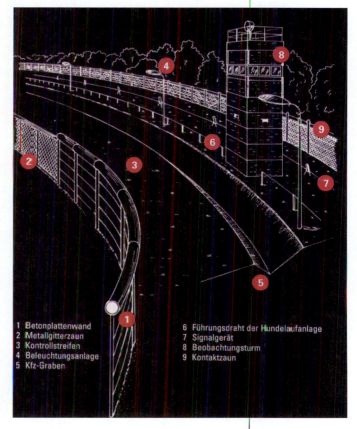

1 Betonplattenwand
2 Metallgitterzaun
3 Kontrollstreifen
4 Beleuchtungsanlage
5 Kfz-Graben
6 Führungsdraht der Hundelaufanlage
7 Signalgerät
8 Beobachtungsturm
9 Kontaktzaun

11-4 1949-1990: Das geteilte Deutschland.   Schauen Sie die Karte
Deutschland Bundesländer an. Mecklenburg-Vorpommern, Brandenburg,
Sachsen-Anhalt, Thüringen, Sachsen und der östliche Teil des
Bundeslandes Berlin waren von 1949 bis 1990 die Deutsche Demokratische
Republik. Zeichnen Sie auf der Karte den „Eisernen Vorhang"° zwischen der BRD *Iron Curtain*
und der DDR ein. Wie heißen die Länder der BRD, die an die DDR grenzten?

Kleine deutsche Chronik:
1918 bis 1990

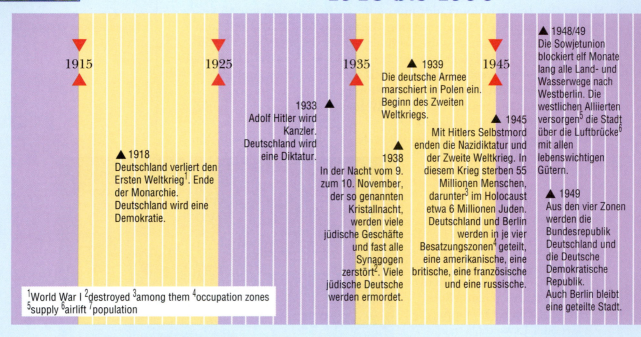

▼ 1915

▼ 1925

▼ 1935

▲ 1939
Die deutsche Armee marschiert in Polen ein. Beginn des Zweiten Weltkriegs.

▼ 1945

▲ 1948/49
Die Sowjetunion blockiert elf Monate lang alle Land- und Wasserwege nach Westberlin. Die westlichen Alliierten versorgen[5] die Stadt über die Luftbrücke[6] mit allen lebenswichtigen Gütern.

1933 ▲
Adolf Hitler wird Kanzler. Deutschland wird eine Diktatur.

▲ 1945
Mit Hitlers Selbstmord enden die Nazidiktatur und der Zweite Weltkrieg. In diesem Krieg sterben 55 Millionen Menschen, darunter[3] im Holocaust etwa 6 Millionen Juden. Deutschland und Berlin werden in je vier Besatzungszonen[4] geteilt, eine amerikanische, eine britische, eine französische und eine russische.

▲ 1918
Deutschland verliert den Ersten Weltkrieg[1]. Ende der Monarchie. Deutschland wird eine Demokratie.

▲ 1938
In der Nacht vom 9. zum 10. November, der so genannten Kristallnacht, werden viele jüdische Geschäfte und fast alle Synagogen zerstört[2]. Viele jüdische Deutsche werden ermordet.

▲ 1949
Aus den vier Zonen werden die Bundesrepublik Deutschland und die Deutsche Demokratische Republik. Auch Berlin bleibt eine geteilte Stadt.

[1]World War I [2]destroyed [3]among them [4]occupation zones
[5]supply [6]airlift [7]population

 11-5 Die Berliner Luftbrücke. Beantworten Sie die Fragen zur Grafik.

1. Wie heißen die drei Flugplätze, auf denen die alliierten Transportflugzeuge landeten?
2. Wie viele Transportflugzeuge landeten dort von Juli 1948 bis Mai 1949?
3. In welchem Monat wurden die meisten Lebensmittel und in welchem die meiste Kohle nach Berlin geflogen?
4. Wie viel Prozent (vH) aller Luftbrückengüter waren Kohle?

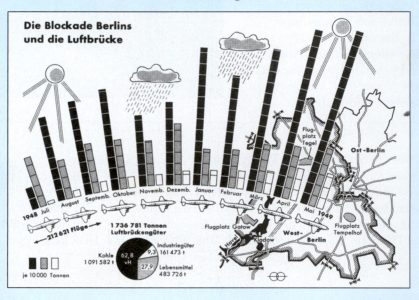

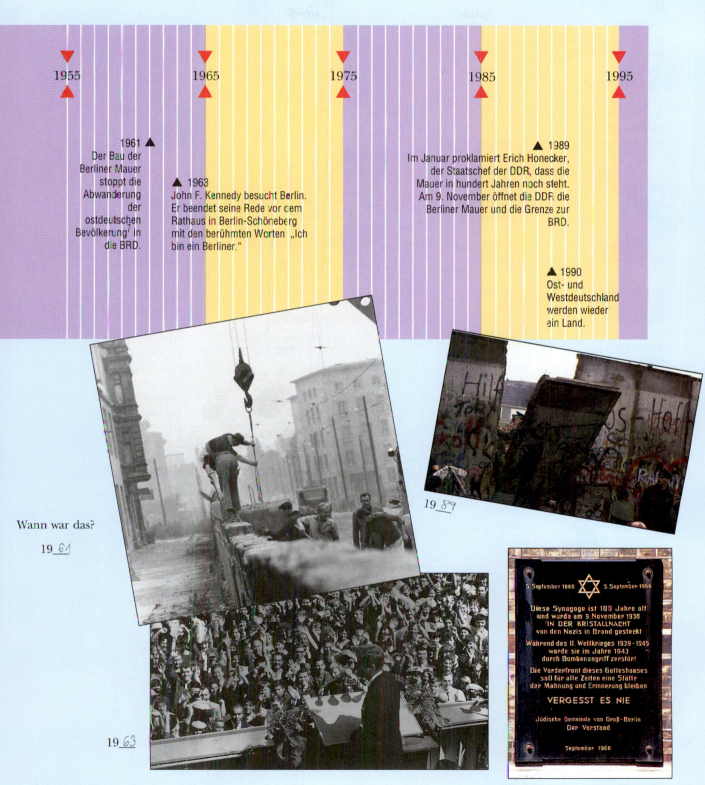

1955　　　　　1965　　　　　1975　　　　　1985　　　　　1995

▲ 1961
Der Bau der
Berliner Mauer
stoppt die
Abwanderung
der
ostdeutschen
Bevölkerung in
die BRD.

▲ 1963
John F. Kennedy besucht Berlin.
Er beendet seine Rede vor dem
Rathaus in Berlin-Schöneberg
mit den berühmten Worten „Ich
bin ein Berliner."

▲ 1989
Im Januar proklamiert Erich Honecker,
der Staatschef der DDR, dass die
Mauer in hundert Jahren noch steht.
Am 9. November öffnet die DDR die
Berliner Mauer und die Grenze zur
BRD.

▲ 1990
Ost- und
Westdeutschland
werden wieder
ein Land.

Wann war das?

19 61

19 89

19 63

5. September 1866　　5. September 1966

Diese Synagoge ist 100 Jahre alt
und wurde am 9. November 1938
IN DER KRISTALLNACHT
von den Nazis in Brand gesteckt.

Während des II. Weltkrieges 1939 - 1945
wurde sie im Jahre 1943
durch Bombenangriff zerstört.

Die Vorderfront dieses Gotteshauses
soll für alle Zeiten eine Stätte
der Mahnung und Erinnerung bleiben.

VERGESST ES NIE

Jüdische Gemeinde von Groß-Berlin
Der Vorstand

September 1966

Nomen

die Alliierten (*pl*)	the Allies
der Bundeskanzler	federal chancellor
der Eiserne Vorhang	Iron Curtain
die Freiheit	freedom
die Grenze, -n	border
der Krieg, -e	war
der Weltkrieg, -e	world war
die Mauer, -n	wall
die Wiedervereinigung	reunification
die Meinung, -en	opinion
die Rede, -n	speech; talk
der Sinn	meaning; sense
der Vorsatz, ⁻e	resolution
die Kindheit	childhood
die Jugend	youth
die Brücke, -n	bridge
die Luft	air
die Mülltonne, -n	garbage bin

Verben

auf·wachsen (wächst auf), wuchs auf, ist aufgewachsen	to grow up
bellen	to bark
ermorden	to murder
fliehen, floh, ist geflohen	to flee
meinen	to mean; to think, to be of the opinion
schießen, schoss, hat geschossen	to shoot
schließen, schloss, hat geschlossen	to close

teilen	to divide
trennen	to separate
werfen (wirft), warf, hat geworfen	to throw

Andere Wörter

ehemalig	former
komisch	funny; strange
teilweise	partially
jedenfalls	at any rate

Ausdrücke

auf diese Weise	in this way
auswendig lernen	to memorize
eine Rede halten	to give a speech

Das Gegenteil

jemals ≠ niemals	ever ≠ never
regelmäßig ≠ unregelmäßig	regular ≠ irregular

Synonyme

der Flugplatz, ⁻e	=	der Flughafen, ⁻
das Schaubild, -er	=	die Grafik, -en
öffnen	=	auf·machen
spüren	=	fühlen
zerstören	=	kaputt·machen
auf einmal	=	plötzlich
niemals	=	nie

Leicht zu verstehen

die Blockade, -n	das System, -e
die Demokratie, -n	akzeptieren
die Diktatur, -en	alarmieren
die Galaxis, Galaxien	blockieren
die Monarchie, -n	implodieren
die Patrouille, -n	proklamieren
die Republik, -en	

Die Oberbaumbrücke in Berlin

Wörter im Kontext

11-6 Was passt wo?

Jugend / meinte / ehemaligen / Vorsatz / werfen / Meinung / aufgewachsen / auf einmal / Kindheit / auswendig lernen / niemals

1. Frank Rothe ist in der _____ DDR _____.
2. In seiner _____ und _____ hat er die DDR nie richtig verstanden.
3. Seine Staatsbürgerkundebücher musste er teilweise _____.
4. Er verstand nicht, wie seine Lehrerin diese Bücher 1989 _____ in die Mülltonne _____ konnte.
5. Leute, die vorher alles akzeptiert hatten, sagten jetzt auf einmal ihre _____.
6. Frank Rothe wollte _____ wieder „ja" sagen, wenn er es nicht auch wirklich _____.
7. Mit diesem _____ startete er in die 90er Jahre.

11-7 Was passt wo?

geteiltes / geschossen / zerstört / Diktaturen / flohen / blockierten / Demokratien / ermordet / geschlossen / Alliierten / Wiedervereinigung / Mauer

1. In der Kristallnacht wurden in Deutschland fast alle Synagogen _____ und viele jüdische Deutsche _____.
2. Von 1949 bis zur _____ im Jahr 1990 war Deutschland ein _____ Land.
3. Ende Juni 1948 _____ die Sowjets alle Land- und Wasserwege nach Westberlin.
4. Die _____ brachten deshalb fast ein Jahr lang alle lebenswichtigen Güter über eine Luftbrücke nach Berlin.
5. Bis 1961 _____ 1,6 Millionen Ostdeutsche über Westberlin in die BRD.
6. 1961 baute die DDR um ganz Westberlin eine _____. Damit war die Grenze zwischen der DDR und Westberlin _____.
7. Auf Menschen, die durch die Mauer nach Westberlin fliehen wollten, wurde _____.
8. Die Staaten hinter dem Eisernen Vorhang waren keine _____, sondern _____.

11-8 Zusammengesetzte Nomen.   Kombinieren Sie in jeder der drei Gruppen die passenden Nomen!

Beispiel: die Luft + der Krieg = der Luftkrieg

1. die Welt	a. die Herberge	7. der Flug	g. die Tonne
2. die Jugend	b. die Mauer	8. die Luft	h. der Hafen
3. der Garten	c. der Krieg	9. der Müll	i. die Brücke

4. die Polizei	d. die Freiheit
5. die Rede	e. das Bild
6. die Schau	f. die Patrouille

KOMMUNIKATION UND FORMEN

1. Focusing on the receiver of an action

In diesem Bereich
werden die Getränke
serviert !
Speisen –
Selbstbedienung!
vom
Grill und Buffet

The passive voice

In grammatical terms, the doer of an action is usually the subject of the sentence.

Peter holt mich um sieben ab.　　　*Peter is picking me up at seven.*

A sentence in which the doer of an action functions as the subject of the sentence is said to be in the *active voice*.

If, however, you find it unnecessary or unimportant to mention the doer of the action, you can make the receiver of the action the subject of the sentence.

Ich *werde* um sieben *abgeholt*.　　　*I'm being picked up at seven.*

A sentence in which the receiver of the action functions as the subject is said to be in the *passive voice*.

Note that in the passive voice

- the receiver of the action appears in the nominative case,
- the verb appears as a past participle with a form of **werden** as auxiliary.

The most commonly used tenses in the passive voice are the present and the simple past. The tense is indicated by the auxiliary **werden.**

PRESENT	ich **werde** abgeholt	*I'm being picked up*
SIMPLE PAST	ich **wurde** abgeholt	*I was picked up*

Use of the passive voice

In the passive voice, the attention is focused on the receiver of the action and on the action itself. In the examples below, what happens to the receiver of the action is more important than who does it. The passive voice is then the more natural mode of expression.

passive	active
Mein Wagen **wird repariert.**	Der Automechaniker **repariert** meinen Wagen.
My car is being repaired.	*The car mechanic is repairing my car.*
Herr Müller **wurde verhaftet.**	Die Polizei **hat** Herrn Müller **verhaftet.**
Mr. Müller was arrested.	*The police arrested Mr. Müller.*

11-9 Was wird hier gemacht?

►

ein Haus / gebaut

S1: Was wird hier gemacht? **S2:** Hier wird ein Haus gebaut.

1.

3.

5.

2.

4.

6.

Blumen / gegossen	Kleider / anprobiert	Eis / verkauft
ein Rasen / gemäht	ein Auto / repariert	Bier / getrunken

11-10 Was weißt du von Mario und Ann? Die Information für **S2** ist

im *Anhang* auf Seite A17.

S1: Warum ist Mario denn
      so sauer°?

S2: Weil er nie nach seiner Meinung
      gefragt wird.

annoyed

MARIO		ANN	
Warum ist Mario denn so sauer?		Warum arbeitet Ann schon so lange bei IBM?	
	Weil seine Wohnung renoviert wird.		Weil dort ein neuer Teppich gelegt wird.
	Damit sein Mercedes nicht gestohlen wird.	Warum ist Ann heute mit dem Bus gekommen?	
Warum ist Mario so wenig zu Hause?			Weil sie gleich abgeholt wird.

11-11 Was wurde hier gemacht?

►

ein Zaun / gestrichen

S1: Was wurde hier gemacht?   **S2:** Hier wurde ein Zaun gestrichen.

1.

3.

2.

4.

Äpfel / gepflückt	Schnee / geschaufelt
Fenster (pl) / geputzt	Bier / getrunken

5.

7.

6.

8.

wood

ein Baum / gefällt	Brot / gebacken
ein Feld / gepflügt	Holz° / gespalten

11-12 Gute Vorsätze fürs neue Jahr. Sie sind auf einer Neujahrsparty und es ist drei Minuten vor Mitternacht. Schreiben Sie in diesen drei Minuten drei gute Vorsätze, d.h. drei Dinge, die Sie im neuen Jahr besser oder anders machen wollen als im alten. Lesen Sie Ihren Mitstudenten vor, was Sie geschrieben haben.

Beispiel: Von heute ab wird regelmäßig Sport gemacht.

Von heute ab wird	regelmäßig Sport	geraucht.
	viel mehr Obst und Gemüse	gelernt.
	viel weniger Schokolade	ausgegeben.
	viel weniger Bier	gemacht.
	viel weniger Kaffee	erzählt.
	einmal täglich der Abwasch	gegessen.
	nicht mehr so viel Geld	angeschaut.
	keine einzige Zigarette mehr	getrunken.
Von heute ab werden	keine blöden Witze° mehr	...	*jokes*
	keine doofen Seifenopern mehr	
	jeden Tag ein paar deutsche Vokabeln	
	...	

Mentioning the agent in a passive sentence

In most passive sentences, the agent (the doer of the action) is omitted. However, if the agent is mentioned, it appears in the dative case after the preposition **von.**

| Am 30. Januar 1933 wurde Adolf Hitler **vom Reichspräsidenten** zum Kanzler ernannt. | *On January 30, 1933, Adolf Hitler was named chancellor* **by the German president.** |

11-13 Ein bisschen deutsche Geschichte. Ergänzen Sie in den folgenden Sätzen das Agens.

Beispiel:
> Am 30. Januar 1933 wurde Adolf Hitler _____ zum Kanzler ernannt. (der Reichspräsident)
> Am 30. Januar 1933 wurde Adolf Hitler vom Reichspräsidenten zum Kanzler ernannt.

1. In der Nacht vom 9. zum 10. November 1938 wurden _____ fast alle deutschen Synagogen zerstört. (die Nazis)
2. Am 1. September 1939 wurde Polen _____ überfallen°. (deutsche Truppen)   *invaded*
3. Zwei Tage danach wurde Deutschland _____ der Krieg erklärt. (England und Frankreich)
4. Im Frühjahr 1945 wurde Berlin _____ erobert°. (die Rote Armee)   *conquered*
5. Im Juni 1945 wurde Deutschland und Berlin _____ in je vier Besatzungszonen geteilt. (die Alliierten)
6. Von Juni 1948 bis Mai 1949 wurden alle Land- und Wasserwege nach Westberlin _____ blockiert. (die Sowjetunion)
7. Elf Monate lang wurde die Millionenstadt _____ mit Lebensmitteln und Kohle versorgt°. (amerikanische und britische Transportflugzeuge)   *supplied*
8. 1961 wurde _____ der Bau der Berliner Mauer angeordnet°. (die Regierung° der DDR)   *ordered / government*
9. Am 9. November 1989 wurde die Mauer _____ geöffnet. (die Grenzpolizei der DDR)

2. Describing people, places, and things

The past participle used as an adjective

In your reading you have frequently seen past participles used as adjectives. Before a noun, the past participle takes the same endings as other adjectives.

Letzten Sommer hatte ich einen
gut **bezahlten** Job.

*Last summer I had a
well-**paid** job.*

11-14 Was ist das?

gekleidet
eine elegant _____ Dame

Das ist eine elegant gekleidete Dame.

1. frisch _____ Hemden

4. ein frisch _____ Brot (n)

7. ein schlecht _____ Mann

2. ein _____ Pferd (n)

5. ein _____ Brief (m)

8. eine _____ Jacke

3. ein gut _____ junger Mann

6. frisch _____ Äpfel

9. zwei _____ Koffer

gebaut	vergessen	gepackt
gewaschen	gebacken	gepflückt
gesattelt	angefangen	rasiert

11-15 Modenschau in der Deutschklasse.
Beschreiben Sie, was Ihre Mitstudentinnen und Mitstudenten tragen.

S: Lisa trägt einen langen, geschlitzten Rock.
    David trägt ein sportliches, blau und weiß gestreiftes Polohemd.

interessant	braun	geblümt *(flowered)*	einen Pullover
cool	blau	gestreift *(striped)*	ein T-Shirt
sportlich	gelb	handgestrickt *(hand-knit)*	ein Sweatshirt
praktisch	grün	kariert *(plaid)*	Jeans
toll	rot	geschlitzt *(slit)*	eine Jacke
...	...	...	...

ZUM HÖREN

Eine Radtour in den neuen Bundesländern

Es ist Mitte Juli, und Stephanie, Claudia, Martin und Peter sitzen bei einem Glas Bier im Englischen Garten. Hören Sie was die vier Freunde miteinander sprechen.

NEUE VOKABELN

überhaupt nicht	*not at all*	**der Schlafsack, ⸚e**	*sleeping bag*
die Gegend	*area*	**sich um·schauen nach**	*to look around for*
nördlich von	*north of*	**der Radwanderführer**	*cycling tour*
jederzeit	*anytime*		*guidebook*

11-16 Erstes Verstehen. Wer sagt das? Schreiben Sie C (Claudia), S (Stephanie), M (Martin) oder P (Peter).

_____ Ja, und ich kenne außer München, Berlin, Hamburg und Köln immer noch sehr wenig von Deutschland.

_____ Brandenburg und Mecklenburg-Vorpommern sind für eine Radtour absolut ideal.

_____ Wenn's uns da mal zu heiß wird, können wir jederzeit baden gehen.

_____ Sie möchten Stephanie sowieso noch mal sehen.

_____ Aber planen müssen wir gleich jetzt.

_____ Und dann setzen wir uns zusammen und schauen, was es dort oben alles zu tun und zu sehen gibt.

11-17 Detailverstehen.

1. Wie lange ist Stephanie noch in Deutschland?
2. Welchen Teil von Deutschland kennt Stephanie überhaupt nicht?
3. Warum findet Claudia Brandenburg und Mecklenburg-Vorpommern so ideal für eine Radtour?
4. Was war auf den schönen Bildern, die Stephanie gesehen hat?
5. Wer bekommt die folgenden Aufgaben°?   *assignments*
   a. Sich nach Zelten umschauen.
   b. Berlin anrufen.
   c. Im Internet nach einer preisgünstigen Gruppenreise schauen.
   d. Einen Radwanderführer und eine gute Karte von Nordostdeutschland kaufen.

11-18 Aus dem Radwanderführer für Mecklenburg-Vorpommern. Schauen

accompanying text / place name location

Sie die Karte und den Begleittext° an und ergänzen Sie zu jedem Ortsnamen° die passende Lage° und Attraktion.

Lage: An der Ostseeküste. (3x)   3 km südlich von Kühlungsborn.
        Östlich von Heiligendamm.   3 km südlich vom Conventer See.

Attraktion: Hundert Jahre alte Kleinbahn.   Zugvögel.
            Herrlicher Buchenwald.   Weiße Häuser und Gebäude.
            4 km langer Sandstrand.   Wunderbare Aussicht.

ORTSNAME	LAGE	ATTRAKTION
Kühlungsborn	An der Ostseeküste.	4 km langer Sandstrand.
Diedrichshäger Berg		
Heiligendamm		
Conventer See		
Nienhägener Holz		
Bad Doberan		

11-19 Ein paar Fragen zum Begleittext.

1. Von wo aus hat man eine wunderbare Aussicht über die Ostseeküste?
2. Warum wird Heiligendamm oft „die weiße Stadt am Meer" genannt?
3. Warum ist bei Heiligendamm ein hoher Damm?
4. Wie nennt man Vögel, die den Sommer im Norden verbringen und im Winter nach Süden fliegen?
5. Wie alt ist die Doberaner Kleinbahn und was für eine Lokomotive hat sie?

Die Dampflokomotive Molli

Begleittext

1. Kühlungsborn mit seinem vier Kilometer langen Sandstrand ist der größte Badeort an der mecklenburgischen Ostseeküste[1]. Drei Kilometer südlich davon liegt der Diedrichshäger Berg, von dem man eine wunderbare Aussicht[2] über die Küste und die mecklenburgische Landschaft hat.

2. Heiligendamm mit seinen weißen Häusern und Gebäuden wird oft „die weiße Stadt" am Meer[3] genannt. Das Hinterland liegt hier tiefer[4] als die Ostsee, und ein hoher Damm verhindert, dass es überflutet wird.

3. Am Conventer See machen Tausende von Zugvögeln[5] Rast[6], wenn sie im Herbst nach Süden fliegen und im Frühjahr wieder nach Skandinavien zurückkehren. Von diesem See ist es nicht weit zum Nienhägener Holz, einem herrlichen Buchenwald[7], der direkt hinter dem Strand beginnt.

4. In Bad Doberan ist die Hauptattraktion die hundert Jahre alte Kleinbahn mit der Dampflokomotive „Molli". Eine Fahrt von hier nach Kühlungsborn dauert nur 40 Minuten und für ein paar Euro transportiert die Bahn auch Fahrräder.

[1]*coast of the Baltic sea* [2]*view* [3]*by the sea* [4]*lower* [5]*migrating birds* [6]*rest* [7]*beech forest*

11-20 Ein paar Fragen zur Radwanderkarte.

1. Wo ist die Jugendherberge von Bad Doberan?
2. Wie hoch ist der Diedrichshäger Berg?
3. Wie viele Kirchen können Sie finden?
4. Wie viele Campingplätze gibt es?
5. Wie lang ist die Fahrradroute 2?

11-21 Ferien in der Natur.
Haben Sie schon mal eine Radtour oder eine Wanderung zu Fuß gemacht? Oder sind Sie mit Ihrer Familie oder mit Freunden mal campen gegangen? Beschreiben Sie in drei kurzen Absätzen°

paragraphs

- wann, wo und mit wem das war;
- was Sie alles gesehen und erlebt° haben;
- was für Sie besonders schön oder interessant war.

experienced

KOMMUNIKATION UND FORMEN

3. Expanding the meaning of some verbs

Special verb-preposition combinations

Many English and German verbs are used in combination with prepositions. In the examples below, the prepositions used in both languages are direct equivalents.

Beverly Harper arbeitet **für** eine amerikanische Zeitung.
Sie arbeitet gerade **an** einem wichtigen Artikel.

*Beverly Harper works **for** an American newspaper.*
*She's currently working **on** an important article.*

In most instances, however, the prepositions used in German verb-preposition combinations do not correspond to those used in English.

Beverly interessiert sich **für** europäische Politik.
Sie wartet **auf** eine E-Mail aus New York.

*Beverly is interested **in** European politics.*
*She's waiting **for** an e-mail from New York.*

Below and on the next page are two groups of commonly used verb-preposition combinations. Note that for the two-case prepositions, the test of **wohin/wo** does not apply, and the correct case is therefore given in parentheses.

Angst haben vor (+ *dative*)   *to be afraid of*
arbeiten an (+ *dative*)   *to work on*
denken an (+ *accusative*)   *to think of, about*
erzählen von   *to tell about*
warten auf (+ *accusative*)   *to wait for*
wissen von   *to know about*

11-22 Was passt zusammen?   Ergänzen Sie die passenden Präpositionen.

S1:

1. Was weißt du _____ der ehemaligen DDR?
2. Wann erzählst du uns _____ deiner Reise durch die neuen Bundesländer?
3. Wie lange hast du _____ diesem Referat gearbeitet?
4. Ich habe Angst _____ dieser Klausur.
5. Wo soll ich _____ dich warten, Peter?
6. _____ wen denkst du, Martin?

lot

S2:

a. An Claudia.
b. Ich auch.
c. Morgen Abend.
d. Eine ganze Woche.
e. Eine ganze Menge°.
f. Vor der Bibliothek.

11-23 Was machen diese Leute? Ergänzen Sie die Präpositionen und die passenden Objekte.

1. Tanja hat Angst
_____ _____.

4. Matthias weiß noch
nichts _____ _____.

2. Kevin wartet _____ _____
von seiner Freundin.

5. Nicole arbeitet
_____ _____.

3. Frau Kemp denkt oft
_____ _____.

4. _____

6. Holger erzählt
_____ _____.

ihrem Referat	Mäusen	seiner Geburtstagsparty	
seinem Autounfall°	ihren alten Vater	einen Anruf	*car accident*

Verbs that occur in verb-preposition combinations are often reflexive.

sich ärgern über (+ *accusative*)	*to be annoyed with, about*
sich auf·regen über (+ *accusative*)	*to get upset about*
sich freuen auf (+ *accusative*)	*to look forward to*
sich freuen über (+ *accusative*)	*to be happy about; to be pleased with*
sich interessieren für	*to be interested in*
sich verlieben in (+ *accusative*)	*to fall in love with*

11-24 Was passt zusammen? Ergänzen Sie die passenden Präpositionen.

S1:

1. Warum interessiert sich Sabine so _____ die Geschichte der DDR?
2. Warum hat sich Herr Merz _____ den Fall der Mauer so gefreut?
3. Warum hat sich Frau Beck _____ die Rede des Bundeskanzlers so aufgeregt?
4. Warum freust du dich denn nicht _____ die Semesterferien?
5. Warum ärgerst du dich denn so _____ Müllers Hund?
6. Warum hat sich Maria denn _____ so einen komischen Typ verliebt?

S2:

a. Weil er jetzt auch in westliche Länder reisen konnte.
b. Weil er immer verspricht, was er niemals halten° kann.   *keep*
c. Weil ihre Familie aus der DDR kommt.
d. Weil er die ganze Nacht bellt.
e. Weil sie ihn nett findet.
f. Weil ich arbeiten und Geld verdienen muss.

Wir freuen uns auf ein
Wiedersehn
Gute Reise

11-25 Was machen diese Leute? Ergänzen Sie die Präpositionen und die passenden Objekte.

1. Anna freut sich
_____ _____.

4. Heike regt sich
_____ _____ auf.

2. Frau Klein ärgert
sich _____ _____.

5. Claudia interessiert
sich _____ _____.

3. Maria freut sich
_____ _____.

6. Peter hat sich
_____ _____ verliebt.

stubborn

ihren dickköpfigen° Sohn	ihre Eins in Geschichte	historische Maschinen
ihre Reise nach Italien	Stephanie	Toms doofen Haarschnitt

4. Asking questions about people or things

_Wo_-compounds

The question words **wem** and **wen** refer to persons. If a preposition is involved, it precedes the question word.

Vor wem hast du Angst?	**Who** are you afraid **of?**
An wen denkst du?	**Who** are you thinking **of?**

The question word **was** refers to things or ideas. If a preposition is involved, a **wo**-compound is used.

Wovor hast du Angst?	**What** are you afraid **of?**
Woran denkst du?	**What** are you thinking **of?**

Note that an **r** is added to **wo** if the preposition begins with a vowel: **woran, worauf, worüber,** etc.

11-26 Was für Leute sind Karin und Bernd? Die Information für **S2** ist im *Anhang* auf Seite A17.

S1: Wofür interessiert sich Karin am meisten?　　**S2:** Für Politik und Geschichte.

	KARIN	BERND
Wofür interessiert sich Karin/Bernd am meisten?		Für Computer und das Internet.
Woran arbeitet sie/er gerade so intensiv?		An einer Website für die Firma seines Vaters.
Worüber hat sie/er sich gestern so aufgeregt?		Über einen defekten Scanner.
Worauf wartet sie/er denn so sehr?		Auf eine E-Mail von seiner Freundin.
Worüber freut sie/er sich am meisten?		Über tolle, neue Software.
Wovor hat sie/er manchmal Angst?		Vor einem besonders cleveren Virus.

11-27 Klatsch°. Erzählen Sie einander den neuesten Klatsch über Günter.　　*gossip*

▶ Günter war gestern mit Bernds Freundin im Kino.
Weißt du, _____ Günter gestern im Kino war?　　_____ denn?
Mit _____.

S1: Weißt du, mit wem Günter gestern im Kino war?　　**S2:** Mit wem denn?
Mit Bernds Freundin.

1. Für sein Studium interessiert sich Günter sehr wenig.
Weißt du, _____ sich Günter sehr wenig interessiert?　　_____ denn?
Für _____.

2. Auf seine Zensuren freut sich Günter gar nicht.
Weißt du, _____ sich Günter gar nicht freut?　　_____ denn?
Auf _____.

3. Die schlechteste Zensur bekommt Günter von Professor Weber.
Weißt du, _____ Günter die schlechteste Zensur bekommt?　　_____ denn?
Von _____.

4. Vor der Klausur in Geschichte hat Günter am meisten Angst.
Weißt du, _____ Günter am meisten Angst hat?　　_____ denn?
Vor _____.

5. Ich weiß das alles von Helga.
Weißt du, _____ ich das alles weiß?　　_____ denn?
Von _____.

11-28 Ein paar persönliche Fragen. Stellen Sie einander die folgenden Fragen und berichten Sie dann, was Sie herausgefunden haben.

- An wen oder woran denkst du im Moment?
- Wofür interessierst du dich ganz besonders?
- Hast du manchmal Angst? Wovor?
- Ärgerst du dich manchmal? Worüber oder über wen? Warum?
- Worauf freust du dich im Moment am meisten? Warum?
- Bist du im Moment verliebt? In wen?

Sprachnotiz	The flavoring particles *eigentlich* and *überhaupt*

In *Kapitel 6* you learned that **eigentlich** means *actually*, and in this chapter you have encountered **überhaupt** in the expression **überhaupt nicht** as meaning *at all*.

Die Berliner Mauer war **eigentlich** viel mehr als nur eine Mauer.	*The Berlin Wall was **actually** much more than just a wall.*
Ich kenne Berlin **überhaupt** nicht.	*I don't know Berlin **at all**.*

Eigentlich and **überhaupt** can also be used as flavoring particles. Like **denn** they are used in questions to express curiosity and interest, but they often express this curiosity in a somewhat impatient and unfriendly tone. There are no direct English equivalents for the flavoring particles **eigentlich** and **überhaupt**.

If you discover a three-year-old child in your yard, you might ask:

Was machst *du* **denn** hier?

However, if you discover a suspicious-looking stranger in your yard, you would more likely ask:

Wer *sind* Sie **eigentlich** und was *machen* Sie hier **überhaupt?**

Die Europäische Union

Die Europäische Union nahm ihren Anfang im Jahr 1957, als
Deutschland, Frankreich, Italien und die Beneluxländer (Belgien, die
Niederlande und Luxemburg) die Europäische Wirtschaftsgemeinschaft[1]
gründeten[2]. Heute gehören 15 europäische Staaten zur EU und viele
osteuropäische Staaten möchten Mitglieder[3] werden. In der EU der
Zukunft leben dann fast 500 Millionen Menschen, und schon jetzt hat
die EU das größte Bruttosozialprodukt[4] der Welt. Jedes EU-Mitglied hat
sein eigenes Parlament, schickt aber auch Abgeordnete[5] ins Europäische
Parlament in Straßburg, Frankreich. Die Fahne[6] der EU zeigt einen Kreis
von 12 goldenen Sternen auf blauem Hintergrund, und die Europa-
Hymne[7] ist die *Ode an die Freude* aus Beethovens Neunter Sinfonie.

Schon jetzt können Mitgliedstaaten der EU ihre Waren und Produkte
ohne Beschränkungen[8] in andere Mitgliedstaaten exportieren, und jeder
EU-Bürger kann in jedem Mitgliedstaat arbeiten und leben.

Am 1. Januar 2002 haben alle Mitgliedstaaten außer Dänemark,
Großbritannien und Schweden ihre nationalen Währungen[9] durch den
Euro ersetzt[10].

[1]*European Economic Community* [2]*founded* [3]*members* [4]*Gross National Product*
[5]*representatives* [6]*flag* [7]*anthem* [8]*restrictions* [9]*currencies* [10]**durch ... ersetzt:** *replaced with*

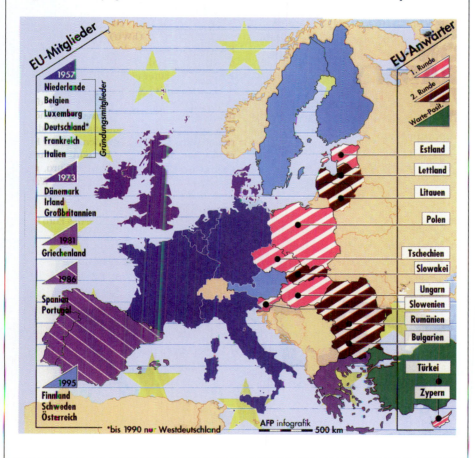

Mein Bruder hat grüne Haare

von Monika Seck-Agthe

Vor dem Lesen 1

imagine **11-29 Ich habe grüne Haare.** Stellen Sie sich vor°, Sie haben sich beim Friseur die Haare grün färben lassen und kommen dann nach Hause. Wie reagiert Ihre Familie wohl?

11-30 Was ist das auf Englisch? Finden Sie die englischen Äquivalente der fett gedruckten deutschen Wörter.

1. Mein Bruder Johannes hat sich eine **Haarsträhne** grün färben lassen.
2. Als er dann vor der Familie **erschienen ist,** gab es eine ziemliche Szene.
3. Tante Vera wurde immer **wütender.**
4. Sie fing richtig an zu **kreischen.**
5. „Ihr wisst **vor lauter Wohlstand** nicht mehr", schrie sie, „was ihr noch machen sollt."
6. „Als ich fünfzehn war, war Krieg, und wir waren so hungrig, dass wir bei Bauern um ein paar Rüben **gebettelt haben.**"
7. „Und nachts haben wir dann im **Luftschutzkeller** gesessen."

a. for all your affluence
b. begged
c. scream
d. strand of hair
e. more furious
f. air-raid shelter
g. appeared

TEIL I

Gestern hat sich mein Bruder Johannes eine Haarsträhne grün färben lassen. Die restlichen Haare hat er mit Baby-Öl eingeschmiert, dann hat er sich ganz schwarz angezogen und sich an den Kaffeetisch gesetzt. Mein Bruder ist fünfzehn, und ich bin dreizehn. Er sagt, er ist
5 jetzt *ein Punk.* Wenn ich ihn frage, was das ist, weiß er das selbst nicht genau.

Jedenfalls[1] gab's einen ziemlichen Krach,[2] als er vor der versammelten[3] Familie erschienen ist. Meine Eltern haben sich noch nicht mal aufgeregt, aber dann war da noch meine Tante Vera. Und die ist fast
10 vom Stuhl gefallen, als der Johannes in dem Aufzug[4] reingekommen ist.

„Bist du eigentlich übergeschnappt[5]? Ihr seid ja wohl heute alle total verrückt geworden!" hat sie sich aufgeregt. Der Johannes ist ganz ruhig

15 geblieben, hat einfach nichts gesagt und angefangen, Kuchen zu essen.
Das hat meine Tante natürlich nur noch wütender gemacht. Sie fing
richtig an zu kreischen: „Kannst du nicht wenigstens deinen Schnabel[6]
aufmachen, wenn man dich was fragt? – Ich versteh euch aber auch
nicht!" Sie funkelte[7] meine Eltern an. „Lasst ihr die Kinder denn alles
20 machen, was ihnen in den Kopf kommt?" Mein Vater sagte bloß[8]: „Der
Junge ist doch alt genug! Der muss schon wissen, was er tut." – „Alt
genug? Fünfzehn Jahre ist der alt! Ein ganz grünes Bürschchen[9]!" Als
Tante Vera das Wort grün sagte, mussten wir alle auf die grüne
Haarsträhne gucken[10] und lachen. Nur eben Tante Vera, die musste
25 nicht lachen. Sie hat auch gar nicht kapiert[11], dass wir über die Haare
gelacht haben, sondern dachte natürlich, wir lachen über sie und
ärgerte sich schrecklich[12]. „Die wissen doch vor lauter Wohlstand nicht
mehr, was sie noch machen sollen! Wisst ihr eigentlich, was wir mit
fünfzehn gemacht haben? Mitten im Krieg! Wir sind bei Bauern betteln
30 gegangen! Um ein paar Rüben! Weil wir gehungert haben!"

„Lass das doch, Vera! Die Kinder leben doch heute in einer ganz
anderen Welt als wir damals." Meine Mutter stand auf und räumte die
Kaffeetassen weg.

Aber Tante Vera war in Fahrt[13]. „Im Luftschutzkeller haben wir
35 gesessen! Und wussten nicht, ob wir da je wieder lebendig
rauskommen! Und ihr färbt euch die Haare grün! Und schmiert euch
Öl auf den Kopf! Guckt mal lieber in eure Schulbücher!"

[1]*at any rate*   [2]Szene   [3]ganzen   [4]Kostüm   [5]verrückt   [6]Mund   [7]*lit into*   [8]nur
[9]**grünes Bürschchen:** *snotty kid*   [10]schauen   [11]verstanden   [12]*terribly*   [13]*in full swing*

Sprachnotiz	The verb *lassen; der, das,* and *die* used as pronouns

When the verb **lassen** is used with the infinitive of another verb it
expresses *to have something done.*

Ich **lasse** mir die Haare **färben.**   *I have my hair dyed.*

In the perfect tense **lassen** does not take the regular perfect participle.

Ich **habe** mir die Haare **färben**   *I had my hair dyed.*
    lassen.

In colloquial German the definite articles **der, das,** and **die** are
frequently used as pronouns. In this function they usually appear at the
beginning of a sentence.

Der Junge ist alt genug. **Der**   *The boy is old enough.* **He must**
    muss schon wissen, was er tut.   *know what he's doing.*

Vor dem Lesen 2

11-31 Was ist das auf Englisch? Finden Sie die englischen Äquivalente der fett gedruckten deutschen Wörter.

1. Johannes sagte: „Deine blöden Kriegsgeschichten **hängen mir zum Hals heraus,** Tante Vera."
2. Dann tat er, **als müsste er** auf seinen Teller **kotzen.**
3. Johannes tat ganz cool, aber seine Hände **haben** ganz schön **gezittert,** und dann ist er einfach rausgegangen.
4. Ich bin auch rausgegangen, habe aber noch gehört, wie Tante Vera meinen Bruder einen **Rotzlümmel** nannte.
5. Aus Johannes' Zimmer **dröhnte** laute Rockmusik.
6. Ich **habe** seine Tür **zugepfeffert** und bin in mein Zimmer gegangen.
7. Abends im Bett war ich sehr glücklich, dass wir jetzt **Frieden** haben.

a. were shaking
b. slammed shut
c. I'm so sick of
d. was booming
e. peace
f. as if he had to puke
g. snotty-nosed brat

TEIL II

„Hör doch bloß auf mit deinen blöden Kriegsgeschichten. Die hängen mir absolut zum Hals heraus, Mensch!" Johannes tat, als müsste er auf seinen Teller kotzen. Dann sagte er noch: „Versuch doch einfach mal einigermaßen[1] cool zu bleiben, Vera."

5 Das war zu viel für meine Tante. „Seit wann nennst du mich Vera? Bin ich irgendein[2] Pipimädchen[3], das neben dir die Schulbank drückt[4]? Das ist doch unerhört[5]! Blöde Kriegsgeschichten hat er gesagt! Euch geht's doch einfach zu gut! Euch ist das doch gar nicht bewusst,[6] was das heißt, im Frieden zu leben! Begreift[7] ihr überhaupt, was das ist?"

10 Johannes tat weiter ganz cool. Aber ich hab gesehen, dass seine Hände ganz schön zitterten. Dann ist er aufgestanden und hat gesagt: „Vom Frieden hast du wohl selbst nicht allzuviel kapiert[8]. Sonst würdest[9] du hier nämlich nicht so einen Tanz machen." Dann ging er einfach raus.

Tante Vera kriegte einen knallroten[10] Kopf und fing an zu heulen[11].
15 Mein Vater holte die Kognakflasche aus dem Schrank. Meine Mutter sagte zu mir: „Du, geh mal für 'n Moment in dein Zimmer, ja?" Mir war alles plötzlich richtig peinlich[12]. Im Flur hab ich Tante Vera noch weiter heulen gehört. Die konnte kaum noch reden. „Wie wir damals gelitten[13] haben! Was wir durchgemacht[14] haben! Und da sagt dieser
20 Rotzlümmel ‚blöde Kriegsgeschichten'!"

Ich bin raufgegangen. Aus Johannes' Zimmer dröhnte knalllaute Musik. Mit einem Mal[15] hab ich eine Riesenwut[16] gekriegt auf den, bin in sein Zimmer gerannt und hab gebrüllt[17]: „Setz dir wenigstens deine Kopfhörer auf, wenn du schon so 'ne Scheißmusik hörst!"

25 Johannes hat mich groß angeguckt und gesagt: „Jetzt fängst du auch noch an auszurasten[18]! Was ist hier überhaupt los? Der totale Krieg, oder was?"

Mir war's zu blöd, ich hab die Tür zugepfeffert und mich in mein Zimmer verzogen[19].

Abends im Bett musste ich noch mal über alles nachdenken. Auch
30 über das, was Tante Vera gesagt hatte. Über die Luftschutzkeller und dass sie Angst gehabt hat und so. Und dass sie meint, wir würden nicht begreifen, was das ist: Frieden. So richtig im Frieden leben wir, glaub ich, auch gar nicht. Aber natürlich auch nicht richtig im Krieg. Wir können schon eine Menge[20] machen, was die damals nicht konnten.
35 Und vieles, was die machen und aushalten[21] mussten, das passiert uns eben nicht, dass wir zum Beispiel hungern müssen oder Angst haben, ob wir den nächsten Tag noch erleben. Da bin ich eigentlich auch unheimlich[22] froh[23] darüber. Aber trotzdem: bloß weil kein Krieg ist, ist noch lange kein richtiger Frieden. Dazu gehört, glaub ich, noch eine
40 Menge mehr.

[1]ein bisschen [2]*some . . . or other* [3]dummes kleines Mädchen [4]in der Schule sitzt
[5]unglaublich [6]ihr wisst doch gar nicht [7]versteht [8]verstanden [9]*would*
[10]sehr roten [11]laut zu weinen [12]*embarrassing* [13]*suffered* [14]*went through*
[15]plötzlich [16]*terrible rage* [17]laut geschrieen [18]verrückt zu werden
[19]gegangen [20]sehr viel [21]*endure* [22]sehr [23]glücklich

Arbeit mit dem Text

11-32 Was passt zusammen?

1. Als Johannes mit seinen grünen Haaren ins Zimmer kam,
2. Als Tante Vera den Johannes ein ganz grünes Bürschchen nannte,
3. Als Tante Vera mit ihren Kriegsgeschichten anfing,
4. Als Tante Vera anfing zu heulen,
5. Als Johannes' Schwester in ihr Zimmer raufging,
6. Als Johannes' Schwester abends im Bett lag,

a. mussten alle auf die grüne Haarsträhne gucken und lachen.
b. tat Johannes, als müsste er auf seinen Teller kotzen.
c. dröhnte aus dem Zimmer ihres Bruders knalllaute Musik.
d. fiel Tante Vera fast vom Stuhl.
e. dachte sie: bloß weil kein Krieg ist, ist noch lange kein richtiger Frieden.
f. holte der Vater die Kognakflasche aus dem Schrank.

11-33 Krieg im Frieden.
Seit dem 11. September 2001 ist in der Welt vieles anders geworden. Beschreiben Sie in einem kleinen Aufsatz°,

essay

- wo Sie im Moment der Katastrophe waren
- wie Sie davon erfuhren°
- was Sie dann machten
- was Sie damals dachten und fühlten
- was in Ihrem Leben seither° anders geworden ist
- ...

found out

since then

11-34 Zur Diskussion.
Sprechen Sie miteinander über den 11. September. Was ist in der Welt und in Ihrem persönlichen Leben seither anders geworden?

LEUTE

Ulrike und Matthias Sperber: ein Leben in zwei Welten

Vor dem Lesen

11-35 Eine andere Welt.

1. Haken Sie ab, was Sie mit dem Leben in einem kommunistischen Land assoziieren.

_____ Es gibt keine Arbeitslosen.

_____ Es gibt sehr reiche und sehr arme Menschen.

_____ Alle Religionen werden toleriert.

_____ Viele Menschen leben in Angst vor der Polizei.

_____ Jeder Mensch darf leben, wie er will.

_____ Man kann nicht alles kaufen, was man will.

_____ Alles wird zentral geplant.

_____ Man darf sagen und lesen was man will.

_____ Man darf den Staat nicht kritisieren.

_____ Die meisten Menschen arbeiten für den Staat.

_____ Wenn man mehr arbeitet, verdient man auch mehr.

_____ Der Staat kontrolliert die Presse.

2. Welche Länder kennen Sie, die kommunistisch sind oder waren?

11-36 Was ist das auf Englisch?

1. In der DDR bezahlte der Staat sogar für den **Lebensunterhalt** der Studenten.
2. Alle Zahnärzte arbeiteten in **staatlichen** Zahnkliniken.
3. Sie verdienten etwa 900 Mark im Monat, **egal** ob sie viele oder wenige Patienten hatten.
4. Nach der Wiedervereinigung mussten die Ostdeutschen **marktwirtschaftliches** Denken lernen.
5. Ein Zahnarzt hatte jetzt seine eigene Praxis und musste sie mit moderner zahnmedizinischer Technik **ausrüsten.**
6. Viele Ostdeutsche fanden es sehr schwer, **sich an** westliches Denken **zu gewöhnen.**

a. no matter
b. to get used to
c. living expenses
d. equip
e. free enterprise
f. state-run

Die Zahnärzte Ulrike und Matthias Sperber wurden beide in der ehemaligen DDR geboren. Sie lernten sich als Studenten kennen und heirateten gleich nach dem Studium. Weil in der DDR der Staat für die Ausbildung und sogar für den Lebensunterhalt der Studenten bezahlte, kostete das Studium sie fast nichts. Nach der Ausbildung arbeiteten sie wie alle Zahnärzte in der DDR in einer staatlichen Zahnklinik. Sie verdienten je[1] 900 Mark im Monat, egal ob sie viele oder wenige Patienten behandelten[2]. Ihre Wohnung in einem der riesigen und für die DDR so typischen Hochhäuser war nach westlichem Standard winzig und primitiv, aber sie bezahlten dafür auch nur 60 Mark im Monat. Nach einer Wartezeit von fünfzehn Jahren konnten sie endlich einen

Trabant bekommen, das kleine
Standardauto der DDR. Damit
fuhren sie im Urlaub an die Ostsee,
in die Tschechoslowakei, nach
Ungarn oder nach Bulgarien.
Reisen in die BRD und in andere
westliche Länder waren verboten[3].
Es war ein bescheidenes[4] Leben,
besonders verglichen[5] mit dem, was
sie täglich in westdeutschen
Fernsehprogrammen zu sehen
bekamen. Weil die beiden den
kommunistischen Staat nicht offen
kritisierten, war es aber auch ein
stress- und risikofreies Leben.

Ein Trabant

Nach der Wiedervereinigung im Jahr
1990 wurde die ostdeutsche Zahnmedizin privatisiert und Ulrike und Matthias
mussten Räume für eine eigene Praxis mieten, sie renovieren und mit
modernster zahnmedizinischer Technik ausrüsten. Sie brauchten dazu Kredite
von über 300 000 Mark und möglichst viele Patienten, um diese Kredite
zurückzahlen zu können. Weil sie marktwirtschaftliches Denken nie gelernt
hatten, war das ein großer Schock für sie, und besonders Matthias hatte
manchmal große Angst und tiefe Depressionen.

Inzwischen[6] haben sich die beiden an westliches Denken gewöhnt. Sie
arbeiten jetzt viel mehr und ihr Leben ist oft ziemlich stressig, aber auch viel
interessanter. Sie verdienen viel mehr, sie fahren einen VW Passat und seit ein
paar Jahren haben sie sogar ein schönes Einfamilienhaus. Im Urlaub fahren
sie jetzt nach Westeuropa oder fliegen auch mal in die USA, und wie die
meisten Bürger der ehemaligen DDR sind sie sehr froh, dass Deutschland
wieder ein Land ist.

[1]*each* [2]*treated* [3]*forbidden* [4]*modest* [5]*compared* [6]*in the meantime*

Arbeit mit dem Text

11-37 Ein Leben in zwei Welten. Für Ulrike und Matthias hat sich nach der
Wiedervereinigung vieles verändert[5]. Ergänzen Sie die Tabelle mit passenden   *changed*
Wörtern und Ausdrücken aus dem Text.

	VOR DER WIEDERVEREINIGUNG	NACH DER WIEDERVEREINIGUNG
Arbeitsplatz		
Wohnung		
Auto		
Leben		
Urlaubsziele		

Words as chameleons: *gleich*

As an adjective, **gleich** means *same*.

Monika und ich wurden im **gleichen** Jahr geboren.	*Monika and I were born in the **same** year.*

As an adverb, **gleich** has three meanings:

a. Expressing the idea of sameness, **gleich** means *equally*.

Monika und ich sind beide **gleich** intelligent.	*Monika and I are both **equally** intelligent.*

b. Expressing time, **gleich** means *right (away), immediately*.

Ich komme **gleich** nach dem Mittagessen.	*I'm coming **right** after lunch.*
Ich komme **gleich.**	*I'm coming **right away** (**immediately**).*

c. Expressing location, **gleich** means *right, directly*.

Die Bank ist **gleich** neben dem Postamt.	*The bank is **right** beside the post office.*

Bei Dunkelheit

KRÖTENWANDERUNG

auf 200 mtr.

Bitte aufmerksam fahren

11-38 Was bedeutet *gleich?* *Same, equally, right (right away),* or *right (directly)?*

1. Der Tennisplatz ist gleich hinter dem Studentenheim.
2. Die Jeans waren so billig, dass ich gleich zwei Paar gekauft habe.
3. Du hast ja genau das gleiche Kleid an wie ich!
4. Ich wohne gleich neben der Bäckerei Biehlmaier.
5. Steh gleich auf, Holger! Es ist schon zehn nach zehn.
6. Meine Schwester und ich spielen gleich gut Klavier.
7. Meine Freundin hat für den gleichen Pulli fünfzehn Euro mehr bezahlt als ich.
8. Möchtest du die fünfzig Euro gleich jetzt?
9. Sind die beiden Hotels gleich teuer?

mistakes   10. Mach doch nicht immer die gleichen Fehler°!

Predicting gender

All nouns with the suffixes **-heit** and **-keit** are *feminine* and most are derived from adjectives. The suffix **-keit** is used whenever an adjective ends in **-lich** or **-ig.** Both suffixes frequently correspond to the English suffix *-ness*.

krank	*ill, sick*	**die** Krank**heit**	*illness, sickness*
freundlich	*friendly*	**die** Freundlich**keit**	*friendliness*
richtig	*right, correct*	**die** Richtig**keit**	*rightness, correctness*

Note that the German suffixes **-heit** and **-keit** do not always correspond to the English suffix *-ness*.

wichtig	*important*	**die** Wichtig**keit**	*importance*
schön	*beautiful*	**die** Schön**heit**	*beauty*

Some adjectives are extended with **-ig** before the suffix **-keit** is added.

arbeitslos	*unemployed*	**die** Arbeitslos**igkeit**	*unemployment*

11-39 Was ist das? Form nouns from the following adjectives and give their English meanings. Adjectives marked with an asterisk must be extended with **-ig** before adding the suffix **-keit.**

1. dunkel	*dark*	6. klug	*intelligent*
2. hell*	*light, bright*	7. dumm	*stupid*
3. gesund	*healthy*	8. schnell*	*fast*
4. klar	*clear*	9. wirklich	*real*
5. frei	*free*	10. genau*	*exact, accurate*

Zur Aussprache

The consonant clusters *pf* and *kn*

In the German consonant clusters **pf** and **kn,** both consonants are pronounced.

11-40 Hören Sie gut zu und wiederholen Sie!

Was für ein süßer Zopf

zum Bäcker Lang
lohnt jeder Gang

Pfanne	**A**pfel	Dam**pf**	
Pfennig	im**pf**en°	Kop**f**	*to vaccinate*
Pfeffer	klo**pf**en	To**pf**	
Pflaume	tro**pf**en°	Zop**f**°	*to drip / braid*
Pfund	Schnu**pf**en°	Strum**pf**°	*sniffles / stocking*

Nimm diese Tro**pf**en für deinen Schnu**pf**en.
Apfel**pf**annkuchen mit **Pf**efferminztee? **Pf**ui!

Knast°	**kn**abbern°	**Kn**äckebrot°	*jail / to nibble / crisp bread*
Kneipe	**kn**ipsen°	**Kn**oblauch°	*to snap a photo / garlic*
Knödel	**kn**utschen°	**Kn**ackwurst	*to smooch*

Herr **Kn**opf sitzt im **Kn**ast und **kn**abbert **Kn**äckebrot.

Nomen

die Aussicht, -en	view
die Gegend, -en	area
die Küste, -n	coast
der Schnee	snow
der Fehler, -	mistake; error
der Klatsch	gossip
die Kopfhörer *(pl)*	headphones
der Schlafsack, ¨e	sleeping bag
der Vogel, ¨	bird
der Witz, -e	joke

Verben

begreifen, begriff, hat begriffen	to understand, to grasp
erleben	to experience
reagieren	to react
verbieten, verbot, hat verboten	to forbid
sich etwas vor·stellen	to imagine something
arbeiten an *(+ dat)*	to work on
sich ärgern über *(+ acc)*	to be annoyed with, about
sich auf·regen über *(+ acc)*	to get excited about; to get upset about
denken an *(+ acc)*	to think of, about
sich freuen auf *(+ acc)*	to look forward to
sich freuen über *(+ acc)*	to be happy about; to be pleased with
sich gewöhnen an *(+ acc)*	to get used to
sich interessieren für	to be interested in
sich verlieben in *(+ acc)*	to fall in love with
warten auf *(+ acc)*	to wait for
wissen von	to know about

Andere Wörter

bescheiden	modest
dickköpfig	stubborn
peinlich	embarrassing
schrecklich	terrible; terribly
wütend	furious
inzwischen	in the meantime
jederzeit	(at) any time

Ausdrücke

Angst haben vor *(+ dat)*	to be afraid of
Es hängt mir zum Hals heraus!	I'm totally sick of it!

Das Gegenteil

hoch ≠ tief	high ≠ low; deep
der Krieg ≠ der Frieden	war ≠ peace

Synonyme

die See	=	das Meer	=	der Ozean
begreifen	=	verstehen	=	kapieren
brüllen	=	schreien		
heulen	=	weinen		
froh	=	glücklich		
herrlich	=	wunderbar		
verrückt	=	übergeschnappt		
bloß	=	nur		
überhaupt nicht(s)	=	gar nicht(s)		
eine Menge	=	viel		

Leicht zu verstehen

die Attraktion, -en	die Website, -s
die Depression, -en	privatisieren
die Mitternacht	renovieren
der Schock	clever
die Software	ideal
der Virus, Viren	

Angeln, zelten und Feuer machen *wird dennoch* strengstens verboten! *rundum gemacht*

Wörter im Kontext

11-41 Was passt zusammen?

1. Wenn man mit sehr wenig
   zufrieden ist,
2. Wenn man immer nur das macht,
   was man selbst will,
3. Wenn man in einer Klausur eine
   gute Zensur bekommt,
4. Wenn man in einer Klausur eine
   Menge dumme Fehler gemacht hat,

a. ist man wütend auf sich.
b. ist man froh.
c. ist man bescheiden.
d. ist man dickköpfig.

11-42 Was passt in jeder Gruppe zusammen?

1. die Küste
2. der Berg
3. der Schlafsack
4. der Winter

a. die Aussicht
b. das Meer
c. der Schnee
d. das Zelt

5. Kopfhörer
6. Einen Witz
7. Ein altes Haus
8. Eine Website

e. öffnet man.
f. setzt man auf.
g. erzählt man.
h. renoviert man.

11-43 Florian hat grüne Haare. Ergänzen Sie die passenden Wörter.

wütend / inzwischen / peinlich / Frieden / brüllte / aufregt / gewöhnt /
übergeschnappt

Mein Bruder Florian hat sich letzte Woche die Haare grün färben lassen. Als
er nach Hause kam, war Vater schrecklich _____ und _____: „Du bist wohl
_____, Florian!" Mir war diese Szene sehr _____, weil mein neuer Freund
gerade bei uns war. _____ haben wir uns aber alle an Florians grüne Haare
_____ und ich bin froh, dass Vater sich nicht mehr darüber _____ und dass in
unserem Haus wieder _____ ist.

11-44 Studentenleben. Was passt in jeder Gruppe zusammen?

1. An das Leben im Studentenheim
2. Über die laute Musik im
   Nachbarzimmer
3. Über die lieben Briefe von zu
   Hause
4. Auf den Scheck von meinen
   Eltern
5. Für meinen Deutschkurs

a. ärgere ich mich aber manchmal
   sehr.
b. warte ich oft lang vor Ende des
   Monats.
c. interessiere ich mich sehr.
d. habe ich mich schnell gewöhnt.
e. freue ich mich schrecklich.

6. Vor den Klausuren im
   Deutschkurs
7. An meinen Referaten
8. An meine Kindheit und meine
   Schulzeit
9. Auf die Sommerferien
10. In meinen deutschen Freund

f. denke ich oft zurück.
g. habe ich mich beim Chatten im
   Internet verliebt.
h. habe ich eigentlich nie Angst.
i. arbeite ich oft tagelang.
j. freue ich mich schrecklich.

KAPITEL
12

Kommunikationsziele

Talking about . . .
- relationships
- equal rights for women and men
- careers and family obligations
- your dreams for the future

Expressing feelings, emotions, wishes, and regret

Strukturen

Present-time subjunctive
The subjunctive in polite requests
Past-time subjunctive
Genitive prepositions
Relative pronouns in the genitive case

Kultur

Frauen im Beruf
Leute: **Doris Zieger**

So ist das Leben

Eine Hochzeit

Die Erzählerin ist mit ihrem Freund in der Disco. Im folgenden Monolog berichtet sie, was sie denkt, als ihr Freund und Kirsten miteinander flirten.

Eifersucht

von Tanja Zimmermann

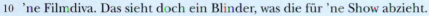

Diese Tussi! Denkt wohl, sie wäre die Schönste. Juhu, die Dauerwelle wächst schon raus. Und die Stiefelchen von ihr sind auch zu
5 albern. Außerdem hat sie sowieso keine Ahnung. Von nix und wieder nix hat die 'ne Ahnung.

Immer, wenn sie ihn sieht, schmeißt sie die Haare zurück wie
10 'ne Filmdiva. Das sieht doch ein Blinder, was die für 'ne Show abzieht.

Ja, O.K., sie kann ganz gut tanzen. Besser als ich. Zugegeben. Hat auch 'ne ganz gute Stimme, schöne Augen, aber dieses ständige Getue. Die geht einem ja schon nach fünf Minuten auf die Nerven.

Und der redet mit der – stundenlang. Extra nicht hingucken. Nee, jetzt
15 legt er auch noch den Arm um die. Ich will hier weg! Aber aufstehen und gehen, das könnte der so passen. Damit die ihren Triumph hat.

Auf dem Klo sehe ich in den Spiegel, finde meine Augen widerlich, und auch sonst, ich könnte kotzen. Genau, ich müsste jetzt in Ohnmacht fallen, dann wird ihm das schon Leid tun, sich stundenlang mit der zu
20 unterhalten.

Als ich aus dem Klo komme, steht er da: „Sollen wir gehen?" Ich versuche es betont gleichgültig mit einem Wenn-du-willst, kann gar nicht sagen, wie froh ich bin. An der Tür frage ich, was denn mit Kirsten ist. „O Gott, eine Nervtante, nee, vielen Dank!" –

25 „Och, ich find die ganz nett, eigentlich", murmle ich.

ZUM HÖREN

12-1 Ja oder nein? Sie hören *Eifersucht* und dann sechs Aussagen über Kirsten. Denkt die Erzählerin das (**Ja**), oder denkt sie das nicht (**Nein**)?

	JA	NEIN		JA	NEIN		JA	NEIN
1.	_____	_____	3.	_____	_____	5.	_____	_____
2.	_____	_____	4.	_____	_____	6.	_____	_____

underline

12-2 Anders gesagt. Unterstreichen° Sie in Tanja Zimmermanns *Eifersucht* die Aussagen, die etwa dasselbe bedeuten.

1. Kirsten glaubt, dass sie schöner ist als alle anderen.
2. Und die Schuhe, die sie trägt, sind ganz unmöglich.
3. Ich tanze nicht so gut wie sie.
4. Er spricht sehr lang mit ihr.
5. Wenn ich aufstehe und gehe, freut sie sich nur.
6. Denn Meine dann hat sie gewonnen.
7. Meine Augen sind so hässlich.
8. Beim Hinausgehen frage ich, was er von Kirsten denkt.

envious

12-3 Warum sind diese Leute so neidisch° auf Maria und Paul? Die Information für **S2** ist im *Anhang* auf Seite A18.

S1: Warum ist Stefan so neidisch auf Maria?

S2: Weil Maria immer so gute Zensuren bekommt.

	MARIA	PAUL
Stefan		Paul hat so ein tolles Motorrad.
Ann		
Florian	Marias Eltern schicken ihr so viel Geld.	Paul hat so viele Freundinnen.
Laura	Maria hat so einen netten Freund.	
Daniel		Paul ist so groß und sieht so gut aus.
Sophia	Maria wird zu so vielen Feten eingeladen.	

honest
admit

12-4 Bist du manchmal neidisch? Wenn wir ehrlich° sind, müssen wir zugeben°, dass wir alle manchmal auf andere Leute neidisch sind. Erzählen Sie einander, auf wen Sie manchmal neidisch sind und warum.

S1: Auf wen bist du manchmal neidisch? Warum?

S2: Auf meine Schwester.

Weil sie so einen tollen Wagen hat.

S2: Auf wen ...?

S3: Auf ...

meinen Bruder	spielt so gut Gitarre
meine Kusine	(Squash, Tennis usw.)
meinen Vetter	hat so eine tolle Figur
meine Freundin	bekommt immer eine Eins
meinen Freund	für ihre/seine Referate
meine Mitbewohnerin	verdient so viel Geld
meinen Mitbewohner	hat so einen interessanten Job
...	...

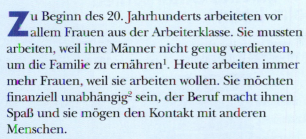

Frauen im Beruf

Zu Beginn des 20. Jahrhunderts arbeiteten vor allem Frauen aus der Arbeiterklasse. Sie mussten arbeiten, weil ihre Männer nicht genug verdienten, um die Familie zu ernähren[1]. Heute arbeiten immer mehr Frauen, weil sie arbeiten wollen. Sie möchten finanziell unabhängig[2] sein, der Beruf macht ihnen Spaß und sie mögen den Kontakt mit anderen Menschen.

Das Grundgesetz[3] der BRD verbietet, dass Frauen schlechter bezahlt werden als Männer. Trotzdem zeigt die Statistik auch heute noch einen ziemlichen Unterschied[4] in der Bezahlung von Männern und Frauen. Ein Grund dafür ist, dass vor allem ältere Frauen oft keine so gute Ausbildung haben wie Männer und dass sie deshalb für besser bezahlte Berufe nicht qualifiziert sind. Aber auch jüngere und besser ausgebildete Frauen, die verheiratet sind und Kinder haben, bekommen selten höhere Positionen.

Die Geburt und die Betreuung[5] der Kinder unterbricht[6] ihre Karriere, und wenn sie nach ein paar Jahren wieder an den Arbeitsplatz zurückkommen, beginnen sie dort, wo sie aufgehört haben. Sie haben in den stressigen Jahren, in denen sie Familie und Kinder betreuten[7], vieles gelernt, was in höheren Positionen sehr wichtig sein kann. Aber leider haben viele Arbeitgeber[8] das noch nicht begriffen.

Genau wie viele Männer möchten viele Frauen beides, Beruf und Familie. Solange Frauen aber die meisten Aufgaben in Haushalt und Familie übernehmen[9], bleibt Gleichberechtigung[10] im Berufsleben Utopie.

[1]*feed* [2]*independent* [3]*constitution* [4]*difference* [5]*care*
[6]*interrupts* [7]*took care of* [8]*employers* [9]*take on* [10]*equal rights*

12-5 Der „kleine Unterschied".

Das Schaubild zeigt, dass Männer und Frauen in vielen Ländern immer noch sehr unterschiedlich bezahlt werden. Sehen Sie sich das Schaubild an und beantworten Sie die Fragen.

1. Welche drei von diesen vier Wörtern sind Synonyme: Bezahlung, Unterschied, Lohn, Verdienst?
2. In welchem Land ist der Unterschied in der Bezahlung von Männern und Frauen am größten und in welchem Land ist er am kleinsten?
3. Wo ist der Unterschied beim Lohn von Frauen und Männern größer, in den USA oder in Deutschland?

12-6 Wer macht in Deutschland den Haushalt?

Das Schaubild zeigt, wie viel Prozent der Arbeit im Haushalt von Frauen oder Männern gemacht wird und wie viel Prozent Frauen und Männer zusammen machen.

1. In wie viel Prozent aller Haushalte übernimmt der Vater die Kontakte mit den Lehrern seiner Kinder?
2. In wie viel Prozent der Haushalte machen Mann und Frau die Haushaltsfinanzen zusammen?
3. In wie viel Prozent der Haushalte macht der Mann das Essen?
4. In wie viel Prozent der Haushalte tun Mann und Frau gleich viel für Großeltern oder andere Verwandte, die Hilfe brauchen?
5. In wie viel Prozent der Haushalte repariert die Frau alles, was man selbst reparieren kann?

Der „kleine Unterschied" beim Lohn

Durchschnittlicher Verdienst von **Frauen** in der Industrie in Prozent des Verdienstes von Männern — **Männer = 100 %**

Land	%
Japan	43 %
Südkorea	54
Luxemburg	60
Österreich	64
USA	65
Spanien	67
Schweiz	68
Großbritannien	68
Deutschland*	73
Belgien	74
Niederlande	77
Frankreich	79
Griechenland	79
Dänemark	84
Schweden	89

jeweils letzter verfügbarer Stand — © Globus 9846

Wer macht den Haushalt? — Aufgabenverteilung im Haushalt in %

Aufgabe	FRAU	beide	MANN
Putzen	81%	18%	1%
Kochen	79	19	2
Schulkontakte	64	33	3
Einkaufen	63	32	5
Kinderbetreuung	61	37	2
Verwandte pflegen	60	37	3
Behördengänge	37	41	22
Haushaltskasse	32	59	9
Renovierung	16	43	41
Reparaturen	11	23	66

Quelle: DJI — © Globus 8675

Nomen

die **Dauerwelle**	perm
die **Eifersucht**	jealousy
die **Figur**	figure, physique
der **Stiefel**, -	boot
die **Stimme**, -n	voice
die **Aufgabe**, -n	assignment; task
die **Geburt**, -en	birth
die **Gleichberechtigung**	equal rights; equality
das **Grundgesetz**	constitution
der **Unterschied**, -e	difference

Müde Wanderstiefel

Verben

murmeln	to mutter
übernehmen (übernimmt), übernahm, hat übernommen	to take on *(a duty)*
unterbrechen (unterbricht), unterbrach, hat unterbrochen	to interrupt
unterstreichen, unterstrich, hat unterstrichen	to underline
wachsen (wächst), wuchs, ist gewachsen	to grow
zu·geben (gibt zu), gab zu, hat zugegeben	to admit

Andere Wörter

eifersüchtig	jealous
ständig	constant(ly)
widerlich	disgusting; repulsive
solange	as long as

Ausdrücke

den Haushalt machen	to do household chores
in Ohnmacht fallen	to faint
neidisch sein auf *(+ acc)*	to be envious of
Sie hat keine Ahnung.	She doesn't have a clue. She has no idea.

Das Gegenteil

abhängig ≠ unabhängig	dependent ≠ independent
ehrlich ≠ unehrlich	honest ≠ dishonest
unterschiedlich ≠ gleich	different ≠ same; equal

Synonyme

der **Lohn**	=	der **Verdienst**	=	die **Bezahlung**	
gucken	=	**schauen**	=	**sehen**	
albern	=	**dumm**	=	**doof**	= **blöd**
Sie ist eine Nervtante.	=	**Sie nervt mich.**	=	**Sie geht mir auf die Nerven.**	

Leicht zu verstehen

die **Finanzen** *(pl)*	der **Triumph**, -e
die **Karriere**, -n	die **Utopie**, -n
der **Kontakt**, -e	**flirten**
die **Position**, -en	**blind**
das **Prozent**, -e	**finanziell**
die **Statistik**, -en	**qualifiziert**

Wörter im Kontext

column

12-7 Mit anderen Worten.   Ergänzen Sie die Sätze in der rechten Spalte° so, dass sie etwa dasselbe bedeuten wie die Sätze in der linken Spalte.

Ahnung / Haushalt / Stimme / gewachsen / unabhängig / widerlich

1. Robert ist viel größer geworden.   Robert ist sehr _____.
2. Maria singt sehr gut.   Maria hat eine sehr schöne _____.
3. Eva weiß nicht, dass ich komme.   Eva hat keine _____, dass ich komme.
4. Ich mag Paul gar nicht.   Ich finde Paul _____.
5. Laura ist sehr reich.   Laura ist finanziell _____.
6. Wer kocht und putzt bei euch?   Wer macht bei euch den _____?

12-8 Was passt zusammen?

1. Wenn Lisas Freund mit einer anderen Studentin flirtet,
2. Wenn Lisas Freund bessere Zensuren bekommt als sie,
3. Wenn Lisa in einem Artikel etwas sehr wichtig findet,
4. Wenn Lisas Dauerwelle anfängt rauszuwachsen,
5. Wenn Lisas Mutter zu viel zu tun hat,
6. Wenn im Winter viel Schnee liegt,
7. Wenn Lisa einen Fehler gemacht hat,
8. Wenn Lisa Blut sieht,

a. wird Lisa neidisch.
b. übernimmt Lisa den Haushalt.
c. wird Lisa eifersüchtig.
d. fällt sie in Ohnmacht.
e. unterstreicht sie es.
f. gibt sie es zu.
g. zieht Lisa Stiefel an.
h. geht sie zum Friseur.

12-9 Mit anderen Worten.   Ergänzen Sie die Sätze in der rechten Spalte so, dass sie etwa dasselbe bedeuten wie die Sätze in der linken Spalte.

Aufgabe / Karriere / unterbrichst / qualifiziert / ständig

1. Warum lässt du mich denn nie fertig reden?   Warum _____ du mich denn immer?
2. Sag doch nicht immer dasselbe!   Sag doch nicht _____ dasselbe!
3 Was soll ich tun?   Was ist meine_____?
4. Lisa hat eine sehr gute Ausbildung.   Lisa ist hoch _____.
5. Lisa bekommt sicher mal eine hohe Position.   Lisa macht bestimmt mal _____.

KOMMUNIKATION UND FORMEN

1. Expressing hypothetical situations

Present-time subjunctive

To express wishful thinking, you use different verb forms than when you are talking about facts.

FACT	WISHFUL THINKING
*I **have** only fifty dollars.*	*If only I **had** a million dollars!*

The form *had* in the example under wishful thinking is not the simple past and does not refer to past time. It is a subjunctive form of the verb *to have* and it refers to the present. By using subjunctive forms the speaker indicates that what she/he says is contrary-to-fact or hypothetical.

FACTUAL	HYPOTHETICAL
*I **don't have** a car.*	*If only I **had** a car!*
*David **isn't** here.*	*If only David **were** here!*
*David **has to** work and **can't** pick me up.*	*If David **didn't have to** work, he **could** pick me up.*
*I **don't know** where the nearest bus stop is.*	*If only I **knew** where the nearest bus stop was.*

The subjunctive forms that German uses to express hypothetical situations are also very similar to the simple past. As in English, they do not refer to the past, but to present time.

FACTUAL

Ich **habe** keinen Wagen.

David **ist** nicht hier.

David **muss** arbeiten und **kann** mich nicht abholen.

Ich **weiß** nicht, wo die nächste Bushaltestelle ist.

HYPOTHETICAL

Wenn ich nur einen Wagen **hätte!**

Wenn David nur hier **wäre!**

Wenn David nicht arbeiten **müsste, könnte** er mich abholen.

Wenn ich nur **wüsste,** wo die nächste Bushaltestelle ist.

The forms of the present-time subjunctive are derived from the second principal part, i.e., the simple past. Below are the subjunctive forms of **haben, sein, werden,** the modals, and **wissen.** Except for **sollte** and **wollte,** these forms are all umlauted.

infinitive	simple past	subjunctive
haben	hatte	**hätte**
sein	war	**wäre**
werden	wurde	**würde**
dürfen	durfte	**dürfte**
können	konnte	**könnte**
mögen	mochte	**möchte**
müssen	musste	**müsste**
sollen	sollte	**sollte**
wollen	wollte	**wollte**
wissen	wusste	**wüsste**

English equivalents for these forms often include the auxiliary verb *would*.

JENS: Ich **wüsste** gern, was du denkst.

*I **would** like to **know** what you are thinking.*

SVEN: Ich **hätte** gern einen neuen Computer. Das **wäre** toll.

*I **would** like to **have** a new computer. That **would be** fantastic.*

In the subjunctive, all verbs have the following set of personal endings.

singular		plural	
ich	hätte	wir	hätten
du	hättest	ihr	hättet
er/es/sie	hätte	sie	hätten
	Sie	hätten	

Note: The **e** in the personal ending of the **du-** and **ihr-**forms of **sein** is frequently omitted: **du wärst, ihr wärt.**

12-10 Wünsche°. Die Information für **S2** ist im *Anhang* auf Seite A18. *wishes*

S1: Was hätte Laura gern?   **S2:** Sie hätte gern so eine tolle Figur wie ihre Freundin Eva.

	WAS HÄTTE … GERN?	WO WÄRE … JETZT GERN?	WAS WÜSSTE … GERN?
Laura			
Lisa	einen Freund, der nicht eifersüchtig ist	auf einer sonnigen Südseeinsel	warum Maria so neidisch auf sie ist
Paul	eine Frau, die den ganzen Haushalt macht	mit Frau und Kindern in der Karibik	warum seine Frau ihn ständig kritisiert
Bernd			

12-11 Was sind deine Wünsche?

S1: Was hättest du gern?   **S2:** Ich hätte gern …
Wo wärst du jetzt gern?   Ich wäre jetzt gern …
Was wüsstest du gern?   Ich wüsste gern, …

12-12 Was passt zusammen?

1. Wenn ich besser qualifiziert wäre,
2. Wenn ich finanziell unabhängig wäre,
3. Wenn ich krank würde,
4. Wenn du kein so hohes Fieber hättest,
5. Wenn ich Pauls E-Mail-Adresse wüsste,
6. Wenn Beate kein Baby hätte,
7. Wenn Moritz nicht so albern wäre,

a. müsste ich die Klausur nicht schreiben.
b. hätte er bestimmt mehr Freunde.
c. könnte ich viel schneller Karriere machen.
d. könnte ich ihm schreiben.
e. wollte ich am liebsten ewig° studieren.   *forever*
f. dürftest du aufstehen.
g. müsste sie ihre Karriere nicht unterbrechen.

12-13 Wenn das Leben nur nicht so kompliziert wäre! Ergänzen Sie Konjunktivformen. (Nummer 3 und 4 sind auf der nächsten Seite.)

1. Holger **hat** kein Fahrrad und **will** deshalb immer mein Fahrrad leihen. Ich mag das gar nicht, aber ich **kann** nicht nein sagen.
Wenn Holger nur ein Fahrrad _____!
Wenn Holger nur nicht immer mein Fahrrad leihen _____!
Wenn ich nur nein sagen _____!

2. Es ist Winter und es **wird** schon um fünf dunkel. Ich **habe** bis halb sechs Vorlesungen und **muss** zu Fuß nach Hause.
Wenn es nur nicht so früh dunkel _____!
Wenn ich nur nicht bis halb sechs Vorlesungen _____!
Wenn ich nur nicht zu Fuß nach Hause _____!

3. Es **ist** sehr heiß, aber weil ich erkältet **bin, darf** ich nicht schwimmen
    gehen.
    Wenn es nur nicht so heiß _____!
    Wenn ich nur nicht erkältet _____!
    Wenn ich nur schwimmen gehen _____!

was ... ist: *what's the matter with me*

4. Ich **werde** immer so schnell müde. Ich möchte gern **wissen,** was mit mir los
    ist,° aber ich **habe** keine Zeit, zum Arzt zu gehen.
    Wenn ich nur nicht immer so schnell müde _____!
    Wenn ich nur _____, was mit mir los ist!
    Wenn ich nur Zeit _____, zum Arzt zu gehen!

12-14 Unglückliche Liebe!   Ergänzen Sie Konjunktivformen!

too bad

1. TILMANN DENKT: Schade°, dass ich Nicoles Telefonnummer nicht weiß!

    Wenn ich ihre Nummer _____, _____ ich sie anrufen. (wissen / können)
    Wenn sie zu viel Hausaufgaben _____, _____ ich ihr helfen. (haben /
        können)
    Wenn wir die Hausaufgaben dann fertig _____, _____ wir zusammen
        fernsehen und eine Pizza essen. (haben / können)

2. NICOLE DENKT: Gut, dass Tilmann meine Telefonnummer nicht weiß!

    Wenn er meine Nummer _____, _____ er mich anrufen. (wissen / können)
    Wenn er dann kommen _____, _____ ich lügen und sagen, ich _____ zu viel
        Hausaufgaben. (wollen / müssen / haben)
    Und was _____ ich sagen, wenn er mir bei den Hausaufgaben helfen _____?
        (können / wollen)

Würde + infinitive

To express a hypothetical or contrary-to-fact situation, colloquial German
commonly uses the subjunctive forms for **haben, sein, werden,** the modals,
and **wissen.** All other verbs usually appear in a construction that is parallel to
English *would + infinitive:* **würde** + *infinitive.*

Was **würdest** du **tun,** wenn dein   *What **would** you **do** if your boyfriend*
    Freund ständig eifersüchtig wäre?   *were constantly jealous?*
Ich **würde** mir einen anderen   *I **would look for** another boyfriend.*
    Freund **suchen.**

singular			plural		
ich	würde	suchen	wir	würden	suchen
du	würdest	suchen	ihr	würdet	suchen
er/es/sie	würde	suchen	sie	würden	suchen
			Sie	würden	suchen

12-15 Wenn es nur wahr wäre! Die Information für **S2** ist im *Anhang* auf Seite A19.

S1: Was würde Claudia tun, wenn sie eine Million Euro gewinnen würde?

S2: Sie würde ihr Studium unterbrechen und eine Weltreise machen.

Claudia	
Martin	Er würde sich einen Porsche kaufen.
Stephanie und Peter	Sie würden heiraten und sich ein schönes Haus kaufen.
Herr und Frau Ziegler	
Robert	
Nina	Sie würde damit den Frauen in der Dritten Welt helfen.

12-16 Was würdest du mit all dem Geld tun?

S1: Was würdest du tun, wenn du eine Million Dollar gewinnen würdest?

S2: Und du? Was würdest du tun?

S2: Ich würde das Geld auf die Bank legen und von den Zinsen° leben.

S3: Ich würde ...

interest

12-17 Um Rat fragen.

▶ Ich bin immer so müde.   zum Arzt gehen

S1: Ich bin immer so müde. Was würdest du tun, wenn du immer so müde wärst?

S2: Ich würde zum Arzt gehen.

1. Ich kann nachts nicht schlafen.
2. Ich weiß, dass meine Schwester magersüchtig° ist.
3. Ich habe kein Geld mehr.
4. Ich will nicht auf Davids Party gehen.

anorexic

mir einen Job suchen	eine Schlaftablette nehmen
ihr raten°, sofort eine Therapie zu machen	ihm sagen, dass ich ein Referat fertig schreiben muss

advise

5. Ich darf in meinem Zimmer keine laute Musik spielen.
6. Ich bin immer so nervös.
7. Ich kann kein Zimmer finden.
8. Ich habe Halsschmerzen.

mit Salzwasser gurgeln	eine Anzeige in die Zeitung setzen
weniger Kaffee trinken	mir ein Paar Kopfhörer kaufen

12-18 Was würdest du tun, wenn ...?   Stellen Sie Ihren Mitstudenten diese oder ähnliche Fragen.

Was würdest du tun, wenn eine/einer von deinen Mitstudentinnen/ Mitstudenten ...

- plötzlich in Ohnmacht fallen würde?
- dich ständig unterbrechen würde?
- *distinctly*   nie zugeben könnte, dass sie/er nicht Recht hat?

- dir ständig auf die Nerven gehen würde?
- immer alberne Witze machen würde?
- statt deutlich° zu sprechen, immer nur murmeln würde?

Sprachnotiz	*Kommen* and *gehen* in present-time subjunctive

Instead of **würde** + infinitive you will also commonly read and hear present-time subjunctive forms of verbs other than **haben, sein, werden, wissen,** and the modals. The most frequent are:

   ich **käme** = ich würde kommen   ich **ginge** = ich würde gehen

The subjunctive in polite requests

In *Kapitel 4* you learned that **ich möchte** expresses wishes or requests more politely than **ich will,** and you have since used the **möchte**-forms without necessarily realizing that they are subjunctive forms.

   Ich **will** ein Glas Bier.   *I **want** a glass of beer.*
   Ich **möchte** ein Glas Bier.   *I **would like** a glass of beer.*

Another frequently used way of expressing wishes or requests is **hätte + gern.**

   Was **hätten** Sie **gern** zu trinken?   *What **would** you **like** to drink?*
   Ich **hätte gern** ein Glas Bier.   *I **would like** a glass of beer.*

Other verbs are also used in the subjunctive to express requests more politely.

   Könnten Sie mir bitte sagen, wo die Apotheke ist?   ***Could** you please tell me where the pharmacy is?*
   Wäre es möglich, statt der Suppe Salat zu bekommen?   ***Would** it **be** possible to get salad instead of soup?*

12-19 Höflichkeitsformen.   Drücken Sie die folgenden Fragen höflicher aus. Ihre Partnerin/Ihr Partner gibt eine passende Antwort.

S1:
1. Darf ich Ihnen noch ein Stück Kuchen anbieten°?
offer
2. Hast du Lust, mit uns nach Schwerin zu fahren?
3. Bis wann muss ich dir sagen, ob ich mitkomme?
4. Ist es möglich, mit Professor Kuhn zu sprechen?
5. Musst du nicht deine Eltern anrufen?
6. Kannst du mir fünf Euro leihen?
7. Haben Sie vielleicht ein gutes Buch über Berlin?

S2:
a. Leider nicht. Ich habe selbst fast kein Geld mehr.
b. Über diese faszinierende Stadt haben wir viele gute Bücher.
c. Ja, gleich nach seiner letzten Vorlesung.
d. Danke, nein. Ich kann wirklich nichts mehr essen.
e. Ja, aber sie sind erst nach fünf zu Hause.
f. Bis Montag.
g. Klar! Wann fahrt ihr denn?

ZWISCHENSPIEL

ZUM HÖREN

Karrieren

Julia und Dieter leben in Köln. Julia hat eine gute Position bei einer Exportfirma und Dieter ist Motorenkonstrukteur bei Ford. Sein Traum° ist aber, bei Porsche in Stuttgart zu arbeiten. Weil Dieter heute vor Julia zu Hause ist, kocht er gerade das Abendessen.

dream

NEUE VOKABELN

riechen	*to smell*	**die Stellung**	*job; position*
Champignons	*mushrooms*	**träumen von**	*to dream about*
an·bieten	*to offer*	**die Abteilungsleiterin**	*department manager*

12-20 Erstes Verstehen. Haken Sie die richtigen Antworten ab!

	JULIA	DIETER
1. Wer hat nächste Woche Geburtstag?	_____	_____
2. Wer hat gut verkauft?	_____	_____
3. Wer hat Kerzen auf den Tisch gestellt?	_____	_____

	IN KÖLN	IN STUTTGART
4. Wo möchte Dieter arbeiten?	_____	_____
5. Wo könnte Julia bald Abteilungsleiterin werden?	_____	_____
6. Wo müsste Julia von unten anfangen?	_____	_____

12-21 Detailverstehen. Hören Sie das Gespräch noch einmal und schreiben Sie dann Antworten zu den folgenden Fragen.

1. Warum würde ein Glas Wein Julia so gut tun?
2. Wann hat Julia Geburtstag?
3. Was findet Julia so romantisch?
4. Warum bietet Porsche Dieter eine Stellung an?
5. Warum will Julia nicht nach Stuttgart?
6. Warum will Dieter jetzt nicht mehr weiterdiskutieren?

12-22 Ein ernster° Konflikt. Nach dem Abendessen diskutieren Julia und Dieter weiter. Übernehmen Sie die Rolle von Dieter und versuchen Sie, Julia zu überreden°, mit Ihnen nach Stuttgart zu ziehen. Die Rollenbeschreibung für Julia ist im *Anhang* auf Seite A19.

serious

persuade

Ein paar Argumente, die Sie verwenden könnten:

- Die Arbeit bei Porsche wäre viel interessanter als die Arbeit hier bei Ford.
- Ich habe schon als Kind davon geträumt, bei Porsche Motoren zu bauen.
- Bei Porsche würde ich viel mehr verdienen als hier bei Ford.

2. More on expressing hypothetical situations

Past-time subjunctive

In past-time hypothetical situations, the verb appears as a past participle with the auxiliary in the subjunctive (**wäre, hätte**).

FACTUAL	HYPOTHETICAL
Ich **bin** zu schnell **gefahren** und **habe** einen Strafzettel **bekommen.**	Wenn ich nicht zu schnell **gefahren wäre, hätte** ich keinen Strafzettel **bekommen.**
*I **was driving** too fast and **got** a ticket.*	*If I **hadn't been driving** too fast, I **wouldn't have gotten** a ticket.*

Note that in past-time subjunctive, German never uses **würde**.

Meine Freundin **wäre** nicht zu schnell **gefahren.**	*My girlfriend **wouldn't have driven** too fast.*
Sie **hätte** keinen Strafzettel **bekommen.**	*She **wouldn't have gotten** a ticket.*

12-23 Wenn ich nur nicht so dumm gewesen wäre! Ergänzen Sie die passenden Partizipien und **hätte** oder **wäre**.

1. Gestern Abend **bin** ich zu Stefan **gegangen, habe** die halbe Nacht mit ihm Karten **gespielt,** aber meine Hausaufgaben **habe** ich nicht **gemacht.**

   Wenn ich nur nicht zu Stefan _____ _____!
   Wenn ich nur nicht die halbe Nacht Karten _____ _____!
   Wenn ich nur meine Hausaufgaben _____ _____!

2. Gestern **bin** ich nicht in meine Vorlesungen **gegangen,** sondern **habe** Günter **angerufen** und **habe** den ganzen Nachmittag mit ihm Billard **gespielt.**

   Wenn ich nur in meine Vorlesungen _____ _____ !
   Wenn ich nur Günter nicht _____ _____!
   Wenn ich nur nicht den ganzen Nachmittag mit Günter Billard _____ _____!

3. Gestern Nachmittag **habe** ich mich auf die Couch **gelegt** und **bin** gleich **eingeschlafen.** Deshalb **habe** ich mein Referat wieder nicht fertig **gekriegt.**

   Wenn ich mich nur nicht auf die Couch _____ _____!
   Wenn ich nur nicht _____ _____!
   Wenn ich nur mein Referat fertig _____ _____!

4. Gestern **bin** ich nicht um sieben **aufgestanden,** sondern **bin** bis zehn im Bett **geblieben.** Ich **bin** deshalb leider mal nicht joggen **gegangen.**

Wenn ich nur um sieben _____ _____!
Wenn ich nur nicht bis zehn im Bett _____ _____!
Wenn ich nur joggen _____ _____!

12-24 Was hättest du getan, wenn ...?

▶ Jemand hat deinen Wagen gestohlen.   ... sofort zur Polizei gegangen.

S1: Was hättest du getan, wenn jemand deinen Wagen gestohlen hätte?   **S2:** Ich wäre sofort zur Polizei gegangen.

1. Du hast eine Geldtasche mit 300 Euro gefunden.
2. Deine Professorin hat dir eine viel zu schlechte Zensur gegeben.
3. Die Verkäuferin hat dir zehn Euro zu viel herausgegeben.
4. Deine Heidelberger Freunde haben dich am Frankfurter Flughafen nicht abgeholt.
5. Dir ist in Europa das Geld ausgegangen.
6. Du hast in Europa deinen Pass verloren.

... mit dem Zug nach Heidelberg gefahren.	... mit ihr darüber gesprochen.
... sofort zum nächsten Konsulat gegangen.	... damit zur Polizei gegangen.
... sie ihr sofort zurückgegeben.	... meine Eltern angerufen.

Wenn ich nur nicht so lang Beachvolleyball gespielt hätte!

Haben and *sein* in past-time subjunctive

When **haben** and **sein** are the main verbs in past-time hypothetical situations, they appear as past participles with the auxiliaries in the subjunctive (**hätte gehabt, wäre gewesen**).

Wenn ich heute keine Klausur **gehabt hätte, wäre** ich gestern auch auf Lisas Fete **gewesen.**

*If I **had**n't **had** a test today, I **would have been** at Lisa's party yesterday too.*

12-25 Was hättest du gemacht, wenn ...? Ergänzen Sie **wäre, hätte** oder **hättest.**

▶ ..., wenn es gestern nicht so heiß gewesen _____?

Ich _____ Tennis gespielt.

S1: Was hättest du gemacht, wenn es gestern nicht so heiß gewesen wäre?

S2: Ich hätte Tennis gespielt.

1. ..., wenn wir letzten Winter mehr Schnee gehabt _____?

2. ..., wenn du letztes Wochenende mehr Geld gehabt _____?

3. ..., wenn es letzten Sonntag nicht so kalt gewesen _____?

flat tire

4. ..., wenn dein Drucker gestern Nacht plötzlich nicht mehr genug Toner gehabt _____?

5. ..., wenn das Konzert gestern Abend nicht gut gewesen _____?

6. ..., wenn dein Wagen heute früh einen Platten° gehabt _____?

Ich _____ in einem teuren Restaurant gegessen.	Ich _____ den Bus genommen.
Ich _____ mein Referat von Hand fertig geschrieben.	Ich _____ Skilaufen gegangen.
Ich _____ aufgestanden und rausgegangen.	Ich _____ baden gegangen.

regrets

12-26 Wenn ich das nur getan oder nicht getan hätte! Jeder Mensch tut manchmal Dinge, die er später bereut°. Erzählen Sie Ihren Mitstudenten ein paar Dinge, die Sie bereuen.

S1: Wenn ich nur meine Hausaufgaben gemacht hätte!
S2: Wenn ich nur gestern Nacht nicht so lang aufgeblieben wäre!
S3: ...

3. Expressing cause, opposition, alternatives, and simultaneity

Genitive prepositions

The following prepositions require an object in the genitive case.

wegen	*because of*	**Wegen des Schneesturms** waren gestern keine Vorlesungen.
trotz	*in spite of*	Lisa ist **trotz des Schneesturms** in die Bibliothek gegangen.
statt	*instead of*	Sie hat aber **statt einer Jacke** einen dicken Wintermantel angezogen.
während	*during*	Lisa war **während des ganzen Sturms** in der Bibliothek.

12-27 Wegen, trotz, statt oder während?

1. Warum rufst du Bernd nicht an?

   Weil er _____ des Tages nicht zu Hause ist.

2. Warum war Eva heute nicht in der Vorlesung?

   Weil sie _____ einer schweren Erkältung im Bett bleiben musste.

3. Warum ist Laura denn in Ohnmacht gefallen?

   Weil sie _____ ihres hohen Fiebers tanzen gegangen ist.

4. Fährt Ralf immer noch seinen alten VW?

   Nein, er hat jetzt ein Motorrad _____ eines Wagens.

5. Warum spielst du dienstags nie mit uns Tennis?

   Weil ich _____ der Woche zu viel zu tun habe.

6. Möchtest du auch einen Teller Suppe?

   Nein, ich nehme lieber Salat _____ der Suppe.

7. Warum kaufst du deine Milch in Flaschen statt in Kartons?

   _____ der Umwelt°.   *environment*

8. Warum seid ihr denn so nass?

   Weil wir _____ des Regens zu Fuß zur Uni gegangen sind.

4. Giving information about people, places, and things

The relative pronoun in the genitive case

In *Kapitel 9* and *Kapitel 10* you learned that relative clauses are used to give information about people, places, and things. Because relative clauses are dependent clauses, they are marked off by commas, and the conjugated verb appears at the end of the clause.

Der Wagen, **den Peter gekauft hat,** hat nur 2000 Euro gekostet.

*The car **that Peter bought** cost only 2000 euros.*

A relative pronoun in the genitive case expresses a relationship of possession or belonging together between the antecedent and the noun following the relative pronoun. Its gender and number is determined by its antecedent. Its English equivalent is *whose*.

Der Student, **dessen** Wagen ich gekauft habe, studiert jetzt in den USA.

*The student **whose** car I bought is studying in the U.S. now.*

Die zwei Jungen, **deren** Foto auf meinem Schreibtisch steht, sind meine Neffen.

*The two boys **whose** photo is on my desk are my nephews.*

forms of the relative pronoun				
	MASCULINE	NEUTER	FEMININE	PLURAL
NOMINATIVE	der	das	die	die
ACCUSATIVE	den	das	die	die
DATIVE	dem	dem	der	denen
GENITIVE	**dessen**	**dessen**	**deren**	**deren**

Note that the relative pronoun has the same forms as the definite article except in the dative plural and the genitive.

12-28 Weißt du das? Sie möchten wissen, was diese Wörter bedeuten. Finden Sie dann mit Ihrer Partnerin/Ihrem Partner auch die englischen Äquivalente. Die Information für **S2** ist im *Anhang* auf Seite A20.

S1: Was ist ein Witwer?

S2: Das ist ein Mann, dessen Frau gestorben ist.

		WAS IST DAS AUF ENGLISCH?
ein Witwer		a widower
eine Witwe	Das ist eine Frau, deren Mann gestorben ist.	
ein Waisenkind	Das ist ein Kind, dessen Eltern gestorben sind.	
Zwillinge (pl)		
eine Erbtante	Das ist eine Tante, deren Geld mal ihre Nichten und Neffen bekommen.	
eine Nervtante		
ein Blindenhund		

Meine Zukunft *von Nina Achminow*

Vor dem Lesen

12-29 Meine Zukunft°.   Stellen Sie sich vor, wie Ihr Leben in zehn Jahren aussehen könnte. Was sind Sie dann wohl von Beruf und was haben Sie bis dahin° alles?

future

bis dahin: *by then*

12-30 Versicherungen°.   Was passt wo?

insurances

Lebensversicherung / Rentenversicherung / Vollkaskoversicherung / Zusatz°-Krankenversicherung

supplementary

1. Wenn ich Geld haben will, um im Krankenhaus für ein Privatzimmer bezahlen zu können, brauche ich eine _____.
2. Wenn ich will, dass meine Familie genug Geld hat, wenn ich sterbe, brauche ich eine _____.
3. Wenn ich will, dass mein Auto auch dann voll versichert ist, wenn ich es selbst kaputtfahre, brauche ich eine _____.
4. Wenn ich im Alter° genug Geld haben will, brauche ich eine _____.

old age

Ein Schulabschluss[1]
ein paar wilde Jahre
ein Haufen[2] Idealismus
ein Beruf
5 eine Hochzeit[3]
eine Wohnung
ein paar Jahre weiterarbeiten
eine Wohnzimmergarnitur[4]
ein Kind
10 eine wunderbare komfortable Einbauküche
noch 'n Kind
ein Mittelklassewagen[5]
ein Bausparvertrag[6]
ein Farbfernseher
15 noch 'n Kind
ein eigenes Haus
eine Lebensversicherung
eine Rentenversicherung
eine Zusatz-Krankenversicherung
20 ein Zweitwagen mit Vollkaskoversicherung
und so weiter ...
und so weiter ...
Hoffentlich bin ich stark[7] genug,
meiner Zukunft zu entgehen[8]!

[1]z.B. das Abitur   [2]viel; eine Menge   [3]Heirat   [4]Wohnzimmermöbel
[5]mittelgroßer Wagen   [6]*home savings plan*   [7]*strong*   [8]*escape*

Arbeit mit dem Text

12-31 Anders gesagt. Welche Zeile° oder Zeilen in Nina Achminows *line*
Gedicht *Meine Zukunft* sagen etwa dasselbe?

<u>8, 10, 14</u>   Man macht es sich schön in der Wohnung.

_____   Man hat Angst davor, plötzlich zu sterben.

_____   Man heiratet und mietet eine Wohnung.

_____   Man will die Welt verbessern.

_____   Man macht das Abitur.

_____   Man ist rebellisch, trinkt zu viel und raucht vielleicht auch mal
Marihuana.

_____   Man beginnt, ans Alter zu denken.

_____   Man hat Kinder.

_____   Man findet einen Job.

_____   Man beginnt, an ein eigenes Haus zu denken.

_____   Man kauft einen Wagen, in dem auch die ersten beiden Kinder Platz
haben.

_____   Man kauft noch einen Wagen und versichert ihn so gut wie möglich.

_____   Man hat Angst davor, krank zu werden.

_____   Man baut oder kauft ein Einfamilienhaus.

12-32 Traumberufe der deutschen Jugend. Studieren Sie das Schaubild auf
der nächsten Seite und beantworten Sie die Fragen. Schreiben Sie die
Antworten zu Fragen eins bis vier in die Tabelle.

Berufe S. A26

NEUE VOKABELN

die **Flugbegleiterin**, -nen	*flight attendant*
die **Bürokauffrau**, -en	*office administrator*
die **Bankkauffrau**, -en	*office administrator at a bank*
die **Rechtsanwältin**, -nen	*lawyer*
der **Softwareentwickler**, -	*software developer*
der **Informatiker**, -	*computer specialist*
der **EDV-Fachmann**,	*data processing specialist*
die **EDV-Fachleute**	
der **Kfz-Mechaniker**, -	*car mechanic*
der **Maschinenbaumechaniker**, -	*machinist*

1. Wie viele der Traumberufe der Mädchen sind technisch orientiert?
2. Wie viele der Traumberufe der Jungen sind technisch orientiert?
3. Bei wie vielen der Traumberufe der Mädchen spielen menschliche Kontakte
   eine besonders wichtige Rolle?
4. Bei wie vielen der Traumberufe der Jungen spielen menschliche Kontakte
   eine besonders wichtige Rolle?
5. Welche von den Berufen in diesem Schaubild sind Ihrer Meinung nach°
   besonders kreativ?   **Ihrer Meinung nach:** *in your opinion*
6. Welche von diesen besonders kreativen Berufen sind Ihrer Meinung nach
   mehr künstlerisch° kreativ und welche sind mehr mathematisch-technisch   *artistically*
   kreativ?

Traumberufe der Jugend

IT-Jobs locken die männliche Jugend
Welcher Beruf interessiert dich?

Mädchen	Angaben in Prozent		Jungen
Designerin	35	33	Softwareentwickler
Ärztin	27	30	Informatiker
Journalistin	25	24	EDV-Fachmann
Flugbegleiterin	22	23	Kfz-Mechaniker
Architektin	15	21	Ingenieur
Sozialarbeiterin	15	21	Maschinenbaumechaniker
Bürokauffrau	14	13	Polizist
Bankkauffrau	13	13	Elektroinstallateur
Lehrerin	13	12	Journalist
Rechtsanwältin	12	11	Architekt

Stand: Sommer 2000
Mehrfachnennungen möglich

Quelle: *Institut für Demoskopie Allensbach*

www.cartomedia.de

	MÄDCHEN	JUNGEN
Zahl der technisch orientierten Traumberufe		
Zahl der kontaktorientierten Traumberufe		

12-33 Unsere Traumberufe. Finden Sie die Traumberufe Ihrer Mitstudenten heraus und zeichnen Sie ein ähnliches Schaubild.

12-34 Mein Leben in zehn Jahren. Schreiben Sie einen kurzen Aufsatz° über dieses Thema. Die folgenden Fragen könnten Ihnen dabei helfen.

essay

- Wie alt sind Sie in zehn Jahren?
- Wo würden Sie am liebsten leben?
- Wie möchten Sie dort wohnen?
- Was für eine Arbeit hätten Sie gern?
- Glauben Sie, dass Sie dann verheiratet sind oder mit jemand zusammenleben?
- Wie stellen Sie sich Ihre Partnerin/Ihren Partner vor? Wie soll sie/er sein?
- Hätten Sie gern Kinder? Wie viele?

LEUTE

Doris Zieger: Eine Frau für Frauenfragen

Vor dem Lesen

social assistance **12-35 Sozialhilfe°.** Wer sollte Ihrer Meinung nach Sozialhilfe bekommen und wer nicht?

single
handicapped
- allein stehende° Mütter/Väter?
- Menschen, die nicht arbeiten können, weil sie krank oder behindert° sind?
- Studenten, die nach dem Studium keine Arbeit finden können?
- ...

12-36 Was ist das auf Englisch?

1. Doris Zieger ist **Frauenbeauftragte** in der süddeutschen Stadt Ravensburg.
2. Sie erzählt von einem typischen **Fall** aus ihrer Praxis.
3. Das **Sozialamt** will einer jungen Frau keine Sozialhilfe mehr geben, weil sie noch ein Auto hat.
4. Um eigenes Geld zu verdienen, soll sie in einer Stadt, die sie nur mit dem Auto **erreichen** kann, eine Ausbildung machen.
5. Die junge Frau will nicht **ewig** ein Sozialfall bleiben.
6. Das Sozialamt muss deshalb mal eine **Ausnahme** machen.

a. forever
b. welfare office
c. women's advocate
d. get to
e. exception
f. case

In vielen deutschen Städten gibt es offizielle Beauftragte für Frauenfragen. Ihre Aufgabe ist, Frauen zu der Gleichberechtigung zu verhelfen, die das Grundgesetz ihnen schwarz auf weiß garantiert. Eine von diesen Frauenbeauftragten ist Doris Zieger in der süddeutschen Stadt Ravensburg. Im Folgenden ein Fall in dem sie helfen konnte:

Eine junge Frau, geschieden, mit zwei kleinen Kindern und ohne Ausbildung und Einkommen lebt von der Sozialhilfe. Um eigenes Geld zu verdienen, müsste sie in der

nächsten größeren Stadt eine Ausbildung machen. Weil die Stadt von ihrem Dorf aus mit dem Bus nur schwer zu erreichen ist, müsste sie mit dem Auto fahren. Aber ihr Auto soll sie verkaufen, argumentiert das Sozialamt, denn wer ein Auto hat, bekommt keine Sozialhilfe. Die junge Frau weiß nicht, was sie tun soll, und geht zur Frauenbeauftragten. „Ohne Auto komme ich nicht zur Ausbildung und ohne Ausbildung bleibe ich ewig ein Sozialfall", erzählt sie dort. Doris Zieger hört sich die Probleme der jungen Frau an und macht Notizen. Dann telefoniert sie so lang mit verschiedenen Leuten auf dem Sozialamt, bis das Sozialamt in diesem Fall mal eine Ausnahme macht.

In solchen Fällen zu helfen ist Doris Ziegers liebste Aufgabe. Aber leider kommen bei weitem[1] nicht alle Frauen, die Hilfe brauchen, in ihre Sprechstunden[2]. Sie fährt deshalb oft von Ort zu Ort[3], besucht Frauengruppen und versucht, diese Gruppen zu aktivieren und zu Kontakt und Zusammenarbeit zu bringen. „Frauenprobleme", sagt Doris Zieger, „sind vielen Männern noch immer suspekt, und auch beruflich werden wir Frauen immer noch diskriminiert. Dass es aber in immer mehr deutschen Städten offizielle Frauenbeauftragte gibt, sollte uns Frauen Hoffnung geben."

[1]*by far*   [2]*office hours*   [3]**von Ort zu Ort:** *from place to place*

Arbeit mit dem Text

12-37 Was sind die richtigen Antworten?

1. Was garantiert den Frauen in der BRD, dass sie die gleichen Rechte haben wie die Männer?
   _____ Das Sozialamt.
   _____ Das Grundgesetz.

2. Warum lebt die junge Frau mit ihren beiden kleinen Kindern von der Sozialhilfe?
   _____ Weil sie keine Ausbildung und kein Einkommen hat.
   _____ Weil sie geschieden ist.

3. Warum soll sie ihr Auto verkaufen?
   _____ Weil sie Sozialhilfe bekommt.
   _____ Weil sie keine Ausbildung hat.

4. Wozu braucht sie das Auto?
   _____ Um damit zu ihrer Ausbildung zu kommen.
   _____ Um damit ihre Kinder zur Schule zu fahren.

5. Warum gibt es in der BRD immer mehr Frauenbeauftragte?
   _____ Weil bei weitem nicht alle Frauen Hilfe brauchen.
   _____ Weil Frauen noch immer diskriminiert werden.

The adjective suffix *-los*

Many German adjectives with the suffix **-los** have English equivalents ending in *-less*. With the knowledge of and feeling for the German language that you now have, you should have no trouble with the English equivalents of the adjectives in the following exercise.

12-38 Was ist das auf Englisch?

bartlos	fleischlos	hoffnungslos	selbstlos
baumlos	formlos	klassenlos	schlaflos
bedeutungslos	geschmacklos	leblos	sprachlos
bodenlos	gottlos	lieblos	taktlos
danklos	haarlos	kinderlos	vaterlos
endlos	harmlos	mutterlos	zahllos
farblos	herzlos	namenlos	zahnlos
fensterlos	hilflos	schamlos	ziellos

The adjective suffix *-bar*

By attaching the suffix **-bar** to verb stems, German creates hundreds of adjectives. The English equivalents of **-bar** are often *-able* and *-ible*. These suffixes usually convey the idea that the action expressed by the verb can be done.

machen	**machbar**	*to do*	*doable*

In contrast to German, English sometimes attaches the suffix not to the Germanic verb stem, but to its Latin-based counterpart.

hören	**hörbar**	*to hear*	*audible*

To show that the action expressed by the verb can *not* be done, German attaches the prefix **un-** to the adjective. The English equivalents of this prefix are *un-* or *in-*.

bewohnen   **unbewohnbar**   *to inhabit*   *uninhabitable*

12-39 Man kann es oder man kann es nicht.
Write the German adjectives and their English equivalents.

	DEUTSCH	ENGLISCH
1. Man kann es trinken.	_____	_____
2. Man kann es essen.	_____	_____
3. Man kann es erklären.	_____	_____
4. Man kann es verwenden.	_____	_____
5. Man kann es waschen.	_____	_____
6. Man kann es nicht denken.	_____	_____
7. Man kann es nicht definieren.	_____	_____
8. Man kann es nicht kontrollieren.	_____	_____
9. Man kann es nicht übersetzen.	_____	_____
10. Man kann es sich nicht vorstellen.	_____	_____

Zur Aussprache

The glottal stop

In order to distinguish *an ice boat* from *a nice boat* in pronunciation, you use a glottal stop, i.e., you momentarily stop and then restart the flow of air to your voice box before saying the word *ice*. The glottal stop is much more frequent in German than in English. It occurs before words and syllables that begin with a vowel.

12-40 Hören Sie gut zu und wiederholen Sie!

1. Onkel _Alfred _ist _ein _alter _Esel!
2. Tante _Emma will _uns _alle _ent_erben°!   **enterben:** *disinherit*
3. Be_eilt _euch! _Esst _euer _Eis _auf!
4. Lebt _ihr _in _Ober_ammergau _oder _in _Unter_ammergau?

Nomen

das Einkommen	income
der Fall, ⁼e	case
die Hoffnung, -en	hope
die Sozialhilfe	social assistance; welfare
die Sprechstunde, -n	office hour
der Strafzettel, -	(traffic) ticket
der Traum, ⁼e	dream
die Umwelt	environment
die Versicherung, -en	insurance
die Witwe, -n	widow
der Witwer, -	widower
der Wunsch, ⁼e	wish
der Zwilling, -e	twin
die Zinsen (pl)	(bank) interest
die Zukunft	future

Verben

an·bieten, bot an, hat angeboten	to offer
bereuen	to regret
riechen, roch, hat gerochen	to smell
träumen	to dream

Andere Wörter

behindert	handicapped
ewig	forever
statt (+ gen)	instead of
trotz (+ gen)	in spite of
während (+ gen)	during
wegen (+ gen)	because of

Ausdrücke

eine allein stehende Mutter	a single mother
meiner Meinung nach	in my opinion
schwarz auf weiß	in black and white
Schade!	Too bad!
Was ist denn los mit dir?	What's the matter with you?

Das Gegenteil

ernst ≠ lustig	serious ≠ funny; humorous
stark ≠ schwach	strong ≠ weak

Synonyme

ein Haufen	=	eine Menge	=	viel
die Heirat	=	die Hochzeit		
die Rente	=	die Pension		
die Stellung, -en	=	die Position	=	der Job

Leicht zu verstehen

der Idealismus	die Tablette, -n
der Konflikt, -e	argumentieren
das Konsulat, -e	offiziell
die Polizei	wild
der Sturm, ⁼e	

Wörter im Kontext

12-41 Was passt wo?

Stellung / Sozialhilfe / Strafzettel / Zinsen / Rente

1. Wenn man zu schnell fährt, bekommt man einen _____.
2. Wenn man Geld auf dem Sparkonto hat, bekommt man _____.
3. Wenn man behindert ist und nicht arbeiten kann, bekommt man _____.
4. Wenn man eine gute Ausbildung hat, bekommt man hoffentlich auch eine gute _____.
5. Wenn man ein Leben lang gearbeitet hat, bekommt man eine _____.

12-42 Was sind in jeder Gruppe die richtigen Antworten?

1. Warum denkst du, wir sind Zwillinge?
2. Warum warst du denn nicht beim Arzt?
3. Wie lange lebt ihr schon in Düsseldorf?
4. Was ist denn los mit dir?
5. Wann gehst du einkaufen?
6. Warum verkaufst du deinen Wagen?
7. Wie stellst du dir deine Zukunft vor?

a. Gar nichts. Ich habe nur einen Haufen Arbeit und weiß nicht, wo ich anfangen soll.
b. Wegen der Umwelt.
c. Weil ihr einander so ähnlich seht.
d. Schon ewig.
e. Ich möchte bei der Polizei arbeiten.
f. Weil er heute keine Sprechstunde hat.
g. Während der Mittagspause.

8. Hätten Sie lieber Tee statt Kaffee?
9. Weiß Beate ganz bestimmt, dass sie Sozialhilfe bekommt?
10. Was riecht denn hier so gut?
11. Bist du wieder so oft aufgewacht?
12. Sind Sie Witwer?
13. Warum kaufst du keinen Wagen?
14. Ich kann leider nicht zu deiner Fete kommen.

h. Das ist sicher Omas Rhabarberkuchen.
i. Schade.
j. Ja, meine Frau ist letztes Jahr gestorben.
k. Ja, sie hat es schwarz auf weiß.
l. Ja, trotz der Schlaftabletten.
m. Ja, aber bitte keinen so starken.
n. Weil die Versicherung so teuer ist.

12-43 Was ist hier identisch? Welche zwei Sätze in jeder Gruppe bedeuten etwa dasselbe?

1. Wie viel Zinsen bekommen Sie?
   Wie hoch ist Ihr Lohn?
   Wie viel verdienen Sie?

2. Sie hat Kinder und keinen Mann.
   Sie ist eine geschiedene Frau.
   Sie ist eine allein stehende Mutter.

3. Wann war eure Hochzeit?
   Seit wann seid ihr verheiratet?
   Wann heiratet ihr?

4. Tut ihm das nicht Leid?
   Bereut er das nicht?
   Er tut es leider nicht.

ANHANG

- *Information Gap Activities and Role Plays*

- *Translations of Vorschau Language Models*

- *Supplementary Word Sets*

- *Grammatical Tables*

- *Principal Parts of Irregular and Mixed Verbs*

- *Principal Parts of Irregular Verbs in Ablaut Groups*

- *German-English Vocabulary*

- *English-German Vocabulary*

- *Index*

Erste Kontakte

E-14 Für das Adressbuch.   You (**S2**) and a friend (**S1**) are sharing addresses and telephone numbers of mutual acquaintances at the **Humboldt-Universität** in Berlin. The information you have is on this page.

S1: Woher kommt Asha?

S2: Was ist Ashas Adresse?

S2: Bismarck? Wie schreibt man das?°

S1: Was ist Ashas Telefonnummer?

S2: Asha kommt aus Bombay.

S1: Ashas Adresse ist Bismarckstraße 17.

S1: B-i-s-m-a-r-c-k

S2: Ashas Telefonnummer ist 27 30 81 15.

buchstabieren

How do you spell that?

	WOHER?	ADRESSE HIER IN BERLIN	TELEFONNUMMER
Asha	Bombay		27 30 81 15
Daniel		Schellingstraße 138	
Heather	Los Angeles		45 89 58 70
Philipp		Kellerstraße 224	
Sahika	Ankara		77 99 83 34

Kapitel 1

1-31 Wie ist die Uni?   Find out what your partner knows about this university, and tell her/him what you know.

S1: Ist die Uni gut?

S2: Sind die Computer up to date?

...

S2: Ja, sie ist sehr gut.

S1: Nein, sie sind nicht alle up to date.

...

	Ja, _____ ist sehr gut.
Sind die Computer up to date?	
	Nein, _____ ist nicht sehr groß, aber _____ ist sehr schön.
	Ja, _____ sind fast alle sehr interessant.
Ist das Sportprogramm gut?	
Ist das Footballteam gut?	
	Ja, _____ sind fast alle sehr fair.
	Nein, _____ ist nicht sehr populär, aber _____ ist sehr gut.
Sind die Studenten intelligent?	
	Nein, _____ ist nicht sehr groß, aber _____ ist sehr gut.
Ist das Studentenheim modern?	
	Ja, _____ ist sehr gut

1-38 Pläne. *(Plans.)* You and your partner want to know what the people listed will be doing at certain times, and each of you has some information.

S1: Was macht Tanja heute Abend?   **S2:** Heute Abend geht sie ...
S2: ...   **S1:** ...

	HEUTE ABEND	MORGEN ABEND	AM FREITAG	NÄCHSTEN SOMMER
Tanja	geht ins Fitnesscenter			geht campen
Bernd und Lukas		gehen ins Theater	spielen Fußball	
Florian	lernt Deutsch			arbeitet im Hotel Astoria
Lisa und Laura		gehen tanzen	gehen Mountainbiking	

Kapitel 2

2-19 Günters Stundenplan. You and your partner complete Günter's timetable. Take turns asking your questions.

math lab

S1: Was hat Günter montags von acht bis zehn?

S2: Was hat Günter montags von fünfzehn bis achtzehn Uhr?

S2: Da hat er eine Matheübung°.

S1: ...

2. Was hat Günter montags von fünfzehn bis achtzehn Uhr?
4. Was hat Günter mittwochs von neun bis elf?
6. Was hat Günter donnerstags von acht bis zehn?
8. Was hat Günter freitags von acht bis zehn?
10. Was macht Günter freitags von zwölf bis vierzehn Uhr?
12. Was macht Günter samstags?
14. Wie viele Freundinnen hat Günter? *2 Helga und Tina*

	Mo	Di	Mi	Do	Fr	Sa	So
8.00	Mathe-übung						
9.00							
10.00		Botanik					
11.00			mit Helga Tennis		Mathe		
12.00						*bei Helga*	bei Tina
13.00			Zoologie				
14.00							
15.00							
16.00				Botanik-übung			
17.00							

2-22 Was machen diese Leute gern?

S1: Was für Sport macht Anna gern? **S2:** Sie geht gern schwimmen.
S2: Was für Musik hört Anna gern? **S1:** Sie hört gern ...
S1: Was für Spiele spielt Anna gern? **S2:** Sie spielt gern ...
   ...   ...

	SPORT	MUSIK	SPIELE
Anna	schwimmen		Scrabble
Peter	Fußball	klassische Musik	
Maria			Billard
Moritz		Rock	

2-40 Wir spielen Trivial Pursuit. In each response, use the appropriate form of the indefinite article.

S1: Wer ist Billy Bob Thornton?   **S2:** Billy Bob Thornton ist ein
                                                amerikanischer Filmstar.
   ...   ...

LEUTE (WER?)		GETRÄNKE (WAS?)		GEOGRAPHIE (WAS?)	
Billy Bob Thornton	amerikanischer Filmstar	Löwenbräu		Angola	
Margaret Atwood	kanadische Autorin	Chianti	italienischer Rotwein	Linz	österreichische Stadt
Tony Blair		Fanta	deutscher Softdrink	die Wolga	
Maria Callas	griechische Opernsängerin	Budweiser		Brandenburg	deutsches Bundesland
Felix Mendelssohn		Benedictine	französischer Likör	der Vesuv	

3-12 Was kauft Frau Ziegler bei Karstadt und was kauft sie bei Hertie?

Frau Ziegler needs the items listed, but wants to save money. You know Hertie's prices and your partner knows Karstadt's prices. Compare the prices for each item listed and decide where Frau Ziegler will get the better buy.

S1: Wie viel kostet der Rock bei Hertie?

S2: Wie viel kostet der Rock bei Karstadt?

S2: Wo kauft Frau Ziegler den Rock?

S2: Wie viel kostet das Kleid ...

S2: Bei Hertie kostet der Rock 45 Euro.

S1: Bei Karstadt kostet der Rock 40 Euro.

S1: Frau Ziegler kauft den Rock bei Karstadt.

KLEIDUNGSSTÜCK	PREIS BEI KARSTADT	WAS KAUFT FRAU ZIEGLER WO?
der Rock		den Rock bei _____
das Kleid		das Kleid bei _____
die Jacke		die Jacke bei _____
die Bluse		die Bluse bei _____
der Mantel		den Mantel bei _____
das Sweatshirt		das Sweatshirt bei _____
die Schuhe		die Schuhe bei _____
der Gürtel		den Gürtel bei _____
die Socken		die Socken bei _____

3-40 Was machen diese Leute gern? Was machen sie lieber?

S1: Isst Maria gern Spaghetti?

S2: Nein, sie isst lieber Makkaroni.

S2: Isst Thomas gern Nudeln?

S1: Ja, er isst sehr gern Nudeln.

S1: Essen Tina und Lisa gern Hotdogs?

S2: Nein, sie essen lieber Pizza.

	MARIA	THOMAS	TINA UND LISA
ESSEN		Nudeln?	
	Nein, ... Makkaroni.		Nein, ... Pizza.
LESEN	Comics?		Sciencefiction?
		Nein, ... Magazine.	
SEHEN	Horrorfilme?		
		Ja, ...	Nein, ... Talkshows.
SPRECHEN		Deutsch?	
	Ja, ...		Ja, ...
FAHREN	Rad?		Inlineskates?
		Nein, ... Motorrad.	
TRAGEN		Pullover?	Bermudashorts?
	Nein, ... lange Röcke.		

Kapitel 4

4-23 Verkehrszeichen.   Ask each other what these German traffic signs mean.

S1: Was bedeutet° Verkehrszeichen Nummer 1?

S2: Hier kommt gleich eine scharfe Rechtskurve.

1 Hier kommt gleich eine scharfe Rechtskurve.	2	3 Diese Straße hört bald auf.
4 Hier darf man nicht unter 60 fahren.	5 Berlin	6
7 Hier hört die Autobahn auf.	8	9 Hier darf man nur 60 fahren.
10	11	12 Hier muss man langsam fahren, denn hier spielen oft Kinder.

4-37 Fragen, Fragen, Fragen.   You and your partner are sharing information about Kathrin, Florian, and Frau Özal. Begin the responses to your partner's requests for information with the conjunctions provided.

S1: Warum geht Florian nicht ins Kino?

S2: Warum geht Kathrin nicht ins Kino?

S2: Weil er ein Referat schreiben muss.

S1: Weil ...

		KATHRIN	FLORIAN	FRAU ÖZAL
Warum geht ... nicht ins Kino?	weil		Er muss ein Referat schreiben.	
Geht ... heute schwimmen?	wenn	Es regnet nicht.		Sie muss nicht arbeiten.
Wann geht ... nach Hause?	sobald			Sie hat ihre Arbeit fertig.
Wie lange schläft ... sonntags?	bis	Es ist Zeit zum Mittagessen.	Seine Freundin ruft an.	
Wann sieht ... gern fern?	bevor		Er isst zu Abend.	Sie geht ins Bett.
Warum arbeitet ...?	damit			Ihre Familie hat genug Geld.

Kapitel 5

5-16 Weißt du das?   In this activity you and your partner share general knowledge. In your questions and responses, use the comparative forms of the adjectives given.

S1: Ist der Rhein länger als die Donau?

S2: Nein, der Rhein ist kürzer als die Donau.

FRAGEN	ANTWORTEN
	kurz: Nein, der Rhein ist _____ als die Donau.
kalt: Ist es in Island _____ als in Grönland?	
	klein: Nein, Deutschland ist _____ als Kalifornien.
	viel: Nein, in Deutschland leben _____ Menschen° als in Kalifornien.
hell: Ist der Mars _____ als die Venus?	
weit: Ist es zum Mars _____ als zum Jupiter?	

people

5-41 Gehst du mit?   In this role play a friend tries to persuade you to join her/him and some other friends for a movie and a beer. Below are your responses. Feel free to add your own ideas to your role.

Rolle 2-1: Sie antworten, dass Sie leider nicht können. Sie müssen heute Abend für eine Klausur in Physik lernen.

R 2-2: Sie antworten, dass sie übermorgen früh ist.

R 2-3: Sie antworten, dass Sie morgen sehr wenig Zeit haben. Sie haben den ganzen Tag Vorlesungen und am Abend müssen Sie in die Bibliothek und ein Referat fertig schreiben.

R 2-4: Sie antworten „Vielleicht hast du Recht" und sagen, Sie gehen mit, aber Sie müssen vor Mitternacht zu Hause sein. (oder: Sie bleiben aber doch lieber hier und lernen für Ihre Klausur.)

Kapitel 6

6-5 Was steht in Lauras Pass? You want to know what Thomas and Bettina look like and your partner wants information about Laura and Philipp.

S2: Ist Thomas groß oder klein?
Was für eine Form hat ihr/sein Gesicht?
Was für Augen hat sie/er?
Was für Haar hat sie/er?

S1: Sie/Er ist ...
Sie/Er hat ein _____es Gesicht.

Sie/Er hat _____e Augen.
Sie/Er hat _____es, _____es Haar.

	LAURA	THOMAS	BETTINA	PHILIPP
Größe	mittelgroß			nicht sehr groß
Gesichtsform	oval			oval
Augen	graugrün			schwarz
Haar	lang, rotbraun			schwarz, glatt

6-12 Was haben Yusuf, Maria und Jennifer gestern gemacht?

S1: Was hat Yusuf gestern Vormittag gemacht?

S2: Gestern Vormittag hat er seinen Wagen repariert.

	MARIA	YUSUF	JENNIFER
gestern Vormittag		seinen Wagen repariert	
gestern Nachmittag	ihren Stammbaum gezeichnet	Fußball gespielt	
gestern Abend			Reisebroschüren studiert

6-15 Was haben Julia, Moritz und Lisa gestern gemacht?

S1: Was hat Julia gestern Vormittag gemacht?

S2: Gestern Vormittag hat sie eine Torte gebacken.

	JULIA	MORITZ	LISA
gestern Vormittag	eine Torte gebacken	bis zwölf im Bett gelegen und geschlafen	
gestern Nachmittag			mit Professor Weber gesprochen
gestern Abend	stundenlang vor dem Fernseher gesessen	seine Wäsche gewaschen	

6-40 Peter Ackermann sucht einen Ferienjob. In this role play you are Peter Ackermann. You are looking for a summer job, so you go to the employment office of the **Studentenwerk** and knock at the door of Ms. Borg, the employment counselor. Feel free to add your own ideas to your role.

Rolle 2-1: Sie gehen hinein und sagen „Guten Tag."

R 2-2: Sie sagen, dass Sie einen Ferienjob suchen.

R 2-3: Sie sagen Ihren Namen, Ihre Adresse (Zennerstraße 16, 81679 München) und Ihre Telefonnummer (98 58 43).

office help **R 2-4:** Letzten Sommer im Reisebüro Fischer als Bürohilfe° gearbeitet. Schon oft als Gitarrist in Rockgruppen mitgespielt, meistens Country Rock.

computer experience **R 2-5:** Gute EDV-Kenntnisse°. Sie können auch sehr gut Englisch.

interrupt / notes **R 2-6:** Sie unterbrechen° mit Fragen und machen Notizen°.

	RODEO ROCK	KÜHNE EXPORT
Wo ist das?	_____	_____
Was ist die Arbeitszeit?	_____	_____
Was ist die Bezahlung?	_____	_____

finally Dann sagen Sie, welchen Job Sie nehmen, den bei Rodeo Rock oder den bei Kühne Export. Zum Schluss° sagen Sie „Und vielen Dank auch für Ihre Hilfe."

Kapitel 7

7-14 Weihnachtsgeschenke.

S1: Was schenkt Laura ihren Eltern?

S2: Laura schenkt ihren Eltern ein schönes Bild.

S2: Was schenkt Florian seinen Eltern?

S1: Florian schenkt seinen Eltern eine neue Kaffeemaschine.

	LAURA	FLORIAN
ihren/seinen Eltern	ein schönes Bild	
ihrer/seiner Schwester	einen schicken Pulli	
ihrem/seinem Bruder		die neueste CD von Robbie Williams
ihrer/seiner Freundin		eine coole Sonnenbrille

7-17 Weihnachtsgeschenke.

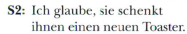

S1: Weißt du, was Sophia ihren Eltern schenkt?

S2: Weißt du, was Julia und Paul ihren Eltern schenken?

S2: Ich glaube, sie schenkt ihnen einen neuen Toaster.

S1: Ich glaube, sie schenken ihnen einen ganz teuren Heimtrainer.

	SOPHIA	JULIA UND PAUL	DANIEL
ihren/ihren/ seinen Eltern	ihnen einen neuen Toaster		
ihrer/ihrer/ seiner Schwester		ihr eine schöne Zimmerpflanze	ihr ein Paar warme Skisocken
ihrem/ihrem/ seinem Bruder	ihm einen ganz lauten Wecker	ihm einen tollen Rucksack	

7-29 Im Blumengeschäft.

Sie sind Verkäuferin in einem Blumengeschäft. Ein Kunde möchte seiner Freundin Blumen zum Geburtstag schenken. Er kommt herein und grüßt. Sie können Ihre Rolle auch gern variieren.

R 2-1: Sie sagen „Guten Tag!" und fragen den Kunden, was er wünscht.

R 2-2: Sie sagen, dass Sie heute besonders schöne, frische Rosen haben, rosarote, gelbe und rote.

R 2-3: Sie sagen, dass die roten Rosen drei Euro das Stück kosten.

R 2-4: Sie sagen, dass diese roten Rosen aber auch ganz besonders schön sind. Dann fragen Sie, wie viele Rosen der Kunde denn möchte. Zehn? Fünfzehn?

R 2-5: Sie fragen, ob Sie der Freundin die Rosen schicken dürfen.

R 2-6: Sie sagen „Aber Moment! Warten Sie!" denn Sie möchten die Rosen doch noch schön einschlagen.

R 2-7: Sie schlagen die Rosen ein, geben sie dem Kunden und sagen „Vielen Dank und auf Wiedersehen!"

7-32 Was weißt du von diesen Leuten?

Ihre Partnerin/Ihr Partner stellt° Fragen über Sabine und Osman, und Sie möchten Information über Wendy und Jan.

asks

S2: Woher kommt Wendy? Wo arbeitet sie?

S1: Aus den USA. ...

	SABINE	WENDY	OSMAN	JAN
Woher kommt ___?	Aus der Schweiz.		Aus der Türkei.	
Wo arbeitet sie/er?	Bei der Bank.		Bei der Post.	
Seit wann arbeitet sie/er dort?	Seit einem Jahr.		Seit einem halben Jahr.	
Wie kommt sie/er zur Arbeit?	Mit dem Fahrrad.		Mit dem Bus.	
Wohin geht sie/er im nächsten Urlaub?	Zu ihrem Freund nach Zürich.		Zu seiner Familie nach Ankara.	
Woher weißt du das alles?	Von ihr selbst.		Von seinem Bruder.	

exchange

7-50 Im Kaufhaus.   Sie sind Verkäufer(in) bei Karstadt. Eine Kundin/Ein Kunde kommt zu Ihnen und möchte eine Jacke umtauschen°. Sie können Ihre Rolle auch gern variieren.

sales slip

R 2-1: Sie sagen, Sie können das gut verstehen. Die Jacke ist wirklich sehr altmodisch und gar nicht für junge Leute. Dann fragen Sie, ob die Tante vielleicht den Kassenzettel° mitgeschickt hat.

R 2-2: Sie schauen den Kassenzettel an und sagen, dass die Tante viel Geld ausgegeben hat. Für 95 Euro können Sie aber bestimmt eine viel schickere Jacke finden. Sie fragen auch, welche Größe die Kundin/der Kunde hat.

R 2-3: Sie sagen „Größe achtunddreißig und in Blau." Sie finden eine sehr elegante Jacke, zeigen sie der Kundin/dem Kunden und fragen, ob sie nicht toll ist.

R 2-4: Sie sagen „Aber natürlich", helfen der Kundin/dem Kunden in die Jacke und sagen, dass die Jacke der Kundin/dem Kunden wirklich ganz ausgezeichnet steht.

R 2-5: Sie sagen, das ist kein Problem. Man kann die Ärmel leicht kürzer machen.

R 2-6: Sie sagen, sie kostet 115 Euro.

R 2-7: Sie sagen, dass diese Jacke aber auch viel schöner ist.

R 2-8: Sie antworten, dass sie morgen Nachmittag fertig ist.

R 2-9: Sie sagen auch „Auf Wiedersehen!" und „Dann bis morgen!"

Kapitel 8

8-2 Wo und wie wohnen diese Studenten?

S2: Wo wohnt Cindy?
Wie gefällt es ihr dort?

S1: Sie wohnt in einer WG.
...

	MAGDA	CINDY	PIETRO	KEVIN
Wo wohnt _____?	Sie wohnt im Studentenheim.		Er wohnt noch zu Hause.	
Wie gefällt es ihr/ihm dort?	Sie findet es ganz toll.		Es gefällt ihm gar nicht gut.	
Warum gefällt es ihr/ihm dort (nicht)?	Weil es da viele Partys gibt.		Weil er zu viel helfen muss.	
Wie kommt sie/er zur Uni?	Sie geht zu Fuß.		Er hat einen Wagen.	

8-20 Zimmer zu vermieten°.   Sie sind Jill/Jim Wilson, kommen 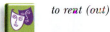 *to rent (out)*
aus den USA und studieren an der TU (Technischen Universität) in
Berlin Architektur. Sie haben diese Anzeige in der Berliner Morgenpost
gesehen. Sie haben gerade dort angerufen und eine Frau Häusermann
hat geantwortet. Sie können Ihre Rolle auch gern variieren.

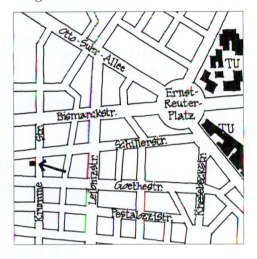

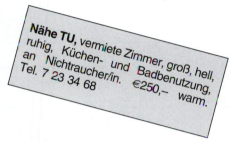

Nähe TU, vermiete Zimmer, groß, hell, ruhig, Küchen- und Badbenutzung, an Nichtraucher/in. €250,– warm. Tel. 7 23 34 68

R 2-1: Sie sagen „Wilson" und dass Sie die Anzeige in der Berliner Morgenpost
gesehen haben. Sie fragen, ob das Zimmer noch frei ist.

R 2-2: Sie sagen, dass Sie aus Amerika kommen und dass Sie seit einem Jahr
hier an der TU Architektur studieren.

R 2-3: Sie antworten, dass Sie in einer WG wohnen, dass es dort aber oft so laut
ist, dass Sie nicht richtig lernen können.

R 2-4: Sie sagen, dass Sie Nichtraucher(in) sind, ganz bestimmt.

R 2-5: Sie antworten, dass Sie sowieso nur klassische Musik hören, und gar
nicht laut. Und für Partys haben Sie fast nie Zeit. Dann fragen Sie, wie
weit es von Frau Häusermanns Wohnung zur TU ist.

R 2-6: Sie sagen, Sie möchten es sehr gern anschauen. Dann fragen Sie, wie Sie
zu Frau Häusermanns Wohnung kommen.

R 2-7: Sie wiederholen° „von der TU auf der Schillerstraße bis zur Krumme   *repeat*
Straße."

R 2-8: Sie sagen „Gut" und dass Sie in zehn Minuten dort sind.

appliances; devices

8-27 In der WG. Sie wohnen in einer WG und fragen einander, was Ihre Mitbewohner mit diesen Geräten° machen wollen.

what . . . for

clean

S1: Wozu° braucht Benedikt den Staubsauger?

S2: Um in unserem Wohnzimmer den Fußboden sauber° zu machen.

		SABRINA	BENEDIKT
	der Staubsauger		in unserem Wohnzimmer den Fußboden sauber machen
	der Dosenöffner	eine Dose Tomatensuppe aufmachen	
	das Bügeleisen	ihre Hemden bügeln	
	die Nähmaschine		das Loch in seiner Jacke flicken
	die Kaffeemaschine		für seine neue Freundin eine Tasse Kaffee machen
	der Korkenzieher	eine Flasche Wein aufmachen	
	die Waschmaschine	ihre vielen Jeans waschen	

9-10 Wer ist das?   Was für Leute gehören zu den Namensschildern° an diesem Mietshaus°? *name plates*
apartment building

S1: Wer ist denn dieser Ergül Ertem?

S2: Wer sind denn diese Paul und Lisa Borg?

S2: Das ist der Mann, dem der Schnellimbiss beim Bahnhof gehört.

S1: Das sind die Leute, ...

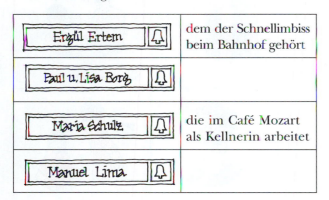

Ergül Ertem 🔔	dem der Schnellimbiss beim Bahnhof gehört
Paul u. Lisa Borg 🔔	
Maria Schulz 🔔	die im Café Mozart als Kellnerin arbeitet
Manuel Lima 🔔	

Monika Stroinska 🔔	
Hans Maier 🔔	den wir immer beim Einkaufen sehen
Karl u. Anna Weiler 🔔	
Teresa Venitelli 🔔	die im Supermarkt an der Kasse sitzt

9-17 Da ist ein Haar in der Suppe!   Sie sind Kellnerin/Kellner im Gasthof Fraundorfer und bedienen zwei Studenten. Nachdem° Sie den *after*
beiden das Essen und die Getränke gebracht haben, rufen die Studenten Sie wieder zurück und sagen, dass etwas nicht in Ordnung ist.

Ein paar Ideen, wie Sie reagieren könnten:

- Das tut mir aber Leid!
- Das ist doch nicht möglich!
- Ich bringe Ihnen gleich ein___ ander___ ...
- Möchten Sie vielleicht etwas anderes bestellen?
- Soll ich Ihnen die Speisekarte noch einmal bringen?
- ...

9-19 Was macht Otilia um sieben Uhr zehn?

S1: Was macht Otilia um sieben Uhr zehn?

S2: Sie schminkt sich.

	OTILIA	BERND	MORITZ UND JENS
7.10	Sie schminkt sich.		Sie waschen sich.
7.25		Er rasiert sich.	
20.30		Er badet sich.	Sie ziehen sich aus.

Kapitel 11

11-10 Was weißt du von Mario und Ann?

S1: Warum ist Mario denn so sauer°?

S2: Weil er nie nach seiner Meinung gefragt wird.

annoyed

	MARIO		ANN
	Weil er nie nach seiner Meinung gefragt wird.		Weil sie dort sehr gut bezahlt wird.
Warum wohnt Mario wieder zu Hause?		Warum ist Ann nicht in ihrem Büro?	
Wozu braucht Mario eine Alarmanlage?			Weil ihr Wagen repariert wird.
	Weil er immer auf Geschäftsreisen geschickt wird.	Warum zieht Ann schon ihren Mantel an?	

11-26 Was für Leute sind Karin und Bernd?

S2: Wofür interessiert sich Bernd am meisten?

S1: Für Computer und das Internet.

	KARIN	BERND
Wofür interessiert sich Karin/Bernd am meisten?	Für Politik und Geschichte.	
Woran arbeitet sie/er gerade so intensiv?	An einem Projekt über die ehemalige DDR.	
Worüber hat sie/er sich gestern so aufgeregt?	Über die laute Musik im Nachbarzimmer.	
Worauf wartet sie/er denn so sehr?	Auf einen Scheck von ihren Eltern.	
Worüber freut sie/er sich am meisten?	Über gute Zensuren.	
Wovor hat sie/er manchmal Angst?	Vor der Zeit nach dem Studium.	

Kapitel 12

envious **12-3 Warum sind diese Leute so neidisch° auf Maria und Paul?**

S1: Warum ist Stefan so neidisch auf Maria?

S2: Weil Maria immer so gute Zensuren bekommt.

		MARIA	PAUL
Stefan		Maria bekommt immer so gute Zensuren.	
Ann		Maria hat so schöne Haare.	Paul hat so eine schöne Wohnung.
Florian			
Laura			Paul hat so einen guten Ferienjob gefunden.
Daniel		Maria spielt so gut Tennis.	
Sophia			Paul studiert nächstes Jahr in Innsbruck.

wishes **12-10 Wünsche°.**

S1: Was hätte Laura gern?

S2: Sie hätte gern so eine tolle Figur wie ihre Freundin Eva.

	WAS HÄTTE ... GERN?	WO WÄRE ... JETZT GERN?	WAS WÜSSTE ... GERN?
Laura	so eine tolle Figur wie ihre Freundin Eva	beim Skilaufen in den Alpen	was für eine Zensur sie für ihr Referat bekommt
Lisa			
Paul			
Bernd	eine höhere Position und mehr Lohn	zu Hause vor seinem Computer	wie viel sein Chef verdient

12-15 Wenn es nur wahr wäre!

S1: Was würde Claudia tun, wenn sie eine Million Euro gewinnen würde?

S2: Sie würde ihr Studium unterbrechen und eine Weltreise machen.

Claudia	Sie würde ihr Studium unterbrechen und eine Weltreise machen.
Martin	
Stephanie und Peter	
Herr und Frau Ziegler	Sie würden erst mal ihre Schulden bezahlen.
Robert	Er würde seinen Eltern eine Villa an der Riviera kaufen.
Nina	

12-22 Ein ernster° Konflikt.

serious

convince

Nach dem Abendessen diskutieren Julia und Dieter weiter. Übernehmen Sie die Rolle von Julia, und versuchen Sie, Dieter zu überzeugen°, dass es besser wäre, hier in Köln zu bleiben.

Ein paar Argumente, die Sie verwenden könnten:

- Ich finde meine Arbeit hier in Köln sehr interessant. In Stuttgart würde ich so etwas nicht finden.
- Außerdem werde ich hier bald Abteilungsleiterin und dort müsste ich wieder ganz von unten anfangen.
- Ich würde in Stuttgart viel weniger verdienen. Zusammen hätten wir dann bestimmt weniger Geld als hier.
- Wir haben hier so nette Freunde, und in Stuttgart hätten wir niemand.

12-28 Weißt du das? Sie möchten wissen, was diese Wörter bedeuten. Finden Sie dann mit Ihrer Partnerin/Ihrem Partner auch die englischen Äquivalente.

S1: Was ist ein Witwer?   S2: Das ist ein Mann, dessen Frau gestorben ist.

		WAS IST DAS AUF ENGLISCH?
ein Witwer	Das ist ein Mann, dessen Frau gestorben ist.	*a widower*
eine Witwe		
ein Waisenkind		
Zwillinge (pl)	Das sind Menschen, deren Bruder oder Schwester kurz vor oder kurz nach ihnen geboren ist.	
eine Erbtante		
eine Nervtante	Das ist eine Person, deren albernes Benehmen ihren Mitmenschen auf die Nerven geht.	
ein Blindenhund	Das ist ein Hund, dessen Aufgabe es ist, blinden Menschen den Weg zu zeigen.	

Note that these are not literal, word-for-word translations, but idiomatic English equivalents.

Erste Kontakte

Beim Studentenwerk (*At the student center*)

– Hi, my name is Christian, Christian Lohner.
– And I'm Asha Singh. Where do you come from, Christian?
– I come from Hamburg. And where are you from?
– I'm from Bombay.

Im Studentenheim (*In the dormitory*)

– Excuse me, are you Heike Fischer?
– Yes. And what's your name?
– I'm Yvonne Harris from Pittsburgh.
– Oh, hello, Yvonne! How are you?
– Fine, thanks.

Im Hörsaal (*In the lecture hall*)

MARTIN: *(to Claudia and Stephanie)* Hi, you two! How are you?
CLAUDIA: Fine, thanks. Peter, this is Stephanie, my roommate.
PETER: Hi, Stephanie.
STEPHANIE: Hi, Peter.
MARTIN: Are you going to the cafeteria too?
CLAUDIA: No, not yet.
MARTIN: Well then, so long, you two.

Im Büro (*In the office*)

– Hello. My name is O'Brien.
– Pardon? What is your name?
– My name is O'Brien.
– Oh, you're Mr. O'Brien from Dublin. I'm Brigitte Ziegler. How are you, Mr. O'Brien?
– Fine, thanks.

Kapitel 1

Semesterbeginn (*Beginning of semester*)

Stephanie and Claudia are sitting together at breakfast.

CLAUDIA: Are you going to your lecture now, Stephanie?
STEPHANIE: Yes, and then to the foreign students office.
CLAUDIA: My lectures don't start until tomorrow.
STEPHANIE: What are you doing today?
CLAUDIA: Not much. First I'll write a few postcards, and this afternoon I'm going to buy my books.
STEPHANIE: Well then, see you later.
CLAUDIA: So long, Stephanie.

Badewetter (*Weather for swimming*)

Claudia and Martin are good friends. Stephanie and Peter also do a lot of things together.

MARTIN: Wow, is it ever hot!
PETER: Yes, almost thirty degrees (Celsius)! – Say, are you going swimming too?
MARTIN: Of course, right after Claudia's Hydraulics lecture.
PETER: We're going right now. Stephanie is coming in five minutes.
MARTIN: Well then, see you later.

Der Tag beginnt (*The day begins*)

Mrs. Ziegler is standing at the window. Mr. Zieg[ler is] still in bed.

MR. ZIEGLER: What's the weather like?
MRS. ZIEGLER: Not at all nice. The sky is gray a[nd] it's raining.
MR. ZIEGLER: Is it cold?
MRS. ZIEGLER: The thermometer reads ten deg[rees] (Celsius).
MR. ZIEGLER: Only ten degrees! What rotten weather!

Kapitel 2

Freundschaften *(Friendships)*

Nina Ziegler says: This is my boyfriend Alexander. He's tall and slim, dances really well, and has a fantastic motorcycle. Alex has lots of hobbies: he plays tennis and squash very well, he likes to swim, he plays the guitar really well, he collects stamps, he also likes to cook, and he's good at it. By the way, Alex is also a very good student.

Robert Ziegler says: I think Alexander is a dope. He often talks on the phone with Nina for hours, and in the evenings he's often over at our place till ten or eleven and plays his dumb guitar. Why does my sister think this guy is so great? I just think his motorcycle is great.

Mrs. Ziegler says: This is Beverly Harper. She's a journalist and my best friend. She works for American newspapers and writes articles about the political scene in Europe. Beverly is not only very intelligent, but also very athletic, and Mondays from 7 p.m. to 9 p.m. we always play tennis together. By the way, Beverly is also very elegant and likes to buy very chic clothes.

Mr. Ziegler says: I don't like to play tennis with Beverly, because she plays much better than I do. But she is a good journalist and writes very interesting articles. We often drink a glass of wine here at our house and have long discussions together.

Kapitel 3

Verwandte *(Relatives)*

Grandma Ziegler says: This is my daughter Bettina. She isn't married and she has no children, but she's a very good physiotherapist. Bettina likes to buy expensive clothes, has a much too expensive car, and she often drives too fast too. And why does Bettina travel so much all the time?

Nina says: Aunt Bettina is my favorite aunt. She has a really fantastic life: lots of money, chic clothes, big trips (also to North America, because she speaks English really well), and a red sport coupe.

Mr. Ziegler says: This is my brother Alfred. He's a bank manager, earns a lot of money, and drives a big, gray Mercedes. He likes to eat well, drinks expensive wines, and wears very expensive gray suits.

Robert says: Uncle Alfred is not my favorite uncle. He almost never laughs, and his suits are as gray and boring as his big, gray Mercedes. He sits at the computer all day or reads his stupid stock market reports.

Kapitel 4

So bin ich eben *(That's just the way I am)*

MARTIN: *(gets up and yawns)* What?! You're up already? What time is it?

PETER: Almost eight o'clock. I have to finish writing my report for Professor Weber. The seminar begins at eleven.

MARTIN: *(laughs)* Right, you and your reports: lots of stress, lots of coffee, no breakfast. Eat a slice of bread. And here's some butter, cold cuts, and cheese to go with it.

PETER: I can't, I have to write.

MARTIN: You're really stupid, Peter. Why do you always start so late?

PETER: I need the stress, Martin. That's just the way I am.

Morgen, morgen, nur nicht heute ... *(Why do today what you can put off until tomorrow . . .)*

STEPHANIE: Our room looks like a pigsty! Can't you clean up a bit for a change, Claudia?

CLAUDIA: Of course! But not today. Today I have way too much to do.

STEPHANIE: That's what you always say, and then *I* have to clean up.

CLAUDIA: You don't have to do that at all. Tomorrow I have lots of time.

STEPHANIE: You always say that too.

CLAUDIA: Yes, but this time it's true. Tomorrow I'll be home all morning, I'll get up early, and by twelve everything will be in tiptop shape here.

STEPHANIE: Well, we'll see.

Stephanie schreibt eine E-Mail nach Hause
(Stephanie writes an e-mail home)

Hi you all,

Everything here is still really great: the university, the city, and above all, my new friends. Claudia is still my best friend. By the way, she's a fabulous cook, and she makes really delicious dishes with lots of vegetables and salad, and not much meat. But she also likes my good tomato sauce with noodles or spaghetti. By the way, they often eat cold cuts and cheese for breakfast here. But I usually eat a bowl of cornflakes, just like at home, and sometimes I also make my favorite breakfast, my pancakes. Peter, a friend of Claudia's boyfriend, Martin, thinks they're really great. By the way, Peter is really nice. He comes over a lot and he also calls often.

Love,
Stephanie

Kapitel 5

Morgen haben wir keine Vorlesungen
(Tomorrow we don't have any lectures)

Claudia tells Stephanie what she has planned for tomorrow.

STEPHANIE: What are you doing tomorrow, Claudia?

CLAUDIA: First I'm going to sleep until eleven or eleven-thirty and then I'll call Martin.

STEPHANIE: And he'll pick you up and drag you to the *Alte Pinakothek* again.

CLAUDIA: That's what you think! We've been there often enough now. Today we're doing what I want.

STEPHANIE: And what's that?

CLAUDIA: First we'll go eat veal sausages at the Donisl at St. Mary's Square . . .

STEPHANIE: Mmm, they're really delicious there.

CLAUDIA: Then we'll go to the *Deutsche Museum* and look at historic machines.

STEPHANIE: Poor Martin!

CLAUDIA: And then we'll take the bus to the English Garden.

STEPHANIE: Are you going to go swimming there?

CLAUDIA: No, we're going for a walk. The *Eisbach* is still way too cold.

STEPHANIE: And where are you going to have dinner?

CLAUDIA: Tomorrow we're going to spend a lot of money for a change and go to Mövenpick.

Ferienpläne *(Vacation plans)*

Mrs. Ziegler doesn't want to do what her children want to do, but Mr. Ziegler finds a good solution.

NINA: Summer vacation begins in mid-July, Dad. Are we going to Grundl Lake again? The campground there was really great.

FATHER: But you know that Mom isn't in favor of that. She didn't even want to go camping last year anymore.

ROBERT: But we had so much fun there.

MOTHER: Fun? With rain almost every day and everything wet in the tent. And that primitive cooking! You know, Robert, that's no vacation for me.

NINA: But Robert and I had such good friends. They're sure to be there again this year.

MOTHER: I know, I know, but I need a vacation too and would really prefer to stay in a hotel. And please, not in the cheapest one, Klaus.

FATHER: Even if it's at Grundl Lake?

MOTHER: If it's nice, even at Grundl Lake.

FATHER: I know a small but very nice hotel there, less than half a kilometer from the campground. Then the kids will have their friends, I can go to the lake to fish . . .

MOTHER: And I'll finally get a rest too.

Kapitel 6

Ein bisschen Familiengeschichte *(A bit of family history)*

It's the beginning of October, Stephanie arrived in Munich yesterday, and Claudia wants to know why her American roommate has a German name.

CLAUDIA: *(is writing and reads)* ". . . letter to follow soon. Love, Claudia" – There! The postcard is done! – Stephanie, have you written home yet?

STEPHANIE: But Claudia, I haven't even unpacked my suitcases yet!

CLAUDIA: A postcard with "Have arrived safely, letter to follow soon" won't even take five minutes.

STEPHANIE: My parents don't want a postcard, but a long letter. They want to know where and how I live, my roommate's name, and how old she is, where she's from, and what she's like. And I don't even know all of that yet.

CLAUDIA: No problem, Stephanie. You know my name is Claudia, Claudia Maria Berger. I'm from Hamburg and I'm very, very nice. – You know, you're actually much more interesting, Stephanie: an American from Chicago, young, pretty, intelligent . . .

STEPHANIE: Oh, nonsense!

CLAUDIA: And then that name, "Stephanie Braun!" So typically American! – Tell me, is your father German? Did he emigrate?

STEPHANIE: No, my father was born in America. But my grandfather is from Germany and emigrated to America in 1950.

Kapitel 7

Das Geburtstagsgeschenk (*The birthday present*)

NICOLE: Hey, Maria, what should I give my little brother for his birthday?

MARIA: Give him a watch. Or a CD. What does he like to listen to? Or buy him a computer game. Yes! Nowadays you buy computer games for thirteen-year-olds anyway!

NICOLE: David already has all of that, and besides, a good computer game is much too expensive for me.

MARIA: Then let's go to the KaDeWe! When we see everything they've got, I'm sure we'll think of something.

NICOLE: Good idea, Maria!

Beim KaDeWe (*At the KaDeWe*)

At the KaDeWe the winter sale has just begun and all prices have been drastically reduced. So the two friends quickly go to the women's department before they look for a gift for David. Maria buys a chic warm winter jacket there, and Nicole spends almost all of her money on an elegant black sweater. Then she looks a bit shamefacedly at the couple of euros in her wallet and says: "How am I supposed to buy my brother a birthday present with this?" But Maria has a good idea: "Buy him a funny birthday card, and enclosed with the card send him an IOU with the words: 'Dear David, I owe you a birthday present. You'll get it as soon as I have money again.'"

Kapitel 8

Die möblierte Wohnung (*The furnished apartment*)

Mrs. Wild is flying to her son's place in Texas for a year. Martin and Peter have rented her apartment and have just moved in. Claudia comes for a visit to see what her two friends' apartment is like.

MARTIN: Well, Claudia, how do you like the apartment? Completely furnished for only 450 euros a month!

CLAUDIA: Not bad, only – the furniture is all in the wrong place.

MARTIN: Sorry, but we promised not to rearrange it.

CLAUDIA: Hasn't Mrs. Wild's flight left already?

PETER: Yes, I think it left yesterday afternoon at two-thirty.

CLAUDIA: Well, then we can get started. You just mustn't forget where everything was.

PETER: No problem, I never forget anything.

CLAUDIA: Then take the floor lamp beside the armchair, Peter, and put it behind it. And Martin, you take the rug here, and put it in front of the couch! And that ugly old clock there on the desk, take it into the kitchen, Peter, and put it on the fridge. There, that looks a lot better already.

MARTIN: Come on, let's go out onto our balcony now, Claudia.

CLAUDIA: (*on the balcony*) Hey, those are gorgeous geraniums.

PETER: Yes, we have to water them every other day, too.

MARTIN: Hey, Peter, who is that woman down there? She almost looks like Mrs. Wild.

PETER: That can't be! That *is* Mrs. Wild and she's coming up here! Quick, put the clock back on the desk and the floor lamp beside the armchair! And I'll put the rug back . . .

Kapitel 9

Im Gasthaus *(At the restaurant)*

Beverly Harper's niece Shauna is an exchange student and is staying with the Zieglers. Shauna and Nina are standing in front of a restaurant and studying the menu that's hanging outside in a small display case.

SHAUNA: I feel like having something typically German. Here, marinated roast beef with red cabbage and potato dumplings. That's what I'm going to order.

NINA: Good, then let's go inside!

SHAUNA: Hey, it's completely full. There isn't a single empty table left.

NINA: There are still two empty places by that couple with the little boy and the dog.

SHAUNA: Do you know those people?

NINA: No, but that doesn't matter. Come on, or someone else will sit there. – Excuse me, are these two places still free?

MAN: Yes, please have a seat here with us. Our dog won't hurt you.

WOMAN: Here's the menu too. Then you can look for something good until the waiter comes.

Im Supermarkt *(At the supermarket)*

After the meal Nina and Shauna have to buy a few groceries.

NINA: Get one of the shopping carts that are standing over there. *(Reads her shopping list)* Milk, potatoes, head lettuce, tomatoes.

SHAUNA: Why did you bring this shopping bag along, Nina?

NINA: Because I don't want to pay for a plastic bag.

SHAUNA: What?! You have to pay for plastic bags?

NINA: Of course. The plastic bags you get in the supermarket cost 10 cents apiece. – Here are the potatoes, the lettuce, and the tomatoes. There, now we just need two bottles of milk.

SHAUNA: Milk in bottles? Why is that?

NINA: Because you can return them for reuse.

SHAUNA: *(at the checkout)* Oh, your cashiers have it made, they're allowed to sit. – But why are you packing everything yourself? At home (in America) the cashier does that.

NINA: Different strokes for different folks.

SUPPLEMENTARY WORD SETS

Berufe

accountant	Wirtschaftsprüfer/ Wirtschaftsprüferin
architect	Architekt/Architektin
artist	Künstler/Künstlerin
bookkeeper	Buchhalter/Buchhalterin
bus driver	Busfahrer/Busfahrerin
businessman/ businesswoman	Kaufmann/Kauffrau
chemist	Chemiker/Chemikerin
computer programmer	Programmierer/ Programmiererin
computer specialist	Informatiker/ Informatikerin
dentist	Zahnarzt/Zahnärztin
designer	Designer/Designerin
doctor	Arzt/Ärztin
electrician	Elektriker/Elektrikerin
engineer	Ingenieur/Ingenieurin
factory worker	Fabrikarbeiter/ Fabrikarbeiterin
flight attendant	Flugbegleiter/ Flugbegleiterin
housewife/ househusband	Hausfrau/ Hausmann
journalist	Journalist/Journalistin
lawyer	Rechtsanwalt/ Rechtsanwältin
mechanic	Mechaniker/Mechanikerin
musician	Musiker/Musikerin
nurse	Krankenpfleger/ Krankenschwester
pharmacist	Apotheker/Apothekerin
plumber	Klempner/Klempnerin; Flaschner/Flaschnerin
police officer	Polizist/Polizistin
politician	Politiker/Politikerin
professor	Professor/Professorin
salesperson	Verkäufer/Verkäuferin
scientist	Wissenschaftler/ Wissenschaftlerin
secretary	Sekretär/Sekretärin
social worker	Sozialarbeiter/ Sozialarbeiterin
software developer	Softwareentwickler/ Softwareentwicklerin
stock broker	Börsenmakler/ Börsenmaklerin
teacher	Lehrer/Lehrerin
veterinarian	Tierarzt/Tierärztin

auch S. 418

Essen und Trinken

I eat . . .	Ich esse ...
Cornflakes	Cornflakes
muesli	Müsli
toast	Toast
with butter	mit Butter
with honey	mit Honig
with jam	mit Marmelade
with peanut butter	mit Erdnussbutter
a cheese sandwich	ein Käsebrot
a ham sandwich	ein Schinkenbrot
a hamburger	einen Hamburger
a hotdog	ein Hotdog
a pizza	eine Pizza
a cutlet	ein Schnitzel
a steak	ein Steak
French fries	Pommes frites
fried potatoes	Bratkartoffeln
mashed potatoes	*das* Kartoffelpüree
noodles	*die* Nudeln
potato salad	*der* Kartoffelsalat
rice	*der* Reis
coleslaw	*der* Krautsalat
salad	*der* Salat
vegetables	*das* Gemüse
beans	*die* Bohnen
carrots	*die* Karotten
corn	*der* Mais
peas	*die* Erbsen
a piece of apple pie	ein Stück Apfelkuchen *der*
a piece of cheesecake	ein Stück Käsekuchen *der*
a piece of (layer) cake	ein Stück Torte *die*
with whipped cream	mit Schlagsahne *die*
a cup of yogurt with fruit	einen Becher Fruchtjogurt *das*
(a dish of) ice cream	(einen Becher) Eis *das*
fruit	Obst *das*
an apple	einen Apfel *der*
a banana	eine Banane *die*
a grapefruit	eine Grapefruit *die*
an orange	eine Apfelsine *die*
a peach	einen Pfirsich *der*
a pear	eine Birne *die*
a plum	eine Pflaume *die*
raspberries	Himbeeren *die*
strawberries	Erdbeeren *die*

Treffpunkt Deutsch

I drink . . .	Ich trinke ...
a bottle of beer	eine Flasche Bier *das*
a can of cola	eine Dose Cola
a cappuccino	einen Cappuccino
a cup of coffee	eine Tasse Kaffee
a cup of tea	eine Tasse Tee
a glass of apple juice	ein Glas Apfelsaft
a glass of tomato juice	ein Glas Tomatensaft

Hobbys

to cook	kochen
(I like to cook.)	(Ich koche gern.)
to bake	backen
to read	lesen
to sing	singen
to take photos	fotografieren
to travel	reisen
to collect stamps	Briefmarken sammeln
to collect old comics	alte Comics sammeln
to go dancing	tanzen gehen
to go to concerts	ins Konzert gehen
to go to (the) movies	ins Kino gehen
to go to the theater	ins Theater gehen
to play billiards	Billard spielen
to play cards	Karten spielen
to play chess	Schach spielen
to play scrabble	Scrabble spielen

Länder und Sprachen

The names of most countries are neuter and are not preceded by an article. However, when the name of a country is masculine, feminine, or plural, the article must be used.

Argentinien	Finnland
Australien	Frankreich
Belgien	Griechenland
Brasilien	Indien
die Bundesrepublik	der Iran
Deutschland	Irland
(die BRD)	Israel
Chile	Italien
China	Japan
Dänemark	Kanada
Deutschland	Kroatien
England	Kolumbien
Estland	Korea

Kuba	Rumänien
Lettland	Russland
Liechtenstein	Schottland
Litauen	Schweden
Luxemburg	die Schweiz
Mexiko	Serbien
Neuseeland *die*	die Slowakei
Niederlande *(pl)*	Spanien
Norwegen	Tschechien
Österreich	die Türkei
Pakistan	die Ukraine
Peru	Ungarn
Polen	die Vereinigten Staaten,
Portugal	die USA *(pl)*

Sie/Er spricht		
	Arabisch	Lettisch
	Chinesisch	Litauisch
	Dänisch	Norwegisch
	Deutsch	Polnisch
	Englisch	Portugiesisch
	Estnisch	Rumänisch
	Finnisch	Russisch
	Französisch	Schwedisch
	Griechisch	Serbisch
	Hebräisch	Slovakisch
	Hindi	Spanisch *Schwyzer-dütsch*
	Holländisch	Tschechisch
	Italienisch	Türkisch
	Japanisch	Ukrainisch
	Koreanisch	Ungarisch
	Kroatisch	Urdu

Musikinstrumente

I play . . .	Ich spiele ...
the accordion	Akkordeon *das*
bass	Bass, Kontrabass *du*
the cello	Cello *das*
the clarinet	Klarinette
drums, percussion	Schlagzeug *das*
the flute	Flöte
the guitar	Gitarre
the keyboard	Keyboard *das*
the oboe	Oboe
the organ	Orgel
the piano	Klavier *das*
the recorder	Blockflöte
the saxophone	Saxophon *das*
the trombone	Posaune
the trumpet	Trompete
the viola	Bratsche
the violin	Geige, Violine

Sport

to do aerobics (I like to do aerobics.)	Aerobics machen (Ich mache gern Aerobics.)
to do bodybuilding	Bodybuilding machen
to do gymnastics	Gymnastik machen
to do weight lifting	Gewichtheben machen
to do weight training	Krafttraining machen
to work out	Fitnesstraining machen
to go hang-gliding	Drachenfliegen gehen
to go hiking	wandern gehen
to go ice skating	Schlittschuhlaufen gehen
to go inline skating	Inlineskating gehen
to go jogging	Jogging gehen
to go mountain biking	Mountainbiking gehen
to go rowing	rudern gehen
to go skiing	Skilaufen gehen
to go cross-country skiing	Skilanglauf machen
to go downhill skiing	(Abfahrtslauf machen)
to go swimming	schwimmen gehen
to go windsurfing	Windsurfing gehen
to play badminton	Federball spielen
to play basketball	Basketball spielen
to play football	Football spielen
to play hockey	Eishockey spielen
to play soccer	Fußball spielen
to play squash	Squash spielen
to play table tennis	Tischtennis spielen
to play tennis	Tennis spielen

Studienfächer

American studies	Amerikanistik
art history	Kunstgeschichte
biology	Biologie
biochemistry	Biochemie
business	Betriebswirtschaft
chemistry	Chemie
chemical engineering	Chemotechnik
communications	Kommunikationswissenschaft
computer science	Informatik
economics	Volkswirtschaft
education	Pädagogik/Erziehungswissenschaften
electrical engineering	Elektrotechnik
English language and literature	Anglistik
finance	Finanzwirtschaft
genetics	Genetik
geography	Geographie
geology	Geologie
German language and and literature	Germanistik
history	Geschichtswissenschaft
humanities	Geisteswissenschaften
international relations	International Relations
journalism	Publizistik
law	Jura
linguistics	Linguistik
mathematics	Mathematik
mechanical engineering	Maschinenbau
media studies	Medienkunde
medicine	Medizin
music	Musik
nursing	Krankenpflege
philosophy	Philosophie
physical education	Sport
physics	Physik
political science	Politikwissenschaft
psychology	Psychologie
religious studies	Religionswissenschaft
Romance languages and literatures	Romanistik
sociology	Soziologie

GRAMMATICAL TABLES

1. Der-words

The **der**-words are **der, das, die** *(the)*, **dieser** *(this)*, **jeder** *(each, every)*, **welcher** *(which)*.

	MASCULINE	NEUTER	FEMININE	PLURAL
NOMINATIVE	der	das	die	die
	dieser	dieses	diese	diese
ACCUSATIVE	den	das	die	die
	diesen	dieses	diese	diese
DATIVE	dem	dem	der	den
	diesem	diesem	dieser	diesen
GENITIVE	des	des	der	der
	dieses	dieses	dieser	dieser

2. Ein-words

The **ein**-words are **ein** *(a, an)*, **kein** *(not a, not any, no)*, and the possessive adjectives **mein** *(my)*, **dein** *(your)*, **sein** *(his, its)*, **ihr** *(her, its)*, **unser** *(our)*, **euer** *(your)*, **ihr** *(their)*, **Ihr** *(your)*.

	MASCULINE	NEUTER	FEMININE	PLURAL
NOMINATIVE	ein	ein	eine	——
	mein	mein	meine	meine
ACCUSATIVE	einen	ein	eine	——
	meinen	mein	meine	meine
DATIVE	einem	einem	einer	——
	meinem	meinem	meiner	meinen
GENITIVE	eines	eines	einer	——
	meines	meines	meiner	meiner

3. Pronouns

a. Personal pronouns

NOM.	SUBJ.		ACC.	DIR. OBJ.		DAT.	IND. OBJ.
ich	*I*		mich	*me*		mir	*me*
du	*you*		dich	*you*		dir	*you*
er	*he, it*		ihn	*him, it*		ihm	*him, it*
es	*it*		es	*it*		ihm	*it*
sie	*she, it*		sie	*her, it*		ihr	*her, it*
wir	*we*		uns	*us*		uns	*us*
ihr	*you*		euch	*you*		euch	*you*
sie	*they*		sie	*them*		ihnen	*them*
Sie	*you*		Sie	*you*		Ihnen	*you*

b. Reflexive pronouns

	ACC.	DAT.	DIR. OBJ./IND. OBJ.
(ich)	mich	mir	*myself*
(du)	dich	dir	*yourself*
(er)	sich	sich	*himself, itself*
(es)	sich	sich	*itself*
(sie)	sich	sich	*herself, itself*
(wir)	uns	uns	*ourselves*
(ihr)	euch	euch	*yourselves*
(sie)	sich	sich	*themselves*
(Sie)	sich	sich	*yourself*
			yourselves

c. Interrogative pronouns

	FOR PERSONS	FOR THINGS
NOMINATIVE	wer	was
ACCUSATIVE	wen	was
DATIVE	wem	—
GENITIVE	wessen	—

d. Relative pronouns

	MASCULINE	NEUTER	FEMININE	PLURAL
NOMINATIVE	der	das	die	die
ACCUSATIVE	den	das	die	die
DATIVE	dem	dem	der	den**en**
GENITIVE	des**sen**	des**sen**	der**en**	der**en**

4. Adjective endings

a. After *der*-words

	MASCULINE	NEUTER	FEMININE	PLURAL
NOM.	der junge Mann	das liebe Kind	die junge Frau	die lieben Kinder
ACC.	den jungen Mann	das liebe Kind	die junge Frau	die lieben Kinder
DAT.	dem jungen Mann	dem lieben Kind	der jungen Frau	den lieben Kindern
GEN.	des jungen Mannes	des lieben Kindes	der jungen Frau	der lieben Kinder

b. After *ein*-words

	MASCULINE	NEUTER	FEMININE	PLURAL
NOM.	ein junger Mann	ein liebes Kind	eine junge Frau	keine lieben Kinder
ACC.	einen jungen Mann	ein liebes Kind	eine junge Frau	keine lieben Kinder
DAT.	einem jungen Mann	einem lieben Kind	einer jungen Frau	keinen lieben Kindern
GEN.	eines jungen Mannes	eines lieben Kindes	einer jungen Frau	keiner lieben Kinder

c. For unpreceded adjectives

	MASCULINE	NEUTER	FEMININE	PLURAL
NOM.	guter Käse	gutes Brot	gute Wurst	gute Äpfel
ACC.	guten Käse	gutes Brot	gute Wurst	gute Äpfel
DAT.	gutem Käse	gutem Brot	guter Wurst	guten Äpfeln

5. *N*-nouns

All **n**-nouns are masculine. They are listed in dictionaries as follows:
der Student, -en, -en.

	SINGULAR	PLURAL
NOMINATIVE	der Student	die Studenten
ACCUSATIVE	den Studenten	die Studenten
DATIVE	dem Studenten	den Studenten
GENITIVE	des Studenten	der Studenten

6. Prepositions

WITH ACC.	WITH DAT.	WITH ACC. OR DAT.	WITH GEN.
durch	aus	an	statt
für	außer	auf	trotz
gegen	bei	hinter	während
ohne	mit	in	wegen
um	nach	neben	
	seit	über	
	von	unter	
	zu	vor	
		zwischen	

7. Adjectives and adverbs with irregular comparatives and superlatives

BASE FORM	COMPARATIVE	SUPERLATIVE
gern	lieber	liebst-
gut	besser	best-
groß	größer	größt-
hoch	höher	höchst-
nah	näher	nächst-
viel	mehr	meist-

8. Verbs

a. Indicative mood

Present tense

	lernen[1]	arbeiten[2]	reisen[3]	geben[4]	tragen[5]	laufen[6]
ich	lerne	arbeite	reise	gebe	trage	laufe
du	lernst	arbeitest	reist	gibst	trägst	läufst
er/es/sie	lernt	arbeitet	reist	gibt	trägt	läuft
wir	lernen	arbeiten	reisen	geben	tragen	laufen
ihr	lernt	arbeitet	reist	gebt	tragt	lauft
sie	lernen	arbeiten	reisen	geben	tragen	laufen
Sie	lernen	arbeiten	reisen	geben	tragen	laufen

[1] Regular verbs
[2] Verbs with expanded endings
[3] Verbs with contracted endings
[4] Irregular verbs with stem-vowel change **e** to **i** (**ie**)
[5] Irregular verbs with stem-vowel change **a** to **ä**
[6] Irregular verbs with stem-vowel change **au** to **äu**

Present tense of the auxiliaries *haben, sein, werden*

	haben	sein	werden
ich	habe	bin	werde
du	hast	bist	wirst
er/es/sie	hat	ist	wird
wir	haben	sind	werden
ihr	habt	seid	werdet
sie	haben	sind	werden
Sie	haben	sind	werden

Present tense of the modal verbs

	dürfen	können	mögen	(möcht-)	müssen	sollen	wollen
ich	darf	kann	mag	(möchte)	muss	soll	will
du	darfst	kannst	magst	(möchtest)	musst	sollst	willst
er/es/sie	darf	kann	mag	(möchte)	muss	soll	will
wir	dürfen	können	mögen	(möchten)	müssen	sollen	wollen
ihr	dürft	könnt	mögt	(möchtet)	müsst	sollt	wollt
sie	dürfen	können	mögen	(möchten)	müssen	sollen	wollen
Sie	dürfen	können	mögen	(möchten)	müssen	sollen	wollen

Simple past tense

	REGULAR VERBS		IRREGULAR VERBS
ich	lernte	arbeitete	ging
du	lerntest	arbeitetest	gingst
er/es/sie	lernte	arbeitete	ging
wir	lernten	arbeiteten	gingen
ihr	lerntet	arbeitetet	gingt
sie	lernten	arbeiteten	gingen
Sie	lernten	arbeiteten	gingen

Perfect tense

	REGULAR VERBS				IRREGULAR VERBS			
ich	habe	gelernt	bin	gereist	habe	gesungen	bin	gegangen
du	hast	gelernt	bist	gereist	hast	gesungen	bist	gegangen
er/es/sie	hat	gelernt	ist	gereist	hat	gesungen	ist	gegangen
wir	haben	gelernt	sind	gereist	haben	gesungen	sind	gegangen
ihr	habt	gelernt	seid	gereist	habt	gesungen	seid	gegangen
sie	haben	gelernt	sind	gereist	haben	gesungen	sind	gegangen
Sie	haben	gelernt	sind	gereist	haben	gesungen	sind	gegangen

b. Imperative mood

FAMILIAR SINGULAR	Lern(e)!	Gib!	Sei!
FAMILIAR PLURAL	Lernt!	Gebt!	Seid!
FORMAL	Lernen Sie!	Geben Sie!	Seien Sie!

c. Subjunctive mood

Present-time subjunctive

	haben	sein	können	wissen
ich	hätte	wäre	könnte	wüsste
du	hättest	wär(e)st	könntest	wüsstest
er/es/sie	hätte	wäre	könnte	wüsste
wir	hätten	wären	könnten	wüssten
ihr	hättet	wär(e)t	könntet	wüsstet
sie	hätten	wären	könnten	wüssten
Sie	hätten	wären	könnten	wüssten

For verbs other than **haben, sein, werden, wissen,** and the modals, use **würde** + infinitive.

ich	würde	lernen
du	würdest	lernen
er/es/sie	würde	lernen
wir	würden	lernen
ihr	würdet	lernen
sie	würden	lernen
Sie	würden	lernen

Past-time subjunctive

ich	hätte	gelernt	wäre	gegangen
du	hättest	gelernt	wär(e)st	gegangen
er/es/sie	hätte	gelernt	wäre	gegangen
wir	hätten	gelernt	wären	gegangen
ihr	hättet	gelernt	wär(e)t	gegangen
sie	hätten	gelernt	wären	gegangen
Sie	hätten	gelernt	wären	gegangen

d. Passive voice

	PRESENT TENSE		SIMPLE PAST TENSE	
ich	werde	abgeholt	wurde	abgeholt
du	wirst	abgeholt	wurdest	abgeholt
er/es/sie	wird	abgeholt	wurde	abgeholt
wir	werden	abgeholt	wurden	abgeholt
ihr	werdet	abgeholt	wurdet	abgeholt
sie	werden	abgeholt	wurden	abgeholt
Sie	werden	abgeholt	wurden	abgeholt

PRINCIPAL PARTS OF IRREGULAR AND MIXED VERBS

The following list contains the principal parts of the irregular and mixed verbs in *Treffpunkt Deutsch.* With a few exceptions, compound verbs are not listed.

INFINITIVE	IRR. PRESENT	SIMPLE PAST	PERFECT TENSE	
anfangen	(fängt an)	fing an	hat angefangen	*to begin*
backen	(bäckt)	backte	hat gebacken	*to bake*
beißen		biss	hat gebissen	*to bite*
beginnen		begann	hat begonnen	*to begin*
bekommen		bekam	hat bekommen	*to get; to receive*
beweisen		bewies	hat bewiesen	*to prove*
bieten		bot	hat geboten	*to offer*
bitten		bat	hat gebeten	*to ask*
bleiben		blieb	ist geblieben	*to stay; to remain*
bringen		brachte	hat gebracht	*to bring*
denken		dachte	hat gedacht	*to think*
einladen	(lädt ein)	lud ein	hat eingeladen	*to invite*
empfangen	(empfängt)	empfing	hat empfangen	*to welcome*
empfehlen	(empfiehlt)	empfahl	hat empfohlen	*to recommend*
entscheiden		entschied	hat entschieden	*to decide*
essen	(isst)	aß	hat gegessen	*to eat*
fahren	(fährt)	fuhr	ist gefahren	*to drive*
fallen	(fällt)	fiel	ist gefallen	*to fall*
fangen	(fängt)	fing	hat gefangen	*to catch*
finden		fand	hat gefunden	*to find*
fliegen		flog	ist geflogen	*to fly*
fliehen		floh	ist geflohen	*to flee*
fließen		floss	ist geflossen	*to flow*
fressen	(frisst)	fraß	hat gefressen	*to eat (of animals)*
frieren		fror	hat gefroren	*to be cold*
geben	(gibt)	gab	hat gegeben	*to give*
gehen		ging	ist gegangen	*to go*
gelten	(gilt)	galt	hat gegolten	*to be considered*
geschehen	(geschieht)	geschah	ist geschehen	*to happen*
gewinnen		gewann	hat gewonnen	*to win*
gießen		goss	hat gegossen	*to water*
haben	(hat)	hatte	hat gehabt	*to have*
halten	(hält)	hielt	hat gehalten	*to hold; to stop*
hängen		hing	hat gehangen	*to be hanging*
heißen		hieß	hat geheißen	*to be called*
helfen	(hilft)	half	hat geholfen	*to help*
kennen		kannte	hat gekannt	*to know (be acquainted with)*
kommen		kam	ist gekommen	*to come*
laden	(lädt)	lud	hat geladen	*to load*
lassen	(lässt)	ließ	hat gelassen	*to let; to leave*
laufen	(läuft)	lief	ist gelaufen	*to run*
leihen		lieh	hat geliehen	*to lend*
lesen	(liest)	las	hat gelesen	*to read*
liegen		lag	hat gelegen	*to lie; to be situated*
lügen		log	hat gelogen	*to tell a lie*
nehmen	(nimmt)	nahm	hat genommen	*to take*
nennen		nannte	hat genannt	*to call; to name*
reiten		ritt	ist geritten	*to ride*

rennen		rannte	ist gerannt	*to run*
riechen		roch	hat gerochen	*to smell*
rufen		rief	hat gerufen	*to call*
saufen	(säuft)	soff	hat gesoffen	*to drink heavily*
scheinen		schien	hat geschienen	*to shine; to seem*
schieben		schob	hat geschoben	*to push*
schlafen	(schläft)	schlief	hat geschlafen	*to sleep*
schließen		schloss	hat geschlossen	*to close*
schneiden		schnitt	hat geschnitten	*to cut*
schreiben		schrieb	hat geschrieben	*to write*
schreien		schrie	hat geschrieen	*to scream; to shout*
schwimmen		schwamm	ist geschwommen	*to swim*
sehen	(sieht)	sah	hat gesehen	*to see*
sein	(ist)	war	ist gewesen	*to be*
singen		sang	hat gesungen	*to sing*
sinken		sank	ist gesunken	*to sink*
sitzen		saß	hat gesessen	*to sit*
spinnen		spann	hat gesponnen	*to spin; to be crazy*
sprechen	(spricht)	sprach	hat gesprochen	*to speak*
springen		sprang	ist gesprungen	*to jump*
stehen		stand	hat gestanden	*to stand*
stehlen	(stiehlt)	stahl	hat gestohlen	*to steal*
steigen		stieg	ist gestiegen	*to climb*
sterben	(stirbt)	starb	ist gestorben	*to die*
stinken		stank	hat gestunken	*to stink*
streichen		strich	hat gestrichen	*to paint*
tragen	(trägt)	trug	hat getragen	*to carry; to wear*
treffen	(trifft)	traf	hat getroffen	*to meet*
trinken		trank	hat getrunken	*to drink*
tun		tat	hat getan	*to do*
verbieten		verbot	hat verboten	*to forbid*
verbinden		verband	hat verbunden	*to connect*
vergessen	(vergisst)	vergaß	hat vergessen	*to forget*
vergleichen		verglich	hat verglichen	*to compare*
verlieren		verlor	hat verloren	*to lose*
vermeiden		vermied	hat vermieden	*to avoid*
vorschlagen	(schlägt vor)	schlug vor	hat vorgeschlagen	*to suggest*
waschen	(wäscht)	wusch	hat gewaschen	*to wash*
werden	(wird)	wurde	ist geworden	*to become*
werfen	(wirft)	warf	hat geworfen	*to throw*
wissen	(weiß)	wusste	hat gewusst	*to know (a fact)*
ziehen		zog	hat gezogen	*to pull*

Modal verbs

dürfen	(darf)	durfte	hat gedurft	*to be allowed to*
können	(kann)	konnte	hat gekonnt	*to be able to*
mögen	(mag)	mochte	hat gemocht	*to like*
müssen	(muss)	musste	hat gemusst	*to have to*
sollen	(soll)	sollte	hat gesollt	*to be supposed to*
wollen	(will)	wollte	hat gewollt	*to want to*

PRINCIPAL PARTS OF IRREGULAR VERBS IN ABLAUT GROUPS

Most irregular verbs can be assigned to one of eight ablaut groups, i.e., groups with similar stem-vowel changes. The mixed verbs, the verbs **haben** and **sein,** and the modal verbs are not included in this list.

Note:
- Stem vowels followed by **h, ß,** or only one consonant are pronounced long, as is an **i** that is followed by an **e.**
- Stem vowels followed by two or more consonants are pronounced short (exception: **sprach,** where the **a** is pronounced long).

Group 1 (ei → i or ie → i or ie)

beißen	biss	hat gebissen	*to bite*
beweisen	bewies	hat bewiesen	*to prove*
bleiben	blieb	ist geblieben	*to stay; to remain*
entscheiden	entschied	hat entschieden	*to decide*
leihen	lieh	hat geliehen	*to lend*
reiten	ritt	ist geritten	*to ride*
scheinen	schien	hat geschienen	*to shine; to seem*
schneiden	schnitt	hat geschnitten	*to cut*
schreiben	schrieb	hat geschrieben	*to write*
schreien	schrie	hat geschrieen	*to scream; to shout*
steigen	stieg	ist gestiegen	*to climb*
streichen	strich	hat gestrichen	*to paint*
vergleichen	verglich	hat verglichen	*to compare*
vermeiden	vermied	hat vermieden	*to avoid*

Group 2 (i → a → u)

finden	fand	hat gefunden	*to find*
singen	sang	hat gesungen	*to sing*
sinken	sank	ist gesunken	*to sink*
springen	sprang	ist gesprungen	*to jump*
stinken	stank	hat gestunken	*to stink*
trinken	trank	hat getrunken	*to drink*
verbinden	verband	hat verbunden	*to connect*

Group 3 (i → a → o)

beginnen	begann	hat begonnen	*to begin*
gewinnen	gewann	hat gewonnen	*to win*
schwimmen	schwamm	ist geschwommen	*to swim*
spinnen	spann	hat gesponnen	*to spin; to be crazy*

Group 4 (ie or ü → o → o)

anbieten	bot an	hat angeboten	*to offer*
fliegen	flog	ist geflogen	*to fly*
fliehen	floh	ist geflohen	*to flee*
fließen	floss	ist geflossen	*to flow*
frieren	fror	hat gefroren	*to be cold*
gießen	goss	hat gegossen	*to water*
riechen	roch	hat gerochen	*to smell*
schieben	schob	hat geschoben	*to push*
schließen	schloss	hat geschlossen	*to close*
verbieten	verbot	hat verboten	*to forbid*
verlieren	verlor	hat verloren	*to lose*
ziehen	zog	hat gezogen	*to pull*
lügen	log	hat gelogen	*to tell a lie*

Group 5 (a or au → i or ie → a or au)

anfangen	(fängt an)	fing an	hat angefangen	*to begin*
empfangen	(empfängt)	empfing	hat empfangen	*to welcome*
fallen	(fällt)	fiel	ist gefallen	*to fall*
fangen	(fängt)	fing	hat gefangen	*to catch*
halten	(hält)	hielt	hat gehalten	*to hold; to stop*
lassen	(lässt)	ließ	hat gelassen	*to let; to leave*
raten	(rät)	riet	hat geraten	*to guess; to advise*
schlafen	(schläft)	schlief	hat geschlafen	*to sleep*
laufen	(läuft)	lief	ist gelaufen	*to run*

Group 6 (a → u → a)

einladen	(lädt ein)	lud ein	hat eingeladen	*to invite*
fahren	(fährt)	fuhr	ist gefahren	*to drive*
laden	(lädt)	lud	hat geladen	*to load*
schlagen	(schlägt)	schlug	hat geschlagen	*to hit; to beat*
tragen	(trägt)	trug	hat getragen	*to carry; to wear*
vorschlagen	(schlägt vor)	schlug vor	hat vorgeschlagen	*to suggest*
waschen	(wäscht)	wusch	hat gewaschen	*to wash*

Group 7 (e → a → e)

essen	(isst)	aß	hat gegessen	*to eat*
fressen	(frisst)	fraß	hat gefressen	*to eat (of animals)*
geben	(gibt)	gab	hat gegeben	*to give*
geschehen	(geschieht)	geschah	ist geschehen	*to happen*
lesen	(liest)	las	hat gelesen	*to read*
sehen	(sieht)	sah	hat gesehen	*to see*
vergessen	(vergisst)	vergaß	hat vergessen	*to forget*

Group 8 (e → a → o)

empfehlen	(empfiehlt)	empfahl	hat empfohlen	*to recommend*
gelten	(gilt)	galt	hat gegolten	*to be considered*
helfen	(hilft)	half	hat geholfen	*to help*
nehmen	(nimmt)	nahm	hat genommen	*to take*
sprechen	(spricht)	sprach	hat gesprochen	*to speak*
stehlen	(stiehlt)	stahl	hat gestohlen	*to steal*
sterben	(stirbt)	starb	ist gestorben	*to die*
treffen	(trifft)	traf	hat getroffen	*to meet*
werfen	(wirft)	warf	hat geworfen	*to throw*

Not classifiable

backen	(bäckt)	backte	hat gebacken	*to bake*
bitten		bat	hat gebeten	*to ask*
liegen		lag	hat gelegen	*to lie; to be situated*
gehen		ging	ist gegangen	*to go*
hängen		hing	hat gehangen	*to be hanging*
heißen		hieß	hat geheißen	*to be called*
kommen		kam	ist gekommen	*to come*
bekommen		bekam	hat bekommen	*to get; to receive*
rufen		rief	hat gerufen	*to call*
saufen	(säuft)	soff	hat gesoffen	*to drink heavily*
sitzen		saß	hat gesessen	*to sit*
stehen		stand	hat gestanden	*to stand*
tun		tat	hat getan	*to do*
werden	(wird)	wurde	ist geworden	*to become*

GERMAN-ENGLISH VOCABULARY

This German-English vocabulary includes all the words and expressions used in *Treffpunkt Deutsch* except numbers and names of countries. The latter are listed in the *Supplementary Word Sets* beginning on page A26. Each item is followed by the number of the chapter (and E for *Erste Kontakte*) in which it first occurs. Chapter numbers followed by -1 or -2 (e.g., 1-1 or 1-2) refer to items listed in the first or second vocabulary list in each chapter *(Wortschatz 1 or Wortschatz 2)*.

Nouns are listed with their plural forms: **die Studentin, -nen.** If no plural entry is given, the plural is rarely used or nonexistent. When two entries follow a noun, the first one indicates the genitive and the second the plural: **der Student, -en, -en.**

Irregular, mixed, and modal verbs are listed with their principal parts. Vowel changes in the present tense are noted in parentheses and auxiliaries for the perfect tense are given: **lesen (liest), las, hat gelesen.** Separable prefixes are indicated by a raised dot between the prefix and the verb stem: **an·fangen.**

The following abbreviations are used:

acc	accusative	*gen*	genitive
adj	adjective	*indef*	indefinite
adv	adverb	*neg*	negative
art	article	*pl*	plural
conj	conjunction	*prep*	preposition
coord	coordinating	*sing*	singular
dat	dative	*sub*	subordinating

A

der **Abend, -e** evening
  Guten Abend! 'n Abend! Good evening! (E-1)
  heute Abend this evening, tonight (1)
  zu Abend essen to have supper (4-1)
das **Abendessen** supper, evening meal (4-1)
  zum Abendessen for supper, for dinner (4-1)
abends in the evening (2)
aber but (1-2)
ab·fahren (fährt ab), fuhr ab, ist abgefahren to leave, to depart (4-2)
der/die **Abgeordnete, -n** delegate, representative (11)
ab·haken to check off (7)
abhängig dependent (12-1)
ab·holen to pick up (5-1)
das **Abitur** high school diploma (E)
die **Abkürzung, -en** abbreviation (E)
ab·lehnen to refuse (7)
der **Abschied, -e** farewell (11)
der **Absatz, ⸚e** paragraph (11)
absolut absolute (9)
die **Abteilung, -en** department (7-1)

der **Abteilungsleiter, -/die Abteilungsleiterin, -nen** department manager (12)
die **Abwanderung** moving away; migration (11)
der **Abwasch** dirty dishes (7)
  den Abwasch machen to do the dishes (7-1)
ADAC (Allgemeiner Deutscher Automobilclub) German automobile club (E)
die **Adresse, -n** address (E)
der **Adventskalender, -** Advent calendar (7)
der **Affe, -n, -n** ape, monkey (2)
der **Agent, -en, -en/die Agentin, -nen** agent (5)
ähnlich similar (7, 9-2)
die **Ähnlichkeit, -en** similarity (9)
Ahnung: Sie hat keine Ahnung. She has no idea. She doesn't have a clue. (12-1)
aktivieren to activate (12)
die **Akzeptanz** *(sing)* acceptance (9)
akzeptieren to accept (11-1)
alarmieren to alarm (11-1)
die **Alarmanlage, -n** (11)
albern silly (12-1)

der **Alkohol** alcohol (4-2)
alle all (the) (1); everybody (7)
allein alone (7-2)
allein stehend: eine allein stehende Mutter a single mother (12-2)
alles everything; all (3-2)
  Es ist alles für die Katz. It's all for nothing. (10)
  vor allem above all (4-1)
die **Alliierten** the Allies (11-1)
das **Alltagsleben** everyday life (4)
die **Alltagsszene, -n** everyday scene (4)
die **Alpen** Alps (1)
als than (2); as (3); when *(conj)* (9, 10-1); but (10)
  als Kind as a child (5-2)
  besser als better than (2-2)
  nichts als Ärger nothing but trouble (10)
also well then (2)
alt old (1, 3-2)
die **Alte Pinakothek** *art gallery in Munich* (5)
das **Altenheim, -e** old people's home (10-2)
das **Alter** age (5); old age (12)
die **Altersgruppe, -n** age group (12)
altmodisch old-fashioned (5-2)

die **Altstadt** *(sing)* old city center (9)

(das) **Amerika** America (6)

der **Amerikaner, -/**die **Amerikanerin, -nen** American *(person)* (1-1)

amerikanisch *(adj)* American (2-1)

an at; to; on *(a vertical surface)* (2)

analog analog (3)

an·bieten, bot an, hat angeboten to offer (12-2)

ander different, other (1)

ändern to change (4)

anders different, differently (2, 4-2)

  jemand anders somebody else (9-1)

der **Anfang, ¨e** beginning (5)

  Anfang Juli the beginning of July (5-1)

an·fangen (fängt an), fing an, hat angefangen to begin; to start (4-1)

an·funkeln to light into (11)

das **Angebot, -e** offer (10)

angeln to fish (5-1)

der **Angler, -/**die **Anglerin, -nen** fisher (5-1)

die **Angst, ¨e** fear (10-1)

  Angst haben to be afraid (9-2)

  Angst haben vor *(+ dat)* to be afraid of (10-2)

  Angst kriegen to get scared (10-1)

  Keine Angst! Don't worry! (6)

an·halten (hält an), hielt an, hat angehalten to stop (10-1)

anhand by means of, using (10)

an·hören to listen to (4-2)

an·kommen, kam an, ist angekommen to arrive (4-2)

an·ordnen to order (11)

an·probieren to try on (4-2)

der **Anrufbeantworter, -** answering machine (9)

an·rufen, rief an, hat angerufen to call *(on the telephone)* (4-1)

an·schauen to look at (5-1)

anstatt instead of (8-2)

der **Anteil, -e** share (4)

die **Antike** antiquity (9)

die **Antwort, -en** answer (1-2)

antworten *(+ dat)* to answer (1-2)

die **Anzeige, -n** newspaper ad (7-2)

an·ziehen, zog an, hat angezogen to put on, to wear (7-2)

sich **an·ziehen** to dress, to get dressed (9-2)

der **Anzug, ¨e** *(men's)* suit (2-2)

der **Apfel, ¨** apple (1)

  Der Apfel fällt nicht weit vom Stamm. Like father, like son. (7)

der **Apfelkuchen, -** apple pie (4)

die **Apotheke, -n** pharmacy (9-2)

der **Apotheker, -/**die **Apothekerin, -nen** pharmacist (9)

der **Apparat, -e** apparatus, appliance (9)

der **Appetit** appetite (9)

  Guten Appetit! Enjoy your meal! (9-1)

der **April** April (1-2)

das **Äquivalent, -e** equivalent (6)

die **Arbeit** work (2-2)

arbeiten to work (1-2)

  arbeiten an *(+ dat)* to work on (11-2)

der **Arbeiter, -/**die **Arbeiterin, -nen** worker (5)

die **Arbeiterklasse** working class (12)

der **Arbeitgeber, -/**die **Arbeitgeberin, -nen** employer (12)

die **Arbeitserfahrung, -en** work experience (6-2)

der **Arbeitskollege, -n, -n/**die **Arbeitskollegin, -nen** colleague from work (2)

arbeitslos unemployed (6-2)

die **Arbeitslosigkeit** unemployment (11)

der **Arbeitsplatz** place of work (7)

der **Arbeitsraum, ¨e** study (8)

der **Architekt, -en, -en/**die **Architektin, -nen** architect (8)

die **Architektur** architecture (1)

der **Ärger** annoyance, trouble (10)

  nichts als Ärger nothing but trouble (10)

ärgern to annoy (10)

sich **ärgern über** *(+ acc)* to be annoyed with, about (11-2)

das **Argument, -e** argument (5-2)

argumentieren to argue (12-2)

arm poor (5-1)

der **Arm, -e** arm (1, 6-1)

das **Armband, ¨er** bracelet (3, 5-2)

die **Armbanduhr, -en** wrist watch (7-1)

die **Armee, -n** army (11)

der **Ärmel, -** sleeve (7)

arrogant arrogant (5-2)

der **Artikel, -** article (2-1)

der **Arzt, ¨e/**die **Ärztin, -nen** physician (1, 5-2)

der **Assistent, -en, -en/**die **Assistentin, -nen** assistant (5)

der **Athlet, -en, -en/**die **Athletin, -nen** athlete (9-2)

die **Attraktion, -en** attraction (5, 11-2)

auch also (E, 1-1)

  Claudia kommt auch nicht. Claudia isn't coming either. (1-2)

der **Audi, -s** Audi *(car)* (4)

auf up (4); on, onto (6); to; on *(a horizontal surface)* (8)

  auf sein to be up (4)

auf·essen (isst auf), aß auf, hat aufgegessen to eat up (11)

die **Aufgabe, -n** assignment, task (11, 12-1)

aufgeregt excited (8-2)

auf·hören to end, to stop (4-2)

auf·legen to hang up *(the receiver)* (8)

auf·listen to list (10)

sich **auf·lösen** to dissolve (11)

auf·machen to open (7-2)

auf·passen to pay attention (4-2)

auf·räumen to clean up (4-1)

sich **auf·regen** to get excited; to get upset (9-2)

sich **auf·regen über** *(+ acc)* to get excited about; to get upset about (11-2)

auf·runden to round up (9)

der **Aufsatz, ¨e** essay (11)

auf·setzen to put on *(one's head)* (11)

auf·stehen, stand auf, ist aufgestanden to get up; to stand up (4-1)

der **Auftrag, ¨e** order (6)

auf·wachen to wake up (4-2)

auf·wachsen (wächst auf), wuchs auf, ist aufgewachsen to grow up (11-1)

der **Aufzug** costume, get-up (11)

das **Auge, -n** eye (2, 6-1)

  kein Auge zu·tun to not sleep a wink (6)

  unter vier Augen in private (9)

der **August** August (1-2)

aus from, out of (E-1); over (4)

aus·bilden to train, to educate (6)

die **Ausbildung, -en** job training; education (6-2)

aus·drücken to express (12)

aus·geben (gibt aus), gab aus, hat ausgegeben to spend *(money)* (5-1)

aus·gehen, ging aus, ist ausgegangen to go out (4-2)

ausgezeichnet excellent (3-2)

aus·halten (hält aus), hielt aus, hat ausgehalten to endure (11)

der **Ausländer, -/**die **Ausländerin, -nen** foreigner (2)

ausländisch foreign (10)

das **Auslandsamt** foreign students office (1-1)

die **Ausnahme, -n** exception (12)

aus·packen to unpack (6-1)

aus·probieren to try out (4-2)

aus·rasten to go off the deep end (11)

die **Ausrede, -n** excuse (5-2)

aus·rüsten to equip (11)

die **Aussage, -n** statement (7)

aus·sehen (sieht aus), sah aus, hat ausgesehen to look like, to appear (4-1); to look (8)

außen outside (9-1)

außer except for (7)

  Sie war außer sich. She was beside herself. (10-2)

außerdem besides; in addition (7-1)

äußern to express (11)

die **Aussicht, -en** view (11-2)

aus·spannen to relax (5-1)

die **Aussprache** pronunciation (E)

die **Ausstellung, -en** exhibition (8)

aus·suchen to choose, to pick out (9-1)

sich etwas **aus·suchen** to pick something out (9)

der **Austauschschüler, -/die Austauschschülerin, -nen** exchange student (*high school*) (9-1)

australisch (*adj*) Australian (3)

die **Auswahl** selection, choice (10)

der **Auswanderer, -** emigrant (6-1)

aus·wandern to emigrate (6-1)

auswendig lernen to memorize (11-1)

aus·ziehen, zog aus, ist ausgezogen to move out (8-1)

sich **aus·ziehen** to undress, to get undressed (9-2)

der/die **Auszubildende, -n** apprentice (6)

der **Auszug, ⁻e** excerpt (6)

das **Auto, -s** car (1, 3-1)

  Auto fahren (fährt Auto), fuhr Auto, ist Auto gefahren to drive (4)

die **Autobahn, -en** freeway, expressway (4-2)

der **Automechaniker, -/die Automechanikerin, -nen** (car) mechanic (1)

der **Autor, -en/die Autorin, -nen** author (2-2)

die **Autorität, -en** authority (11)

der **Autounfall, ⁻e** car accident (11)

der/die **Azubi, -s** (*abbr of*) **Auszubildende** (6)

B

das **Baby, -s** baby (1)

das **Baby-Öl** baby oil (11)

der **Babysitter, -/die Babysitterin, -nen** babysitter (4)

backen (bäckt), backte, hat gebacken to bake (3-2)

der **Bäcker, -** baker (E)

die **Bäckerei -en** bakery (7-2)

das **Bad, ⁻er** bath; bathroom (2, 8-1)

der **Badeanzug, ⁻e** bathing suit (4)

die **Bademöglichkeit, -en** swimming facility (5-1)

baden to swim; to bathe (5-1)

(sich) **baden** to bathe, to have a bath (9-2)

die **Badewanne, -n** bathtub (8-1)

das **Badewetter** swimming weather (1)

das **Badezimmer, -** bathroom (3, 8-1)

die **Bahn** (*sing*) railway (7)

die **Bahnfahrt, -en** train trip (6)

der **Bahnhof, ⁻e** train station (4-2)

bald soon (2-2)

  so bald wie möglich as soon as possible (4)

der **Balkon, -e** balcony (8-1)

der **Ball, ⁻e** ball (1)

der **Balletttänzer, -/die Balletttänzerin, -nen** ballet dancer (2)

die **Banane, -n** banana (1)

die **Band, -s** band (2)

die **Bank, -en** bank (3-1)

der **Bankdirektor, -en/die Bankdirektorin, -nen** bank manager (3)

der **Bankkaufmann, Bankkaufleute/die Bankkauffrau, -en** office administrator at a bank (12)

die **Banknote, -n** banknote (9)

bankrott bankrupt (7)

der **Bär, -en, -en** bear (7, 9-2)

  einen Bärenhunger haben to be famished (10)

das **Bargeld** cash (9)

das **Barometer, -** barometer (1)

der **Bart, ⁻e** beard (5-2)

bartlos beardless (12)

der **Bau** construction (10)

der **Bauch, ⁻e** stomach, belly (6-1)

  sich die Beine in den Bauch stehen to stand until one is ready to drop (9)

die **Bauchschmerzen** (*pl*) stomachache (6)

bauen to build (5, 8-1)

  Auf ihn kannst du Häuser bauen. He's absolutely dependable. (8)

der **Bauer, -n, -n/die Bäuerin, -nen** farmer (9, 10-1)

der **Baum, ⁻e** tree (5-1)

baumlos treeless (12)

der **Bausparvertrag, ⁻e** home savings plan (12)

der **Baustil, -e** building style (9)

bayerisch (*adj*) Bavarian (5)

(das) **Bayern** Bavaria (5)

beantworten to answer (7)

der/die **Beauftragte, -n** advocate (12)

der **Becher, -** beaker; cup (4-1)

  ein Becher Jogurt a container of yogurt (4-1)

bedeckt cloudy (1)

bedeuten to mean (5, 6-2)

die **Bedeutung, -en** meaning (12)

bedeutungslos meaningless (12)

bedienen to serve (*guests in a restaurant*) (9-1)

die **Bedienung** server (*in a restaurant*) (9)

das **Bedienungsgeld** service charge (9)

sich **beeilen** to hurry (9-2)

beeindrucken to impress (12-2)

befragen to ask (12)

der **Beginn** beginning (1)

  zu Beginn at the beginning (12)

beginnen, begann, hat begonnen to begin (1-1)

der **Begleittext, -e** accompanying text (11)

begreifen, begriff, hat begriffen to understand, to grasp (11-2)

behandeln to treat (10)

behindert handicapped (12-2)

bei at (E); for; near (7)

  bei uns, bei Zieglers at our house, at the Zieglers (2-1)

beide both, two (2-2)

das **Bein, -e** leg (6-1)

  Hals- und Beinbruch! Break a leg! Good luck! (6-2)

  sich die Beine in den Bauch stehen to stand until one is ready to drop (9)

das **Beisel, -n** (*Austrian*) pub (2)

das **Beispiel, -e** example (6-2)

  zum Beispiel (z.B.) for example (e.g.) (6-2)

beißen, biss, hat gebissen to bite (7)

der **Beistelltisch, -e** end table (8)

beizen to stain wood (9)

bekannt well-known (10-2)

der/die **Bekannte, -n** acquaintance (8)

bekommen, bekam, hat bekommen to get, to receive (3-2)

beladen loaded (11)

belgisch Belgian (7)

beliebt popular, well-loved (10-2)

bellen to bark (11)

sich **benehmen (benimmt sich), benahm sich, hat sich benommen** to behave (9-2)

das **Beneluxland, ⁻er** Benelux country (11)

benutzen to use (8-2)

das **Benzin** gas (3, 4-2)

bereuen to regret (12-2)

der **Berg, -e** mountain (5-1)

die **Bergwelt** alpine world (5)

berichten to report (7)

die **Bermudashorts** Bermuda shorts (3)

der **Beruf, -e** profession, occupation (1)

  Er ist Koch von Beruf. He's a cook by trade. (3)

  Was sind Sie von Beruf? What's your occupation? (3-2)

beruflich professionally (12)

die **Berufsschule, -n** vocational school (6)

berühmt famous (5-2)

die **Besatzungszone, -n** occupation zone (7)

der/die **Beschäftigte, -n** employee (9)

beschämt shamefacedly (7)

bescheiden modest (11-2)

die **Bescherung** gift-giving (*at Christmas*) (7)

die **Beschränkung, -en** restriction (11)

beschreiben, beschrieb, hat beschrieben to describe (6-1)

die **Beschreibung, -en** description (3)

beschuldigen to blame (10)

besetzen to occupy as a squatter (11)

besonders especially (4-2); particularly (7)

besser better (1)

  besser als better than (2-2)

best best (2)

Bestand haben to have stability (11)

das **Besteck** silverware, cutlery (9-1)

bestellen to order (9-1)

bestimmt definitely, for sure (4, 5-1)

bestreuen to sprinkle (9)

der **Besuch, -e** visit (3)

  zu Besuch kommen to come to visit (8-1)

besuchen to visit (2-2); to attend (6)

der **Besucher, -** visitor (5)

betonen to stress (12)

beträufeln to drizzle (9)

betreuen to care for (12)

die **Betreuung** care (12)

das **Bett, -en** bed (1, 8-1)

  ins Bett to bed (1-2)

betteln (um) to beg (for) (10)

die **Bevölkerung** population (11)

bevor before (*conj*) (4-2)

bewölkt cloudy (1)

bewundern to admire (8)

bewusst conscious

  euch ist nicht bewusst you don't realize (11)

bezahlen to pay (3-2)

die **Bezahlung** pay, wages (6-2)

bezaubernd enchanting (10)

die **Bibel, -n** bible (10-1)

die **Bibliothek, -en** library (1)

  in die Bibliothek to the library (1-2)

die **Biene, -n** bee (10)

das **Bier** beer (1, 2-1)

  Das ist nicht mein Bier! That's not my problem!

der **Bierbauch, -̈e** beer belly (5)

der **Biergarten, -̈** beer garden (5)

das **Bierglas, -̈er** beer glass (1)

das **Bild, -er** picture (5-2)

bilden to form (9)

der **Bildschirm, -e** monitor; (computer, TV) screen (3-1)

das **Billard** (*sing*) billiards (2)

billig cheap (2-2)

die **Biochemie** biochemistry (2)

die **Biologie** biology (1)

bis until (*prep*) (1); (*conj*) (4-2)

  bis dahin by then (12)

  Bis später! See you later! (1-1)

  von ... bis from . . . to (1-2)

bisschen: ein bisschen a bit (1-2)

bitte please (E, 1-1)

  Wie bitte? Pardon? (E-1)

  Bitte schön! You're welcome. (6-2)

der **Bizeps** biceps (9)

blau blue (1-1); drunk (3)

  in Blau in blue (3)

bleiben, blieb, ist geblieben to stay (4-2)

der **Blick, -e** look (6)

blind blind (12-1)

der **Blindenhund, -e** guide dog (12)

blitzartig with lightning speed (11)

blitzen: es blitzt it's lightning (1)

die **Blockade, -n** blockade (11-1)

blockieren to block (11-1)

blöd stupid (2-1)

blond blond (3-2)

bloß just, only (11-2)

die **Blume, -n** flower (1, 6-2)

das **Blumengeschäft, -e** flower shop (7)

die **Bluse, -n** blouse (1, 2-2)

das **Blut** blood (1)

die **Bockwurst, -̈e** smoked sausage (9)

bodenlos bottomless (12)

der **Bodensee** Lake Constance (5)

die **Bohne, -n** bean (10)

das **Boot, -e** boat (1)

Bord: an Bord on board (6-2)

der **Börsenbericht, -e** stock market report (2)

die **Botanik** botany (2)

brandneu brand new (4-2)

der **Braten, -** roast meat, roast (9-1)

brauchen to need (3-2); to take (*of time*) (4)

braun brown (1-1)

die **Bremse, -n** brake (4-2)

das **Brett, -er** board

  das schwarze Brett bulletin board (8-2)

  am schwarzen Brett on the bulletin board (6-2)

die **Brezel, -n** pretzel (9)

der **Brief, -e** letter (E, 6-1)

die **Briefmarke, -n** stamp (2-1)

der **Briefträger, -/die Briefträgerin, -nen** letter carrier (7-2)

die **Brille, -n** (eye)glasses (4, 5-2)

bringen, brachte, hat gebracht to bring (5, 6-2)

der **Brokkoli** broccoli (4-1)

die **Brosche, -n** brooch (7)

die **Broschüre, -n** brochure (5-1)

das **Brot, -e** bread; sandwich (1, 4-1)

das **Brötchen, -** roll (4-1)

die **Brücke, -n** bridge (9, 11-1)

der **Bruder, -̈** brother (1, 3-1)

brüllen to yell (11-2)

der **Brunch, -es** brunch (7-1)

brünett brunette (3-2)

die **Brust, -̈e** breast, chest (6-1)

das **Bruttosozialprodukt** Gross National Product (11)

das **Buch, -̈er** book (1-1)

der **Buchdruck** printing (10)

die **Buche, -n** beech tree (11)

buchen to book (5-2)

der **Buchenwald, -̈er** beech forest (11)

das **Bücherregal, -e** bookcase (8-1)

der **Buchhalter, -/die Buchhalterin, -nen** bookkeeper (1)

buchstabieren to spell (4)

das **Büfett, -s** buffet (8-1)

das **Bügeleisen, -** iron (*for clothes*) (8-2)

bügeln to iron (8-2)

der **Bulle, -n** bull (1)

das **Bündel, -** bundle (10-1)

der **Bundeskanzler** federal chancellor (11-1)

das **Bundesland, -̈er** German state (2)

das **Bundesministerium, Bundesministerien** federal ministry (3)

die **Bundesrepublik Deutschland (die BRD)** the Federal Republic of Germany (the FRG) (1-1)

der **Bundestag** German parliament (7)

der **Bürger, -/die Bürgerin, -nen** citizen (10)

das **Büro, -s** office (E)

die **Bürohilfe** office help (6)

der **Bürokaufmann, Bürokaufleute**/die **Bürokauffrau, -en** office administrator (12)

bürsten to brush (9)

der **Bus, -se** bus (E, 3-1)

der **Busch, ¨-e** bush (10-1)
buschig bushy (2)
die **Bushaltestelle, -n** bus stop (10-2)
die **Buslinie, -n** bus route (5)
die **Butter** butter (1, 4-1)
  Es ist alles in Butter. Everything's A-okay. (7)

C

der **Camembert** Camembert (*cheese*) (10)
campen to camp (5-1)
  campen gehen to go camping (1)
das **Campen** camping (5-1)
der **Campingplatz, ¨-e** campground, campsite (5-1)
der **Campus, -** campus (1)
der **Cappuccino, -s** cappuccino (10)
die **CD, -s** compact disc, CD (3-2)
das **CD-ROM-Laufwerk, -e** CD-ROM drive (3-1)
der **CD-Spieler, -** CD-player (3-2)
der **Cent, -** cent (6)
der **Champagner** champagne (7)
der **Champignon, -s** mushroom (12)
(die) **Chanukkah** Hanukkah (7)
der **Charakter, -e** character (9)
charakterisieren to characterize (8)
der **Cheddar** cheddar (*cheese*) (7)
der **Chef, -s**/die **Chefin, -nen** boss (5-2)
chemiefrei chemical-free (9)
chinesisch Chinese (4)
der **Chor, ¨-e** choir (6)
die **Chorprobe, -n** choir practice (5)
die **Chronik** chronicle (11)
die **City** city center (5)
clever smart, clever (11-2)
die **Cola, -s** cola (2-1)
das **College, -s** college (7)
die **Comics** comics (3)
der **Computer, -** computer (3-1)
das **Computerspiel, -e** computer game (4, 7-1)
cool cool (*excellent*) (2)
  echt cool really cool (2-2)
die **Couch, -es** couch (8-1)
der **Couchtisch, -e** coffee table (8-1)
die **Currywurst** curry sausage (9)

D

d.h., das heißt i.e., that is (9-1)
da there (E); then (5)
das **Dach, ¨-er** roof (8-1)
  eins aufs Dach kriegen to be bawled out (8)
dagegen on the other hand (9)

damals back then, at that time (8, 10-1)
die **Dame, -n** lady (10)
die **Damenabteilung, -en** women's department (7-1)
damit so that (*conj*) (4-2)
der **Damm, ¨-e** dam (11)
der **Dampf, ¨-e** steam (11)
die **Dampflokomotive, -n** steam engine (11)
danach accordingly (10)
dänisch Danish (2)
der **Dank** thanks
  Gott sei Dank! Thank God! (10-2)
danke thank you (E, 1-1)
  Danke, gut. Fine, thanks. (E-1)
danken (*+ dat*) to thank (2, 7-2)
danklos thankless (12)
dann then (E, 1-1)
das this; that (1)
dass that (*conj*) (5)
dasselbe the same (7, 9-2)
das **Datum, Daten** date (7)
dauern to take (*time*) (6)
die **Dauerwelle, -n** perm (12-1)
der **Daumen, -** thumb (6-1)
die **Decke, -n** ceiling (8-1)
defekt defective (10-2)
dein, dein, deine your (2)
die **Demokratie** democracy (1, 11-1)
denken, dachte, hat gedacht to think (2)
  denken an (*+ acc*) to think of, about (11-2)
  denkste That's what you think. (5)
denn because, for (*conj*) (1-2)
die **Depression, -en** depression (11-2)
derselbe, dasselbe, dieselbe the same (7, 9-2)
deshalb therefore; that's why (2-2)
der **Designer, -**/die **Designerin, -nen** designer (8-2)
der **Detektiv, -e** detective (8)
deutlich distinct(ly) (12)
deutsch (*adj*) German (1)
das **Deutsch** German (*language*) (1)
  auf Deutsch in German (7)
der/die **Deutsche, -n** German (*person*) (1-1)
(das) **Deutschland** Germany (1)
deutschsprachig German-speaking (2, 9-1)
die **Deutschstunde, -n** German class (6)
der **Dezember** December (1-2)
der **Dialekt, -e** dialect (10-1)
der **Dialog, -e** dialogue (4)
dick thick; fat (2-2)

dickköpfig stubborn (11-2)
der **Dienstag** Tuesday (1-2)
  am Dienstagabend on Tuesday evening (2)
  am Dienstagmorgen on Tuesday morning (2)
  am Dienstagnachmittag on Tuesday afternoon (2)
dienstags Tuesdays, on Tuesdays (2)
dieselbe the same (7, 9-2)
dieser, dieses, diese this (2)
diesmal this time (4-1)
digital digital (3)
die **Diktatur, -en** dictatorship (5, 11-1)
das **Ding, -e** thing (2, 3-1)
das **Diplom** diploma (1)
  das Diplom machen to do or take one's diploma (1)
direkt directly (6)
der **Direktor, -en**/die **Direktorin, -nen** director (3-1)
die **Disco, -s** disco (1)
  in die Disco to the disco (1-2)
die **Diskette, -n** disk (1)
diskriminiert sein to be discriminated against (12)
die **Diskussion, -en** discussion (2-1)
diskutieren to discuss (2-1)
doch but; anyway (4)
das **Dokument, -e** document (5)
der **Dokumentarfilm, -e** documentary film (3)
der **Dollar, -s** dollar (6)
  fünfundzwanzig Dollar twenty-five dollars (6)
die **Donau** Danube (*river*) (1)
der **Donner** thunder (2)
donnern: es donnert it's thundering (1)
der **Donnerstag** Thursday (1-2) (*see also* **Dienstag**)
doof stupid (2-1)
doppelt double (3)
das **Dorf, ¨-er** village (5-1)
dort there (1-2)
  dort drüben over there (9-1)
die **Dose, -n** can (8-2)
der **Dosenöffner, -** can opener (7, 8-2)
die **Drachme, -n** drachma (*former Greek currency*) (9)
das **Drama, Dramen** drama (10-1)
dran: Jetzt bist du dran. Now it's your turn. (9-2)
die **Dreiergruppe, -n** group of three (10)
dreisprachig trilingual (9)
das **Dreivierteljahr** nine months (7)
die **Drogerie, -n** drugstore (9-2)
dröhnen to boom (11)
drucken to print (10-1)

drücken to press (11)

  die Schulbank drücken to sit in school (11)

der **Drucker, -** printer (3-1)

die **Druckerei** print shop (10)

dual dual (6)

dumm stupid (2-1)

der **Dummkopf, ⸚e** dimwit (3)

dunkel dark (1-2)

dünn thin (2-1)

durch through (2)

durch·lesen (liest durch), las durch, hat durchgelesen to read through (4-2)

durch·machen to go through (11)

die **Durchsage, -n** announcement (10)

der **Durchschnitt, -e** average (10)

  im Durchschnitt on average (10-2)

dürfen (darf), durfte, hat gedurft to be allowed to, be permitted to, may (4)

der **Durst** thirst (5)

  Ich habe Durst. I'm thirsty. (5-2)

die **Dusche, -n** shower (4, 8-1)

sich **duschen** to take a shower (9-2)

das **DVD-Laufwerk, -e** DVD drive (3-1)

E

eben: So bin ich eben. That's just the way I am. (4-1)

echt real, really (3)

  Das ist echt toll. That's really fantastic. (3-1)

die **Ecke, -n** corner (5, 8-2)

EDV = Elektronische Datenverarbeitung data processing (6)

  die EDV-Kenntnisse *(pl)* computer experience (6-2)

der **EDV-Fachmann, EDV-Fachleute**/die **EDV-Fachfrau, -en** data processing specialist (12)

egal no matter, regardless (11)

  Das ist mir egal. I don't care. (7-2)

ehemalig former (11-1)

das **Ehepaar, -e** married couple (9-1)

ehrlich honest (4, 12-1)

das **Ei, -er** egg (4-1)

  Er gleicht seinem Bruder wie ein Ei dem anderen. He and his brother are as alike as two peas in a pod. (7)

die **Eifersucht** jealousy (12-1)

eifersüchtig jealous (12-1)

eigen own (8, 10-2)

eigentlich actually (6-1)

die **Eigentumswohnung, -en** condominium (8-2)

die **Eile** hurry (10)

  Es hat keine Eile. There's no rush. (10)

ein, ein, eine a; an; one (1)

einander each other, one another (E)

die **Einbauküche, -n** built-in kitchen (12)

eineinhalb one and a half (4)

einfach simple; ordinary (1, 7-2)

ein·fallen (fällt ein), fiel ein, ist eingefallen (7)

  Mir fällt nichts ein. I can't think of anything. (7-2)

das **Einfamilienhaus, ⸚er** single-family dwelling (8-2)

der **Einfluss, ⸚e** influence (10-2)

der **Eingang, ⸚e** entrance (10)

die **Einheit, -en** unity, whole (7)

einheitlich common (11)

das **Einhorn, ⸚er** unicorn (1)

die **Einkäufe** *(pl)* shopping, purchases (9)

einigermaßen somewhat; a bit (11)

ein·kaufen to shop, to go shopping (5-2)

das **Einkaufen** shopping (4)

die **Einkaufsgewohnheit, -en** shopping habit (9)

die **Einkaufsliste, -n** shopping list (9-1)

die **Einkaufstasche, -n** shopping bag (9-1)

der **Einkaufswagen, -** shopping cart (9-1)

das **Einkommen** income (12-2)

ein·laden (lädt ein), lud ein, hat eingeladen to invite (4-2)

einmal once (7-2)

  auf einmal suddenly (11-1)

  noch einmal again (7-2)

ein·marschieren to invade (11)

ein·packen to pack (4)

ein·schlafen (schläft ein), schlief ein, ist eingeschlafen to fall asleep (4-2)

ein·schlagen (schlägt ein), schlug ein, hat eingeschlagen to wrap (7)

ein·schmieren to rub in (11)

ein·tauchen to dip (9)

der **Einwanderer, -**/die **Einwanderin, -nen** immigrant (6-1)

ein·wandern to immigrate (6-1)

die **Einwanderung** immigration (6)

der **Einwohner, -**/die **Einwohnerin, -nen** inhabitant (2)

das **Einzelkind, -er** only child (3-1)

ein·ziehen, zog ein, ist eingezogen to move in (8-1)

einzig single; only (9-1)

das **Eis** ice; ice cream (4-1)

der **Eiserne Vorhang** Iron Curtain (11-1)

das **Eishockey** hockey (1, 2-1)

eisig icy (2)

der **Elefant, -en, -en** elephant (9-2)

elegant elegant (2-2)

elektrisch electric (9)

der **Elektroinstallateur, -e**/die **Elektroinstallateurin, -nen** electrician (12)

das **Element, -e** element (5)

der **Ellbogen, -** elbow (1)

die **Eltern** parents (2, 3-1)

die **Elternzeit** parental leave (3)

die **E-Mail, -s** e-mail (3-1)

die **E-Mail-Adresse, -n** e-mail address (3-1)

der **Emigrant, -en, -en**/die **Emigrantin, -nen** emigrant (6-1)

emigrieren to emigrate (8)

empfehlen (empfiehlt), empfahl, hat empfohlen to recommend (10-2)

das **Ende, -n** end (1)

  Ende Januar (at) the end of January (1-2)

  zu Ende sein to be over (2-2)

enden to end (11)

endlich finally, at last (4-2)

endlos endless (12)

englisch *(adj)* English (7)

das **Englisch** English *(language)* (1)

  auf Englisch in English (1)

der **Enkel, -** grandson, grandchild (3-1)

die **Enkelin, -nen** granddaughter (3-1)

enorm enormous (8-2)

enterben to disinherit (12)

die **Entfernung, -en** distance (5)

entgehen, entging, ist entgangen to escape (12)

entlang along (11)

die **Entscheidung, -en** decision (5)

sich **entschuldigen** to apologize (9-2)

Entschuldigung! Excuse me! (E-1)

entsorgen to dispose of (11)

entwerfen (entwirft), entwarf, hat entworfen to design (8)

der **Entwurf, ⸚e** design (9)

die **Epoche, -n** epoch (9)

die **Erbtante, -n** aunt who has no direct heirs (12)

die **Erde** earth; ground (10-2)

das **Erdgeschoss** first (ground) floor (10-2)

  im Erdgeschoss on the first (ground) floor (10-2)

erfahren (erfährt), erfuhr, hat erfahren to find out (11)

die Erfahrung, -en experience (10)

erfassen to seize (7)

die Erfindung, -en invention (10-1)

der Erfolg, -e success (7)

ergänzen to complete (1); to supply (7)

sich erkälten to catch a cold (9-2)

erkältet sein to have a cold (12)

die Erkältung, -en cold (12)

  eine schwere Erkältung a bad cold (12)

erkennen, erkannte, hat erkannt to recognize (3)

erklärbar explicable (12)

erklären to explain; to declare (5, 6-2)

die Erlaubnis permission (9)

erleben to experience (11-2)

ermorden to murder (11-1)

ernähren to feed (12)

ernst serious (11, 12-2)

erobern to conquer (7)

erraten (errät), erriet, hat erraten to guess (9)

erreichen to reach (12)

erscheinen, erschien, ist erschienen to appear (10)

ersetzen (durch) to replace (with) (11)

erst not until (1-1); only (2-2)

erst- first (1)

ertrinken, ertrank, ist ertrunken to drown (6)

der/die Erwachsene, -n adult (10-2)

erzählen to tell (a story) (2-2)

  erzählen von to tell about (11)

der Erzähler, -/die Erzählerin, -nen narrator (10-1)

die Erzählung, -en story, narrative (6, 10-2)

der Erzbischof, -̈e archbishop (3)

der Erziehungsurlaub child-rearing leave (3)

der Esel, - donkey (3)

die Eselsbrücke, -n mnemonic device (10)

essbar edible (12)

essen (isst), aß, hat gegessen to eat (3-2)

  zu Mittag essen to have lunch (4-1)

das Essen meal, food (7)

der Essig vinegar (9-2)

der Esslöffel, - tablespoon (9-1)

das Esszimmer, - dining room (8-1)

etwa approximately (E, 7-2)

etwas something (5-2)

euer, euer, eure your (2)

der Euro, -s euro (common European currency) (1, 3-2)

  drei Euro das Stück three euros apiece (7)

(das) Europa Europe (1)

der Europäer, -/die Europäerin, -nen European (person) (9)

europäisch (adj) European (9)

  die Europäische Union (die EU) the European Union (the EU) (3)

  die Europäische Wirtschaftsgemeinschaft (die EG) the European Economic Community (the EEC) (11)

  die Europäische Zentralbank (die EZB) European Central Bank (the ECB) (9)

ewig forever (12-2)

das Exemplar, -e copy (of a book, etc.) (10)

exotisch exotic (6-1)

das Experiment, -e experiment (5-2)

der Experte, -n, -n/die Expertin, -nen expert (9)

exportieren to export (11)

extravagant extravagant (5)

die Extrawurst: eine Extrawurst wollen to want special treatment (7)

F

die Fabel, -n fable (10)

fabelhaft fabulous (4-1)

die Fabrik, -en factory (7-2)

das Fach, -̈er field of study, subject (2-2)

die Fachhochschule, -n technical college (6-2)

die Fahne, -n flag (7)

fahren (fährt), fuhr, ist gefahren to drive, to go (3-2)

der Fahrer, -/die Fahrerin, -nen driver (5)

der Fahrplan -̈e train or bus schedule (4-2)

das Fahrrad, -̈er bicycle (2, 3-1)

der Fahrradhelm, -e bicycle helmet (7-1)

der Fahrradverleih, -e bike rental (5-1)

die Fahrt, -en ride (6)

  in Fahrt sein to be in full swing (11)

das Fahrzeug, -e vehicle (3-1)

fair fair (1)

der Fall, -̈e case (12-2)

fallen (fällt), fiel, ist gefallen to fall (6)

  Der Apfel fällt nicht weit vom Stamm. Like father, like son. (7)

  Er ist nicht auf den Kopf gefallen. He's no fool. (6)

  in Ohnmacht fallen to faint (12-1)

  Mir fällt nichts ein. I can't think of anything. (7-2)

fällen to fell (6)

falsch wrong, incorrect, false (E, 1-1)

die Familie, -n family (E, 3-1)

das Familienbrunch family brunch (7)

der Familienname, -ns, -n last name (3-2)

fangen (fängt), fing, hat gefangen to catch (10-1)

die Fantasie imagination (3-1)

fantastisch fantastic (4-2)

die Farbe, -n color (1)

  Welche Farbe hat Lisas Bluse? What color is Lisa's blouse? (1)

färben to color (11)

  färben lassen to have colored (11)

der Farbfernseher, - color TV (10)

das Farbfoto, -s color photo (7)

farblos colorless (12)

die Farm, -en farm (6)

der Farmer, - farmer (6)

die Fassade façade (10)

fast almost (1-1)

faul lazy (7-2)

das Fax, -e fax (10-1)

der Februar February (1-2)

die Feder, -n feather (2)

der Federball badminton bird (1)

  Federball spielen to play badminton (1)

der Fehler, - mistake, error (11-2)

feiern to celebrate (7-1)

der Feiertag, -e holiday (7-1)

das Feinkostgeschäft, -e fine foods store (2, 3-2)

das Feld, -er field (5-1)

das Fenster, - window (1, 8-1)

fensterlos windowless (12)

die Ferien (pl) vacation (generally of students) (5-1)

  Ferien machen to go on vacation (5-1)

das Ferienhaus, -̈er summer cottage (7-2)

der Ferienjob, -s summer job (6-2)

die Ferienzeit holiday time (5)

fern·sehen (sieht fern), sah fern, hat ferngesehen to watch TV (4-2)

das Fernsehen TV (7)

der Fernseher, - television set (4-2)

  vor dem Fernseher in front of the TV (4-2)

das Fernsehprogramm, -e TV show (3)

fertig ready; finished (4-1); (with verbs) finish (4)

  fertig lesen (liest fertig), las fertig, hat fertig gelesen to finish reading (7)

  fertig schreiben, schrieb fertig, hat fertig geschrieben to finish writing (4) das **Fest, -e** special day; holiday; festival (7-1)

die **Festplatte, -n** hard disk (3-1)

die **Fete, -n** party (7-2)

das **Fett** fat (9)

fettig fatty (2)

fett gedruckt in bold type (7)

das **Fieber** fever (7-2)

fieberhaft feverishly (3)

die **Figur** *(sing)* figure; physique (12-1)

der **Film, -e** film (1, 2-2)

der **Filmstar, -s** filmstar *(male or female)* (1)

die **Finanzen** finances (5, 12-1)

finanziell financial (12-1)

finanzieren to finance (5-2)

finden, fand, hat gefunden to find (1-2)

der **Finger, -** finger (1, 6-1)

der **Fingernagel, ¨** fingernail (1)

die **Firma, Firmen** business, company (4, 6-2)

der **Fisch, -e** fish (1, 4-1)

fischen to fish (2)

fit fit (4)

das **Fitnesscenter, -** fitness center (5-1)

der **Fitnessfreak, -s** fitness freak (5)

die **Flasche, -n** bottle (5-2)

das **Fleisch** meat (2, 4-1)

der **Fleischer, -** butcher (9)

die **Fleischerei, -en** butcher shop (7)

fleischlos meatless (12)

fleißig hard-working (7-2)

flicken to mend (7-2)

fliegen, flog, ist geflogen to fly (1-2)

fliehen, floh, ist geflohen to flee (11-1)

fließen, floss, ist geflossen to flow (9)

flirten to flirt (12-1)

die **Flöte, -n** flute (7)

die **Flötenstunde, -n** flute lesson (7)

der **Flug, ¨e** flight (3-2)

der **Flugbegleiter, -/die Flugbegleiterin, -nen** flight attendant (12)

der **Flughafen, ¨** airport (3-2)

die **Flugnummer, -n** flight number (3-2)

der **Flugplatz, ¨e** airport (11-1)

das **Flugzeug, -e** airplane (3-2)

der **Flur, -e** hall (8-1)

der **Fluss, ¨e** river (2, 5-1)

folgen *(+ dat)* to follow (6-1)

folgend following (6)

der **Föhn, -e** blow-dryer (9-2)

sich die Haare **föhnen** to blow-dry one's hair (9-2)

das **Footballteam, -s** football team (1)

die **Form, -en** shape (6-1)

formlos shapeless (12)

fort away (7)

das **Foto, -s** photo (4-2)

das **Fotogeschäft, -e** photo store (2)

die **Fotografie, -n** photograph (8)

fotografieren to photograph (2-1)

das **Fotomodell, -e** model (2)

der **Foxterrier, -s** fox terrier (3)

die **Frage, -n** question (1-2)

eine **Frage beantworten** to answer a question (7-1)

eine **Frage stellen** to ask a question (7-2)

Das kommt nicht in Frage! That's out of the question! (9-2)

fragen to ask (1-2)

fragen nach to ask about (10)

der **Franken, -** franc *(former French currency)* (9)

französisch *(adj)* French (7)

Frau Mrs., Ms. (E-1)

die **Frau, -en** woman, wife (1, 2-2)

die **Frauenbeauftragte, -n** women's advocate (12)

(das) **Fräulein, -** Miss (5)

frei free (5-1)

Heute habe ich frei. Today I have a day off. (5)

die **Freiheit** *(sing)* freedom (11-1)

der **Freitag** Friday (1-2) *(see also* **Dienstag**)

die **Freizeit** leisure time (5-1)

fressen (frisst), fraß, hat gefressen to eat *(of animals)* (2)

die **Freude, -n** joy (11)

sich **freuen auf** *(+ acc)* to look forward to (11-2)

sich **freuen über** *(+ acc)* to be happy about; to be pleased with (11-2)

der **Freund, -e** *(male)* friend; boyfriend (1-1)

der **Freundeskreis** circle of friends (7)

die **Freundin, -nen** *(female)* friend; girlfriend (1-1)

freundlich friendly (2, 3-1)

die **Freundlichkeit** friendliness (11)

die **Freundschaft, -en** friendship (2-1)

der **Frieden** peace (11-2)

frieren, fror, hat gefroren to be cold (10-1)

frisch fresh (1)

der **Friseur, -e/die Friseurin, -nen** barber; hair stylist; hairdresser (5-2)

die **Frisur, -en** hairdo, hair style (5-2)

froh happy (11-2)

fromm pious (10-1)

früh early (4-1)

morgen früh tomorrow morning (2-2)

das **Frühjahr** spring (7)

der **Frühling** spring (1-2)

das **Frühstück** breakfast (1, 4-1)

zum Frühstück for breakfast (4-1)

frühstücken to have breakfast (4-1)

der **Fuchs, ¨e** fox (1)

fühlen: sich wohl fühlen to feel well (9-2)

der **Führerschein, -e** driver's license (10-2)

füllen to fill (9-1)

für for (1)

die **Furche, -n** furrow (10)

der **Fuß, ¨e** foot (1, 6-1)

Hand und Fuß haben to make sense (6)

zu Fuß gehen to go on foot, to walk (4-2)

der **Fußball, ¨e** soccer ball (1)

Fußball spielen to play soccer (1)

das **Fußballmatch, -es** soccer game (4)

das **Fußballspiel, -e** soccer game (5)

das **Fußballstadion, -stadien** soccer stadium (5)

der **Fußboden, ¨** floor (8-1)

die **Fußgängerzone, -n** pedestrian zone (8-2)

füttern to feed (5-2)

G

die **Gabel, -n** fork (9-1)

gähnen to yawn (4)

die **Galaxis, Galaxien** galaxy (11-1)

galoppieren to gallop (10-1)

die **Gans, ¨e** goose (7)

ganz quite; very; all; whole (3); absolutely; completely (10)

die **ganze Familie** the whole family (3-2)

ganz kurz very short (3-2)

gar tender *(in cooking)* (9)

gar nicht not at all (1-1)

gar nichts nothing at all (6)

die **Garage, -n** garage (8-1)

die **Garderobe, -n** front hall closet (8-1)

der **Garten, ¨** garden (1, 5-1)

die **Gartenterrasse, -n** garden terrace, patio (8)

der **Gärtner, -/die Gärtnerin, -nen** gardener (E)

der **Gast, ¨e** guest; customer *(in a restaurant)* (3, 7-2)

das **Gasthaus, ¨er** restaurant (8, 9-1)

die **Gastronomie** gastronomy (9-1)

das **Gebäude, -** building (8-2)

geben (gibt), gab, hat gegeben to give (3-2)

  es gibt *(+ acc)* there is, there are (3-2)

das **Gebiet, -e** area (11)

der/die **Gebildete, -n** educated person (10)

das **Gebirge** mountain range (5-1)

geblümt flowered (11)

geboren born (2)

  Wann bist du geboren? When were you born? (6-1)

die **Geburt, -en** birth (12-1)

der **Geburtsort, -e** birthplace (6-1)

der **Geburtstag, -e** birthday (4-2)

  Herzliche Glückwünsche zum Geburtstag! Happy Birthday! (7-1)

  zum Geburtstag for one's birthday (6, 7-1)

  zum Geburtstag gratulieren to wish a Happy Birthday (7-2)

das **Geburtstagsgeschenk, -e** birthday present (7)

die **Geburtstagskarte, -n** birthday card (7)

das **Gedicht, -e** poem (10-1)

geeignet suitable (10)

gefallen (gefällt), gefiel, hat gefallen *(+ dat)* to like (7)

  gefallen an *(+ dat)* to like about (7)

  Diese Jacke gefällt mir. I like this jacket. (7-2)

gegen against; around *(time)* (5)

die **Gegend, -en** area (11-2)

gegenüber across (from) (8)

die **Gegenwart** *(sing)* present (11)

gehen, ging, ist gegangen to go (1-1)

  Wie geht es Ihnen?/Wie geht's? How are you? (E-1)

gehören *(+ dat)* to belong to (7-2)

der **Geiger, -/**die **Geigerin, -nen** violinist (5)

gekleidet dressed (10-1)

gelb yellow (1-1)

das **Geld** money (1, 2-2)

  Mir ist das Geld ausgegangen. I ran out of money. (12)

der **Geldschein, -e** banknote (9-2)

die **Geldtasche, -n** wallet (7-1)

geliebt beloved (5)

gelten (gilt), galt, hat gegolten to be considered (9); to be valid (11)

gemein in common (9); common (10)

das **Gemüse** *(sing)* vegetables (4-1)

genau exact, exactly (4-1)

genauso gut just as good (well) (9-2)

der **General, -̈e** general (10)

die **Generation, -en** generation (7)

die **Genetik** genetics (2)

genial brilliant (3)

genug enough (4-2)

die **Geographie** geography (1)

geometrisch geometric (8)

gerade just, just now (7-1); currently (11)

die **Geranie, -n** geranium (8)

das **Gerät, -e** device; appliance (8-2)

das **Gericht, -e** dish *(food)* (3)

gern (lieber, am liebsten) gladly (2)

  jemand *(acc)* **gern haben** to like somebody (2)

  Ich koche gern. I like to cook. (2-1)

die **Gesamtbevölkerung** total population (9)

das **Geschäft, -e** business, store (3-2)

der **Geschäftspartner, -/**die **Geschäftspartnerin, -nen** business partner (4)

das **Geschenk, -e** present (7-1)

die **Geschichte, -n** history; story (6-1)

geschieden divorced (3-1)

das **Geschirr** *(sing)* dishes, china (9-1)

die **Geschirrspülmaschine, -n** dishwasher (8-1)

geschlitzt slit (11)

der **Geschmack** *(sing)* taste (5)

geschmacklos tasteless (5-2)

geschmackvoll tasteful (5-2)

die **Geschwister** sisters and brothers, siblings (3-1)

die **Gesellschaft, -en** company (5); society (9)

das **Gesicht, -er** face (6-1)

das **Gespräch, -e** conversation (1)

die **Gestalt** stature, build (6)

gestern yesterday (3-2)

  gestern Nacht last night (2)

gestreift striped (11)

gesund healthy (3-2)

das **Getränk, -e** beverage (2-1)

getrennt separate (9)

das **Getue** carrying on (12)

gewinnen, gewann, hat gewonnen to win (10-2)

sich gewöhnen an *(+ acc)* to get used to (11-2)

gießen, goss, hat gegossen to water (6-2)

die **Gießkanne, -n** watering can (7-2)

die **Giraffe, -n** giraffe (9)

die **Gitarre, -n** guitar (2-1)

der **Gitarrist, -en, -en/**die **Gitarristin, -nen** guitarist (6)

das **Glas, -̈er** glass (1, 4-1)

  ein Glas Orangensaft a glass of orange juice (4-1)

  die Nase zu tief ins Glas stecken to drink too much (6)

glatt straight *(of hair)*; smooth (3-2)

der **Glaube, des Glaubens** *(sing)* faith (11)

glauben to believe, to think (1-2)

gleich immediately, right away; in a minute (1-1); directly; right (11); the same (8-1); equally (11, 12-1)

  gleich um die Ecke right around the corner (5)

die **Gleichberechtigung** equal rights, equality (12-1)

gleichgültig indifferent (12)

das **Gleis, -e** *(train)* track (5)

glitzern to glitter (3)

das **Glück** luck (10-1)

  Viel Glück! Lots of luck! (10-1)

glücklich happy (7-2)

der **Glückwunsch, -̈e** congratulations, best wishes *(pl)* (7)

  Herzliche Glückwünsche zum Geburtstag! Happy Birthday! (7-1)

die **Glückwunschanzeige, -n** congratulatory ad (7)

die **Glückwunschkarte, -n** congratulatory card (10)

das **Gold** gold (2)

golden gold (3)

der **Goldschmied** goldsmith (6)

das **Golf** golf (2-1)

(der) Gott God (10)

  Gott sei Dank! Thank God! (10-2)

gottlos godless (12)

der **Gourmet, -s** gourmet (7)

das **Grab, -̈er** grave (2)

der **Grabstein, -e** gravestone, tombstone (10)

der **Grad, -** degree (E)

die **Grafik, -en** graphic (11-1)

das **Gramm** gram (9-1)

das **Gras, -̈er** grass (1)

gratulieren *(+ dat)* to congratulate (7-2)

  zum Geburtstag gratulieren to wish a Happy Birthday (7-2)

grau gray (1-1)

grausam cruel, gruesome (10-2)

die **Grausamkeit, -en** cruelty (10)

die **Grenze, -n** border (4, 11-1)

grenzen an *(+ acc)* to border on (11)

der **Grieche, -n, -n/**die **Griechin, -nen** Greek *(person)* (9)

griechisch *(adj)* Greek (7)

groß big, tall (1, 2-1)

die **Größe, -n** height; size (5, 6-1)

die **Großeltern** grandparents (3-1)

das **Großherzogtum** grand duchy (9)

die **Großmutter, -̈** grandmother (3-1)

der **Großvater, -̈** grandfather (3-1)

großzügig generous (7)

Grüezi! Hello! *(Swiss dialect)* (E)

grün green (E, 1-1)

  ein grünes Bürschchen a snotty kid (11)

der **Grund, ⁻e** reason (10-2)

gründen to found (8)

das **Grundgesetz** constitution (12-1)

die **Grundschule, -n** elementary school (6-2)

grunzen to grunt (3)

die **Gruppe, -n** group (4)

der **Gruß, ⁻e** greeting (6)

  Herzliche Grüße Kind regards *(closing of a letter)* (7)

  Liebe Grüße Love *(closing of letter)* (6)

grüßen to greet, to say hello (10-1)

  Grüß dich! Hello! Hi! (E-1)

  Grüß Gott! Hello! *(in Southern Germany and Austria)* (E)

die **Grußformel, -n** greeting (E)

gucken to look (11, 12-1)

die **Gulaschsuppe** goulash soup (9)

der **Gulden, -** guilder *(former Dutch currency)* (9)

gurgeln to gargle (12)

der **Gürtel, -** belt (2-2)

gut good, well (E, 1-2)

  Guten Tag! Hello! Hi! (E-1)

  Mach's gut! Take care! (1-2)

die **Güter** *(pl)* goods (11)

der **Gutschein, -e** voucher (7-1)

das **Gymnasium, Gymnasien** *(academic)* high school (E, 6-2)

H

das **Haar, -e** hair (1, 6-1)

  ein Haar in der Suppe finden to find fault with something (9)

die **Haarbürste, -n** hairbrush (9-2)

haarig hairy (2)

haarlos hairless (12)

der **Haarschnitt, -e** haircut (5-2)

die **Haarsträhne, -n** strand of hair (11)

haben (hat), hatte, hat gehabt to have (1, 2-1)

  jemand *(acc)* **gern haben** to like somebody (2)

der **Hafen, ⁻** harbor (9)

der **Hahn, ⁻e** rooster (4)

der **Hai, -e** shark (10)

halb half (2)

  halb zwei half past one (2)

Hallo! Hello! Hi! (E-1)

(das) **Halloween** *(sing)* Halloween (6)

der **Hals, ⁻e** neck; throat (6-1)

  Das hängt mir zum Hals heraus! I'm totally sick of it! (11-2)

  Hals- und Beinbruch! Break a leg! Good luck! (6-2)

die **Halskette, -n** necklace (5-2)

die **Halsschmerzen** *(pl)* sore throat (6)

halten (hält), hielt, hat gehalten to hold; to stop (3-2); to keep (11)

der **Hamburger, -** hamburger (10-2)

der **Hammer, ⁻** hammer (1)

der **Hamster, -** hamster (10)

die **Hand, ⁻e** hand (1, 6-1)

  Hand und Fuß haben to make sense (6)

das **Handy, -s** cell phone (7-2)

handgestrickt hand-knit (11)

die **Handschrift, -en** handwriting (10)

der **Handschuh, -e** glove (7-2)

das **Handtuch, ⁻er** towel (9-2)

der **Handwerker** craftsperson, tradesperson (8)

hängen to hang *(put in a hanging position)* (8)

hängen, hing, hat gehangen to hang *(be in a hanging position)* (8)

  Das hängt mir zum Hals heraus! I'm totally sick of it! (11-2)

die **Harfe, -n** harp (2)

harmlos harmless (12)

hart hard (1)

der **Harz** Harz Mountains *(pl)* (1)

der **Hase, -n, -n** rabbit (9)

  Mein Name ist Hase, ich weiß von nichts. Don't ask me. I don't know anything about it. (10)

hassen to hate (3)

hässlich ugly (8-1)

hauen to hit

  jemand *(acc)* **übers Ohr hauen** to cheat someone (9)

der **Haufen, -** pile; a lot of (12-2)

das **Hauptgericht, -e** main course (9-2)

die **Hauptschule, -n** junior high school (6)

der **Hauptschulabschluss** junior high school diploma (6)

die **Hauptstadt, ⁻e** capital city (1, 5-2)

das **Haus, ⁻er** house (1, 2-2)

  Auf ihn kannst du Häuser bauen. He's absolutely dependable. (8)

  nach Hause gehen to go home (4-1)

  zu Hause sein to be at home (2, 4-1)

der **Hausarzt, ⁻e**/die **Hausärztin, -nen** family doctor (8)

die **Hausaufgabe, -n** homework assignment (4-2)

Häuschen: aus dem Häuschen sein to be all excited (8)

die **Hausfrau, -en** housewife (3-2)

der **Haushalt, -e** household (12)

  den Haushalt machen to do household chores (12-1)

der **Hausmann, ⁻er** househusband (3-2)

der **Hausmeister, -** janitor (8)

die **Hausnummer, -n** house number (1)

der **Hausschuh, -e** slipper (7-2)

das **Haustier, -e** pet (3-1)

die **Hecke, -n** hedge (6-2)

  die Hecke schneiden to clip the hedge (6)

Heiliger Abend Christmas Eve (7)

die **Heimat, -en** home (country) (8)

heim·kommen, kam heim, ist heimgekommen to come home (4-2)

der **Heimtrainer, -** exercise bike (7-1)

der **Heimweg, -e** way home (10)

die **Heirat, -en** marriage (12-2)

heiraten to marry (2, 3-2)

heiß hot (1-1)

heißen, hieß, hat geheißen to be called (E); to mean (11)

  das heißt (d.h.) that is (i.e.) (9-1)

  Ich heiße … My name is . . . (E-1)

  Wie heißen Sie?/Wie heißt du? What's your name? (E-1)

heiter: es ist heiter it's sunny with some clouds (1)

heizen to heat (9)

helfen (hilft), half, hat geholfen *(+ dat)* to help (2, 7-2)

  helfen bei to help with (7)

hell light; bright (1-2)

das **Hemd, -en** shirt (2-2)

der **Henkel, -** handle (9)

herauf·ziehen, zog herauf, hat heraufgezogen to pull up (6)

heraus·finden, fand heraus, hat herausgefunden to find out (9)

heraus·geben (gibt heraus), gab heraus, hat herausgegeben to give *(change)* (12)

heraus·kommen, kam heraus, ist herausgekommen to come out (6)

heraus·ziehen, zog heraus, hat herausgezogen to pull out (4)

der **Herbst** fall, autumn (1-2)

der **Herd, -e** stove (8-1)

Herein! Come in! (6)

herein·kommen, kam herein, ist hereingekommen to come in (6)

her·fahren (fährt her), fuhr her, ist hergefahren to come here, to get here; to drive here (6)

Herr Mr. (E-1)

  Herr Ober! Waiter! (9)

der **Herr, -n, -en** gentleman (9-2)

die **Herrenabteilung, -en** men's department (7-1)

herrlich wonderful (11-2)

herüber·springen, sprang herüber, ist herübergesprungen to jump across (6)

herum·sitzen, saß herum, hat herumgesessen to sit around (10)

herum·tanzen: jemand *(dat)* **auf der Nase herumtanzen:** to walk all over someone (9)

herunter·fallen (fällt herunter), fiel herunter, ist heruntergefallen to fall down (6)

herzlich warm, hearty (11)

Herzliche Glückwünsche zum Geburtstag! Happy Birthday! (7-1)

herzlos heartless (12)

heulen to cry, to howl (11-2)

heute today (1-1)

heute Abend tonight (1)

heute Morgen this morning (2)

heute Nachmittag this afternoon (1-1)

heutzutage nowadays (7-1)

hier here (E, 1-2)

die **Hilfe** help (6, 7-2)

hilflos helpless (7)

hilfsbereit helpful (10)

der **Himmel** sky (1-1)

Himmel und Hölle hopscotch (10)

hinaus·gehen, ging hinaus, ist hinausgegangen to go out (6)

hinein·fahren (fährt hinein), fuhr hinein, ist hineingefahren to drive in (4)

hinein·gehen, ging hinein, ist hineingegangen to go in (6)

hin·fahren (fährt hin), fuhr hin, ist hingefahren to drive there (5)

die **Hinfahrt: bei der Hinfahrt** on the way there (7)

hin·gucken to look (12)

sich **hin·setzen** to sit down (9)

hinter behind; *(as adj)* back (8)

hinterfragen to question (11)

der **Hintergrund** background (11)

hinterlassen (hinterlässt), hinterließ, hat hinterlassen to leave behind (7)

hinüber·springen, sprang hinüber, ist hinübergesprungen to jump across (6)

hinunter·fallen (fällt hinunter), fiel hinunter, ist hinuntergefallen to fall down (6)

hinunter·schauen to look down (8)

historisch historical (5-1)

die **Hitze** heat (3)

das **Hobby, -s** hobby (2-1)

hoch (hoh-) high (5-2)

das **Hochhaus, ¨er** high-rise (8-2)

die **Hochschule, -n** university (6-2)

die **Hochzeit, -en** wedding (12-2)

der **Höcker, -** hump *(of a camel)* (9)

der **Hockeyschläger, -** hockey stick (7-2)

hoffen to hope (2, 5-2)

hoffentlich hopefully, I hope (6-2)

die **Hoffnung** hope (12-2)

hoffnungslos hopeless (12)

höflich polite (7-2)

holen to get, to fetch (5, 9-1); to summon (5)

holländisch *(adj)* Dutch (7)

der **Holocaust** holocaust (11)

höllisch hellish (2)

das **Holz** wood (11)

der **Holzfäller, -** lumberjack (6)

der **Honig** honey (4-1)

hörbar audible (12)

hören to hear (2-2); to listen to (1)

der **Hörer, -** receiver *(of a telephone)* (9)

der **Horrorfilm, -e** horror film (3)

der **Hörsaal, Hörsäle** lecture hall (E)

die **Hose, -n** pants (2-2)

das **Hotdog, -s** hotdog (3)

das **Hotel, -s** hotel (1, 5-1)

hübsch pretty (2-2)

das **Huhn, ¨er** hen (4)

Da lachen ja die Hühner! What a joke! (10)

human humane (7)

der **Humor** humor (3-1)

der **Hund, -e** dog (3-1)

das **Hundefutter** dog food (6)

das **Hundewetter** rotten weather (1)

der **Hunger** hunger (5)

Ich habe Hunger. I'm hungry. (5-2)

hungern to go hungry (10-1)

hungrig hungry (10-1)

der **Hut, ¨e** hat (7-2)

die **Hymne, -n** hymn (11)

I

ICE InterCity Express (4)

ideal ideal (5-1)

der **Idealismus** (12-2)

die **Idee, -n** idea (4-2)

identisch identical (9)

der **Igel, -** hedgehog (10)

ihr, ihr, ihre her (1), their (2)

Ihr, Ihr, Ihre your (2)

die **Ikone, -n** icon (8)

die **Illustration, -en** illustration (6)

imaginär imaginary (9)

immer always (2-1)

immer noch still (3)

immer mehr more and more (5)

der **Immigrant, -en, -en**/die **Immigrantin, -nen** immigrant (6-1)

impfen to vaccinate (11)

implodieren to implode (11-1)

der **Import, -e** import (7)

in in (E, 8), into; to (1, 8)

der **Individualist, -en, -en**/die **Individualistin, -nen** individualist (8)

industrialisiert industrialized (9)

der **Informatiker, -**/die **Informatikerin, -nen** computer specialist (12)

die **Information, -en** information (7)

das **Informationszeitalter** information age (10-1)

informiert informed (10)

der **Ingenieur, -e**/die **Ingenieurin, -nen** engineer (4)

inklusive inclusive of (9)

die **Inlineskates** inline skates (3)

innen inside (9-1)

die **Innovation, -en** innovation (4)

das **Insekt, -en** insect (2, 10-2)

die **Insel, -n** island (5-1)

der **Inspektor, -en**/die **Inspektorin, -nen** inspector (5)

das **Instrument, -e** instrument (2)

intelligent intelligent, smart (1, 2-1)

interessant interesting (1-2)

interessieren to interest (6)

sich **interessieren für** to be interested in (11-2)

interkulturell intercultural (2)

international international (9-1)

das **Internet** the Internet (10-1)

das **Interview, -s** interview (3-2)

investieren to invest (1)

inzwischen in the meantime (11-2)

irgendein, irgendein, irgendeine some . . . or other (11)

irgendwann sometime or other (8)

irisch *(adj)* Irish (2)

israelisch *(adj)* Israeli (7)

der **Italiener, -**/die **Italienerin, -nen** Italian *(person)* (9)

italienisch *(adj)* Italian (3)

J

ja yes (E-1)

die **Jacke, -n** jacket (1, 2-2)

der **Jäger, -**/die **Jägerin, -nen** hunter (7)

das **Jahr, -e** year (1-2)

auf ein Jahr for a year (8)

letztes Jahr last year (5)

jahraus, jahrein year in, year out (1)

die **Jahreszeit, -en** season (1-2)

das **Jahrhundert, -e** century (3, 10-1)

jährlich yearly, annual (2)

das **Jahrzehnt, -e** decade (11)

der **Januar** January (1-2)

der **Japaner, -**/die **Japanerin, -nen** Japanese *(person)* (4)

der **Jazz** jazz (2)

die **Jeans, -** *(f or pl)* jeans (2-2)

je each (11)

jedenfalls at any rate (11-1)

jeder, jedes, jede each, every (1)

jederzeit (at) any time (11-2)

jemals ever (11-1)

jemand somebody, someone (3-2)

 jemand anders somebody else (9-1)

jetzt now (1-1)

 von jetzt ab from now on (6)

der Job, -s job (5-2)

 jobben to work (part-time or during vacation) (1)

die Jobliste, -n list of jobs (6)

der Jockey, -s jockey (2)

joggen to jog (2, 4-2)

die Jogginghose, -n jogging pants (3)

der Jogginganzug, ⸚e jogging suit (3)

der Jogurt yogurt (4-1)

der Journalist, -en, -en/die Journalistin, -nen journalist (2-1)

der Jude, -n, -n/die Jüdin, -nen Jew (11)

jüdisch Jewish (11)

die Jugend youth (3, 11-1)

die Jugendherberge, -n youth hostel (5-1)

jugendlich youthful (4)

der Juli July (1-2)

jung young (1, 5-1)

der Junge, -n, -n boy (5-2)

der Juni June (1-2)

das Junkfood junk food (4)

die Jury, -s jury (9)

K

der Kaffee coffee (1, 2-1)

die Kaffeekanne, -n coffee pot (1, 9-1)

die Kaffeemaschine, -n coffee maker (3-2)

der Käfig, -e cage (10)

der Kaiser, -/die Kaiserin, -nen emperor/empress (3)

das Kalb, ⸚er calf (2)

der Kalender, - calendar (5)

(das) Kalifornien California (5)

kalt cold (1-1)

das Kamel, -e camel (9-2)

die Kamera, -s camera (3)

der Kamm, ⸚e comb (9-2)

sich kämmen to comb one's hair (9-2)

(das) Kanada Canada (1-1)

der Kanadier, -/die Kanadierin, -nen Canadian (person) (1-1)

kanadisch (adj) Canadian (3)

der Kanal, ⸚e channel (6); canal (10)

das Kängaru, -s kangaroo (10)

das Kännchen, - little pot (9)

die Kantate, -n cantata (3)

der Kanzler, -/die Kanzlerin, -nen chancellor (11)

kapieren to understand (11-2)

kaputt broken (7, 10-2)

kaputt·fahren (fährt kaputt), fuhr kaputt, hat kaputtgefahren to drive into the ground (12)

kaputt·machen to break; to ruin (7-1)

der Karfreitag Good Friday (7)

kariert plaid (11)

die Karikatur, -en caricature (7)

der Karneval Mardi Gras (1)

die Karotte, -n carrot (1)

die Karriere, -n career (3, 12-1)

die Karte, -n card (1-1); ticket (5); map (11)

die Kartoffel, -n potato (4-1)

die Kartoffelchips potato chips (7-2)

der Karton, -s box, carton (8)

der Käse cheese (E, 4-1)

 Das ist alles Käse. That's all baloney. (7)

der Käsekuchen, - cheesecake (4)

die Kasse, -n checkout (9-1)

der Kassenzettel, - sales slip (7)

die Kassette, -n cassette (1)

der Kassettenrecorder, - cassette recorder (3)

der Kassierer, -/die Kassiererin, -nen cashier (9-1)

das Kassler Rippchen, - (das Kassler) smoked pork chop (9)

der Kasten, ⸚ box; case (9-1)

die Katze, -n cat (1, 3-1)

 Es ist alles für die Katz. It's all for nothing. (10)

kaufen to buy (1-1)

der Käufer, -/die Käuferin, -nen buyer (9)

das Kaufhaus, ⸚er department store (3-2)

kaum scarcely, hardly (10-2)

der Kaviar caviar (3)

kein, kein, keine not a, not any, no (1)

der Keller, - cellar, basement (8-2)

der Kellner, -/die Kellnerin, -nen server, waiter/waitress (3, 9-1)

kennen, kannte, hat gekannt to know; to be acquainted with (3-1)

 kennen lernen to get to know (E, 4-2)

die Kenntnisse (pl) experience; knowledge (6)

der Kerl, -e guy (6)

die Kerze, -n candle (7-2)

der Kessel, - kettle (3)

das Keyboard, -s keyboard (musical instrument) (3)

der Kfz-Mechaniker, -/die Kfz-Mechanikerin, -nen car mechanic (12)

der Kilometer, - kilometer (1)

das Kind, -er child (1, 3-1)

 als Kind as a child (5-2)

die Kinderabteilung, -en children's department (10)

der Kindergarten, ⸚ kindergarten; nursery school (1)

die Kinderlähmung polio (7)

kinderlos childless (12)

die Kindheit (sing) childhood (11)

kindisch childish (2)

kindlich childlike (2)

das Kinn, -e chin (6-1)

das Kino, -s movies (1)

 ins Kino to the movies (1-2)

die Kirche, -n church (10-1)

die Klamotten (pl) clothes (10-2)

Klar! Of course! (1-1)

die Klarinette, -n clarinet (3)

die Klasse, -n class (3-2)

klassenlos classless (12)

klassisch classical (3)

der Klatsch gossip (11-2)

die Klausur, -en test (5-2)

das Klavier (2)

 Klavier spielen to play the piano (2)

das Klavierkonzert, -e piano concerto (3)

der Klavierlehrer, -/die Klavierlehrerin, -nen piano teacher (7)

kleben to stick (10)

das Kleid, -er dress; (pl) clothes (2-2)

kleiden to dress (10)

das Kleidergeschäft, -e clothing store (3-2)

das Kleidungsstück, -e article of clothing (2-2)

klein little, small; short (1, 2-1)

die Kleinbahn, -en narrow-gauge railway (11)

klingeln to ring (8-2)

das Klischee, -s cliché (1)

das Klo, -s toilet; washroom, bathroom (8-1)

klopfen to knock (6)

der Klub, -s club (10)

klug smart, intelligent (10-2)

der Klumpen, - lump (10)

knabbern to nibble (11)

das Knäckebrot crispbread (11)

die Knackwurst, ⸚e knackwurst (5)

knalllaut very loud (11)

knallrot beet red (11)

der Knast jail (11)

die Kneipe, -n pub (1)

 in die Kneipe to a pub (1-2)

das Knie, - knee (1, 6-1)

knipsen to click (11)

der Knoblauch garlic (11)

der Knödel, - dumpling (9-1)

knutschen to smooch (11)

der **Koch, ̈e**/die **Köchin, -nen** cook; chef (3)

das **Kochbuch, ̈er** cookbook (7-1)

kochen to cook (2-1)

die **Kocherei** *(constant)* cooking (5)

der **Kochkurs, -e** cooking lessons (5)

das **Koffein** caffeine (2)

der **Koffer, -** suitcase (2, 6-1)

der **Kofferraum** trunk *(of a car)* (4)

der **Kognak** cognac (7)

die **Kohle, -n** coal (1)

der **Kollege, -en, -en**/die **Kollegin, -nen** colleague (2, 9-2)

(das) **Köln** Cologne (12)

kombinieren to combine (4)

komfortabel comfortable (4, 5-1)

komisch funny; strange (11)

kommen, kam, ist gekommen to come (E, 1-1)

  Das kommt nicht in Frage! That's out of the question! (9-2)

  kommend coming (8)

die **Kommode, -n** dresser (8-1)

kommunistisch communist (11)

die **Komödie, -n** comedy (3)

das **Kompliment, -e** compliment (5-2)

kompliziert complicated (10-1)

der **Komponist, -en, -en**/die **Komponistin, -nen** composer (2, 5-1)

die **Komposition, -en** composition (3)

der **Konflikt, -e** conflict (12-2)

der **König, -e** king (1)

die **Königin, -nen** queen (9)

können (kann), konnte, hat gekonnt to be able to, can (4)

konservativ conservative (5-2)

das **Konsulat, -e** consulate (12-2)

der **Kontakt, -e** contact (E, 12-1)

die **Kontaktlinse, -n** contact lens (5-2)

kontaktorientiert contact-oriented (12)

der **Kontext, -e** context (1)

der **Kontinent, -e** continent (2)

das **Konzept, -e** concept (4)

das **Konzert, -e** concert (1, 2-2)

  ins Konzert to a concert, to concerts (1-2)

der **Kopf, ̈e** head (6-1)

  den Kopf schütteln to shake one's head (10-2)

  Er ist nicht auf den Kopf gefallen. He's no fool. (6)

  Mir raucht der Kopf. I can't think straight anymore. (9)

der **Kopfhörer, -** headphone (11-2)

der **Kopfsalat, -e** head lettuce (9)

die **Kopfschmerzen** *(pl)* headache (6)

kopieren to copy (10-1)

der **Kork, -en** cork (9)

der **Korkenzieher, -** corkscrew (8-2)

der **Körper, -** body (6-1)

kosten to cost (1-2)

kotzen to puke, to throw up (11)

krabbeln to crawl (8)

der **Krach** row, scene (11)

der **Krampf, ̈e** cramp (3)

krank sick (3-2)

das **Krankenhaus, ̈er** hospital (6)

die **Krankenversicherung, -en** health insurance (12)

die **Krankheit, -en** illness, sickness (7-2)

die **Krawatte, -n** tie (7-2)

kreativ creative (2)

der **Kredit, -e** credit; loan (11)

die **Kreditkarte, -n** credit card (5-2)

der **Kreis, -e** circle (11)

kreischen to screech (11)

das **Kreuz, -e** cross (1)

der **Krieg, -e** war (7, 11-1)

kriegen to get, to receive (8)

  eins aufs Dach kriegen to be bawled out (8)

der **Krimi, -s** detective story (3)

die **Kritik** *(sing)* criticism (10)

der **Kritiker, -**/die **Kritikerin, -nen** critic (10)

kritisch critical (5)

kritisieren to criticize (3-2)

die **Krone, -n** crown (1)

krumm crooked, bent (10-2)

die **Küche, -n** kitchen (8-1)

der **Kuchen, -** cake (3, 4-1)

  ein Stück Kuchen a piece of cake (3, 4-1)

die **Küchenbenutzung** kitchen privileges (8)

die **Kuckucksuhr, -en** cuckoo clock (2)

die **Kugel, -n** ball; scoop *(of ice cream)* (10)

der **Kugelschreiber, -** ballpoint pen (7-2)

die **Kuh, ̈e** cow (1)

kühl cool *(of weather)* (5-2)

der **Kühlschrank, ̈e** refrigerator (7, 8-1)

der **Kunde, -n, -n**/die **Kundin, -nen** customer (7, 9-2)

kündigen to give notice (10)

die **Kunst, ̈e** art (5-2)

der **Künstler, -**/die **Künstlerin, -nen** artist (8-2)

künstlerisch artistic (12)

der **Kurs, -e** course (5-2)

kurz short (2-2)

kuschelig cuddly (7-2)

die **Kusine, -n** *(female)* cousin (3-1)

die **Küste, -n** coast (11-2)

die **Kutsche, -n** *(horse-drawn)* carriage (3)

L

lachen to laugh (3-1)

  Da lachen ja die Hühner! What a joke! (10)

der **Lachs** salmon, lox (3)

laden (lädt), lud, hat geladen to load (6)

die **Lage, -n** location (11)

lahm lame (2)

das **Lama, -s** llama (2)

das **Lamm, ̈er** lamb (1)

die **Lampe, -n** lamp (1, 8-1)

das **Land, ̈er** country (2-2); state (6-1)

landen to land (6-2)

die **Landschaft, -en** landscape (5-1)

das **Landschaftsbild, -er** landscape painting (8)

die **Landung, -en** landing (6)

lang long (1, 2-2)

  eine Stunde lang for an hour (4)

langsam slow(ly) (3-1)

langweilig boring (3-1)

die **Lasagne** *(sing)* lasagna (7)

lassen (lässt), ließ, hat gelassen to let; to leave (3-2); to have (something) done (11)

  Lass mich in Ruhe! Stop bothering me! (4-2)

der **Lastwagen, -** truck (10-2)

(das) **Latein** Latin *(language)* (6)

laufen (läuft), lief, ist gelaufen to run (3-2)

die **Laus, ̈e** louse (1)

lausig lousy (2)

laut loud (1, 3-2)

der **Lautsprecher, -** loudspeaker (5)

leben to live *(in a country or a city)* (2-2)

das **Leben, -** life (3-1)

das **Lebensjahr** year of *(one's)* life (3)

die **Lebensmittel** *(pl)* food; groceries (9-1)

das **Lebensmittelgeschäft, -e** grocery store (9)

der **Lebensstil, -e** life style (4)

die **Lebensversicherung, -en** life insurance (12)

der **Lebensunterhalt** living expenses (11)

lebenswichtig essential (11)

die **Leberwurst, ̈e** liver sausage (10)

leblos lifeless (12)

lecker delicious (4, 5-1)

das **Leder** leather (2)

ledig single (3-1)

leer empty (7-1)

leeren to empty (7-1)

legen to lay *(down)*, to put *(in a horizontal position)* (8-1) die **Lehne, -n** back *(of a chair)* (9)

die **Lehre, -n** apprenticeship (6)

lehren to teach (11)

der **Lehrer, -/**die **Lehrerin, -nen** teacher, instructor (2-1)

der **Lehrling, -e** apprentice (6)

der **Lehrplan** curriculum (8)

leicht easy; light (6-2)

Leid: Es tut mir Leid. I'm sorry. (7-2)

leiden, litt, hat gelitten to suffer (11)

leider unfortunately (5-2)

leihen, lieh, hat geliehen to lend (7-2)

die **Leine, -n** leash (10)

leisten to achieve (7)

lernen to learn; to study (1-2)

lesen (liest), las, hat gelesen to read (3-2)

letzt- last (3-2)

das letzte Mal the last time (6-2)

in letzter Zeit recently (6-2)

die **Leute** people (1)

das **Licht, -er** light (8)

lieb dear (4-1)

Liebe Grüße Love *(closing in a letter)* (6-1)

die **Liebe** love (2)

lieben to love (2, 5-2)

lieber rather (2)

der **Liebling, -e** darling, favorite (3-1)

die **Lieblings-CD** favorite CD (5)

die **Lieblingsfarbe** favorite color (3-1)

der **Lieblingsonkel, -** favorite uncle

das **Lieblingsprogramm** favorite program (5)

der **Lieblingssport** favorite sport (5)

die **Lieblingstante, -n** favorite aunt (3)

lieblos loveless (12)

liebst: Wo machst du am liebsten Ferien? Where's your favorite vacation spot? (5-1)

liegen, lag, hat gelegen to lie, to be lying (6-2)

es liegt daran the reason is (11)

der **Likör, -e** liquor (2)

die **Lilie, -n** lily (1)

die **Linie, -n** line (8)

links left; to the left (4-2)

die **Lippe, -n** lip (1)

der **Lippenstift, -e** lipstick (3, 9-2)

die **Lira, Lire** lira *(former Italian currency)* (9)

lispeln to lisp (8)

die **Liste, -n** list (6)

der **Liter, -** liter (9-1)

die **Literatur, -en** literature (5-2)

der **Lkw, -s (Lastkraftwagen)** truck (10-2)

das **Loch, ⸚er** hole (7-2)

lockig curly (3-2)

der **Löffel, -** spoon (9-2)

der **Lohn, ⸚e** wages, pay (8, 12-1)

los

Was ist denn los? What's up? (8-2)

Was ist los mit dir? What's the matter with you? (12-2)

löschen to delete; to extinguish (10)

lösen to solve (4)

sich **lösen von** to part with (11)

die **Lösung, -en** solution (5-1)

die **Luft** air (11-1)

die **Luftbrücke** airlift (11)

die **Luftbrückengüter** goods transported by airlift (11)

der **Luftschutzkeller, -** air-raid shelter (11)

die **Lüge, -n** lie (9-1)

lügen, log, hat gelogen to lie (10-1)

der **Lumpen, -** rag (10-1)

die **Lüneburger Heide** Lüneburg Heath (1)

die **Lust** enjoyment (8)

Ich habe keine Lust. I don't feel like it. (8-2)

Ich habe Lust auf eine Tafel Schokolade. I feel like having a chocolate bar. (10-2)

lustig funny, humorous; happy (7-1)

der **Luxus** luxury (8-2)

M

machbar doable (12)

machen to make; to do (1-1)

Das macht nichts! That doesn't matter! (9-1)

Mach's gut! Take care! (1-2)

Sport machen to do sports, to be active in sports (1-2)

das **Mädchen, -** girl (5-2)

das **Magazin, -e** magazine (2-2)

magersüchtig anorexic (12)

mähen to mow (6-2)

der **Mai** May (1-2)

die **Makkaroni** *(pl)* macaroni (3)

das **Mal, -e** time *(occurrence)* (7)

das letzte Mal the last time (6-2)

jedes Mal every time (10)

mit einem Mal suddenly (11)

zum ersten Mal for the first time (7-2)

mal, einmal once; for a change (5)

nicht mal not even (10)

noch mal once more; (over) again (7-2)

malen to paint *(a picture)* (8)

der **Maler, -/**die **Malerin, -nen** painter; artist (6-2)

die **Malerei** painting *(as an activity)* (8)

man one, you (E, 4-1)

Wie sagt man das? How does one say that? How do you say that? (4-1)

mancher, manches, manche many a; *(pl)* some (10-1)

manchmal sometimes (4-1)

die **Mandarine, -n** mandarin (orange) (1)

der **Mann, ⸚er** man, husband (1, 2-2)

der **Mantel, ⸚** coat (2-2)

das **Märchen, -** fairy tale (4, 10-2)

der **Märchenkönig, -e** fairy-tale king (5)

die **Märchenstadt, ⸚e** fairy-tale city (5)

die **Märchenwelt** wonderland (5)

der **Markt, ⸚e** market (4)

marktwirtschaftlich *(adj)* free enterprise (11)

die **Marmelade, -n** jam (4-1)

der **Mars** Mars (5)

marschieren to march (5)

der **März** March (1-2)

die **Maschine, -n** machine (5-1)

der **Maschinenbaumechaniker, -/**die **Maschinenbaumechanikerin, -nen** machinist (12)

das **Massenprodukt, -e** mass-produced product (4)

massiv heavy; solid (5)

die **Mathe** math (2)

die **Mathematik** mathematics (5)

die **Mauer, -n** wall (7, 11-1)

die **Maus, ⸚e** mouse (1, 3-1)

maximal a maximum of (8-2)

das **Medikament, -e** medicine (9)

das **Meer, -e** ocean, sea (8, 11-2)

das **Mehl** flour (9-1)

mehr more (3-2)

immer mehr more and more (7-2)

nicht mehr no longer, not any more (3-2)

die **Mehrzahl** majority (6)

mein, mein, meine my (E)

meinen to mean; to think, to be of the opinion (3, 11-1)

die **Meinung, -en** opinion (11-1)

meiner Meinung nach in my opinion (12-2)

meist most (3)

meistens mostly, usually (4-1)

die **Menge, -n** lot, great deal (11-2)

eine Menge a lot (11)

die **Mensa** university cafeteria *(for full meals)* (E, 1-1)

in die Mensa to the cafeteria (1-2)

der **Mensch, -en, -en** human being, person; *(pl)* people (5-2)

Mensch! Wow! Boy! (1-1)

menschlich human (12)

der **Mercedes** Mercedes (3)

merken to realize; to notice (9)

die **Messe, -n** trade fair (1)

  auf die Messe to the trade fair (1)

das **Messer, -** knife (5, 9-1)

das **Metall, -e** metal (9)

der **Meter, -** meter (1)

der **Methodist, -en, -en**/die **Methodistin, -nen** Methodist (3)

die **Miete, -n** rent (2)

mieten to rent (6-2)

der **Mieter, -**/die **Mieterin, -nen** renter (10)

das **Mietshaus, ̈er** apartment building (2)

die **Mikrobiologie** microbiology (2)

das **Mikroskop, -e** microscope (1, 10-2)

die **Mikrowelle, -n** microwave (oven) (8-1)

die **Milch** milk (1, 2-1)

die **Milliarde, -n** billion (9)

die **Million, -en** million (4)

mindestens at least (6-2)

das **Mineralwasser** mineral water (3, 9-1)

der **Minister, -**/ die **Ministerin, -nen** minister *(in government)* (5)

der **Ministerpräsident, -en, -en**/die **Ministerpräsidentin, -nen** prime minister (10)

die **Minute, -n** minute (1, 2-1)

miserabel miserable (10-2)

der **Mist** manure (6)

mit with (1); *(as verb prefix)* along (4)

der **Mitbewohner, -**/die **Mitbewohnerin, -nen** housemate; roommate (8-2)

mit·bringen, brachte mit, hat mitgebracht to bring along (4)

das **Mitbringsel, -** small gift *(for a host)* (7)

der **Mitbürger, -**/die **Mitbürgerin, -nen** fellow citizen (9-2)

miteinander with each other; together (2-1)

mit·gehen, ging mit, ist mitgegangen to go along (4)

das **Mitglied, -er** member (11)

mit·kommen, kam mit, ist mitgekommen to come along (4-2)

mit·lesen (liest mit), las mit, hat mitgelesen to read along (4)

mit·nehmen (nimmt mit), nahm mit, hat mitgenommen to take along (4)

mit·singen, sang mit, hat mitgesungen to sing along (4)

der **Mitstudent, -en, -en**/die **Mitstudentin, -nen** classmate (7, 8-2)

der **Mittag** noon (10)

  zu Mittag essen to have lunch (4-1)

das **Mittagessen** lunch, noon meal (4-1)

  zum Mittagessen for lunch (4-1)

die **Mittagspause, -n** lunch break (8-2)

die **Mitte, -n** middle (2)

  Mitte Juli (in) the middle of July (5-1)

mittel average, medium

  mittelgroß of average height (6)

  die mittlere Reife tenth grade diploma (6)

der **Mittelklassewagen, -** mid-sized car (12)

mitten: mitten im Winter in the middle of winter (3)

(die) **Mitternacht** midnight (4, 11-2)

  nach Mitternacht after midnight (4-2)

der **Mittwoch** Wednesday (1-2) *(see also* **Dienstag***)*

die **Möbel** *(pl)* furniture (8-1)

das **Möbelstück** piece of furniture (10)

möbliert furnished (8-1)

das **Modell, -e** model (4)

die **Modenschau** fashion show (11)

modern modern (1, 2-1)

modisch fashionable (10-2)

mögen (mag), mochte, hat gemocht to like (4)

  ich möchte I would like (3)

möglich possible (4-2)

  so bald wie möglich as soon as possible (4)

  so schnell wie möglich as quickly as possible (10)

  so viel wie möglich as much as possible (9)

die **Möglichkeit -en** possibility (5)

möglichst viel as much as possible (11)

mollig plump (2-1)

der **Moment, -e** moment (7)

die **Monarchie, -n** monarchy (11-1)

der **Monat, -e** month (1-2)

monatlich monthly (2)

der **Mond** moon (1)

der **Montag** Monday (1-2) *(see also* **Dienstag***)*

morgen tomorrow (1-1)

  morgen früh tomorrow morning (2-2)

  morgen Nachmittag tomorrow afternoon (2)

der **Morgen, -** morning (E)

  Guten Morgen! Morgen! Good morning! (E-1)

  heute Morgen this morning (1-2)

morgens in the morning (2)

die **Morgentoilette** morning rituals (9)

der **Moskito, -s** mosquito (2)

der **Most** cider (8)

das **Motiv, -e** motif (9)

der **Motor, -en** motor (5)

das **Motorboot, -e** motorboat (4)

der **Motorenkonstrukteur, -e** engine designer (12)

das **Motorrad, ̈er** motorcycle (2, 3-1)

das **Mountainbike, -s** mountain bike (3-2)

Mountainbiking gehen to go mountain biking (1)

der **Mozzarella** mozzarella *(cheese)* (10)

müde tired (5-2)

der **Mülleimer, -** garbage pail (7-1)

die **Mülltonne, -n** garbage bin (11-1)

multikulturell multicultural (9)

(das) **München** Munich (5)

der **Mund, ̈er** mouth (6-1)

  den Mund voll nehmen to talk big (6)

die **Münze, -n** coin (9)

murmeln to mutter (12-1)

das **Museum, Museen** museum (5-1)

die **Musik** music (1)

musikalisch musical (2-1)

der **Musiker, -**/die **Musikerin, -nen** musician (3)

das **Müsli** muesli *(cold, whole grain cereal with nuts and fruit)* (4-1)

  eine Schüssel Müsli a bowl of muesli (4-1)

müssen (muss), musste, hat gemusst to have to, must (4)

die **Mutter, ̈** mother (E, 3-1)

mütterlich motherly (2)

mütterlicherseits maternal (3, 6-1)

mutterlos motherless (12)

der **Muttertag, -e** Mother's Day (7-2)

die **Mutti** mom (5)

mysteriös mysterious (5)

N

na well (E)

nach after; to (1-2); according to (10)

  meiner Meinung nach in my opinion (12-2)

  nach Claudias Vorlesung after Claudia's lecture (1-2)

  nach Florida to Florida (1-2)

der **Nachbar, -n, -n**/die **Nachbarin, -nen** neighbor (2-2)

nachdem after *(conj)* (9)

nach·füllen to refill (9)

nach·galoppieren to gallop after (10)

nachher after; afterward *(adv)* (6-1)

der **Nachmittag, -e** afternoon (1)

  heute Nachmittag this afternoon (1)

  morgen Nachmittag tomorrow afternoon (2)

nachmittags in the afternoon (2)

der **Nachmittagskaffee** afternoon coffee (4-1)

das **Nachrichtenmagazin, -e** news magazine (10)

nächst next (1)

nächstes Jahr next year (1, 3-2)

die **Nacht, ̈e** night (2)

bei Nacht at night (2)

gestern Nacht last night (2)

Gute Nacht! Good night! (E)

der **Nachteil, -e** disadvantage (8)

der **Nachtisch, -e** dessert (3, 4-1)

zum Nachtisch for dessert (3, 4-1)

nachts at night (2)

der **Nachttisch, -e** night table (8-1)

die **Nachttischlampe, -n** bedside lamp (8)

nah near (5-1)

die **Nähe** vicinity (8)

in der Nähe der Uni near the university (8-2)

die **Nähmaschine, -n** sewing machine (8-2)

der **Name, -ns, -n** name (E-1)

namenlos nameless (12)

das **Namensschild, -er** name plate (9)

nämlich you see (5)

der **Narr, -en, -en** jester (10)

die **Nase, -n** nose (6-1)

die Nase zu tief ins Glas stecken to drink too much (6)

jemand (*dat*) **auf der Nase herumtanzen** to walk all over someone (9)

nass wet (5-1)

der **Nationalfeiertag, -e** national holiday (7)

die **Nationalität, -en** nationality (1)

die **Natur** nature (9)

natürlich of course (5-2); natural (7)

neben beside, next to (8)

der **Nebensatz, ̈e** dependent clause (10)

neblig foggy (1)

der **Neffe, -n, -n** nephew (7-2)

negativ negative (1)

nehmen (nimmt), nahm, genommen to take (3-2)

neidisch jealous, envious (12)

neidisch sein auf (+ *acc*) to be envious of (12-1)

nein no (E-1)

die **Nelke, -n** carnation (6)

nennen, nannte, hat genannt to call, to name (6)

der **Nerv, -en** nerve (12)

Sie geht mir auf die Nerven. She gets on my nerves. (12-1)

nerven to get on one's nerves (4, 8-2)

nervös nervous, on edge (4-2)

Nervtante: Sie ist eine Nervtante. She gets on my nerves. (12-1)

nett nice; pleasant (2-1)

das **Netz, -e** net (3)

neu new (3-2)

die **Neue Pinakothek** *art gallery in Munich* (5)

die **Neuerung, -en** innovation (4)

(das) **Neujahr** New Year (6)

neuseeländisch (*adj*) New Zealand (7)

nicht not (1-1)

gar nicht not at all (1-1)

nicht mal not even (10)

nicht mehr no longer, not any more (3-2)

noch nicht not yet (E)

überhaupt nicht not at all (11)

die **Nichte, -n** niece (7-2)

nichts nothing (1-2)

Er tut dir nichts. He won't hurt you. (9-1)

gar nichts nothing at all (6)

das **Nichts** (*sing*) nothingness (11)

der **Nichtsnutz, -e** good-for-nothing (10)

nie never (2-2)

niemals never (11-1)

niemand nobody, no one (3-2)

nieseln: es nieselt it's drizzling (1)

noch still (1-1)

immer noch still (3)

noch einmal (over) again, once more (3-2)

noch mal (over) again, once more (2, 3-2)

noch nicht not yet (E, 1-1)

das **Nomen, -** noun (1)

(das) **Nordamerika** North America (3)

nordamerikanisch (*adj*) North American (8)

(das) **Norddeutschland** Northern Germany (3)

der **Norden** north (6)

nördlich (von) north (of) (11)

der **Nordpol** North Pole (1)

die **Nordsee** North Sea (1)

das **Notebook, -s** notebook (*computer*) (3-1)

die **Notiz, -en** note (E)

der **November** November (1-2)

die **Nudel, -n** noodle (2, 4-1)

die **Nummer, -n** number (E)

nur only (1-1)

die **Nuss, ̈e** nut (3)

O

ob whether (*conj*) (5)

oben above (10-2)

ober upper (10)

der **Ober, -** (*head*) waiter (9)

Herr Ober! Waiter! (9)

das **Obst** (*sing*) fruit (4-1)

obwohl although, even though (*conj*) (4-2)

der **Ochse, -n** ox (1)

die **Ode, -n** ode (11)

oder or (1-2)

offen open (2, 3-2)

offiziell official (9, 12-2)

öffnen to open (11-1)

oft often (1-1)

ohne without (E, 5-2)

die **Ohnmacht: in Ohnmacht fallen** to faint (12-1)

das **Ohr, -en** ear (6-1)

jemand (*acc*) **übers Ohr hauen** to cheat someone (9)

die **Ohrenschmerzen** (*pl*) earache (6)

der **Ohrring, -e** earring (5-2)

der **Oktober** October (1-2)

das **Oktoberfest** Octoberfest (1)

das **Öl, -e** oil (9-2)

die **Olive, -n** olive (2-2)

das **Olivenöl** olive oil (2-2)

die **Oma, -s** grandma (3-1)

der **Onkel, -** uncle (3-1)

der **Opa, -s** grandpa (3-1)

die **Oper, -n** opera (2-2)

der **Opernsänger, -/die Opernsängerin, -nen** opera singer (2)

optimistisch optimistic (3-1)

die **Orange, -n** orange (1)

der **Orangensaft** orange juice (4-1)

das **Orchester, -** orchestra (3)

ordentlich decent (2); neat (4-2)

die **Ordnung** order (9)

Ist alles in Ordnung? Is everything OK? (9-2)

orientiert oriented (12)

das **Ornament, -e** ornament (5)

der **Ort, -e** place (12)

der **Ortsname, -ns, -n** place name (11)

der **Osten** east (8)

der **Osterhase, -n** Easter bunny (7-1)

der **Ostermontag** Easter Monday (7)

Ostern Easter (7-1)

(das) **Österreich** Austria (1-1)

der **Österreicher, -/die Österreicherin, -nen** Austrian (*person*) (1-1)

österreichisch (*adj*) Austrian (9)

der **Ostersonntag** Easter Sunday (7)

osteuropäisch Eastern European (11)

östlich (von) east (of) (11)

die **Ostsee** Baltic Sea (1)

das **Outfit, -s** outfit (4)

der **Ozean, -e** ocean (10, 11-2)

P

das **Paar, -e** pair, couple (6)
paar: ein paar a couple of, a few (1-1)
packen to pack (4, 6-1)
die **Packung, -en** package (5)
das **Paket, -e** parcel (7-2)
das **Papier, -e** paper (9)
der **Papierkorb, ̈e** wastepaper basket (8-1)
das **Paradies** paradise (10)
der **Paragraph, -en, -en** paragraph (11)
das **Parfüm, -s** perfume (7)
der **Park, -s** park (1)
parken to park (4)
der **Parkplatz, ̈e** parking lot; parking space
das **Parlament, -s** parliament (11)
der **Partner, -/die Partnerin, -nen** partner (2)
die **Party, -s** party (7-2)
der **Pass, ̈e** passport (5-2)
passen to fit (E); to suit (12)
passend appropriate (7)
   etwas Passendes something suitable (10)
passieren, passierte, ist passiert to happen (6-2)
passioniert ardent (5-1)
der **Patient, -en, -en/die Patientin, -nen** patient (5, 9-2)
die **Patrouille, -n** patrol (11-1)
die **Pause, -n** break (12)
peinlich embarrassing (11-2)
der **Pendler, -** commuter (9)
die **Pension, -en** pension (12-2)
die **Person, -en** person, individual (3-2)
der **Personalchef, -s/die Personalchefin, -nen** personnel manager (6-2)
das **Personalpronomen, -** personal pronoun (7)
der **Personenwagen, -** car (10-2)
persönlich personal (5)
die **Peseta, Peseten** peseta (*former Spanish currency*) (9)
pessimistisch pessimistic (3-1)
der **Pfad, -e** path (3)
die **Pfanne, -n** pan (3, 9-1)
der **Pfeffer** pepper (1, 9-2)
der **Pfefferminztee** peppermint tea (11)
die **Pfeife, -n** pipe (3)
der **Pfennig, -e** penny (3)
das **Pferd, -e** horse (10-1)
   Da bringen mich keine zehn Pferde hin. Wild horses couldn't drag me there. (10)
das **Pfingsten, -** Pentecost (7)
die **Pflanze, -n** plant (3)

das **Pflaster, -** band-aid (9)
die **Pflaume, -n** plum (11)
pflegeleicht easy to care for (10)
pflücken to pick (11)
pflügen to plough (11)
der **Pfosten, -** post (3)
die **Pfote, -n** paw (9)
das **Pfund, -e** pound (3)
Pfui! Yuck! (11)
die **Philharmonie** philharmonic orchestra (1)
die **Physik** physics (1)
der **Physiotherapeut, -en, -en/die Physiotherapeutin, -nen** physiotherapist (3)
der **Pianist, -en, -en/die Pianistin, -nen** pianist (3)
das **Picknick, -s** picnic (4)
das **Pipimädchen, -** stupid little girl (11)
die **Pistazie, -n** pistachio (2)
die **Pistole, -n** pistol (7)
die **Pizza, -s** pizza (3)
die **Pizzeria, -s** pizzeria (6)
der **Pkw, -s (Personenkraftwagen)** car (10-2)
der **Plan, ̈e** plan (1, 5-1)
planen to plan (7, 8-1)
das **Plastik, -s** plastic (9-1)
die **Plastiktasche, -n** plastic bag (9)
die **Platte, -n, -n** flat tire (12)
der **Platz, ̈e** place; seat (4, 9-1); city square (5)
die **Platzkarte, -n** seat reservation (ticket) (7)
die **Platzreservierung, -en** seat reservation (7)
plötzlich suddenly, all of a sudden (6-2)
poetisch poetic (10)
die **Politik** politics (5)
der **Politiker, -/die Politikerin, -nen** politician (2)
politisch political (2-1)
die **Polizei** police (4, 12-2)
die **Polizeiwache, -n** police station (10)
der **Polizist, -en, -en/die Polizistin, -nen** police officer (2, 9-2)
polnisch (*adj*) Polish (2)
das **Polohemd, -en** polo shirt (3)
die **Pommes frites** French fries (4-1)
populär popular (1, 10-2)
das **Porträt, -s** portrait (9)
die **Position, -en** position (12-1)
die **Post** post office; mail (8)
das **Postamt, ̈er** post office (10)
das **Poster, -** poster (8)
die **Postkarte, -n** postcard (6-1)

die **Postleitzahl, -en** zip code, postal code (E)
praktisch practical (2-1)
der **Präsident, -en, -en/die Präsidentin, -nen** president (1, 9-2)
das **Präsens** present tense (10)
das **Präteritum** simple past tense (10)
die **Praxis** practice (*e.g., medical*) (11)
das **Präzisionsinstrument, -e** precision instrument (4)
der **Preis, -e** price (3-2)
preisgünstig inexpensive (3-2)
primitiv primitive (5-1)
privat private (11)
das **Privathaus, ̈er** private home (8)
privatisieren to privatize (11-2)
pro per (6)
das **Problem, -e** problem (3, 5-1)
das **Produkt, -e** product (10-2)
die **Produktion** production (9)
der **Produzent, -en, -en** producer (4)
produzieren to produce (4)
der **Professor, -en/die Professorin, -nen** professor (1)
der **Profi, -s** pro (4)
der **Programmierer, -/die Programmiererin, -nen** programmer (1)
das **Projekt, -e** project (5)
der **Projektor, -en** projector (5)
proklamieren to proclaim (11-1)
prominent prominent (8)
protzig swanky, showy (10)
die **Provinz, -en** province (5)
das **Prozent, -e** percent (1, 12-1)
prüfen to test (9)
der **Psychiater, -/die Psychiaterin, -nen** psychiatrist (9)
der **Pudding, -s** pudding (3, 4-1)
der **Pudel, -n** poodle (2)
der **Pulli, -s** sweater (2)
der **Pullover, -** sweater (1, 2-2)
der **Punk, -s** punk (11)
der **Punkt, -e** dot; period (4)
   Punkt halb zwei at half past one on the dot (4, 5-2)
pünktlich punctual, on time (7)
die **Puppe, -n** doll (10)
putzen to clean (4, 6-2)

Q

der **Quadratfuß** (*no pl*) square foot (8)
der **Quadratmeter, -** square meter (5)
qualifiziert qualified (12-1)
Quatsch! Nonsense! (6-1)

R

das **Rad, ⁻er** bike; wheel (3-1)
  Rad fahren (fährt Rad), fuhr Rad, ist Rad gefahren to ride a bike, to go cycling (4-2)
das **Radio, -s** radio (6)
die **Radtour, -en** bicycle trip (2-2)
  eine Radtour machen to go on a bicycle trip (5)
der **Radwanderführer, -** cycling tour guidebook (11)
die **Radwanderkarte, -n** cycling tour map (11)
rasen to race (10)
der **Rasen, -** lawn (6-2)
der **Rasierapparat, -e** shaver (9-2)
(sich) rasieren to shave (9-2)
rasseln to rattle (3)
Rast machen to stop over (11)
der **Rat** (*sing*) advice (1)
  um Rat fragen to ask for advice (12)
raten (rät), riet, hat geraten to advise (12)
das **Rathaus, ⁻er** city hall (8)
der **Ratschlag, ⁻e** piece of advice (5)
die **Ratte, -n** rat (1)
rauchen to smoke (4-2)
  Mir raucht der Kopf. I can't think straight anymore. (9)
das **Rauchen** smoking (7)
raus·gehen, ging raus, ist rausgegangen to go out (8)
raus·kommen, kam raus, ist rausgekommen to come out (6)
raus·wachsen (wächst raus), wuchs raus, ist rausgewachsen to grow out (12)
reagieren (auf) to react (to) (10, 11-2)
real real (9)
die **Realschule, -n** college track secondary school (6)
die **Rechnung, -en** bill (9-1)
recht
  es allen recht machen trying to please everybody (10)
  Es ist nicht recht, dass ... It's not right that . . . (10)
das **Recht** right
  Du hast Recht. You're right. (4-2)
rechts right; to the right (4-2)
der **Rechtsanwalt, ⁻e**/die **Rechtsanwältin, -nen** lawyer (12)
die **Rechtskurve, -n** right curve (4)
rechtzeitig on time (6-2)
die **Rede, -n** speech, talk (11-1)
  eine Rede halten to give a speech (11-1)
reden to speak, to talk (4-2)
reduziert reduced (7)

das **Referat, -e** (oral) report, paper (4-2)
das **Reformhaus, ⁻er** health food store (8, 9-2)
regelmäßig regular(ly) (11-1)
der **Regen** rain (2, 5-1)
der **Regenschirm, -e** (5)
das **Regenwetter** rainy weather (1)
die **Regierung, -en** government (11)
die **Region, -en** region (6-1)
regnen to rain (1-1)
  Es regnet. It's raining. (1)
reich rich (1, 5-1)
der **Reichspräsident, -en, -en** German president (*before World War II*) (11)
reif ripe (2)
die **Reihenfolge** sequence (7)
rein·gehen, ging rein, ist reingegangen to go in (6)
der **Reis** rice (4-1)
die **Reise, -n** trip (2, 3-1)
  eine Reise machen to take a trip (5-1)
der **Reisebegleiter, -**/die **Reisebegleiterin, -nen** travel guide (6)
die **Reisebroschüre, -n** travel brochure (5)
das **Reisebüro, -s** travel agency (5-2)
reisen to travel (1-2)
der **Reisescheck, -s** traveler's check (5-2)
reiten, ritt, ist geritten to ride (*a horse*) (10-1)
der **Reiter, -**/die **Reiterin, -nen** horseback rider (10)
die **Reklametafel, -n** billboard (8)
der **Rekord, -e** record (9)
die **Relativitätstheorie** theory of relativity (6)
die **Religion, -en** religion (11)
rennen, rannte, ist gerannt to run (6-2)
renovieren to renovate (11-2)
die **Rente, -n** pension (12-2)
die **Rentenversicherung, -en** pension plan (12)
reparieren to repair (4)
die **Republik, -en** republic (11-1)
das **Requiem, Requien** requiem (3)
reservieren to reserve (4)
das **Restaurant, -s** restaurant (1)
restlich rest of the, remaining (11)
revolutionär revolutionary (4)
das **Rezept, -e** recipe (9-1)
rezeptfrei prescription-free (*drugs*) (9)
rezeptpflichtig prescription (*drugs*) (9)
der **Rhabarber** (*sing*) rhubarb (7)
der **Rhein** Rhine (*river*) (1)
das **Rheintal** Rhine valley (1)

richtig right; true (1-1); correct (4); really (9)
die **Richtigkeit** rightness, correctness (11)
riechen, roch, hat gerochen to smell (5, 12-2)
riesig huge (8, 10-2)
der **Ring, -e** ring (1, 7-2)
der **Ringfinger, -** ring finger (6)
riskieren to risk (8)
der **Rock** rock music (2)
der **Rock, ⁻e** skirt (2-2)
das **Rockfest, -e** rock festival (1)
die **Rockgruppe, -n** rock group (1)
der **Rockstar, -s** rock star (2)
die **Rolle, -n** role (5)
die **Rollenbeschreibung, -en** role description (9)
der **Rollstuhl, ⁻e** wheelchair (7-2)
der **Roman, -e** novel (5-2)
romantisch romantic (5-2)
rosarot pink (1-1)
die **Rose, -n** rose (1, 7-2)
rostig rusty (2)
rot red (1-1)
das **Rote Kreuz** the Red Cross (4)
(das) **Rotkäppchen** Little Red Riding Hood (10)
der **Rotkohl** red cabbage (9)
der **Rotwein, -e** red wine (3)
der **Rotzlümmel, -** snotty-nosed brat (11)
die **Rübe, -n** turnip (4)
der **Rücken, -** back (6-1)
die **Rückenschmerzen** (*pl*) backache (6)
die **Rückfahrt, -en** journey back (7)
der **Rucksack, ⁻e** backpack (7-1)
die **Rückseite, -n** back (9)
rufen, rief, hat gerufen to call (9, 10-1)
die **Ruhe** calm, peace
  in aller Ruhe in peace and quiet (10)
  Lass mich in Ruhe! Stop bothering me! (4-2)
ruhig calm, quiet (8-1)
der **Rum** rum (9-1)
rund round (6)
  rund um around (10)
der **Rüssel, -** trunk (*of an elephant*) (9)
russisch (*adj*) Russian (7)
der **Rutsch: Einen guten Rutsch ins Neue Jahr!** Happy New Year! (7-1)

S

der **Saal, Säle** hall (9)
die **Sache, -n** thing (4, 7-2)
säen to sow (4)

der **Saft, ⸚e** juice (4)

saftig juicy (10-2)

die **Säge, -n** saw *(tool)* (10)

sagen to say, to tell (2-1)

 sag mal say, tell me (1)

die **Salami, -s** salami (2-2)

der **Salat, -e** salad (4-1)

das **Salz** salt (1, 9-2)

salzig salty (2)

sammeln to collect (2-1)

die **Sammlung, -en** collection (6)

der **Samstag** Saturday (1-2) *(see also* **Dienstag**)

die **Sandale, -n** sandal (3-2)

sandig sandy (2)

der **Sänger, -/die Sängerin, -nen** singer (5)

der **Sankt Nikolaus** Saint Nicholas (7)

die **Sardine, -n** sardine (8)

satt: Ich habe es satt. I'm sick of it. (8-2)

satteln to saddle (10-1)

der **Satz, ⸚e** sentence (3)

sauber clean (8-2)

sauer sour (1); annoyed (11)

der **Sauerbraten** marinated roast beef (9)

das **Sauerkraut** sauerkraut (4-1)

die **Sauna, -s** sauna (5-1)

das **Sauwetter** rotten weather (9)

die **S-Bahn** *commuter train* (5)

der **Scanner, -** scanner (3-1)

Schade! Too bad! (12-2)

das **Schaf, -e** sheep (10)

der **Schal, -e** scarf (8)

schamlos shameless (12)

scharf sharp (2); spicy, hot (9)

schattig shady (2)

das **Schaubild, -er** diagram; graph (11-1)

schauen (auf) to look (at) (7-1)

schaufeln to shovel (11)

der **Schaukelstuhl, ⸚e** rocking chair (8-2)

der **Scheck, -s** check (11)

die **Scheibe, -n** slice (4-1)

 eine Scheibe Brot a slice of bread (4-1)

scheinen, schien, hat geschienen to shine (1-1)

die **Scheiße** shit (11)

schenken to give *(a gift)* (7-1)

schick chic (2-2)

schicken to send (6-2)

schief crooked; leaning (10)

schießen, schoss, hat geschossen to shoot (7, 11-1)

das **Schiff, -e** ship (2)

der **Schilling, -** shilling *(former Austrian currency)* (2)

die **Schinkenwurst** ham sausage (9)

schlafen (schläft), schlief, hat geschlafen to sleep (3-2)

schlaflos sleepless (12)

der **Schlafsack, ⸚e** sleeping bag (12-2)

die **Schlaftablette, -n** sleeping pill (12)

das **Schlafzimmer, -** bedroom (8-1)

schlagen (schlägt), schlug, hat geschlagen to hit; to beat (9)

schlank slim (2-1)

schlau crafty, clever (10-1)

schlecht bad (1-2)

schleimig slimy (2)

schleppen to drag (5-1)

schließen, schloss, hat geschlossen to close (11); to lock

schließlich finally (10-2)

Schlittschuhlaufen gehen to go (ice) skating (1)

das **Schloss, ⸚er** castle (5-1)

der **Schlosser, -** toolmaker (6)

schlüpfrig slippery (2)

schmal slim, narrow; *(face)* thin (6)

schmecken to taste; to taste good (9-2)

der **Schmerz, -en** pain (6-2)

sich **schminken** to put on make-up (9-2)

der **Schmuck** jewelry (7-2)

schmutzig dirty (8-2)

der **Schnabel, ⸚** mouth *(slang)* (11)

der **Schnaps, ⸚e** schnapps; hard liquor (10)

schnarchen to snore (4)

die **Schnecke, -n** snail (9)

der **Schnee** snow (11-2)

der **Schneesturm, ⸚e** snowstorm (12)

schneeweiß snow-white (11)

schneiden, schnitt, hat geschnitten to cut (6-2)

der **Schneider, -** tailor (7)

die **Schneiderin, -nen** seamstress (7)

schneien to snow (1)

schnell fast, quick(ly) (E, 3-1)

der **Schnellimbiss, -e** fast food stand (5-2)

das **Schnitzel, -** cutlet (7)

 das Wiener Schnitzel breaded veal cutlet (7)

der **Schnupfen** cold (11)

der **Schnurrbart, ⸚e** moustache (5-2)

der **Schock** shock (11-2)

schockiert shocked (7-2)

die **Schokolade** chocolate (1, 2-2)

 eine Tafel Schokolade a chocolate bar (10)

schon already (2-2)

 schon wieder again (E)

schön nice; beautiful (E, 1-1)

die **Schönheit** beauty (11)

der **Schopf, ⸚e** top *(of a turnip)* (4)

der **Schoß, ⸚e** lap (9)

der **Schrank, ⸚e** closet (8-1)

 nicht alle Tassen im Schrank haben to be crazy (8)

der **Schrebergarten, ⸚** garden plot at the edge of town (8)

schrecklich awful(ly), terrible; terribly (11-2)

schreiben, schrieb, hat geschrieben to write (E, 1-1)

der **Schreiber, -** scribe (10)

der **Schreibtisch, -e** desk (8-1)

schreien, schrie, hat geschrien to scream; to shout (10-2)

die **Schrift, -en** writing (10)

schriftlich in writing (4-2)

der **Schuh, -e** shoe (1, 2-2)

das **Schuhgeschäft, -e** shoe store (2)

der **Schuhmacher, -** shoemaker (10-1)

der **Schulabschluss** high school graduation (12)

die Schulbank: die Schulbank drücken to sit in school (11)

der **Schulbeginn** beginning of school (1)

die **Schuld, -en** debt; blame (3-2)

schulden to owe (7-1)

der **Schuldschein, -e** I.O.U. (7)

die **Schule, -n** school (1, 2-1)

der **Schüler, -/die Schülerin, -nen** pupil; student in a primary or secondary school (2-1)

die **Schulter, -n** shoulder (1, 6-1)

die **Schulzeit** schooldays *(pl)* (7)

die **Schüssel, -n** bowl (4-1)

 eine Schüssel Müsli a bowl of muesli (4-1)

schütteln to shake (10)

 den Kopf schütteln to shake one's head (10)

schütten to spill (9)

schwach weak (12-2)

der **Schwan, ⸚e** swan (1)

schwarz black (1-1)

 schwarz auf weiß in black and white (12-2)

das **Schwarzbrot** rye bread (7)

der **Schwarzwald** Black Forest (1)

die **Schwarzwälder Kirschtorte** Black Forest cake (10)

schwedisch *(adj)* Swedish (2)

das **Schwein, -e** pig (10)

 Du hast Schwein gehabt. You were lucky. (10)

der **Schweinebraten** pork roast (9)

der **Schweinestall, ⁻e** pigsty (4)
  Was für ein Schweinestall! What a pigsty! (4-1)
der **Schweiß** sweat (9)
die **Schweiz** Switzerland (1-1)
der **Schweizer, -/**die **Schweizerin, -nen** Swiss *(person)* (1-1)
schweizerisch *(adj)* Swiss
schwer hard; heavy (6-2)
  eine schwere Erkältung a bad cold (12)
die **Schwester, -n** sister (1, 3-1)
schwimmen, schwamm, ist geschwommen to swim (1, 2-1)
  schwimmen gehen to go swimming (1)
sich *(dat)* **schwören, schwor sich, hat sich geschworen** to vow (11)
schwül humid (1)
das **Schwyzerdütsch** Swiss German (8)
(die) **Sciencefiction** science fiction (3)
das **Scrabble** scrabble (2)
der **See, -n** lake (5-1)
die **See, -n** sea (11-2)
seekrank seasick (6)
segeln to sail (1)
sehen (sieht), sah, hat gesehen to see (3-2)
sehenswert worth seeing (11)
sehr very (1-2)
die **Seife, -n** soap (9-2)
die **Seifenoper, -n** soap opera (5-2)
sein, sein, seine his, its (2)
sein (ist), war, ist gewesen to be (E)
seit since (2); for (7)
die **Seite, -n** page (7); side (8)
seither since then (11)
der **Sekretär, -e/**die **Sekretärin, -nen** secretary (5)
die **Sekunde, -n** second (1, 2-1)
selbst myself; yourself; herself; etc. (2, 4-2); even (11)
  von selbst by one's self (7)
selbstlos selfless (12)
der **Selbstmord, -e** suicide (11)
selten seldom, rarely (2, 4-2)
das **Semester, -** semester (1-1)
die **Semesterferien** *(pl)* vacation (7)
das **Seminar, -e** seminar (4-2)
der **Senf** mustard (7, 9-2)
der **Senior, -en/**die **Seniorin, -nen** senior citizen (3)
das **Seniorenheim, -e** senior citizens' home (10-2)
die **Sensation, -en** sensation (3)
sentimental sentimental (5-2)
der **September** September (1-2)
der **Service** service (10-2)
servieren to serve (5, 9-1)

die **Serviette, -n** napkin, serviette (9-1)
Servus! Hello! Hi! Good-bye! So long! *(Austrian)* (E)
der **Sessel, -** armchair (8-1)
setzen to set (3)
sich **setzen** to sit down (9-2)
das **Shampoo** shampoo (9-2)
die **Shorts** shorts (3-2)
sicher sure, certainly; probably (5, 8-2)
signieren to sign (7)
das **Silber** silver (4)
silbern silver (3)
(der) **Silvester** New Year's Eve (7-1)
die **Sinfonie, -n** symphony (8)
singen, sang, hat gesungen to sing (1)
sinken, sank, ist gesunken to sink (4)
der **Sinn** *(sing)* meaning (1, 11-1); sense (4, 11-1)
die **Sitte, -n** custom (9)
der **Sitz, -e** seat (3)
sitzen, saß, hat gesessen to sit (1-2)
der **Sitzplatz, ⁻e** seat (7)
(das) **Skandinavien** Scandinavia (11)
der **Skelettsatz, ⁻e** skeleton sentence (8)
der **Sketch, -es** skit (10-1)
der **Ski, -er** ski (1)
  Ski laufen (läuft Ski), lief Ski, ist Ski gelaufen to ski (3)
das **Skilaufen** *(sing)* skiing (1)
  Skilaufen gehen to go skiing (1)
der **Skilehrer, -/**die **Skilehrerin, -nen** ski instructor (1)
die **Skulptur, -en** sculpture (8-2)
so so, such (1)
so ein (ein, eine) such a (2)
so ... wie as . . . as (2-2)
sobald *(conj)* as soon as (4-2)
die **Socke, -n** sock (2-2)
das **Sofa, -s** sofa (3)
sofort immediately, right away; in a minute (6-2)
das **Softdrink, -s** soft drink (2, 9-1)
das **Softeis** soft ice cream (10)
die **Software** software (11-2)
der **Softwareentwickler, -/**die **Softwareentwicklerin, -nen** software developer (12)
sogar even (7-2)
so genannt so-called (11)
der **Sohn, ⁻e** son (1, 3-1)
solange *(conj)* as long as (10, 12-1); in the meantime (10)
so lange so long (4)
solcher, solches, solche such (7)
sollen, sollte, hat gesollt to be supposed to, should (4)
der **Sommer, -** summer (1-2)

die **Sommerferien** *(pl)* summer holidays, summer vacation (5)
der **Sommerschlussverkauf, ⁻e** summer sale (7-1)
sondern but, but rather; on the contrary (1-2)
die **Sonne** sun (1-1)
die **Sonnenbrille** sunglasses (7-1)
die **Sonnencreme, -s** suntan lotion (4)
sonnig sunny (2)
der **Sonntag, -e** Sunday (1-2) *(see also* **Dienstag)**
sonst apart from that (12); otherwise, or else (9)
  was ... sonst what else (8)
sooft as often as (10)
sorgfältig careful(ly) (10-2)
die **Soße, -n** sauce (4, 9-1)
sowieso anyway (4, 8-1)
die **Sowjetunion** Soviet Union (11)
das **Sozialamt, ⁻er** welfare office (12)
der **Sozialarbeiter, -/**die **Sozialarbeiterin, -nen** social worker (2)
der **Sozialfall, ⁻e** welfare case (12)
die **Sozialhilfe** welfare, social assistance (12-2)
die **Spaghetti** *(pl)* spaghetti (3)
die **Spalte, -n** column (12)
spalten to split (11)
(das) **Spanisch** Spanish *(language)* (4)
spanisch *(adj)* Spanish (2)
sparen to save (6-2)
das **Sparkonto, -s** savings account (12)
sparsam thrifty (5)
der **Spaß** fun, enjoyment (1)
  Es macht mir Spaß. I enjoy it. (8-2)
  Spaß haben to have fun (5-1)
spät late (4-1)
  Wie spät ist es? What time is it? (2-2)
der **Spaziergang, ⁻e** walk (7)
  einen Spaziergang machen to go for a walk (7)
spazieren gehen, ging spazieren, ist spazieren gegangen to go for a walk (4-2)
die **Speisekarte, -n** menu (9-1)
spekulieren to speculate (7)
die **Spezialität, -en** specialty (3)
der **Spiegel, -** mirror (9-2)
spielen to play (1-2)
der **Spielraum** *(sing)* leeway (3)
die **Spielwaren** toys (7)
die **Spielwarenfabrik, -en** toy factory (7)
das **Spielwarengeschäft, -e** toy store (7)

der **Spinat** spinach (4)

spinnen, spann, hat gesponnen to be crazy (8)

spitze great (2)

  echt spitze really great (2-2)

der **Sport** sport(s), athletics (1-2)

  Sport machen to do sports (1-2)

  Was für Sport machst du? What sports do you do? (1-2)

die **Sportabteilung, -en** sporting goods department (10)

das **Sportcoupé, -s** sport coupe (3)

das **Sportgeschäft, -e** sporting goods store (2)

sportlich athletic (1-2); sporty (2)

das **Sportprogramm, -e** sports program (1)

die **Sportreportage** sports report (3)

die **Sprache, -n** language (3-2)

sprechen (spricht), sprach, hat gesprochen to speak, to talk (2, 3-2)

die **Sprechstunde, -n** office hour (12-2)

springen, sprang, ist gesprungen to jump (8)

das **Spülbecken, -** sink (8-1)

spüren to feel (11)

das **Squash** squash *(sport)* (2)

der **Staat, -en** state (5)

staatlich state-run (11)

die **Staatsbürgerkunde** *(sing)* civics (11)

der **Staatschef, -s** head of state (11)

die **Staatskasse, -n** state treasury (10)

das **Stadion, Stadien** stadium (5)

die **Stadt, ⸚e** city, town (1, 2-2)

  in die Stadt to town (3)

der **Stadtplan, ⸚e** map of the city (8-2)

der **Stadtteil, -e** district, part of the city (8-2)

das **Stadtzentrum** city center (5)

der **Stahl** steel (8)

der **Stall, ⸚e** stable (10-1)

der **Stamm, ⸚e** tree trunk (7)

  Der Apfel fällt nicht weit vom Stamm. Like father, like son. (7)

der **Stammbaum, ⸚e** family tree (6-1)

ständig constant, constantly (12-1)

stark strong (12-2)

  stark reduziert sharply reduced (7-1)

der **Starnberger See** *lake south of Munich* (4)

starten to take off *(of airplanes)* (6-2)

die **Statistik, -en** statistic (1, 12-1)

statt instead of (7, 8-2); *(+ gen)* (12-2)

der **Staubsauger, -** vacuum cleaner (8-2)

das **Steak, -s** steak (10-2)

stecken to put, to stick (10-1)

  die Nase zu tief ins Glas stecken to drink too much (6)

stehen, stand, hat gestanden to stand (1, 8-1)

  Diese Jacke steht dir. This jacket looks good on you. (7-2)

stehen bleiben, blieb stehen, ist stehen geblieben to stop *(walking)* (10-1)

die **Stehlampe, -n** floor lamp (8-1)

stehlen (stiehlt), stahl, hat gestohlen to steal (11)

steif stiff (9-1)

steigen, stieg, ist gestiegen to climb (10-1)

stellen to put *(in an upright position)* (8-1)

  eine Frage stellen to ask a question (7-2)

die **Stellung, -en** job, position (12-2)

sterben (stirbt), starb, ist gestorben to die (6-2)

die **Stereoanlage, -n** stereo (8-1)

der **Stern, -e** star (11)

das **Stichwort, ⸚er** key word (12)

der **Stiefel, -** boot (12-2)

die **Stiefmutter, ⸚** stepmother (3-1)

der **Stiefvater, ⸚** stepfather (3-1)

der **Stil, -e** style (8)

die **Stimme, -n** voice (12-2)

stimmen to be right (4)

  Das stimmt. That's right. (4-1)

stinkig stinky (2)

stinklangweilig deadly boring (3)

die **Stirn, -en** forehead (6-1)

der **Stock, Stockwerke** floor, story (8, 10-2)

  im ersten Stock on the second floor (10)

der **Stock, ⸚e** stick (10)

der **Stoffbär, -en, -en** stuffed toy bear (7)

das **Stofftier, -e** stuffed toy animal (7-2)

stoppen to stop (11)

stören to disturb (8-2)

der **Strafzettel, -** (traffic) ticket (12-2)

der **Strand, ⸚e** beach (1, 5-1)

die **Straße, -n** street (E, 2-2)

streichen, strich, hat gestrichen to paint (6-2)

der **Stress** stress (4-2)

stressig stressful (8)

strikt strict (8)

der **Strumpf, ⸚e** stocking (11)

das **Stück, -e** piece (3, 4-1)

  ein Stück Kuchen a piece of cake (3, 4-1)

  fünf Euro das Stück five euros apiece (7)

  Stück für Stück bit by bit (11)

der **Student, -en, -en**/die **Studentin, -nen** student (1-1)

der **Studentenausweis, -e** student ID (5-2)

der **Studentenchor, ⸚e** student choir (6)

das **Studentenheim, -e** dormitory, student residence (E, 2-2)

das **Studentenleben** student life (6)

das **Studentenwerk** student center (E, 6-2)

das **Studienfach, ⸚er** field of study; subject (2-2)

studieren to study *(i.e., to attend college or university)* (1-1)

das **Studium** *(sing)* studies (7)

der **Stuhl, ⸚e** chair (2, 8-1)

  jemand *(dat)* **den Stuhl vor die Tür setzen** to throw somebody out (8)

die **Stunde, -n** hour (2-1)

  eine Stunde lang for an hour (4)

stundenlang for hours (2-1)

der **Stundenplan, ⸚e** timetable (2-2)

der **Sturm, ⸚e** storm (12-2)

stürmisch stormy (6)

stürzen to fall; to plunge (10)

das **Substantiv, -e** noun (11)

suchen to look for (2-2)

süddeutsch *(adj)* Southern German (7)

der **Süden** south (8)

südlich (von) south (of) (11)

der **Südpol** South Pole (1)

die **Südseeinsel, -n** South Sea island (9)

super super (4)

der **Superlativ, -e** superlative (5)

der **Supermarkt, ⸚e** supermarket (7-2)

die **Suppe, -n** soup (1)

  ein Haar in der Suppe finden to find fault with something (9)

das **Surfbrett, -er** surfboard (4)

surfen gehen to go surfing (1)

suspekt suspicious (12)

süß sweet (10)

die **Süßigkeit, -en** candy; sweet (6, 7-2)

das **Sweatshirt, -s** sweatshirt (1, 2-2)

das **Symbol, -e** symbol (4)

die **Synagoge, -n** synagogue (11)

das **Synonym, -e** synonym (10)

das **System, -e** system (6-2)

die **Szene, -n** scene (2-1)

T

der **Tabak** tobacco (5, 10-2)

die **Tabelle, -n** chart, table (10)

die **Tablette, -n** pill, tablet (12-2)

die **Tafel, -n** blackboard (4-2)

  eine Tafel Schokolade a chocolate bar (10)

der **Tag**, -e day (E, 1-2)
  eines Tages one day (10-2)
  Guten Tag! Tag! Hello! (E-1)
  Tag der Arbeit Labor Day (7)
  Tag der Deutschen Einheit Day of German Reunification (7)
  Tag der Fahne Flag Day (7)
  vierzehn Tage two weeks (1, 5-1)
das **Tagebuch**, ⸚er diary (6-2)
der **Tagesjob**, -s job for a day (6)
das **Tagesmenü**, -s special of the day (10)
täglich daily (2)
taktlos tactless (12)
das **Tal**, ⸚er valley (5-1)
das **Talent**, -e talent (10-2)
die **Talkshow**, -s talk show (4)
der **Tango**, -s tango (2)
die **Tante**, -n aunt (3-1)
tanzen to dance (1-2)
der **Tänzer**, -/die **Tänzerin**, -nen dancer (2)
die **Tasche**, -n bag; pocket (9)
der **Taschenrechner**, - calculator (E)
die **Tasse**, -n cup (4-1)
  eine Tasse Kaffee a cup of coffee (4-1)
  nicht alle Tassen im Schrank haben to be crazy (8)
die **Tastatur**, -en *(computer)* keyboard (3-1)
die **Tätigkeit**, -en activity (4)
das **Tausend**, -e thousand (10)
der **Tausendfüßler**, - millipede (9)
das **Taxi**, -s taxi (4)
die **Technik** technology (8-2)
technisch technical (12)
der **Teddybär**, -en, -en teddy bear (2)
der **Tee** tea (2-1)
die **Teekanne**, -n teapot (1, 9-1)
der **Teekessel**, - tea kettle (1, 7-2)
der **Teelöffel**, - teaspoon (9-1)
der **Teenager**, - teenager (4)
der **Teig** batter; dough (9-1)
der **Teil**, -e part, area (8-2)
teilen to divide (11-1)
teil·nehmen (**nimmt teil**), **nahm teil**, **hat teilgenommen** (**an**+ *dat*) to take part (in) (9)
teilweise partially (11-1)
das **Telefon**, -e telephone (E)
das **Telefonbuch**, ⸚er telephone book (E)
das **Telefongespräch**, -e telephone conversation (5)
telefonieren (**mit**) to talk on the phone (with) (2-1)
die **Telefonnummer**, -n telephone number (E)

das **Teleskop**, -e telescope (1)
der **Teller**, - plate (5, 9-1)
die **Temperatur**, -en temperature (5)
das **Tennis** tennis (1)
  Tennis spielen to play tennis (2-1)
der **Tennisklub**, -s tennis club (10)
das **Tennismatch**, -es tennis match (10)
der **Tennisplatz**, ⸚e tennis court (11)
der **Tennisschläger**, - tennis racket (7-2)
der **Tennisschuh**, -e tennis shoe (3)
der **Tenor**, ⸚e tenor (2)
der **Teppich**, -e carpet, rug (3, 8-1)
die **Terrasse**, -n terrace, patio (8-1)
teuer expensive (2-2)
der **Teufel**, - devil (8)
  den Teufel an die Wand malen to speak of the devil (8)
der **Text**, -e text (7)
das **Theater**, - theater (1)
  ins Theater to the theater (1-2)
die **Theaterkarte**, -n theater ticket (4)
das **Theaterstück**, -e play (8)
das **Thema**, **Themen** topic (10-2)
die **Therapie**, -n therapy (12)
das **Thermometer**, - thermometer (1)
tief deep (11-2)
  die Nase zu tief ins Glas stecken to drink too much (6)
das **Tier**, -e animal (4, 7-2)
tipptopp tiptop (4)
der **Tisch**, -e table (5, 8-1)
  den Tisch decken to set the table (7-1)
der **Titel**, - title (7-2)
der **Toast** toast (4-1)
der **Toaster**, - toaster (7)
die **Tochter**, ⸚ daughter (1, 3-1)
der **Tod** death (5)
der **Todesstreifen** death strip (11)
die **Toilette**, -n lavatory (8-1)
tolerieren to tolerate (11)
toll fantastic, neat (1-1)
  Das ist echt toll. That's really fantastic. (3-1)
die **Tomate**, -n tomato (1)
die **Tomatensoße** tomato sauce (5)
der **Ton**, ⸚e tone; sound; note (2)
der **Toner** toner (12)
die **Tonne**, -n bin; ton (11)
der **Topf**, ⸚e pot (9-1)
das **Tor**, -e gate (9)
die **Torte**, -n layer cake (4-1)
tot dead (3-2)
total completely (1)
der **Tourist**, -en, -en/die **Touristin**, -nen tourist (2, 5-2)
die **Touristenattraktion**, -en tourist attraction (5)

tragen (**trägt**), **trug**, **hat getragen** to wear (3-2); to carry (8)
der **Traum**, ⸚e dream (12-2)
der **Traumberuf**, -e job of one's dreams (12)
träumen to dream (12-2)
(**sich**) **treffen** (**trifft**), **traf**, **hat getroffen** to meet (9-2)
trennen to separate (11-1)
die **Treppe**, -n staircase (8-1)
trinkbar drinkable (12)
trinken, **trank**, **hat getrunken** to drink (2-2)
das **Trinkgeld**, -er tip (9-1)
der **Triumph**, -e triumph (12-1)
trocken dry (5-1)
sich *(dat)* **die Haare trocknen** to dry one's hair (9-2)
die **Trompete**, -n trumpet (2)
tropfen to drip (11)
trotz in spite of (12-2)
trotzdem anyway, nevertheless (5-2)
das **T-Shirt**, -s T-shirt (2-2)
Tschüs! Good-bye! So long! (E-1)
die **Tulpe**, -n tulip (1)
der **Turm**, ⸚e tower (9)
tun, **tat**, **hat getan** to do (1-2)
  Er tut dir nichts. He won't hurt you. (9-1)
  Es tut mir Leid. I'm sorry. (7-2)
die **Tür**, -en door (8-1)
  jemand *(dat)* **den Stuhl vor die Tür stellen** to throw someone out (8)
der **Türke**, -n, -n/die **Türkin**, -nen Turk (2)
türkisch *(adj)* Turkish (2)
der **Typ**, -en guy (7-2)
typisch typical (4-2)

U

üben to practice (6-2)
über about (2); across (1); over, above (6); via (6)
das **Überbleibsel**, - remnant (11)
überfallen (**überfällt**), **überfiel**, **hat überfallen** to attack; to invade (11)
überfluten to flood (11)
der **Übergang**, ⸚e crossing (11)
übergeschnappt crazy (11-2)
überhaupt at all; anyway (11)
  überhaupt nicht not at all (11-2)
  überhaupt nichts nothing at all (11-2)
übermorgen the day after tomorrow (3)
übernachten to spend the night; to stay overnight (5-2)

die **Übernachtung, -en** overnight accommodation (6)

übernehmen (übernimmt), übernahm, hat übernommen to assume (a role) (12); to take on (a duty) (12-1)

die **Überraschung, -en** surprise (7-1)

überreden to persuade (12)

überregional national, nationwide (10)

übersät strewn (11)

über·schnappen, ist übergeschnappt to go crazy (11-2)

übersetzen to translate (6-1)

der **Übersetzer, -/**die **Übersetzerin, -nen** translator (9)

die **Übersetzung, -en** translation (10-1)

überzeugen to convince (12)

übrigens by the way (1-2)

die **Übung, -en** exercise; seminar; lab (2-2)

die **Uhr, -en** clock; watch (2-1)
  zehn Uhr ten o'clock (2-1)
  um wie viel Uhr? (at) what time? (2-2)
  Wie viel Uhr ist es? What time is it? (2-2)

die **Uhrzeit, -en** time of day (7)

um at (2); around (5)
  um zehn at ten o'clock (2-2)
  um die Ecke around the corner (5)

um ... zu in order to (8)

die **Umfrage, -n** survey, poll (5, 10-2)

das **Umland** (sing) surrounding area (11)

sich **um·schauen (nach)** to look around (for) (10)

um·steigen, stieg um, ist umgestiegen to change trains (4)

um·stellen to rearrange (8-1)

um·tauschen to exchange (7-2)

die **Umwelt** environment (12)

um·ziehen, zog um, ist umgezogen to move (change residence) (8-1)

sich **um·ziehen** to change (one's clothes) (9-2)

unabhängig independent (12-1)

unbewohnbar uninhabitable (12)

und and (E, 1-2)

undankbar ungrateful (12)

undefinierbar indefinable (12)

uneben uneven (2)

unehrlich dishonest (12-1)

unerhört outrageous (11)

der **Unfall, -̈e** accident (11)

ungesund unhealthy (4-2)

unglücklich unhappy (7-2)

unheimlich tremendously, immensely (11)

unhöflich impolite (7-2)

die **Uni, -s** university (1-1)
  zur Uni to the university (2-2)

die **Universität, -en** university (1-1)

die **Universitätsstadt, -̈e** university town (8)

unkontrollierbar uncontrollable (12)

unkultiviert uncultivated (9)

unmöglich impossible (4-2)

unordentlich messy (4-2)

unregelmäßig irregular (11-1)

unser, unser, unsere our (2)

unten below (8, 10-2)
  dort unten down there (8)
  hier unten down here (10)
  von unten from the bottom (12)

unter under, below (4); among (9)

unterbrechen (unterbricht), unterbrach, hat unterbrochen to interrupt (12-1)

unter·gehen, ging unter, ist untergegangen to be destroyed (11)

sich **unterhalten (unterhält sich), unterhielt sich, hat sich unterhalten** to talk; to converse (10-2)

die **Unterkunft** living accommodation (8)

das **Unterrichtsbuch, -̈er** textbook (11)

der **Unterschied, -e** difference (12-1)

unterschiedlich different (12-1)

unterstreichen, unterstrich, hat unterstrichen to underline (10, 12-1)

die **Untertasse, -n** saucer (9-1)

unterwegs on the way (10-2)

unübersetzbar untranslatable (12)

unvorstellbar unimaginable (12)

unzufrieden dissatisfied (10-2)

up to date up-to-date (1)

uralt ancient (10)

die **Urgroßmutter, -̈** great-grandmother (6-1)

der **Urgroßvater, -̈** great-grandfather (6-1)

der **Urlaub** vacation (generally of people in the workforce) (5-1)
  Urlaub machen to go on vacation (5-1)

ursprünglich originally (10)

usw. (und so weiter) etc. (et cetera, and so on) (E, 1-1)

die **Utopie, -n** utopia (12-1)

die **UV-Strahlen** UV-rays (7)

V

(der) **Valentinstag** Valentine's Day (6)

das **Vanilleeis** vanilla ice cream (9)

die **Vanillesoße** vanilla sauce (9)

die **Vase, -n** vase (1)

der **Vater, -̈** father (E, 3-1)

der **Vatertag, -e** Father's Day

väterlich fatherly (2)

väterlicherseits paternal (6-1)

vaterlos fatherless (12)

der **Vati** dad (5)

der **Vegetarier, -/**die **Vegetarierin, -nen** vegetarian (4, 10-2)

vegetarisch vegetarian (7)

(das) **Venedig** Venice (10)

die **Venus** Venus (5)

sich **verändern** to change (a situation; one's behavior) (11)

verbessern to improve; to correct (6-2)

verbieten, verbot, hat verboten to forbid (11-2)

verbittert bitter, embittered (5)

verbringen, verbrachte, hat verbracht to spend (time) (7-1)

verdanken (+ dat) to owe (10)

verdienen to earn (3-1)

der **Verdienst, -e** wages, pay (12-1)

die **Vereinigten Staaten (die USA)** the United States (the U.S.) (1-1)

Verflixt! Darn it! (10-2)

vergangen past (8)

vergessen (vergisst), vergaß, hat vergessen to forget (3, 4-2)

der **Vergleich, -e** comparison (5)

vergleichen, verglich, hat verglichen to compare (10-2)

vergnügt happy, in a good mood (10)

verhaften to arrest (11)

verheiratet married (3-1)

jemand (dat) zu etwas **verhelfen (verhilft), verhalf, hat verholfen** to help somebody get something (12)

verhören to interrogate (8)

verkaufen to sell (2, 3-2)

der **Verkäufer, -/**die **Verkäuferin, -nen** sales clerk, salesman/ saleswoman (3-2)

das **Verkehrszeichen, -** traffic sign (4)

verlassen (verlässt), verließ, hat verlassen to leave (8)

sich **verlieben in** (+ acc) to fall in love with (11-2)

verlieren, verlor, hat verloren to lose (10-2)

vermieten to rent (out) (8-2)

der **Vermieter, -/**die **Vermieterin, -nen** landlord/landlady (9)

verrecken to croak, to die (8)

verrückt crazy, insane (5-2)

versalzen oversalted (9-2)

versammeln to gather (11)

verschieben, verschob, hat verschoben to postpone (10-2)

verschieden different (5, 7-1); various (9)

verschwenderisch wasteful (5)

versichern to insure (12)

die **Versicherung, -en** insurance (12-2)

versorgen to supply (11)

sich **verspäten** to be late (9-2)

versprechen (verspricht), versprach, hat versprochen to promise (8-1)

verstecken to hide (10-2)

(das) **Verstecken** hide-and-seek (10)

das **Verstehen** understanding (1)

verstehen, verstand, hat verstanden to understand (3-1)

verstümmelt crippled (6)

versuchen to try (5, 8-2)

vertreten to represent (6)

verwandt related (1)

der/die **Verwandte, -n** relative (3-1)

die **Verwandschaft** relatives (*as a group*) (12)

verwendbar usable (12)

verwenden to use (9-1)

verwirrt confused (9)

verwundert astonished (6)

sich **verziehen, verzog sich, hat sich verzogen** to withdraw (11)

der **Vetter, -n** (*male*) cousin (3-1)

das **Video, -s** video (3)

die **Videokamera, -s** video camera (10)

der **Videorecorder, -** video recorder (10)

viel much; a lot (E, 1-1)

viel zu viel far too much (3-1)

viele many (1)

vielleicht perhaps (2-2)

viert: wir kommen zu viert the four of us are coming (8)

das **Viertel** quarter (2)

Viertel nach elf quarter after eleven (2)

Viertel vor elf quarter to eleven (2)

die **Viertelstunde** quarter hour (8)

die **Villa, Villen** villa (10)

violett purple (1-1)

der **Violinist, -en, -en**/die **Violinistin, -nen** violinist (3)

der **Virus, Viren** virus (11-2)

das **Vitamin, -e** vitamin (4)

der **Vogel, ¨** bird (11-2)

die **Vokabeln** (*pl*) vocabulary (1)

voll full (1, 7-1)

den Mund voll nehmen to talk big (6)

der **Volleyball, ¨e** volleyball (1)

die **Vollkaskoversicherung, -en** comprehensive auto insurance (12)

vollständig complete (8)

von from (E); of (7)

von ... bis from . . . to (1-2)

von Montag ab from Monday on (4-2)

von jetzt ab from now on (6)

vor in front of; before (4); ago (7)

vor allem above all (4-1)

vor dem Fernseher in front of the TV (2)

vorbei sein to be over (10)

die **Vorderseite, -n** front (9)

der **Vorfahr, -en, -en** ancestor (6-1)

vor·geben (gibt vor), gab vor, hat vorgegeben to set (*in advance*) (9)

vorgestern the day before yesterday (3-2)

vor·haben (hat vor), hatte vor, hat vorgehabt to plan, to have planned (4-2)

der **Vorhang, ¨e** curtain (11)

der **Eiserne Vorhang** the Iron Curtain (11)

vorher before (*adv*) (6-1)

vor·lesen (liest vor), las vor, hat vorgelesen to read aloud (10)

die **Vorlesung, -en** lecture (1-1)

in die Vorlesung to lectures (1-2)

der **Vormittag, -e** morning (4)

vormittags in the morning (2)

der **Vorname, -ns, -n** first name (3-2)

der **Vorsatz, ¨e** resolution (9)

die **Vorschau** preview (1)

der **Vorschlag, ¨e** suggestion (7)

die **Vorspeise, -n** hors d'oeuvre (9-2)

sich (etwas) **vor·stellen** to imagine (something) (11-2)

der **Vorteil, -e** advantage (8-2)

die **Vorwahl** area code (E)

der **Vulkan, -e** volcano (2)

W

die **Waage, -n** weigh scales (10)

das **Wachs** wax (5)

wachsen (wächst), wuchs, ist gewachsen to grow (12-1)

der **Wagen, -** car (3-1)

wählen to choose, select (9)

wahr true (5-2)

während (*prep*) during (12-2); while (*conj*) (9-1)

die **Wahrheit, -en** truth (5-2)

die **Währung, -en** currency (11)

das **Waisenkind, -er** orphan (12)

der **Wald, ¨er** forest, woods (5-1)

der **Walkman, Walkmen** walkman (3)

der **Walzer, -** waltz (1)

die **Wand, ¨e** wall (3-1)

den Teufel an die Wand malen to speak of the devil (8)

wandern to hike (2-1); to wander, to roam (5)

wandern gehen to go hiking (1)

der **Wanderschuh, -e** hiking boot (5)

der **Wanderstiefel, -** hiking boot (12)

wann when (1)

die **Ware, -n** merchandise (11)

warm warm (1)

warnen to warn (6-2)

die **Warnung, -en** warning (6-2)

warten to wait (6-2)

warten auf (+ *acc*) to wait for (11-2)

die **Wartezeit, -en** waiting period (11)

warum why (1)

die **Warze, -n** wart (3)

was what (E)

Was für ein Hundewetter! What rotten weather! (1)

Was für Sport machst du? What sports do you do? (1-2)

was ... sonst what else (8)

waschbar washable (12)

das **Waschbecken, -** (bathroom) sink (8-1)

die **Wäsche** wash, laundry (5, 6-2)

die **Wäsche waschen** to do the laundry (6-2)

waschen (wäscht), wusch, hat gewaschen to wash (3-2)

der **Waschlappen, -** washcloth (9-2)

die **Waschmaschine, -n** washer (4)

der **Waschsalon, -s** laundromat (6-2)

das **Wasser** water (1, 2-1)

der **Wasserkocher, -** electric kettle (3-2)

wässerig watery (2)

die **Website, -s** Web site (11-2)

wecken to wake (*someone*) up (9)

der **Wecker, -** alarm clock (7-1)

weder ... noch neither . . . nor (10-2)

weg away; gone (6)

der **Weg, -e** way (5); path (9)

wegen because of (12-2)

weg·fahren (fährt weg), fuhr weg, ist weggefahren to drive away (4-2)

weg·fliegen, flog weg, ist weggeflogen to fly away (8)

weg·gehen, ging weg, ist weggegangen to go away (4)

weg·laufen (läuft weg), lief weg, ist weggelaufen to run away (4)

weg·nehmen (nimmt weg), nahm weg, hat weggenommen to take away (4)

weg·räumen to clear away (11)

weg·rennen, rannte weg, ist weggerannt to run away (6)

weg·sehen (sieht weg), sah weg, hat weggesehen to look away (4)

weg·schwimmen, schwamm weg, ist weggeschwommen to swim away (4)

Weihnachten Christmas (7-1)

Frohe Weihnachten! Merry Christmas! (7-1)

zu Weihnachten at, for Christmas (7-1)

der **Weihnachtsbaum, ¨e** Christmas tree (7-1)

der **Weihnachtsfeiertag** Christmas Day (7)

die **Weihnachtsferien** Christmas vacation (5)

die **Weihnachtsgans, ¨e** Christmas goose (7)

das **Weihnachtsgeschenk, -e** Christmas present (7)

der **Weihnachtsmarkt, ¨e** Christmas market (7)

weil because (conj) (4-2)

der **Wein, -e** wine (1, 2-1)

weinen to cry (10-1)

das **Weinglas, ¨er** wineglass (1)

der **Weinkenner, -** wine connoisseur (9)

die **Weise** way (11)

auf diese Weise in this way (11-1)

weiß white (1-1)

der **Weißwein, -e** white wine (3)

die **Weißwurst, ¨e** veal sausage (5)

weit far (4, 5-1)

weiter (as verb prefix) to continue (4); additional, further (8)

weiter·arbeiten to keep on working (4)

weiter·essen (isst weiter), aß weiter, hat weitergegessen to continue eating (4)

weiter·fahren (fährt weiter), fuhr weiter, ist weitergefahren to keep on driving (4)

weiter·geben (gibt weiter), gab weiter, hat weitergegeben to pass along (10)

weiter·schlafen (schläft weiter), schlief weiter, hat weitergeschlafen to continue sleeping (4)

weiter·schreiben, schrieb weiter, hat weitergeschrieben to continue writing (4)

weiter·studieren to continue studying (4)

welcher, welches, welche which (1)

die **Welt, -en** world (4, 5-2)

die **Weltfirma, -firmen** worldwide company (7)

der **Weltkrieg, -e** world war (11-1)

das **Weltkulturerbe** world cultural heritage

die **Weltreise, -n** trip around the world (4)

wenig little (1-2)

wenigstens at least (8-2)

wenn when (conj); if (conj) (4-2)

wer who (1)

werden (wird), wurde, ist geworden to become; to get; to be (3-2)

Er wird Koch. He's going to be a cook. (3)

Sie wird einundzwanzig. She's going to be twenty-one. (3-2)

werfen (wirft), warf, hat geworfen to throw (11-1)

das **Werk, -e** work (4)

die **Werkstatt, ¨e** workshop (6)

das **Werkzeug, -e** tool (10-2)

der **Westen** west (8)

westlich (von) west (of) (11)

der **Wettbewerb, -e** contest (9)

die **Wette, -n** bet (10)

um die Wette laufen to run a race (with someone) (10)

wetten to bet (10-2)

das **Wetter** weather (1-1)

Wie ist das Wetter? What's the weather like? (1)

die **Wetterkarte, -n** weather map (1)

der **Wettlauf, ¨e** race (10)

einen Wettlauf machen to run a race (10)

die **WG, -s** shared housing (8-2)

wichtig important (4, 5-2)

die **Wichtigkeit** importance (11)

widerlich disgusting, repulsive (12-1)

wie how (E); like (3)

Wie bitte? Pardon? (E-1)

wie ein König like a king (3)

Wie geht es Ihnen?/Wie geht's? How are you? (E-1)

Wie heißen Sie?/Wie heißt du? What's your name? (E-1)

Wie ist das Wetter? What's the weather like? (1)

Wie ist Ihr Name und Ihre Adresse? What's your name and your address? (3)

Wie ist Ihre Wohnung? What's your apartment like? (3)

Wie spät ist es? What time is it? (2-2)

wieder again (1-2)

wiederholen to repeat (E)

Wiederhören! Auf Wiederhören! Good-bye! (on the telephone) (E-1)

wieder·sehen (sieht wieder), sah wieder, hat wiedergesehen to see again (E)

Auf Wiedersehen! Wiedersehen! Good-bye! (E-1)

die **Wiedervereinigung** reunification (11-1)

(das) **Wien** Vienna (1)

das **Wiener Schnitzel** breaded veal cutlet (7)

wie viel how much (E)

Wie viel Uhr ist es? What time is it? (2-2)

wie viele how many (1)

der **Wievielte** (6)

am Wievielten on what date (6)

Den Wievielten haben wir heute? What's the date today? (6-2)

Der Wievielte ist heute? What's the date today? (6-2)

wild wild (12-2)

windig windy (1-1)

windstill windless, calm (1)

windsurfen gehen to go windsurfing (2-1)

der **Winter, -** winter (1-2)

die **Winterjacke, -n** winter jacket (7)

der **Wintermantel, ¨** winter coat (10)

der **Winterschlussverkauf, ¨e** winter sale (7-1)

winzig tiny (10-2)

wirklich really (6, 9-2)

die **Wirklichkeit** reality (11)

die **Wirtschaft** economy (9)

das **Wirtschaftswunder** economic miracle (2)

wissen (weiß), wusste, hat gewusst to know (E, 5-1)

wissen von to know about (11-2)

die **Witwe, -n** widow (12-2)

der **Witwer, -** widower (12-2)

der **Witz, -e** joke (11-2)

witzig witty, funny (7-2)

wo where (in what place) (E)

die **Woche, -n** week (1-2)

das **Wochenende, -n** weekend (2-2)

das **Wochenendhaus, ¨er** cottage (8)

der **Wochenmarkt, ¨e** open air market (8-2)

der **Wochentag, -e** day of the week (1-2)

wöchentlich weekly (2)

die **Wochenzeitung, -en** weekly newspaper (11)

woher where . . . from (E-1)

wohin where (to what place) (1)

wohl probably; perhaps (7-2)

sich **wohl fühlen** to feel well (9-2)

der **Wohlstand** affluence (11)

  vor lauter Wohlstand for all (their) affluence (11)

wohnen to live (*in a building or on a street*) (2-2)

die **Wohngemeinschaft, -en (die WG, -s)** shared housing (8-2)

das **Wohnhaus, ¨er** residential building (8)

der **Wohnort, -e** place of residence (1, 6-1)

die **Wohnung, -en** apartment (2-2)

das **Wohnzimmer, -** living room (8-1)

die **Wohnzimmergarnitur, -en** living room set (12)

die **Wolke, -n** cloud (5-1)

die **Wolle** wool (10)

wollen (will), wollte, hat gewollt to want to (4)

das **Wort, -e** word (*in a meaningful utterance*) (6)

das **Wort, ¨er** word (*lexical item*) (1, 7-1)

das **Wörterbuch, ¨er** dictionary (7-1)

der **Wortschatz, ¨e** vocabulary (1)

wozu what . . . for (8-2)

der **Wühltisch, -e** bargain table (10)

wunderbar wonderful (2-2)

das **Wunderkind, -er** child prodigy (3)

wunderschön very beautiful (3-2)

wundervoll marvelous (5)

der **Wunsch, ¨e** wish (12-2)

wünschen to wish (7)

  Sie wünschen? May I help you? (7-2)

der **Wurm, ¨er** worm (1)

wurmig wormy (2)

die **Wurst, ¨e** sausage; cold cuts (4-1)

  Das ist mir wurst. I couldn't care less. (7)

die **Wut** anger, rage (11)

wütend angry, furious (11-2)

Z

z.B.; zum Beispiel e.g., for example (6-2)

die **Zahl, -en** number (7)

zählen to count (10)

zahllos countless (12)

der **Zahn, ¨e** tooth (6-1)

der **Zahnarzt, ¨e**/die **Zahnärztin, -nen** dentist (7-2)

die **Zahnbürste, -n** toothbrush (5, 9-2)

die **Zahnklinik, -en** dental clinic (11)

zahnlos toothless (12)

zahnmedizinisch dental (11)

die **Zahnpasta** toothpaste (9-2)

die **Zahnschmerzen** (*pl*) toothache (6, 7-2)

der **Zaun, ¨e** fence (6-2)

die **Zehe, -n** toe (6-1)

zeichnen to draw; to draft (6-1)

die **Zeichnung, -en** drawing (9)

zeigen to show (1, 7-2)

  Das Thermometer zeigt zehn Grad. The thermometer reads ten degrees. (1-1)

die **Zeile, -n** line (*of text on a page*) (12)

die **Zeit, -en** time (2-1)

  in letzter Zeit recently (6-2)

das **Zeitalter** age (9)

die **Zeitung, -en** newspaper (2-1)

das **Zelt, -e** tent (5-1)

zelten to camp (*in a tent*) (9)

die **Zensur, -en** grade (5-2)

zentral central, centrally (11)

das **Zentrum, Zentren** center (5)

zerfallen (zerfällt), zerfiel, ist zerfallen to disintegrate (11)

zerstören to destroy (11-1)

der **Zettel, -** piece of paper (10)

ziehen, zog, hat gezogen to pull (4); to move (10)

das **Ziel, -e** goal, aim; destination (10-2)

ziellos aimless (12)

ziemlich quite, rather (5-2)

die **Zigarre, -n** cigar (10)

die **Zigarette, -n** cigarette (4-2)

das **Zimmer, -** room (1-2)

die **Zimmerpflanze, -n** houseplant (6-2)

der **Zimt** cinnamon (9)

die **Zinsen** (*pl*) (bank) interest (12-2)

zittern to tremble (11)

die **Zone, -n** zone (11)

die **Zoologie** zoology (2)

der **Zopf, ¨e** braid (11)

zu to; too (1); for (7)

  zu Hause (at) home (2, 4-1)

  zu viel too much (1)

der **Zucker** sugar (4-1)

zuerst first (*adv*) (1-1)

zufrieden satisfied (10-2)

der **Zug, ¨e** train (3-1)

zu·geben (gibt zu), gab zu, hat zugegeben to admit (12-1)

der **Zugvogel, ¨** migratory bird (11)

zu·hören to listen (E, 4-2)

die **Zukunft** future (11, 12-2)

zuletzt last; finally (4)

zum Beispiel for example (6-2)

die **Zunge, -n** tongue (3)

zu·pfeffern to slam shut (11)

zurück back (4)

zurück·bringen, brachte zurück, hat zurückgebracht to bring back (4)

zurück·fahren (fährt zurück), fuhr zurück, ist zurückgefahren to drive back (4)

zurück·geben (gibt zurück), gab zurück, hat zurückgegeben to give back (4)

zurück·gehen (geht zurück), ging zurück, ist zurückgegangen to go back (4)

zurück·kommen, kam zurück, ist zurückgekommen to come back (4-2)

zurück·nehmen (nimmt zurück), nahm zurück, hat zurückgenommen to take back (4)

zurück·rufen, rief zurück, hat zurückgerufen to call back (4)

zurück·schmeißen, schmiss zurück, hat zurückgeschmissen to throw back (4)

zurück·zahlen to pay back (11)

zusammen together (1-2)

die **Zusammenarbeit** cooperation (12)

zusammen·binden, band zusammen, hat zusammengebunden to tie together (10)

zusammen·passen to go together; to match (1)

zusammen·rufen, rief zusammen, hat zusammengerufen to call together (10)

die **Zusammenschau** summary (1)

der **Zusatz** supplement (12)

die **Zusatz-Krankenversicherung** supplementary medical insurance (12)

zuvor before(hand) (10)

zwar ... aber it's true . . . but (10)

zweieinhalb two and a half (9)

zweimal twice (6-2)

der **Zweisitzer, -** two-seater (4)

der **Zweitwagen, -** second car (12)

der **Zwilling, -e** twin (12-2)

zwischen between (8)

die **Zwischenprüfung, -en** exam after two years of university (1)

das **Zwischenspiel, -e** interlude (1)

ENGLISH-GERMAN VOCABULARY

For words referring to fields of study, occupations, musical instruments, countries, and nationalities, see the *Supplementary Word Sets* beginning on page A26.

A

a lot (of) viel; eine Menge; ein Haufen
able: to be able to können (kann), konnte, hat gekonnt
about über *(+ acc)*
above *(prep)* über *(+ acc or dat)*; *(adv)* oben
  above all vor allem
absolutely absolut; ganz
accident der Unfall, ⸚e
acquaintance der/die Bekannte, -n
acquainted: to be acquainted with kennen, kannte, hat gekannt
across (from) gegenüber
active aktiv
  to be active in sports Sport machen
actually eigentlich
ad die Anzeige, -n
addition: in addition außerdem
additional weiter
address die Adresse, -n
  What's your address? Was (Wie) ist Ihre Adresse?
to admire bewundern
to admit zu·geben (gibt zu), gab zu, hat zugegeben
adult der/die Erwachsene, -n
advantage der Vorteil, -e
advice der Rat
  to ask for advice um Rat fragen
to advise raten (rät), riet, hat geraten
afraid: to be afraid (of) Angst haben (vor *+ dat)*
African-American der Afro-Amerikaner, -/die Afro-Amerikanerin, -nen
after *(prep)* nach *(+ dat)*; *(conj)* nachdem; *(adv)* nachher
afternoon der Nachmittag, -e
  in the afternoon nachmittags
  this afternoon heute Nachmittag
afterward nachher
again wieder; schon wieder
  (over) again noch einmal; noch mal
against gegen *(+ acc)*
age das Alter
age group die Altersgruppe, -n

ago vor *(+ dat)*
aim das Ziel, -e
air die Luft
airplane das Flugzeug, -e
airport *(international)* der Flughafen, ⸚; *(regional)* der Flugplatz, ⸚e
alarm clock der Wecker, -
alcohol der Alkohol
all (the) alle
  above all vor allem
  at all überhaupt
Allies die Alliierten
allowed: to be allowed to dürfen (darf), durfte, hat gedurft
almost fast
alone allein
along *(as prefix)* mit
Alps die Alpen
already schon
also auch
although obwohl
always immer
America *(das)* Amerika
American *(adj)* amerikanisch
American *(person)* der Amerikaner, -/die Amerikanerin, -nen
among unter *(+ acc or dat)*
ancestor der Vorfahr, -en, -en
angry wütend
animal das Tier, -e
to annoy ärgern
annoyed sauer
to be (get) annoyed (with, about) sich ärgern (über *+ acc)*
anorexic magersüchtig
another *(different)* ander; *(in addition)* noch ein
answer die Antwort, -en
to answer *(someone)* antworten *(+ dat)*
  to answer a question eine Frage beantworten
answering machine der Anrufbeantworter, -
anyway sowieso; trotzdem; doch
apartment die Wohnung, -en
apiece: three euros apiece drei Euro das Stück

to apologize sich entschuldigen
to appear erscheinen, erschien, ist erschienen
appetite der Appetit
apple der Apfel, ⸚
apple pie der Apfelkuchen, -
appliance der Apparat, -e; das Gerät, -e
apprentice der/die Auszubildende, -n; *(abbr)* der/die Azubi, -s
approximately etwa
April der April
area das Gebiet, -e; die Gegend, -en; *(of a city)* der Stadtteil, -e
area code die Vorwahl
to argue argumentieren
argument das Argument, -e
arm der Arm, -e
armchair der Sessel, -
around *(place)* um, rund um *(+ acc)*; *(time)* gegen *(+ acc)*
  around five o'clock gegen fünf
to arrive an·kommen, kam an, ist angekommen
arrogant arrogant
art die Kunst, ⸚e
article der Artikel, -
  article of clothing das Kleidungsstück, -e
artist der Künstler, -/die Künstlerin, -nen
artistic künstlerisch
as
  as a child als Kind
  as . . . as so ... wie
  as long as *(conj)* solange
  as often as *(conj)* sooft
  as soon as *(conj)* sobald
to ask *(a question)* fragen
  to ask a question eine Frage stellen
assistant der Assistent, -en, -en/die Assistentin, -nen
astonished verwundert
at bei *(+ dat)*; *(time)* um *(+ acc)*; *(a vertical surface)* an *(+ acc or dat)*
  at all überhaupt
  at our house bei uns
  at the Zieglers bei Zieglers
  not at all gar nicht, überhaupt nicht

athlete der Athlet, -en, -en/die Athletin, -nen
athletic sportlich
athletics der Sport
to **attend** besuchen
attraction die Attraktion, -en
August der August
aunt die Tante, -n
Australian *(adj)* australisch
Austria (das) Österreich
Austrian *(adj)* österreichisch
author der Autor, -en/die Autorin, -nen
autumn der Herbst
average der Durchschnitt, -e
  of average height mittelgroß
  on average im Durchschnitt
away fort; weg
awful(ly) schrecklich

B

baby das Baby, -s
babysitter der Babysitter, -/die Babysitterin, -nen
back der Rücken, -; *(of a chair)* die Lehne, -n; *(adv)* zurück
back then damals
backache die Rückenschmerzen *(pl)*
backpack der Rucksack, ⸚e
bad schlecht
  Too bad! Schade!
badminton: to play badminton Federball spielen
bag die Tasche, -n
to **bake** backen (bäckt), backte, hat gebacken
baker der Bäcker, -
bakery die Bäckerei -en
balcony der Balkon, -e
ball der Ball, ⸚e
ballpoint pen der Kugelschreiber, -
banana die Banane, -n
band die Band, -s
band-aid das Pflaster, -
bank die Bank, -en
bank manager der Bankdirektor, -en/die Bankdirektorin, -nen
bankrupt bankrott
barber der Friseur, -e/die Friseurin, -nen
to **bark** bellen
basement der Keller, -
bath das Bad, ⸚er
to **bathe**, to **have a bath** (sich) baden
bathing suit der Badeanzug, ⸚e
bathroom das Badezimmer, -; das Bad, ⸚er; das Klo, -s
bathroom sink das Waschbecken, -
bathtub die Badewanne, -n

batter der Teig
Bavaria (das) Bayern
Bavarian *(adj)* bayerisch
to **be** sein (ist), war, ist gewesen; *(become)* werden (wird), wurde, ist geworden
  He's going to be a cook. Er wird Koch.
beach der Strand, ⸚e
bean die Bohne, -n
bear der Bär, -en, -en
beard der Bart, ⸚e
beautiful schön
  very beautiful wunderschön
beauty die Schönheit, -en
because *(sub conj)* weil; *(coord conj)* denn
because of wegen *(+ gen)*
to **become** werden (wird), wurde, ist geworden
bed das Bett, -en
  to **go to bed** ins Bett gehen
bedroom das Schlafzimmer, -
beer das Bier
beer belly der Bierbauch, ⸚e
beer garden der Biergarten, ⸚
before *(prep)* vor *(+ acc or dat)*; *(conj)* bevor; *(adv)* vorher
to **begin** an·fangen (fängt an), fing an, hat angefangen; beginnen, begann, hat begonnen
beginning der Anfang, ⸚e, der Beginn
  at the beginning zu Beginn
  (at) the beginning of July Anfang Juli
  beginning of school der Schulbeginn
to **behave** sich benehmen (benimmt sich), benahm sich, hat sich benommen
behind hinter *(+ acc or dat)*
Belgian *(adj)* belgisch
to **believe** glauben
belly der Bauch, ⸚e
to **belong to** gehören *(+ dat)*
beloved geliebt
below *(prep)* unter *(+ acc or dat)*; *(adv)* unten
belt der Gürtel, -
bent krumm
Bermuda shorts die Bermudashorts
beside neben *(+ acc or dat)*
  She was beside herself. Sie war außer sich.
besides außerdem
best best
to **bet** wetten
better besser
  better than besser als
between zwischen *(+ acc or dat)*
beverage das Getränk, -e

bicycle das Fahrrad, ⸚er
bicycle helmet der Fahrradhelm, -e
bicycle rental der Fahrradverleih, -e
bicycle trip die Radtour, -en
  to **go on a bicycle trip** eine Radtour machen
big groß
bike das Rad, ⸚er
bike rental der Fahrradverleih, -e
biking: to go biking Rad fahren (fährt Rad), fuhr Rad, ist Rad gefahren
bill die Rechnung, -en
billiards (das) Billard *(sing)*
bird der Vogel, ⸚
birth die Geburt, -en
birthday der Geburtstag, -e
  for one's birthday zum Geburtstag
  Happy Birthday! Herzliche Glückwünsche zum Geburtstag!
  to **wish a Happy Birthday** zum Geburtstag gratulieren
birthday card die Geburtstagskarte, -n
birthday present das Geburtstagsgeschenk, -e
birthplace der Geburtsort, -e
bit: a bit ein bisschen; einigermaßen
  bit by bit Stück für Stück
to **bite** beißen, biss, hat gebissen
black schwarz
  in black and white schwarz auf weiß
  Black Forest cake die Schwarzwälder Kirschtorte
blackboard die Tafel, -n
blind blind
to **block** blockieren
blond blond
blouse die Bluse, -n
to **blow-dry one's hair** sich *(dat)* die Haare föhnen
blow-dryer der Föhn, -e
blue blau
  in blue in Blau
board das Brett, -er
boat das Boot, -e
body der Körper, -
book das Buch, ⸚er
to **book** buchen
bookcase das Bücherregal, -e
boot der Stiefel, -
border die Grenze, -n
to **border on** grenzen an *(+ acc)*
boring langweilig
  deadly boring stinklangweilig
born geboren
  When were you born? Wann bist du geboren?
boss der Chef, -s/die Chefin, -nen
both beide

bother: Stop bothering me! Lass mich in Ruhe!

bottle die Flasche, -n

bowl die Schüssel, -n

box der Karton, -s

boy der Junge, -n, -n

Boy! Mensch!

boyfriend der Freund, -e

bracelet das Armband, ⸚er

to **brag** an·geben (gibt an), gab an, hat angegeben

braid der Zopf, ⸚e

brake die Bremse, -n

brand new brandneu

bread das Brot, -e

a slice of bread eine Scheibe Brot

break die Pause, -n

to **break** kaputt·machen

breakfast das Frühstück

for breakfast zum Frühstück

to **have breakfast** frühstücken

breast die Brust, ⸚e

bridge die Brücke, -n

bright hell

brilliant genial

to **bring** bringen, brachte, hat gebracht

to **bring along** mit·bringen, brachte mit, hat mitgebracht

broccoli der Brokkoli

brochure die Broschüre, -n

broken kaputt

brooch die Brosche, -n

brother der Bruder, ⸚

brothers and sisters die Geschwister

brown braun

brunch der Brunch, -es

brunette brünett

to **brush** bürsten

buffet das Büfett, -s

to **build** bauen

building das Gebäude, -

bulletin board das schwarze Brett

on the bulletin board am schwarzen Brett

bus der Bus, -se

bus route die Buslinie, -n

bus stop die Bushaltestelle, -n

bush der Busch, ⸚e

business die Firma, Firmen; das Geschäft, -e

but aber; *(in the sense of* **but rather, on the contrary)** sondern

butcher der Fleischer, -

butcher shop die Fleischerei, -en

butter die Butter

to **buy** kaufen

by: by then bis dahin

C

cafeteria *(for full meals)* die Mensa

to the cafeteria in die Mensa

caffeine das Koffein

cake der Kuchen, -

a piece of cake ein Stück Kuchen

layer cake die Torte, -n

calculator der Taschenrechner, -

calendar der Kalender, -

California (das) Kalifornien

to **call** rufen, rief, hat gerufen; *(on the telephone)* an·rufen, rief an, hat angerufen; *(name)* nennen, nannte, hat genannt

called: to be called heißen, hieß, hat geheißen

calm ruhig; *(weather)* windstill

camera die Kamera, -s

to **camp** campen; *(in a tent)* zelten

campground der Campingplatz, ⸚e

camping das Campen

to go camping campen gehen

campsite der Campingplatz, ⸚e

campus der Campus

can *(to be able to)* können (kann), konnte, hat gekonnt

can die Dose, -n

can opener der Dosenöffner, -

Canada (das) Kanada

Canadian *(adj)* kanadisch

candle die Kerze, -n

candy die Süßigkeiten *(pl)*

capital city die Hauptstadt, ⸚e

cappuccino der Cappuccino, -s

car das Auto, -s; der Wagen, -; der Personenwagen, -; der Pkw, -s (Personenkraftwagen)

car accident der Autounfall, ⸚e

car mechanic der Automechaniker, -/die Automechanikerin, -nen

card die Karte, -n

credit card die Kreditkarte, -n

care

I don't care. Das ist mir egal.

I couldn't care less. Das ist mir wurst.

career die Karriere, -n

careful(ly) sorgfältig

carpet der Teppich, -e

carrot die Karotte, -n

to **carry** tragen (trägt), trug, hat getragen

carton der Karton, -s

cashier der Kassierer, -/die Kassiererin, -nen

cassette die Kassette, -n

cassette recorder der Kassettenrecorder, -

castle das Schloss, ⸚er

cat die Katze, -n

to **catch** fangen (fängt), fing, hat gefangen

to catch a cold sich erkälten

CD die CD, -s

CD player der CD-Spieler, -

CD-ROM drive das CD-ROM-Laufwerk, -e

ceiling die Decke, -n

to **celebrate** feiern

cell phone das Handy, -s

cellar der Keller, -

cent der Cent, -

center das Zentrum, Zentren

century das Jahrhundert, -e

certain, certainly sicher

chair der Stuhl, ⸚e

champagne der Champagner

change: for a change mal

to **change** ändern; *(one's clothes)* sich um·ziehen, zog sich um, hat sich umgezogen; *(trains)* um·steigen, stieg um, ist umgestiegen; *(a situation; one's behavior)* sich verändern

cheap billig

check der Scheck, -s

checkout die Kasse, -n

cheddar der Cheddar

cheese der Käse

cheesecake der Käsekuchen, -

chef der Koch, ⸚e/die Köchin, -nen

chest die Brust, ⸚e

chic schick

child das Kind, -er

as a child als Kind

only child das Einzelkind, -er

childhood die Kindheit

childish kindisch

childlike kindlich

chin das Kinn, -e

china das Geschirr *(sing)*

Chinese *(adj)* chinesisch

chocolate die Schokolade

a chocolate bar eine Tafel Schokolade

choir der Chor, ⸚e

choir practice die Chorprobe, -n

to **choose** aus·suchen; wählen

Christmas (das) Weihnachten

at Christmas an (zu) Weihnachten

for Christmas zu Weihnachten

Merry Christmas! Frohe Weihnachten!

Christmas Day der erste Weihnachtsfeiertag

Christmas Eve der Heilige Abend, Heiliger Abend

Christmas present das Weihnachtsgeschenk, -e

Christmas tree der Weihnachtsbaum, ⁻e
church die Kirche, -n
cigarette die Zigarette, -n
circle der Kreis, -e
  circle of friends der Freundeskreis, -e
city die Stadt, ⁻e
  city center die City; das Stadtzentrum
  city hall das Rathaus, ⁻er
  part of the city der Stadtteil, -e
civics die Staatsbürgerkunde
classmate der Mitstudent, -en,
  -en/die Mitstudentin, -nen
clean sauber
to **clean** putzen
to **clean up** auf·räumen
clever clever
to **climb** steigen, stieg, ist gestiegen
clock die Uhr, -en
to **close** zu·machen; schließen, schloss,
  hat geschlossen
closet der Schrank, ⁻e
  front hall closet die Garderobe, -n
clothes die Kleider *(pl)*, die Klamotten *(pl)*
clothing store das Kleidergeschäft, -e
cloud die Wolke, -n
  sunny with some cloud heiter
cloudy bedeckt; bewölkt
clue: She doesn't have a clue. Sie hat
  keine Ahnung.
coast die Küste, -n
coat der Mantel, ⁻
coffee der Kaffee
coffee maker die Kaffeemaschine, -n
coffee pot die Kaffeekanne, -n
coffee table der Couchtisch, -e
cola die Cola, -s
cold kalt; *(illness)* die Erkältung, -en;
  der Schnupfen, -
  a bad cold eine schwere Erkältung
  cold cuts die Wurst *(sing)*
  to **be cold** frieren, fror, hat gefroren
  to **catch a cold** sich erkälten
  to **have a cold** erkältet sein
colleague der Kollege, -n, -n/die
  Kollegin, -nen; *(from work)* der
  Arbeitskollege, -n/die
  Arbeitskollegin, -nen
to **collect** sammeln
collection die Sammlung, -en
college das College, -s
Cologne (das) Köln
color die Farbe, -n
  What color is Lisa's blouse? Welche
  Farbe hat Lisa's Bluse?
to **color** färben
  to **have colored** färben lassen
color photo das Farbfoto, -s
color TV der Farbfernseher, -
colorless farblos

comb der Kamm, ⁻e
to **comb one's hair** sich kämmen
to **come** kommen, kam, ist gekommen
  to **come along** mit·kommen
  to **come back** zurück·kommen
  to **come in** herein·kommen
  to **come out** heraus·kommen
  to **come to visit** zu Besuch kommen
comfortable komfortabel
comics die Comics
compact disc die CD, -s
company die Firma, Firmen; die
  Gesellschaft, -en
to **compare** vergleichen, verglich, hat
  verglichen
complete, completely total; ganz;
  vollständig
complicated kompliziert
compliment das Kompliment, -e
composer der Komponist, -en, -en/die
  Komponistin, -nen
computer der Computer, -
computer game das Computerspiel, -e
computer experience EDV-Kenntnisse
  (pl)
computer screen der Bildschirm, -e
concert das Konzert, -e
  to a concert, to concerts ins Konzert
condominium die Eigentumswohnung,
  -en
conflict der Konflikt, -e
confused verwirrt
to **congratulate** gratulieren *(+ dat)*
congratulations der Glückwunsch, ⁻e
  Congratulations! Herzliche
  Glückwünsche!
conservative konservativ
considered: to be considered gelten als
  (gilt), galt, hat gegolten
constant(ly) ständig
consulate das Konsulat, -e
contact der Kontakt, -e
contact lens die Konkaktlinse, -n
container: a container of yogurt ein
  Becher *(m)* Jogurt
contest der Wettbewerb, -e
continue *(as verb prefix)* weiter
  to **continue studying** weiter·studieren
contrary: on the contrary sondern
to **converse** sich unterhalten
  (unterhält sich) unterhielt sich, hat
  sich unterhalten
conversation das Gespräch, -e
cook der Koch, ⁻e/die Köchin, -nen
to **cook** kochen
cookbook das Kochbuch, ⁻er
cooking lessons der Kochkurs, -e
cool *(of weather)* kühl; *(excellent)* cool
  really cool echt cool

to **copy** kopieren
corkscrew der Korkenzieher, -
corner die Ecke, -n
correct richtig
to **correct** verbessern
to **cost** kosten
cottage das Wochenendhaus, ⁻er; das
  Ferienhaus, ⁻er
couch die Couch, -es
to **count** zählen
countless zahllos
country das Land, ⁻er
couple *(pair)* das Paar, -e
  a couple of ein paar
  married couple das Ehepaar, -e
course der Kurs, -e
  main course *(of a meal)* das
  Hauptgericht, -e
  Of course! Klar! Natürlich!
cousin *(female)* die Kusine, -n; *(male)*
  der Vetter, -n
crafty schlau
crazy verrückt; übergeschnappt
  to **be crazy** spinnen
  to **go crazy** über·schnappen
creative kreativ
credit card die Kreditkarte
critical kritisch
criticism die Kritik
to **criticize** kritisieren
crooked krumm; schief
cruel grausam
to **cry** weinen; heulen
cuddly kuschelig
cup die Tasse, -n; der Becher, -
  a cup of coffee eine Tasse Kaffee
curly lockig
curtain der Vorhang, ⁻e
custom die Sitte, -n
customer der Kunde, -n, -n/die
  Kundin, -nen; *(in a restaurant)* der
  Gast, ⁻e
to **cut** schneiden, schnitt, hat
  geschnitten
cutlery das Besteck

D

dad der Vati, -s
daily täglich
to **dance** tanzen
Danish *(adj)* dänisch
Danube *(river)* die Donau
dark dunkel
darling der Liebling, -e
Darn it! Verflixt!
data processing EDV (Elektronische
  nverarbeitung)

date das Datum, Daten
  on what date? am Wievielten?
  What's the date today? Den
    Wievielten haben wir heute? Der
    Wievielte ist heute?
daughter die Tochter, ¨
day der Tag, -e
  day of the week der Wochentag, -e
  one day eines Tages
  the day after tomorrow übermorgen
  Today I have a day off. Heute habe
    ich frei.
dead tot
dear lieb
death der Tod
debt die Schuld, -en
December der Dezember
decent ordentlich
decision die Entscheidung, -en
deep tief
defective defekt
definite, definitely bestimmt
degree der Grad, -
  ten degrees Celsius zehn Grad Celsius
delicious lecker
democracy die Demokratie
to **depart** ab·fahren (fährt ab), fuhr
  ab, ist abgefahren
department die Abteilung, -en
department manager der
  Abteilungsleiter, -/die
  Abteilungsleiterin, -nen
department store das Kaufhaus, ¨er
dependent abhängig
depression die Depression, -en
to **describe** beschreiben, beschrieb, hat
  beschrieben
description die Beschreibung, -en
designer der Designer, -/die
  Designerin, -nen
desk der Schreibtisch, -e
dessert der Nachtisch, -e
  for dessert zum Nachtisch
destination das Ziel, -e
detective story der Krimi, -s
to **destroy** zerstören
diagram das Schaubild, -er; die Grafik,
  -en
dialect der Dialekt, -e
dialogue der Dialog, -e
diary das Tagebuch, ¨er
dictatorship die Diktatur
dictionary das Wörterbuch, ¨er
to **die** sterben (stirbt), starb, ist
  gestorben
difference der Unterschied, -e
different *(adj)* ander-; verschieden;
  (adv) anders
dimwit der Dummkopf, ¨e

dining room das Esszimmer, -
diploma das Diplom, -e
  to **do** or **take one's diploma** das
    Diplom machen
direct direkt
director der Direktor, -en/die
  Direktorin, -nen
dirty schmutzig
disadvantage der Nachteil, -e
disco die Disco, -s
  to the disco in die Disco
discriminated: to be discriminated
  against diskriminiert sein
to **discuss** diskutieren
discussion die Diskussion, -en
disgusting widerlich
dish *(food)* das Gericht, -e
dishes das Geschirr *(sing)*
  dirty dishes der Abwasch *(sing)*
  to **do the dishes** den Abwasch
    machen
dishonest unehrlich
dishwasher die Geschirrspülmaschine,
  -n
disk die Diskette, -n
to **dispose of** entsorgen
dissatisfied unzufrieden
distinct(ly) deutlich
district der Stadtteil, -e
to **disturb** stören
to **divide** teilen
divorced geschieden
to **do** machen; tun, tat, hat getan
to **do sports** Sport machen
doable machbar
doctor der Arzt, ¨e/die Ärztin, -nen
document das Dokument, -e
documentary film der
  Dokumentarfilm, -e
dog der Hund, -e
dog food das Hundefutter
doll die Puppe, -n
dollar der Dollar, -s
  twenty-five dollars fünfundzwanzig
    Dollar
door die Tür, -en
dormitory das Studentenheim, -e
dot: at eleven on the dot Punkt elf
double doppelt
to **drag** schleppen
drama das Drama, Dramen
to **draw** zeichnen
drawing die Zeichnung, -en
dream der Traum, ¨e
to **dream** träumen
to **dress** sich an·ziehen, zog an, hat
  angezogen
dress das Kleid, -er

dressed gekleidet; angezogen
  to **get dressed** sich an·ziehen, zog an,
    hat angezogen
dresser die Kommode, -n
to **drink** trinken, trank, hat getrunken
to **drive** fahren (fährt), fuhr, ist
  gefahren; Auto fahren
driver der Fahrer, -/die Fahrerin, -nen
driver's license der Führerschein, -e
to **drizzle** *(rain)* nieseln
to **drown** ertrinken, ertrank, ist
  ertrunken
drugstore die Drogerie, -n
dry trocken
to **dry one's hair** sich *(dat)* die Haare
  trocknen
during während *(+ gen)*
Dutch *(adj)* holländisch
DVD drive das DVD-Laufwerk, -e

E

each jeder, jedes, jede
  each other einander
  with each other miteinander
ear das Ohr, -en
early früh
to **earn** verdienen
earring der Ohrring, -e
earth die Erde
east der Osten
  east (of) östlich (von) *(+ dat)*
Easter das Ostern
Easter bunny der Osterhase, -n
easy leicht
  easy to care for pflegeleicht
to **eat** essen (isst), aß, hat gegessen; *(of*
  animals) fressen (frisst), fraß, hat
  gefressen
to **eat up** auf·essen (isst auf), aß auf,
  hat aufgegessen
economy die Wirtschaft, -en
to **educate** aus·bilden
education die Ausbildung
egg das Ei, -er
either: Claudia isn't coming either.
  Claudia kommt auch nicht.
elbow der Ellbogen, -
electric elektrisch
electric kettle der Wasserkocher, -
elegant elegant
else
  or else sonst
  what else was ... sonst
elementary school die Grundschule, -n
e-mail die E-Mail, -s
e-mail address die E-Mail-Adresse, -n
embarrassed beschämt
embarrassing peinlich

emigrant der Auswanderer, -; der Emigrant, -en, -en/ die Emigrantin, -nen
to emigrate aus·wandern; emigrieren
employer der Arbeitgeber, -/die Arbeitgeberin, -nen
empty leer
to empty leeren
enchanting bezaubernd
end das Ende, -n
  (at) the end of January Ende Januar
end table der Beistelltisch, -e
to end auf·hören; enden; beenden
endless endlos
to endure aus·halten (hält aus), hielt aus, hat ausgehalten
English (adj) englisch
English (language) Englisch
  in English auf Englisch
enjoy
  Enjoy your meal! Guten Appetit!
  I enjoy it. Es macht mir Spaß.
enjoyment der Spaß; die Lust
enormous enorm
enough genug
entrance der Eingang, ¨e
envious neidisch
  to be envious of neidisch sein auf (+ acc)
environment die Umwelt
equal gleich
equal rights; equality die Gleichberechtigung
error der Fehler, -
especially besonders
essay der Aufsatz, ¨e
etc. (et cetera, and so on) usw. (und so weiter)
euro der Euro, -s
Europe (das) Europa
European (adj) europäisch
even sogar; selbst
  even though obwohl
evening der Abend, -e
  evening meal das Abendessen, -
  Good evening! Guten Abend! 'n Abend!
  in the evening abends
  this evening heute Abend
ever jemals
every jeder, jedes, jede
  every time jedes Mal
everybody alle
everyday life das Alltagsleben
everything alles
exact(ly) genau
example das Beispiel, -e
  for example (e.g.) zum Beispiel (z.B.)

excellent ausgezeichnet
except for außer (+ dat)
exception die Ausnahme, -n
to exchange um·tauschen
exchange student der Austauschstudent, -en, -en/die Austauschstundentin, -nen; (high school) der Austauschschüler, -/die Austauschschülerin, -nen
excited aufgeregt
  to get excited (about) sich auf·regen (über + acc)
excuse die Ausrede, -n
  Excuse me! Entschuldigung!
exercise die Übung, -en
exercise bike der Heimtrainer, -
exhibition die Ausstellung, -en
exotic exotisch
expensive teuer
experience die Erfahrung, -en; (knowledge) die Kenntnisse (pl)
to experience erleben
experiment das Experiment, -e
to explain erklären
to express aus·drücken; äußern
expressway die Autobahn, -en
eye das Auge, -n

F

fabulous fabelhaft
face das Gesicht, -er
factory die Fabrik, -en
to faint in Ohnmacht fallen
fair fair
fairy tale das Märchen, -
faith der Glaube, des Glaubens (sing)
fall (season) der Herbst
  in fall im Herbst
to fall fallen (fällt), fiel, ist gefallen
to fall asleep ein·schlafen (schläft ein), schlief ein, ist eingeschlafen
to fall down hinunter·fallen (fällt hinunter), fiel hinunter, ist hinuntergefallen
to fall in love with sich verlieben in (+ acc)
family die Familie, -n
family doctor der Hausarzt, ¨e/die Hausärztin, -nen
family tree der Stammbaum, ¨e
famished: to be famished einen Bärenhunger haben
famous berühmt
fantastic toll, fantastisch
  That's really fantastic. Das ist echt toll.
far weit
  far too much viel zu viel

farm die Farm, -en
farmer der Bauer, -n, -n/die Bäuerin, -nen; der Farmer, -
fashion show die Modenschau
fashionable modisch
fast schnell
fast food stand der Schnellimbiss, -e
fat dick
father der Vater, ¨
fatty fettig
fault (blame) die Schuld
favorite der Liebling, -e
  favorite CD die Lieblings-CD
  favorite color die Lieblingsfarbe, -n
  favorite program das Lieblingsprogramm
  favorite sport der Lieblingssport
fax das Fax, -e
fear die Angst, ¨e
February der Februar
to feed füttern
to feel spüren
  I don't feel like it. Ich habe keine Lust.
  I feel like having a chocolate bar. Ich habe Lust auf eine Tafel Schokolade.
to feel well sich wohl fühlen
fellow citizen der Mitbürger, -/die Mitbürgerin, -nen
fellow student der Mitstudent, -en, -en/die Mitstudentin, -nen
fence der Zaun, ¨e
festival das Fest, -e
fever das Fieber
few ein paar
fieberhaft feverishly
field das Feld, -er
field of study das Fach, ¨er, das Studienfach, ¨er
figure die Figur (sing)
to fill füllen
film der Film, -e
finally endlich; schließlich; zuletzt
to finance finanzieren
finances die Finanzen
financial finanziell
to find finden, fand, hat gefunden
to find out heraus·finden, fand heraus, hat herausgefunden
fine: Fine, thanks. Danke, gut.
finger der Finger, -
fingernail der Fingernagel, ¨
to finish reading fertig lesen (liest fertig), las fertig, hat fertig gelesen
to finish writing fertig schreiben, schrieb fertig, hat fertig geschrieben
finished fertig

first (adj) erst; (adv) zuerst
  for the first time zum ersten Mal
first name der Vorname, -ns, -n
fish der Fisch, -e
to **fish** angeln; fischen
fit fit
to **fit** passen
  That coat doesn't fit you. Der Mantel passt dir nicht.
fitness center das Fitnesscenter, -
fitness freak der Fitnessfreak, -s
flag die Fahne, -n; die Flagge, -n
flat tire der Platte, -n, -n
to **flee** fliehen, floh, ist geflohen
flight der Flug, ̈e
flight number die Flugnummer, -n
to **flirt** flirten
floor der Fußboden, ̈; (story) der Stock, Stockwerke
  first (ground) floor das Erdgeschoss
  on the first floor im Erdgeschoss
  on the second floor im ersten Stock
floor lamp die Stehlampe, -n
flour das Mehl
to **flow** fließen, floss, ist geflossen
flower die Blume, -n
flower shop das Blumengeschäft, -e
flowered geblümt
to **fly** fliegen, flog, ist geflogen
foggy neblig
to **follow** folgen (+ dat)
food das Essen; die Lebensmittel (pl)
foot der Fuß, ̈e
  to **go on foot** zu Fuß gehen
football team das Footballteam, -s
for (prep) für (+ acc); (prep) seit (+ dat); (coord conj) denn
  I've known him for years. Ich kenne ihn seit Jahren.
to **forbid** verbieten, verbot, hat verboten
forehead die Stirn, -en
foreign ausländisch
foreign students office das Auslandsamt
foreigner der Ausländer, -/die Ausländerin, -nen
forest der Wald, ̈er
forever ewig
to **forget** vergessen (vergisst), vergaß, hat vergessen
fork die Gabel, -n
form die Form, -en
former ehemalig
free frei
freedom die Freiheit
freeway die Autobahn, -en
French (adj) französisch
French fries die Pommes frites

fresh frisch
Friday der Freitag, -e
  on Friday afternoon am Freitagnachmittag
  on Friday evening am Freitagabend
  on Friday morning am Freitagmorgen
  Fridays, on Fridays freitags
friend der Freund, -e/die Freundin, -nen
friendliness die Freundlichkeit
friendly freundlich
friendship die Freundschaft, -en
from (a city, country) aus (+ dat); (an institution) von (+ dat)
  from now on von jetzt ab
  from . . . to von ... bis
front: in front of vor (+ acc or dat)
fruit das Obst (sing)
full voll
fun der Spaß
  That's fun. Das macht Spaß.
  to **have fun** Spaß haben
funny lustig; komisch; witzig
furious wütend
furnished möbliert
furniture die Möbel (pl)
future die Zukunft

G

to **gallop** galoppieren
garage die Garage, -n
garbage pail der Mülleimer, -
garbage bin die Mülltonne, -n
garden der Garten, ̈
garden terrace die Gartenterrasse, -n
gas das Benzin
generation die Generation, -en
generous großzügig
gentleman der Herr, -n, -en
German (adj) deutsch
German (language) Deutsch
  in German auf Deutsch

German class die Deutschstunde, -n
German parliament der Bundestag
German-speaking deutschsprachig
German state das Bundesland, ̈er
Germany (das) Deutschland
to **get** (fetch) holen; (receive) bekommen, bekam, hat bekommen; kriegen
to **get dressed** sich an•ziehen, zog sich an, hat sich angezogen
to **get to know** kennen lernen
to **get undressed** sich aus•ziehen, zog sich aus, hat sich ausgezogen
to **get up** auf•stehen, stand auf, ist aufgestanden

gift giving (at Christmas) die Bescherung
girl das Mädchen, -
girlfriend die Freundin, -nen
to **give** geben (gibt), gab, hat gegeben; (a gift) schenken; (change) heraus•geben (gibt heraus), gab heraus, hat herausgegeben
to **give back** zurück•geben (gibt zurück), gab zurück, hat zurückgegeben
to **give notice** kündigen
gladly gern (lieber, am liebsten)
glass das Glas, ̈er
  a glass of orange juice ein Glas Orangensaft
glasses (eye) die Brille, -n
glove der Handschuh, -e
to **go** gehen, ging, ist gegangen; (by car, bus, train) fahren (fährt), fuhr, ist gefahren
  She's going to be twenty-one. Sie wird einundzwanzig.
to **go along** mit•gehen, ging mit, ist mitgegangen; mit•fahren (fährt mit), fuhr mit, ist mitgefahren
to **go away** weg•gehen, ging weg, ist weggegangen
to **go off the deep end** aus•rasten
to **go out** aus•gehen, ging aus, ist ausgegangen; hinaus•gehen
goal das Ziel, -e
God (der) Gott
  Thank God! Gott sei Dank!
gone weg
good gut
  Good evening! Guten Abend! 'n Abend!
  Good morning! Guten Morgen! Morgen!
  Good night! Gute Nacht!
  just as good genauso gut
  Good-bye! Auf Wiedersehen! Wiedersehen! Tschüs!; (on the telephone) Auf Wiederhören!
good-for-nothing der Nichtsnutz, -e
gossip der Klatsch
grade die Zensur, -en
gram das Gramm
grandchild der Enkel, -
granddaughter die Enkelin, -nen
grandfather der Großvater, ̈
grandma die Oma, -s
grandmother die Großmutter, ̈
grandpa der Opa, -s
grandparents die Großeltern
grandson der Enkel, -
graph das Schaubild, -er
grass das Gras, ̈er

gray grau

great spitze; toll

  really great echt spitze

great-grandfather der Urgroßvater, ⸚

great-grandmother die Urgroßmutter, ⸚

Greek (adj) griechisch

green grün

to greet grüßen

greeting der Gruß, ⸚e

groceries die Lebensmittel

ground die Erde

group die Gruppe, -n

to grow wachsen (wächst), wuchs, ist
  gewachsen

to grow up auf·wachsen (wächst auf),
  wuchs auf, ist aufgewachsen

gruesome grausam

to guess erraten (errät), erriet, hat
  erraten

guest der Gast, ⸚e

guide dog der Blindenhund, -e

guitarist der Gitarrist, -en, -en/die
  Gitarristin, -nen

guy der Typ, -en; der Kerl, -e

H

hair das Haar, -e

hairbrush die Haarbürste, -n

haircut der Haarschnitt, -e

hairdo die Frisur, -en

hairdresser der Friseur, -e/die
  Friseurin, -nen

half halb

  half past one halb zwei

hall, hallway der Flur, -e

Halloween (das) Halloween

hamburger der Hamburger, -

hamster der Hamster, -

hand die Hand, ⸚e

  on the other hand dagegen

handicapped behindert

hand-knit handgestrickt

handwriting die Handschrift, -en

to hang (be in a hanging position)
  hängen, hing, hat gehangen; (put
  in a hanging position) hängen

to hang up (the receiver) auf·legen

Hanukkah (die) Chanukkah

to happen passieren, passierte, ist
  passiert

  What's happening? Was ist los?

happy glücklich; froh; vergnügt

  to be happy (about) sich freuen
  (über + acc)

  Happy Birthday! Herzliche
  Glückwünsche zum Geburtstag!

  Happy New Year! Einen guten
  Rutsch ins Neue Jahr!

hard hart; (difficult) schwer

hard disk die Festplatte, -n

hardly kaum

hard-working fleißig

harmless harmlos

hat der Hut, ⸚e

to have haben (hat), hatte, hat gehabt;
  (something done) etwas machen
  lassen

to have to müssen (muss), musste,
  hat gemusst

head der Kopf, ⸚e

headache die Kopfschmerzen (pl)

head lettuce der Kopfsalat, -

headphone der Kopfhörer, -

health food store das Reformhaus, ⸚er

healthy gesund

to hear hören

hearty herzlich

heat die Hitze

heavy schwer

height die Größe, -n

  of average height mittelgroß

Hello! Hallo! Grüß dich! Guten Tag!
  Tag!

help die Hilfe

to help helfen (hilft), half, hat
  geholfen (+ dat)

  May I help you? (to a customer) Sie
  wünschen?

helpful hilfsbereit

her ihr, ihr, ihre

here hier

  down here hier unten

Hi! Grüß dich! Hallo! Guten Tag! Tag!

to hide verstecken

  hide-and-seek (das) Verstecken

high hoch (hoh-)

high school (college track) das
  Gymnasium, Gymnasien

high school diploma das Abitur

high-rise das Hochhaus, ⸚er

to hike wandern; wandern gehen

hiking boot die Wanderstiefel, -; der
  Wanderschuh, -e

his sein, sein, seine

historical historisch

history die Geschichte

to hit hauen; schlagen (schlägt),
  schlug, hat geschlagen

hobby das Hobby, -s

hockey das Eishockey

hockey stick der Hockeyschläger, -

to hold halten (hält), hielt, hat
  gehalten

hole das Loch, ⸚er

holiday der Feiertag, -e; das Fest, -e

home (country) die Heimat, -en

  at home zu Hause

  to come home nach Hause kommen;
  heim·kommen

  to go home nach Hause gehen

homework assignment die
  Hausaufgabe, -n

honest ehrlich

honey der Honig

hope die Hoffnung

to hope hoffen

  I hope hoffentlich

hopefully hoffentlich

hopeless hoffnungslos

hopscotch Himmel und Hölle

hors d'oeuvre die Vorspeise, -n

horse das Pferd, -e

hospital das Krankenhaus, ⸚er

hot heiß; (taste) scharf

hotdog das Hotdog, -s

hotel das Hotel, -s

hour die Stunde, -n

  for an hour eine Stunde lang

  for hours stundenlang

house das Haus, ⸚er

  at our house bei uns

household der Haushalt, -e

  to do household chores den Haushalt
  machen

househusband der Hausmann, ⸚er

housemate der Mitbewohner, -/die
  Mitbewohnerin, -nen

house number die Hausnummer, -n

houseplant die Zimmerpflanze, -n

housewife die Hausfrau, -en

how wie

  How are you? Wie geht's?/Wie geht
  es Ihnen?

  how many wie viele

  how much wie viel

huge riesig

human being der Mensch, -en, -en

humid schwül

humor der Humor

humorous lustig

hunger der Hunger

hungry hungrig

  I'm hungry. Ich habe Hunger.

to hurry sich beeilen

hurt: He won't hurt you. Er tut dir
  nichts.

husband der Mann, ⸚er

hymn die Hymne, -n

I

i.e., that is d.h., das heißt

ice das Eis

ice cream das Eis

icy eisig
idea die Idee, -n
  She has no idea. Sie hat keine Ahnung.
ideal ideal
idealism der Idealismus
if wenn; *(whether)* ob
illness die Krankheit, -en
illustration die Illustration, -en
to **imagine (something)** sich (etwas) vor•stellen
imagination die Fantasie
immediately gleich; sofort
immigrant der Einwanderer, -; der Immigrant, -en, -en/die Immigrantin, -nen
to **immigrate** ein•wandern
impolite unhöflich
importance die Wichtigkeit
important wichtig
impossible unmöglich
to **impress** beeindrucken
to **improve** verbessern
in, into in *(+ dat or acc)*
income das Einkommen
incorrect falsch
independent unabhängig
individual der Mensch, -en; die Person, -en
inexpensive billig; preisgünstig
influence der Einfluss, ⸚e
information die Information, -en
informed informiert
inhabitant der Einwohner, -/die Einwohnerin, -nen
inline skates die Inlineskates
insect das Insekt, -en
inside innen
instead of anstatt, statt *(+ gen)*
instructor der Lehrer, -/die Lehrerin, -nen
instrument das Instrument, -e
insurance die Versicherung, -en
intelligent intelligent, klug
interest *(bank)* die Zinsen *(pl)*
to **interest** interessieren
interested: to be interested in sich interessieren für *(+ acc)*
interesting interessant
international international
Internet das Internet
to **interrupt** unterbrechen (unterbricht), unterbrach, hat unterbrochen
interview das Interview, -s
invention die Erfindung, -en
to **invest** investieren
to **invite** ein•laden (lädt ein), lud ein, hat eingeladen

Irish *(adj)* irisch
iron *(for clothes)* das Bügeleisen, -
to **iron** bügeln
irregular unregelmäßig
island die Insel, -n
Israeli *(adj)* israelisch
Italian *(adj)* italienisch
its sein, sein, seine

J

jacket die Jacke, -n
jam die Marmelade, -n
January der Januar
jazz der Jazz
jealous eifersüchtig
jealousy die Eifersucht
jeans die Jeans, - *(f or pl)*
jewelry der Schmuck
Jewish *(adj)* jüdisch
job die Stellung, -en; der Job, -s
  job for a day der Tagesjob, -s
to **jog** joggen
jogging pants die Jogginghose, -n
jogging suit der Jogginganzug, ⸚e
joke der Witz, -e
journalist der Journalist, -en, -en/die Journalistin, -nen
joy die Freude, -n
juice der Saft, ⸚e
juicy saftig
July der Juli
to **jump** springen, sprang, ist gesprungen
June der Juni
junk food das Junkfood
just nur; bloß; *(time)* gerade
  just as good genauso gut
  just now gerade

K

keyboard *(instrument)* das Keyboard, -s; *(computer)* die Tastatur, -en
kilometer der Kilometer, -
kind: What kind of music do you like to listen to? Was für Musik hörst du gern?
kindergarten der Kindergarten, ⸚
king der König, -e
kitchen die Küche, -n
kitchen privileges die Küchenbenutzung *(sing)*
knee das Knie, -
knife das Messer, -
to **knock** klopfen
to **know** *(a fact)* wissen (weiß), wusste, hat gewusst; *(be acquainted with)* kennen, kannte, hat gekannt
to **know about** wissen von *(+ dat)*

L

lab die Übung, -en
lady die Dame, -n
lake der See, -n
Lake Constance der Bodensee
lamp die Lampe, -n
to **land** landen
landlord/landlady der Vermieter, -/die Vermieterin, -nen
landscape die Landschaft, -en
language die Sprache, -n
lasagna die Lasagne *(f)*
to **last** *(take time)* dauern
last letzt; zuletzt
  at last endlich
late spät
  to **be late** sich verspäten
to **laugh** lachen
laundromat der Waschsalon, -s
laundry die Wäsche
lavatory die Toilette, -n
lawn der Rasen, -
to **lay** *(down)* legen
lazy faul
to **learn** lernen
least: at least wenigstens; mindestens
to **leave** *(depart)* ab•fahren (fährt ab), fuhr ab, ist abgefahren; *(let)* lassen (lässt), ließ, hat gelassen
lecture die Vorlesung, -en
  to a lecture, to lectures in die Vorlesung
lecture hall der Hörsaal, Hörsäle
left; to the left links
leg das Bein, -e
  Break a leg! Hals- und Beinbruch!
leisure time die Freizeit
to **lend** leihen, lieh, hat geliehen
to **let** lassen (lässt), ließ, hat gelassen
letter der Brief, -e
letter carrier der Briefträger, -/die Briefträgerin, -nen**library** die Bibliothek, -en
  to the library in die Bibliothek
lie die Lüge, -n
to **lie** *(tell a lie)* lügen, log, hat gelogen; *(be situated)* liegen, lag, hat gelegen
life das Leben, -
life style der Lebensstil, -e
light das Licht, -er
light hell; *(weight)* leicht
lightning der Blitz, -e
  it's lightning es blitzt
  with lightning speed blitzartig
like wie
  like a king wie ein König
  What's your apartment like? Wie ist Ihre Wohnung?

to **like** mögen (mag), mochte, hat
gemocht; gefallen (gefällt), gefiel,
hat gefallen (+ *dat*)

to **like about** gefallen an (+ *dat*)

to **like somebody** jemanden gern
haben

I like this jacket. Diese Jacke gefällt mir.

I like to cook. Ich koche gern.

I would like . . . Ich möchte ...

lip die Lippe, -n

lipstick der Lippenstift, -e

list die Liste, -n

to **listen** zu·hören

to **listen to** hören; an·hören

liter der Liter, -

literature die Literatur, -en

little (*size*) klein; (*amount*) wenig

to **live** (*in a country or a city*) leben;
(*in a street or building*) wohnen

living: What do you do for a living?
Was sind Sie von Beruf?

living accommodation die Unterkunft

living expenses der Lebensunterhalt

living room das Wohnzimmer, -

to **load** laden (lädt), lud, hat geladen

location die Lage, -n

long lang

to **look** schauen; (*appear*) aus·sehen
(sieht aus), sah aus, hat ausgesehen

to **look at** an·schauen; schauen auf
(+ *acc*)

to **look for** suchen

to **look forward to** sich freuen auf
(+ *acc*)

to **lose** verlieren, verlor, hat verloren

lot die Menge, -n

a lot viel; eine Menge

loud laut

loudspeaker der Lautsprecher, -

love die Liebe; (*as closing of a letter*)
Herzliche Grüße, Liebe Grüße

to **fall in love with** sich verlieben in
(+ *acc*)

to **love** lieben

lox der Lachs

luck das Glück

Good luck! Hals- und Beinbruch!

Lots of luck! Viel Glück!

lunch das Mittagessen

for lunch zum Mittagessen

to **have lunch** zu Mittag essen

lunch break die Mittagspause, -n

luxury der Luxus

M

macaroni die Makkaroni (*pl*)

machine die Maschine, -n

magazine das Magazin, -e

mail die Post

main course das Hauptgericht, -e

majority die Mehrzahl

to **make** machen

make-up: to put on make-up (sich)
schminken

man der Mann, -̈er

many viele

many a mancher, manches, manche

map die Karte, -n

map of the city der Stadtplan, -̈e

March der März

mark (*grade*) die Zensur, -en

market der Markt, -̈e; der
Wochenmarkt, -̈e

marriage die Ehe, -n; die Heirat, -en

married verheiratet

to **marry** heiraten

maternal mütterlicherseits

math die Mathe

matter

no matter egal

That doesn't matter! Das macht doch
nichts!

What's the matter with you? Was ist
los mit dir?

May der Mai

may: to be allowed to dürfen (darf),
durfte, hat gedurft

May I help you? (*to a customer*) Sie
wünschen?

meal das Essen

Enjoy your meal! Guten Appetit!

to **mean** meinen; bedeuten; heißen,
hieß, hat geheißen

meaning die Bedeutung, -en; der Sinn
(*sing*)

meantime: in the meantime
inzwischen

meat das Fleisch

medicine das Medikament, -e

to **meet** (sich) treffen (trifft), traf, hat
getroffen

member das Mitglied, -er

to **memorize** auswendig lernen

men's department die
Herrenabteilung, -en

to **mend** flicken

menu die Speisekarte, -n

messy unordentlich

meter der Meter, -

microwave (oven) die Mikrowelle, -n

middle die Mitte, -n

in the middle of winter mitten im
Winter

(in) the middle of July Mitte Juli

midnight (die) Mitternacht

milk die Milch

mineral water das Mineralwasser

minute die Minute, -n

in a minute gleich; sofort

mirror der Spiegel, -

miserable miserabel

Miss (das) Fräulein, -

mistake der Fehler, -

modern modern

modest bescheiden

mom die Mutti, -s

moment der Moment, -e

Monday der Montag, -e (*see also*
Friday)

money das Geld

monitor der Bildschirm, -e

month der Monat, -e

monthly monatlich

mood: in a good mood vergnügt

moon der Mond

more mehr

more and more immer mehr

not any more nicht mehr

once more noch einmal; noch mal

morning der Morgen, -; der Vormittag,
-e

Good morning! Guten Morgen!
Morgen!

in the morning morgens; vormittags

this morning heute Morgen

tomorrow morning morgen früh

mosquito der Moskito, -s

most meist

mostly meistens

mother die Mutter, -̈

on one's mother's side
mütterlicherseits

Mother's Day der Muttertag, -e

motherly mütterlich

motor der Motor, -en

motorboat das Motorboot, -e

motorcycle das Motorrad, -̈er

mountain der Berg, -e

mountain bike das Mountainbike, -s

**mountain biking: to go mountain
biking** Mountainbiking gehen

mountain range das Gebirge

mouse (*also computer*) die Maus, -̈e

moustache der Schnurrbart, -̈e

mouth der Mund, -̈er

to **move** (*change residence*) um·ziehen,
zog um, ist umgezogen

to **move in** ein·ziehen, zog ein, ist
eingezogen

to **move out** aus·ziehen, zog aus, ist
ausgezogen

movies das Kino, -s

to the movies ins Kino

to **mow** mähen

mozzarella der Mozzarella
Mr. Herr
Mrs., Ms. Frau
much viel
  far too much viel zu viel
  too much zu viel
muesli das Müsli
  a bowl of muesli eine Schüssel Müsli
Munich (das) München
to **murder** ermorden
museum das Museum, Museen
mushroom der Champignon, -s
music die Musik
musical musikalisch
must: to have to müssen (muss), musste, hat gemusst
mustard der Senf, -e
my mein, mein, meine
myself, yourself, herself, etc. selbst

<h1 style="color:red; text-align:center">N</h1>

name der Name, -ns, -n
  first name der Vorname, -ns, -n
  last name der Familienname, -ns, -n
  My name is . . . Ich heiße ...
  What's your name? Wie heißen Sie?/Wie heißt du? Wie ist Ihr Name?
to **name** nennen, nannte, hat genannt
napkin die Serviette, -n
narrator der Erzähler, -/die Erzählerin, -nen
narrow schmal
nationality die Nationalität, -en
natural natürlich
nature die Natur
near bei; nah
  near the university in der Nähe der Uni
neat (tidy) ordentlich; (excellent) cool; toll
neck der Hals, ̈e
necklace die Halskette, -n
to **need** brauchen
negative negativ
neighbor der Nachbar, -n, -n/die Nachbarin, -nen
neither . . . nor weder ... noch
nephew der Neffe, -n, -n
nerves
  She gets on my nerves. Sie geht mir auf die Nerven. Sie nervt mich. Sie ist eine Nervtante.
nervous nervös
never nie; niemals
nevertheless trotzdem
new neu

New Year das Neujahr
  Happy New Year! Einen guten Rutsch ins neue Jahr!
New Year's Eve der Silvesterabend, -e, (der) Silvester
New Zealand (adj) neuseeländisch
newspaper die Zeitung, -en
newspaper ad die Anzeige, -n
next nächst
  next to neben (+ acc or dat)
  next year nächstes Jahr
nice (pleasant) nett; (beautiful) schön
niece die Nichte, -n
night die Nacht, ̈e
  at night bei Nacht; nachts
  Good night! Gute Nacht!
  last night gestern Nacht
night table der Nachttisch, -e
no nein; (neg indef art) kein, kein, keine
  no longer nicht mehr
no one niemand
nobody niemand
Nonsense! Quatsch!
noodle die Nudel, -n
noon der Mittag
north der Norden
  north (of) nördlich (von) (+ dat)
North America (das) Nordamerika
North American (adj) nordamerikanisch
nose die Nase, -n
not nicht
  not any more nicht mehr
  not at all gar nicht; überhaupt nicht
  not even nicht mal
  not until erst
  not yet noch nicht
not a, not any, no kein, kein, keine
note die Notiz, -en
notebook (computer) das Notebook, -s
nothing nichts
  nothing at all gar nichts; überhaupt nichts
  nothing but trouble nichts als Ärger
to **notice** merken
novel der Roman, -e
November der November
now jetzt
  from now on von jetzt ab
nowadays heutzutage
number die Nummer, -n; die Zahl, -en
nut die Nuss, ̈e

<h1 style="color:red; text-align:center">O</h1>

ocean das Meer, -e; der Ozean, -e
occupation der Beruf, -e
  What's your occupation? Was sind Sie von Beruf?

o'clock: at one o'clock um ein Uhr; um eins
October der Oktober
of von (+ dat)
  Of course! Natürlich! Klar!
offer das Angebot, -e
to **offer** an·bieten, bot an, hat angeboten
office das Büro, -s
office help die Bürohilfe
often oft
oil Öl, -e
OK in Ordnung
old alt
old-fashioned altmodisch
old age das Alter
old people's home das Altenheim, -
olive die Olive, -n
on, onto (a vertical surface) an (+ acc or dat); (a horizontal surface) auf (+ acc or dat)
once einmal
  once more noch einmal, noch mal
one (you) man
  one and a half eineinhalb
  one another einander
only bloß; nur; erst; (single) einzig
only child das Einzelkind, -er
to **open** auf·machen; öffnen
opera die Oper, -n
opinion die Meinung, -en
  in my opinion meiner Meinung nach
optimistic optimistisch
or oder
  or else sonst
orange die Orange, -n
orange juice der Orangensaft
orchestra das Orchester, -
order die Ordnung
  in order to um ... zu
to **order** bestellen
ordinary einfach
originally ursprünglich
other ander-
otherwise sonst
our unser, unser, unsere
out of aus (+ dat)
outfit das Outfit, -s
outside außen
over über (+ acc or dat)
  to be over zu Ende sein; vorbei sein
overnight
  overnight accommodation die Übernachtung, -en
  to stay overnight übernachten
oversalted versalzen
to **owe** schulden
own eigen

P

to **pack** packen; ein·packen
package die Packung, -en
page die Seite, -n
pain der Schmerz, -en
to **paint** (a picture) malen; (a house)
   streichen, strich, hat gestrichen
painter der Maler, -; die Malerin, -nen
pair das Paar, -e
pan die Pfanne, -n
pants die Hose, -n
paper das Papier, -e; (report) das
   Referat, -e
 piece of paper der Zettel, -
paragraph der Absatz, ⸚e; der
   Paragraph, -en, -en
parcel das Paket, -e
Pardon? I beg your pardon? Wie bitte?
parents die Eltern
park der Park, -e
to **park** parken
parking lot der Parkplatz ⸚e
parking space der Parkplatz ⸚e
part der Teil, -e
partially teilweise
particularly besonders
partner der Partner, -/die Partnerin,
   -nen
party die Party, -s; die Fete, -n
passport der Pass, ⸚e
paternal väterlicherseits
patio die Terrasse, -n
pay die Bezahlung; der Lohn, ⸚e
to **pay** bezahlen
to **pay attention** auf·passen
peace der Frieden; die Ruhe
 in peace and quiet in aller Ruhe
pedestrian area die Fußgängerzone, -n
penny der Pfennig, -e
people die Leute (pl); die Menschen
   (pl)
pepper der Pfeffer
percent das Prozent, -e
perfume das Parfüm, -s
perhaps vielleicht; wohl
perm die Dauerwelle, -n
permission die Erlaubnis
permitted: to be permitted dürfen
   (darf), durfte, hat gedurft
person der Mensch, -en; die Person, -en
personal persönlich
personnel manager der Personalchef,
   -s/die Personalchefin, -nen
to **persuade** überreden
pessimistic pessimistisch
pet das Haustier, -e
pharmacy die Apotheke, -n
photo das Foto, -s; die Fotografie, -n

photo store das Fotogeschäft, -e
to **photograph** fotografieren
physique die Figur
to **pick out something** sich (dat) etwas
   aus·suchen
to **pick up** ab·holen
picnic das Picknick, -s
picture das Bild, -er
piece das Stück, -e
 a piece of cake ein Stück Kuchen
 piece of furniture das Möbelstück
pig das Schwein, -e
pigsty der Schweinestall, ⸚e
 What a pigsty! Was für ein
   Schweinestall!
pile der Haufen, -
pill die Tablette, -n
pink rosarot
pizza die Pizza, -s
pizzeria die Pizzeria, -s
place der Ort, -e; der Platz, ⸚e
 place of residence der Wohnort, -e
 place of work der Arbeitsplatz, ⸚e
plaid kariert
plan der Plan, ⸚e
to **plan** planen
to **plan, to have planned** vor·haben
   (hat vor), hatte vor, hat vorgehabt
plant die Pflanze, -n
plastic das Plastik, -s
plastic bag die Plastiktasche, -n
plate der Teller, -
play das Theaterstück, -e
to **play** spielen
pleasant nett
please bitte
pleased: to be pleased (with) sich
   freuen (über + acc)
plump mollig
pocket die Tasche, -n
poem das Gedicht, -e
police die Polizei (sing)
police station die Polizeiwache, -n
Polish (adj) polnisch
polite höflich
political politisch
politics die Politik
poll die Umfrage, -n
poor arm
popular beliebt; populär
population die Bevölkerung
position die Position, -en
possibility die Möglichkeit, -en
possible möglich
 as much (quickly, soon) as possible
   so viel (schnell, bald) wie möglich
post office die Post; das Postamt, ⸚er
postal code die Postleitzahl, -en
postcard die Postkarte, -n

poster das Poster, -
to **postpone** verschieben, verschob, hat
   verschoben
pot der Topf, ⸚e
potato die Kartoffel, -n
potato chips die Kartoffelchips
pound das Pfund, -e
practical praktisch
to **practice** üben
present das Geschenk, -e
president der Präsident, -en, -en/die
   Präsidentin, -nen
pretty hübsch
pretzel die Brezel, -n
price der Preis, -e
primitive primitiv
to **print** drucken
printer der Drucker, -
private privat
private home das Privathaus, ⸚er
pro der Profi, -s
probably wohl; sicher
problem das Problem, -e
to **produce** produzieren
product das Produkt, -e
profession der Beruf, -e
professionally beruflich
project das Projekt, -e
to **promise** versprechen (verspricht),
   versprach, hat versprochen
pronunciation die Aussprache
province die Provinz, -en
pub die Kneipe, -n; (Austria) das Beisel, -
 to a pub in die Kneipe
pudding der Pudding, -s
to **pull** ziehen, zog, hat gezogen
punctual pünktlich
punk der Punk, -s
purple violett
to **put** (in an upright position) stellen;
   (stick) stecken; (in a horizontal
   position) legen
to **put on** an·ziehen, zog an, hat
   angezogen; (one's head) auf·setzen
to **put on make-up** sich schminken

Q

qualified qualifiziert
quarter das Viertel, -
 quarter after eleven Viertel nach
   elf
 quarter to eleven Viertel vor elf
queen die Königin, -nen
question die Frage, -n
 to ask (answer) a question eine Frage
   stellen (beantworten)
 That's out of the question!
   Das kommt gar nicht in Frage!

quick(ly) schnell
quiet ruhig
quite ganz; ziemlich

R

to **race** rasen
radio das Radio, -s
rag der Lumpen, -
rage die Wut
railway die Bahn
rain der Regen
to **rain** regnen
rainy weather das Regenwetter
rare selten
rate: at any rate jedenfalls
rather ziemlich
to **reach** erreichen
to **react (to)** reagieren (auf + *acc*)
to **read** lesen (liest), las, hat gelesen
  The thermometer reads ten degrees.
    Das Thermometer zeigt zehn Grad.
to **read aloud** vor·lesen (liest vor), las
    vor, hat vorgelesen
to **read through** durch·lesen (liest
    durch), las durch, hat durchgelesen
ready fertig
real echt
reality die Wirklichkeit
to **realize** merken
really wirklich; echt
  That's really fantastic. Das ist echt
    toll.
to **rearrange** um·stellen
reason der Grund, ⸚e
reasonable *(price)* preisgünstig
to **receive** bekommen, bekam, hat
    bekommen; kriegen
receiver *(of a telephone)* der Hörer, -
recently in letzter Zeit
recipe das Rezept, -e
to **recognize** erkennen, erkannte, hat
    erkannt
to **recommend** empfehlen (empfiehlt),
    empfahl, hat empfohlen
red rot
red wine der Rotwein, -e
reduced reduziert
  sharply reduced stark reduziert
refrigerator der Kühlschrank, ⸚e
regardless egal
to **regret** bereuen
regular regelmäßig
related verwandt
relative der/die Verwandte, -en;
    relatives *(as a group)* die
      Verwandtschaft
to **relax** aus·spannen

remnant das Überbleibsel, -
to **renovate** renovieren
rent die Miete, -n
to **rent** mieten
to **rent out** vermieten
to **repair** reparieren
to **repeat** wiederholen
to **replace (with)** ersetzen (durch +
    acc)
report das Referat, -e
to **report** berichten
to **reserve** reservieren
residence *(place of)* der Wohnort, -e;
    (student) das Studentenheim, -e
resolution der Vorsatz, ⸚e
restaurant das Gasthaus, ⸚er; das
    Restaurant, -s
reunification die Wiedervereinigung
Rhine *(river)* der Rhein
rhubarb der Rhabarber
rice der Reis
rich reich
ride die Fahrt, -en
to **ride** *(a bike)* Rad fahren (fährt Rad),
    fuhr Rad, ist Rad gefahren
to **ride** *(a horse)* reiten, ritt, ist geritten
right richtig; das Recht, -e
  It's not right that . . . Es ist nicht
    recht, dass . . .
  right around the corner gleich um
    die Ecke
  right away gleich; sofort
  That's right. Das stimmt.
  to **be right** stimmen
  You're right. Du hast Recht.
right, to the right rechts
ring der Ring, -e
to **ring** klingeln
ripe reif
to **risk** riskieren
river der Fluss, ⸚e
roast der Braten, -
rock festival das Rockfest, -e
rock group die Rockgruppe, -n
rock music der Rock
rock star der Rockstar, -s
rocking chair der Schaukelstuhl, ⸚e
role die Rolle, -n
roll das Brötchen, -
romantic romantisch
roof das Dach, ⸚er
room das Zimmer, -
roommate der Mitbewohner, -/die
    Mitbewohnerin, -nen
rose die Rose, -n
round rund
rug der Teppich, -e
to **ruin** kaputt·machen

to **run** rennen, rannte, ist gerannt;
    laufen (läuft), lief, ist gelaufen
  I ran out of money. Mir ist das Geld
    ausgegangen.
rush: There's no rush. Es hat keine
    Eile.
Russian *(adj)* russisch
rye bread das Schwarzbrot

S

to **saddle** satteln
to **sail** segeln
salad der Salat, -e
salami die Salami, -s
sales slip der Kassenzettel, -
salesperson der Verkäufer, -/die
    Verkäuferin, -nen
salt das Salz
salty salzig
same gleich; derselbe, dasselbe,
    dieselbe
sandal die Sandale, -n
sandwich das Brot, -e
satisfied zufrieden
Saturday der Samstag, -e *(see also*
    Friday)
sauce die Soße, -n
saucer die Untertasse, -n
sauerkraut das Sauerkraut
sauna die Sauna, -s
sausage die Wurst, ⸚e
to **save** sparen
to **say** sagen
  Say . . . Sag mal . . .
scanner der Scanner, -
scarcely kaum
scared
  to **be scared (of)** Angst haben (vor)
    (+ *dat*)
  to **get scared** Angst kriegen
scarf der Schal, -e
scene die Szene, -n
schedule *(train or bus)* der Fahrplan, ⸚e
school die Schule, -n
schooldays die Schulzeit
science fiction die Sciencefiction
Scrabble das Scrabble
to **scream** schreien, schrie, hat
    geschrieen
scoop *(ice cream)* die Kugel, -n
sea das Meer, -e; die See, -n
seasick seekrank
season die Jahreszeit, -en
seat der Sitz, -e; der (Sitz)platz, ⸚e
second die Sekunde, -n; *(ordinal)* zweit
secretary der Sekretär, -e/die
    Sekretärin, -nen

to **see** sehen (sieht), sah, hat gesehen
  See you later! Bis später!
to **see again** wieder·sehen (sieht
  wieder), sah wieder, hat
  wiedergesehen
seldom selten
selection die Auswahl
to **sell** verkaufen
semester das Semester, -
seminar das Seminar, -e; die Übung, -en
to **send** schicken
senior citizens' home das
  Seniorenheim, -e
sense der Sinn
sentimental sentimental
separate getrennt
to **separate** trennen
September der September
serious ernst
to **serve** servieren; *(guests in a
  restaurant)* bedienen
server der Kellner, -/die Kellnerin,
  -nen; die Bedienung
service der Service
serviette die Serviette, -n
to **set** setzen
to **set the table** den Tisch decken
sewing machine die Nähmaschine, -n
to **shake** schütteln
  to **shake one's head** den Kopf
    schütteln
shampoo das Shampoo, -s
shape die Form, -en
shared housing die Wohngemeinschaft,
  -en; die WG, -s
sharp scharf
to **shave** (sich) rasieren
shaver der Rasierapparat, -e
to **shine** scheinen, schien, hat
  geschienen
ship das Schiff, -e
shirt das Hemd, -en
shock der Schock
to **shock** schockieren
shoe der Schuh, -e
shoe store das Schuhgeschäft, -e
shopping das Einkaufen
  to **go shopping** ein·kaufen gehen
shopping bag die Einkaufstasche, -n
shopping cart der Einkaufswagen, -
shopping list die Einkaufsliste, -n
short kurz; *(stature)* klein
shorts die Shorts
should *(to be supposed to)* sollen, sollte,
  hat gesollt
shoulder die Schulter, -n
to **shout** schreien, schrie, hat
  geschrieen
to **show** zeigen

shower die Dusche, -n
to **shower** sich duschen
showy protzig
siblings die Geschwister
sick krank
  I'm sick of it. Ich habe es satt.
  I'm totally sick of it! Das hängt mir
    zum Hals heraus!
sickness die Krankheit, -en
side die Seite, -n
silly albern
silver das Silber
silverware das Besteck *(sing)*
similar ähnlich
simple einfach
since *(prep)* seit *(+ dat)*; *(conj)* seit
  since then seither
to **sing** singen, sang, hat gesungen
single einzig; *(unmarried)* ledig
  a single mother eine allein stehende
    Mutter
  single-family dwelling das
    Einfamilienhaus, ¨-er
sink das Spülbecken, -; *(bathroom)* das
  Waschbecken, -
to **sink** sinken, sank, ist gesunken
sister die Schwester, -n
sisters and brothers die Geschwister
to **sit** sitzen
to **sit down** sich setzen; sich hin·setzen
size die Größe, -n
skate (ice) der Schlittschuh, -e
  to **go (ice) skating** Schlittschuhlaufen
    gehen
ski der Ski, -er
  to **go skiing** Skilaufen gehen
skirt der Rock, ¨-e
skit der Sketch, -es
sky der Himmel
to **sleep** schlafen (schläft), schlief, hat
  geschlafen
sleeping bag der Schlafsack, ¨-e
sleeping pill die Schlaftablette, -n
sleeve der Ärmel, -
slice die Scheibe, -n
  a slice of bread eine Scheibe Brot
slim schlank; schmal
slipper der Hausschuh, -e
slit *(adj)* geschlitzt
slow langsam
small klein
smart klug; intelligent; clever
to **smell** riechen, roch, hat gerochen
to **smoke** rauchen
smooth glatt
to **snore** schnarchen
snow der Schnee
to **snow** schneien
snowstorm der Schneesturm, ¨-e

so so
  So long! Tschüs!
  so that *(conj)* damit
  so-called so genannt
soap die Seife, -n
soap opera die Seifenoper, -n
soccer: to play soccer Fußball spielen
soccer ball der Fußball, ¨-e
soccer game das Fußballspiel, -e; das
  Fußballmatch, -es
soccer stadium das Fußballstadion,
  -stadien
sock die Socke, -n
soft drink der Softdrink, -s
soft ice cream das Softeis
software die Software
solution die Lösung, -en
to **solve** lösen
some manche
  some . . . or other irgendein,
    irgendein, irgendeine
somebody, someone jemand
  somebody else jemand anders
something etwas
sometimes manchmal
somewhat einigermaßen
son der Sohn, ¨-e
soon bald
  as soon as possible so bald wie
    möglich
sore throat die Halsschmerzen *(pl)*
sorry: I'm sorry. Es tut mir Leid.
soup die Suppe, -n
sour sauer
south der Süden
  south (of) südlich (von) *(+ dat)*
spaghetti die Spaghetti *(pl)*
Spanish *(adj)* spanisch
to **speak** sprechen (spricht), sprach,
  hat gesprochen; reden
special
  special day das Fest, -e
  special of the day das Tagesmenü, -s
speech die Rede, -n
  to **give a speech** eine Rede halten
to **spell** buchstabieren
to **spend** *(money)* aus·geben (gibt aus),
  gab aus, hat ausgegeben; *(time)*
  verbringen, verbrachte, hat
  verbracht; *(the night)* übernachten
spicy scharf
spinach der Spinat
spite: in spite of trotz *(+ gen)*
spoon der Löffel, -
sport coupe das Sportcoupé, -s
sport(s) der Sport
  What sport(s) do you do? Was für
    Sport machst du?
sporting goods store das Sportgeschäft, -e

sports program das Sportprogramm, -e
spotless tipptopp
spring der Frühling; das Frühjahr
  in spring im Frühling (Frühjahr)
square foot der Quadratfuß *(no pl)*
  ten square feet zehn Quadratfuß
squash *(sport)* das Squash
stability: to have stability Bestand haben
stable der Stall, ⸚e
stadium das Stadion, Stadien
staircase die Treppe, -n
stamp die Briefmarke, -n
to **stand** stehen, stand, hat gestanden;
  (put in an upright position) stellen;
  (endure) aus·halten (hält aus), hielt
  aus, hat ausgehalten
to **stand up** auf·stehen, stand auf, ist
  aufgestanden
star der Stern, -e
to **start** an·fangen (fängt an), fing an,
  hat angefangen; beginnen, begann,
  hat begonnen; starten
state der Staat, -en; das Land, ⸚er
statement die Aussage, -n
statistic die Statistik, -en
to **stay** bleiben, blieb, ist geblieben
to **stay overnight** übernachten
steak das Steak, -s
to **steal** stehlen (stiehlt), stahl, hat
  gestohlen
stepfather der Stiefvater, ⸚
stepmother die Stiefmutter, ⸚
stereo die Stereoanlage, -n
to **stick** stecken
stiff steif
still noch; immer noch
stocking der Strumpf, ⸚e
stomach der Bauch, ⸚e
stomachache die Bauchschmerzen *(pl)*
stool der Hocker, -
to **stop** halten (hält), hielt, hat
  gehalten; an·halten (hält an), hielt
  an, hat angehalten; stoppen; *(doing
  something)* auf·hören; *(walking)*
  stehen bleiben, blieb stehen, ist
  stehen geblieben
  Stop bothering me! Lass mich in Ruhe!
store das Geschäft, -e
  fine foods store das Feinkostgeschäft,
  -e
storm der Sturm, ⸚e
stormy stürmisch
story die Geschichte, -n; die Erzählung,
  -en; *(in a building)* der Stock,
  Stockwerke
stove der Herd, -e
straight *(of hair)* glatt
street die Straße, -n

stress der Stress
to **stress** betonen
stressful stressig
striped gestreift
strong stark
stubborn dickköpfig
student *(university)* der Student, -en,
  -en/die Studentin, -nen; *(elem. or
  high school)* der Schüler, -/die
  Schülerin, -nen
student choir der Studentenchor, ⸚e
student center das Studentenwerk
student ID der Studentenausweis, -e
student residence das Studentenheim,
  -e
studies das Studium *(sing)*
to **study** *(i.e., to attend college or
  university)* studieren; *(to spend time
  studying)* lernen
stuffed toy animal das Stofftier, -e
stupid dumm; doof; blöd; bescheuert
stylish flott
subject *(of study)* das Fach, ⸚er, das
  Studienfach, ⸚er
success der Erfolg, -e
such solcher, solches, solche
  such a so ein
suddenly plötzlich; mit einem Mal; auf
  einmal
sugar der Zucker
suit *(men's)* der Anzug, ⸚e
  jogging suit der Jogginganzug, ⸚e
to **suit** passen; stehen
  That doesn't suit me at all. Das passt
  mir gar nicht.
suitable geeignet; passend
  something suitable etwas Passendes
suitcase der Koffer, -
summer der Sommer, -
  in summer im Sommer
summer cottage das Ferienhaus, ⸚er
summer holidays, summer vacation die
  Sommerferien *(pl)*
summer job der Ferienjob, -s
summer sale der
  Sommerschlussverkauf, ⸚e
sun die Sonne
Sunday der Sonntag, -e *(see also
  Friday)*
sunglasses die Sonnenbrille, -n
sunny sonnig
  sunny with some clouds heiter
suntan lotion die Sonnencreme, -s
super super
supermarket der Supermarkt, ⸚e
supper das Abendessen, -
  for supper zum Abendessen
  to **have supper** zu Abend essen

supposed: to be supposed to sollen,
  sollte, hat gesollt
sure, surely sicher
  for sure bestimmt
surfboard das Surfbrett, -er
surfing: to go surfing surfen gehen
surprise die Überraschung, -en
survey die Umfrage, -n
swanky protzig
sweater der Pulli, -s; der Pullover, -
sweatshirt das Sweatshirt, -s
sweet *(adj)* süß; *(candy)* die Süßigkeit,
  -en
to **swim** schwimmen, schwamm, ist
  geschwommen
swimming: to go swimming baden
  gehen; schwimmen gehen
swimming weather *(das)* Badewetter
Swiss *(adj)* schweizerisch
Switzerland die Schweiz
symphony die Sinfonie, -n
synagogue die Synagoge, -n
system das System, -e

T

T-shirt das T-Shirt, -s
table der Tisch, -e
  to **set the table** den Tisch decken
tablet die Tablette,
tablespoon der Esslöffel, -
tactless taktlos
to **take** nehmen (nimmt), nahm,
  genommen; *(time)* dauern,
  brauchen
  Take care! Mach's gut!
to **take along** mit·nehmen (nimmt
  mit), nahm mit, hat mitgenommen
to **take off** *(airplane)* starten
to **take on** *(a duty)* übernehmen
  (übernimmt), übernahm, hat
  übernommen
to **take part (in)** teil·nehmen (nimmt
  teil), nahm teil, hat teilgenommen
  (an + *dat*)
talent das Talent, -e
talk die Rede, -n
to **talk** sprechen (spricht), sprach, hat
  gesprochen; reden; *(converse)* sich
  unterhalten (unterhält sich),
  unterhielt sich, hat sich unterhalten
to **talk on the phone (with)**
  telefonieren (mit)
tall groß
talk show die Talkshow, -s
tango der Tango, -s
task die Aufgabe, -n
taste der Geschmack
to **taste,** to **taste good** schmecken

tasteful geschmackvoll
tasteless geschmacklos
taxi das Taxi, -s
tea der Tee
tea kettle der Teekessel, -
to **teach** lehren; unterrichten
teacher der Lehrer, -/die Lehrerin,
    -nen
teapot die Teekanne, -n
teaspoon der Teelöffel, -
technical college die Fachhochschule, -n
teddy bear Teddybär, -en, -en
teenager der Teenager, -
telephone das Telefon, -e
telephone number die
    Telefonnummer, -n
television der Fernseher, -; *(TV
    broadcasting)* das Fernsehen
  to **watch television** fern·sehen (sieht
    fern), sah fern, hat ferngesehen
television set der Fernseher, -
to **tell** sagen; *(a story)* erzählen
  Tell me . . . Sag mal ...
  to **tell about** erzählen von
tender *(cooking)* gar
tennis: to play Tennis Tennis spielen
tennis court der Tennisplatz, ¨e
tennis racquet der Tennisschläger, -
tent das Zelt, -e
terrible schrecklich
test die Klausur, -en
textbook das Unterrichtsbuch, ¨er
than als
  better than besser als
to **thank** danken *(+ dat)*
  Thank God! Gott sei Dank!
  thank you danke; danke schön
thanks der Dank *(sing)*
  Fine, thanks. Danke, gut.
that *(conj)* dass
that is (i.e.) das heißt (d.h.)
theater das Theater, -
  to the theater ins Theater
their ihr, ihr, ihre
then dann; da; *(at that time)* damals
  since then seither
therapy die Therapie, -n
there dort; da
  down there dort unten
  over there dort drüben
there is, there are es gibt
therefore deshalb
thermometer das Thermometer, -
  The thermometer reads ten degrees.
    Das Thermometer zeigt zehn Grad.
thick dick
thin dünn; *(face)* schmal
thing das Ding, -e; die Sache, -n

to **think** denken, dachte, hat gedacht;
    glauben; meinen
  I can't think of anything. Mir fällt
    nichts ein.
  that's what you think denkste
to **think of (about)** denken an *(+ acc)*
thirst der Durst
  I'm thirsty. Ich habe Durst.
this dieser, dieses, diese
  this afternoon (evening, morning)
    heute Nachmittag (Abend,
    Morgen)
thrifty sparsam
through durch *(+ acc)*
to **throw** werfen (wirft), warf, hat
    geworfen
thumb der Daumen, -
thunder der Donner
to **thunder** donnern
Thursday der Donnerstag, -e *(see also
    Friday)*
ticket die Karte, -n; *(traffic)* der
    Strafzettel, -
tie die Krawatte, -n
time die Zeit, -en; *(occurrence)* das Mal, -e
  (at) any time jederzeit
  at that time damals
  (at) what time um wie viel Uhr
  every time jedes Mal
  for the first time zum ersten Mal
  on time rechtzeitig; pünktlich
  the last time das letzte Mal
  this time diesmal
  What time is it? Wie spät ist es? Wie
    viel Uhr ist es?
time of day die Uhrzeit
timetable der Stundenplan, ¨e
tiny winzig
tip das Trinkgeld, -er
tired müde
title der Titel, -
to zu; *(a city or country)* nach; *(an
    institution)* auf *(+ acc or dat)*;
    (a vertical surface) an *(+ acc or dat)*;
    in *(+ acc or dat)*
toast der Toast
toaster der Toaster, -
today heute
toe die Zehe, -n
together zusammen
  to **go together** *(match)*
    zusammen·passen
toilet das Klo, -s
tomato die Tomate, -n
tomorrow morgen
  the day after tomorrow übermorgen
  tomorrow afternoon morgen
    Nachmittag
  tomorrow morning morgen früh

toner der Toner
tongue die Zunge, -n
tonight heute Abend
too zu
tool das Werkzeug, -e
tooth der Zahn, ¨e
toothache die Zahnschmerzen *(pl)*
toothbrush die Zahnbürste, -n
toothpaste die Zahnpasta
topic das Thema, Themen
tourist der Tourist, -en, -en/die
    Touristin, -nen
towel das Handtuch, ¨er
town die Stadt, ¨e
  to town in die Stadt
trade: He's a cook by trade. Er ist
    Koch von Beruf.
train der Zug, ¨e
to **train** aus·bilden
train trip die Bahnfahrt, -en
train station der Bahnhof, ¨e
training die Ausbildung
to **translate** übersetzen
translation die Übersetzung, -en
to **travel** reisen
travel agency das Reisebüro, -s
travel brochure die Reisebroschüre, -n
traveler's check der Reisescheck, -s
to **treat** behandeln
tree der Baum, ¨e
trip die Reise, -n
  to go on a trip eine Reise machen
trouble der Ärger
  nothing but trouble nichts als Ärger
truck der Lastwagen, -; der
    Lastkraftwagen, -; der Lkw, -s
true wahr; richtig
trunk *(of a car)* der Kofferraum
truth die Wahrheit, -en
to **try** versuchen
to **try out** aus·probieren
to **try on** an·probieren
T-shirt das T-Shirt, -s
Tuesday der Dienstag, -e *(see also
    Friday)*
Turkish *(adj)* türkisch
turn: Now it's your turn. Jetzt bist du
    dran.
TV der Fernseher, -; *(TV broadcasting)*
    das Fernsehen
  to **watch TV** fern·sehen (sieht fern),
    sah fern, hat ferngesehen
TV screen der Bildschirm, -e
TV set der Fernseher, -
TV show das Fernsehprogramm, -e
twice zweimal
twin der Zwilling, -e
two zwei; beide
typical typisch

U

ugly hässlich
umbrella der Regenschirm, -e
uncle der Onkel, -
under unter *(+ acc or dat)*
to **underline** unterstreichen, unterstrich, hat unterstrichen
to **understand** verstehen, verstand, hat verstanden; begreifen, begriff, hat begriffen; kapieren
to **undress** sich aus·ziehen, zog sich aus, hat sich ausgezogen
unemployed arbeitslos
unemployment die Arbeitslosigkeit
unfortunately leider
unhappy unglücklich
unhealthy ungesund
university die Universität, -en, die Uni, -s, die Hochschule, -n
  to the university zur Uni
university cafeteria die Mensa *(for full meals)*
university town die Universitätsstadt, ¨e
to **unpack** aus·packen
until bis *(+ acc)*
  not until erst
up
  to **be up** auf sein
  What's up? Was ist denn los?
upset: to get upset (about) sich auf·regen *(über + acc)*
up-to-date up to date
to **use** benutzen; verwenden
used: to get used to sich gewöhnen an *(+ acc)*
usually meistens

V

vacation *(generally of students)* die Ferien *(pl)*; die Semesterferien *(pl)*; *(generally of people in the workforce)* der Urlaub
  to **go on vacation** Ferien (Urlaub) machen
vacuum cleaner der Staubsauger, -
Valentine's Day der Valentinstag
valid: to be valid gelten (gilt), galt, hat gegolten
valley das Tal, ¨er
vase die Vase, -n
vegetables das Gemüse *(sing)*
vegetarian der Vegetarier, -/die Vegetarierin, -nen; *(adj)* vegetarisch
vehicle das Fahrzeug, -e
very sehr
  very short ganz kurz
via über *(+ dat or acc)*

vicinity die Nähe
  in the vicinity of in der Nähe von *(+ dat)*
video das Video, -s
video camera die Videokamera, -s
Vienna (das) Wien
view die Aussicht, -en
village das Dorf, ¨er
vinegar der Essig
violinist der Geiger, -/die Geigerin, -nen, der Violinist, -en/die Violinistin, -nen
visit der Besuch, -e
  to **come to visit** zu Besuch kommen
to **visit** besuchen
visitor der Besucher, -
vitamin das Vitamin, -e
vocabulary die Vokabeln *(pl)*; der Wortschatz, ¨e
voice die Stimme, -n
volleyball der Volleyball, ¨e
voucher der Gutschein, -e

W

wages die Bezahlung; der Lohn, ¨e; der Verdienst, -e
to **wait (for)** warten *(auf + acc)*
waiter der Ober, -; der Kellner, -
  Waiter! Herr Ober! Bedienung!
waitress die Kellnerin, -nen
to **wake up** auf·wachen
to **wake up** *(someone)* wecken
walk der Spaziergang, ¨e
  to **go for a walk** spazieren gehen, ging spazieren, ist spazieren gegangen; einen Spaziergang machen
to **walk** gehen, ging, ist gegangen; zu Fuß gehen
wall die Mauer, -n; *(of a room)* die Wand, ¨e
wallet die Geldtasche, -n
to **want to** wollen (will), wollte, hat gewollt
war der Krieg, -e
  world war der Weltkrieg, -e
warm warm; herzlich
to **warn** warnen
warning die Warnung, -en
wash die Wäsche
to **wash** waschen (wäscht), wusch, hat gewaschen
washcloth der Waschlappen, -
washer die Waschmaschine, -n
wastepaper basket der Papierkorb, ¨e
watch die Armbanduhr, -en; die Uhr, -en

to **watch TV** fern·sehen (sieht fern), sah fern, hat ferngesehen
water das Wasser
to **water** gießen, goss, hat gegossen
watering can die Gießkanne, -n
way der Weg, -e; die Weise, -n
  by the way übrigens
  in this way auf diese Weise
  on the way unterwegs
  That's just the way I am. So bin ich eben.
weak schwach
to **wear** tragen (trägt), trug, hat getragen; *(put on)* an·ziehen, zog an, hat angezogen
weather das Wetter
  What rotten weather! Was für ein Hundewetter!
  What's the weather like? Wie ist das Wetter?
weather map die Wetterkarte, -n
Web site die Website, -s
wedding die Hochzeit, -en
Wednesday der Mittwoch, -e *(see also Friday)*
week die Woche, -n
  day of the week der Wochentag, -e
  two weeks vierzehn Tage
weekend das Wochenende, -n
weekly wöchentlich
weekly newspaper die Wochenzeitung, -en
Welcome! Willkommen!
  You're welcome. Bitte schön!
welfare die Sozialhilfe
well gut
  to **feel well** sich wohl fühlen
well-known bekannt
well-loved beliebt
west der Westen
  west (of) westlich (von) *(+ dat)*
wet nass
what was
  what . . . for wozu
  what else was ... sonst
wheel das Rad, ¨er
wheelchair der Rollstuhl, ¨e
when *(conj)* wenn; *(conj)* als; *(question word)* wann
where *(to what place)* wohin; *(in what place)* wo
  where . . . from woher
whether ob
which welcher, welches, welche
while während
white weiß
white wine der Weißwein, -e
who wer

whole ganz
why warum
  that's why deshalb
widow die Witwe, -n
widower der Witwer, -
wife die Frau, -en
wild wild
to win gewinnen, gewann, hat
  gewonnen
wind der Wind, -e
windless windstill
window das Fenster, -
windsurfing: to go windsurfing
  windsurfen gehen
windy windig
wine der Wein, -e
wineglass das Weinglas, ⁼er
winter der Winter, -
  in winter im Winter
winter jacket die Winterjacke, -n
winter sale der Winterschlussverkauf,
  ⁼e
wish der Wunsch, ⁼e
to wish wünschen
  to wish a Happy Birthday zum
  Geburtstag gratulieren
with mit *(+ dat)*
without ohne *(+ acc)*

witty witzig
woman die Frau, -en
women's advocate die
  Frauenbeauftragte, -n
women's department die
  Damenabteilung, -en
wonderful wunderbar; herrlich
wood das Holz
woods der Wald, ⁼er
wool die Wolle
word *(in a meaningful utterance)* das
  Wort, -e; *(lexical item)* das Wort, ⁼er
work die Arbeit
work experience die Arbeitserfahrung,
  -en
to work arbeiten; *(part-time or during*
  vacation) jobben
to work on arbeiten an *(+ dat)*
worker der Arbeiter, -/die Arbeiterin,
  -nen
world die Welt, -en
worry: Don't worry! Keine Angst!
Wow! Mensch!
wrist watch die Armbanduhr, -en
to write schreiben, schrieb, hat
  geschrieben
writing die Schrift, -en
  in writing schriftlich
wrong falsch

Y

to yawn gähnen
year das Jahr, -e
  for a year auf ein Jahr
  last year letztes Jahr
  year in, year out jahraus, jahrein
yearly jährlich
to yell brüllen
yellow gelb
yes ja
yesterday gestern
  yesterday night gestern Nacht
  the day before yesterday vorgestern
yet: not yet noch nicht
yogurt der Jogurt
you *(one, people)* man
young jung
your dein, dein, deine; Ihr, Ihr, Ihre;
  euer, euer, eure
youth die Jugend
youth hostel die Jugendherberge, -n
youthful jugendlich
Yuck! Pfui!

Z

zip code die Postleitzahl, -en

INDEX

A

aber as flavoring particle, 244
accusative case, 90
  adjective endings in, 99ff.
  as direct object, 89
  definite article in, 90
  der-words in, 93
  ein-words in, 94
  indefinite article in, 90
  interrogative pronouns in, 92
  personal pronouns in, 162
  prepositions with, 164
  reflexive pronouns in, 314f.
  relative pronouns in, 306f.
  time phrases in, 93
addressing letters, 6
adjectives
  after **alles, etwas, nichts,** 248
  comparative of before nouns, 168
  comparative of in predicate, 166
  dative case with, 243
  endings in accusative case, 99ff.,
    352ff.
  endings in dative case, 256f., 352ff.
  endings in genitive case, 291, 352f.
  endings in nominative case, 70ff.,
    352ff.
  endings of, preceded by **der**-words,
    70, 99, 256f., 291, 352
  endings of, preceded by **ein**-words,
    71, 101, 256f., 291, 353
  endings of, unpreceded, 72, 102,
    257, 355
  past participles used as, 378
  possessive, 68, 94, 236
  review of endings, 352ff.
  superlative of before a noun, 171
  superlative of in the predicate 170
adverbs
  comparative of, 166ff.
  superlative of, 170
alphabet, 8
als
  in comparisons, 166
  meanings of, 366
  versus **wann** and **wenn,** 346

B

Bitte! Bitte schön! 220

C

capitalization
  of adjectives after **alles, etwas,
    nichts,** 247
  of nouns, 3
clauses
  dependent, 140
  dependent preceding indepen-
    dent, 144
  independent, 140
  object, 176ff.
  relative, 306, 350, 415f.
cognates, 45, 77, 114
comparative of adjectives and
    adverbs, 166ff.
  irregular forms, 167
  with **immer,** 167
compound nouns, 296
conjunctions
  coordinating, 140
  subordinating, 141
contractions, 250, 277

D

da-compounds, 166, 251f., 280
dann versus **denn,** 150
dates, 216
dative case
  adjective endings in, 256f.
  as indirect object, 236
  in idioms, 244
  interrogative pronouns in, 237
  personal pronouns in, 239
  prepositions with, 248
  reflexive pronouns in, 317

(an)statt ... zu, 287
articles
  definite, 20, 61
    omission of, 96
  indefinite, 23
    negative, 23
    omission of, 96
aus versus **von,** 253

relative pronouns in, 306f.
  verbs with, 242
  with adjectives, 243
definite article
  accusative forms of, 90
  as gender signal, 20
  dative forms of, 236
  genitive forms of, 288
  nominative forms of, 63
  omission of, 96
  used as a pronoun, 389
denn as flavoring particle, 51
denn versus **dann,** 150
dependent clauses
  preceding independent clauses,
    144
  position of verb in, 140f., 144
  questions as, 177
  relative clauses as, 306f.
  with modals, 142
  with separable-prefix verbs, 142
derselbe, dasselbe, dieselbe, 322
der-words, 67, 93
diphthongs, 115
direct object, 89
discourse strategies, 14, 174
doch as flavoring particle, 176
du / Sie / ihr, 4

E

eigentlich as flavoring particle, 386
ein, ein, eine, 23
ein-words, 68, 94
erst, meanings of, 78
es gibt, 105
Eszett, 3, 10

F

flavoring particles
  aber, 244
  denn, 51
  doch, 138, 176
  eigentlich, 386
  ja, 14, 138
  mal, 138, 156
  überhaupt, 386
forms of address, 4

G

ganz, meanings of, 189
gender
    of nouns, 20
    of pronouns, 34
genitive case, 288
    adjective endings in, 291
    interrogative pronoun in, 288
    prepositions with, 415
    relative pronoun in, 415f.
    von + dative instead of, 291
gern, 61
    comparative of, 61
gern haben, 62
gleich, meanings of, 394

H

haben
    as auxiliary of perfect tense, 200
    in past-time subjunctive, 413
    perfect tense of, 207
    present tense of, 59
    simple past tense of, 182
    versus **sein,** 95
hin and **her,** 217

I

ihr / Sie / du, 4
immer + comparative, 167
imperative, 137
    du-imperative, 137
    ihr-imperative, 139
    Sie-imperative, 139
indefinite article, 23
    accusative forms of, 90
    dative forms of, 236
    genitive forms of, 288
    negative forms of, 23,
    nominative forms of, 63
    omission of, 96
indirect object, 236
indirect questions, 177
infinitive
    (an)statt + **zu**-infinitive, 287
    definition of, 37
    modals with, 125
    phrases, 285ff.
    ohne + **zu**-infinitive, 287
    of inseparable-prefix verbs, 213
    of separable-prefix verbs, 129
    um + **zu**-infinitive, 286
    used as a noun, 262

würde with, 408
    zu-infinitive, 285
inseparable-prefix verbs, 213
interrogative pronouns
    accusative case of, 92
    dative case of, 237
    genitive case of, 288
    nominative case of, 64

J

ja as flavoring particle, 14, 138

K

kein, kein, keine, 23
kennen versus **wissen,** 179
Kultur
    Apotheke, 322
    Austria, 111
    baby showers, 246
    Bauhaus, 294
    Berlin, 230, 368ff.
    birthdays, 246
    climate of the German-speaking
      countries, 16
    cuckoo clock, 53
    Drogerie, 322
    du, ihr, and **Sie** and their social
      implications, 4
    education system in Germany, 211
    ethnic diversity in Germany, 76
    Euro, 326
    Europäische Union, 387
    fast food, 313
    Frauen im Beruf, 401
    Fußball, 124
    German universities, 2, 23
    Grimm, Jakob und Wilhelm, 360
    Gutenberg, Johannes, 337
    history of Germany, 1918-1990,
      370f.
    holidays, 232
    housing, 270
    immigration to North America,
      196
    Liechtenstein, 67
    Ludwig II. von Bayern, 186
    Luftbrücke, die Berliner, 370
    Luther, Martin, 337
    Luxemburg, 325
    Mauer, die Berliner, 368, 369
    Mitbringsel, 246
    Mozart, Wolfgang Amadeus, 112
    Munich, 155, 157

newspapers and magazines, 343
parental leave in Germany, 88
phone service, 6
postal service, 6
railway system, 134
Reformhaus, 322
restaurant customs, 301, 303
Sachs, Hans, 337
Schrebergärten, 270
shopping, 301, 322
similarities between German and
    English, 45
South Tyrol, 185
student housing, 268
Switzerland, 145
table etiquette, 303
Teddybär, 260
topography of the German-speak-
    ing countries, 16
vocational training, 211
writing personal letters, 216
youth hostels, 158

L

lassen, 389
lieber, 61
Lieblings-, 85

M

mal as flavoring particle, 136, 156
manner, expressions of, 249
mixed verbs
    perfect tense of, 214
    simple past tense of, 343
modal verbs, 125ff.
    in dependent clauses, 142
    meaning of, 125
    möchte versus **mögen,** 127
    omission of infinitive after, 128
    position of, 125
    position of **nicht** with, 128
    present tense of, 125f.
    simple past tense of, 182

N

n-nouns, 309f.
nach versus **zu,** 253
nicht, position of, 30, 103, 128, 131,
    202
nominative case, 63
    adjective endings in, 70ff.
    as subject, 62f.
    as subject completion, 63

der-words in, 67
ein-words in, 68
interrogative pronouns in, 64
personal pronouns in, 34
relative pronouns in, 306f.
nouns
capitalization of, 3
compound, 296
gender of, 20
infinitives used as, 262
plural forms of, 21f.
suffixes determining gender of, 188, 224, 328, 394
that function like separable prefixes, 133
numbers
cardinal, 5
ordinal, 215
phone, 6

O

object clauses, 176ff.
after **dass,** 176
after **wissen,** 179
information questions as, 177
yes/no questions as, 177
objects
direct, 89
indirect, 236
sequence of, 241
ohne ... zu, 287
omission of articles, 96

P

paar
ein Paar versus **ein paar,** 241
passive voice, 374
mentioning agent in, 377
tenses in, 374
use of, 374
past participle
of **-ieren** verbs, 201
of inseparable-prefix verbs, 213
of irregular verbs, 203
of mixed verbs, 214
of regular verbs, 201
of separable-prefix verbs, 212
position of, 200
used as adjective, 378
past perfect tense, 338
perfect tense, 200ff.
haben as auxiliary of, 200
in letter writing, 216

of **-ieren** verbs, 201
of inseparable-prefix verbs, 213
of irregular verbs, 203
of mixed verbs, 214
of regular verbs, 201
of separable-prefix verbs, 212
past participle in, 201
position of auxiliary and past participle in, 201
sein as auxiliary of, 206
personal pronouns
in the accusative case, 162
in the dative case, 239
in the nominative case, 34
phone numbers, 6
plural forms of nouns, 21f.
possessive adjectives, 68, 94, 236, 288
prefixes
inseparable, 213
separable, 129, 212, 342
prepositions
contractions with, 250, 277
definition of, 164
relative pronouns as objects of, 350
verbs used with, 382f.
with the accusative case, 164
with the dative case, 248, 284
with the dative or accusative case, 275
with the genitive case, 415
present tense, 37ff.
contracted endings in, 38
expanded endings in, 38
irregular forms of, 104ff.
of **haben,** 59
of modal verbs, 125f.
of **sein,** 36
to express future time, 39
verbs with stem-vowel changes in, 104ff.
principal parts
of irregular verbs, 345f.
of mixed verbs, 346
pronouns
interrogative, 64, 92
personal, 34, 162, 239
reflexive, 314f., 317, 319
relative, 306f., 350, 415f.
pronunciation
consonants
ch, 10, 189
Eszett, 3, 10
f, v, w, 10, 363
kn, 395
l, 225

pf, 395
r, 263
s-sounds, 329
st, sp, 297
z, 10, 329
glottal stop, 423
vowels
ä, ö, ü, 3, 9, 150
diphthongs: **ai, au, äu, eu, ay, ei, ey,** 115
ei and **ie,** 46
a, e, i, o, u, 78f.

Q

question words, 25, 64, 92
questions
information, 25
as dependent clauses, 177
yes/no, 24
as dependent clauses, 177

R

raus, rein, rauf, runter, 218
reflexive pronouns
in the accusative case, 314f.
in the dative case, 317
in verb-preposition combinations, 383
to express *each other,* 319
reflexive verbs, 320
relative clauses, 306
relative pronouns, 306f.
in the accusative case, 306f.
in the dative case, 306f.
in the genitive case, 415f.
in the nominative case, 306f.
after prepositions, 350

S

sag mal as discourse strategy, 14
sein
as auxiliary of perfect tense, 206
in past-time subjunctive, 413
nominative case after, 95
perfect tense of, 207
present tense of, 36
simple past tense of, 180
versus **haben,** 95
seit, 255
separable prefixes, 129
position of, 130
separable-prefix verbs, 129f.
position in dependent clauses, 142
position of with modals, 131

Sie / du / ihr, 4
simple past tense
  of **haben,** 182
  of irregular verbs, 341
  of mixed verbs, 343
  of modal verbs, 182
  of regular verbs, 340
  of **sein,** 180
  of separable-prefix verbs, 342
  use of, 340
statements, 27
stehen, liegen, and **hängen,** 279
stellen, legen, and **hängen,** 277
subject, 62f.
subject completion, 62f.
subjunctive
  haben and **sein** in past-time, 413
  in polite requests, 410
  other common forms, 410
  past-time, 412f.
  present-time, 405f.
  würde + infinitive, 408
subordinate clauses, see dependent
  clauses
subordinating conjunctions, 141
suffixes
  -bar, 422
  -chen, -lein, 188
  -ent, 188
  -er, 188, 328
  -heit, -keit, 394
  -ig, -lich, -isch, 77
  -in, 188
  -los, 422
  -ment, 188
  -or, 188
  -ung, 224
  -ur, 188
superlative of adjectives and adverbs,
  170
  irregular forms, 170

T

time
  dates, 216

expressions referring to parts of a
  day, 57
expressions referring to parts of a
  specific day, 58
telling time, 56
time before place, 29
time/manner/place, 249
time phrases in the accusative, 93
time phrases with **an, in, vor,** and
  zwischen, 284
to in German, 280
two-case prepositions, 275ff.

U

überhaupt as flavoring particle, 386
um ... zu, 286
Und dann? as discourse strategy, 174

V

verbs
  denoting change of condition, 206
  denoting change of location, 206
  expanded and contracted endings
    of, 38f.
  imperative of, 137ff.
  infinitive of, 37
  irregular, 104ff., 203, 341
  mixed, 214, 342
  modal, 125ff.
  passive voice of, 374, 377f.
  past perfect tense of, 348
  past-time subjunctive of, 412ff.
  perfect tense of, 200ff.
  position of, 24ff., 140, 144, 176f.,
    200
  present tense of, 37ff.
  present-time subjunctive of, 405ff.
  principal parts of, 345f.
  reflexive, 320
  simple past tense of, 180, 182,
    340ff.
  subjunctive of, 405f., 408, 412ff.
  that function like separable pre-
    fixes, 133

  with inseparable prefixes, 213
  with prepositions, 382
  with separable prefixes, 129ff.
  with the dative case, 242
verb-noun combinations, 133
verb-preposition combinations, 382f.
verb-verb combinations, 133
von + dative instead of genitive, 291
von versus **aus,** 253

W

wann versus **wenn** and **als,** 346
wenn versus **wann** and **als,** 346
werden, principal parts of, 346
wie, meanings of, 114
wissen
  present tense of, 179
  versus **kennen,** 179
wo / wohin, 274
wo-compounds, 384
word order
  position of
    auxiliary verb and past partici-
      ple, 200
    direct and indirect objects, 241
    nicht, 30, 103, 128, 131, 202
    nouns that function like separa-
      ble prefixes, 133
    reflexive pronouns, 315
  position of the verb
    in dependent clauses, 141f., 144
    in independent clauses, 140
    in indirect questions, 177
    in information questions, 25
    in object clauses, 176
    in statements, 27
    in yes/no questions, 24
  time before place, 29
  time/manner/place, 249
  with **zu**-infinitives, 285
  würde + infinitive, 408

Z

zu versus **nach,** 253
zu-infinitive, 285

CREDITS

Text material

p. 367: Excerpts from "Der Dinosaurier im Bernstein. Ich, das Überbleibsel aus einer implodierten Galaxis" by Frank Rothe. In *Das Buch der Unterschiede. Warum die Einheit keine ist,* " Aufbau-Verlag GmbH, Berlin, 2000. **p. 388:** "Mein Bruder hat grüne Haare" by Monika Seck-Agthe. © Monika Seck-Agthe. **p. 399:** "Eifersucht" by Tanja Zimmermann. In *Total Verknallt,* rotfuchs 356 © 1984 by Rowohlt Verlag GmbH, Reinbek. **p. 417:** "Meine Zukunft" by Nina Achminow. In *Morgen beginnt heute. Jugendliche schreiben über die Zukunft,* ed. Biedermann/Böseke/Burkert. Beltz Verlag, Weinheim und Basel, 1981.

Photos and realia

Photographs are by the authors except for the following:
p. 8: Volkswagen Canada; BMW Canada; Allgemeiner Deutscher Automobil-Club e.V.; CDU-Bundesgeschäftsstelle.
p. 9: Deutsche Postreklame GmbH. **p. 16:** (left) German National Tourist Office, Toronto; (right) Fred Dahms.
p. 17: (upper left) German National Tourist Office, Toronto; (lower left) Austrian National Tourist Office, Toronto; (right) Swiss National Tourist Office, Toronto. **p. 32:** Schwäbische Zeitung, Leutkirch. **p. 44:** Rick Strange/Index Stock Imagery, Inc. **p. 50:** The Viesti Collection, Inc. **p. 53:** Brunner Welt der Tausend Uhren, Titisee. **p. 66:** Tourismus Verband Linz. **p. 75:** Granitsas / The Image Works. **p. 80:** Quelle Schickedanz AG & Co. **p. 82:** Man–Helga Lade Fotoagentur/Peter Arnold, Inc. **p. 88:** (photo and graphic) Sabine Grosser. **p. 97:** Christian-Albrechts-Universität zu Kiel. **p. 110:** David Simson/Stock Boston **p. 111:** (top) M. Laemmerer/Helga Lade Fotoagentur/Peter Arnold, Inc.; (bottom) Wolfgang Weinhaupt/Okapia/Peter Arnold, Inc. **p. 113:** Della Croce, Johann Nepomuk, "The Mozart Family" (1780-1781). Oil on canvas. Mozart House, Salzburg, Austria. Erich Lessing/Art Resource, N.Y. **p. 118:** SuperStock, Inc. **p. 124:** (top) Time Magazines/ Sports Illustrated, Time Warner, Inc; (bottom, soccer club logos) Karlsruher Sportclub; Erster Fußballclub Kaiserslautern; Erster Fußballsportverein Mainz 05; Sportclub Freiburg; Fußballclub Schalke 04; Fußballclub Hansa Rostock. **p. 134:** Stackelberg #3249, DPA. **p. 136:** Fußballclub Bayern Sport-Werbe GmbH; Eintracht Frankfurt Marketing/ Sponsoring. **p. 145:** (top) Swiss National Tourist Office, Toronto; (bottom) Switzerland Tourism. **p. 148:** (lower) Jon Simon/Getty Images, Inc. **p. 154:** Danilo Boschung/eStock Photography LLC. **p. 157:** German National Tourist Office, Toronto. **p. 158:** (top) German National Tourist Office, Toronto; (bottom): Regionaler Fremdenverkehrsverband Erzgebirge e.V. **p. 159:** Regionaler Fremdenverkehrsverband Erzgebirge e.V. **p. 185:** (lower) Gerhard Seitz. **p. 186:** German National Tourist Office, Toronto. **p. 192:** CORBIS.
p. 196: Culver Pictures, Inc.; (masthead) Deutsche Presse, Toronto. **p. 197:** Ausländerbeauftragte des Senats von Berlin. Graph: Dr. H.-J. Kämmer. **p. 215:** Lang. **p. 228:** Werner H. Müller/Peter Arnold, Inc. **p. 231:** Verlag Dominique GmbH.
p. 233: Residence Hotel, Potsdam. **p. 260:** (upper and lower) Margarete Steiff GmbH. **p. 270:** Fred Dahms. **p. 293:** Presse- und Informationsamt des Landes Berlin. **p. 294:** Bauhaus-Archiv / Museum für Gestaltung. **p. 303:** (top) Inter Nationes; (bottom) Kreislandfrauenverband im Bauernverband Wangen e.V. **p. 325:** (top) Werner Otto/ Okapia/Peter Arnold, Inc; (bottom) SuperStock. **p. 327:** AP/Wide World Photos. **p. 332:** Peter Menzel/Stock Boston. **p. 337:** Bildarchiv Preußischer Kulturbesitz. **p. 343:** (mastheads) Frankfurter Allgemeine Zeitung GmbH; Axel Springer Verlag AG; Gruner & Jahr; SPIEGEL-Verlag. **p. 349:** (top right) Katharina Richter. **p. 356:** Droemersche Verlagsanstalt. Th. Knaur Nachf. München. **p. 366:** Per Eide/Edelpix **p. 369:** Presse- und Informationsamt des Landes Berlin. **p. 370:** Erich Schmidt Verlag, Berlin. **p. 371:** (upper left) CORBIS; (upper right) P. Piel/Getty Images, Inc.; (lower left) UPI/ CORBIS. **p. 372:** Per Eide/EdelPix. **p. 380:** Stadtverwaltung Bad Doberan. **p. 381:** Fink, Kümmerley und Frey GmbH, Ostfildern. **p. 387:** Zeitschrift Deutschland. **p. 398:** Dr. Bettina Wollweber. **p. 402:** (top and bottom) Globus Kartendienst GmbH. **p. 413:** Per Eide/ Edelpix. **p. 419:** Infografik: Oliver Hauptstock, www.cartomedia.de.

Endpaper maps: CartoGraphics.